Openbaring van Jezus Christus
Het laatste boek van de Bijbel

Aren van Waarde

www.bijbelsdenken.eu

Colofon

Titel: Openbaring van Jezus Christus, het laatste boek van de Bijbel.

© 2024, Aren van Waarde, bijbelsdenken.eu

Alle rechten voorbehouden

Eerste druk: oktober 2024

ISBN 978-90-9038-973-8

NUR 707

"Openbaring **van Jezus Christus,** *die God Hem heeft gegeven om zijn slaven te tonen wat spoedig moet gebeuren.... Ik, Johannes, uw broeder en mededeelgenoot in de verdrukking en het koninkrijk en de volharding in Jezus, kwam... in geest* **op de dag van de Heer"** (Openbaring 1:1,9,10 Telos-vertaling)

Voorwoord

Het laatste boek van de Bijbel heeft in de loop van de geschiedenis ontelbaar velen gefascineerd. Er zijn misschien wel méér commentaren, artikelen en beschouwingen over de Openbaring geschreven dan over welk ander Bijbelboek dan ook. Toch vond ik het lezen en overdenken van zulke beschouwingen dikwijls een teleurstellende bezigheid. Want de schrijvers van vrijwel alle verhandelingen over de Apocalyps benaderen dit boek vanuit een vooropgezette mening en bekijken de tekst door een zelfgekozen bril.

Velen gaan er voetstoots van uit dat de Openbaring was gericht tot tijdgenoten van de samensteller, een onbekende Johannes die leefde aan het eind van de eerste eeuw. Het boek heeft volgens hen betrekking op het conflict tussen christendom en keizercultus in de Romeinse provincie Asia. De brieven aan de zeven gemeenten zouden naar historische en geografische details in het westen van het huidige Anatolië verwijzen. De verwachting van Johannes dat de Messias spoedig zou terugkomen is niet in vervulling gegaan, maar het christendom is wél als overwinnaar uit de strijd gekomen.

Volgens een variant van deze opvatting wordt er in de Openbaring niet gesproken over het conflict tussen christendom en keizercultus, maar over vervolging van messiasbelijdende Joden door de officiële Joodse instanties. Het aardse Jeruzalem was "het grote Babylon". Deze zondige stad, die in geestelijk opzicht hoererij bedreef, werd in het jaar 70 verwoest.

Anderen veronderstellen dat het boek informatie verschaft over de loop van de wereldgeschiedenis vanaf de eerste eeuw tot aan het einde der tijden. In de kanttekeningen van de Statenvertaling zijn zulke opvattingen terug te vinden. Sommige visioenen zouden betrekking hebben op de ondergang van het Romeinse rijk door aanvallen van buiten af. Andere zouden in het optreden van bepaalde ketters hun vervulling hebben gevonden. Met de twee getuigen zouden alle geloofshelden zijn bedoeld die in duistere tijden zijn opgekomen voor de Bijbelse waarheid, zoals Petrus Waldo en Petrus van Bruys, of Farel en Calvijn, in Frankrijk, John Wycliffe en John Purvey in Engeland, Johannes Hus en Hiëronymus van Praag in Bohemen, Luther en Melanchton in Duitsland en Zwingli en Oecolampadius in Zwitserland. Politieke en godsdienstige opponenten werden dikwijls afgeschilderd als het beest uit de

5

zee, of het beest uit het land. Volgens Luther was de paus, en volgens de contrareformatie was Luther de antichrist. Zulke interpretaties zijn volstrekt willekeurig. Ze zeggen veel over de sympathieën en antipathieën van de "uitleggers", maar niets over de Schrift (want die plaatst de twee getuigen in de stad Jeruzalem!).

Weer anderen menen dat het boek tijdloze waarheden verkondigt over de eeuwenlange strijd tussen goed en kwaad die zal uitlopen op de overwinning van het goede. De Openbaring zou betrekking hebben op het conflict tussen "de vrouw en haar zaad" en "de slang en zijn zaad", dat is begonnen in de hof van Eden en volgens Gen.3:15 zal eindigen met het vermorzelen van de kop van de slang. Het laatste Bijbelboek zou in beelden tonen wat op andere plaatsen in de Schrift op leerstellige wijze wordt beschreven. Het zou een "hoofdsom der historie" zijn.

Tenslotte zijn er veel uitleggers die op grond van Openbaring 1:19 aannemen, dat er in het laatste Bijbelboek drie belangrijke tekstgedeelten moeten worden onderscheiden die worden voorafgegaan door een inleiding (1:1-7) en worden afgesloten met een epiloog (22:6-21). "Wat gij gezien hebt" zou het visioen zijn van de Mensenzoon in heerlijkheid (1:8-20), "wat is" de christelijke kerk, die wordt uitgebeeld in de vorm van zeven gemeenten (2:1-3:22) en "wat geschieden zal na dezen" de oordelen van de zegels, de bazuinen en de schalen (4:1-22:5). De hoofdstukken 2 en 3 zouden een profetisch overzicht bieden van de kerkgeschiedenis, waarbij de zeven boodschappen corresponderen met zeven opeenvolgende tijdperken: (1) de apostolische tijd (Efeze), (2) de tijd van de christenvervolgingen (Smyrna), (3) het tijdperk vanaf keizer Constantijn tot aan de eerste paus, waarin kerk en staat een huwelijk sloten (Pergamum), (4) het tijdperk van de middeleeuwen, een periode van bijgeloof en valse profetie (Thyatira), (5) het tijdperk van reformatie en verlichting (Sardes), (6) de tijd van het réveil, onderzoek van het profetische woord en de vorming van allerlei zendingsorganisaties (Filadelfia) en (7) een slotfase die wordt gekenmerkt door toenemende Bijbelkritiek en secularisatie (Laodicea). We zouden ons nu bevinden in de Laodicéa-tijd, en het eind van dat tijdperk dicht genaderd zijn. De hoofdstukken 4 tot en met 22 zouden betrekking hebben op de toekomstige oordeelsdag en de schepping van de nieuwe hemel en de nieuwe aarde.

Naast beschouwingen uit deze vier hoofdstromingen zijn er ook allerlei geschriften waarin uiteenlopende visies worden gecombineerd.

In een oud boekje over Openbaring 17 en 18 trof ik een wijze raad aan. De schrijver zegt:

"Voor de christen, die het Woord onderzoekt, bestaat er bij dat onderzoek maar één eenvoudige regel, en wel deze: Alleen de Schrift kan de moeilijkheden van de Schrift oplossen. En dit moet werkelijk wel zo zijn; want door de Schrift wordt volgens 2 Tim. 3:17 de mens volmaakt tot elk goed werk toegerust, en daarom is alles wat van buitenaf komt voor hem overbodig. Ja, de poging om iets van buitenaf ter verklaring aan te voeren, doet aan de genoegzaamheid van de Schriften te kort, en stelt het verstand, dat zich aan die miskenning schuldig maakt, bloot aan het gevaar, om door valse, onschriftuurlijke tekstuitleggingen, naar tradities of overleveringen van vroegere of latere tijd, misleid te worden" [1].

Gelukkig bestaan er wel enkele verhandelingen over de Openbaring die van deze "eenvoudige regel" uitgaan. In mijn kast staan er drie. Allereerst: *The Apocalypse Interpreted in the Light of "The Day of the Lord"*, van de Londense predikant James Kelly. Dit commentaar verscheen in het vijfde en zesde decennium van de negentiende eeuw, in drie delen. In de tweede plaats: *The Apocalypse, or The Day of the Lord*, van Ethelbert William Bullinger, die hoofdredacteur was van het tijdschrift *Things to Come*. De eerste druk van dit boek dateert uit 1902. Tenslotte: *The Unveiling of Jesus Christ, Commonly Called the Revelation of St.John*, van Adolph Ernst Knoch, de geestelijke vader van de concordante vertaling. Hij schreef deze beschouwing aanvankelijk als artikelenserie in een Bijbelstudieblad, en de voltooide "feuilleton" werd in 1935 als boek uitgegeven. Het werk van Knoch biedt heldere verklaringen van allerlei symbolen die in de Openbaring worden gebruikt (door Schrift met Schrift te vergelijken) en het houdt zich bij de uitleg van de hoofdstukken 19 tot en met 22 strikt aan wat Johannes heeft geschreven.

Naast deze Engelstalige boeken wil ik nog twee Nederlandstalige uitgaven vermelden. In de eerste plaats een proefschrift, dat in 1948 door de predikant

---

[1] Het citaat is ontleend aan: *Babylon; waar, en wat het is*. Amsterdam, 1870, p.5. De spelling is aangepast.

7

Ruurd Jan van der Meulen werd verdedigd aan de Amsterdamse VU, met als titel: *De openbaring in het laatste Bijbelboek*. De visies van de boven genoemde hoofdstromingen op allerlei passages in de Openbaring worden in dit boek samengevat, en de kritische kanttekeningen en kernachtige conclusies van de schrijver zijn dikwijls erg verhelderend. Het laatste werk dat ik wil noemen, is *Openbaring van Jezus Christus* van de gereformeerd-vrijgemaakte predikant Cornelis van der Waal, die gedurende het grootste deel van zijn leven werkzaam was in Zuid-Afrika. Het eerste deel van dit werk *(Inleiding en Vertaling)* verscheen in 1971, het tweede *(Verklaring)* werd pas na zijn dood uitgegeven, in 1981. Met de kerkvisie van dr. Van der Waal en zijn interpretatie van het laatste Bijbelboek ben ik het oneens (hij meent namelijk dat de kerk het volk Israël heeft vervangen en dat Openbaring 1 tot en met 19 betrekking hebben op de verwoesting van Jeruzalem in het jaar 70). Maar hij laat zien hoe het boek Openbaring telkens opnieuw verwijst naar voorschriften uit de wet met betrekking tot de priesterdienst en naar voorzeggingen van de profeten. Om die reden is zijn commentaar toch bijzonder waardevol.

Eerlijk gezegd had ik nooit gedacht dat ik zelf ooit een boek over de Openbaring zou schrijven. Wat zou zo'n boek nog aan de bestaande literatuur kunnen toevoegen, dacht ik. Misschien dit:

- De schrijver is actief in twee (totaal verschillende) christelijke gemeenten, maar hij schrijft niet namens deze gemeenten of welke kerk of geloofsgemeenschap ook maar.
- Het laatste Bijbelboek wordt niet vanuit een vooropgezette mening benaderd en verklaard, maar op grond van wat Johannes over oorsprong, inhoud en doel van de Openbaring heeft gezegd (zie Openb.1:1-11).
- De verklaring van passages wordt gezocht in het verband waarin die teksten zich bevinden, of in een vergelijking van Schrift met Schrift. Aan informatie uit buiten-Bijbelse bron is geen aandacht besteed.

Er zijn weinig andere boeken over de Openbaring waarin aan de laatste punten *consequent* wordt vastgehouden. Ik heb mijn uiterste best gedaan om dat wél te doen, en ik hoop dat wat ik schreef anderen mag inspireren om het laatste Bijbelboek ook zó te gaan lezen. Het boek Openbaring belooft een zegen aan ieder die de inhoud leest of hoort, en de boodschap in zijn hart bewaart als een betrouwbaar woord van God (1:3). Moge de Heer u daartoe aanzetten en u rijkelijk zegenen.

Hoofdstuk 1

Opschrift en heilwens (1:1-3)

"Openbaring van Jezus Christus, die God Hem heeft gegeven om zijn slaven te tonen wat spoedig moet gebeuren; en Hij heeft die door zijn engel gezonden en aan zijn slaaf Johannes te kennen gegeven. Deze heeft het woord van God betuigd en het getuigenis van Jezus Christus, alles wat hij heeft gezien. Gelukkig hij die leest en zij die de woorden van de profetie horen en die bewaren wat daarin geschreven staat; want de tijd is nabij" [2]

Vers 1

Openbaring van Jezus Christus is de titel die God aan dit boek heeft gegeven. Niet zoals dikwijls wordt gezegd: "Openbaringen" (meervoud) maar: "Openbaring" (enkelvoud). Niet: "Openbaring van Johannes" maar: "van Jezus Christus". Niet Johannes heeft geopenbaard wat in dit boek wordt getoond maar Christus. Niet de ziener staat in het boek centraal maar de gekruisigde en opgestane Messias. Johannes was slechts de aardse schakel die de woorden en beelden van Christus mocht doorgeven.

Openbaring is een vertaling van het Griekse woord *apokalypsis*. Dat betekent letterlijk "onthulling", de wegneming van een sluier. Zoals een kunstwerk op de dag van de presentatie feestelijk wordt onthuld door de burgemeester en voor iedereen zichtbaar wordt, zo worden Christus en zijn toekomstig rijk in dit boek uiteindelijk zichtbaar. Bij de ontknoping zegt God: "*Zie*, Ik maak alles nieuw!" (21:5).

De tweede naamval (**van Christus**) kan op twee manieren worden opgevat. Allereerst als aanduiding van *auteurschap*. Jezus is de auteur van het boek. Tijdens het openingsvisioen dicteerde de opgestane Heer aan Johannes wat die moest schrijven. Hij onthulde de gevaren die Gods "slaven" zullen bedreigen

---

[2] De tekst van het boek Openbaring is ontleend aan *Het Nieuwe Testament*, Herziene Voorhoeve-uitgave (Telos-vertaling). Medema, Vaassen 1982, tenzij anders is aangegeven.

9

en de houding die zij ertegen moeten innemen. Aan het eind van het boek staat:

"Die deze dingen getuigt, zegt: Ja, Ik kom spoedig!" (22:20)

Het hele boek is een getuigenis van Jezus Christus. Hij heeft de profetie gegeven.

"Van Christus" kan ook het *onderwerp* van het boek aanduiden. In de Openbaring wordt de Messias onthuld. "Hij komt met de wolken, en elk oog zal Hem zien" (1:7). Het laatste Bijbelboek toont Hem als de hemelse Hogepriester die wandelt tussen de gouden kandelaren (1:17), het Lam in het midden van de troon (5:6), de Mensenzoon die komt op de wolken van de hemel (14:14-16), de Koning der koningen die de volken oordeelt en hoedt (19:11,15), de Rechter van levenden en doden (20:11-12) en de Heer die zijn slaven een ereplaats geeft (22:3-4). De Messias staat in de Openbaring centraal.

Die God Hem heeft gegeven. Het is opmerkelijk dat Johannes onderscheid maakt tussen "God" en "Jezus Christus". De apostel Paulus maakte dit onderscheid ook: "Want er is één God en één Middelaar tussen God en mensen, de mens Christus Jezus" (1 Tim.2:5). De Messias volbrengt de wil van zijn Vader (Joh 4:34, 5:19-30, 5:36, 6:38, 17:4; Mat 26:39, Mar14:36, Luk 22:42, 1 Kor 15:25-28). De Middelaar openbaart zich op een bepaalde manier omdat de Ene het zo heeft beschikt. God heeft Hem een openbaring gegeven.

De Openbaring is gegeven om aan "slaven" te laten zien **wat spoedig moet gebeuren.** Hoewel Paulus zich een "slaaf van Jezus Christus" noemt, wordt de uitdrukking "slaven" (of "knechten") in het Nieuwe Testament nooit gebruikt als aanduiding van de christelijke gemeente. Christenen zijn "leden van Christus" maar niet Zijn slaven.

In de Hebreeuwse Bijbel komt de term "slaven" echter dikwijls voor als erenaam van de Israëlieten. Zij zijn de "knechten van JHWH" (Lev.25:42, 25:55; Deut.32:36, 32:43; Psa.34:23, 79:10, 89:51-52, 90:13, 90:16, 102:14-16, 102:29, 105:25, 113:1, 134:1, 135:1, 135:14; Jes.54:13, 63:17, 65:9). "Uw knechten" is een parallel van "Uw volk", "de Israëlieten", "de stammen van uw erfdeel", de aanbidders in de tempel, de bouwers van Sion, de nakomelingen van Jakob en de inwoners van Judéa. "Uw knechten" is de tegenpool van "de volken", de niet-Joden (Psa.79:10, 89:51-52, 102:14-16).

Het boek Openbaring is volgens vers 1 gericht tot *Joden*. Uit allerlei details blijkt dat ook de "zeven gemeenten" die later worden genoemd uit Joden bestaan. "Hem die ons gemaakt heeft tot een koninkrijk, tot priesters" (1:6) is een belofte die God heeft gegeven aan *Israël* (zie Exod.19:6, Jes.61:6) en die in het Nieuwe Testament wordt betrokken op Israëlieten (vergelijk 1 Pet.2:9 met 1 Pet.1:1). Uit het feit dat van bepaalde tegenstanders wordt gezegd dat zij "zeggen dat zij Joden zijn, en het niet zijn maar een synagoge van de satan" (2:9, 3:9) blijkt dat de volgelingen van de opgestane Heer in Smyrna en Filadelfia zelf *wel* tot het Joodse volk behoren. In de boodschap voor Pergamum zegt Christus: "Bileam leerde Balak de kinderen Israëls een strik te spannen... Zo hebt ook gij..." (2:13). In Pergamum wordt de leer van Bileam verkondigd, en de slachtoffers van die leer zijn net als vroeger: *"kinderen Israëls"*. Aan Thyatira belooft Jezus: "Wie overwint... zal ik macht geven over de volken, en hij zal hen hoeden met een ijzeren staf" (2:26). Volgens de Bijbel bestaat de mensheid uit "Israël en de volken". Uit Openb.2:26 blijkt dus, dat de overwinnaars uit Thyatira *niet* behoren tot de volken. Trouwe Israëlieten zullen als vertegenwoordigers van de Messias regeren over de naties, zoals is aangekondigd door de profeten. De belofte van de opgestane Heer aan de gelovigen uit Filadelfia, dat hun tegenstanders eens zullen komen, zich zullen neerbuigen voor hun voeten, en zullen erkennen dat de Messias hen heeft liefgehad (3:9), is ontleend aan het Bijbelboek Jesaja (43:4, 60:14) waar hij betrekking heeft op *Israëlieten*. Wanneer Christus Laodicea aanraadt om te "kopen" wat blijvende waarde heeft (3:18), is dat een echo van het advies van de HERE aan het *Joodse* volk (Jes.55). Uit zulke details blijkt dat de Openbaring is gericht tot Joden en niet tot gelovigen uit de volken.

Wat spoedig moet gebeuren. Uit deze bijzin menen velen te kunnen afleiden dat het boek Openbaring is gericht tot Johannes' tijdgenoten en dat de ziener verwachtte dat zijn visioenen binnen enkele jaren in vervulling zouden gaan. In zekere zin is dat ook zo: Johannes was ervan overtuigd dat de "slaven" aan wie hij schreef de komst van de Messias in heerlijkheid zouden meemaken. Maar de "slaven" tot wie hij zich richtte waren niet zijn tijdgenoten. Terwijl de ziener op het eiland Patmos was, in de Egeïsche zee, kwam hij "in geest op 's Heren dag" (1:10). Zijn lichaam bleef op het eiland,

11

maar "in geest", dat wil zeggen: in een visioen, werd hij verplaatst naar de dag van de Heer, die nog niet was aangebroken (vgl. 2 Thess.2:1-3). *Binnen het kader van dat visioen* kreeg hij opdracht om aan zeven gemeenten te schrijven (1:11). De "slaven" voor wie het boek is bestemd waren niet op aarde toen de ziener op Patmos verbleef, maar leven in de tijd waarnaar hij werd verplaatst in zijn visioen. Het zijn Joden die zich in Asia zullen bevinden wanneer de dag van de Heer aanbreekt, "knechten van God" die een mens in de tempel zullen zien zitten waar hij zich als god laat vereren zodat vele inwoners van Judéa afvallig worden en zich niet langer houden aan het verbond (2 Thess.2:3-5). Op dat moment zal de Openbaring het enige houvast zijn. Op het bezit van dat Bijbelboek zal dan de doodstraf staan (6:9, 20:4). De gebeurtenissen die in de rol worden beschreven zullen voor Joden die **dan** leven "spoedig" plaatsvinden, binnen enkele jaren. Het geschrevene *"moet* gebeuren" omdat God het in Zijn raad zó heeft beschikt.

"Voorzeker, de HERE HERE doet geen ding, of Hij openbaart zijn raad aan zijn knechten, de profeten" (Amos 3:7)

En hij heeft die door zijn engel gezonden. Ook uit deze mededeling blijkt dat de Openbaring is gericht tot Joden. Door te vermelden dat de Openbaring door een engel is gegeven, legt Johannes een verbinding tussen het laatste Bijbelboek en de wet van Mozes. De onderwijzing van de HEERE die Israël bij de Sinaï heeft ontvangen is óók door engelen gegeven. We kunnen dit lezen in Handelingen 7:38 en 53, Galaten 3:19 en Hebreeën 2:2. Zoals de wet "vast stond" en elke overtreding en ongehoorzaamheid rechtvaardige vergelding ontving, zo staat ook de Openbaring vast. Wie de woorden van het boek bewaren worden gelukkig geprezen (1:3), maar wie eraan tornen komt dit duur te staan (22:18-19).

Tijdens zijn visioenen hoorde Johannes op meerdere momenten een stem die hem opdrachten gaf en hem uitleg verschafte. In vers 10 staat bijvoorbeeld:

"Ik kwam in geest op de dag van de Heer, en ik hoorde achter mij een luide stem als van een bazuin die zei: Wat u ziet, schrijf dat in een boek...." (1:10)

De bazuinstem die bij die gelegenheid sprak was afkomstig van de openbaringsengel, want de stem van de opgestane Heer die Johannes vervolgens hoorde klonk "als het gedruis van vele wateren" (1:15). De schrijver duidt de stem die hem opdroeg te schrijven in zijn boek aan als: "de eerste stem die ik gehoord had als van een bazuin" (4:1). Zo'n stem klonk er tijdens zijn visioenen vaker (10:4, 10:8, 12:10, 14:13). Met het woord "bazuin" kan een ramshoorn *(sjofaar)* zijn bedoeld, maar ook een "zilveren trompet" waarmee het volk Israël bij allerlei gelegenheden werd bijeengeroepen (Numeri 10:2-10, vg. Ezech.7:14 en Hos.5:8).

De bode die met Johannes sprak was mogelijk één van de zeven engelen die de schalen van Gods gramschap over de aarde zullen uitgieten (17:1,7,15). In de epiloog waarmee Johanes zijn boek besluit vermeldt hij de openbaringsengel nog driemaal (22:6,8,16).

En aan zijn slaaf Johannes te kennen gegeven. De ziener noemt zich Gods "slaaf". Hij vereenzelvigt zich met de mensen tot wie hij zich richt, en geeft aan dat hij in opdracht van God handelde toen hij zijn visioenen te boek stelde. Of hij ook het vierde evangelie en de "brieven van Johannes" heeft geschreven, is ons niet geopenbaard, maar één ding is duidelijk: de schrijver was een Jood. Hij was een "slaaf van de Messias" en hij heette *Jochanan*, "de Heer is een genadig Gever". God gaf hem wijsheid om zijn volksgenoten op de dag van de Heer te ondersteunen.

De engel heeft Johannes niet alleen iets laten zien maar hem ook de betekenis van die beelden "te kennen gegeven" (Gr. *semainoo*). De profeet Agabus "*gaf door de Geest te kennen* dat er een grote hongersnood zou komen over het hele aardrijk. Die is ook gekomen onder Claudius" (Handelingen 11:28). Zowel in Openbaring 1:1 als Handelingen 11:28 gaat het om het verschaffen van kennis over toekomstige gebeurtenissen die een mens van nature niet bezit.

Vers 2

Deze heeft het woord van God betuigd en het getuigenis van Jezus Christus, alles wat hij heeft gezien. Dat Johannes "het woord van God heeft betuigd en het getuigenis van Jezus Christus" betekent niet, dat hij als predikant is opgetreden. Met "het woord van God" en "het getuigenis van Jezus Christus" is de inhoud van het boek Openbaring bedoeld. Uit de toevoeging: "alles wat hij heeft gezien" blijkt dat de visioenen die Johannes

13

ontving het woord van God en het getuigenis van Jezus Christus waren. In Openbaring 1:2 wordt Johannes getekend als Bijbelschrijver.

Zoals oudtestamentische profeten een "last" ontvingen, de last van het woord van de HEERE, zó ontving Johannes het woord van God om dat aan zijn medeslaven door te geven. Het "woord van God" en het "getuigenis van Jezus Christus" zijn niet twee verschillende dingen, maar één enkele boodschap. Het Griekse voegwoord *kai*, dat in vers 2 is vertaald als "en", heeft vermoedelijk een verklarende betekenis. Johannes heeft "het woord van God betuigd, *namelijk* het getuigenis van Jezus Christus, alles wat hij heeft gezien". God gaf de Messias een bepaalde openbaring en de Messias zond die via zijn engel aan Johannes (1:1). Johannes heeft wat hij mocht zien te boek gesteld en daarbij niets achtergehouden. Als een ooggetuige doet hij verslag van wat de engel hem toonde.

Vers 3

Gelukkig hij die leest en zij die de woorden van de profetie horen. Johannes verwachtte niet dat zijn boek zou worden gelezen door de eenzame enkeling - zoals de eunuch uit Ethiopië de boekrol van Jesaja las (Handelingen 8:26-40). Hij voorzag dat de Openbaring in samenkomsten zou klinken, waarbij één persoon hardop zou voorlezen en de gemeente zou luisteren. Gelovige Joden komen elke sabbat bijeen in hun synagogen, waar dan wordt voorgelezen uit een wetsrol of een rol van de profeten. Het synagogebestuur kan een bezoeker uitnodigen om de lezing voor die sabbat op zich te nemen. Zo'n bezoeker treedt dan op als *sheliach tsibboer*, of "boodschapper van de vergadering". De gang van zaken is opgetekend door Lukas:

"[Jezus] kwam in Nazareth waar Hij was opgevoed en ging naar zijn gewoonte op die dag van de sabbat naar de synagoge en stond op om te lezen. En het boek van de profeet Jesaja werd Hem gegeven; en toen Hij het boek had ontrold, vond Hij de plaats waar geschreven stond: 'De Geest van de Heer is op Mij, doordat Hij Mij heeft gezalfd om aan armen het evangelie te verkondigen; Hij heeft Mij gezonden om aan gevangenen loslating te prediken en aan blinden het gezicht, om verbrokenen heen te zenden in vrijlating, om te prediken het aangename jaar van de Heer'. En nadat Hij het boek had opgerold en aan de dienaar teruggegeven, ging Hij zitten en de ogen van allen in de synagoge waren op Hem gericht. Hij nu begon tot hen te zeggen: Heden is dit Schriftwoord in uw oren vervuld" (Lukas 4:16-21)

Zoals Jezus in de synagoge van Nazareth werd uitgenodigd om de lezing uit de Tenach te verzorgen en om iets over die lezing te zeggen, zo werd dit ook aan Paulus gevraagd in het Pisidische Antiochië:

"Zij nu... kwamen in het Pisidische Antiochië aan; en zij gingen in de synagoge op de sabbatdag en namen plaats. En na het lezen van de wet en de profeten zonden de oversten van de synagoge een boodschap tot hen en zeiden: Mannenbroeders, als u een woord van bemoediging voor het volk hebt, zegt het. En Paulus stond op, wenkte met de hand, en zei..." (Handelingen 13:14-16)

In de synagoge wordt er op elke sabbat voorgelezen uit de wet van Mozes (Handelingen 15:21). Johannes verwachtte dat zijn boek op de dag van de Heer ook zó zou worden voorgelezen.

De profetie. De Openbaring is een profetie. Het boek is bedoeld om "slaven" te bemoedigen in de donkere dag waarin zij leven, en hen aan te sporen tot trouw aan Gods verbond. De verleiding om de God van Israël de rug toe te keren en zich niet langer te houden aan Zijn wet, zal ongekend groot zijn. Wat in deze rol staat kan hen ervoor bewaren om door de "afval" te worden meegesleurd (vgl. 2 Thessalonicenzen 2:3, 8-13).

En die bewaren wat daarin geschreven staat. Deze zaligspreking wordt in de epiloog van het laatste Bijbelboek herhaald. Daar lezen we:

"Gelukkig hij, die de woorden van de profetie van dit boek bewaart" (22:7)

De openbaringsengel zegt dan tegen Johannes:

"Ik ben een medeslaaf van u en van uw broeders, de profeten, en van hen die de woorden van dit boek bewaren" (22:9)

Het werkwoord "bewaren" (Gr. *tereoo*) geeft aan dat men het boek koestert als een kostbare schat, de boodschap van de Openbaring ter harte neemt, die overpeinst en hem als richtsnoer gebruikt. "Bewaren wat erin geschreven staat" betekent: niets aan de inhoud toevoegen en er ook niets van afdoen (22:18-19). De opdracht om het boek te bewaren krijgt een bijzondere klank wanneer we beseffen dat het bezit ervan zal worden beschouwd als

15

hoogverraad – een vergrijp dat met de dood wordt bestraft (vgl. 6:9 en 20:4 met 1:2).

Want de tijd is nabij. Voor "slaven van Christus" die op aarde zijn wanneer de dag van de Heer aanbreekt is alles wat in het boek wordt beschreven "nabij", ook de verschijning van de Messias in heerlijkheid. Alles zal "spoedig" gebeuren. Deze verzekering wordt zevenmaal herhaald. De hemelse Afzender verzekert dit met grote nadruk (1:1, 1:3, 22:6, 22:7, 22:10, 22:12, 22:20)

Voor "tijd" gebruikt Johannes niet het woord *chronos* ("tijdperk"), maar *kairos* ("tijdstip"). Het gaat om het moment waarop de Messias geopenbaard wordt. De belofte dat de Heer spoedig komt is voor deze mensen van groot belang. Zij lijden onder de "grote verdrukking" die de "mens der zonde" ontketent tegen dienaars van de God van Israël (13:7, 13:14-18). De weergave van *en tachei* (1:1) met "haastig" is minder juist. Voor wie zich in nood bevindt, is het een schrale troost om te vernemen dat er "haastig" hulp komt. Wanneer de hulpverleners een grote afstand moeten afleggen kunnen ze ondanks hun haast toch nog wel te laat komen. Het is wél een troost om te weten dat de hulp "spoedig" komt, en niet lang op zich zal laten wachten. In de Openbaring worden er in dit verband allerlei tijdsaanduidingen gebruikt: tweeënveertig maanden (11:2, 13:5), twaalfhonderdzestig dagen (11:3, 12:6), en "een tijd, tijden en een halve tijd" (= drie-en-een-half jaar, 12:14, vergelijk Daniël 4:13,29,31; 7:25 en 12:7). De Here Jezus heeft over de verdrukking die aan Zijn wederkomst zal voorafgaan gezegd:

"Als die dagen niet werden verkort, zou geen enkel vlees behouden worden, maar ter wille van de uitverkorenen zullen die dagen worden verkort" (Mattheüs 24:22)

Afzender, ontvangers en een nieuwe heilwens (1:4-8)

"Johannes aan de zeven gemeenten die in Asia zijn: genade zij u en vrede van Hem die is en die was en die komt, en van de zeven geesten die voor zijn troon zijn, en van Jezus Christus, de trouwe getuige, de eerstgeborene van de doden en de overste van de koningen der aarde. Hem die ons liefheeft en ons van onze zonden heeft verlost door zijn bloed, en ons gemaakt heeft tot een koninkrijk, tot priesters voor zijn God en Vader, Hem zij de heerlijkheid en de kracht tot in <alle>

16

eeuwigheid! Amen. Zie, Hij komt met de wolken, en elk oog zal Hem zien, ook zij die Hem doorstoken hebben; en alle stammen van het land zullen over Hem weeklagen. Ja, amen. Ik ben de alfa en de oméga, zegt [de] Heer, God, Hij die is en die was en die komt, de Almachtige."

Vers 4

Johannes aan de zeven gemeenten die in Asia zijn. Nadat de bedoeling van het boek is aangeduid en opdracht is gegeven om het zorgvuldig te bewaren begint nu de eigenlijke Openbaring. Het is opvallend dat de aanhef lijkt op een brief van Paulus. Eerst wordt de afzender vermeld ("Johannes"), dan de geadresseerden ("de zeven gemeenten in Asia"), ten slotte volgt er een gelukwens ("genade zij u en vrede").

Opvallend is ook het bepaald lidwoord. Er staat niet "Johannes aan zeven gemeenten in Asia", maar: "Johannes aan DE zeven gemeenten, die in Asia". In de oudheid was dit een reden om de betrouwbaarheid van het boek in twijfel te trekken. Men meende dat het boek was bestemd voor gelovigen in de eerste eeuw, en men stelde vast dat er op dat moment in Thyatira nog geen christelijke gemeente was. In werkelijkheid richtte Johannes zich echter tot gelovige Israëlieten op de toekomstige dag van de Heer, en er is dus geen enkele reden om aan de betrouwbaarheid van zijn boek te twijfelen. Tijdens de eerste eeuw woonden er in de Romeinse provincie Asia wel veel Joden. De apostel Petrus noemde zulke volksgenoten in zijn eerste brief: "de vreemdelingen in de verstrooiing" (1 Petrus 1:1). Ook in Thyatira was er een Joodse gemeenschap. De purperverkoopster Lydia was uit die plaats afkomstig en zij was een vrouw die "God vereerde", dus een proseliet van het Jodendom (Handelingen 16:14).

Het bepaald lidwoord is nog om een andere reden opmerkelijk. Joden woonden immers niet alleen in de genoemde zeven gemeenten, maar ook in andere steden van de provincie, zoals Troas (Handelingen 20:5), Kolosse, en Hierapolis (Kolossenzen 1:1, 2:1, 4:13). Hoe kon Johannes dan spreken over DE zeven gemeenten in Asia? Velen hebben hieruit afgeleid dat de toestanden in deze gemeenten representatief waren voor de hele diaspora, of dat de schrijver in deze zeven gemeenten werkzaam was geweest, en daarom een bijzondere band met hen bezat. Maar dat is niet de enige reden. Wanneer de

17

dag van de Heer aanbreekt zullen er in deze landstreek precies zeven gemeenten zijn met eigenschappen die in de Openbaring worden beschreven.

Genade zij u en vrede van Hem die is en die was en die komt, en van de zeven geesten die voor zijn troon zijn. Een heilwens als deze is ook te vinden in de brieven van Paulus, Petrus (1 Pet.1:2, 2 Pet.1:2), Johannes (2 Joh.1:3, 3 Joh.1:15) en Judas (Judas 1:2). De gewoonte om zo'n wens uit te spreken is waarschijnlijk ontleend aan de priesterzegen die is vermeld in het boek Numeri:

"De HERE zegene u en behoede u, de HERE doe zijn aangezicht over u lichten en zij u genadig, de HERE verheffe zijn aangezicht over u en geve u vrede" (Numeri 6:25-26).

Zó moesten de priesters Gods naam op de Israëlieten leggen en het volk zegenen. Maar tussen de brieven van Paulus en het boek Openbaring bestaat er ook een belangrijk verschil. Bij Johannes heeft de heilwens een unieke vorm.

Hij wenst zijn lezers genade en vrede van: 1. "Hem die is en die was en die komt" (God), 2. De "zeven geesten die voor Zijn troon zijn" en 3. "Jezus Christus". Waar Paulus God en de Messias vermeldt (Rom.1:7, 1 Kor.1:3, 2 Kor.1:2, Gal.1:3, Efe.1:2, Fil.1:2, 2 Thess.1:2, Filemon:3, 1 Tim.1:2, 2 Tim.1:2, Titus 1:4) voegt Johannes "de zeven geesten" aan de heilwens toe. Zij worden in het boek Openbaring op negen plaatsen vermeld (1:4, 3:1, 4:5, 5:6, 8:2, 8:6, 15:1, 16:2, 21:9). Viermaal heten ze "de zeven geesten", bij andere gelegenheden "de zeven engelen". Uit deze teksten is het volgende af te leiden:

* De zeven geesten zijn vóór de troon (1:4, 4:5), niet óp de troon. Ze behoren tot de hemelse hofhouding. Ze staan gereed om de opdrachten van de Koning uit te voeren. De geesten zien eruit als vurige fakkels (4:5), waaruit blijkt dat het engelen zijn. In de Psalmen en de brief aan de Hebreeën staat, dat God "zijn engelen (boodschappers) tot geesten maakt en zijn dienaars tot een vuurvlam" (Psa.104:4, Heb.1:7).

* Wanneer Johannes hen voor het eerst ziet, zijn ze verbonden met oordeel en gericht. Er gaan bliksemstralen, stemmen en donderslagen uit van de troon

(4:5). De Tronende maakt zich gereed voor een krachtmeting met de schepselen die Hem uitdagen (1 Sam. 2:10).

* In het visioen van de verzegelde boekrol worden de geesten voorgesteld als "de horens en ogen van het Lam" (5:6). Horens zijn een symbool van kracht (1 Sam.2:10, 1 Kon. 22:11, Micha 4:13, Luk.1:69), en ogen van kennis. Wanneer het Lam de aarde gaat bevrijden uit de greep van de satan voert dit zevental Zijn bevelen uit.

* Van de zeven geesten wordt gezegd, dat zij "uitgezonden zijn over heel de aarde" (of: het land, 5:6). Het zijn de "zeven ogen des HEREN, die de ganse aarde doorlopen" (Zacharia 3:9, 4:10). Dit doorlopen van het land houdt verband met zuivering, want de profeet merkt op, dat God "op één dag de ongerechtigheid... zal wegdoen" (Zacharia 3:9).

* In zijn boek vermeldt Johannes "de zeven engelen die vóór God staan" (8:2). Niet "zeven engelen", maar "DE zeven engelen". Uit het bepaald lidwoord blijkt, dat hij die boden al eens had genoemd. "De zeven engelen" zijn blijkbaar dezelfde hemelwezens als "de zeven geesten van God". Van beiden wordt gezegd, dat zij "vóór God staan" en "vóór Zijn troon zijn" (vergelijk 8:2 met 1:4 en 4:5). Later in het boek wordt er opnieuw over "DE zeven engelen" gesproken (16:2).

* Deze engelen voltrekken strafgerichten, in opdracht van God. Zij blazen de bazuinen (8:2, 8:6) en gieten de schalen van Gods gramschap uit (15:1, 16:2, 21:9). Zij treffen de aarde met de "laatste plagen".

De Here Jezus heeft hun optreden als volgt aangekondigd:

"De Zoon des mensen zal zijn engelen uitzenden en zij zullen uit zijn koninkrijk verzamelen alle aanleidingen tot vallen en hen die de wetteloosheid doen, en zij zullen hen in de vuuroven werpen..." (Mattheüs 13:41-42)

Enkele misvattingen moeten in dit verband worden genoemd·

* De zeven geesten zijn niet een aanduiding van "de heilige Geest". Ze zitten niet *op,* maar staan *voor* de troon. Ze wekken geen leven, maar brengen Gods

19

tegenstanders om. De Schepper, de Messias en de engelen worden ook in 1 Timotheüs 5:21 in één adem genoemd:

"Ik betuig voor God en Christus Jezus en de uitverkoren engelen, dat je deze dingen onderhoudt..."

Wie deze opdracht van Paulus hoort of leest, vat "de uitverkoren engelen" niet op als een aanduiding van de heilige Geest. Met "de zeven geesten" moet men dit evenmin doen. Openbaring 1:4-5 is géén "trinitarische formule".

* Dat het Lam "zeven horens" (5:6) heeft betekent niet dat Hem "alle macht is gegeven", want het beest uit de zee beschikt zelfs over *tien* horens (12:3, 13:1, 17:3, 17:12). Toch heeft dat beest *minder* macht dan het Lam. Het getal tien moet letterlijk worden opgevat, want de horens van het beest staan model voor tien koningen (17:12). Ook de horens van het Lam hebben een letterlijke betekenis, want ze staan model voor "zeven engelen".

Johannes wenst zijn lezers genade en vrede van "de zeven geesten die voor Gods troon zijn" om aan te geven, dat God in het oordeel de trouw niet vergeet. "De ogen van de HEERE" (volgens 5:6: de geesten) "gaan over de gehele aarde, om krachtig bij te staan hen, wier hart volkomen naar Hem uitgaat" (2 Kron.16:9).

De zeven geesten staan vóór de troon van "de Zijnde en die Was en de Komende". Ook deze Godsnaam is een schakel die het laatste Bijbelboek verbindt met de Thora. Bij de Horeb sprak God eens vanuit een doornstruik. De HEERE gaf Zijn knecht Mozes toen opdracht om naar Egypte te gaan en zijn volksgenoten te bevrijden, waarop Mozes vroeg:

"Maar wanneer ik tot de Israëlieten kom en hun zeg: De God uwer vaderen heeft mij tot u gezonden, en zij mij vragen: hoe is Zijn naam – wat moet ik hun dan antwoorden?" (Exodus 3:13)

De HEERE gaf op die vraag het volgende antwoord:

"Ik ben, die Ik ben. Aldus zult gij tot de Israëlieten zeggen: Ik ben heeft mij tot u gezonden" (Exodus 3:14)

Deze Godsnaam kan op verschillende manieren worden weergegeven: "Ik ben die Ik ben", "Ik zal zijn die Ik zijn zal" of "Ik zal zijn, zijnde, die was". In de Openbaring noemt God zich "de Zijnde, die Was en de Komende". Dezelfde God die sprak en handelde in het verleden, is er nú en zal er zijn in de toekomst. Actief betrokken bij de lotgevallen van Zijn volk, bereid om te luisteren wanneer het tot Hem roept en trouw aan Zijn eens gegeven belofte die Hij te Zijner tijd beslist zal vervullen. De vorm van de naam kan wisselen, afhankelijk van het tekstverband. In het boek Openbaring vinden we:

"Hem die is en die was en die komt" (1:4, 1:8)
"die was en die is en die komt" (4:8)
"die is en die was" (11:17)

Wanneer Gods "slaven" bemoediging nodig hebben, wordt Zijn aanwezigheid benadrukt en heet Hij: "die IS en die was en die komt" (1:4, 1:8). Wanneer Zijn grote daden in herinnering worden gebracht: de schepping van de wereld met alles wat daarin is, staat "die WAS" voorop (4:8, vergelijk 4:11). Wanneer Hij "Zijn grote kracht heeft aangenomen en Zijn koningschap heeft aanvaard" (11:17b) heet Hij: "die IS en die WAS", en wordt "die komt" weggelaten (11:17a). Hij is dan immers al gekomen. Het gebed: "Uw koninkrijk kome", is dan niet langer noodzakelijk of gepast.

Vers 5

En van Jezus Christus, de trouwe getuige, de eerstgeborene van de doden en de overste van de koningen der aarde. "Trouw" is in het Grieks *pistos:* "geloofwaardig" of "betrouwbaar". De Messias is in meerdere opzichten de "getrouwe getuige". Allereerst om wat Hij Zijn slaven laat zien. Hij heeft wat God Hem gaf getrouw overgeleverd. Wat Hij in de Openbaring zegt is een betrouwbaar woord (1:1, vergelijk 21:5). Hij heeft zijn engel gezonden om deze boodschap "te betuigen voor de gemeenten" (22:16). Het werkwoord *martureoo*, dat in 22:16 met "betuigen" is vertaald, is verwant aan het woord *martus* (1:5), dat "getuige" betekent. Een getuige is iemand die een getuigenis aflegt. Het "getuigenis van Jezus" (12:18, 19:10) is de inhoud en de boodschap van het boek Openbaring.

Uit het tekstverband blijkt, dat de Messias nog in andere zin "de getrouwe getuige" is. Hij is "de eerstgeborene van de doden" (1:5) en "het begin der schepping Gods" (3:14). Hij is een toonbeeld van de heerlijkheid die God eerst aan zijn "zonen" en uiteindelijk aan de hele schepping zal schenken (vgl. Rom.8:19-23, Rom.8:29, Heb.2:9-16, Jak. 1:18).

Bij het aanbreken van de dag van de Heer zal er in Israël een *valse* getuige optreden, waardoor vele Israëlieten zich zullen laten misleiden. Slaven van de Messias moeten doordrongen zijn van het feit dat niet de valse profeet, de getuige van het beest, maar dat Jezus Christus de ware getuige is.

* Omdat het beest "was en **niet is** en uit de afgrond zal opstijgen" (17:8) wenst Johannes zijn lezers genade en vrede van "Hem die *is* en die was en die komt" (1:4). Het beest zal er op een bepaald moment niet zijn, omdat het dan is vermoord en omgekomen. Na zijn schijnopstanding uit de doden zal het goddelijke verering eisen. De ware God is er echter altijd. Op geen enkel ogenblik kan van Hem gezegd worden, dat Hij er niet is.

* Het beest uit de zee zal een helper hebben: het "beest uit het land" (13:12). Die helper is in staat om aan een beeld "adem" (of: geest) te verlenen, zodat dat beeld gaat spreken en kan waarnemen of men ervoor buigt (13:15). Omdat het beest over een machtige afgezant beschikt wenst Johannes zijn "medeslaven" genade en vrede van de boden van de Eeuwige die machtiger zijn dan de bode van het beest (1:4).

* Het beest zal "uit de afgrond opstijgen" (11:7, 17:8) aangezien "zijn dodelijke wond wordt genezen" (13:3). Het claimt de eerste mens te zijn die voor het oog van de wereldpers, op zichtbare en aantoonbare wijze, is opgestaan uit de doden. De mensheid zal dit geloven (13:3, vgl. 2 Thess.2:11-12). Daarom wenst Johannes zijn volksgenoten genade en vrede van Hem die *werkelijk* de Eerste is van de nieuwe schepping, "de Eerstgeborene van de doden" (1:5).

* Het beest uit het land "*misleidt* hen die op de aarde wonen" (13:14). Want een lijk dat opstaat om God te lasteren wordt beheerst door een boze geest uit de afgrond. De onsterfelijkheid die zo'n uit de doden opgestane mens lijkt te bezitten, is geen zegen maar een vloek. Jezus is de "trouwe" getuige (1:5). Het

nieuwe leven dat Hij vertegenwoordigt is werkelijk een zegen en niet langer aan doelmissing onderworpen. Wie in Hem gelooft, komt niet bedrogen uit.

* Het beest ontvangt gezag over "elk geslacht en elk volk en taal en natie" (13:3). Ook dán moeten Gods slaven blijven vertrouwen op "de Overste van de koningen der aarde" (1:5). Het beest zal slechts 3½ jaar heerschappij voeren, maar de ware Messias: Jezus, de zoon van David, zal tijdens de komende wereldtijdperken onafgebroken over de aarde regeren. Omdat het Lam "Heer is van de heren" en "Koning van de koningen", zal Hij het beest overwinnen (17:14).

Hem die ons liefheeft en ons van onze zonden heeft verlost door zijn bloed. "Hem die ons liefheeft" heeft betrekking op de Messias, die als het beeld van God de liefde van Zijn Vader zichtbaar maakt. In de Hebreeuwse Bijbel wordt dikwijls gesproken over de liefde van de Heer voor zijn volk, waaraan nooit een eind komt (Deuteronomium 4:37, 7:8, 23:5; 1 Koningen 10:9, 2 Kronieken 2:11, 9:8; Psalm 47:3,5; Jesaja 43:1,4; Jeremia 31:1,3; Hosea 11:1; Maleachi 1:2). Gods liefde is het hoofdthema van het boek Hosea.

Ook in het laatste Bijbelboek blijkt dat de HERE "Israël zo liefheeft, dat Hij het voor immer in stand wil houden". In de donkerste periode van haar geschiedenis, de "grote verdrukking", de "tijd van Jakobs benauwdheid" zorgt Hij ervoor dat een rest van het volk wordt gespaard (zie Openbaring 7:3, 9:4, 12:5-6, 12:14-16, 13:8, 14:4-5, 14:12, 19:7-9).

In sommige handschriften van het Nieuwe Testament luidt Openbaring 1:5: "die ons van onze zonden *verlost* door zijn bloed", in andere: "die ons van onze zonden *wast* door zijn bloed". In het nieuwtestamentisch Grieks is dit slechts een verschil van één letter, er staat ófwel *lusanti* (die verlost) of *lousanti* (die wast), aoristus-vormen van twee verschillende werkwoorden. Johannes benadrukt het **feit** van de verlossing zonder te zeggen wanneer die plaatsvindt. De vertaling "en ons van onze zonden HEEFT verlost" wekt de indruk dat de verlossing heeft plaatsgehad in het verleden, maar men kan met evenveel recht vertalen: "Hem die ons liefheeft en ons van onze zonden verlost door zijn bloed". Dankzij de Messias zal Israël aan haar bestemming gaan beantwoorden. Eens zal het worden: een heilige natie, niet langer een volk dat zijn doel mist. De prijs die de Messias heeft betaald is daarvan het onderpand.

23

Hij gaf zijn leven om zijn volksgenoten het ware leven te kunnen schenken. Het vervolg van de lofzang sluit hierbij aan.

Vers 6

En ons gemaakt heeft tot een koninkrijk, tot priesters voor zijn God en Vader. Weer blijkt dat het boek Openbaring is gericht tot Joden. De roeping om een priesterlijk koninkrijk te zijn is immers gegeven aan het volk Israël. Bij de berg Sinaï heeft God tegen hen gezegd:

"Nu dan, indien gij aandachtig naar Mij luistert en mijn verbond bewaart, dan zult gij uit alle volken Mij ten eigendom zijn, want de ganse aarde behoort Mij. En gij zult Mij een koninkrijk van priesters zijn en een heilig volk. Dit zijn de woorden die gij tot de Israëlieten spreken zult" (Exodus 19:5-6)

Ondanks de ontrouw van Israël is die roeping nog steeds van kracht (vgl. Rom.11:29), want God heeft bij monde van de profeet Jesaja voorzegd:

"Gij zult priesters des Heren heten, dienaars van onze God genoemd worden; gij zult het vermogen der volken genieten en u op hun heerlijkheid beroemen" (Jesaja 61:6)

In het Nieuwe Testament wordt de belofte herhaald. Aan "vreemdelingen in de verstrooiing", Joden die buiten het land Israël wonen, schreef Petrus:

"Laat u ook zelf als levende stenen gebruiken voor de bouw van een geestelijk huis, om een heilig priesterschap te vormen, tot het brengen van geestelijke offers, die Gode welgevallig zijn door Jezus Christus... Gij... zijt een uitverkoren geslacht, een koninklijk priesterschap, een heilige natie, een volk (Gode) tot eigendom" (1 Petrus 2:5,9)

De vierentwintig oudsten van de hemelse raadsvergadering, die Johannes in een later visioen mocht zien, prijzen de Messias omdat Gods belofte dankzij Hem in vervulling zal gaan.

"U bent geslacht en hebt voor God gekocht met uw bloed uit elk geslacht en taal en volk en natie, en hebt hen voor onze God gemaakt tot een koninkrijk en tot priesters; en zij zullen over de aarde regeren" (5:10)

Het Joodse volk is verstrooid onder "elk geslacht en taal en volk en natie", maar het blijft een volk "Gode ten eigendom" en het zal in de komende eeuwen een priesterlijk koninkrijk zijn:

"Zij zullen priesters van God en van Christus zijn en met Hem duizend jaren regeren" (20:6)

Tijdens de duizendjarige binding van de satan zal zichtbaar worden wat God door de Messias tot stand heeft gebracht. Er zullen dan geen dictators meer worden bejubeld. Gods Zoon zal dan alle eer krijgen. Vandaar dat de ziener eindigt:

Hem zij de heerlijkheid en de kracht tot in <alle> eeuwigheid! Amen. "Tot in alle eeuwigheid" is geen letterlijke weergave van de oorspronkelijke tekst. Johannes schreef: "tot in de eeuwen der eeuwen" (*eis tous aioonas toon aioonoon*). "Eeuwen der eeuwen" is een hebraïsme, net zoals de uitdrukkingen: "heilige der heiligen", "lied der liederen", "knecht der knechten", "heer der heren" en "koning der koningen". Het is een aanduiding van "de eeuwen bij uitstek", de apotheose van de wereldgeschiedenis, de tijdperken waarin Gods bedoelingen zichtbaar worden omdat Hij zijn grote macht heeft opgenomen en het koningschap heeft aanvaard. De Schepper zal dan over de aarde gaan regeren, in de persoon van de Messias. In zijn boek geeft Johannes een beschrijving van die komende eeuwen: het tijdperk van de duizendjarige binding van de satan en het tijdperk van de nieuwe hemel en de nieuwe aarde. "Eeuw" is in de Bijbel geen periode van honderd jaar, maar een aanduiding van een tijdperk in de geschiedenis dat minstens duizend jaar kan duren.

Vers 7

Zie, Hij komt met de wolken. Wat een openbaring zal dat zijn! "Komen met de wolken" betekent: "verschijnen met Goddelijke majesteit". De psalmdichters en profeten hebben over de Schepper gezegd:

"Hij maakt de wolken tot zijn wagen, Hij wandelt op de vleugelen van de wind... In wervelwind en storm is zijn weg, wolken zijn het stof zijner voeten" (Psalm 104:3, Nahum 1:3)

25

Wanneer God gericht houdt en de volken oordeelt, dan "komt Hij met de wolken":

"Zie, de HERE rijdt op een snelle wolk en komt naar Egypte; dan beven de afgoden van Egypte voor Hem en het hart van Egypte versmelt in zijn binnenste" (Jesaja 19:1)

In de evangeliën wordt de symboliek van het komen op de wolken als volgt verklaard:

"Zij zullen de Zoon des mensen zien komen op de wolken des hemels, met grote macht en heerlijkheid" (Mattheüs 24:30, vgl. Mar.13:26)

"Van nu aan zult gij de Zoon des mensen zien, gezeten aan de rechterhand der Macht en komende op de wolken des hemels" (Mattheüs 26:64, vgl. Mar.14:62)

Wie op de wolken komt, is "Gods rechterhand" en bekleed "met grote macht en heerlijkheid". Zo'n mens heeft volmacht gekregen om de aarde te richten, om recht te zetten wat in de loop van de geschiedenis krom is geworden.

En elk oog zal Hem zien, ook zij die Hem doorstoken hebben; en alle stammen van het land zullen over Hem weeklagen. Ja, amen! Door het woordje *kai* met "ook" te vertalen wordt de indruk gewekt, dat de groep mensen waarbinnen "elk oog" Christus zal zien, een grotere is dan de groep die Hem heeft doorstoken. Het voegwoord *kai* kan echter verklarende betekenis hebben. Dikwijls staat het aan het begin van een bijzin, ter verduidelijking van het voorafgaande. Het ligt daarom voor de hand om 1:7 als volgt te vertalen: "elk oog zal Hem zien, *zij namelijk* die Hem hebben doorstoken, en alle stammen van het land zullen over Hem weeklagen".

Sommige Bijbelvertalingen zeggen, dat "alle stammen der aarde" (NBG51, HSV) of "alle geslachten der aarde" (Canisius) over de Messias zullen weeklagen, andere hebben: "alle stammen van het land" (Telos). Door de eerste vertaling wordt de indruk gewekt dat Mattheüs en Johannes de hele mensheid op het oog hadden. De tweede vertaling laat zien, dat de Bijbelschrijvers spraken over Joden.

26

Wie Schrift met Schrift vergelijkt, ontdekt, dat Johannes citeerde uit het Bijbelboek Zacharia en dus het oog had op het land Israël. Na de Babylonische ballingschap heeft de HEERE door de mond van Zacharia gezegd:

"Zij zullen hem (Hebr. Mij) *aanschouwen die zij doorstoken hebben, en over hem een rouwklacht aanheffen, als de rouwklacht over een enig kind, ja, zij zullen over hem bitter leed dragen als het leed om een eerstgeborene"* (Zacharia 12:10)

Uit het tekstverband in het boek Zacharia blijkt dat "zij" betrekking heeft op de inwoners van de stad Jeruzalem en het land Israël:

"Te dien dage zal in Jeruzalem de rouwklacht groot zijn... het land zal een rouwklacht aanheffen, alle geslachten afzonderlijk" (Zacharia 12:11)

Alle inwoners van stad en land zullen rouw bedrijven, de leden van elk gezin, zowel de mannen als de vrouwen, ook de priesters en de Levieten:

"Het geslacht van het huis van David afzonderlijk en hun vrouwen afzonderlijk; het geslacht van het huis van Nathan afzonderlijk en hun vrouwen afzonderlijk; het geslacht van het huis van Levi afzonderlijk en hun vrouwen afzonderlijk; het geslacht van Simei afzonderlijk en hun vrouwen afzonderlijk; alle overige geslachten, alle geslachten afzonderlijk en hun vrouwen afzonderlijk" (Zacharia 12:11-14).

Het werkwoord "weeklagen" heeft betrekking op de rouwklacht die men aanheft over een gestorvene. De vrouwen in het huis van Jaïrus klaagden, omdat diens dochtertje was overleden (Luk.8:52). En de vrouwen, die Jezus volgden naar de heuvel Golgotha, "beklaagden" Hem omdat Hij op weg was naar Zijn executie (Luk.23:27). Na de val van Babylon zullen de kooplieden van de aarde "rouw bedrijven", omdat hun handelspartners zijn omgekomen (Openb.18:9). Wie "weeklaagt" treurt om een groot verlies.

In het christendom heeft men de rouwklacht van de stammen opgevat als een uiting van spijt. Wie op de aarde wonen, zullen betreuren dat ze zich niet tijdig hebben bekeerd. Want wanneer Jezus verschijnt, is – volgens de kerkelijke visie - de kans om behouden te worden voorgoed verkeken.

27

Volgens de profetie van Zacharia is de rouwklacht echter géén uiting van spijt, en worden de rouwenden beslist niet veroordeeld of verworpen. Johannes beschouwde het "klagen van de stammen" als een *heilsfeit*, dat in de Schrift was aangekondigd. Hij verlangde met heel zijn hart naar de komst van Jezus op de wolken en de weeklacht van de stammen. Op het woord "weeklagen" liet hij volgen: "Ja, amen!", een dubbele bevestiging: "Zeker, zó zal het zijn!" De schrijver dacht niet: "Laat de Heer nog maar een poosje wegblijven, want als Hij eenmaal komt, is het voor mijn volksgenoten voor eeuwig te laat". Integendeel, hij zag met brandend verlangen uit naar de komst van de Messias. Toen zijn boek was voltooid bad hij: "Amen, kom, Here Jezus!" (22:20). Ook in dit opzicht sluit Openbaring 1:7 aan bij wat Zacharia heeft gezegd. Diens Godsspraak begint met de woorden:

"Ik zal over het huis van David en over de inwoners van Jeruzalem uitgieten de Geest der genade en der gebeden" (Zacharia 12:10).

Wanneer de stammen beginnen te weeklagen, zal het volk Israël worden behouden en zal Israëls hoop in vervulling gaan, want de profeet eindigt:

"Te dien dage zal er een bron ontsloten zijn voor het huis van David en voor de inwoners van Jeruzalem ter ontzondiging en reiniging" (Zacharia 13:1).

Omdat Israëls rouwklacht wordt bewerkt door Gods Geest zal ze leiden tot afwassing van zonden. Afgodendienst en valse profetie zullen uit het land verdwijnen (Zacharia 13:1-6). De stammen zullen rouw bedrijven vanwege het feit dat men een onschuldige (volgens de grondtekst de HEERE zelf!) heeft doorstoken. Men zal de misdaad betreuren die men heeft begaan, maar zich met zijn ganse hart bekeren.

De "bron ter ontzondiging" is het bloed van Christus. Toen Hij werd doorstoken kwamen er bloed en water uit zijn zijde:

"De soldaten dan kwamen en braken wel de benen van de eerste en van de andere die met Hem waren gekruisigd, maar toen zij bij Jezus kwamen en zagen dat Hij al was gestorven, braken zij zijn benen niet. Maar één van de soldaten doorstak zijn zijde met een speer en terstond kwam er bloed en water uit. En hij die het heeft gezien, getuigt het en zijn getuigenis is waar, en hij weet dat hij zegt wat waar is, opdat ook u gelooft. Want deze dingen zijn

gebeurd opdat de Schrift vervuld wordt: 'Geen been van Hem zal worden verbrijzeld'. En weer een ander Schriftwoord zegt: 'Zij zullen zien op Hem die zij hebben doorstoken'" (Johannes 19:34-37)

De Messias zal Israëls zonden wegwassen omdat Hij Israël liefheeft (1:5). Dat wegwassen vindt plaats zodra men Hem in geloof aanschouwt.

Vers 8

Ik ben de alfa en de omega, zegt [de] Heer, God, Hij die is en die was en die komt, de Almachtige. De alfa is de eerste en de omega de laatste letter van het Griekse alfabet. De uitdrukking "de alfa en de omega" is een synoniem van "de eerste en de laatste" (1:17, 2:8, 22:13) of "het begin en het einde" (21:6, 22:13). Die namen zijn ontleend aan het boek Jesaja, waar God zegt:

"Wie heeft dit bewerkt en tot stand gebracht? Hij, die de geslachten van de aanvang af heeft geroepen; Ik, de HERE, die de eerste ben, en bij de laatsten ben Ik dezelfde" (Jesaja 41:4)

"Ik ben de eerste en Ik ben de laatste en buiten Mij is er geen God. En wie is als Ik – Hij roepe het uit en verkondige het en legge het Mij voor – daar Ik toch het overoude volk in het aanzijn riep, en hetgeen er in de toekomst gebeuren zal, mogen zij verkondigen. Weest niet verschrikt en vreest niet. Heb ik het u niet van oudsher doen horen en verkondigd? Gij zijt mijn getuigen: is er een God buiten Mij? Er is geen andere Rots, Ik ken er geen" (Jesaja 44:6-8)

"Hoor naar Mij, Jakob, Israël, mijn geroepene. Ik ben dezelfde, Ik ben de eerste, ook ben Ik de laatste, ook heeft mijn hand de aarde gegrondvest en mijn rechterhand heeft de hemelen uitgebreid. Roep Ik hen, zij staan daar tezamen. Vergadert u allen en hoort. Wie onder hen heeft dit verkondigd? Hij, dien de HERE liefheeft, zal zijn welgevallen voltrekken aan Babel en zijn macht aan de Chaldeeën. Ik, Ik heb gesproken, ja, Ik heb hem geroepen, Ik heb hem doen komen en hij zal voorspoed hebben op zijn weg. Nadert tot Mij, hoort dit: Van de aanvang af heb Ik niet in het verborgene gesproken; ten tijde dat het geschiedt, ben Ik daar" (Jesaja 48:12-16)

De levende God die aan de oorsprong stond van het volk Israël, die dat volk aan zich verbond door het uit Egypte te leiden en het Zijn onderwijzing te geven, diezelfde God kondigt ook van tevoren aan hoe het met dat ontrouwe volk zal aflopen. Alle inwoners van het land zullen rouw bedrijven. Vanaf dat moment zal er bij Israël van ontrouw geen sprake meer zijn. Het lijkt ongelofelijk. Maar Hij die het aangekondigd heeft zal er ook zijn wanneer het geschiedt. Ook in de tijd van Jakobs benauwdheid "is" Hij er. Hij "was" er bij Israëls begin, en Hij "zal komen" om zijn volk te verlossen.

"De Heer, God" is een equivalent van het Hebreeuwse *JHVH Adonai*, "de HEERE Here", de God van het verbond die de Schepper en Onderhouder is van alle dingen. *Die* God is in Openbaring 1:8 aan het woord. Wat Hij gesproken heeft zal beslist in vervulling gaan.

"Almachtige" is een vertaling van het Griekse woord *Pantokrator*. Deze Godsnaam komt in het boek Openbaring zevenmaal (1:8. 4:8. 11:17, 15:3, 16:7, 19:6, 21:22) en in de rest van het Nieuwe Testament slechts éénmaal voor (2 Kor.6:18). In de Septuagint, de vertaling van de Hebreeuwse Bijbel in het Grieks die in de oudheid is gemaakt, is *ho pantokrator* de weergave van *El Shaddai*, "Heer van de legermachten" (Amos 3:13, 4:13). Gods trouw, onveranderlijkheid en almacht staan er garant voor dat Israël eens aan haar roeping zal gaan beantwoorden.

Johannes' opdracht (1:9-11)

"Ik, Johannes, uw broeder en mededeelgenoot in de verdrukking en het koninkrijk en de volharding in Jezus, kwam op het eiland dat Patmos heet, om het woord van God en het getuigenis van Jezus. Ik kwam in [de] Geest op de dag van de Heer, en ik hoorde achter mij een luide stem als van een bazuin, die zei: Wat u ziet, schrijf dat in een boek en zend het aan de zeven gemeenten: naar Efeze, naar Smyrna, naar Pérgamus, naar Thyatira, naar Sardis, naar Filadelfia en naar Laodicéa"

Vers 9

Ik, Johannes, uw broeder en mededeelgenoot in de verdrukking en het koninkrijk en de volharding in Jezus, kwam op het eiland dat Patmos heet, om het woord van God en het getuigenis van Jezus. Vanaf vers 9 geeft Johannes een verslag van zijn ervaringen. Hij is een "broeder" van de "slaven" waarvoor het boek Openbaring is bestemd, dus hun volksgenoot (vgl. Han.2:29,37; 3:17,22; 7:2,23,25,26,37; 13:15,26,38; 22:1,5,6; 23:1,5; 28:17,21). Bovendien is hij hun "mededeelgenoot in de verdrukking en het koninkrijk en de volharding in Jezus". Uit de Griekse zinsbouw blijkt, dat drie zelfstandige naamwoorden (verdrukking, koninkrijk en volharding) gezamenlijk worden bepaald door de toevoeging, "in Jezus". Johannes spreekt niet over verdrukking in algemene zin: gevaarlijke of moeilijke omstandigheden, die elk mens kunnen treffen. Hij spreekt over een bijzondere vorm van verdrukking die alleen gelovigen maar ervaren: benauwdheid "in Jezus". Die verdrukking houdt verband met "het koninkrijk" en met "volharding", dat wil zeggen: met volhouden en blijven uitzien naar het komende rijk. Gelovigen hebben weet van Gods rijk dat komt. Maar het is moeilijk om die verwachting levend te houden. Van Gods heerschappij is immers nog niets te zien. En de ontwikkelingen in de samenleving wekken de indruk dat Zijn rijk verder weg is dan ooit. Afval van God, verzet tegen Zijn openbaring, toenemend ongeloof, groeiende wetteloosheid zijn overal zichtbaar. Gods "slaven" zullen een extreme variant van dit alles ervaren. Zij zullen meemaken, dat de "mens van de zonde" in de tempel gaat zitten en zich als God laat vereren, waardoor vele van hun volksgenoten hun Maker ontrouw zullen worden (2 Thess.2:3-4). Johannes had in zijn eigen tijd iets meegemaakt dat op de afval van de eindtijd lijkt. In het zesde en zevende decennium van de eerste eeuw stonden er leugenaars op die ontkenden dat Jezus de Messias was, en zij sleepten vele Israëlieten in hun dwaling mee (1 Joh.2:18-27). Johannes had deel aan dezelfde verdrukking die Gods "slaven" zullen ervaren op de dag van de Heer.

Voor "ik kwam" staat in het Grieks een verbuiging van het werkwoord "worden". Omdat "ik werd in het eiland" een onbegrijpelijke zin is, hebben vertalers het werkwoord *ginomai* niet als "worden" weergegeven. In hun vertalingen staat: "ik kwam" (of: "ik was") op het eiland genaamd Patmos. Maar het Griekse werkwoord wijst op doelgerichtheid. De Almachtige beschikte dat de ziener op Patmos terechtkwam, hij moest daar zijn om de openbaring te ontvangen die de Schepper aan Zijn "slaven" wilde geven.

"Het woord van God en het getuigenis van Jezus" is een aanduiding van de visioenen die in het boek Openbaring worden beschreven. "Het woord van God en het getuigenis van Jezus" bestaat uit "alles wat Johannes heeft gezien" (1:2). Uit vers 9 kunnen we niet afleiden dat Johannes naar een eiland werd verbannen omdat de Romeinse overheid het christendom had verboden. *God* bracht hem naar Patmos om hem een profetische openbaring te geven en hem die te laten optekenen. Op een eiland in de grote zee, symbool van een synagoge in de diaspora, ontving de ziener de "last van het woord des HEREN", de profetie (1:3) die de inhoud vormt van het laatste Bijbelboek.

Vers 10

Ik kwam in [de] Geest op de dag van de Heer. Het tiende vers van de Openbaring is in Bijbelvertalingen niet nauwkeurig weergegeven. In de oorspronkelijke tekst staat niet: "de dag van de Heer", maar: "'s Heren dag". Bovendien ontbreekt het bepaald lidwoord voor het woord "geest". Er is geen enkele reden om dit woord met een hoofdletter weer te geven. "In geest" is een uitdrukking die we in het laatste Bijbelboek herhaaldelijk tegenkomen:

"Ik kwam in geest op 's Heren dag…" (1:10)

"Hierna zag ik, en zie, een deur was geopend in de hemel, en de eerste stem die ik gehoord had als van een bazuin… zei: Kom hier op… Terstond kwam ik, in geest…" (4:1-2)

"En hij voerde mij weg in geest naar een woestijn" (17:3)

"En hij voerde mij weg in geest op een grote en hoge berg en toonde mij de heilige stad, Jeruzalem, die uit de hemel neerdaalde van God en de heerlijkheid van God had" (21:10)

De apostel Paulus laat zien, dat "in geest" de tegenpool is van "naar het lichaam". Aan de gemeenten van Korinthe en Kolosse schreef hij:

"Want ik, naar het lichaam afwezig maar naar de geest aanwezig, heb reeds, alsof ik aanwezig was, hem geoordeeld, die dit zo bedreven heeft, in de naam van <onze> Heer Jezus <Christus>" (1 Korinthe 5:3)

"Want al ben ik ook naar het lichaam afwezig, toch ben ik in de geest bij u en verblijd ik mij bij het zien van uw orde en de vastheid van uw geloof in Christus" (Kolossenzen 2:5)

Wanneer een profeet hemelse dingen te schouwen krijgt, dan vertoeft hij "in geest" bij God, terwijl zijn lichaam op aarde blijft. "Naar de geest" is hij in de hemel, "naar het lichaam" bevindt hij zich op aarde (4:1-2). Johannes reisde niet lichamelijk naar de woestijn (17:3) of naar de top van een hoge berg (21:10), maar hij werd daarheen gevoerd "in geest". "Naar het lichaam" bevond de ziener zich op een Grieks eilandje, aan het begin van onze jaartelling (1:9), maar "in geest" werd hij verplaatst naar 's Heren dag (1:10). God gaf hem te zien wat er in de verre toekomst in Klein Azië en in het land Israël zal gaan gebeuren (vgl. 19:11 e.v.).

De uitdrukking "'s Heren dag", "dag des Heren", of "dag van de Heer" komt in het Nieuwe Testament viermaal voor:

"Want u weet zelf nauwkeurig dat de dag van de Heer komt als een dief in de nacht" (1 Thessalonicenzen 5:2)

"Wij vragen u echter, broeders, in verband met de komst van onze Heer Jezus Christus en onze bijeen vergadering tot Hem, dat u niet snel in uw denken geschokt of verschrikt wordt... alsof de dag van de Heer al aangebroken zou zijn" (2 Thessalonicenzen 2:2)

"Maar de dag van de Heer zal komen als een dief, waarop de hemelen met gedruis zullen voorbijgaan en de elementen brandend vergaan" (2 Petrus 3:10)

"Ik kwam in geest op 's Heren dag" (Openbaring 1:10)

De uitdrukking heeft niet betrekking op de zondag, maar op het toekomstige tijdperk waarin de Heer de wereld rechtvaardig gaat oordelen.

Bij de uitdrukking "'s Heren dag" ligt de nadruk op het woord *dag*. Wij leven nu nog in 's mensen dag (1 Kor.4:3, grondtekst), maar Johannes werd verplaatst naar 's Heren dag. Het liet Paulus onverschillig hoe hij in het hier en nu door zijn medestervelingen beoordeeld werd. Hoe de Heer op *Zijn* dag over hem zou oordelen, alleen dát was voor de apostel belangrijk (1 Kor.4:1-5). Op die dag wilde hij als rentmeester van Gods verborgenheden trouw worden bevonden.

Bij de uitdrukking "dag van de Heer" ligt de nadruk op het woord *Heer*. De dag van de Heer is de dag van de *parousia*, het tijdperk van de komst en de daaropvolgende tegenwoordigheid van de Messias op aarde.

En ik hoorde achter mij een luide stem als van een bazuin, die zei.
Johannes hoorde achter zich een luide stem die hem opdracht gaf om wat hij zag op te schrijven. Voor "luide stem" staat in het Grieks letterlijk "grote stem": de spreker ging de menselijke maat te boven. Uit het tekstverband blijkt dat deze "luide stem" *niet* de stem van Christus was. De opgestane Heer heeft een stem die klinkt "als een gedruis van vele wateren" (1:15). Hij dicteerde Johannes wat die moest schrijven aan de zeven gemeenten (2:1, 8, 12, 18; 3:1, 7, 14). De stem "als een bazuin" was een andere, en wordt daarom in 4:1 aangeduid als "de *eerste* stem die ik gehoord had". De bazuinstem was afkomstig van de openbaringsengel (1:1); de bruisende stem van de verheerlijkte Messias.

"Als van een bazuin" is een nieuwe verbindingsschakel tussen het boek Openbaring en het volk Israël. In het heilige land werd er bij allerlei gelegenheden op de "bazuin" geblazen om de mensen bijeen te roepen. Daarbij kon gebruik worden gemaakt van *sjofarim* (ramshoorns) maar ook van zilveren trompetten. Israël is het volk "dat het geklank kent". "Als van een bazuin" geeft aan, dat God "opstaat tot de strijd". Hij gaat de aarde richten (vgl. Psalm 68:2, 1 Kor.14:8). Ook in latere visioenen die in het boek Openbaring worden beschreven wordt er op bazuinen geblazen, en na elke bazuinstoot treedt de Messias op tegen de (politieke en godsdienstige) tegenstanders van "de heiligen" (8:2, 6, 13; 9:14).

Vers 11

"Wat u ziet, schrijf dat in een boek en zend het aan de zeven gemeenten". Toen de stem klonk, had Johannes nog niets gezien. Hij moest zich omdraaien om iets te zien te krijgen. "Wat u ziet" was een verwijzing naar de toekomst. Wanneer God over toekomstige zaken spreekt gebruikt Hij de tegenwoordige tijd. Voor de Eeuwige is de toekomst even zeker als het heden.

De engel die de Messias had gestuurd, gaf Johannes opdracht om wat hij zag op te schrijven en dit verslag te sturen aan "de zeven gemeenten" (1:4). Voor "boek" gebruikt de schrijver het woord *biblion*, een verkleinwoord van *biblos*, dus: "een boekje", een rol van kleine afmetingen. Het boek in kwestie kennen wij als de Openbaring.

De engel noemde de gemeenten die het geschrift moesten ontvangen bij name:
"naar Efeze, naar Smyrna, naar Pergamus, naar Thyatira, naar Sardis, naar Filadelfia en naar Laodicéa". Gerekend vanuit Patmos was Efeze de dichtstbijzijnde plaats. Wanneer een bode vanuit die havenstad naar het noorden reisde en vervolgens naar het oosten en zuiden, zou hij een cirkelvormige weg afleggen en de steden bereiken in de volgorde waarin de engel ze had opgesomd. In heel de provincie Asia, en ook in de genoemde plaatsen was er een omvangrijke Joodse gemeenschap.

Wat Johannes zag (1:12-16)

"En ik keerde mij om, om de stem te zien die met mij sprak en toen ik mij had omgekeerd, zag ik zeven gouden kandelaars; en in [het] midden van de kandelaars [iemand de] Zoon des mensen gelijk, bekleed met een gewaad tot de voeten en aan de borst omgord met een gouden gordel, en zijn hoofd en haar wit als witte wol, als sneeuw, en zijn ogen als een vuurvlam en zijn voeten aan blinkend koper gelijk, als gloeiden zij in een oven, en zijn stem als een gedruis van vele wateren. En Hij had in zijn rechterhand zeven sterren en uit zijn mond kwam een scherp, tweesnijdend zwaard, en zijn gezicht was zoals de zon schijnt in haar kracht".

Vers 12

En ik keerde mij om, om de stem te zien die met mij sprak. Aangezien de "luide stem als van een bazuin" achter Johannes had geklonken (1:10), wendde de ziener zich om. "Om de stem te zien die met mij sprak" is een Griekse stijlfiguur die bekend staat als *metonymia*. Een woord wordt in plaats van een ander woord gebruikt op grond van een bestaande betrekking. Ook in het Nederlands gebruiken we deze stijlfiguur dikwijls. We kunnen bijvoorbeeld spreken over "de neuzen tellen" terwijl we de aanwezigen bedoelen. "Ik keerde mij om, om de stem te zien die met mij sprak" wil zeggen, "Ik keerde mij om, om de spreker te zien". Omdat de kracht en de klank van de stem de menselijke maat overstegen, wint de stijlfiguur aan betekenis. Johannes schrok en was verbaasd.

En toen ik mij had omgekeerd, zag ik zeven gouden kandelaars. De Griekse tekst gebruikt voor "kandelaar" het woord *luchnia*. Johannes zag zeven standaarden voor olielampen. In de tabernakel in de woestijn en in de latere tempel in Jeruzalem stond één grote zevenarmige "kandelaar". De lampen op die kandelaar brandden op olijfolie. Johannes zag daarentegen zeven losse "kandelaren", elk met een eigen brandende pit. De kandelaren waren van *goud*, wat erop wijst dat ze voor de dienst van God bestemd waren. De voorwerpen in het aardse heiligdom waren van goud gemaakt, in tegenstelling tot de voorwerpen in de voorhof. Een kandelaar geeft niet zelf licht maar is de drager van een lichtbron. Om licht te kunnen verspreiden moet zo'n "kandelaar" worden voorzien van een reservoir met olie en een brandende pit. Ook een gemeente verspreidt niet vanzelfsprekend licht. Om licht te kunnen verspreiden moet zij Gods woord laten klinken. De Geest die door het woord spreekt is haar "oliereservoir" en de brandende "pit" is de *sheliach tsibboer* die in de samenkomst voorleest.

Vers 13

En in [het] midden van de kandelaars [iemand, de] Zoon des mensen gelijk. In de oorspronkelijke tekst ontbreekt het bepaald lidwoord voor het woord "zoon". Johannes schreef niet, dat hij iemand zag die leek op *de* Zoon des mensen. De ziener schreef dat hij tussen de kandelaren een menselijke gestalte zag, een levend wezen dat er uitzag als een mens. Zijn woorden luiden letterlijk:

*"en in midden der kandelaars als **een** zoon des mensen"*

De beschrijving die Johannes geeft doet denken aan de profetieën van Ezechiël en Daniël. Ezechiël sprak over "een gedaante, die er uitzag *als* een mens" (Ez.1:26) en Daniël over "iemand *gelijk* een mensenzoon" (Dan.7:13). De Bijbelschrijvers gebruikten zulke bewoordingen omdat de persoon die met hen sprak kennelijk menselijk was. Ze zagen handen en voeten, een gezicht en een gewaad. Maar de persoon die zich aan hen openbaarde was geen gewone sterveling. Hij was bekleed met hemelse heerlijkheid en Goddelijke majesteit. Vandaar, dat het woordje "als" in hun beschrijvingen telkens terugkeert. Ze zagen een mens, en toch was die persoon heel anders dan gewone mensen.

Dat de Mensenzoon zich te midden van zeven kandelaars bevond, heeft ongetwijfeld betekenis. Kandelaars worden aangestoken en op een donkere

36

plaats neergezet om licht te verspreiden. Dat licht is van de Messias afkomstig. Hij verzorgt hun lampen, zoals de priesters dit deden in de tabernakel.

Bekleed met een gewaad tot de voeten en aan de borst omgord met een gouden gordel. Het eerste wat Johannes opvalt, zijn de kleren die de man aanheeft. Hij draagt een lang gewaad. De gordel die dat gewaad bijeenhoudt bevindt zich niet om zijn heupen maar om zijn borst. En die gordel is van goud.

De uitdrukking "bekleed met een gewaad tot de voeten" (Gr. *endedumenon podere*) verwijst naar een visioen van Ezechiël (Ez.9:1-10:22). In dat visioen stuurde de HEERE zes verderfengelen op Jeruzalem af. Die engelen werden vergezeld door een man "met linnen bekleed" (Ez.9:2,11). De man in Ezechiëls visioen droeg ook een lang gewaad. Hij moest een merkteken aanbrengen op het voorhoofd van de rechtvaardigen in Jeruzalem, zodat zij gespaard bleven en niet samen met de onrechtvaardigen verdelgd zouden worden (Ez.9:4-6). In het boek Openbaring gebeurt precies hetzelfde. Vóórdat de oordelen losbarsten, wordt er een zegel aangebracht op het voorhoofd van Gods "slaven" (7:2-3). Dat zegel voorkomt dat zij worden getroffen door de toekomstige plagen (9:4).

Een gouden gordel om de borst zal Johannes later opnieuw opmerken, bij de "zeven engelen die de zeven laatste plagen hebben". Wanneer die engelen uit de hemelse tempel komen, zijn ze "bekleed met rein, blinkend linnen en aan de borst omgord met gouden gordels" (15:6).

Uit de kleding die de Mensenzoon aanheeft blijkt, dat Hij uit het hemels heiligdom komt, en in opdracht van God de aarde gaat richten. Maar in het oordeel vergeet Hij de barmhartigheid niet. Wie op God vertrouwen worden gespaard. De Mensenzoon "voert oorlog in gerechtigheid" (19:11).

Vers 14

En zijn hoofd en haar wit als witte wol, als sneeuw. Johannes' aandacht werd van de kleding van de gestalte naar diens hoofd geleid. De uitdrukking "wit als witte wol, als sneeuw" verwijst naar het boek Daniël. In een van zijn visioenen had Daniël gezien, dat "een Oude van dagen" plaatsnam, als voorzitter van de hemelse vierschaar, en dat er boeken werden geopend om te kunnen gaan rechtspreken (Dan.7:9-10). Over die "Oude van dagen" merkte de profeet op: "Zijn kleed was wit als sneeuw en zijn hoofdhaar blank als wol". Wit haar wijst op eerbiedwaardige ouderdom (vgl. Spreuken 16:31, 20:29) en de daarmee gepaard gaande wijsheid en bezonnenheid.

Als Eersteling, Leidsman en Voorloper van de nieuwe schepping is de Mensenzoon gemachtigd om oordeel te vellen en om het verkeerde recht te zetten. Hij is de Eerste en de Laatste (1:18, 2:8), het begin van de schepping van God (3:14), de Alfa en de Omega, het Begin en het Einde (21:6, 22:13).

En zijn ogen als een vuurvlam. Ook deze uitdrukking is ontleend aan het boek Daniël. Toen Daniël aan de oever van de Tigris vertoefde, was er "een man in linnen klederen gekleed" aan hem verschenen. De ogen van die man waren "als vurige fakkels" (Dan.10:6). Uit het verband blijkt, dat deze metafoor wijst op inzicht dat het normale menselijke verstand ver te boven gaat. Daniël had "zijn hart erop gezet om inzicht te verkrijgen en zich voor zijn God te verootmoedigen" (Dan.10:12). De man die hij ontmoette was gekomen "om hem te verstaan te geven wat zijn volk in het laatst der dagen overkomen zou", hij beschikte over kennis aangaande de toekomst die van God afkomstig was (Dan.10:14).

De Mensenzoon die op het eiland Patmos aan Johannes verscheen kwam met dezelfde bedoeling naar de ziener toe. Hij kwam Johannes tonen "wat hierna zou gebeuren" (1:19), wat het volk Israël zou wedervaren in de slotfase van de tegenwoordige eeuw. "Ogen als een vuurvlam" worden in het boek Openbaring nog tweemaal vermeld. Allereerst in de boodschap voor de gemeente van Thyatira (2:18). Daar wijst de beeldspraak op een volmaakt inzicht. De Mensenzoon doorzoekt de nieren en de harten (2:23). Ook de laatste Ruiter op het witte paard heeft "ogen als een vuurvlam" (19:12), waardoor Hij kan "oordelen in gerechtigheid" (19:11). Hij beschikt over volmaakte kennis – niet alleen van de daden van de mensen maar ook van de motieven en drijfveren die achter die daden schuilgingen. Daarom is Hij in staat om een rechtvaardig oordeel te vellen.

Vers 15

En zijn voeten aan blinkend koper gelijk, als gloeiden zij in een oven.
De precieze betekenis van het Griekse woord *chalkolibanos* is onbekend. Het komt alleen voor in het boek Openbaring (1:15, 2:18). Het is een samenstelling van de woorden *chalkos* ('messing') en *libanos* (dat 'balsemhars' of 'wierookhars' betekent). Aangezien wierook wordt aangestoken en verbrand, veronderstellen velen dat *chalkolibanos* duidt op een "blinkend of glanzend metaal", een spiegelende legering met hoge lichtweerkaatsing. De kerkvader Hiëronymus gaf het in zijn Bijbelvertaling (de Latijnse Vulgata) weer als *aurichalcum*, een mengsel van goud, koper en zilver. De toevoeging "als gloeiden zij in een oven" wijst op een lichtglans, en op een legering waaruit alle onzuiverheden door verhitting zijn verwijderd, dus een gezuiverd metaal.

De beschrijving die Johannes van de voeten geeft verwijst opnieuw naar het Bijbelboek Daniël. Over de man die bij de Tigris aan hem verscheen had Daniël gezegd dat "zijn armen en voeten glanzend waren, van gepolijst koper" (Dan.10:6). De overeenkomst met het visioen van Johannes is frappant.

Toen de "heerlijkheid des HEEREN" aan Ezechiël verscheen, werd Gods troon gedragen door vier *cherubim* of "levende wezens". Ook de "voetzolen" van die wezens "fonkelden als gepolijst koper" (Ezech.1:7). Over hun manier van lopen merkt Ezechiël op: "Zij keerden zich niet om als zij gingen; zij gingen ieder recht voor zich uit" (Ezech.1:9). De profeet vond dit blijkbaar belangrijk, want hij zei opnieuw: "Zij gingen ieder recht voor zich uit; waarheen de geest wilde gaan, gingen zij; zij keerden zich niet om als zij gingen" (Ezech.1:12). De cherubim werden bestuurd door Gods geest en gehoorzaamden de wil van God volkomen; ze hoefden nooit op hun schreden terug te keren.

Uit de vergelijking met de Bijbelboeken Ezechiël en Daniël blijkt, dat de metafoor van blinkende voeten uitbeeldt dat de Mensenzoon optreedt in volmaakte overeenstemming met de wil van zijn Vader. Als Hij oordeelt,

39

spreekt en handelt Hij zó als de Vader Hem heeft opgedragen. Zijn vonnis heeft Goddelijk gezag. Niets of niemand kan de uitvoering van dat vonnis verhinderen.

En zijn stem als een gedruis van vele wateren. De "stem als een gedruis van vele wateren" verwijst opnieuw naar een visioen van Ezechiël. Wanneer de heerlijkheid des HEEREN zich verplaatste maakten de vleugels van de cherubs een ruisend geluid, "als het gebruis van vele wateren, als de stem des Almachtigen" (Ezech.1:24). Volgens Ezechiël klinkt de stem van de Almachtige als een waterstroom. Wat de Mensenzoon tegen Johannes zei, was dus het woord van de almachtige God.

De vergelijking van Gods stem met wateren heeft diepe betekenis. De HERE is "verheven boven de stemmen van vele wateren, van de geweldige baren der zee" (Psalm 93:4). Ook boven Israëls aartsvijanden uit de volkerenzee:

"Natiën bruisen zoals geweldige wateren bruisen, maar dreigt Hij ze, dan vluchten ze weg en worden opgejaagd als kaf op de bergen vóór de wind" (Jesaja 17:13).

Wanneer de heerlijkheid des HEEREN na lange afwezigheid terugkeert en de herbouwde tempel binnengaat, zal er opnieuw een geluid klinken "als het gedruis van vele wateren" (Ezech.43:2). Uit de stem die klonk als bruisend water blijkt, dat God in de Persoon van de Mensenzoon naar Israël terugkeert om bij Zijn volk te wonen. Al verzetten de naties zich daartegen, al trekken ze gezamenlijk op tegen Jeruzalem (19:19-21), ze kunnen dit voornemen van de Almachtige niet verijdelen.

In het boek Openbaring klinkt het bruisende stemgeluid nogmaals, bij twee gelegenheden. Wanneer het Lam met honderdvier-en-veertig duizend volgelingen op de berg Sion staat, klinkt er "een stem uit de hemel als een stem van vele wateren" (14:2). En wanneer de Almachtige het koningschap aanvaardt en over de aarde gaat regeren, klinkt de stem opnieuw (19:6). Steeds gaat het om de HEERE die naar Zijn volk terugkeert en zich met dit volk verenigt.

40

Vers 16

En Hij had in zijn rechterhand zeven sterren. De uitdrukking "zeven sterren" wekt in het oorspronkelijke Grieks andere associaties dan in het Nederlands. Bij een ster denken wij aan een gloeiende gasbol op grote afstand van de aarde, een hemellichaam dat groter is dan de zon en dat alleen maar klein lijkt omdat het zo ver weg is. Maar voor de mens uit de oudheid was een ster een lichtpuntje in de nacht, de tegenpool van de "zon in haar kracht". Het Griekse woord *aster* kan betrekking hebben op een ster aan het firmament, maar ook op het vlammetje van een kaars of de brandende pit van een olielamp. In het vervolg van de Openbaring zal de Mensenzoon aan zijn "slaaf Johannes" uitleggen wat de zeven sterren "zijn", dat wil zeggen: wat zij vertegenwoordigen (1:20).

Over de rechterhand van God wordt in de Hebreeuwse Bijbel dikwijls gesproken. Het is de hand waarmee Hij werkt (Psa.80:16), de overwinning behaalt (Exod.15:6,12; Psa.20:7, 21:9, 44:4, 60:7, 78:54, 98:1), Zijn volk in stand houdt en het verlost (Psa.17:7, 18:36, 63:9, 138:7, 139:10). De zeven sterren zijn werktuigen die de Mensenzoon gebruikt om licht te verspreiden zolang het nog nacht is. Als boodschappers van Hem mogen zij doorgeven wat Hij wil onthullen. Zó kunnen ze op aarde schijnen (1:20).

En uit zijn mond kwam een scherp, tweesnijdend zwaard. In de Hebreeuwse Bijbel wordt over het spreken van vijandige mensen gezegd: "Hun tong is als een scherpgeslepen scheermes" (Psa.52:4), "hun woorden zijn... ontblote klingen" (Psa.55:22), "hun tanden zijn speer en pijlen, hun tong een scherp zwaard" (Psa.57:5), "zij smalen met hun mond, zwaarden zijn op hun lippen" (Psa.59:8). Maar het woord van God is krachtiger dan enig mensenwoord. Van de knecht van de Heer heeft Jesaja geprofeteerd dat God zijn mond zou maken "als een scherp zwaard" (Jes.49:2), dat de HEERE hem op grond van Zijn woord vonnis zou laten vellen. Dat woord is

"levend en krachtig en scherper dan enig tweesnijdend zwaard, en het dringt door, zó diep, dat het vaneenscheidt ziel en geest, gewrichten en merg, en het schift overleggingen en gedachten des harten, en geen schepsel is voor Hem verborgen, want alle dingen liggen open en ontbloot voor de ogen van Hem, voor wie wij rekenschap hebben af te leggen" (Hebreeën 4:12-13)

Wanneer de Messias terugkomt, zal Hij "de wetteloze verteren door de adem van zijn mond" (2 Thess.2:8). Op Zijn bevel zullen de antichrist en diens legers in één oogwenk worden weggevaagd (19:15,21). Een voorzegging van de profeet Jesaja zal dan in vervulling gaan:

"Hij zal de geringen in gerechtigheid richten en over de ootmoedigen des lands in billijkheid rechtspreken, maar hij zal de aarde slaan met de roede zijns monds en met de adem zijner lippen de goddeloze doden" (Jesaja 11:4)

"Uit zijn mond kwam een scherp, tweesnijdend zwaard" is beeldspraak voor de kracht van het woord van God en het vermogen van de Mensenzoon om met een enkel woord Israëls vijanden te vernietigen.

En zijn gezicht was zoals de zon schijnt in haar kracht. "In haar kracht" wil zeggen, dat het schijnsel niet werd verzwakt door mist of wolken, en dat het even intens was als het licht op een zomerdag bij de Middellandse Zee. Het gezicht van de Mensenzoon straalt omdat het Gods majesteit weerspiegelt. Wat bij Mozes een zwakke en uitdovende afspiegeling was (2 Kor.3:13, vgl. Exod.34:33-35), is bij Hem volmaakt en blijvend aanwezig. Tijdens de verheerlijking op de berg werd dit schijnsel voor enkele discipelen al zichtbaar. Zij ontvingen een vooruitblik op de heerlijkheid die de Messias zal bezitten wanneer Hij terugkeert naar de aarde (Matth.17:2).

Bemoediging en herhaling van de opdracht (1:17-20)

"En toen ik Hem zag, viel ik als dood aan zijn voeten; en Hij legde zijn rechterhand op mij en zei: Vrees niet, Ik ben de eerste en de laatste, en de levende; en Ik ben dood geweest, en zie, Ik ben levend tot in alle eeuwigheid, en Ik heb de sleutels van de dood en de hades. Schrijf dan wat u hebt gezien en wat is en wat hierna zal gebeuren. De verborgenheid van de zeven sterren die u hebt gezien op mijn rechterhand, en de zeven gouden kandelaars: de zeven sterren zijn [de] engelen van de zeven gemeenten, en de zeven kandelaars zijn [de] zeven gemeenten".

Vers 17

En toen ik Hem zag, viel ik als dood aan zijn voeten. Wanneer de heerlijkheid van God voor stervelingen zichtbaar wordt, heeft dit altijd dezelfde gevolgen. Ezechiël "viel op zijn aangezicht" (Ezech.1:28). Daniël "viel bezwijmd ter aarde" (Dan.8:17-18, 10:8-9). De discipelen die bij Jezus op de berg waren "wierpen zich op hun aangezicht" en "werden zeer bevreesd" (Matth.17:6). Zelfs Gods trouwe "slaven" kunnen Zijn aanblik niet verdragen.

En Hij legde zijn rechterhand op mij. Toen de engel Gabriël aan Daniël verscheen, "raakte die hem aan en deed hem overeind staan" (Dan.8:18). In een later visioen raakte een hand Daniël aan en "deed hem op knieën en handen sidderend oprijzen" (Dan.10:10). Hier wordt uitdrukkelijk vermeld dat de Mensenzoon zijn *rechterhand* op Johannes legde (1:17), de hand waarin Hij "zeven sterren" hield (1:16). Die sterren vertegenwoordigen de "engelen" (de boodschappers) "van de zeven gemeenten" (1:20).

Johannes zou zelf óók een boodschapper worden. Hij zou namens de Mensenzoon aan zeven gemeenten gaan schrijven (1:11, 1:19, 2:1, 2:8, 2:12, 2:18, 3:1, 3:7, 3:14). Als bode zou hij "het woord van God betuigen en het getuigenis van Jezus Christus, alles wat hij had gezien" (1:2). Door zijn rechterhand op Johannes te leggen liet de Mensenzoon zien dat Hij deze "slaaf" (1:1) in dienst nam en hem als "engel" ging gebruiken.

En zei: "Vrees niet". Dezelfde woorden klinken telkens opnieuw, wanneer God zich aan mensen openbaart. De stamvader van het Joodse volk kreeg al te horen: *"Vrees niet*, Abram, Ik ben uw schild" (Gen.15:1). Toen God Abrahams nageslacht uit Egypte leidde, werd er tegen hen gezegd: *"Vreest niet*, houdt stand, dan zult gij de verlossing des HEEREN zien" (Exod.14·13). Bij de Godsverschijning op de Sinaï zei Mozes: *"Vreest niet*, want God is gekomen om u op de proef te stellen" (Exod.20:20).

Wanneer Israëls verlossing nadert, krijgt het Joodse volk te horen:

"Vrees niet, want Ik ben met u; zie niet angstig rond, want Ik ben uw God, Ik sterk u, ook help Ik u, ook ondersteun Ik u met mijn heilrijke rechterhand" (Jesaja 41:10-12, vgl. Openb.19:11-21).

43

De "man in linnen klederen" die bij de oever van de Tigris aan Daniël verscheen zei tegen hem:

"Vrees niet, Daniël, want van de eerste dag af, dat gij uw hart erop gezet hadt om inzicht te verkrijgen en om u voor uw God te verootmoedigen, zijn uw woorden gehoord, en ik ben gekomen op uw woorden" (Daniël 10:12)

Zoals de "man in linnen klederen" kwam om Daniël inzicht te geven, zo kwam de Mensenzoon ook naar Johannes toe om hem te tonen wat zijn volk in het laatste der dagen zou overkomen (Dan.10:14).

Vers 18

Ik ben de eerste en de laatste, en de levende, en Ik ben dood geweest, en zie, Ik ben levend tot in alle eeuwigheid, en Ik heb de sleutels van de dood en de hades. De Godsnaam "de Eerste en de Laatste" is ontleend aan de profetie van Jesaja (41:4. 44:6-8, 48:12-16). Jesaja laat zien wat de naam betekent: "Hij die de geslachten van de aanvang af heeft geroepen… bij de laatsten is Hij dezelfde" (Jes.41:4). Wat er in de verre toekomst zal gebeuren, heeft God Israël "van oudsher doen horen en verkondigd" (Jes.44:7-8). "Van de aanvang af heeft Hij niet in het verborgene gesproken, ten tijde dat het geschiedt, is Hij daar" (Jes.48:16). Zo is het ook met de Mensenzoon die spreekt in het boek Openbaring. In de eerste eeuw van onze jaartelling heeft Hij aan zijn slaaf Johannes te kennen gegeven wat er duizenden jaren later met het Joodse volk zou gaan gebeuren. En als het eenmaal plaatsvindt, zal Hij er zijn. Hij is de Eerste en de Laatste.

De verheerlijkte Messias noemt zich ook "de Levende". Zowel in het Oude als in het Nieuwe Testament is dat een aanduiding van de ware God in tegenstelling tot de afgoden (zie bv. Deut.5:26). Vanwege zijn bereidheid om zich te vernederen en gehoorzaam te zijn tot aan de kruisdood heeft God Hem "de naam boven alle naam gegeven" (Fil.2:9, vgl. Efe.1:21 en Heb.1:4). Bij Zijn opstanding heeft Hij niet alleen het ware, onvergankelijke leven ontvangen, maar ook volmacht gekregen om dat Leven (met een hoofdletter) aan anderen door te geven.

44

Voor "Ik ben dood geweest" staat in de Griekse tekst letterlijk: "Ik werd dood". Op de heuvel Golgotha stierf de Messias en gedurende drie dagen bevond Hij zich in het graf. Maar God wekte Hem op uit de doden en gaf Hem onvernietigbaar leven (vgl. Heb.7:16). Omdat de Opgestane dood is geweest en levend is geworden, is Hij niet alleen Heer van de levenden, maar ook van de doden.

"Hetzij wij dan leven, hetzij wij sterven, wij zijn van de Heer. Want daartoe is Christus gestorven en levend geworden, opdat Hij zou heersen zowel over doden als over levenden" (Romeinen 14:8-9)

De uitdrukking "levend tot in alle eeuwigheid" komt in de Openbaring nog één keer voor: als aanduiding van God die troont in de hemel (4:9). In de oorspronkelijke tekst ontbreekt het woord "alle", er staat "tot in de eeuwen van de eeuwen" *(eis tous aioonaas toon aioonoon)*. Niet alleen in het tegenwoordige boze wereldtijdperk, maar ook in de toekomstige eeuw van het vrederijk en de daaropvolgende eeuw van de nieuwe hemel en de nieuwe aarde, is de Levende aanwezig om over zijn volk te waken (vgl. Heb.7:25).

Voor Gods "slaven" die met de dood worden bedreigd (13:10,15) is de manier waarop de Mensenzoon zich voorstelt een grote bemoediging. Omdat Hij de dood heeft overwonnen beschikt Hij over "de sleutels van de dood en de hades" (vgl. Heb.2:9,14-15). Hij zal niet alleen voor doden die in hun graven liggen maar ook voor doden die verdronken of verbrand zijn de deuren van de gevangenis openen. Hij zal álle doden oordelen naar hun werken (20:13). Trouwe slaven zullen al bij de eerste opstanding levend worden gemaakt (20:4-6).

Vers 19

Schrijf dan wat u hebt gezien en wat is en wat hierna zal gebeuren. Volgens velen is "wat u hebt gezien" een aanduiding van het roepingsvisioen van Johannes (1:9-18). "Wat is" zou betrekking hebben op de zeven gemeenten, die men opvat als het christendom zoals dat nu al twintig eeuwen bestaat (2:1-3:22). "Wat hierna zal gebeuren" zou wijzen op Gods toekomstige oordelen die zullen worden gevolgd door de komst van het messiaanse vrederijk en de nieuwe schepping (4:1-22:5).

Maar deze uitleg is onjuist. De oorspronkelijke tekst van Openbaring 1:19 zegt: "Schrijf dan wat je ziet en wat het zijn namelijk wat hierna moet gebeuren". Het woord "wat" is daarbij een meervoudsvorm. Ook staat er niet: "wat is", maar: "wat het zijn" (*ha eisin*). Verder staat het werkwoord "zien" niet in de voltooid verleden tijd maar in de *aoristus*. De opdracht die Johannes kreeg had niet alleen betrekking op wat hij "*had* gezien", maar ook op wat hij op het moment van spreken *zag* en wat hij nog *zou* gaan zien. Telkens wanneer Johannes iets te zien kreeg, moest hij het opschrijven. En hij moest uitleggen wat de dingen die hij zag "zijn", wat ze vertegenwoordigden. De beelden in zijn visioenen staan model voor volkeren, steden en machthebbers die er op aarde zullen zijn wanneer de dag van de Heer aanbreekt, en voor gebeurtenissen die er op die dag zullen plaatsvinden. Voor Johannes was dit "hierna", want in zijn visioen was hij verplaatst naar 's Heren dag (1:10).

In het volgende vers gaat Johannes deze opdracht meteen uitvoeren. Namens de Mensenzoon legt hij uit dat de kandelaren die hij zag "gemeenten" zijn en de sterren "boden" van die gemeenten. In vers 20 wordt dezelfde Griekse werkwoordsvorm gebruikt (*eisin*) als in vers 19. Johannes beschrijft niet alleen wat hij zag maar ook wat het geziene vertegenwoordigde.

Wanneer Johannes zeven brandende fakkels ziet, schrijft hij, dat het "de zeven geesten van God' zijn (4:5). Wanneer hij ziet dat het Lam "zeven horens en zeven ogen heeft" legt hij uit: "Dat zijn de geesten van God, uitgezonden over de hele aarde" (5:6). Wanneer hij gouden schalen vol reukwerk ziet, schrijft hij: "Dit zijn de gebeden van de heiligen" (5:8). Wanneer hij een grote menigte ziet die is uitgedost om het Loofhuttenfeest te vieren, merkt hij op: "Dezen zijn het die uit de grote verdrukking komen" (7:14). Wanneer hij twee boetepredikers ziet optreden in rouwgewaad, zegt hij: "Dezen zijn de twee olijfbomen en de twee kandelaars, die vóór de Heer van de aarde staan" (11:4). Wanneer hij honderd-vier-en-veertig-duizend tempelzangers ziet, verklaart hij: "Dezen zijn het die het Lam volgen waar het ook heengaat. Dezen zijn uit de mensen gekocht als eerstelingen voor God en het Lam" (14:4). Wanneer hij drie kikvorsen ziet, tekent hij daarbij aan: "Het zijn geesten van demonen die tekenen doen en die uitgaan naar de koningen van het hele aardrijk, om hen te verzamelen tot de oorlog van de grote dag van God" (16:14). Wanneer hij koppen en horens ziet, legt hij uit: "De zeven koppen zijn zeven bergen... ook zijn het zeven koningen... en de tien horens... zijn tien koningen, die nog geen koninkrijk ontvangen hebben" (17:9, 10, 12). Als hij water ziet, merkt hij op: "De wateren... zijn volken en menigten en naties en talen" (17:15). Steeds staat er hetzelfde woord (*eisin*). *Ha eisin* betekent dus niet: "wat is", maar: "wat het zijn".

Johannes kreeg te zien wat "hierna zal gebeuren". Het waren beelden van gebeurtenissen die op de dag van de Heer zullen plaatsvinden aangezien God dat zo heeft beschikt (vgl. 1:10).

Vers 20

De verborgenheid van de zeven sterren die u hebt gezien op mijn rechterhand, en de zeven gouden kandelaars: de zeven sterren zijn [de] engelen van de zeven gemeenten, en de zeven kandelaars zijn [de] zeven gemeenten. In vers 20 begint Johannes al uit te leggen wat de symbolen in zijn visioenen voorstellen. Zonder uitleg zou de betekenis van de zeven sterren (1:16) en de zeven kandelaren (1:13) een raadsel blijven. Deze "verborgenheid" werd echter door Christus verklaard. Johannes heeft genoteerd "wat het zijn".

De sterren zijn engelen van de zeven gemeenten en de kandelaars zeven gemeenten. Op het eerste gezicht lijkt de uitleg van de opgestane Messias het raadsel slechts te vergroten. Wat hebben sterren nu met kandelaren te maken? En engelen met gemeenten? In de oorspronkelijke tekst is het verband echter duidelijk. Het woord *aster* kan "ster" betekenen, maar ook "licht" of "vlam". *Angelos* betekent "gezant" of "bode". Het is een aanduiding van een *functie*. De Mensenzoon beschikt over allerlei boodschappers: niet alleen de wezens die wij engelen plegen te noemen maar ook apostelen en profeten, en zelfs heel gewone mensen zoals de discipel Ananias (Handelingen 9:10-19). *Ekklesia* betekent "samenkomst" of "volksverga-dering". Het is niet de naam van een *organisatie* in een bepaalde plaats maar een aanduiding van de *mensen* uit die plaats, wanneer en voor zover ze bij elkaar zijn gekomen [3].

---

[3] Zie G.J.M.Bartelink, *Grieks-Nederlands Woordenboek*, Utrecht: Het Spectrum, 1958. In de Bijbel worden priesters en profeten "engelen", boodschappers van de Heer van de legermachten, genoemd (Mal.2:7,3:1).

De mensenmassa uit de stad Efeze die naar het theater was gestormd omdat zij zich door de zilversmeden had laten opstoken wordt door Lukas een onwettige *ekklesia* genoemd, een samenscholing die niet door de overheid was toegestaan (Hand.19:32, 39, 41). En de stadsschrijver, die er na twee uur in slaagde om het gezelschap te kalmeren, was (naar Joodse opvatting) de "bode van de vergadering", degene die in het openbaar het verlossende woord sprak (Hand.19:35-40).

Aan Israël zijn de woorden van God toevertrouwd. Elke Bijbelse gemeente heeft de taak om dat woord als een kostbare schat zorgvuldig te bewaren. Paulus noemt de gemeente "*stylos* en *hedraiooma* van de waarheid", de sokkel of het voetstuk waarop het kunstwerk van de waarheid is geplaatst om dit voor voorbijgangers zichtbaar te maken (1 Timotheüs 3:15). De Mensenzoon vergelijkt de gemeente met een *luchnia*, een standaard voor een olielamp. Zelf geeft ze geen licht maar ze mag het licht omhooghouden. De "bode van de vergadering" die in de samenkomst voorleest, is de brandende pit. Hij zuigt Gods openbaring op en laat dat licht schijnen. De Messias werkt en spreekt door wie Zijn openbaring doorgeven. In Johannes' visioen wordt dat uitgebeeld door de "vlammetjes" of "lichtjes" die zich in Zijn rechterhand bevinden.

Hoofdstuk 2

Boodschap voor Efeze (2:1-7)

"Aan de engel van de gemeente in Efeze schrijf:
Deze [dingen] zegt de **Houder van de zeven sterren in zijn rechter
[hand]**,
de **Wandelaar in het midden van de zeven luchters**, die van goud.
Ik weet uw werken:
Namelijk **uw gezwoeg**,
en uw **volharding**,
en dat u niet kunt dragen kwaden,
en beproefde wie voorgeven apostelen te
zijn
maar het niet zijn en bevond hen onecht,
en u droeg
en hebt volharding, namelijk door Mijn naam,
en u hebt gezwoegd en bent niet moe geworden.
Maar **Ik heb tegen u dat u uw liefde, de éérste, loslaat.**
Gedenk daarom vanwaar u bent gevallen,
en verander van gedachten en de eerste werken, doe [die]!
Maar zo niet, **Ik kom naar u toe, snél,**
en zal bewegen uw luchter uit haar plaats,
tenzij u van gedachten verandert.
Maar dit hebt u, dat u **haat** de werken van de Nicolaïeten,
die Ik óók haat.
Wie een oor heeft, hore wat de Geest zegt tot de gemeenten:
Aan de overwinnende zal Ik geven – aan hém –
Te eten van **de boom van het leven,**
die is in het midden van het paradijs van God"[4]

---

[4] De vetgedrukte woorden zijn een zo letterlijk mogelijke weergave van de oorspronkelijke Griekse tekst.

49

Vers 1

Aan de engel van de gemeente in Efeze schrijf: De Mensenzoon die aan Johannes is verschenen, dicteert hem wat hij aan de zeven gemeenten moet schrijven. Wat Hij via Zijn "slaaf" aan ons doorgaf mogen we eigenlijk niet aanduiden als "de brieven aan de zeven gemeenten", want de zeven boodschappen zijn nooit als afzonderlijke brieven aan die gemeenten verzonden. Ze maken deel uit van het ene "boek" dat Johannes ten behoeve van *alle* gemeenten heeft opgesteld (1:11). Elke gemeente behoort niet alleen naar haar eigen boodschap maar ook naar de zes andere te luisteren (2:7, 11, 17, 29; 3:6, 13, 22). De "brieven" zijn profetische afkondigingen, zoals we die aantreffen in het Bijbelboek Amos (Amos 1 en 2).

De eerste boodschap die Johannes mag noteren is bestemd voor "de engel van de gemeente te Efeze". "Engel der gemeente", of "bode der vergadering" is een vertaling van het Hebreeuwse *"sheliach tsibboer"*. Zo'n "engel" was geen betaalde voorganger, maar een bezoeker van de eredienst die door het synagoge-bestuur was uitgenodigd om de dienst te leiden. In principe kon aan iedere volwassen man van onbesproken gedrag en met een goede beheersing van de Hebreeuwse taal worden gevraagd om deze functie te vervullen. De "engel" was de spreekbuis van de gemeente die zich in de synagoge had verzameld. Hij vertegenwoordigde haar bij de Eeuwige, want hij sprak de gebeden uit. De persoon die uit de rol van de profeten mocht lezen was volgens het voorschrift in de Misjna ook verplicht om de meeste gebeden uit te spreken die tijdens de eredienst tot God werden gericht (vgl. Lukas 4:16-20, Hand.13:15)[5].

Uit de adressering van elke "brief" blijkt het volgende:

(i) De boodschap van de Mensenzoon moet door de *sheliach* worden voorgelezen en is daarom even gezaghebbend als de rollen van de profeten;

---

[5] A.Edersheim, *The Life and Times of Jesus the Messiah*. Longmans, Green and Co., London 1912, p.439 en 445.

50

(ii) De boodschap is een antwoord uit de hemel op de gebeden van Gods "slaven"; en

(iii) Hoewel de godsspraak aan de *sheliach* wordt gezonden heeft deze niet (alleen) betrekking op zijn persoonlijk functioneren. Wat de *sheliach* voorleest is per definitie bestemd voor de *hele* gemeente, want Johannes zegt: "Gelukkig hij die leest en zij die de woorden van de profetie horen en bewaren wat daarin geschreven staat..." (1:3).

In Klein-Azië zijn er omvangrijke ruïnes overgebleven, die een goede indruk geven van de omvang van het oude Efeze. Bij deze ruïnes bevindt zich het moderne plaatsje Selçuk.

Deze [dingen] zegt de Houder van de zeven sterren in zijn rechter [hand], de Wandelaar in het midden van de zeven luchters, die van goud. Nadat het adres is genoemd volgt er nu een beschrijving van de Afzender. In elke "brief" geeft de Mensenzoon een beschrijving van zichzelf. De beeldspraak die Hij hierbij gebruikt verwijst naar wat Johannes eerder had gezien. "Die de zeven sterren in zijn rechterhand houdt" is ontleend aan 1:16: "En Hij had in zijn rechterhand zeven sterren". "Die in [het] midden van de zeven gouden kandelaars wandelt" sluit aan bij 1:12-13: "Toen ik mij had omgekeerd, zag ik zeven gouden kandelaars; en in het midden van de kandelaars iemand een zoon des mensen gelijk..."

Wat het eerste symbool betekent had de opgestane Heer al gezegd: "De zeven sterren zijn [de] engelen van de zeven gemeenten" (1:20). Het Griekse woord *asteres* kan "sterren", maar ook "lichtjes" of "vlammetjes" betekenen. Wanneer het met "vlammetjes" wordt vertaald is het verband met een kandelaar onmiddellijk duidelijk. Bij het woord *aster* moeten we denken aan de brandende pit van een olielamp. Zulke lampen stonden op "luchters" die Johannes in zijn visioen had gezien (vgl. Mattheüs 5:15 en Zacharia 4:2). Een luchter verspreidt niet zelf licht, maar draagt een lamp en heft die omhoog zodat de omgeving door het licht van de lamp wordt beschenen (Mattheüs 5:15).

In Openb.2.1 krijgt het woord "houden" veel nadruk, er staat letterlijk: "Dit zegt de Houdende der zeven sterren in de rechterhand van Hem". Toen de Mensenzoon aan hem verscheen, merkte Johannes op: "Hij *had* in zijn

51

rechterhand zeven sterren" (1:16), maar hier noemt de Mensenzoon zich niet de Bezitter maar de *Houder* van de sterren. Het werkwoord *krateoo* betekent "vasthouden"[6]. Het kan in het Nieuwtestamentisch Grieks ook "gevangennemen" of "gevangenhouden" betekenen[7]. Uit het feit dat de Mensenzoon zeven "vlammen" in zijn rechterhand houdt, blijkt dat Hij werkt door middel van het licht dat zij verspreiden. Het werkwoord *krateoo* wordt in Openbaring 2:1 gevolgd door een vierde naamval - niet, zoals op sommige plaatsen in de evangeliën (Markus 1:31, 5:41, 9:27, Lukas 8:54), door een tweede. De vierde naamval drukt uit dat de Mensenzoon de "pitten" niet aan hun uiteinde vasthoudt, maar hen *volledig* "in Zijn hand heeft". Het licht dat zw verspreiden is voor honderd procent van Hem afkomstig.

Behalve het woord "houden" wordt ook het woord "wandelen" sterk benadrukt. In de oorspronkelijke tekst van Openbaring 2:1 noemt de Mensenzoon zich "de Wandelende te midden van de zeven kandelaren, de gouden". Omdat het "paradijs van God" en de "boom des levens" in Openbaring 2:7 worden genoemd, kunnen we daarbij aan het "wandelen" van de HEERE in de hof van Eden denken. De Zoon van God vereenzelvigt zich met JHVH, die "in de avondkoelte" in deze hof wandelde om te kunnen spreken met de mens en zijn vrouw (Genesis 3:8). Zoals JHVH in Eden wandelde om tot de mens te kunnen spreken, zo wandelt de Mensenzoon te midden van de kandelaren om zijn slaven te bemoedigen en aan te sporen.

De kandelaren zijn vervaardigd "van goud", evenals de voorwerpen in Israëls tabernakel die zich in de nabijheid van de Eeuwige bevonden. De kandelaren staan dus in dienst van God. Toen de HEERE zich aan het volk Israël had verbonden, zei Hij tegen hen:

---

[6] *Krateoo* kan betekenen: een voorwerp vasthouden (zie Mat.9:25, 28:9; Mar.1:31, 5:41, 9:27, 12:11; Luk.8:54, Openb.7:1), maar ook: een bepaalde leer of een traditie vasthouden (zie Mar.7:3-4 en 8; Heb.4:14, 6:18; 2 Thess.2:15; Openb.2:13,14, 15,25; 3:11).

[7] Mat.14:3, 18:28, 21:46, 22:6, 26:48,50,55,57; Mar.3:21, 6:17, 12:12, 14:1,44,46,49,51; Hand.2:24, 24:6; Openb.20:1.

"Ik zal mijn tabernakel in uw midden zetten, en Ik zal geen afkeer van u hebben, maar Ik zal in uw midden wandelen en u tot een God zijn, en gij zult Mij tot een volk zijn" (Leviticus 26:11-12)

Aan dit "wandelen" van de HEERE te midden van zijn volk was dus een rijke belofte verbonden, maar het was ook de aanleiiding voor een belangrijke opdracht:

"De HEERE, uw God, wandelt in uw legerplaats, om u te redden en uw vijanden aan u over te geven; daarom zal uw legerplaats heilig zijn, zodat Hij niets onbehoorlijks bij u ziet en zich niet van u afwendt" (Deuteronomium 23:14).

Aangezien de Mensenzoon in het midden van de zeven luchters wandelt, zijn de gemeenten die door deze luchters worden uitgebeeld geroepen om "heilig te zijn", dat wil zeggen "anders" dan hun omgeving, toegewijd aan Gods woord. Als de gemeente van Efeze niet "van gedachten verandert", loopt zij het gevaar dat zij niet langer in de nabijheid van de Mensenzoon mag verkeren (2:5). Zo kon de HEERE zich ook van Israël afwenden indien het volk niet langer aan Hem was toegewijd (Deuteronomium 23:14)

Vers 2 en 3

Ik weet uw werken wijst op alwetendheid. De Mensenzoon vereenzelvigt zich met de God van Israël waarvan de dichters hadden gezegd:

"De HERE heeft in de hemel zijn troon;
Zijn ogen slaan gade,
Zijn blikken doorvorsen de mensenkinderen.
De HERE toetst de rechtvaardige en de goddeloze" (Psalm 11:4-5)

"Voor de ogen des HEREN liggen ieders wegen open,
Hij weegt al zijn gangen" (Spreuken 5:21)

"De ogen des HEREN zijn aan alle plaatsen,
opmerkzaam acht gevend op kwaden en goeden" (Spreuken 15:3)

Bij monde van de profeet Jesaja heeft God over de "heilige rest" van het volk Israël eens gezegd:

53

"Ik ken hun werken en hun gedachten;
(de tijd) komt om alle volken en talen te vergaderen;
zij zullen komen en mijn heerlijkheid zien" (Jesaja 66:18, vgl. 66:14)

In het boek Openbaring richt Hij zich tot diezelfde "slaven" (Openb.1:1). Hij kent hun werken (Openb.2:2,19; 3:1,8,15) en Hij belooft: "De tijd is nabij!" (Openb.1:3). Spoedig zal Zijn heerlijkheid zichtbaar worden.

Het vervolg van de godsspraak heeft de vorm van een kruisstelling. De oorspronkelijke Griekse tekst luidt als volgt:

Ik weet uw werken...

A.   **Namelijk uw gezwoeg** (Gr. *kopos*)
   B. En uw volharding (Gr. *hupomonè*)
      C. En dat u niet kunt dragen (Gr. *bastazoo*) **kwaden**
         D. En beproefde wie voorgeven apostelen te zijn,
         D. maar het niet zijn en u bevond hen onecht
      C. En u droeg (Gr. *bastazoo*)
   B. En hebt volharding (Gr. *hupomonè*) **namelijk door mijn Naam**
A. En hebt gezwoegd (Gr. *kopiao*) **en bent niet moe geworden**

Drie woorden: "zwoegen" (*kopos, kopiao*), "volharding" (*hupomonè*) en dragen (*bastazoo*), worden elk tweemaal herhaald. Maar die herhaling is niet nutteloos. De Mensenzoon zegt eerst, dat hij van hun gezwoeg op de hoogte is, en dat Hij weet dat ze ondanks de zwaarte van hun taak niet "moe zijn geworden" (A). Hij merkt op dat Hij hun volharding kent, en noemt de grondslag van die volharding ("door mijn Naam") (B). Ze kunnen de "kwaden" niet in hun midden verdragen, maar de last van verdrukking dragen ze wél (C). Ze toetsen de beweringen van leidersfiguren aan de Schrift. Aan de uitspraken van zulke personen schenken ze geen geloof indien ze tegen Gods wet ingaan (D).

Paulus gebruikt het werkwoord *kopiao* in zijn brieven dikwijls. Tryféna, Tryfósa en Persis hadden "gezwoegd in de Heer" (Romeinen 16:12). Paulus had meer "gezwoegd" dan alle apostelen, hoewel Gods genade alles tot stand had gebracht (1 Korinthe 15:10). *Kopiao* is een aanduiding van zware arbeid, waarbij men kampt met teleurstellingen en felle tegenstand.

54

Bij "volharding" moeten we denken aan het vasthouden van het geloof in Christus, ondanks vervolging. In het boek Openbaring wordt immers gezegd:

"Als iemand in gevangenschap [leidt], dan gaat hij in gevangenschap; indien iemand met [het] zwaard zal doden, dan moet hij met [het] zwaard gedood worden. Hier is de **volharding** *en het geloof van de heiligen"* (13:10)

"Zij hebben dag en nacht geen rust, zij die het beest en zijn beeld aanbidden, en ieder die het merkteken van zijn naam ontvangt. Hier is de **volharding** *van de heiligen, die de geboden van God en het geloof in Jezus bewaren"* (14:11-12)

In het boek Openbaring betekent "volharding": de geboden van God en het geloof in Jezus bewaren, ondanks het risico van gevangenschap en terechtstelling. Weigeren om "het beest" of zijn beeld te aanbidden, en het merkteken van zijn naam te aanvaarden.

De uitdrukking "door Mijn naam" (*dia to onoma mou*) is ontleend aan de evangeliën, waar Jezus tegen zijn leerlingen zegt:

"Een broer nu zal [zijn] broer tot [de] dood overleveren en een vader [zijn] kind, en kinderen zullen opstaan tegen [hun] ouders en hen doden; en u zult door allen gehaat worden **ter wille van mijn naam;** *wie echter volhardt tot [het] einde die zal behouden worden"* (Mattheüs 10:21-22)

"Want volk zal opstaan tegen volk, en koninkrijk tegen koninkrijk, en er zullen hongersnoden en aardbevingen zijn in verschillende plaatsen. Dit alles is echter [het] begin van [de] weeën. Dan zullen zij u overleveren om verdrukt te worden en u doden, en u zult gehaat zijn door alle volken **ter wille van mijn naam.** *En dan zullen velen ten val komen en elkaar overleveren en elkaar haten"* (Mattheüs 24:7-9, vgl. Markus 13:12-13, Lukas 21:16-19)

"Herinnert u het woord, dat Ik tot u zei: Een slaaf is niet groter dan zijn heer. Als zij Mij hebben vervolgd, zullen zij ook u vervolgen; als zij mijn woord hebben bewaard, zullen zij ook het uwe bewaren. Maar dit alles zullen zij u doen **om mijn naam,** *omdat zij Hem niet kennen, die Mij heeft gezonden"* (Johannes 15:20-21)

55

De "slaven" in Efeze maken "het begin van de weeën" mee, de barensweeën die tot de geboorte van een nieuwe wereld zullen leiden. Ze zullen worden gehaat door de volken en door hun eigen volksgenoten. Lang blijven ze trouw aan de opdracht van hun Heer om "te volharden". Over "het begin van de weeën" heeft Jezus tegen zijn leerlingen gezegd:

"Kijkt u uit dat niemand u misleidt. Want velen zullen komen onder mijn naam en zeggen: Ik ben de Christus, en zij zullen velen misleiden" (Mattheüs 24:4, vgl. Markus 13:6, Lukas 21:8)

"Vele valse profeten zullen opstaan en zij zullen velen misleiden" (Mattheüs 24:11)

Onder zulke omstandigheden zijn gemeenten genoodzaakt om te "beproeven wie voorgeven apostelen te zijn". Bij het aanbreken van de dag des HEREN zullen er binnen het Jodendom twee soorten van "pseudoapostelen" optreden: (i) Mannen die zeggen "Ik ben het!", "Ik ben de Messias, ik ben door God gezonden om Israël verlossing te schenken!", en: (ii) Mensen die zeggen: "De Messias is op aarde verschenen. Laten we ons bij hem voegen in de woestijn, of hem gaan opzoeken in zijn huis" (vgl. Mattheüs 24:12, 23-26). Voor gelovigen die de verlossing van Israël verwachten zijn zulke beweringen natuurlijk aantrekkelijk. Maar deze pseudoapostelen ontkennen dat Jezus de Messias is (1 Joh.2:22) en dat de Messias al "in het vlees is gekomen" (1 Joh.4:2). Bovendien beweren ze dat de Messias zich op een verborgen manier bij zijn volk heeft gevoegd, terwijl de Bijbel leert dat Hij zal komen "met grote kracht en heerlijkheid" (Markus 13:26, Lukas 21:27), "zoals de bliksem uitgaat van het oosten en schijnt tot het westen" (Mattheüs 24:27). Voor de gemeente van de laatste dagen komt het erop aan: Volgen we het verlangen van ons hart, of geloven we wat God heeft gesproken?

"Kwaden" zijn mensen die zich voor geestelijke leiders uitgeven maar in werkelijkheid politieke steun of geldelijk gewin nastreven. Ze hebben het uiterlijk van schapen, maar zijn van binnen roofzuchtige wolven. Ze weiden de schapen niet maar eten die op! (Mattheüs 7:15-23, Handelingen 20:29-30). Ze brengen geen vrijheid, maar buiten hun volgelingen uit en voeren hen naar de ondergang.

Vers 4

Maar Ik heb tegen u, dat u uw liefde, de éérste, loslaat. De wending in de Godsspraak is schokkend. Want de "eerste liefde" is de *agapè*, de onvoorwaardelijke en onbaatzuchtige liefde die zich uitte in het zwoegen en verdragen en beproeven en volharden ter wille van de naam van Christus. Omdat de "eerste liefde is verlaten" doet de gemeente "de eerste werken" niet meer (2:5). Die "eerste werken" zijn de werken die in de verzen 2 en 3 waren opgesomd.

In de Bergrede heeft Jezus tegen zijn discipelen gezegd:

"Wanneer u dan uw gave offert op het altaar en u daar herinnert dat uw broeder iets **tegen** *u* **heeft,** *laat daar uw gave vóór het altaar en ga eerst heen, verzoen u met uw broeder, en kom dan en offer uw gave"* (Mattheüs 5:23-24).

Wie "iets tegen ons heeft" neemt ons iets kwalijk aangezien wij hem met onze woorden of daden onrecht hebben aangedaan (vgl Mattheüs 5;22, 25-26).

Het woord "eerste" kan verschillende betekenissen hebben. Er kan mee bedoeld zijn: de eerste *in de tijd*, de liefde die u aanvankelijk bezat. Maar ook: *de belangrijkste*, de liefde die de drijvende kracht behoort te zijn van al uw werken[8]. Het woord "liefde" kan duiden op een grondhouding of deugd waarin de gemeente vroeger uitblonk. Maar het kan ook een aanduiding zijn van de Persoon wiens onbaatzuchtige liefde ze aanvankelijk beantwoordde met wederliefde, maar die zij nu heeft verlaten.

Voor "verlaten" staat in het Grieks eigenlijk "loslaten". De spreker gebruikt een actieve vorm van het werkwoord *aphiemi*, iets doelbewust niet langer doen. De werkwoordsvorm geeft aan dat de gemeente dit al enige tijd geleden heeft besloten. In sommige Bijbelvertalingen is *aphiemi* weergegeven als "verzaken",

---

[8] De uitleg "de eerste in de tijd" ligt het meest voor de hand. Want de Mensenzoon zegt in 2:19: "Ik weet... dat uw laatste werken meer zijn dan uw eerste" en gebruilt daarbij hetzelfde Griekse woord. In 2:5 roept Hij de gemeente juist op om haar "eerste werken" (opnieuw) te doen. En in 3:2 merkt Hij op: "Bedenk dan hoe u het ontvangen en gehoord hebt...", een aansporing die veel overeenkomst heeft met 2:5: "Bedenk dan waarvan je afgevallen bent..."

in andere als "verlaten". Verzaken betekent: een verplichting "niet nakomen", verlaten: iets of iemand "in de steek laten". Gezien het vervolg van de boodschap betekent *aphiemi* in Openbaring 2:4 "loslaten". Wanneer men iets loslaat waaraan men zich vasthield dan komt men te vallen, zoals "sterren" op aarde terecht kunnen komen (zie Openbaring 12:4, vgl. Daniël 8:10). Hetzelfde Griekse werkwoord is op andere plaatsen met "vergeven" vertaald. Wanneer God iemands zonden vergeeft, dan wordt zo iemand bevrijd en is in staat om die zonden "los te laten".

Joden zal het verwijt van de Mensenzoon bekend in de oren klinken. Want bij monde van Jeremia heeft God tegen Israël gezegd:

"Ik gedenk de genegenheid van uw jeugd, de liefde van uw bruidstijd, toen gij Mij gevolgd waart in de woestijn, in onbezaaid land; Israël was de HERE geheiligd, de eersteling zijner opbrengst... Wat voor onrecht hebben uw vaderen in Mij gevonden, dat zij zich ver van Mij verwijderd hebben?" (Jeremia 2:2-5)

"Zich ver van Mij verwijderen" is een parallel van "uw eerste liefde verlaten". En "de genegenheid van uw jeugd" (of "de liefde van uw bruidstijd") is een parallel van "de eerste liefde".

Hetzelfde verwijt vinden we ook bij de profeet Hosea:

"Toen Israël een kind was, heb Ik het liefgehad, en uit Egypte heb Ik mijn zoon geroepen. Hoe meer men hen riep, des te meer dwaalden zij weg: aan de Baäls offerden zij en aan de gesneden beelden brachten zij reukoffers. En Ik leerde Efraïm lopen: Ik nam hem op mijn armen, maar zij erkenden niet, dat Ik hen genas. Met mensenbanden trok Ik hen, met koorden der liefde... Ik neigde Mij tot hem, gaf hem te eten. Zal hij niet naar het land Egypte terugkeren? Ja, Assur zal zijn koning zijn, omdat zij geweigerd hebben zich te bekeren" (Hosea 11:1-4)

Hoe meer aandacht de minnaar aan zijn bruid, of de vader aan zijn zoon besteedde, des te meer dwaalden die bruid en die zoon van hem weg.

We vinden dit thema ook bij de profeet Ezechiël:
"Toen kwam Ik voorbij u en zag u, en zie, de tijd der liefde was voor u gekomen... Ik ging onder ede een verbond met u aan, luidt het woord van de Here HERE; zo werd gij de

58

mijne... Maar gij hebt op uw schoonheid vertrouwd en ontucht gepleegd" (Ezechiël 16:8,15)

De "eerste liefde" van Israël was niet een vurige ijver van de Israëlieten voor de HEERE, maar de ervaring van het slavenvolk dat God zich hield aan de eed, die Hij aan hun voorouders had gezworen (vgl. Deuteronomium 7:8). Hij streed voor hen door plagen over Egypte te brengen, hun doortocht te verlenen door de Rode Zee en zich te plaatsen tussen hen en hun vijanden. De "eerste liefde" bestond uit het besef dat er Een was die voor hen zorgde en in al hun behoeften voorzag. Dat besef ging helaas snel verloren. Iets dergelijks zal ook bij de gemeente van Efeze het geval zijn.

Sommige commentaren verbinden Openbaring 2:4 met Mattheüs 24:12. Over de "voleinding van de eeuw" heeft Jezus tegen zijn discipelen gezegd:

"... Omdat de wetteloosheid zal toenemen, zal de liefde van de velen verkoelen" (Mattheüs 24:12)

"Verkoelen" van de liefde is echter niet hetzelfde als het "loslaten" daarvan. Verkoelen duidt op een geleidelijk doven van een eens-bestaand vuur, terwijl loslaten duidt op een doelbewuste keuze.

Aangezien de Mensenzoon gegriefd is ("Ik heb tegen u"...) en Hij de profetie van Jeremia citeert (Jer.2:2-5) heeft de gemeente *Hem* verlaten en zich van *Hem* afgekeerd. Zij was eens Messias-belijdend, bereid om voor de naam van Christus te zwoegen en te lijden (2:2-3). Maar die eervolle positie heeft men verlaten. Gezien het vervolg van de godsspraak (2:6) is men nog steeds orthodox-joods. Men vereert de Ene en men houdt zich aan wat Hij in de wet van Mozes heeft gezegd. Maar men onderwijst niet langer dat Jezus de in de Tenach beloofde Messias is. De "geboden van God" bewaart men nog (vgl. 12:17, 14:12), maar men heeft "het getuigenis van Jezus" losgelaten (vgl. 1:2, 1:9, 6:9, 12:11, 12:17, 19:10, 20:4). Wellicht omdat het getuigen van Hem te gevaarlijk is geworden. Wie van Jezus getuigt leed vroeger verdrukking en smaad (vgl. 2:2-3), maar loopt nu het gevaar om te worden gedood (vgl. 2:7).

59

Vers 5

Gedenk daarom vanwaar u bent gevallen, en verander van gedachten en de eerste werken, doe [die]! Voor "afvallen" staat in de oorspronkelijke tekst eigenlijk "uitvallen" *(ekpiptoo)*, de Statenvertaling heeft het vers correct weergegeven. "Bekeren" is het werkwoord *metanoeoo*, dat "van gedachten veranderen" betekent. "Eerste werken" staan in verband met de "eerste liefde" (in beide gevallen wordt het woord *prootos* gebruikt). In vers 2 en 3 waren deze "werken" genoemd: zwoegen voor de naam van de Messias (Jezus), ondanks verdrukking en tegenstand volharden door Zijn naam, en toetsen of wat bezoekers beweren wel waarheid is.

"Uitvallen" is een zinspeling op de rechterhand van de Mensenzoon (1:16, 1:20, 2:1). Niet de Mensenzoon heeft de ster laten vallen, maar de ster heeft haar eerste liefde losgelaten en geeft "het getuigenis van Jezus Christus" niet langer door.

Gezien het tekstverband wordt met: "Verander van gedachten" bedoeld: Kom terug op je besluit om het getuigenis van Mij los te laten, laat je opnieuw door Mij gebruiken om licht te verspreiden, ook al zal dit nóg zwaardere verdrukking met zich meebrengen. Ga weer zwoegen en verdragen en volharden ter wille van mijn Naam, zoals je dat vroeger deed. De positie waarin Ik je heb gesteld is een ereplaats. Bedenk dat de profeten en andere trouwe knechten van God nooit een gemakkelijk leven hadden, of applaus oogsten. Maar het waren monden van de Eeuwige en ze zullen te Zijner tijd hun loon ontvangen (11:18).

Maar zo niet, Ik kom naar u toe, snél, en zal bewegen uw luchter uit haar plaats, tenzij u van gedachten verandert. Wie oppervlakkig luistert meent dat Jezus hier zegt: "Maar als je je niet bekeert dan kom ik naar je toe en neem je kandelaar van zijn plaats weg". Zo staat het echter niet in het Grieks. Er staat: "Maar zo niet: Ik kom naar je toe, snél, en neem je kandelaar van zijn plaats weg, als je je niet bekeert".

De zin begint met: "Maar zo niet..." Toch staat er aan het eind opnieuw: "... als u zich niet...". Die opzettelijke herhaling heeft een bijzondere betekenis. De Messias "staat op het punt om te komen", voor de stammen van het land

60

en voor alle gemeenten (vgl. 1:7). Zijn komst staat vást. Die is niet afhankelijk van de trouw of ontrouw van Zijn dienaren. Hij komt spoedig (22:20).

Of Hij zijn "slaven" zal kunnen prijzen of bestraffen, wordt echter bepaald door de vraag of ze al dan niet van gedachten zijn veranderd. Indien ze zijn oproep om zich te "bekeren" in de wind slaan, zal Hij bij Zijn komst zeggen: "Die nutteloze luchter moet hier weg". Zoals Adam en Eva niet in het paradijs konden blijven toen ze aan het woord van de slang de voorkeur hadden gegeven boven het woord van God (Genesis 3:23).

Johann Albrecht Bengel heeft het slot van Openbaring 2:5 als volgt weergegeven: "So komme ich dir und werde deinen Leuchter *aus seiner Stelle rücken,* wenn du nicht Buße tun wirst". De vertaling van Bengel laat het verband zien tussen Openbaring 2:5 en 6:14. Johannes gebruikt in Openbaring 6:14 dezelfde uitdrukking *(ek ton topon auton ekineetheesan)* als in 2:5 *(kinesoo... ek to topou autees).* Bij de opening van het zesde zegel "zullen elke berg en elk eiland van hun plaatsen worden gerukt", door een ontzaglijke aardbeving. Als de gemeente van Efeze zich niet bekeert, zal ze zich scharen onder de tegenstanders van de Messias en door de komende gerichten worden getroffen.

Vers 6

Maar dit hebt u, dat u haat de werken van de Nicolaïeten, die Ik óók haat. In de boodschap voor Pérgamus blijkt wat we onder "de werken van de Nicolaïeten" moeten verstaan: "afgodenoffer eten en hoereren" (2:14-15). Een afgod eren naast, of in plaats van, de Ene.

"Nicolaïeten" worden in geen enkele onafhankelijke historische bron vermeld. De naam is van twee woorden afgeleid: het Griekse werkwoord *nikaoo* dat "overwinnen" en het zelfstandig naamwoord *laos* dat "volk" betekent. Er is verband met de naam Bileam die is afgeleid van het Hebreeuwse werkwoord *bela* dat "verwoesten" en het zelfstandig naamwoord *ha'am* dat "volk" betekent. Nicolaïeten zijn "overwinnaars van het volk", Bileam is "de verwoester van het volk". In Openbaring 2·6 gaat het misschien om een woordspeling. "Nicolaïeten" zijn de wegbereiders van Bileam, partijgangers van de antichrist. In zijn eerste brief schrijft Johannes:

"Zoals u hebt gehoord dat er één antichrist komt, zijn er ook nu vele antichristen opgestaan, waaraan wij weten dat het het laatste uur is" (1 Johannes 2:18).

De zeven gemeenten zullen in "het laatste uur" op aarde zijn en met het optreden van vele antichristen geconfronteerd worden. Binnen enkele jaren zal de ruiter op het witte paard uittrekken, **overwinnend** en om te **overwinnen** (6:1), de Nicolaïet bij uitstek, wiens optreden leidt tot oorlog, hongersnood, ziekte en dood (6:3-8). Van hem wordt in het boek Openbaring gezegd:

"En hem werd gegeven oorlog te voeren tegen de heiligen en hen te **overwinnen;** *en hem werd macht gegeven over elk geslacht en volk en taal en natie"* (13:7).

Hij zal zelfs strijden tegen de twee getuigen van God en hen **overwinnen** (11:7). Het beest zal volgens het boek Openbaring zowel het heilige volk als de heilige profeten weten te verslaan, maar uiteindelijk worden tenietgedaan, wanneer de Messias verschijnt (2 Thess.2:8). Nicolaïeten ("overwinnaars van het volk") zijn daarom vermoedelijk invloedrijke personen die het Joodse volk zullen oproepen om dit "beest" goddelijke eer te bewijzen.

Hoewel de "slaven" uit Efeze hun eerste liefde – het geloof in Jezus - hebben verlaten, bezitten ze een gezonde afschuw van de werken van de Nicolaïeten. Ze houden vast aan de belijdenis dat er één HEERE is voor wiens aangezicht men geen andere goden mag hebben. Ze zijn nog steeds orthodox-joods.

Vers 7

Wie een oor heeft, hore wat de Geest zegt tot de gemeenten. De oproep om te luisteren klinkt in elk van de zeven boodschappen, maar staat niet altijd op dezelfde plaats. In de godspraken tot Efeze, Smyrna en Pergamum staat hij vóór de belofte van zegen, in de "brieven" aan Thyatira, Sardes, Philadelphia en Laodicea volgt hij erop. "Wat de Geest tot de gemeenten zegt" is de inhoud van de *hele* "brief" (2:1-7), niet alleen de belofte voor "wie overwint" (2:7).

In de evangeliën lezen we zevenmaal: "Wie *oren* heeft", maar in het boek Openbaring is de oproep klemmender: "Wie *een* oor heeft, laat hij horen!". Luister, ook al heb je maar één oor! Wanneer er zich binnen het volk Israël

62

een scheiding van geesten voltrok vanwege een onverwachte verandering in het Godsbestuur, riep Jezus de menigten op om te luisteren. Niet alle aanwezigen waren in staat om aan Zijn prediking gehoor te geven. Wat Hij zei druiste in tegen ieders verwachtingen. Velen namen aanstoot aan Zijn woorden. Slechts een minderheid nam zijn boodschap ter harte. Bij de eerste gelegenheid zei Hij:

"...Alle profeten en de wet hebben tot op Johannes geprofeteerd. En als u het wilt aannemen: hij is Elia die zou komen. Wie oren heeft, laat hij horen!" (Mattheüs 11:13-15)

Johannes de Doper was de laatste Godsgezant uit het tijdperk van "de profeten en de wet". Indien Israël ter harte nam wat Johannes verkondigde, zou er een nieuwe periode in de heilsgeschiedenis aanbreken: de messiaanse tijd. Sommige Israëlieten hadden naar Johannes geluisterd. Ze hadden zich door hem laten dopen in de Jordaan. Voor hen was Johannes de beloofde Elia die de harten van de vaderen deed terugkeren tot de kinderen. Maar Israëls leiders, de rijken en de machtigen, verzetten zich en waren niet bereid om de prediking van de Doper te aanvaarden. Daarom werd het optreden van Johannes niet de *definitieve* vervulling van de profetie over Elia's terugkeer (Maleachi 4:5).

Toen Hij de gelijkenis van de zaaier uitlegde riep Jezus zijn hoorders opnieuw op om te luisteren (Mattheüs 13:9. Markus 4:9, Lukas 8:8). Het goede zaad - het nieuws van het komende rijk - zou niet bij elke hoorder vrucht voortbrengen. Wie oren heeft, laat hij horen! Vrucht dragen is niet vanzelfsprekend!

De Messias waarschuwde Zijn discipelen dat ze in de toekomst in het geloof zouden moeten volharden, en de openbaring die ze van Godswege hadden ontvangen zouden moeten blijven doorgeven. Wie licht heeft ontvangen mag dat niet onder een korenmaat zetten, maar moet het laten schijnen op een kandelaar (Markus 4:21). Zout is goed, maar indien zout zijn kracht verliest, deugt het nergens meer voor – men gooit het dan bij het afval (Lukas 14:34-35). Wie oren heeft, laat hij horen! (Markus 4:23, Lukas 14:35)

Bij de uitleg van de gelijkenis van het onkruid klonk de wekroep opnieuw. Wanneer dolik nog niet bloeit, lijkt het als twee druppels water op tarwe (Mattheüs 13:29). In het koninkrijk der hemelen zijn er niet alleen "zonen van het koninkrijk" maar ook "zonen van de Boze". Vóór de oogsttijd zijn die nauwelijks van elkaar te onderscheiden. Maar wanneer de oogst aanbreekt zal de Mensenzoon zijn boden uitsturen. Die zullen het onkruid verzamelen om het te verbranden, en de tarwe opslaan in de schuur. Wie oren heeft, laat hij horen! (Mattheüs 13:43).

In de boodschappen voor de zeven gemeenten heeft de wekroep van de Messias een dringende klank. Werp het licht niet weg dat je hebt ontvangen, stop het niet in de doofpot. Houd vast aan het "getuigenis van Jezus Christus", ook al betekent dit dat je verlangens en je verwachtingen voor dit tegenwoordige leven niet in vervulling zullen gaan. Wijs de Messias niet af en zwijg niet over Hem. Keer terug naar je eerste liefde. Schijn weer als een helder brandende pit op de kandelaar.

Wat de Geest zegt tot de gemeenten. Hoewel de verheerlijkte *Mensenzoon* in een visioen dicteert wat Johannes moet schrijven, richt de *Geest* het woord tot de vergaderingen. Dat is geen tegenstrijdigheid. De schrijver van de Hebreeënbrief kon tegen zijn volksgenoten zeggen:

"Daarom zoals de Heilige Geest zegt: Heden als u zijn stem hoort, verhardt uw harten niet" (Hebreeën 3:7).

"Heden als u zijn stem hoort…" is een citaat uit Psalm 95:7-8 (vgl. Hebreeën 4:7). Wanneer Davids woorden in de synagoge werden voorgelezen, was het Gods Geest die tot de gemeente sprak. Ook wanneer de wet van Mozes werd voorgelezen, was die Geest aan het woord (Hebreeën 9:8), en wanneer er een rol van de profeten op de agenda stond (Hebreeën 10:15). Gods Geest spreekt door héél de Schrift. Hij is het, die ons oor voor de boodschap opent.

Aan de overwinnende zal Ik geven, aan hém, te eten van de boom van het leven, die is in het midden van het paradijs van God. "Overwinnen" is in het laatste Bijbelboek een parallel van "trouw blijven" (2:10), "vasthouden" (2:13,25; 3:11), "bewaren" (2:26, 3:3, 3:8), "niet verloochenen" (2:13, 3:8), en "waken" (3:3). Wie overwint heeft niet besloten om Gods vijanden te gaan aanvallen, maar heeft standgehouden toen hij aangevallen werd. Overwinnaars zijn slaven die "volharden tot het einde" (Mattheüs 24:13, Markus 13:13). Gezien het tekstverband gaat het in Openbaring 2:7 om volharding in het doorgeven van het getuigenis van Christus.

Wie overwint zal mogen eten van de boom van het leven. De keerzijde van deze belofte vinden we in Openbaring 22:19:

"Als iemand van de woorden van het boek van deze profetie afneemt, zal God zijn deel afnemen van de boom van het leven en uit de heilige stad"

Uit deze tegenstelling blijkt opnieuw, dat de gemeente van Efeze het getuigenis van Jezus heeft losgelaten. Maar wanneer ze terugkeert naar haar eerste liefde en het licht van de openbaring opnieuw laat schijnen, mag ze eten van de boom van het leven en zal ze niet langer onderworpen zijn aan de vloek (22:3). Ze zal het nieuwe Jeruzalem, de heilige stad, mogen binnengaan en mogen verkeren in Gods nabijheid (vgl.22:7,14).

Het werkwoord "eten" wordt door Johannes driemaal in positieve zin gebruikt (2:7, 10:9 en 10:10). In het tiende hoofdstuk heeft "eten" betrekking op het zich eigen maken van het woord van God, ten einde dit aan anderen te kunnen doorgeven. De ziener moest een "boekje" aannemen uit de hand van een engel, en dat opeten, om opnieuw te kunnen "profeteren over vele volken, naties en koningen" (10:9-11). Wie Gods woord in zich opneemt en het getrouw doorgeeft, zal van de boom des levens mogen eten. Van Christus getuigen is echter niet zonder gevaar. Het kan een sterveling zijn leven kosten (2:10,13). Maar trouwe getuigen zullen worden beloond met onsterfelijkheid.

De levensboom wordt in het boek Openbaring vijfmaal vermeld: in 2:7, in 22:2a, 22:2b, 22:14 en 22:19. In deze teksten staat niet het normale woord voor "boom" (*dendron*) maar het woord *xulon*, dat "hout" betekent. In de rest van het Nieuwe Testament heeft *xulon* betrekking op het kruis (Handelingen 5:30, 10:39, 13:29; Galaten 3:13, 1 Petrus 2:24) of op de Messias, die het "groene hout" wordt genoemd (Lukas 23:31). In het paradijs van God staat niet één enkele "boom van het leven" maar er groeit "houtgewas", dat wil zeggen: vele bomen. Over het nieuwe Jeruzalem merkt Johannes immers op:

"In [het] midden van haar straat en aan beide zijden van de rivier was [de] boom van [het] leven die twaalf vruchten draagt en elke maand zijn vrucht geeft; en de bladeren van de boom zijn tot genezing van de naties" (Openbaring 22:2)

"Het hout" zal zich niet alleen op het "plein" (Gr. *plateia)* van de stad, maar ook "aan beide zijden van de rivier" bevinden. Het gaat dus niet om één enkele boom, maar om "geboomte", zoals het Nederlands Bijbel Genootschap in Openb.22:2 terecht schrijft.

Boodschap voor Smyrna (2:8-11)

"En aan de engel van de gemeente in Smyrna schrijf:
Deze [dingen] zegt de Eerste en de Laatste,
die dood werd en leeft.
Ik weet van u de verdrukking en de armoede,
maar rijk bent u!,
en de laster van hen die zeggen zelf Joden te zijn,
en ze zijn het niet, maar [een] synagoge van de satan.
Vrees niets van wat u op het punt staat te ervaren.
Zie, de duivel staat op het punt om [sommigen] uit u in de gevangenis te werpen, opdat u beproefd wordt,
en u zult hebben een verdrukking van tien dagen.
Wees trouw tot de dood,
en Ik zal u geven de krans van het leven.
Wie een oor heeft, hore wat de Geest zegt tot de gemeenten:
De overwinnende zal beslist geen kwaad ondervinden van de dood, de tweede "[9]

Vers 8

En aan de engel van de gemeente in Smyrna schrijf: Over de opdracht om aan de "bode van de vergadering" te schrijven is naar aanleiding van Openbaring 2:1 al gesproken. Smyrna bestaat nog steeds, het is de miljoenenstad Izmir.

---

[9] De vetgedrukte woorden zijn een zo letterlijk mogelijke weergave van de oorspronkelijke Griekse tekst.

Deze [dingen] zegt de Eerste en de Laatste. Deze aanduiding is al ter sprake gekomen (1:8, 1:18). In de profetie van Jesaja is het een eretitel van de God van Israël (Jesaja 41:4. 44:6-8, 48:12-16). Hij is de Enige, die kan aankondigen wat er in de toekomst zal gaan gebeuren, en Hij kan ook openbaren waarop die gebeurtenissen zullen uitlopen, aangezien Hij het einddoel heeft vastgesteld. In de boodschap voor Smyrna noemt de Mensenzoon zich de Eerste en de Laatste. Bij zijn opstanding uit de doden is Hij als eerste mens bekleed met onsterfelijkheid. Hij zal de nieuwe schepping voltooien en de hele mensheid levend maken. Wanneer de dood is afgeschaft zal Hij de heerschappij teruggeven aan zijn Vader (1 Korinthe 15:28). Tegen Zijn "slaven" in Smyrna zegt Hij dat ze zullen worden "verzocht", dat wil zeggen: op de proef gesteld (2:10). Niet omdat Hij twijfelt aan hun trouw en sommigen uit hen tot afval wil bewegen, maar om aan de buitenwereld te laten zien dat hun geloof echt is en dat God eens aan de hele mensheid het ware leven zal geven.

Die dood werd en leeft. Ook deze bijzin is ontleend aan Openbaring 1:18. De verheerlijkte Messias was ooit een vergankelijk mens. Omdat Hij trouw bleef aan het woord van zijn Vader, werd Hij gevangengenomen en ter dood gebracht. Maar God heeft Hem na drie dagen opgewekt, en toen heeft Hij het ware, onvergankelijke leven ontvangen. In de boodschap voor Smyrna roept Hij zijn "slaven" op om Hem na te volgen. Ze hebben niets te vrezen want Hij is heer van de doden. Hij bezit de sleutels van de dood en de hades (1:18), en Hij zal trouwe volgelingen het echte leven schenken. Zoals Hij eens een dode was maar levend is geworden, zo zullen ook zij uit de doden opstaan.

Vers 9

Ik weet van u de verdrukking en de armoede... Wanneer de Mensenzoon zegt: "Ik weet", betekent dit niet alleen dat Hij van de situatie van de gemeente op de hoogte is, maar ook dat Hij die toestand uit eigen ervaring kent. Toen Hij nog op aarde was, werd Hij geconfronteerd met laster en verdachtmaking, strikvragen en herhaalde pogingen om Hem voor het gerecht te slepen. Hem overkwam hetzelfde als wat de gemeente van Smyrna zal treffen (2:9). Hij is zelf óók gevangengenomen en heeft het doodvonnis horen uitspreken. Hij kent de aanvechting die een mens dan bespringt, de verzoeking om ontrouw te worden en het geloof te verloochenen. Maar Hij is gehoorzaam gebleven en is als over-

67

winnaar uit de strijd gekomen. Als "Leidsman van het geloof" kan Hij zijn volgelingen aansporen en bemoedigen.

"Verdrukking" is een aanduiding van omstandigheden, die een mens terneerslaan. De betekenis van het woord is: verplettering onder een last. Voor een verdrukte blijft er geen enkele ruimte meer over, het leven wordt zo iemand onmogelijk gemaakt. De Bijbel spreekt over vervolging, armoede, oorlogssituaties en lichamelijk lijden als mogelijke oorzaken van verdrukking [10]. In de boodschap voor Smyrna moeten we aan vervolging en armoede denken.

Voor "armoede" gebruikt de Mensenzoon een sterk woord. Het Griekse begrip *ptoocheia* betekent niet dat iemand "gebrek" heeft, maar dat het hem werkelijk aan alles ontbreekt. Wie door *ptoocheia* is getroffen, is tot de bedelstaf vervallen. De gelovigen in Smyrna zullen misschien niet langer kunnen kopen of verkopen omdat ze weigeren om het teken van het beest te aanvaarden (vgl. 13:17). Wellicht worden zij ook vanwege de laster van godsdienstige tegenstanders van hun bezittingen beroofd (vgl. Hebreeën 10:32-34).

Maar rijk bent u! Ondanks haar diepe armoede noemt de Mensenzoon de gemeente toch rijk. Het is opvallend dat Hij niet zegt: "Jullie zijn nu wel straatarm maar in de toekomstige eeuw zal je beloond worden" Het Bijbelwoord luidt niet: u *zult* eens rijk zijn, maar u *bent* rijk. Nu, op dit ogenblik, ondanks uw armoede bent u toch rijk. De maatstaven van Jezus zijn anders dan de maatstaven van de wereld. Toen Hij nog op aarde was, hield Hij Zijn volgelingen voor:

"In de wereld zult u verdrukking hebben".

Juist árme mensen prees Hij gelukkig:

"Gelukkig bent u wanneer zij u smaden en vervolgen en allerlei kwaad van u spreken ter wille van Mij".

---

[10] Zie Mattheüs 13:21; 24:21,29; Markus 4:17; 13:19,24; Romeinen 8:35; 2 Korinthe 8:13 e.v., Filippenzen 4:14, 1 Thessalonicenzen 3:7, 2 Thessalonicenzen 1:4, Jakobus 1:27, Johannes 16:21.

De apostel Petrus sloot zich bij deze overtuiging aan:

"Als u in [de] naam van Christus smaad lijdt, bent u gelukkig, omdat de Geest van de heerlijkheid en die van God op u rust" [11].

De gemeente van Korinthe telde weinig aanzienlijken, maar ze was "rijk in alle genadegaven, in woord en in kennis". Paulus was "arm, maar velen rijk makend, niets hebbend en toch alles bezittend"; hem was "de genade te beurt gevallen om aan de heidenen de onnaspeurlijke rijkdom van Christus" te verkondigen. Jezus is "om onzentwil arm geworden, terwijl Hij rijk was, opdat wij door Zijn armoede rijk zouden worden". God heeft "de armen der wereld uitverkoren om rijk te zijn in het geloof". Een mens is pas werkelijk rijk als hij "rijk is in God" [12]. Ware rijkdom wordt met andere maatstaven gemeten dan economische.

En de laster van hen die zeggen zelf Joden te zijn en ze zijn het niet, maar [een] synagoge van de satan. Het slot van vers 9 is in de meeste Bijbelvertalingen onnauwkeurig weergegeven. Men heeft het woord *heautous* weggelaten. De oorspronkelijke Griekse tekst zegt: "En de laster van hen die zeggen dat zij *zelf* Joden zijn en het niet zijn, maar een synagoge van de satan". Het woordje "zelf" *(heautous)* is veelbetekenend. Daaruit blijkt, dat de gemeente van Smyrna uit Joden zal bestaan. De tegenstanders die hen in een kwaad daglicht stellen, lasterpraat over hen verspreiden en haat tegen hen zaaien, noemen zich ook Joden maar zijn het volgens de Mensenzoon niet, aangezien ze het werk van de tegenstander doen. Bij de rivaliteit tussen de "synagoge van de satan" en de "gemeente in Smyrna" gaat het om een intern Joods conflict, of om een strijd tussen niet-Joden die beweren Joden te zijn en een Israëlitische gemeente.

De "laster" die over de gemeente in Smyrna wordt uitgestort is gezien het vervolg van de boodschap een aanklacht tegen haar bij de overheid, waarbij trouw aan Israëls God wordt voorgesteld als opstand tegen het wettig gezag.

---

[11] Joh.16:33, Mat.5:11-12, Luk.6:22-23, 12:21; 1 Pet.4:14.

[12] 1 Kor.1:4-8,26; 2 Kor.6:10, 8:9; Ef.3:8, 1 Tim.6:18, Jak.2:5, Opb.3:17-18.

De "synagoge van de satan" zal zich gedragen als de Samaritanen, die na de Babylonische ballingschap aan de Perzische koning schreven:

"Welnu, het zij de koning bekend, dat de Judeeërs, die van u naar ons zijn opgetrokken, te Jeruzalem gekomen zijn; zij zijn bezig die oproerige en slechte stad te herbouwen; zij voltooien de bouw der muren en graven de fundamenten uit. Nu zij het de koning bekend, dat, als deze stad herbouwd is en de muren voltooid zijn, men geen belasting, cijns of tol meer zal betalen, zodat zij ten slotte de koningen schade zal berokkenen..." (Ezra 4:12-13)

Een ander voorbeeld van zulke laster is de beschuldiging die Chaldeeuwse mannen bij koning Nebukadnezar indienden tegen de vrienden van Daniël:

"Er zijn Judeese mannen, aan wie gij het bestuur van het gewest Babel hebt opgedragen: Sadrak, Mesak en Abednego; deze mannen hebben zich aan u, o koning, niet gestoord: uw goden vereren zij niet, en het gouden beeld dat gij hebt opgericht, aanbidden zij niet" (Daniël 3:12).

Het lijkt ongelooflijk dat Joden hun volksgenoten bij een heidense overheid zullen aanklagen. Maar Jezus heeft zijn leerlingen al gewaarschuwd:

"Dan zullen zij u overleveren om verdrukt te worden en u doden, en u zult gehaat zijn door alle volken ter wille van mijn naam. En dan zullen velen ten val komen en elkaar overleveren en elkaar haten... Een broer nu zal [zijn] broer tot [de] dood overleveren, en een vader [zijn] kind, en kinderen zullen opstaan tegen [hun] ouders en hen doden, en u zult door allen gehaat worden ter wille van mijn naam" (Mattheüs 24:9-10, 10:21-22)

De "synagoge van de satan" bestaat misschien uit Joden die het "beest" als Messias hebben aanvaard, terwijl de "gemeente in Smyrna" ontkent dat het beest de beloofde Messias is en Gods Zoon uit de hemelen blijft verwachten. Zolang het beest zijn beeld nog niet in de tempel heeft laten plaatsen, zullen vele Joden hem voor de Messias houden.

"Die zeggen dat zij Joden zijn en het niet zijn" is mogelijk een verwijzing naar de brief aan de Romeinen. In die brief wordt gezegd:

"Want niet hij is een Jood die het uiterlijk is, en niet dat is de besnijdenis die iets uiterlijks is, in [het] vlees, maar hij is een Jood die het in het verborgen is, en [dat is] besnijdenis: [die]

van [het] hart, naar [de] geest, niet naar [de] letter; zijn lof is niet van mensen, maar van
God" (Romeinen 2:28-29)

"Want niet allen zijn Israël die uit Israël zijn; evenmin, omdat zij Abrahams nageslacht
zijn, zijn zij allen kinderen; maar 'in Izaäk zal uw nageslacht worden genoemd'; dat is: niet
de kinderen van het vlees zijn kinderen van God, maar de kinderen van de belofte worden
als nageslacht gerekend" (Romeinen 9:6-8)

Het woord "Jood" is van de naam "Juda" afgeleid, die "lof van God" betekent, en het woord "satan" betekent "tegenstander". De lasteraars die de gemeente beschuldigden beweerden Joden (vereerders van God) te zijn, maar vanwege hun houding tegenover de gemeente waren het in werkelijkheid Gods tegenstanders.

Vers 10

Vrees niets [van] wat u op het punt staat te ervaren. Omdat Jezus "de Eerste en de Laatste" is, weet Hij wat er gaat gebeuren en kan Hij met gezag over de toekomst spreken. De Heer bereidt Zijn slaven voor; door het lijden aan te kondigen wordt duidelijk, dat Hij ervan weet, dat het in Zijn hand is en niet aan Hem voorbijgaat. Hij openbaart tevens wat de bedoeling van de naderende verdrukking is en waarop die zal uitlopen.

De opdracht om niet te vrezen wanneer men vanwege het geloof in Christus met gevangenschap, mishandeling en de dood wordt bedreigd klinkt ook in de evangeliën en in de brieven die voor het Joodse volk bestemd zijn.

"Weest dan niet bang voor hen; want er is niets bedekt dat niet ontdekt, en verborgen dat niet
bekend zal worden... weest niet bang voor hen die het lichaam doden en daarna niets meer
kunnen doen... wanneer zij u nu brengen voor de synagogen, de overheden en de machten, weest
niet bezorgd hoe <of wat> u antwoorden of wat u zeggen moet; want de Heilige Geest zal u op
dat ogenblik leren wat u behoort te zeggen" (Mattheüs 10:26,28, Lukas 12:4,11-12)

"...al lijdt u ook ter wille van [de] gerechtigheid, gelukkig bent u. Vreest echter niet zoals zij
vrezen, en wordt niet in verwarring gebracht, maar heiligt Christus als Heer in uw harten..."
(1 Petrus 3:14)

71

Zie, de duivel staat op het punt om [sommigen] uit u in de gevangenis te werpen, opdat u beproefd wordt, en u zult hebben een verdrukking van tien dagen. De Mensenzoon voorzegt wat de gelovigen in Smyrna te wachten staat. De "tegenstander" zal via de lasterpraat van zijn "synagoge" weten te veroorzaken dat er gemeenteleden in hechtenis worden genomen. Het werkwoord geeft aan dat het daarbij niet zachtzinnig zal toegaan. Meestal wordt er gezegd dat mensen in de gevangenis worden "gezet" (Gr. *tithemi*), maar hier staat dat ze erin worden "geworpen" (Gr. *balloo*).

Satan is er op uit, gelovigen te "verzoeken". Door hen in moeilijkheden te brengen, denkt hij hen tot afval te kunnen bewegen en hen te kunnen breken. Maar God heeft een positieve bedoeling met het lijden. Hij wil aantonen, dat het geloof van de gemeente van Hem afkomstig is. De kwaliteit van dat geloof, "veel kostbaarder dan die van goud, dat vergankelijk is en door vuur beproefd wordt", zal "tot lof en heerlijkheid en eer blijken te zijn bij [de] openbaring van Jezus Christus" (1 Petrus 1:7). Over dat eerbetoon zal de Mensenzoon in het vervolg van Zijn boodschap nog spreken.

Vrijwel alle uitleggers beweren dat de "tien dagen" waarover de Messias spreekt niet letterlijk mogen worden genomen. Volgens de kanttekeningen van de Statenvertaling zou het gaan om een begrensde periode van vervolging, die "mogelijk tien jaar" heeft geduurd. In een oud commentaar las ik: "Natuurlijk hebt ge hier niet te denken aan tien dagen in letterlijken zin. 't Is geen getal om te tellen". Zulke commentatoren verheffen zich op arrogante wijze boven Gods woord. Wanneer "de Eerste en de Laatste" een verdrukking van tien dagen aankondigt, is dat een voorzegging waaraan wij niet mogen tornen. Toen de profeet Daniel in de boekrol van Jeremia las dat God over de puinhopen van Jeruzalem zeventig jaren zou doen verlopen, meende hij niet dat het ging om een tijdvak van onbepaalde duur. Integendeel, hij nam de tijdsaanduiding letterlijk en pleitte op Gods belofte (Daniël 9:2-3). Toen Daniël en zijn drie vrienden zeiden: "Neem toch met uw dienaren gedurende tien dagen een proef", nam het hoofd van Nebukadnezars hofhouding deze tijdsaanduiding eveneens letterlijk: hij gaf hun gedurende tien dagen groenten te eten en onderzocht hen daarna (Daniël 1:11-15). De tijdsaanduiding in de boodschap voor Smyrna moet worden *geloofd* en er mag niet aan wordengetornd (1:3, 22:7, 22:18-19). Wanneer de voorzegging wordt vervuld, zal blijken dat de opgestane Heer namens God tot de gelovigen in Smyrna heeft gesproken.

Wees trouw tot [de] dood, en Ik zal u geven de krans van het leven. De Mensenzoon geeft zijn slaven opdracht om "getrouw te zijn tot de dood". Gezien het tekstverband betekent dat niet: "Blijf Mij volgen tot je sterft", maar: "Blijf trouw zelfs wanneer je vanwege het vertrouwen in Mij ter dood wordt gebracht". Zelfs wanneer de belijdenis dat Jezus de ware Messias is als hoogverraad wordt beschouwd, moeten Zijn volgelingen in hun geloof volharden.

De geschiedenis van Daniël is een treffend voorbeeld van de trouw die Christus verlangt. Toen Daniël hoorde dat de koning verboden had om gedurende dertig dagen enig verzoek tot God of mens te richten, stelde hij zijn gebed niet uit. Ook ging hij niet naar een kamer zonder ramen om te bidden, maar hij "boog zich driemaal daags neder op zijn knieën en bad en loofde zijn God, juist zoals hij dat tevoren placht te doen" (Daniël 6:11). Aangezien het gebod van de koning bedoeld was om zich boven elke god of voorwerp van verering te stellen, moest Daniël tonen dat hij gehoorzaamheid aan God stelde boven gehoorzaamheid aan de aardse koning.

Toen Petrus en Johannes voor het Sanhedrin werden gebracht en dit gerechtshof hun opdroeg "in het geheel niet meer te spreken of te leren op gezag van de naam van Jezus", gaven de apostelen ten antwoord: "Beslist zelf, of het recht is voor God, meer aan u dan aan God gehoor te geven" (Handelingen 4:18-19). De gemeente van Jeruzalem bad niet, dat de vervolging weggenomen mocht worden, maar dat ze "met alle vrijmoedigheid het Woord mocht spreken!" (Handelingen 4:29).

Voor de "kroon van het leven" gebruikt de Griekse tekst het woord *stephanos*. Het gaat niet om de kroon van een koning, maar om een "erekrans" of "lauwerkrans" die winnende atleten of moedige soldaten ontvangen.

Als het Nieuwe Testament over "kronen" spreekt, dan betreft het erekransen die de Messias bij Zijn *wederkomst* uitreikt. Op die dag zullen Grieken, die door Paulus' prediking gered zijn, voor de apostel een "erekrans" vormen (1 Thessalonicenzen 2:19-20). De rechtvaardige Rechter zal dan de "krans van de gerechtigheid" geven aan allen die Zijn verschijning hebben liefgehad (2 Timotheüs 4:8). Bij de komst van de Heer wordt de "kroon van het leven" geschonken aan allen, die uit liefde voor Hem "in verzoeking hebben volhard"

(Jakobus 1:12, 5:7-8). Oudsten die hun taak goed hebben verricht zullen "wanneer de Opperherder verschijnt, de onverwelkelijke krans van de heerlijkheid ontvangen" (1 Petrus 5:4).

De tweede naamval in de uitdrukking "kroon van het leven" geeft aan dat de "kroon" uit "leven" *bestaat.* Onvergankelijk leven, leven dat door geen enkele dood meer kan worden weggerukt, zal als een erekrans worden uitgereikt aan slaven die hun Heer trouw zijn gebleven.

De vervulling van deze belofte wordt in het twintigste hoofdstuk van de Openbaring beschreven:

"[Ik zag] de zielen van hen die om het getuigenis van Jezus en om het woord van God onthoofd waren, en die het beest of zijn beeld niet hadden aangebeden en niet het merkteken aan hun voorhoofd en aan hun hand ontvangen hadden; en zij werden levend en regeerden met Christus duizend jaren" (20:4)

Vers 11

Wie een oor heeft, hore wat de Geest zegt tot de gemeenten. Over de betekenis van deze "wekroep" is bij de bespreking van Openbaring 2:7 al geschreven. Voor Smyrna betekent de roep: "Laat je niet intimideren, houd het woord van God en het getuigenis van Mij vast, zelfs al word je vanwege die houding vervolgd, gevangengenomen en gedood".

De overwinnende zal beslist geen kwaad ondervinden van de dood, de tweede. Voor "wie overwint" staat in de oorspronkelijke tekst: "De overwinnende". Ook hier blijkt, dat de Mensenzoon andere maatstaven aanlegt dan de wereld. In de ogen van buitenstaanders zijn trouwe gemeenteleden geen overwinnaars maar verliezers. Ze raken al hun bezittingen kwijt (2:9), worden gevangengenomen en terechtgesteld (2:10). Maar in de ogen van de Mensenzoon zijn het overwinnaars. Ze hebben "overwonnen door het bloed van het Lam en door het woord van hun getuigenis, en zij hebben hun leven niet liefgehad tot [de] dood toe" (12:11).

De "tweede dood" wordt in het boek Openbaring op meerdere plaatsen vermeld (20:6, 20:14, 21:8). De Bijbel vertelt ook wat die tweede dood is:

"Dit is de tweede dood: de poel van vuur" (20:14)

"Hun deel is in de poel die van vuur en zwavel brandt; dit is de tweede dood" (21:8)

Wie "van de tweede dood schade lijdt" (de oorspronkelijke tekst zegt: "beschadigd wordt", of "kwaad wordt gedaan") die loopt het eeuwige leven mis. Zo iemand zal in de eerste toekomstige eeuw (tijdens de duizendjarige binding van de satan) niet in leven zijn. Hij heeft geen deel aan de "eerste opstanding" die aan het begin van die eeuw zal plaatsvinden (20:4-6), en hij zal na het oordeel bij de grote witte troon in de vuurpoel worden geworpen (20:11-15). Tijdens de tweede toekomstige eeuw zal hij aan de tweede dood onderworpen zijn (20:14, 21:8), en dus evenmin eeuwig leven bezitten.

Wie Christus trouw bleef en "zijn leven niet heeft liefgehad tot de dood toe" zal van die tweede dood echter geen enkele schade lijden. De Griekse tekst gebruikt een dubbele ontkenning, *ou mee*, "beslist niet". De vervulling van deze belofte wordt in het twintigste hoofdstuk van de Openbaring beschreven:

"Zij werden levend en regeerden met Christus duizend jaren... Dit is de eerste opstanding. Gelukkig en heilig is hij die aan de eerste opstanding deel heeft; over dezen heeft de tweede dood geen macht, maar zij zullen priesters van God en van Christus zijn en met Hem <de> duizend jaren regeren" (20:4-6)

Boodschap voor Pergamum (2:12-17)

"En aan de engel van de gemeente in Pergamum schrijf:
Deze [dingen] zegt Hij die heeft het zwaard, het tweesnijdende, het scherpe:
    Ik weet waar u woont: waar de troon van de satan is!
En u houdt vast de naam van Mij en verloochent niet het geloof van Mij, zelfs in de dagen van Antipas, de getuige van Mij,
    die gedood werd bij u waar de satan woont.
Maar ik heb tegen u weinige [dingen]:
Dat u daar hebt die vasthouden aan de leer van Bileam,
    die Balak leerde om de kinderen Israëls een struikelblok voor te werpen, dat ze afgodenoffers zouden eten en hoereren.
Zo hebt u er ook die evenzo de leer van de Nicolaïeten vasthouden.

Verander dan van gedachten, maar zo niet, Ik kom haastig naar u toe,
en Ik zal oorlog tegen hen voeren met het zwaard van Mijn
mond.
Wie een oor heeft, hore wat de Geest zegt tot de gemeenten:
Aan de overwinnende zal Ik geven, aan hém,
van het manna dat verborgen geweest is,
en Ik zal hem geven een witte steen,
en op de steen een nieuwe naam geschreven,
die niemand gekend heeft behalve hij die hem ontvangt.[9]

Vers 12

**En aan de engel van de gemeente in Pergamum schrijf: Deze [dingen]
zegt Hij, die heeft het zwaard, het tweesnijdende, het scherpe.** De stad
Pergamum bestaat nog steeds en heet tegenwoordig Bergama. Veel
voorwerpen uit het oude Pergamum zijn te bewonderen in het museum voor
oudheden in Berlijn. De boodschap voor Pergamum wijst vooruit naar
Johannes' latere visioenen. Spreker is "Hij die het tweesnijdende scherpe
zwaard heeft" (2:12). Dat zwaard zal Hij gebruiken om "de heidenen te slaan"
(19:15) en de legers van het beest uit te schakelen (19:20-21). In de
Godsspraak voor Pergamum blijkt al welke kracht dit zwaard heeft. De
spreker zal "oorlog voeren" tegen hen "die de leer van de Nikolaïeten
vasthouden" (2:15,16). Met hetzelfde zwaard zal Hij ook "oorlog voeren in
gerechtigheid" (19:11), tegen de wereldleiders en hun legers (19:18).
In 1:16 en 2:16 blijkt dat het zwaard uit zijn *mond* komt. Dat zwaard wordt ook
vermeld in een profetie van Jesaja over de knecht des Heren. Diens mond
heeft God tot een scherp zwaard gemaakt (Jesaja 49:2). Jesaja gebruikte
dezelfde beeldspraak toen hij tegen de leiders van Jeruzalem zei:

*"Als u gewillig bent en luistert, zult u het goede van het land eten; maar als u weigert en
ongehoorzaam bent, zult u door het zwaard gegeten worden, want de mond van de
HEERE heeft gesproken"* (Jesaja 1:19-20)

Het begin van de boodschap voor Pergamum heeft een dreigende klank. Wie
ongehoorzaam is en weigert om naar de Mensenzoon te luisteren, zal door het
zwaard van zijn mond worden gegeten, dat wil zeggen: op Zijn bevel
omkomen.

Vers 13

Ik weet waar u woont: waar de troon van de satan is! De gemeente "woont, waar de troon van de satan is" (2:13), dus: bij de troon van het beest. Want de draak zal "zijn kracht en zijn *troon* en zijn grote macht" aan dat beest geven (13:2). En die draak is "de oude slang, die genaamd wordt duivel en de satan" (12:9, 20:2). Wanneer de dag des Heren aanbreekt, zal de stad Pergamum blijkbaar een thuisbasis zijn van het "beest uit de zee". Die stad zal het centrum (of een centrum) van zijn regering zijn. De gemeente van Pergamum bevindt zich in het hol van de leeuw.

En u houdt vast de naam van Mij en verloochent niet het geloof van Mij, zelfs niet in de dagen van Antipas, de getuige van Mij, die gedood werd bij u waar de satan woont. Ondanks de nabijheid van de "troon van de satan" hebben de "slaven van Christus" in Pergamum vastgehouden aan zijn naam en het geloof in Hem niet verloochend. Ze zijn er niet toe overgegaan om de antichrist te aanbidden, maar ze houden vast aan de naam van de Mensenzoon ("Jezus Christus"). Ze zijn er nog altijd van overtuigd dat Jezus de Messias is en dat Hij zal wederkomen vanuit de hemel om zijn rijk van vrede op aarde te vestigen. Zelfs toen Antipas vanwege die belijdenis als martelaar stierf, werd hun geloof niet aan het wankelen gebracht. Uit de bijzin "waar de satan woont" (vs. 13) blijkt, dat er verband is tussen de dood van Antipas en de nabijheid van de "troon van de satan".

Betrouwbare gegevens over Antipas zijn er niet. In overleveringen uit de Oudheid worden er tegenstrijdige dingen beweerd. Allerlei schrijvers lijken aan Openb.2:13 allerlei fantasieën toegevoegd te hebben. Uit de verwijzing naar de troon van satan mogen we misschien concluderen dat deze martelaar geen figuur is uit een ver verleden, maar een gelovige die op last van het beest zal worden omgebracht wanneer de dag van de Heer aanbreekt. Er staat immers geschreven:

* dat de draak "oorlog zal voeren" tegen "hen die de geboden van God bewaren en het getuigenis van Jezus hebben (11.17),

* dat een tweede beest, het "beest uit de aarde", zal maken dat "allen die het beeld van het beest uit de zee niet aanbidden, gedood zullen worden" (13:15);

77

* dat zulke slachtoffers "om het getuigenis van Jezus en het woord van God" worden terechtgesteld (20:4).

De naam Antipas is een samentrekking van het Griekse *Antipatros* (Nederlands: Antipater). Het was in de oudheid een algemeen voorkomende naam. Zo heette de "viervorst" die over Galilea heerste. Hij was een zoon van Herodes de Grote. In de Bijbel wordt deze "Herodes Antipas" soms kortweg "Herodes" genoemd (Mattheüs 14:1, Lukas 3:1, 9:7; Handelingen 13:1).

Antipa(tro)s betekent "vertegenwoordiger van de Vader", een toepasselijke naam voor een gelovige die als martelaar sterft. Antipas uit Pergamum zal een "trouwe getuige" zijn, omdat hij bij de troon van satan belijdt dat er één God is, de Vader, en weigert om het beest goddelijke eer te bewijzen. Omdat hij het "getuigenis van Jezus" vasthoudt, wordt hij ter dood gebracht. Maar de Levensvorst zal hem binnen enkele jaren doen opstaan (14:13, 20:4-6). Vanaf dat moment zal hij de Vader vertegenwoordigen door met Christus te regeren (20:4-6).

Vers 14

Maar Ik heb tegen u weinige [dingen]: dat u daar hebt die vasthouden aan de leer van Bileam, die Balak leerde om de kinderen van Israël een struikelblok voor te werpen, dat ze afgodenoffers zouden eten en hoereren. Er zijn in Pergamum mensen die "aan de leer van Bileam vasthouden". Ze behoren tot de gemeente, want de "engel" (die met "u" wordt aangesproken) heeft hen "daar". Het zijn mensen die de synagoge bezoeken en die onder het gehoor van de engel verkeren.

De geschiedenis van Bileam is opgetekend in het boek Numeri (de hoofdstukken 22 tot en met 25, en 31:16). Bileam bracht Balak, de koning van Moab, op het idee om Israël uit te nodigen voor offerfeesten ter ere van de afgod Baäl-Peor. Indien zij op die uitnodiging ingingen, zich overgaven aan prostitutie met Moabitische vrouwen en zich zó aan Baäl-Peor koppelden, zouden ze hun eigen God ontrouw worden. Dan zou de HEERE hen niet langer beschermen, en zou Moab Israël kunnen overwinnen. Voor "een strik spannen" staat in Openbaring 2:14: "een struikelblok voorwerpen" (*balein skandalon enoopion*). Wie een nietsvermoedende wandelaar een struikelblok voorwerpt, heeft de kwade bedoeling om deze persoon ten val te brengen.

78

Bij het "eten van afgodenoffers" hoeven we niet te denken aan offerfeesten van primitieve volken zoals de Australische aboriginals. Wanneer "het beest" - een toekomstige wereldleider - van zijn dodelijke wond is genezen en stevig in het zadel zit, zal niemand meer kunnen kopen of verkopen tenzij hij het teken van dat beest draagt: de naam van het beest of het getal van zijn naam (13:17). *Elke* aankoop zal dan een afgodenoffer zijn, dus ook de aanschaf van voedsel om te kunnen eten. Wie het teken heeft is gebrandmerkt als een slaaf van het beest. Hij kan in het rijk van het beest blijven kopen en verkopen, maar maakt daartoe gebruik van een godslasterlijk eigendomsmerk (13:1) dat Gods toorn opwekt (14:9-11). Hij bedrijft de vorm van hoererij die Israëls profeten fel hebben bestreden. Om in zijn levensonderhoud te kunnen voorzien verlaat hij de Eeuwige en verbindt zich aan een afgod.

Vers 15

Zo hebt u er ook die evenzo de leer van de Nicolaïeten vasthouden. Zoals Bileam bij Balak in de gunst wilde komen om een beloning te verwerven (2 Petrus 2:15), zo proberen sommige gemeenteleden uit Pergamum bij de troon van satan in het gevlei komen. Ze raden de heerser die op die troon zit aan om zijn onderdanen op te dragen om "afgodenoffers te eten en te hoereren". Naar het motief van dit advies kunnen we alleen maar gissen. Ze streven vermoedelijk, net als de oudtestamentische Bileam, naar persoonlijk voordeel. Ze verlangen naar politieke stabiliteit, en ze geloven dat die toestand van rust zal ontstaan wanneer de overheid totale controle uitoefent over het economisch verkeer. De prijs voor vrede en veiligheid is het verlies van persoonlijke vrijheid. Omdat hun leer wordt omgezet in overheidsbeleid, wordt trouwe gemeenteleden "een struikelblok voorgeworpen". Als niemand meer kan kopen en verkopen zonder het teken van het beest te aanvaarden, worden gelovigen in de verleiding gebracht om de God van Israël ontrouw te worden en het beest te gaan vereren. Uit de naam Nicolaïeten, die "overwinnaars van het volk" betekent, blijkt dat deze mensen uitzien naar totale controle van de overheid over de samenleving – zodat iedere vorm van opstand of ontduiking van de regels onmogelijk wordt. Het volk moet worden overwonnen en in het gareel worden gebracht. De eenheidsgodsdienst die Nebukadnezar (Daniel 3) en Darius (Daniël 6) wilden stichten was een voorafschaduwing van de leer van de Nicolaïeten. In het geval van Darius was het idee om zich boven iedere god of voorwerp van verering te verheffen hem ook ingefluisterd door "Nicolaïeten": de vorsten, overheden, stadhouders, raadsheren en landvoogden van het Perzische rijk (Dan.6:7-9).

Vers 16

Verander dan van gedachten, maar zo niet, Ik kom haastig naar u toe, en Ik zal oorlog tegen hen voeren met het zwaard van Mijn mond. "Bekeer u" (letterlijk: verander van gedachten) moet gezien het tekstverband betekenen: "Verwacht vrede en welvaart niet van de vorst die in jullie stad troont, want met hem zal je bedrogen uitkomen: hij zal zich ontpoppen als een valse Messias. Houd vast aan Mijn naam en aan het geloof in Mij. Steun de machthebber niet in zijn streven naar totale controle maar vrees de Eeuwige. Blijf uitzien naar de terugkeer van de uit de doden opgestane Messias, vanuit de hemel".

De Mensenzoon komt in ieder geval "spoedig" of "haastig" (2:5). Maar de manier waarop Hij zijn slaven op dat moment zal bejegenen is afhankelijk van hun trouw, van de vraag of ze de boodschap uit de hemel hebben gehoorzaamd of die in de wind hebben geslagen.

Indien de gemeenteleden die sympathiseren met de Nicolaïeten niet van gedachten veranderen, zal de Mensenzoon bij zijn komst "strijd tegen hen voeren met het zwaard van zijn mond". In Openbaring 19:15, 18 en 21 blijkt wat die waarschuwing betekent. Afgodendienaars zullen omkomen wanneer de Mensenzoon verschijnt, maar trouwe slaven zullen priesters van God en van Christus worden in het rijk dat dan zal aanbreken (20:6, vgl. Exodus 19:5-6). Zij zullen behoren tot het gereinigde en gelouterde Israël en deel krijgen aan de beloften van God in de toekomstige eeuw.

Vers 17

Wie een oor heeft, hore wat de Geest zegt tot de gemeenten. Aan de overwinnende zal Ik geven, aan hém, van het manna dat verborgen geweest is. Er is verband tussen de belofte voor de overwinnaars en de leer van de Nicolaïeten. "Geven van het verborgen manna" (2:17) staat tegenover "afgodenoffers eten" (2:14). "Verborgen manna" is het manna dat Aäron in opdracht van Mozes in een gouden kruik deed en in de ark van het verbond

80

legde, voor het aangezicht van de HEERE (Exodus 16:33, Hebreeën 9:4). Dat manna was een type van Christus die zich in Gods nabijheid bevindt, in het heilige der heiligen van de hemelse tempel, en die het onvergankelijk leven dat Hijzelf bezit, zal geven aan wie Hem toebehoren (Johannes 6:49-58). Geen vergankelijk leven voor een korte tijd, zonder échte rust (dat de vereerders van het beest ontvangen, zie 14:11), maar een onvergankelijk, blijvend leven dat de dood voorgoed achter zich heeft.

... en Ik zal hem geven een witte steen, en op de steen een nieuwe naam geschreven, die niemand gekend heeft behalve hij die hem ontvangt. In het Nederlands kan het woord "steen" verschillende betekenissen hebben: een rotsblok, een zwerfsteen, een baksteen, een keitje of een edelsteen. Maar het Griekse woord *psephos,* dat de Mensenzoon gebruikt, betekent "kraal" of "kiezelsteen". In de oorspronkelijke Griekse tekst kun je zien dat het om een *klein* steentje gaat, dat je kunt meenemen door het in je zak (of je portemonnee) te stoppen, of het aan een ketting om je hals te hangen. Verbuigingen van het woord *psephos* komen in de Bijbel op drie plaatsen voor, en uit die passages blijkt hoe zulke steentjes in de oudheid werden gebruikt. Tegen koning Agrippa zei Paulus:

"Ik heb vele van de heiligen in gevangenissen opgesloten, waartoe ik de macht van de overpriesters ontvangen had; en als zij zouden omgebracht worden, heb ik mijn stem eraan gegeven" (Handelingen 26:10)

Voor "mijn stem eraan gegeven" staat in het Grieks *katenengka psephon,* dat letterlijk "een steentje bijgedragen" betekent. *Psephoi* werden dus gebruikt om te stemmen. Door kiezers steentjes met verschillende kleuren, bijvoorbeeld zwart of wit, in een pot te laten werpen en die te tellen kon de uitslag worden vastgesteld.

Van de boeken over magie die de Efeziërs verbrandden nadat zij gelovig waren geworden, vertelt Lukas:

"En men berekende de waarde ervan en stelde die vast op vijftigduizend zilverstukken" (Handelingen 19:19)

81

Voor "berekenen" staat in de oorspronkelijke Bijbeltekst het werkwoord *sumpsephizoo*, dat van het zelfstandig naamwoord *psephos* is afgeleid. Blijkbaar werden *psephoi* niet alleen gebruikt bij het stemmen maar ook bij het optellen. Berekenen is: "de juiste kraaltjes bij elkaar leggen". Ook wij gebruikten vroeger een telraam, als hulpmiddel bij het rekenen, en dat telraam bevatte kralen.

De laatste Bijbeltekst waarin het woord *psephos* voorkomt is het dertiende hoofdstuk van de Openbaring. Daar merkt de ziener Johannes op:

"Hier is de wijsheid: wie verstand heeft, berekene het getal van het beest, want het is een getal van een mens, en zijn getal is zeshonderd zesenzestig" (Openbaring 13:18).

Berekenen is ook in deze tekst weer *psephizoo*: "met behulp van steentjes een optelsom maken". Vanwege het gebruik van de woorden *psephos* (steen) en *onoma* (naam) is er verband tussen Openbaring 2:17 en 13:17-18. De "witte steen met een nieuwe naam" (2:17) staat tegenover "hoereren" (2:14). Wie "hoereert" aanvaardt het teken van het beest en stemt in met zijn woorden van godslastering (13:6, 16-17, 14:9). Wie het beest erkent, kan blijven kopen en verkopen en – althans voor korte tijd – zijn normale leven voortzetten. Maar zo iemand wordt de Eeuwige ontrouw, en wordt een naamloze slaaf van een gewetenloze heer die alleen zijn eigen naam maar belangrijk vindt. Wanneer de Mensenzoon verschijnt, zullen zulke afvalligen met "het zwaard van Zijn mond" worden gedood (19:21) en zij zullen worden gepijnigd (14:10).

De "witte steen met daarop een nieuwe naam" verwijst naar de twee edelstenen op de schouderbanden van Aärons efod (Exodus 28:9-12, 39:6-7) en de twaalf edelstenen die zich in Aärons borsttas bevonden (Exodus 28:15-21, 39:8-14). Op de schouderstenen en de stenen van de borsttas waren de namen gegraveerd van de twaalf zonen van Israël. De stenen op de schouderbanden droegen elk zes namen, en brachten tot uitdrukking dat Aäron in zijn functie als hogepriester de afstammelingen van Israël telkens opnieuw bij God in herinnering mocht brengen, het waren "stenen der gedachtenis" (Exodus 28:12, 39:7). De stenen in de borsttas hadden dezelfde functie want van hen wordt gezegd:

"Zo zal Aäron de namen van de zonen van Israël op de borsttas van de beslissing, op zijn hart dragen, als hij in het heiligdom binnenkomt, tot een voortdurende gedachtenis voor het aangezicht van de HEERE" (Exodus 28:29).

Tijdens het oude verbond werden de namen van de twaalf stammen van Israël door de hogepriester in het heiligdom gebracht. Maar nú draagt elke overwinnaar zijn eigen nieuwe naam en krijgt deel aan het manna dat in het heilige der heiligen verborgen was. Er staan niet langer priesters tussen de overwinnaars en God in, want elke overwinnaar is zélf priester geworden. Het "overblijfsel" van Israël dat heeft overwonnen is een koninkrijk van priesters en een heilig volk voor de HEERE geworden (Exodus 19:6). Overwinnaars hebben zowel de dood als de zonde voorgoed achter zich: de dood vanwege het manna dat zij hebben ontvangen (Joh.6:49-58), de zonde vanwege de witte steen. Hun zonde is bedekt en weggedaan. Ze mogen tot God naderen en ingaan in het heiligdom. De witte steen met de nieuwe naam is een symbool van hun blijvende band met God. Het is de tegenpool van de band met het beest die uitgebeeld wordt door het "teken" van zijn naam of het getal van zijn naam.

Het is opvallend dat de Mensenzoon zelf ook "een geschreven naam heeft, die niemand kent dan Hijzelf" (19:12). Ook Hij heeft immers overwonnen, door de goede belijdenis te betuigen voor Pontius Pilatus (1 Timotheüs 6:13, Johannes 19:11).

Boodschap voor Thyatira (2:18-29)

"En aan de engel van de gemeente in Thyatira schrijf:
Deze [dingen] zegt de Zoon van de God,
    de Bezitter van de ogen van Hem als een vuurvlam
    en de voeten van Hem als wit koper:
Ik weet van u de werken en de liefde en het geloof
    en de dienst en de volharding van u,
    en de werken van u: de laatste meer dan de eerste.
Maar Ik heb tegen u dat u laat gaan de vrouw Izebel die zichzelf
profetes noemt,

ze leert en verleidt mijn slaven om te hoereren en afgodenoffers
te eten, en Ik geef haar tijd om van gedachten te veranderen,
maar ze wil niet van gedachten veranderen uit haar hoererij.
Zie, Ik zal haar werpen in een bed
en de overspelers met haar in grote verdrukking,
tenzij ze van gedachten veranderen uit haar daden,
en de kinderen van haar zal Ik doden met de dood.
En al de gemeenten zullen weten dat Ik de Doorzoeker ben van nieren
en harten,
en Ik zal aan u allen geven in overeenstemming met uw werken.
Maar aan u, aan de rest van Thyatira, zovelen als niet hebben deze leer,
die niet kennen de diepten van de satan, zoals zij zeggen,
niet zal ik u opwerpen een andere last behalve dan wat u hebt:
houdt dat totdat Ik kom.
En aan de overwinnende en de bewarende tot het einde van de werken
van Mij zal Ik geven, aan hém,
gezag over de volken,
en hij zal hen hoeden met een ijzeren staf,
zoals aardewerk wordt stukgeslagen,
zoals Ik heb ontvangen van de Vader van Mij,
en Ik zal hem geven de morgenster.
Wie een oor heeft, hore wat de Geest zegt tot de gemeenten.[9]

Vers 18

En aan de engel van de gemeente in Thyatira schrijf: Deze [dingen]
zegt de Zoon van de God, de Bezitter van de ogen van Hem als een
vuurvlam en de voeten van Hem als wit koper. Thyatira bestaat nog steeds,
het is nu de stad Akhisar. Van het Thyatira uit de oudheid is vrijwel niets
overgebleven.

Uit een vraag die de hogepriester Kajafas aan Jezus stelde blijkt dat "de Zoon
van God" een parallel is van "de Christus", dat wil zeggen: "de Messias"
(Mattheüs 26:63). De eretitel "Zoon van God" is ontleend aan de tweede
psalm, een lied over de messiaanse koning:

84

"Ik wil gewagen van het besluit des HEREN:
Hij sprak tot mij: **Mijn zoon** *zijt gij,*
Ik heb u heden verwekt.
Vraag Mij en Ik zal volken geven tot uw erfdeel,
de einden der aarde tot uw bezit" (Psalm 2:7-8)

In het negentiende hoofdstuk van de Openbaring worden de "ogen als een vuurvlam" als volgt verklaard:

"Hij oordeelt en voert oorlog in gerechtigheid... zijn ogen zijn <als> een vuurvlam..." (19:11-12)

In Israël was de koning de hoogste rechter. Hij had opdracht om het kwaad uit het land weg te doen. In 2 Thess.1:8 wordt "vlammend vuur" verbonden met "de openbaring van de Heer Jezus van de hemel", het moment waarop Hij in heerlijkheid verschijnt om zijn heerschappij op aarde op zichtbare wijze te gaan uitoefenen. Voor "ogen als een vuurvlam" moet iedere vorm van duisternis wijken. Bij een rechter die zulke ogen heeft komt alles aan het licht, elk verborgen kwaad maar ook elk naamloos goed waar niemand oog voor heeft gehad. Omdat de Messias "ogen heeft als een vuurvlam" kan hij een strikt rechtvaardig oordeel vellen.

Aardse rechters baseren hun vonnis op wat hun eigen ogen en de ogen van getuigen, dus *menselijke* ogen hebben waargenomen. Daardoor kunnen zij dingen over het hoofd zien en fouten maken. De Messias vergist zich echter nooit. Wanneer de Mensenzoon opmerkt: **"Deze [dingen] zegt de Zoon van de God, de bezitter van de ogen van Hem als een vuurvlam"**, dan kunnen de woorden "van Hem" verwijzen naar "de Zoon", maar ook naar "de God". Als ze op God betrekking hebben, staat er dat de Messias in zijn functie als Rechter beschikt over de ogen van zijn Vader, dus over Goddelijke wijsheid.

"Voeten als blinkend koper" zijn beeldspraak voor de volmacht die de Messias heeft ontvangen om iedere vorm van kwaad uit te roeien. Ook op dit punt is de oorspronkelijke tekst dubbelzinnig. Wanneer "de Zoon van de God" opmerkt dat Hij beschikt over "de voeten van Hem als blinkend koper" dan kan "van Hem" verwijzen naar "de Zoon", maar ook naar "de God". In de

Bijbel is "vertreden met de voeten" beeldspraak voor verplettering van iemands tegenstanders:

"Ik zal Assyrië verbreken in mijn land, en op mijn bergen zal Ik het **vertrappen***"* (Jesaja 14:25)

"Wie heeft vanwaar de zon opkomt de Rechtvaardige doen opstaan, hem geroepen om te gaan? Wie heeft heidenvolken aan hem overgeleverd, en doet hem koningen **vertreden***?* (Jesaja 41:2)

"Ik doe iemand opstaan uit het noorden en hij zal komen: vanwaar de zon opkomt zal hij mijn Naam aanroepen; Hij zal komen, de machthebbers als leem **vertreden** *en zoals een pottenbakker klei* **treedt***"* (Jesaja 41:25)

"Ik heb hen **vertreden** *in Mijn toorn, hen* **vertrapt** *in Mijn grimmigheid...* *Ik heb de volken* **vertrapt** *in Mijn toorn, Ik heb hen dronken gemaakt in Mijn grimmigheid, Ik heb hun bloed ter aarde doen nederdalen"* (Jesaja 63:3,6)

"Sta op en dors, dochter van Sion, want Ik zal uw hoorn van ijzer maken en uw hoeven van brons. U zult vele volken **verpletteren...** *"* (Micha 4:13)

"U zult de goddelozen **vertrappen.** *Voorzeker, stof zullen zij worden onder uw voetzolen op die dag die Ik bereiden zal, zegt de HEERE van de legermachten"* (Maleachi 4:3)

De Messias zal "de persbak treden van de wijn van de grimmige toorn van de almachtige God" (19:15). Daarom heeft Hij "voeten aan blinkend koper gelijk, als gloeiden zij in een oven" (1:15). Hij zal verpletteren wie kwaad bedrijven en tegen God zijn opgestaan.

86

De inhoud van de boodschap voor Thyatira is met dit opschrift in overeenstemming. "Ogen als een vuurvlam" stemmen overeen met wat in vers 19 tot 21 wordt gezegd, "voeten als blinkend koper" met vers 22 en 23.

Vers 19

Ik weet van u de werken en de liefde en het geloof en de dienst en de volharding van u, en de werken van u: de laatste meer dan de eerste. Het bezittelijk voornaamwoord "uw" is in de verzen 19-20 een tweede persoon enkelvoud, maar in de verzen 23-25 een tweede persoon meervoud. In vers 19 richt de Mensenzoon zich tot de gemeente als geheel via de mond van de engel. Vanaf vers 23 richt Hij zich tot individuele gemeenteleden en roept hen op tot een keuze: voor Hém of voor Izebel. De eenheid van de gemeente wordt door valse profetie bedreigd. Zij loopt het gevaar om in twee partijen uiteen te vallen.

Omdat de Mensenzoon "ogen als een vuurvlam heeft" is Hij van de toestand volmaakt op de hoogte. Hij ziet in de eerste plaats het goede en vergeet dit niet. Gelovigen die zich aan de wet van Mozes willen houden hebben het ontzaglijk moeilijk. Voor hen wordt het steeds moeilijker (en binnenkort zelfs onmogelijk) om te kopen of te verkopen (2:3, 2:9-10, 2:13, 13:16-17). Om in leven te blijven zijn ze op elkaar aangewezen. Ze worden volstrekt afhankelijk van onderlinge steun en dienstbetoon. Het woord *pistis*, dat in vs.19 met "geloof" is vertaald, kan ook "trouw" of "betrouwbaarheid" betekenen. Geloof in God, steunen op Zijn woord en Zijn beloften, en betrouwbaar dienstbetoon ten opzichte van medegelovigen, zijn van levensbelang wanneer de dag van de Heer aanbreekt (vgl. Hebreeën 10:32-39). De gemeente heeft in deze deugden "volhard". Het Griekse woord *hupomonè*, dat met "volharding" is weergegeven, betekent "er onder blijven", niet op de loop gaan voor de moeilijkheden, maar er blijmoedig en dapper de schouders onder zetten. In toenemende mate wordt er een beroep gedaan op wederzijdse hulp, goedgeefsheid, en ontferming. Men is in dat opzicht gegroeid, de "laatste werken zijn meer dan de eerste". Het wordt echter ook steeds moeilijker om stand te houden.

87

Vers 20

Maar Ik heb tegen u, dat u laat gaan de vrouw Izébel, die zichzelf profetes noemt, ze leert en verleidt mijn slaven om te hoereren en afgodenoffers te eten. Izébel was de vrouw van koning Achab en de dochter van Ethbaäl, de koning van Sidon. Omdat zij van Foenicische afkomst was, spoorde ze haar echtgenoot aan om de Kanaänitische god van de vruchtbaarheid te gaan dienen. Achab liet in zijn hoofdstad Samaria een tempel voor die afgod bouwen en boog zich voor de Baäl neer. Bovendien liet hij een *asjera*, een gewijde paal, oprichten. Het volk Israël werd niet alleen tot afgodendienst maar ook tot letterlijke hoererij gebracht, want de *asjera*- dienst ging met gewijde ontucht gepaard (1 Koningen 16:31-33, 2 Koningen 9:22).

Zoals Izébel in het tienstammenrijk optrad, zo zal er in Thyatira een vrouw zijn die Israëlieten verleidt om afgodenoffers te gaan eten en te gaan hoereren. De vrouw in Thyatira predikt dezelfde boodschap als de Nicolaïeten. Zij spoort Gods knechten aan om het beest te gaan vereren en zijn merkteken te aanvaarden. De vrouw gedraagt zich als een profetes. Ze beweert namens God te spreken en ze gebruikt godsdienstige argumenten. Volgens haar behoren slaven van de Eeuwige "de diepten van satan te leren kennen" (2:24). Wie over de volken gaat heersen, moet volgens haar aan de godsdienstige praktijken van die volken hebben deelgenomen en uit eigen ervaring weten wat zij hebben meegemaakt.

Koningin Izébel van het tienstammenrijk en de "profetes" uit Thyatira hebben drie dingen gemeen:

a. De vervolging die Izébel ontketende tegen de profeten van de HEERE en de droogte die daarmee gepaard ging duurde drie jaar en zes maanden (Lukas 4:25, Jakobus 5:17-18, vgl. 1 Koningen 18:1). Het woeden van het beest tegen wetsgetrouwe Joden zal precies even lang duren: "een tijd, tijden en een halve tijd" (12:4), "tweeënveertig maanden" (11:2, 13:5) of "twaalfhonderdzestig dagen" (11:3, 12:6).

b. Zoals de profeet Elia Izébels man Achab vermaande, zó zullen er tijdens die toekomstige periode van drie-en-een-half-jaar in de stad Jeruzalem twee getuigen optreden die er uit zien als Elia en die wonderen doen (11:3-9).

c. Izébel kon de Baälscultus invoeren omdat zij door haar man, de koning van Israël, werd gesteund. De vrouw in Thyatira zal worden gesteund door het "beest uit de zee", de leider van het laatste wereldrijk, en met diens hulp velen misleiden (13:1-10).

Vers 21

En Ik geef haar tijd om van gedachten te veranderen, maar ze wil niet van gedachten veranderen uit haar daden. Voor "bekeren" gebruikt de oorspronkelijke tekst het werkwoord *metanoioo*, dat "van gedachten veranderen" betekent. Binnen het boek Openbaring komt dit woord twaalf maal voor: tweemaal in 2:5, eenmaal in 2:16, tweemaal in 2:21, en eenmaal in 2:22, 3:3, 3:19, 9:20, 9:21, 16:9 en 16:11. De vrouw in Thyatira krijgt "tijd om zich te bekeren" en zal door allerlei omstandigheden tot bekering worden aangespoord:

a. Ze zal zien hoe een derde deel van de mensheid wordt gedood tijdens het oordeel van de zesde bazuin (9:13-21).

b. Ze zal horen van het optreden van twee getuigen die de inwoners van Jeruzalem oproepen om terug te keren tot de HEERE, en hun oproep kracht bijzetten door de hemel te sluiten en het zoete water in het land te bederven (11:1-14).

c. Ze zal de zonnegloed zien aanzwellen tot een verschroeiende hitte en ze zal vernemen dat de volgelingen van het beest worden geslagen met kwaadaardige zweren (16:1-11). Als ze niet van gedachten verandert, zal haar eigen huis ook worden getroffen door builenpest (2:22-23).

Het uitstel dat zij krijgt lijkt in vele opzichten op het uitstel dat koningin Izébel kreeg. Die maakte immers mee dat het 3½ jaar niet regende, wat hongersnood, armoede, en sterfte van mens en dier tot gevolg had. Maar net zoals de vrouw van Achab zich niet bekeerde, is ook de profetes in Thyatira niet bereid om van gedachten te veranderen. In latere visioenen krijgt Johannes te zien hoe de overlevenden van de laatste plagen tot het einde toe halsnekkig blijven:

"En de overigen van de mensen die niet gedood werden door deze plagen, bekeerden zich zelfs niet van de werken van hun handen, dat zij niet aanbaden de demonen en de gouden,

89

zilveren, koperen, stenen en houten afgoden, die niet kunnen kijken, niet horen en niet lopen; **en zij bekeerden zich niet** *van hun moorden, noch van hun hoererij, noch van hun diefstallen"* (9:20-21)

"En de mensen... lasterden de naam van God, die de macht over deze plagen had, **en zij bekeerden zich niet** *om Hem heerlijkheid te geven"* (16:9)

"En zij... lasterden de God van de hemel vanwege hun pijnen en vanwege hun zweren, **en zij bekeerden zich niet** *van hun werken"* (16:11)

Vers 22 en 23

Zie, Ik zal haar werpen in een bed en de overspelers met haar in grote verdrukking, tenzij ze van gedachten veranderen uit haar daden, en de kinderen van haar zal Ik doden met de dood. En al de gemeenten zullen weten dat Ik de Doorzoeker ben van nieren en harten, en Ik zal aan u allen geven in overeenstemming met uw werken. Met vers 22 hebben vele uitleggers moeite gehad. Zij vroegen zich af, waarom de "profetes", haar medestanders en haar "kinderen" een verschillend lot zullen ondergaan.

In werkelijkheid is er in vers 22 en 23 echter slechts sprake van één enkel oordeel. Op het eerste gezicht lijkt "door de dood ombrengen" een tautologie te zijn, want er is geen andere manier om iemand om te brengen dan door de dood. Maar deze uitdrukking is, evenals vele andere zegswijzen in het boek Openbaring, ontleend aan het Hebreeuws. De apocalyptische ruiters doden een kwart van de wereldbevolking met "het zwaard, de honger, de *dood* en de wilde dieren van de aarde" (6:8). Het gaat om "de vier ergste oordelen van de Heere HEERE" – zwaard, honger, wilde dieren en *pest* (Ezechiël 14:21). De pest werd vroeger aangeduid als "de zwarte dood". "Treffen met de plaag" of "doden met de dood" zijn synoniemen van: "ombrengen door de pest".

Het "bed" waarop Izebel wordt geworpen is een ziekbed. De "grote verdrukking" waarin haar medestanders terecht zullen komen is de benauwdheid van een levensbedreigende ziekte. In het Grieks van vs.22 staat er voor "verdrukking" geen bepaald lidwoord. De opgestane Heer sprak niet over "DE grote verdrukking", een toekomstig tijdperk in de wereldgeschiedenis, maar over EEN grote verdrukking. De gebeurtenissen die de hemelse Rechter aankondigt hebben een logische volgorde. Door ziekte wordt men aanvankelijk "op een bed geworpen", vervolgens geraakt men in grote benauwdheid en begint voor zijn leven te vrezen, en uiteindelijk overlijdt men. De vrouw van koning Achab werd getroffen door een gericht dat hier enigzins op leek: zij werd uit het venster geworpen en kwam op straat te liggen, daar raakte ze in grote verdrukking omdat ze werd vertrapt, en uiteindelijk stierf ze.

Dodelijke ziekte was in Bijbelse tijden Gods straf voor afvalligheid en afgoderij (zie b.v. Exodus 30:12, Numeri 8:19, 14:35-37, 16:46-50, 25:8-9, 25:18, 26:1, 31:16; Deuteronomium 28:61, Jozua 22:17, 2 Samuël 24:21-25, 1 Kronieken 21:17-22 en Psalm 106:29-31). Ook de naties die de HEERE belasteren en tegen Hem en zijn Gezalfde optrekken, zullen eens worden getroffen door de plaag (Zacharia 14:12). De vervulling van de oordeelsaankondiging uit Openb.2:22: het slaan met de pest, wordt beschreven in Openb.16:2.

Volgens de Hebreeuwse Bijbel is de HERE degene die harten en nieren doorzoekt. David en Jeremia duiden Hem zo aan in hun profetische geschriften:

"Laat de boosheid der goddelozen een einde nemen,
maar bevestig Gij de rechtvaardige,
Gij, die hart en nieren toetst,
rechtvaardige God" (Psalm 7:10)

"HERE der heerscharen, rechtvaardige Rechter,
Die nieren en hart toetst,
Ik zal uw wraak aan hen zien,
Want op U heb ik mijn rechtszaak gewenteld" (Jeremia 11:20)
"Ik, de HERE, doorgrond het hart en toets de nieren,
en dat om aan een ieder te geven naar zijn wegen,
naar de vrucht zijner daden" (Jeremia 17:10)

Ook in het boek Spreuken wordt God aangeduid als "Hij die de harten doorzoekt" (Spreuken 24:12). Deze uitdrukking geeft aan dat God beschikt over een volmaakte kennis van de menselijke motieven en drijfveren en op grond van zulke kennis strikt rechtvaardig oordeelt. Hij geeft ieder een

91

volkomen gepaste beloning of bestraffing, "in overeenstemming met zijn daden en zijn wegen". De Mensenzoon uit Johannes' visioen zal hetzelfde doen omdat de Eeuwige Hem heeft uitgerust met Zijn eigen ogen, "ogen als een vuurvlam".

"Ieder geven naar zijn werken" is in de Bijbel de omschrijving van een strikt rechtvaardige rechtspraak. De apostel Paulus maakt dit duidelijk in zijn brief aan de Romeinen:

"... naar het rechtvaardig oordeel van God, die ieder zal vergelden naar zijn werken" (Romeinen 2:6)

Het betekent niet alleen, dat God een straf uitdeelt die overeenstemt met de ernst van het kwaad dat rechtgezet moet worden, maar ook dat Hij in het straffen het goede niet uit het oog verliest en de goedertierenheid niet vergeet. Want koning David zegt in de Psalmen:

"Ook de goedertierenheid, o Here, is uwe,
want gij zult ieder vergelden naar zijn werk" (Psalm 62:13)

Het betekent dat God oordeelt zonder enige vorm van partijdigheid. Kwaad in Zijn eigen volk neemt Hij even ernstig op als het kwaad van Zijn vijanden. Hij is een Rechter

"die zonder aanzien des persoons oordeelt naar het werk van ieder" (1 Petrus 1:17)

Om ons te behoeden voor het waandenkbeeld dat God ons kwaad wel door de vingers zal zien, legt de Bijbel nadruk op het feit dat Zijn oordeel in strikte overeenstemming is met onze werken (Job 34:11, Psalm 62:13, Spreuken 24:12, Jesaja 59:18, Jeremia 17:10, Mattheüs 16:27, Romeinen 2:6, 1 Korinthe 3:8, 2 Korinthe 11:15, 2 Timotheüs 4:14, Openbaring 20:12,13; 22:12). En in hun gebeden dringen de Bijbelheiligen op zo'n rechtvaardig oordeel aan (2 Samuël 3:39, Psalm 28:4, Openbaring 18:6).

Omdat de Mensenzoon Gods eigen "ogen" en "voeten" heeft (2:18) is Hij in staat om te onderscheiden "hoedanig ons werk is" (22:12) en om de daarmee overeenstemmende beloning en bestraffing uit te delen, zonder dat iets of iemand dat vonnis kan dwarsbomen, verhinderen of wijzigen. In Openbaring 20:4, 12 en 13 wordt beschreven hoe Hij de aardbewoners zal oordelen.

Vers 24 en 25

Maar aan u, aan de rest van Thyatira, zovelen als niet hebben deze leer, die niet kennen de diepten van de satan, zoals zij zeggen, niet zal Ik u opwerpen een andere last behalve dan wat u hebt: houdt dat totdat Ik kom. De Messias richt zich nu tot het trouwe deel van de gemeenschap in Thyatira – gelovigen die het denkbeeld dat Gods slaven de diepten van satan moeten leren kennen resoluut afwijzen. Hun legt Christus "geen andere last op".

"Geen andere last" verwijst naar het besluit dat de apostelen en oudsten in Jeruzalem hebben genomen:

*"De Heilige Geest en wij hebben besloten u **geen grotere last** op te leggen dan deze noodzakelijke dingen: u te onthouden van wat aan de afgoden is geofferd, van bloed, van het verstikte en van hoererij"* (Handelingen 15:28-29)

De last die de gemeente draagt bestaat uit onthouding van afgodenoffers en van hoererij. Door misleiding tracht Izebel de "slaven van de Messias" deze last te laten afwerpen (vs.20).

Wat de overigen behoren te "houden" zijn de werken die in vers 19 waren genoemd. Ze moeten elkaar trouw blijven dienen, in liefde, want dat is van levensbelang voor mensen die worden vervolgd en uitgesloten van het economisch verkeer. Ze moeten de "werken van Christus" (liefde, trouw, dienstbetoon, afwijzing van afgodendienst) tot het einde toe bewaren.

Uit de woorden "totdat Ik kom" blijkt dat de Mensenzoon hoe dan ook spoedig komt. Wat die komst voor een "slaaf" betekent is afhankelijk van de vraag of die de werken van Izebel of van Gods Zoon heeft bewaard. In het eerste geval betekent Zijn komst een doodvonnis, in het tweede geval verheffing tot koninklijke waardigheid.

En aan de overwinnende en de bewarende tot het einde van de werken van Mij zal Ik geven, aan hém, gezag over de volken; en hij zal hen hoeden met een ijzeren staf, zoals aardewerk wordt stukgeslagen, zoals Ik heb ontvangen van de Vader van Mij, en Ik zal hem geven de morgenster. De belofte die de Mensenzoon uitspreekt houdt verband met koningschap. De "ijzeren staf" waarmee een trouwe slaaf zal mogen hoeden, is een koninklijke scepter. "Hoeden met een ijzeren staf" is beeldspraak, ontleend aan Psalm 2:

"Waarom woeden de heidenvolken
en bedenken de volken wat zonder inhoud is?...
Die in de hemel woont, zal lachen,
de HEERE zal hen bespotten...
Ik heb mijn Koning toch gezalfd
over Sion, mijn heilige berg.
Ik zal het besluit bekendmaken:
De HEERE heeft tegen Mij gezegd:
U bent Mijn Zoon, Ik heb u heden verwekt.
Eis van Mij en Ik zal u de heidenvolken als uw eigendom geven,
de einden der aarde als uw bezit.
U zult hen verpletteren met een ijzeren scepter,
U zult hen in stukken slaan als aardewerk" (Psalm 2:1,4,6-9)

De messiaanse koning zal streng optreden. Wie ontzag voor Hem heeft en tot Hem de toevlucht neemt, is gelukkig te prijzen en vindt in Hem een machtig helper (Psalm 2:10-12). Maar wie Zijn bestuur afwijst, komt om. Pogingen om zich te verzetten zijn zinloos. Zoals een stenen kruik niet bestand is tegen een mokerslag, zo zal elke tegenstander in een oogwenk vergaan. Slaven van de Messias die trouw zijn gebleven (vgl. 1:1) zullen in Zijn koninklijke heerschappij mogen delen. Bij Zijn komst geeft Hij hun dezelfde volmacht als Hijzelf bezit.

Voor "morgenster" staat in de Griekse tekst van vers 28: "de ster, de morgen". In Openbaring 22:16 worden andere woorden gebruikt. De opgestane Heer zegt daar: "Ik ben de wortel en het (na)geslacht van David: de ster, de schijnende en vroege". In 2:28 staat het woord "morgen" (Gr. *proinos*) maar in 22:16 het woord "vroeg" (Gr. *orthrinos*, als aanduiding van de dageraad).

Beide teksten zijn vermoedelijk een citaat uit de profetie van Bileam:

*"Er zal een **ster** uit Jakob voortkomen,*
*er zal een **scepter** uit Israël opkomen;*
hij zal de flanken van Moab verbrijzelen
en alle zonen van Seth vernietigen.
Edom zal bezit zijn
en Seïr zal bezit van zijn vijanden zijn,
maar Israël zal kracht uitoefenen.
Uit Jakob zal hij heersen;
wie ontkomt uit de stad, zal hij ombrengen" (Numeri 24:17-19)

"Ster uit Jakob" is een parallel van "scepter uit Israël". Het geschenk van de ster wijst op de ontvangst van het koningschap. Van de Jakobsster wordt gezegd dat Hij de vijanden van de God van Israël zal vernietigen. Bileams profetie heeft een vergelijkbare strekking als Psalm 2.

De profeet Jesaja heeft in een spotlied de koning van Babel eens aangeduid als "morgenster":

*"Hoe bent u uit de hemel gevallen, **morgenster**, zoon van de dageraad! U ligt geveld op de aarde, overwinnaar over de heidenvolken!* (Jesaja 14:12)

Uit het parallelisme blijkt dat "morgenster, zoon van de dageraad" dezelfde betekenis heeft als: "overwinnaar van de volken". Zoals de koning van Babel alle buurvolken onderwierp, zo zullen de Messias en de zijnen eens de hele aarde aan zich onderwerpen. De vorst van Babel is na een korte glansperiode ten val gekomen, maar het rijk van de Messias zal "in de eeuw niet verstoord worden" en tijdens beide toekomstige eeuwen blijven bestaan (Daniël 2:44).

Vers 29

Wie een oor heeft, hore wat de Geest zegt tot de gemeenten. Tot slot wordt ieder "die een oor heeft", in welke gemeente of op welke plaats hij of zij

95

zich ook mag bevinden, opgeroepen om te luisteren naar de boodschap die de gemeente van Thyatira te horen krijgt.

Hoofdstuk 3

Boodschap voor Sardis (3:1-6)

"En aan de engel van de gemeente in Sardis schrijf:
Deze [dingen] zegt de Bezitter van de zeven geesten van God en de
zeven sterren. Ik weet van u de werken:
dat u hebt [een] naam dat u leeft, en dood bent u!
Word wakend en verstevig de rest die op het punt stond te sterven,
want niet heb Ik gevonden van u de werken vervuld in het zicht
van mijn God.
Wees dan indachtig hoe u [het] hebt ontvangen en gehoord,
en onderhoud [het] en verander van gedachten.
Als u dan niet wakend zou zijn, zal Ik komen als een dief,
en u zult beslist niet weten op welk uur Ik bij u zal komen.
Maar u hebt enkele namen in Sardis die niet bevuilen hun kleren,
en zij zullen wandelen met Mij in het wit omdat zij waardig zijn.
De overwinnende zal zo bekleed worden met witte kleren,
en beslist niet zal Ik uitwissen de naam van hem uit de rol van
het leven,
maar Ik zal belijden de naam van hem voor mijn Vader,
en voor Zijn heilige engelen
Wie een oor heeft, hore wat de Geest zegt tot de gemeenten".[9]

Vers 1

En aan de engel van de gemeente in Sardis schrijf: Deze [dingen] zegt
de Bezitter van de zeven geesten van God en de zeven sterren. Het oude
Sardis leeft voort in het Turkse plaatsje Sart. Van de bovenstad op de bergtop
is er weinig overgebleven. Uit een prachtige synagoge in de benedenstad die
door Amerikaanse onderzoekers is opgegraven blijkt dat er in Sardis een
welvarende en aanzienlijke Joodse gemeente is geweest.

"De zeven geesten" worden in het laatste Bijbelboek op meerdere plaatsen
genoemd. We horen dat zij "vóór Gods troon zijn" (1:4, 4:5), waar ze er
uitzien als "zeven vurige fakkels" (4:5). Ze worden aangeduid als de "zeven

horens en ogen van het Lam, die zijn uitgezonden over de hele aarde" (5:6, vgl. Zacharia 3:9 en 4:10).

Dat de Mensenzoon (of het Lam) deze geesten "heeft" (3:1) wil zeggen dat Hij over hen kan beschikken. Als "ogen" informeren zij Hem over wat er op aarde plaatsvindt. Als "horens" voeren ze Zijn opdrachten op krachtige wijze uit en treden handelend op wanneer Hij dat nodig acht.

"De zeven sterren" worden in de Openbaring eveneens op meerdere plaatsen vermeld. Ze "zijn in de rechterhand van de Mensenzoon" (1:16,20; 2:1). Het zijn de "engelen van de zeven gemeenten" (1:20). Als boden van Christus spreken ze namens Hem tot Zijn "slaven". Ze ontvangen Zijn woord (2:1,8,12,18; 3:1,7,14) en lezen dit in de gemeente voor (1:3).

Ik weet van u de werken, dat u hebt [een] naam dat u leeft, en dood bent u! Uit dit schokkend oordeel van de verheerlijkte Messias blijkt dat Hij spreekt tot Israëlieten. Met het volk Israël heeft God een verbond gesloten. Aan hen heeft Hij zijn wet gegeven opdat ze zouden leven. Maar wanneer het hart van een Israëlitische man of vrouw, een geslacht of een stam zich van de HEERE zou afwenden om de goden van de volken te gaan dienen, gruwelen en nietsen van hout en steen, zilver en goud, dan zou de HEERE de *naam* van zo'n Israëliet "uitwissen onder de hemel" (Deuteronomium 29:14-20, vgl. Openbaring 3:5). Een Israëliet die afgoden dient heeft de naam dat hij leeft, want hij wordt "Jood", een vereerder van JHVH, genoemd, maar hij is "dood". In geestelijk opzicht even dood als volken die de HEERE niet kennen en waarvan hij zich behoort te onderscheiden.

Toen Israël zich had "gehaast om af te wijken van de weg die God hun had geboden" door zich een "gegoten beeld te maken" (het gouden kalf), zei de HERE tegen Mozes:

"Laat Mij begaan, dat Ik hen verdelg en hun naam van onder de hemel uitwis; dan zal Ik u tot een volk maken, machtiger en groter dan dit" (Deuteronomium 9:14, vgl. Exodus 32:31-33).

Maar Mozes sprong voor Israël in de bres en pleitte voor zijn volksgenoten. Liever zag hij zijn eigen naam gewist uit het boek van het leven dan dat God niet langer de God van Israël zou zijn. Mozes gedroeg zich als een betrouwbare tussenpersoon, en de HEERE liet zich verbidden. Op deze geschiedenis uit het boek Exodus wordt in de boodschap voor Sardis gezinspeeld (3:5).

Uit wat er in de Openbaring over het "boek van het leven" wordt gezegd blijkt dat het woord "dood" in 3:1 betrekking heeft op mensen die God hebben verlaten en afgoden zijn gaan dienen. Er staat:

"En allen die op de aarde wonen, zullen [het beest] aanbidden, [ieder] wiens naam, van [de] grondlegging van [de] wereld af, **niet geschreven staat in het boek van het leven** *van het Lam dat geslacht is"* (13:8)

"Zij die op de aarde wonen, van wie de naam van [de] grondlegging van [de] wereld af **niet geschreven is in het boek van het leven,** *zullen zich verwonderen als zij het beest zien, dat het was en niet is en zal zijn"* (17:8)

De meeste gemeenteleden in Sardis zijn bezweken voor de leer van de Nicolaïeten en van "Izébel" (vgl. 2:14-15, 3:20). Ze verwachten heil van menselijke leiders en menselijk ingrijpen, en zien niet uit naar de komst van de Messias uit de hemel. Ze belijden de naam van Jezus niet langer voor de mensen (vgl. Mattheüs 10:32-33 en Lukas12:8-9 met Openb.3:5).

Dat Sardis "dood" is betekent dat men Gods woord aangaande de toekomst heeft veronachtzaamd. Men bewaart dat woord niet. Men luistert er niet meer naar. Men reageert er niet op, net zoals een dode niet reageert op prikkels. Er wordt in Sardis veel gedaan. Ogenschijnlijk ontplooit men alle activiteiten die bij een gemeente horen, maar die "werken" zijn niet "vol". Omdat ze niet berusten op het Woord, zijn het vleselijke activiteiten. Er zit geen "geest" of leven in.

Vers 2

Word wakend en verstevig de rest die op het punt stond te sterven; want niet heb Ik gevonden van u de werken vervuld in het zicht van Mijn God. Toen Hij nog op aarde was, riep Jezus Zijn discipelen herhaaldelijk op tot waakzaamheid, en altijd in verband met Zijn wederkomst:

99

"Waakt dan, want u weet niet op welke dag uw Heer komt. Weet echter dit, dat als de heer des huizes had geweten in welke nachtwaak de dief kwam, hij zou hebben gewaakt en niet hebben toegelaten dat er in zijn huis werd ingebroken. Daarom weest ook u gereed, want op een uur dat u het niet vermoedt, komt de Zoon des mensen... Waakt dan, want u kent de dag of het uur niet" (Mattheüs 24:42-44, 25:13)

"Kijkt u uit, waakt; want u weet niet wanneer het de tijd is, zoals een mens die buitenslands gaat, zijn huis verlaat en aan zijn slaven macht geeft, aan ieder zijn werk, en de deurwachter gebiedt te waken. Waakt dan! Want u weet niet wanneer de heer van het huis komt, 's avonds of te middernacht of met het hanengekraai of 's morgens vroeg; opdat hij, als hij plotseling komt, u niet in slaap vindt. Wat Ik nu tot u zeg, zeg Ik tot allen: Waakt!" (Markus 13:33-37)

"Waakt echter, terwijl u te allen tijde bidt dat u in staat zult zijn te ontkomen aan dit alles wat staat te gebeuren, en te bestaan voor de Zoon des mensen" (Lukas 21:36)

Ook de oproep van de verheerlijkte Mensenzoon houdt verband met zijn spoedige komst. Want Hij waarschuwt de gemeente van Sardis:

"Als u dan niet waakt, zal Ik komen als een dief, en u zult geenszins weten op wat voor uur Ik tot u zal komen" (3:5, vgl. Lukas 12:39-40).

Het is opmerkelijk dat de Mensenzoon "doden" beveelt om "waakzaam te worden" (3:1-2). Een dode kan immers niet luisteren of een opdracht uitvoeren. Maar het woord van de Mensenzoon heeft kracht. Zijn woord kan doden tot leven wekken, zowel in lichamelijk als in geestelijk opzicht.

Uit de opdracht blijkt, dat niet allen in Sardis dood zijn. Er is een "rest" die nog leeft, al dreigt die ook te sterven. De Griekse uitdrukking *ta loipa* betekent: "de overigen". Het woord "overblijfsel" of "rest" dat in de boeken van de profeten dikwijls voorkomt, en dat de apostel Paulus gebruikt (*leimma*, Romeinen 11:5) is van hetzelfde Griekse werkwoord (*leipoo*, overlaten) afgeleid. Zoals God tijdens de regering van Achab zevenduizend mannen deed overblijven, die hun knie voor Baäl niet bogen (Romeinen 11:4, 1 Koningen 19:18), zo is er in Sardis nog een "rest" die "de kleren niet heeft bevlekt" (3:4).

Het werkwoord *sterizoo*, dat met "versterken" of "bevestigen" is weergegeven, betekent letterlijk "vastzetten". Jezus gebruikte het toen Hij tegen Petrus zei:

"Simon, Simon, zie, de satan heeft dringend verlangd u [allen] *te mogen ziften als de tarwe; Ik heb echter voor jou gebeden dat je geloof niet zou ophouden; en jij, als je eens bekeerd bent,* **versterk** *je broeders"* (Lukas 22:31-32)

Ook de apostel Paulus gebruikte het woord vaak:

"Want ik verlang zeer u te zien, om u enige geestelijke genadegave mee te delen tot uw **versterking"** (Romeinen 1:11)

"Hem nu die machtig is u te **bevestigen** *naar mijn evangelie... Hem zij de heerlijkheid tot in eeuwigheid! Amen"* (Romeinen 16:25,27)

"Daarom... zonden wij Timotheüs... om u te **versterken** *en te vermanen aangaande uw geloof; opdat niemand wankelt in deze verdrukkingen"* (1 Thessalonicenzen 3:2-3)

"Maar u moge de Heer doen toenemen en overvloedig zijn in de liefde tot elkaar en tot allen, zoals ook wij tot u; opdat Hij uw harten **versterkt** *om onberispelijk te zijn in heiligheid voor onze God en Vader bij de komst van onze Heer Jezus Christus met al zijn heiligen"* (1 Thessalonicenzen 3:12-13)

"En moge onze Heer Jezus Christus zelf, en God onze Vader die ons heeft liefgehad... uw harten vertroosten en u **versterken** *in alle goed werk en woord"* (2 Thessalonicenzen 2:16-17)

"...de Heer is trouw, die u zal **versterken** *en bewaren voor de boze"* (2 Thessalonicenzen 3:3)

Andere voorbeelden zijn de volgende:

"Hebt ook u geduld, **sterkt** *uw harten, want de komst van de Heer is nabij"* (Jakobus 5.8)

"De God nu van alle genade, die u heeft geroepen tot zijn eeuwige heerlijkheid in Christus <Jezus>, Hij zal u, nadat u een korte tijd geleden hebt, volmaken, bevestigen, **versterken,** *grondvesten"* (1 Petrus 5:10)

"Daarom ben ik er altijd op uit u aan deze dingen te herinneren, hoewel u ze weet en **bevestigd** *bent in de onderhavige waarheid"* (2 Petrus 1:12)

In 1 Thessalonicenzen 3:2-3 blijkt, dat *sterizoo* "vastzetten" betekent. Wie "versterkt" of "bevestigd" is, loopt niet langer het gevaar om te gaan wankelen. Onder dat "wankelen" moet worden verstaan: gaan twijfelen aan de waarheid van het woord, niet langer vertrouwen op wat God gesproken heeft. Vooral wat Hij aangaande de toekomst heeft beloofd: dat de Messias uit de hemel zal komen en op zichtbare wijze op aarde zal gaan regeren. De "waarheid" waarin gelovigen zijn bevestigd, is het goede nieuws dat God hen doet ontkomen aan het verderf en hun rijkelijk ingang verleent in het eeuwig koninkrijk van hun Heer en Heiland, Jezus Christus (2 Petrus 1:4,11). Het boek Openbaring richt zich tot een bijzondere groep gelovigen en laat zien dat dit rijk voor hen zeer nabij is (1:1,3,5). Wanneer de "dode" gemeenteleden in Sardis wakker worden en zich bekeren, kunnen ze de overigen in die plaats "versterken", hen in de Bijbelse waarheid doen vaststaan, net zoals Petrus dat mocht doen met zijn broeders. Zodat die "overigen" zich weer oprichten en niet langer wankelen.

De werkwoordsvorm *pepleeroomena* die met "volkomen" is vertaald (3:2) betekent: "voltooid" of "af". De werken van Sardis zijn onvoltooid, omdat men het evangelie van het Koninkrijk heeft ontvangen en gehoord (3:3) maar niet heeft vastgehouden. Omdat men het woord veronachtzaamt, laat men zijn keuzes bepalen door menselijke overwegingen. Men beseft niet dat het einde van de eeuw nadert en de ware Messias spoedig komt. In de trouw aan Gods woord had men moeten volharden, maar dat heeft men niet gedaan. Men heeft de boodschap van het komend rijk eens met blijdschap ontvangen (3:3) maar de zorgen van de wereld hebben het zaad van het woord verstikt (Luk.8:14, Matth.13:22).

Vers 3

Wees dan indachtig hoe u [het] hebt ontvangen en gehoord, en onderhoud [het] en verander van gedachten. De opdracht om te "gedenken" is een bekende aansporing uit de Bijbel. Israël moet de grote daden van God in gedachten houden en er haar kinderen voortdurend aan herinneren, door telkens opnieuw uit de Tenach te lezen en de hoogtijden van de HEERE te vieren. "Hoe u het ontvangen en gehoord hebt" heeft betrekking op het feit, dat de HEERE tot de vaderen heeft gesproken door de profeten en uiteindelijk door Zijn Zoon (Hebr.1:1). Het woord van de Zoon heeft nog méér gezag dan het woord van de wet, dat door engelen is gegeven (Hebr.2:2-4). We mogen het niet lichtvaardig verwerpen. Sardis wordt opgeroepen om het woord van de Zoon over Zijn komend rijk te bewaren en zich te bekeren.

"Bekeren" is in Openbaring 3:3 *metanoeeson,* "van gedachten veranderen", "tot inzicht komen". Beseffen dat God je vanwege een zaak van levensbelang een openbaring heeft gegeven: om je te tonen wat spoedig moet gebeuren zodat je tegen de gebeurtenissen bent opgewassen en kunt standhouden. Doordrongen zijn van de kostbaarheid van dat woord, zodat je het als een schat bewaart, en het voortdurend overdenkt. Terugkomen op je besluit om de openbaring los te laten, en je er voortaan aan vastklampen.

Als u dan niet wakend zou zijn, zal Ik komen als een dief, en u zult beslist niet weten op welk uur Ik bij u zal komen. "Slaven van God" die op aarde leven wanneer de dag van de Heer aanbreekt, kunnen weten wanneer de Heer komt – niet de dag of het uur, maar wel het jaar en de maand. In het laatste Bijbelboek is de opeenvolging van gebeurtenissen immers beschreven, en er wordt gezegd dat de volken de heilige stad zullen vertreden gedurende 1260 dagen, 42 maanden of drie-en-een-half jaar ("een tijd, tijden en een halve tijd"). Er is voor dat "vertreden" - dat gepaard gaat met de in de tempel opgerichte "gruwel der verwoesting" - een termijn vastgesteld. Gedurende dat tijdvak zal het gelovige deel van Israël, in Openbaring 12 uitgebeeld door een vrouw, in de woestijn in leven worden gehouden.

Wie het woord niet bewaart: er geen aandacht aan schenkt en het geringschat, zal door de rampen van de eindtijd en de verschijning van de Messias in heerlijkheid worden verrast. Zo iemand zal "geenszins" weten op welk uur Christus komt. In de Griekse tekst staat hier een dubbele ontkenning (*ou mee*), "beslist niet".

In de evangeliën wordt gezegd dat de Messias "zal komen als een dief". Het punt van de vergelijking is, dat leerlingen van Jezus naar Zijn komst moeten blijven uitzien en moeten waken. Wanneer een dief komt is immers onbekend. Het enige betrouwbare middel om een nachtelijke inbraak te voorkomen is: wakker blijven! (Matth. 24:42-44, Luk. 12:39-40). Ook in de boodschap voor Sardis is dit het punt van de vergelijking. De Messias komt in ieder geval, maar indien Sardis niet waakt, zal Hij voor hen komen "als een dief": Zijn komst zal hen dan overvallen (3:3). In Openbaring 16 heeft de beeldspraak nog een andere betekenis. Wanneer "slaven van God" niet wakker blijven, maar in slaap vallen, zal de komst van de Messias voor hen niet tot eer maar tot schande zijn:

"Zie, Ik kom als een dief. Gelukkig hij die waakt en zijn kleren bewaart, opdat hij niet naakt wandelt en men zijn schaamte niet ziet" (16:15)

In het Nabije Oosten placht men zich voor het slapen gaan te ontkleden. Indien een huiseigenaar tijdens de nacht van een verre reis terugkwam en zijn huis onverwacht binnentrad, waren er dus twee mogelijkheden. Wanneer zijn bedienden goed voor zijn bezittingen hadden gezorgd en dus hadden gewaakt, waren ze fatsoenlijk gekleed, maar wanneer ze zich te ruste hadden gelegd sprongen ze van schrik hun bed uit, en stonden voor het oog van hun heer voor schut. In hun blootje.

Waakzaam zijn betekent: het woord van Christus geloven, eraan vasthouden en het bewaren. Slapen betekent: dat woord *niet* geloven, het loslaten en het vergeten. In zijn brief aan de Thessalonicenzen maakt de apostel Paulus onderscheid tussen ongelovigen en gelovigen, waar het de komst van de Messias betreft. Over de eerste groep zegt hij:

"Wanneer zij zullen zeggen: Vrede en veiligheid, dan zal een plotseling verderf over hen komen zoals de barensnood over een zwangere, en zij zullen geenszins ontkomen" (1 Thessalonicenzen 5:3)

En tegen de tweede groep:

"Maar u, broeders, bent niet in de duisternis, zodat die dag u als een dief zou overvallen, want u bent allen zonen van het licht en zonen van de dag" (1 Thessalonicenzen 5:4)

104

Wie het woord van Christus vasthouden, behoren tot de tweede groep, wie het licht van dat woord verwerpen, tot de eerste.

Vers 4

Maar u hebt enkele namen in Sardis die niet bevuilen hun kleren, en zij zullen wandelen met Mij in het wit, omdat zij waardig zijn. In het boek Openbaring is "namen" een aanduiding van "personen", afzonderlijke mensen die God geschapen heeft en die Hij bij name kent. In het elfde hoofdstuk wordt de stad Jeruzalem door een grote aardbeving getroffen, waarbij het tiende deel van de huizen instort en "zevenduizend *namen* van mensen" worden gedood (11:13).

Lukas gebruikt dezelfde uitdrukking in het boek Handelingen. Toen Matthias werd gekozen als vervanger van Judas, was "het aantal *namen* dat bijeen was ongeveer honderdtwintig" (Handelingen 1:15, Gr.). Het gebruik van het woord "namen" als aanduiding van "personen" of "individuen" is ontleend aan de Hebreeuwse Bijbel. Tijdens volkstellingen werden Israëlieten geregistreerd "volgens het aantal van hun namen" (zie b.v. Numeri 1:2,18,20,22,24,26,28,30, 32,34,36,38,40,42; 3:40,43; 26:53; 1 Kron. 23:24). Zo telt God ook de sterren (Psalm 147:4, Jesaja 40:26).

Het werkwoord "bevlekken" komt in het NT driemaal voor. Wanneer wij iets doen maar betwijfelen of het wel geoorloofd is, "bevlekken" we ons geweten: het is dan niet langer zuiver (1 Korinthe 8:7). Van de honderd-vierenveertigduizend "eerstelingen voor God en het Lam" wordt in het boek Openbaring gezegd: "dezen zijn het die zich niet met vrouwen hebben bevlekt, want zij zijn maagdelijk" (14:4). "Zich met vrouwen bevlekken" heeft daar betrekking op religieuze ontucht zoals Israël die bedreef tijdens de woestijnreis, ter ere van de afgod Baäl-Peor (2:14, vgl. Numeri 25:1-2, 31:16 en Judas:4,7-8,10). Judas schrijft over "het kleed dat door het vlees bevlekt is" (Judas:23). Daarbij gebruikt hij voor het woord "kleed" (Gr. *chitoon*) en voor "bevlekken" (Gr. *spiloo*) andere uitdrukkingen dan de opgestane Christus in het boek Openbaring. In de boodschap voor Sardis staat voor "kleed" het woord *himation,* en voor "bevlekken" het werkwoord *molunoo.* Een *chitoon* is een (over)hemd, een *himation* een "jurk" of lang gewaad.

De beeldspraak van het bevlekken van het gewaad kan worden misverstaan. Een katholieke schrijver merkt hierover op: "De goede werken zijn als een kleed waarmee de mens zich in de loop van zijn leven bekleedt om netjes bevonden te worden bij het oordeel, de mens zonder goede werken... is afkeurenswaardig". Maar de Schrift zegt niet dat zondige mensen een kleed moeten *weven* om zich daarmee te bedekken. Openbaring 3:4 laat zien, dat God de hoorders een fraai gewaad heeft *gegeven*, een koninklijk en priesterlijk gewaad dat ze zorgvuldig moeten bewaren en schoon moeten houden. De "slaven" van Christus zullen de lof van hun Heer als volgt bezingen:

"Hem die ons liefheeft en ons van onze zonden heeft verlost door zijn bloed, en ons **gemaakt heeft** *tot een koninkrijk, tot priesters voor zijn God en Vader, Hem zij de heerlijkheid en de kracht tot in de eeuwen der eeuwen!"* (1:6)

De vierentwintig oudsten in de hemelse troonzaal dragen ook witte kleren en hebben gouden kronen op hun hoofd (4:4). Ze prijzen de Messias en zeggen:

"U bent waard het boek te nemen en zijn zegels te openen; want U bent geslacht en hebt voor God gekocht met uw bloed uit elk geslacht en taal en volk en natie, en hebt hen voor onze God **gemaakt** *tot een koninkrijk en tot priesters; en zij zullen over de aarde regeren"* (5:9-10)

Wanneer Christus in heerlijkheid verschijnt, draagt Hij ook een *himation* en op dat gewaad staat geschreven:

"Koning van de koningen en Heer van de heren" (19:16)

Wie zijn kleren schoonhoudt, "wordt bekleed met witte kleren" (3:5) en zal met de Mensenzoon wandelen in het wit (3:4). De Messias deelt zulke kleren uit (3:18). In het twintigste hoofdstuk lezen we, hoe die belofte wordt vervuld:

"Zij zullen priesters van God en van Christus zijn en met Hem <de> duizend jaren regeren" (20:6)

De "engel" van de gemeente heeft opdracht om als een ster in de donkere nacht licht te verspreiden, door het woord van God te laten schijnen. De hoorders in Sardis zijn geroepen om als priester-koningen met de Messias te gaan regeren in zijn komend rijk. Een priester behoort aandachtig naar het woord van God te luisteren en dit te bewaren om het aan anderen te kunnen doorgeven (vgl. 1:3). Een regent behoort de opdrachten van de landsvorst gehoorzaam uit te voeren en diens rijk fatsoenlijk te besturen. Priesters of regenten die dat doen, hebben een smetteloos blazoen en zullen lof oogsten. Wie echter mensenwoord, eigen inzichten, dus "vlees" in de plaats stellen van het woord van God, worden hun roeping ontrouw en "bevlekken hun gewaad". Zulke mensen gedragen zich niet "waardig" hun roeping. Hun gedrag is niet met die roeping in overeenstemming.

Vers 5

De overwinnende zal zo bekleed worden met witte kleren, en beslist niet zal Ik uitwissen de naam van hem uit de rol van het leven, maar Ik zal belijden de naam van hem voor Mijn Vader en voor Zijn heilige engelen. "Wie overwint" betekent gezien het tekstverband: "Wie het woord bewaart en dit vasthoudt totdat Ik kom". Maar het kan ook betekenen: "Wie wakker wordt, opnieuw gaat luisteren naar het woord en het voortaan bewaart". Niet alleen wie voortdurend trouw was, ook wie met een schok wakker werd toen de boodschap van de opgestane Christus tot hem doordrong, zal bekleed worden met witte kleren. Zo iemand heeft zijn "gewaad gewassen en wit gemaakt in het bloed van het Lam" (7:14, 22:14). Hij heeft zijn zonde beleden en zich door het Lam laten reinigen (1 Joh.1:9).

Als iemands naam gewist is uit het boek van het leven, zal die persoon bij het oordeel van de grote witte troon in de poel van vuur worden geworpen (20:15). Hij zal zich tijdens de tweede toekomende eeuw, het tijdperk van de nieuwe hemel en de nieuwe aarde, in die poel bevinden, in de "tweede dood" (20:14). Zo iemand heeft geen "eeuwig leven", maar zal pas bij het einde van de eeuwen worden levend gemaakt (1 Korinthe 15:20-28).

Uit de Thora blijkt dat wie afgoden gaat dienen en zich van de Ene afwendt, het gevaar loopt dat zijn naam wordt uitgewist (Deuteronomium 9:14, 29:14-20). Maar de namen van Israëlieten die het verbond trouw blijven of zich van afgoderij bekeren, zullen "beslist niet" (Gr. *ou mee*) worden gewist. Bij het aanbreken van de dag van de Heer zullen "slaven van God" in de verleiding

107

komen om het beest of zijn beeld te gaan aanbidden en diens merkteken op de hand of op het voorhoofd te gaan dragen (14:9-12).

Tegen zijn leerlingen heeft Jezus eens gezegd:

"Ieder dan die Mij zal belijden voor de mensen, die zal ook Ik belijden voor mijn Vader die in <de> hemelen is. Maar wie Mij verloochent voor de mensen, die zal ook Ik verloochenen voor mijn Vader die in <de> hemelen is" (Mattheüs 10:32-33)

"Wie zich voor Mij en mijn woorden schaamt onder dit overspelig en zondig geslacht, voor hem zal ook de Zoon des mensen zich schamen wanneer Hij komt in de heerlijkheid van zijn Vader, met de heilige engelen" (Markus 8:38, vgl. Lukas 9:26)

"Ik nu zeg u: Ieder die Mij belijdt voor de mensen, die zal ook de Zoon des mensen belijden voor de engelen van God. Maar wie Mij verloochent voor de mensen, zal verloochend worden voor de engelen van God" (Lukas 12:8-9)

Daarom roept de Mensenzoon zijn "slaven" in Sardis op, om van gedachten te veranderen, opnieuw te gaan uitzien naar Zijn komst uit de hemel en wie in zijn eigen naam komt niet als Messias te aanvaarden.

Vers 6

Wie een oor heeft, hore wat de Geest zegt tot de gemeenten. "Wat de Geest tot de gemeenten zegt" is gezien het voorafgaande: "Houd vast aan wat Ik heb gezegd toen Ik nog op aarde was, en aan de openbaring van Mij die u via een engel en mijn slaaf Johannes hebt ontvangen, ook al lijkt het veel gemakkelijker en veiliger om het beest te gaan vereren".

Boodschap voor Filadelfia (3:7-13)

"En aan de engel van de gemeente in Filadelfia schrijf:
Deze [dingen] zegt de Heilige - de Echte,
de Bezitter van de sleutel van David,
de Opener en niemand zal sluiten,
en de Sluiter en niemand zal openen.
Ik weet van u de werken.

Zie, Ik heb gegeven voor uw aangezicht een geopende deur
die niemand kan sluiten,
want u hebt kleine kracht, maar u bewaart van Mij het woord en u
verloochent niet de naam van Mij.
Zie, Ik geef uit de synagoge van satan,
van hen die zeggen dat ze Joden zijn en zijn het niet, maar liegen:
Zie, Ik zal maken dat ze zullen komen en zich neerbuigen voor uw
voeten, en zullen weten dat Ik u liefheb.
Omdat u bewaart het woord van de volharding van Mij, zal Ik u
bewaren uit het uur van de verzoeking dat op het punt staat te komen
over heel de bewoonde wereld om te beproeven de bewoners van de
aarde.
Ik kom snel, houd wat u hebt, opdat niemand uw krans ontvangt.
De overwinnende zal ik maken tot een zuil in de tempel van mijn God,
en hij zal er beslist niet meer uitgaan, en Ik zal schrijven op hem
de naam van mijn God en de naam van de stad van mijn God,
het nieuwe Jeruzalem dat uit de hemel neerdaalt van mijn God,
en mijn nieuwe naam.
Wie een oor heeft, hore wat de Geest zegt tot de gemeenten.[9]

Vers 7

En aan de engel van de gemeente in Filadelfia schrijf: Deze [dingen]
zegt de Heilige - de Echte, de Bezitter van de sleutel van David, de
Opener en niemand zal sluiten, en de Sluiter en niemand zal openen.
FIladelfia bestaat nog steeds, en heet tegenwoordig Alashehir. Van de
gebouwen uit de oudheid is er echter weinig overgebleven. De Mensenzoon
die aan Johannes een boodschap voor Filadelfia dicteert geeft slechts één
enkele omschrijving van Zijn Persoon, want de titels de Heilige, de
Waarachtige (of: de Echte), en de Sleutelbezitter, vullen elkaar aan. Wat de
opgestane Heer zegt komt op het volgende neer:

"Dit zegt de échte Heilige, die de sleutel van David heeft..."

De opgestane Here vereenzelvigt zich met Eljakim, de zoon van Hilkia, die de
ontrouwe Sebna zou vervangen als "hofmaarschalk" of "huismeester" van het
koninklijk paleis. Over deze Eljakim staat in de rol van Jesaja geschreven:

"Hij zal als een vader zijn voor de inwoners van Jeruzalem en voor het huis van Juda. En **Ik zal de sleutel van het huis van David op zijn schouder leggen***; als hij opendoet, zal niemand sluiten; als hij sluit, zal niemand opendoen. Ik zal hem als een pin vastslaan in een stevige plaats, zodat hij een erezetel zal zijn voor het huis van zijn vader"* (Jesaja 22:21-22).

De naam Eljakim betekent: "de door God bevestigde". De belofte: "Ik zal hem als een pin vastslaan" is een zinspeling op de naam van deze trouwe knecht. Zijn voorganger, Sebna, kreeg in Jesaja's profetie te horen:

"Zie, de HEERE werpt u weg met de werpkracht van een man, en rolt u op als een rol. Hij zal u helemaal ineenrollen tot een kluwen, als een bal naar een wijd uitgestrekt land werpen. Daar zult u sterven en daar zullen uw praalwagens zijn, u, schandvlek van het huis van uw heer! Ik zal u wegstoten uit uw ambt" (Jesaja 22:17-19)

Wat Jesaja in opdracht van God mocht aankondigen heeft plaatsgevonden tijdens de regering van koning Hizkia, toen de stad Jeruzalem werd belegerd door Sanherib. Maar de profetie zal in de toekomst nogmaals worden vervuld. Sebna is een type van de Antichrist, het in Openbaring 13 genoemde "beest", terwijl Eljakim een type is van Christus. In de tijd van Jakobs benauwdheid zal het beest in Jeruzalem de lakens uitdelen en met messiaanse pretenties optreden. Maar deze schandvlek op het rijksbestuur zal plotseling worden weggestoten en worden vervangen door de échte Messias, wiens troon in Jeruzalem blijvend wordt gevestigd (Lukas 1:32-33), en wiens woord met absoluut gezag is bekleed.

Vers 8

Ik weet van u de werken, zie, Ik heb gegeven voor uw aangezicht een geopende deur, die niemand kan sluiten; want u hebt kleine kracht maar u bewaart van Mij het woord en u verloochent niet de naam van Mij. Op meerdere plaatsen in het Nieuwe Testament lezen we dat God voor iemand een deur opent, of aan iemand een geopende deur geeft.

Toen de Sadduceeën de apostelen in hechtenis hadden genomen "opende een engel van de Heer 's nachts de deuren van de gevangenis, leidde hen naar buiten en zei: Gaat in de tempel staan" (Handelingen 5:17-20).

110

Toen de apostel Petrus in de gevangenis was gezet, werd hij door een engel naar buiten gevoerd, en de "ijzeren poort die naar de stad leidde... ging vanzelf voor hen open" (Handelingen 12:6-10).

Toen Paulus van een zendingsreis terugkeerde, vertelde hij de gemeente in Antiochië dat God "voor de heidenen de deur van het geloof geopend had" (Handelingen 14:27).

Toen Paulus en Silas in de gevangenis Gods lof zongen, "ontstond er plotseling een grote aardbeving... en onmiddellijk gingen alle deuren open en van allen gingen de boeien los" (Handelingen 16:25-26).

In Efeze werd Paulus door vele tegenstanders bedreigd, maar "er was voor hem een grote en krachtige deur geopend" (1 Korinthe 16:9).

In Troas trachtte de satan de apostel het spreken te beletten door hem in diskrediet te brengen, maar er werd "een deur voor hem geopend in de Heer" en God deed hem "in Christus triomferen" (2 Korinthe 2:10-12).

In zijn brief aan de Kolossenzen vroeg Paulus om voorbede. De ontvangers van de brief moesten vragen of God voor hem en zijn medewerkers "de deur van het woord wilde openen" (Kolossenzen 4:3). Er staat niet: "*een* deur *voor* het woord" maar: "*de* deur *van* het woord". Uit het volgende vers blijkt dat dit betekent dat Paulus helderheid van geest mocht ontvangen zodat hij kon spreken. De deur van het woord is de mond. Mentale belemmeringen kunnen iemand doen zwijgen, maar als God de deur van het woord opent, kan een mens het geheim van het evangelie uiteenzetten zoals het betaamt.

Een "geopende deur" is beeldspraak voor een mogelijkheid om aan een benarde situatie te ontsnappen. Ook in Handelingen 14:27 is dat het geval: voor heidenen die in slavernij, duisternis en onwetendheid verkeren wordt de deur van het geloof geopend zodat ze toegang krijgen tot de levende God (vgl. Jesaja 49:9). De strik van de tegenstander wordt verbroken, en zijn gevangenen worden bevrijd.

Door eigen kracht kan de gemeente van Filadelfia het Messiaanse rijk niet binnengaan, want haar kracht is klein. Maar de Messias heeft een geopende deur gegeven. Over die deur heeft Hij op de Olijfberg gezegd:

"Waakt echter, terwijl u te allen tijde bidt dat u in staat zult zijn te ontkomen aan dit alles wat staat te gebeuren, en te bestaan voor de Zoon des mensen" (Lukas 21:36)

Via de geopende deur zal de gemeente kunnen ontkomen aan een groot gevaar dat haar bedreigt. Welk gevaar dat is wordt in het vervolg van de boodschap verklaard. De opgestane Heer zal Zijn gemeente "bewaren uit het uur van de beproeving dat over de hele bewoonde wereld zal komen om alle aardbewoners op de proef te stellen" (3:10).

De toevoeging dat "niemand die deur kan sluiten" is troostrijk. Al zijn het beest en zijn handlangers oppermachtig en al lijken ze hun onderdanen iedere ontsnappingsmogelijkheid te hebben ontnomen, ze kunnen niet verhinderen dat de gemeente van Filadelfia het koninkrijk van God binnengaat. De dwaling zal zó geraffineerd en de verzoeking zó sterk zijn dat als God hen niet bewaarde zelfs Gods uitverkorenen zouden worden misleid. Maar vanwege Gods bescherming zijn die onaantastbaar (Mattheüs 24:22,24, Markus 13:20,22).

"U bewaart van Mij het woord" kan betekenen: U hebt vastgehouden aan het onderwijs dat Ik heb gegeven toen Ik nog op aarde was (vgl. Johannes 17:6). U hebt de "geboden van God", de voorschriften van de Thora, niet losgelaten (12:17, 14:12). De Messias heeft immers gezegd:

"Voorwaar, voorwaar, Ik zeg u: als iemand mijn woord bewaart, zal hij [de] dood geenszins aanschouwen tot in eeuwigheid [Gr.: in de eeuw]" (Johannes 8:51)

"Mijn naam niet verloochend" duidt op een periode van vervolging, die de gemeente al heeft doorgemaakt en waarin zij trouw is gebleven. We vinden dezelfde uitdrukking in Openbaring 2:13 waar de Mensenzoon tegen de gelovigen in Pergamum zegt:

"U houdt vast aan mijn naam en het geloof in Mij hebt u niet verloochend, in de dagen waarin Antipas mijn trouwe getuige was, die gedood werd bij u waar de satan woont".

Uit het vervolg van de boodschap blijkt, dat er in Filadelfia tegenstanders zijn die op de tegenstanders in Smyrna lijken: een "synagoge van de satan" (3:9), die de Messiaanse gemeenschap belastert (2:9) en het haar moeilijk maakt.

Vers 9

Zie, Ik geef uit de synagoge van de satan, van hen die zeggen dat ze Joden zijn en zijn het niet, maar liegen; zie, Ik zal maken dat ze zullen komen en zich neerbuigen voor uw voeten, en zullen weten dat Ik u liefheb. De belofte die de Mensenzoon uitspreekt, is een Bijbelwoord dat als een herhaald refrein terugkeert in de profetie van Jesaja.

"(De Egyptenaren, de Cusjieten en de Sabeeërs...) zullen u navolgen, in boeien zullen zij overkomen, en voor u zullen zij zich buigen, zij zullen u smeken en zeggen: Voorzeker, God is bij u, en niemand anders; er is geen andere God" (Jesaja 45:14)

"Zo zegt de Heere HEERE: Zie, Ik zal Mijn hand opheffen naar de heidenvolken, naar de volken zal Ik Mijn banier omhoogsteken. Dan zullen zij uw zonen brengen in de armen, en uw dochters zullen gedragen worden op de schouder. En koningen zullen uw verzorgers zijn, en hun vorstinnen uw voedsters. Zij zullen zich voor u neerbuigen met het gezicht ter aarde en zij zullen het stof van uw voeten likken" (Jesaja 49:22-23)

"Ook zullen, zich buigend, naar u toe komen de kinderen van hen die u onderdrukt hebben, en allen die u verworpen hebben, zullen zich neerbuigen, aan uw voetzolen, en zij zullen u noemen: Stad van de HEERE, het Sion van de Heilige van Israël" (Jesaja 60:14)

"Hoor het woord van de HEERE, u die beeft voor ZIjn woord: Uw broeders die u haten, die u verstoten vanwege Mijn Naam, zeggen: Laat de HEERE verheerlijkt worden! Maar Hij zal verschijnen tot uw blijdschap, zij daarentegen zullen beschaamd worden" (Jesaja 66:5)

"Zie, Ik doe de vrede naar haar [d.i. Jeruzalem] toestromen als een rivier, en de luister van de heidenvolken, als een wegspoelende beek... dan zal de hand van de HEERE gekend worden door Zijn dienaren, maar op Zijn vijanden zal Hij toornig zijn" (Jesaja 66:12,14)

113

De grondgedachte in deze profetieën is, dat niet-Joden, behorend tot de heidenvolken, en Joden die afvallig zijn geworden zich voor trouwe Israëlieten zullen neerbuigen wanneer de HEERE zich over Israël ontfermt en Zijn heerlijkheid naar Jeruzalem terugkeert. Wie Israël eens vervolgden zullen uiteindelijk Israëls onderdanen en sympathisanten worden.

In Filadelfia zijn er niet-Joden die beweren de plaats van Israël te hebben ingenomen en nu de échte Joden te zijn. Ook vandaag zijn er zulke mensen: islamieten die zich beschouwen als het ware nageslacht van Abraham, en christenen die zichzelf bestempelen als het ware, geestelijke Israël. De Mensenzoon geeft een kernachtige omschrijving van de denkbeelden van de aanhangers van zulke stromingen: **"Zij zeggen dat zij Joden zijn, en zijn het niet"**. Groeperingen die zich beschouwen als het ware Israël hebben het Joodse volk de eeuwen door belasterd, tegengewerkt, vervolgd en het leven zuur gemaakt. Wanneer de Mensenzoon verschijnt, zal daaraan een einde komen. Dan zullen de vervolgers erkennen dat God Israël heeft liefgehad. Ze zullen zich aan het Joodse volk onderwerpen, en naar Jeruzalem optrekken om Israëls God te vereren (Zacharia 14:16 e.v., Jesaja 2:1-5, Micha 4:1-3).

Vers 10

Omdat u bewaart het woord van de volharding van Mij, zal Ik u bewaren uit het uur van de verzoeking, dat op het punt staat te komen over heel de bewoonde wereld, om te beproeven de bewoners van de aarde. Het woord volharding (Gr. *hupomonè*) betekent "eronder blijven", de schouders zetten onder tegenstand en moeilijkheden, zware omstandigheden blijmoedig dragen. In het boek Openbaring was deze deugd al driemaal genoemd. De ziener Johannes was de broeder van de lezers en hun "mededeelgenoot in de verdrukking en het koninkrijk en de *volharding in Jezus*" (1:9). De "slaven" van de Messias in de stad Eféze bezaten *volharding*. Ze hadden verdragen ter wille van Zijn naam en waren niet moe geworden (2:2,3). Ook in Thyatira was er sprake van *volharding*; men was daarin gegroeid want de laatste werken waren meer dan de eerste (2:19). In Filadelfia heeft "volharding" betrekking op het verdragen van de smaad en laster van de "synagoge van de satan" (3:9).

114

In de tijd van het einde zal de "synagoge van de satan" de spot drijven met het geloof in Jezus: De tegenstanders van de gemeente van Filadelfia zeggen: "Heeft die Jezus van jullie soms vrede gebracht? Hij werd gedood, en op zijn kruisiging volgden duizenden jaren vol conflicten. Hij was de Messias niet. Waarom aanvaarden jullie de geniale leider die nú op het wereldtoneel is verschenen niet als de Messias? Die heeft *werkelijk* vrede en veiligheid gebracht, kijk maar om je heen. Wij scharen ons achter hém". Hoewel die boodschap overtuigend lijkt en hoewel ze met economische onderdrukking van andersdenkenden gepaard gaat (vgl. Openbaring 2:9), heeft de gemeente in Filadelfia "het woord van Christus' volharding" bewaard.

Over zulke volharding schreef Petrus:

"... Dát is genade, als iemand droeve dingen verdraagt ter wille van het geweten voor God, terwijl hij onrechtvaardig lijdt... als u volhardt terwijl u goed doet en lijdt, dát is genade bij God. Want hiertoe bent u geroepen, omdat ook Christus voor u geleden en u een voorbeeld nagelaten heeft, opdat u zijn voetstappen navolgt. Hij, die geen zonde heeft gedaan en geen bedrog werd in zijn mond gevonden, die als Hij uitgescholden werd, niet terugschold, als Hij leed, niet dreigde, maar zich overgaf aan Hem die rechtvaardig oordeelt" (1 Petrus 2:19-23)

De hoorders in Filadelfia hebben vastgehouden aan het woord van Christus, dat "een slaaf niet meer is dan zijn heer". Ze hebben tegenstand blijmoedig verdragen, geen kwaad met kwaad vergolden maar hun situatie overgegeven aan God. Vanwege hun trouw ontvangen ze een prachtige belofte. De Messias zal hen bewaren uit "het uur van de beproeving (Gr. *peirasmos),* dat over de hele bewoonde wereld (Gr. *oikoumenè)* komen zal, om op de proef te stellen (Gr. *peirazoo)* hen die op de aarde wonen". De apostel Paulus geeft van dit "uur" de volgende beschrijving:

"[De dag van de Heer komt niet] als niet eerst de afval gekomen is en de mens van de zonde geopenbaard is, de zoon van het verderf, die zich verzet en zich verheft tegen al wat God heet of een voorwerp van verering is, zodat hij in de tempel van God gaat zitten en zichzelf vertoont dat hij god is... hem, wiens komst naar [de] werking van de satan is met allerlei kracht en tekenen en wonderen van [de] leugen, en met allerlei bedrog van [de] ongerechtigheid voor hen die verloren gaan, omdat zij de liefde tot de waarheid niet hebben aangenomen om behouden te worden. En daarom zendt God hun een werking van [de]

dwaling om de leugen te geloven, opdat allen geoordeeld worden die de waarheid niet hebben geloofd, maar een welgevallen hebben gehad in de ongerechtigheid" (2 Thessalonicenzen 2:3-4,9-12).

Israëls leiders hebben de prediking van het koninkrijk door Jezus en zijn voorloper, Johannes de Doper, afgewezen. Hoewel de profetieën over de "roepende in de woestijn" en de komst van Elia in het optreden van de Doper werden vervuld, wilden ze niet naar hem luisteren. Hoewel de "krachten van de komende eeuw" zich manifesteerden in het optreden van Jezus (Hebreeën 6:5): blinden konden zien, kreupelen liepen, melaatsen werden gereinigd, doven hoorden, doden werden opgewekt, en aan armen werd het goede nieuws verkondigd (Lukas 7:22) – namen ze aanstoot aan Hem, haatten Hem en brachten Hem ter dood. Ze "hebben de liefde tot de waarheid niet aangenomen om behouden te worden". Hetzelfde kan worden gezegd van de volken en hun leiders. Hoewel ze de waarheid aangaande de éne God en zijn Zoon hebben gehoord, hebben ze hun vertrouwen niet gevestigd op Zijn rijk van vrede dat komt.

Daarom "zendt God hun een werking van de dwaling om de leugen te geloven". Hij zond die al in de oudheid, toen er valse messiassen in Israël optraden, maar wanneer de dag des Heren aanbreekt zal Hij die zenden tot de hele bewoonde wereld. DE antichrist bij uitstek zal dan op het toneel verschijnen. Hij zal "allerlei kracht en tekenen en wonderen" doen maar omdat die "tekenen" oproepen tot afval van de levende God zijn het "wonderen van de leugen". Zo zal de mensheid op de proef worden gesteld: Heeft men de waarheid lief, of schept men behagen in de ongerechtigheid? Vele Israëlieten zullen zich *niet* laten meeslepen. Hun ogen zullen opengaan wanneer de antichrist een beeld in de tempel plaatst om zich als god te laten vereren. Wetsgetrouwe inwoners van de stad en van het gewest Judéa zullen dan vluchten naar de woestijn (Mattheüs 24:15-22, Openbaring 12:6).

De vervulling van Jezus' belofte wordt beschreven in Openbaring 12:6 en 14. De Messias zal zijn trouwe slaven bewaren voor (Gr. *ek*, "uit") het uur van de verzoeking doordat Hij voor hen "een plaats heeft in de woestijn, door God bereid" waar ze "twaalfhonderdzestig dagen worden gevoed", "een tijd en tijden en een halve tijd", *"buiten het gezicht van de slang"*. Vanuit Judea zal men naar die plaats vluchten zodra men het beeld van het beest in de tempel ziet staan (Mattheüs 24:15 e.v.). Pelgrims uit Filadelfia kunnen tot die vluchtelingen behoren. Misschien zullen gelovigen uit die stad ook op een andere manier naar de veilige plek worden gebracht. Gedragen door de "twee vleugels van de grote arend" die in Openbaring 12:14 worden beschreven, en die in het licht van Exodus 19:4 moeten worden beschouwd als aanduiding van een Goddelijk ingrijpen.

Omdat de plek in de woestijn "buiten het gezicht van de slang" ligt, worden wie zich daar bevinden "uit het uur van de verzoeking gehouden" (zoals Openbaring 3:10 letterlijk luidt). Ze zijn veilig voor het woeden van de draak en zijn handlangers: het beest uit de zee en het beest uit het land.

Vers 11

Ik kom snel, houd wat u hebt, opdat niemand uw krans ontvangt. "Ik kom spoedig" is in het laatste Bijbelboek een telkens terugkerend refrein. Vijf keer horen we: "Ik kom spoedig" (2:16, 3:11, 22:7, 22:12, 22:20). Twee keer staat er: "Ik kom" (2:5, 2:25). Eén keer: "Als u dan niet waakt, zal Ik komen als een dief" (3:3). En één keer: "Zie, Ik sta aan de deur" (3:20). Tweemaal horen we: "De tijd is nabij!" (1:3, 22:10). Wat in de Openbaring wordt beschreven "moet spoedig gebeuren" (1:1), "met haast" (22:6).

Voor Gods "slaven" (1:1) die leven op "s' Heren dag" (1:10) is de komst van de Messias zeer nabij. Wie ziet dat de "mens der wetteloosheid" zich in Jeruzalems tempel laat vereren, mag weten dat de wederkomst binnen korte tijd zal plaatsvinden.

Wat de gemeente heeft en moet houden (letterlijk: "vasthouden", Gr. *krateoo*) is "Mijn woord", het woord van Christus, de inhoud van het boek Openbaring, en "Mijn naam" (vgl. 3:8). Ze moet zich niet laten afbrengen van de belijdenis dat Jezus de ware Messias is die uit de hemel zal neerdalen zoals Hij eens ten hemel is gevaren. Ze moet beseffen dat de persoon die zich in Jeruzalem laat vereren een Sebna is, een schandvlek op het huis van zijn heer, en spoedig door een Eljakim zal worden vervangen.

Een trouwe slaaf die afvallig wordt kan de "krans" (een eervolle positie als dienaar van de Messias in diens komend rijk) mislopen. En een slechte slaaf

117

die zich bekeert kan uiteindelijk toch nog een erekrans ontvangen. "Blijf trouw" zegt de Mensenzoon, "zodat je kroon niet op andermans hoofd terecht komt. Laat je niet misleiden, maar houdt vast aan Mijn woord. Beschouw wat er op aarde plaatsvindt in het licht van Gods grote toekomst. Blijf alles verwachten van Mij".

Vers 12

De overwinnende zal Ik maken tot een zuil in de tempel van mijn God, en hij zal er zeker niet meer uit gaan; en Ik zal schrijven op hem de naam van mijn God en de naam van de stad van mijn God, het nieuwe Jeruzalem dat uit de hemel neerdaalt van mijn God, en mijn nieuwe naam. Over de beeldspraak in vers 12 hebben uitleggers zich het hoofd gebroken. Waarom wordt de gelovige die overwint met een "zuil" of een "pilaar" (Gr. *stylos*) vergeleken? Uiteenlopende oplossingen zijn aangedragen – terwijl het antwoord in de tekst staat! Wie overwint hoeft Gods tempel nooit meer te verlaten. "Geenszins meer" is in de oorspronkelijke taal een dubbele ontkenning (*ou mè*), wij zouden zeggen "beslist niet".

Koning David verlangde naar wat de overwinnaar in Filadelfia wordt beloofd. De koning dichtte:

"Eén ding heb ik van de HEERE verlangd,
dát zal Ik zoeken:
dat Ik wonen mag in het huis van de HEERE,
al de dagen van mijn leven,
om de lieflijkheid van de HEERE te aanschouwen
en te onderzoeken in Zijn tempel" (Psalm 27:4)

Wanneer de tempel in de toekomst zal zijn herbouwd, zullen vrome Joden de gewoonte hebben om meerdere malen per jaar naar Jeruzalem te reizen, op de "hoogtijden" of "feesten" van de HEERE. Wanneer de dag van de Heer aanbreekt, kunnen ze dat niet meer. Dan zal er in de tempel een "gruwel van verwoesting" zijn opgericht (Mattheüs 24:15). Pelgrims die de HEERE trouw willen blijven zullen dan overhaast moeten vluchten naar de bergen (Mattheüs 24:16-18, Openbaring 12:6). Wie niet onmiddellijk vlucht, wordt gedwongen om die "gruwel" te aanbidden. Wie weigert om voor de gruwel te buigen, wordt gedood.

Je moet een merkteken op je rechterhand of je voorhoofd dragen: de naam van het beest of het getal van zijn naam, om nog iets te kunnen kopen of verkopen (13:15-17, 14:11, 19:20, 20:4). Vanwege de godslasterlijke aard van dat teken (13:1, 14:9-10) zullen wetsgetrouwe Joden het niet willen ontvangen. Wie het teken weigert en niet naar de woestijn is gevlucht, wacht gevangenschap en dood (13:10).

In dát kader belooft de Mensenzoon dat wie overwint de tempel van God *nooit meer* zal verlaten en een merkteken *van God* zal mogen dragen. De vervulling van die belofte wordt in het laatste Bijbelboek als volgt beschreven:

"... de troon van God en van het Lam zal daarin [in het nieuwe Jeruzalem] zijn en zijn slaven zullen Hem dienen, en zij zullen zijn aangezicht zien en zijn naam zal op hun voorhoofden zijn" (22:4)

Wanneer de naam van God (of het Lam) op je is geschreven, dan behoor je tot Gods huis. Je mag dan "Zijn aangezicht zien" en "Hem dienen". Dichtbij Hem staan, Zijn stem horen en behoren tot Zijn "hofhouding". Als uitverkoren dienaar tussen de HEERE en Zijn schepping instaan.

Wanneer de naam van de stad van God op je is geschreven, dan heb je burgerrecht in het nieuwe Jeruzalem. Een letterlijke tempel – in de zin van een gebouw – is er in die stad niet (21:22), maar alle inwoners zullen in de nabijheid van God en zijn Gezalfde verkeren en voor Hem een levende tempel vormen. In feite zal de hele stad een "heilige der heiligen" zijn, want er staat geschreven: "haar lengte, breedte en hoogte zijn gelijk" (21:17). Bij het heilige der heiligen van de aardse tempel was dat ook het geval.

De profeet Jesaja heeft al aangekondigd dat de nakomelingen van Jakob, de inwoners van Juda en van de stad Jeruzalem eens nieuwe namen zullen krijgen:

"De heidenvolken zullen uw gerechtigheid zien en alle koningen uw luister; **u zult met een nieuwe naam genoemd worden,** *die de mond van de HEERE bepalen zal"* (Jesaja 62:2)

"U [afgodendienaars] zult uw naam voor Mijn uitverkorenen achterlaten als een vloekwoord en de Heere HEERE zal u doden, maar **Zijn dienaren zal Hij**

noemen met een andere naam, zodat wie zich zegenen zal op aarde, zich zal zegenen in de God van de waarheid, en wie zweren zal op aarde, zal zweren bij de God van de waarheid, omdat de benauwdheden van vroeger vergeten zullen zijn, omdat zij verborgen zullen zijn voor Mijn ogen" (Jesaja 65:15-16)

Uit Openbaring 3:12 blijkt dat de Mensenzoon als een trouwe "huismeester" in opdracht van de Schepper handelt. Hij duidt zijn Vader driemaal aan als: "mijn God". Hij voorziet de overwinnaars van een opschrift, zodat ze burgers worden van het nieuwe Jeruzalem, Gods heilige "tabernakel" (21:3). Hij opent voor hen en niemand zal meer sluiten. Zijn volgelingen ontvangen ware rust, in tegenstelling tot de volgelingen van het beest (14:11).

Vers 13

Wie een oor heeft, hore wat de Geest zegt tot de gemeenten. Gezien het voorafgaande is "wat de Geest tot de gemeenten zegt": Wie vasthoudt aan Mijn woord en dat bewaart, zal weten wanneer hij moet vluchten naar de woestijn. Wie Mijn opdracht gehoorzaamt, zal veilig worden bewaard, en in het rijk dat komt voor altijd in Gods nabijheid mogen verkeren.

Boodschap voor Laodicea (3:14-22)

"En aan de engel van de gemeente in Laodicea schrijf:
Deze [dingen] zegt de Amen, de Getuige, de Trouwe en Ware,
het begin van de schepping van God.
Ik weet van u de werken: dat u noch koel bent noch (kokend)heet.
Was u maar koel of (kokend)heet!
Omdat u lauw bent en noch (kokend)heet noch koel,
sta Ik op het punt om u uit mijn mond te spuwen.
Omdat u zegt: Ik ben rijk en rijk geworden en heb nergens behoefte
aan, en u weet niet dat u de ellendige en beklagenswaardige
en arme en blinde en naakte bent, raad Ik u aan om van Mij te kopen:
goud dat gegloeid is uit het vuur, opdat u rijk wordt, en witte kleren,
opdat u iets aanhebt en de schande van uw naaktheid niet zichtbaar
wordt, en ogenzalf om uw ogen te zalven zodat u mag zien.
Allen voor wie Ik genegenheid koester wijs Ik op hun fouten en voed Ik
op.

120

Kook dan van ijver en verander van gedachten!
Zie, Ik heb aan de deur gestaan en Ik klop.
Als iemand het geluid van Mij hoort en de deur opendoet,
zal Ik bij hem binnenkomen en maaltijd met hem houden, en hij met
Mij.
Aan de overwinnende zal Ik geven, aan hém, om met Mij te zitten in
mijn troon, zoals Ik overwin en gezeten ben met mijn Vader in Zijn
troon.
Wie een oor heeft, hore wat de Geest zegt tot de gemeenten.[9]

Vers 14

**En aan de engel van de gemeente in Laodicéa schrijf: Deze [dingen]
zegt de Amen, de Getuige, de Trouwe en Ware, het Begin van de
schepping van God.** Hoewel Laodicea niet meer bestaat, zijn er in de vlakte
bij het huidge Denizli, waar de stad zich ooit bevond, nog wel vele
overblijfselen te zien, waaronder een ruïne van het theater.

Aan het begin van Zijn boodschap geeft de Afzender niet vijf verschillende
omschrijvingen van Zijn Persoon, maar slechts één enkele. De titels die Hij
opsomt vullen elkaar aan en vormen een eenheid. Wat Hij zegt zou je in het
Nederlands als volgt kunnen weergeven:

*"Dit zegt de Zó-zal-het-zijn, de betrouwbare en exacte weergave van hoe-het-zal-wezen, het
begin van de schepping van God".*

Uit de woordvolgorde blijkt dat de spreker het oog heeft op Gods *nieuwe*
schepping. Dat blijkt ook uit de manier waarop de eretitel "getrouwe getuige"
wordt gebruikt in hoofdstuk 1:

*"Genade zij u en vrede... van Jezus Christus, de trouwe getuige, de eerstgeborene uit de
doden..." (1:4-5)*

Aan de uit de doden opgestane Messias kun je zien wat de eindbestemming is
van alle gestorvenen. Hij is de "Eerstgeborene", de andere doden zullen Hem
volgen. Hij is het begin van de nieuwe mensheid (vgl. 1 Korinthe 15:22).
Daarom heet hij "Mensenzoon" en "laatste Adam" (1 Korinthe 15:45).

121

Het Griekse woord *archè*, dat in 3:14 is vertaald als "begin", kan ook "oorsprong" betekenen. De verheerlijkte Messias is niet alleen de *eerste* nieuwe mens, maar ook de *bron* van het ware en blijvende leven dat de hele mensheid zal ontvangen.

Dat de Opgestane zich op deze manier voorstelt houdt verband met de beweringen van het beest, dat zich als Messias laat vereren. Niet het beest is de waarachtige getuige, niet aan hém kun je zien wat eeuwig leven is, maar aan Jezus. Niet het beest moet je met verbazing achternalopen (13:3-4), maar Hem die een dode is geweest en die werkelijk levend is geworden (1:18). Niet wie komt in zijn eigen naam moet je aannemen maar wie kwam in de naam van zijn Vader (Johannes 5:43) en de eer zocht van de Schepper. Niet het beest zal in de komende eeuw op de troon zitten maar Jezus.

Vers 15

Ik weet van u de werken, dat u noch koel bent noch (kokend)heet. Was u maar koel of (kokend)heet! De opgestane Heer gebruikt woorden die normaliter voor voedsel of drank worden gebruikt: heet is *zestos*, "kokend", en koud is *psuchros*, "koel" of "fris" (vgl. Mattheüs 10:42). "Niet koud en niet heet" beschrijft de respons van de gemeente op Gods openbaring.

In Laodicéa is men van de plannen en bedoelingen van God op de hoogte, men is ermee vertrouwd. Maar men ijvert er niet voor (3:19) en men ziet niet uit naar hun vervulling. Men is wel tevreden met het bestaan dat men heeft (3:17). Getuigen van de Schepper en van de wereld die komt? Nou nee, over godsdienstige zaken kan men maar beter zwijgen, want zo'n getuigenis zou onze handelsrelaties schaden.

Volgens de Mensenzoon die door Johannes sprak is het beter om niet van het woord van God gehoord hebben en dus nog helemaal "koud" te zijn dan die openbaring te bezitten en er niet enthousiast over te zijn. Tegen zijn discipelen heeft Hij gezegd:

"De slaaf nu, die de wil van zijn heer heeft gekend, en [zich] niet bereid en niet naar zijn wil gedaan heeft, zal met vele [slagen] worden geslagen; maar wie die niet gekend en dingen gedaan heeft die slagen waard zijn, zal met weinige worden geslagen. Ieder nu wie veel gegeven

is, van hem zal veel worden geëist; en wie veel is toevertrouwd, van hem zal men des te meer vragen" (Lukas 12:47-48)

Vers 16

Omdat u lauw bent en noch (kokend)heet noch koel, sta Ik op het punt om u uit mijn mond te spuwen. Het werkwoord "spuwen" houdt verband met de beeldspraak van lauw water, maar zal Joodse hoorders ook als een bekende waarschuwing in de oren klinken. In de Thora heeft God immers gezegd:

"U moet al Mijn verordeningen en al Mijn bepalingen in acht nemen en ze houden, zodat het land, waar Ik u heen breng om er te wonen, u niet zal uitspuwen" (Leviticus 20:22)

"Laat het land u niet uitspuwen, omdat u het verontreinigt, zoals het het heidenvolk dat er vóór u was, uitgespuwd heeft." (Leviticus 18:28)

In de Bijbel is "wat in de mond is" of "wat de mond uitgaat" een aanduiding van "wat iemand zegt" (zie bijvoorbeeld Deuteronomium 18:18, Jesaja 45:23, 48:3, 55:11; Jeremia 1:9, 36:6; Ezechiël 3:17, 33:7). Wat de Mensenzoon tegen Laodicéa zegt kan dus betekenen: "Jullie zijn bestemd om Mijn vleesgeworden woord voor de mensheid te zijn, onderwijzers van de volken, maar als jullie je niet bekeren spuw Ik je uit – dan moet Ik tegen jullie zeggen: Ga weg van Mij!"

"Uit mijn mond spuwen" is de tegenpool van "maaltijd houden" (3:20). Wie de waarschuwing van Jezus in de wind slaat zal door de Messias worden afgewezen en niet in Zijn gezelschap mogen verkeren wanneer Hij in heerlijkheid verschijnt. Wie Zijn boodschap verwerpt of naast zich neerlegt, zal niet de feestzaal mogen binnengaan maar in de buitenste duisternis worden geworpen, dus uit Zijn rijk worden verbannen.

Vers 17

Omdat u zegt: Ik ben rijk en rijk geworden en heb nergens behoefte aan, en u weet niet dat u de ellendige en beklagenswaardige en arme en blinde en naakte bent... De (Joodse) hoorders in Laodicea, die op aarde

123

leven wanneer de dag van de Heer aanbreekt, prijzen zich gelukkig. Ze zeggen: "We zijn rijk, worden steeds rijker en komen niets tekort". De apostel Paulus heeft deze houding ook beschreven, in zijn brief aan de Thessalonicenzen:

"... u weet zelf nauwkeurig dat [de] dag van [de] Heer komt als een dief in [de] nacht. Wanneer zij zullen zeggen: Vrede en veiligheid, dan zal een plotseling verderf over hen komen zoals de barensnood over een zwangere, en zij zullen geenszins ontkomen" (1 Thessalonicenzen 5:3)

Wanneer de dag van de Heer aanbreekt zullen de meeste Joden optimistisch gestemd zijn. Hun tempel is herbouwd, de eredienst hervat. Ze genieten voorspoed en vrede, een rust die eeuwenlang ongekend is geweest. Men zal de gunstige omstandigheden niet alleen toeschrijven aan de hand van God maar ook (en vooral) aan goede menselijke leiders die verstandige politieke keuzes hebben gemaakt.

In geestelijk opzicht is het volk er echter zeer slecht aan toe. Men is tevreden met het hier en nu en men verlangt niet naar iets anders. Men heeft geen oog voor het feit dat men in vrede en voorspoed leeft maar innerlijk onveranderd is. Men beroemt zich op de eigen vaardigheden in plaats van op Gods werk. Men beseft niet dat men in groot gevaar verkeert.

Jezus beoordeelt de situatie anders dan deze optimisten. Hij zegt: "U weet niet dat u de ellendige, jammerlijke, arme, blinde en naakte bent". In de meeste vertalingen is het bepaald lidwoord weggelaten, maar het is aanwezig in het Griekse origineel. Laodicea is niet *een* ellendige gemeente, maar DE ellendige. Van alle gemeenten is zij er het ergst aan toe. Behalve de ellendige is ze ook "de arme". Ware rijkdom heeft men niet. En ze is "de blinde": Men heeft geen geestelijk inzicht, men "weet niet" in welke toestand men verkeert, men kan de dingen niet in het juiste licht zien. Bovendien is ze "de naakte". Ze beschikt niet over de "witte kleren" die in het boek Openbaring herhaaldelijk worden genoemd. Rechtvaardige daden.

Het Griekse woord voor "de ellendige" *(talaiporos)* komt ook voor in de brief aan de Romeinen. Paulus schrijft:

"Ik ellendig mens, wie zal mij verlossen uit dit lichaam van de dood?" (Romeinen 7:24)

Een ellendige is ten dode gedoemd en kan zichzelf onmogelijk van dat lot verlossen. Het woord "jammerlijke" *(eleeinos,* "beklagenswaardige"*)* wordt ook gebruikt in de eerste brief aan de Korinthiërs.

"Als wij alleen in dit leven op Christus onze hoop gevestigd hebben, zijn wij de ellendigste (beklagenswaardigste) van alle mensen" (1 Korinthe 15:19)

Wie zijn hoop gevestigd heeft op "dit leven", op vrede, voorspoed, vooruitgang en economische groei, is beklagenswaardig. Want elke menselijke zekerheid zal wegvallen wanneer de dag van de Heer aanbreekt. Op die dag zal alles waarop de mens trots is, waardeloos blijken te zijn (Jesaja 2:10-22). Toekomst is er alleen via Hem die de Opstanding en het Leven is, en die in de komende eeuw het eeuwige leven zal schenken.

Vers 18

...raad Ik u om van Mij te kopen, goud dat gegloeid is uit het vuur, opdat u rijk wordt; en witte kleren, opdat u iets aanhebt en de schande van uw naaktheid niet zichtbaar wordt; en ogenzalf om uw ogen te zalven zodat u mag zien. Vers 18 verwijst naar een boodschap van de profeet Jesaja die in opdracht van de HEERE tegen het volk Israël moest zeggen:

"Waarom weegt gij geld af voor wat geen brood is en uw vermogen voor wat niet verzadigen kan? Hoort aandachtig naar Mij, opdat gij het goede eet en uw ziel zich in overvloed verlustige. Neig uw oor en komt tot Mij; hoort, opdat uw ziel leve; Ik zal met u een eeuwig verbond sluiten: de betrouwbare genadebewijzen van David" (Jesaja 55:2-3)

Jesaja sprak over voedsel dat een mens blijvend verzadigen kan. De Mensenzoon spreekt over ware rijkdom en kleding die blijvend bedekt, in tegenstelling tot aardse schatten die door mot en roest worden verteerd. De belofte van het "eeuwig verbond" en de "betrouwbare genadebewijzen van David" vinden we zowel in Jesaja 55:3 als in de boodschap voor Laodicea (3:21). Het gaat om de komst van het rijk van de Messias, die blijvend op Davids troon zal zitten.

Tegenover handelaars gedraagt Christus zich als een koopman. Hij raadt de Laodiceërs aan om "bij Hem te kopen". Maar uit Jesaja's profetie blijkt dat de kopers Hem niet hoeven te betalen:

"O, alle dorstigen, komt tot de wateren, en gij die geen geld hebt, komt, koopt en eet; ja komt, koopt zonder geld en zonder prijs wijn en melk" (Jesaja 55:1)

De Mensenzoon geeft het ware voedsel (of de echte rijkdom) helemaal gratis, voor niets, uit genade.

"Goud, gelouterd door vuur" is een bekend beeld. De apostel Petrus schreef aan Joden in de diaspora dat ze zich konden verheugen in de redding die in de laatste tijd geopenbaard zou worden, ook al werden ze voor korte tijd bedroefd door allerlei verzoekingen,

"opdat de beproefdheid van uw geloof, veel kostbaarder dan die van goud dat vergankelijk is en door vuur beproefd wordt, blijkt te zijn tot lof en heerlijkheid en eer bij de openbaring van Jezus Christus" (1 Petrus 1:7)

Aan het eind van zijn brief schreef hij:

"Geliefden, laat de vuurgloed in uw midden die tot uw beproeving dient, u niet bevreemden alsof u iets vreemds overkwam; maar naarmate u deelhebt aan het lijden van Christus, verblijdt u, opdat u zich ook verblijdt met vreugdegejuich bij de openbaring van zijn heerlijkheid. Als u in de naam van Christus smaad lijdt, bent u gelukkig..." (1 Petrus 4:12-14)

Jakobus, die zich eveneens richtte tot Joden in de diaspora, gaf het volgende commentaar:

"Acht het enkel vreugde, mijn broeders, wanneer u in allerlei verzoekingen valt, daar u weet dat de beproefdheid van uw geloof volharding bewerkt" (Jakobus 1:2-3)

Het kostbare, beproefde geloof dat Jezus aanbeveelt, is vertrouwen in Hem. Dat geloof is kostbaarder dan goud en maakt zijn bezitter werkelijk rijk, want Hij heeft gezegd:

"Wie in Mij gelooft, zal leven, ook al sterft hij; en ieder die leeft en in Mij gelooft, sterft geenszins in eeuwigheid" (Johannes 11:26)

Wie in Hem gelooft zal weigeren om het beest te aanbidden en kan verhongering of terechtstelling riskeren. Want de Messias zal zijn trouwe slaven opwekken uit de doden en hen doen opstaan in onvergankelijkheid. Er is een nauw verband tussen de "raad" die Christus geeft en het opschrift van de Godsspraak. Alleen het goud, de kleding en de ogenzalf die Hij aanbiedt hebben blijvende waarde, want Hij is de betrouwbare Getuige, het Begin en de Oorsprong van de nieuwe schepping. Wat Hij over de toekomst zegt, is de waarheid.

"Witte kleren" worden in het boek Openbaring op meerdere plaatsen vermeld. De eerste passage is de volgende:

"Maar u hebt enkele namen in Sardis die hun kleren niet bevlekt hebben, en zij zullen met Mij wandelen in witte kleren, omdat zij het waard zijn. Wie overwint, die zal bekleed worden met witte kleren..." (3:4-5)

Hier blijkt dat de witte kleren een symbool zijn van de overwinning die nodig is om de Messias te kunnen vergezellen. In een later visioen blijkt dit ook, want daar hoort Johannes:

"Laten wij blij zijn en ons verheugen en Hem [d.i. God] *de heerlijkheid geven, want de bruiloft van het Lam is gekomen en zijn vrouw heeft zich gereedgemaakt; en haar is gegeven bekleed te zijn met blinkend, rein, fijn linnen"* (19:7)

De oudsten in de hemelse raadsvergadering, die in de nabijheid van Gods troon verkeren, en de ruiters van de hemelse legermacht dragen blinkend witte gewaden (4:4, 19:14).

Aan martelaars die zijn gedood vanwege "het woord van God en het getuigenis dat zij hadden" zal "een lang wit kleed" worden gegeven (6:9-11). Overwinnaars "die uit de grote verdrukking komen" (7:14) zullen uiteindelijk een "grote menigte" vormen "die niemand kan tellen" en die is "bekleed met lange witte kleren" (7:9,13).

127

Over die "witte kleren" worden in het laatste Bijbelboek drie dingen opgemerkt.

1. Het gewaad van de overwinnaars was aanvankelijk vuil. Maar omdat zij hun kleren gereinigd hebben, mogen ze het nieuwe Jeruzalem binnengaan en eten van de boom van het leven (22:14). "Zij hebben hun lange kleren *gewassen* en ze wit *gemaakt* in het bloed van het Lam" (7:14).

2. Het "blinkend, rein, fijn linnen" van het gewaad bestaat uit "de gerechtigheden [= de rechtvaardige daden] van de heiligen" (19:8).

3. Wie niet over een wit gewaad beschikt is "naakt", ook al beseft hij dat misschien niet (3:17). Wanneer de "grote dag van de Almachtige God" aanbreekt zal die naaktheid op beschamende wijze zichtbaar worden (3:18, 16:14-15)

Terwijl "goud" de onvergankelijkheid uitdrukt van de band met Christus en van het eeuwige leven dat Hij geeft, beelden "witte kleren" de zondeloosheid van dat bestaan uit. Eigen werken van een zondig mens zijn niet meer dan vodden (Jesaja 64:6). Wanneer ze op de proef worden gesteld, blijken ze niets waard te zijn en de menselijke naaktheid niet te kunnen bedekken. Wie beseft dat menselijke werken tekortschieten zal "zijn kleren wassen in het bloed van Lam", dus gaan vertrouwen op de gekruisigde en opgestane Messias die zijn eigen leven ("ziel", of "bloed") in de Zijnen legt en door hen wil werken. Zo iemand ziet ernaar uit om voor Christus te mogen leven en bij Christus' komst te worden bekleed met een wit gewaad. Een gewaad van volmaakte heiligheid en zondeloosheid dat aan ieder die op de opgestane Heer vertrouwt wordt *geschonken*.

Het woord "ogenzalf" (Gr. *kollourion*) komt maar in één Bijbeltekst voor: in Openbaring 3:18. Maar in de Bijbel wordt op vele plaatsen gezegd dat God de ogen van blinden opent (Psalm 146:8, Jesaja 29:18, Mattheüs 11:4-6, 20:31-34; Lukas 4:18-20, 7:22-23). Alleen de Getrouwe Getuige kan blinden ziende maken. Wie van Hem "ogenzalf koopt" en die gaat gebruiken, begint zijn eigen situatie te beoordelen zoals Hij die beoordeelt, en gaat met geestelijk inzicht naar de aardse werkelijkheid kijken.

128

Vers 19

Allen voor wie Ik genegenheid koester wijs Ik op hun fouten en voed Ik op. Kook dan van ijver en verander van gedachten! Voor "liefheb" staat in het Grieks het werkwoord *phileoo*. Het is een ontroerende uitspraak. Terwijl de Laodiceërs niet warmlopen voor Gods komend rijk, zegt het vleesgeworden Woord tegen hen: "Ik koester diepe genegenheid voor jullie". *Phileoo* is het koesteren van genegenheid voor een persoon, terwijl *agapaoo* aangeeft dat men zijn medemens (zelfs wanneer die onaantrekkelijk is) goed wil doen en geen kwaad. *Phileoo* is een zaak van het hart, *agapaoo* van de handen en het hoofd.

Het is alsof de opgestane Here opmerkt: Schrik niet van wat Ik zeg. Ik zeg het omdat Ik van jullie houd. "Allen die Ik liefheb, wijs Ik op hun fouten (Gr. *elengchoo*) en voed Ik op (Gr. *paideuoo*)". Zo spreekt een ouder tegen zijn kinderen, een meerderjarige tegen jongere broers of zussen of een wijs man tegen zijn vrienden.

Het woord dat met "ijverig" is vertaald kan ook als "kokend" worden weergegeven. Er is verband met de verzuchting dat Laodicéa "niet koud is of heet" (3:15). De Mensenzoon verlangt dat men "kokendheet" wordt. Jullie lopen niet warm voor Gods woord, voor de proclamatie dat Zijn rijk spoedig komt? Ga er anders over denken! Word er laaiend enthousiast voor. Besef wat die komst zal teweegbrengen. Jullie zien niet uit naar Mijn verschijning? Ik zie wel naar júllie uit! Voor bekeren gebruikt de opgestane Heer niet het Griekse werkwoord dat "zich omdraaien" betekent, maar het woord *metanoeoo*. "Verander van gedachten" is wat Hij tegen de Laodiceeërs zegt.

Vers 20

Zie, Ik heb aan de deur gestaan en Ik klop; als iemand het geluid van Mij hoort en de deur opendoet, zal Ik bij hem binnenkomen en maaltijd met hem houden, en hij met Mij. Bijna alle uitleggers, en ook de kanttekeningen van de Statenvertaling, verbinden Openbaring 3:20 met Hooglied 5:2. Het Hooglied beschrijft hoe een bruidegom aanklopt bij zijn geliefde, maar die is slaperig en niet bereid om open te doen. Wanneer ze de deur uiteindelijk opent, is haar vriend verdwenen. Ze zoekt hem overal maar vindt hem niet. In het Hooglied klopt de bruidegom aan bij zijn geliefde en loopt teleurgesteld weg wanneer zij de deur niet onmiddellijk voor hem opent.

In de boodschap voor Thyatira wordt er echter een andere situatie geschetst. De Messias richt zich tot Zijn slaven (1:1). Hij klopt aan bij Zijn eigen huis. Wanneer Zijn slaven waakzaam zijn en opendoen wanneer ze Zijn klop horen, worden ze voor hun trouwe zorg beloond (3:20). Maar wanneer ze laks, lauw en onverschillig zijn en niet goed op Zijn huis blijken te passen, verliezen ze hun positie en worden ze verstoten (3:16).

Het werkwoord "kloppen" komt in het Nieuwe Testament op negen plaatsen voor. Op slechts één andere plaats is het de Messias die klopt. In het Lukasevangelie lezen we:

"Laten uw lendenen omgord en uw lampen brandend zijn, en weest u gelijk aan mensen die op hun heer wachten, wanneer hij terugkomt van de bruiloft, om als hij komt en klopt, hem terstond open te doen. Gelukkig die slaven die de heer, als hij komt, wakend zal vinden. Voorwaar, Ik zeg u, dat hij zich zal omgorden, hen zal doen aanliggen en zal naderkomen om hen te dienen" (Lukas 12:35-37)

In het Lukas-evangelie wordt dezelfde situatie beschreven als in Openbaring 3. De heer des huizes staat aan de deur en klopt. Trouwe slaven hebben op die klop gewacht en doen "terstond" open. Wanneer ze waakzaam blijken, behandelt de heer hen met voorkomendheid en respect. Hij draait de rollen om! Zijn dienaren hoeven niets voor Hem te doen, integendeel: Hij richt voor hen een feestmaal aan, en Hij bedient hen. De heer wordt dan de slaaf van zijn knechten! Hij "houdt maaltijd met hen" – en neemt zelf de laagste plaats in, de plaats van een dienstknecht.

Maar wanneer de slaven nalatig blijken te zijn, zal het verhaal heel anders aflopen. In de gelijkenis die Jezus aan zijn discipelen vertelde zei Hij hierover:

"Als die slaaf echter in zijn hart zegt: Mijn heer wacht met komen, en de knechten en de dienstmeisjes begint te slaan, en te eten en te drinken en dronken te worden, dan zal de heer van die slaaf komen op een dag dat hij het niet verwacht en op een uur dat hij niet weet, en zal hem in tweeën hakken en zijn lot bij dat van de ontrouwen stellen" (Lukas 12:45-46)

In de godsspraak voor Laodicea klinkt dezelfde waarschuwing:

"Omdat u lauw bent en niet heet of koud, zal Ik u uit mijn mond spuwen" (3:16)

In beide gelijkenissen gaat het om gemis aan verantwoordelijkheidsgevoel voor de bezittingen van de heer, en om nalatigheid in het uitvoeren van de opdrachten die de heer heeft gegeven.

"Zie, Ik sta aan de deur" (3:21) geeft aan, dat de heer op het punt staat om te gaan kloppen. Het is een parallel van "Zie, Ik werp" (2:22), "De tijd is nabij!" (1:3,22:10), en "Ik kom spoedig" (2:16, 3:11, 22:7,12,20). "Ik klop" beschrijft net als "Ik werp" wat "spoedig moet gebeuren" (1:1,22:6). Jakobus, de broer van de Here Jezus, zei:

"De komst van de Heer is **nabij**... *Zie, de Rechter* **staat voor de deur!"** (Jakobus 5:8,9).

Vers 21

Aan de overwinnende zal Ik geven, aan hém, om met Mij te zitten in Mijn troon, zoals Ik overwin en gezeten ben met mijn Vader in Zijn troon. De ellendigste en jammerlijkste gemeente krijgt de rijkste belofte. Maar die belofte heeft toch een ernstige ondertoon. "Zoals ook Ik overwonnen en Mij gezet heb met mijn Vader op zijn troon" wijst op het feit dat Laodicéa is geroepen om te lijden, en Gods heerlijkheid alleen via de weg van het lijden zal kunnen ingaan. Christus heeft immers overwonnen door het woord van God trouw te blijven, ook toen Hij werd bedreigd met de kruisdood. Hij overwon door te sterven, waarna Hij werd opgewekt en werd opgenomen in de hemel. Zó is Hij gaan zitten aan de rechterhand van zijn Vader.

Wanneer Laodicéa gehoor geeft aan de boodschap die voor haar is bestemd en dus niet langer lauw maar "heet" zal zijn, zal de gemeente worden vervolgd en vanwege haar getuigenis van Christus moeten lijden. In het twintigste hoofdstuk van de Openbaring lezen we:

"[Ik zag] de zielen van hen die om het getuigenis van Jezus en om het woord van God onthoofd waren, en die het beest of zijn beeld niet hadden aangebeden en niet het merkteken

aan hun voorhoofd en aan hun hand ontvangen hadden; zij werden levend en regeerden met
Christus duizend jaren" (20:4)

"Gelukkig en heilig is hij die aan de eerste opstanding deelheeft... zij zullen priesters van
God en van Christus zijn en met Hem duizend jaren regeren" (20:6)

Om met Christus op Diens troon te kunnen zitten en in Zijn koningschap te kunnen delen, moet men zijn opgewekt in onvergankelijkheid. De apostel Paulus schreef aan de gemeente van Korinthe:

"Maar dit zeg ik broeders, dat vlees en bloed Gods koninkrijk niet kunnen beërven, en de
vergankelijkheid beërft de onvergankelijkheid niet" (1 Korinthe 15:50)

Wanneer de gemeente van Laodicéa aardse zekerheid, vrede en voorspoed blijft nastreven zal ze bezwijken voor de verleiding van het beest. Maar wanneer ze enthousiast wordt voor Gods openbaring en de Schepper trouw blijft, zal ze misschien al haar aardse rijkdommen kwijtraken maar wordt ze bij de komst van de Messias levend gemaakt om met Hem te gaan regeren.

Vers 22

Wie een oor heeft, hore wat de Geest zegt tot de gemeenten. In de boodschap voor Laodicea zegt de Geest: "Houd je blik gevestigd op de eeuwige rijkdom. Span je in om échte rijkdom te mogen verwerven. Blijf uitzien naar het rijk dat komt. Dan zal je straks in de majesteit van de Messias mogen delen".

In Openbaring 3:22 eindigt het eerste visioen van Johannes, het visioen van de opgestane Mensenzoon die zeven boodschappen aan hem dicteerde. Dat visioen speelde zich af op aarde, op het eiland Patmos. In het volgende visioen (4:1-6:17) zal de ziener worden verplaatst naar de hemel.

Hoofdstuk 4

Een blik in de hemel (4:1)

"Hierna zag ik, en zie, een deur was geopend in de hemel, en de eerste stem die ik gehoord had als van een bazuin, die met mij sprak, zei: Kom hier op en ik zal u tonen wat hierna moet gebeuren"

Vers 1

Hierna zag ik. De uitdrukking "hierna", of "na dezen", (Gr. *meta tauta*) heeft betrekking op wat er in Johannes' eerste visioen had plaatsgevonden. De verheerlijkte Messias was aan hem verschenen en had zeven Godspraken aan hem gedicteerd (1:10-3:22). Toen de Mensenzoon was uitgesproken was dat visioen geëindigd, maar nu kreeg de profeet iets anders te zien. Wat hij vanaf dat moment zag en hoorde begint hij weer te beschrijven, want dat had de Mensenzoon hem opgedragen (1:19).

En zie, een deur was geopend in de hemel. In zijn eerste visioen bleef de ziener op het eiland Patmos, hoewel hij "in geest" was verplaatst naar "'s Heren dag" (1:10), dus naar een tijdstip in de toekomst. Nu zag hij een geopende deur, die toegang verschafte tot de hemel. Blijkbaar bevond die deur zich boven hem, want een stem gaf hem opdracht om "op te komen", dat wil zeggen: naar boven te klimmen. Bij het woord "deur" denken wij aan het voorwerp van hout of van glas dat de toegang tot een woning afsluit. Maar met het Bijbelse woord (Gr. *thura*) wordt niet de afsluiting bedoeld maar de opening waardoor men de woning binnentreedt. In het evangelie van Mattheüs staat:

"En Jozef nam het lichaam [van Jezus], wikkelde het in een rein stuk linnen en legde het in zijn nieuwe graf, dat hij in de rots had uitgehouwen; en na een grote steen voor de deur [Gr. thura] van het graf gewenteld te hebben ging hij weg" (Mattheüs 27:59-60)

Wij zouden de steen beschouwen als de deur. Maar Mattheüs zegt: de steen werd geplaatst *vóór* de deur. De deur was de opening waardoor men de spelonk kon binnengaan. Wanneer Jezus opmerkt: "Ik ben de deur" (Johannes 10:7,9) dan bedoelt Hij: de opening die toegang verschaft, niet: de plank die de toegang afsluit! Een deur in de hemel is een opening die er eerder niet was, of niet werd opgemerkt.

En de eerste stem die ik gehoord had als van een bazuin, die met mij sprak, zei: "Kom hier op". Johannes had deze stem gehoord toen hij zijn eerste visioen kreeg (1:10). Met een bazuinsignaal werden de "knechten van God" in Bijbelse tijden bijeengeroepen. De Israëlieten moesten zich verzamelen wanneer ze het geluid hoorden van een ramshoorn of een zilveren trompet. De stem die klonk als een bazuin gaf Johannes opdracht om naar boven te klimmen. Het Griekse werkwoord *anabainoo* betekent "opgaan". Via de geopende deur mocht de ziener de hemel binnentreden. Door zijn vorige visioen had hij al een tijdreis gemaakt, nu verplaatst hij zich bovendien van de aarde naar de hemel.

En ik zal u tonen wat hierna moet gebeuren. De openbaringsengel zal Johannes laten zien wat er in de hemel moet gebeuren om de verschijning van de Messias en de vestiging van Zijn rijk op aarde voor te bereiden. Wat de schrijver van het laatste Bijbelboek zag waren dingen die op de dag van de Heer zullen plaatsvinden nadat de zeven gemeenten hun boodschappen hebben ontvangen (Openbaring 1:18).

De hemelse raadsvergadering (4:2-4)

"Terstond kwam ik in [de] Geest; en zie, een troon stond in de hemel en er zat Iemand op de troon; en die daarop zat, was van aanzien een jaspis- en sardius-steen gelijk; en rondom de troon was een regenboog, van aanzien een smaragd gelijk; en rondom de troon waren vierentwintig tronen, en op de tronen zaten vierentwintig oudsten, bekleed met witte kleren en op hun hoofden gouden kronen"

Vers 2

Terstond kwam ik in [de] Geest. Het woord geest is door de vertalers ten onrechte met een hoofdletter gespeld. Geest is in dit vers de tegenpool van vlees. Johannes klom niet lichamelijk, "in het vlees", op naar de hemel, maar hij werd daarheen verplaatst "in geest". In zijn visioen kreeg hij te zien wat er

134

bij het aanbreken van de dag van de Heer zal gaan gebeuren. (zie Openbaring 1:10).

En zie, een troon stond in de hemel. De troon die Johannes zag vertegenwoordigt niet het Godsbestuur dat er altijd is geweest. De engel was immers bezig om te tonen "wat *hierna* moet gebeuren" (4:1). Het gaat om een bijzondere troon die er nu nog niet is maar die in de hemel wordt geplaatst wanneer het huidige tijdperk van Gods genade (Efeze 3:2) is afgesloten. De troon houdt verband met oordeel en gericht. Zo is het ook in het boek Daniël. Wanneer er "tronen worden opgesteld" dan zet "de vierschaar zich neder en worden de boeken geopend" (Daniël 7:9-10). Voor Johannes was het zien van de troon een reden tot vreugde. We zouden achter zijn zin een uitroepteken kunnen plaatsen: "En zie, een troon stond in de hemel!" Naar het verschijnen van die troon heeft het volk Israël eeuwenlang uitgezien. De psalmdichters hebben gebeden:

"Sta op, HERE, in uw toorn" (Psalm 7:7)

"Sta op, HERE, laat de sterveling niet zegepralen,
Laat de volken voor uw aanschijn gericht worden" (Psalm 9:20-21)

"Sta op, HERE, o God, hef uw hand op,
Vergeet de ellendigen niet" (Psalm 10:12)

"Sta op, o God, richt de aarde,
Want Gij bezit alle volken" (Psalm 82:8)

"Verhef U, Richter der aarde,
Breng vergelding over de hovaardigen" (Psalm 94:2)

In vele psalmen wordt aan God gevraagd: "Maak alstublieft een einde aan het kwaad. Verschaf recht aan alle stakkers die onrecht hebben geleden, aan alle slachtoffers van mishandeling, uitbuiting en moord". In het boek Openbaring klinkt dezelfde smeekbede:

"Tot hoelang, heilige en waarachtige Heerser, oordeelt en wreekt U ons bloed niet aan hen die op de aarde wonen?" (6:10)

135

De gelovigen in Israël hebben de HERE eeuwenlang opgeroepen om "de doden te oordelen", om "het loon te geven aan Zijn slaven de profeten, de heiligen en allen die Zijn naam vrezen", en om "te verderven die de aarde verderven" (Openbaring 11:18). De komst van het oordeel boezemde de psalmdichters geen angst in, maar was juist een aanleiding tot grote vreugde:

"Hij zal de volken richten in rechtmatigheid.
De hemel verheuge zich, de aarde juiche,
De zee bruise en haar volheid,
Het veld en al wat daarop is, verblijde zich;
Dan zullen alle bomen des wouds jubelen
voor de Here, want Hij komt,
Want Hij komt om de aarde te richten;
Hij zal de wereld richten in gerechtigheid
en de volken in zijn trouw" (Psalm 96:10-13)

"Juicht de HERE, gij ganse aarde,
Breekt uit in gejubel en psalmzingt.
Psalmzingt de HERE met de citer,
Met de citer en met luide zang,
Met trompetten en met bazuingeschal;
Juicht voor de Koning, de HERE.
De zee bruise en haar volheid,
De wereld en wie erin wonen;
Dat de stromen in de handen klappen,
De bergen tezamen jubelen
Voor het aangezicht des HEREN, want Hij komt
om de aarde te richten.
Hij zal de wereld richten in gerechtigheid
en de volken in rechtmatigheid" (Psalm 98:4-9)

Uit het feit dat er in de hemel een troon is gezet, blijkt dat God gaat richten, dat Hij gaat rechtzetten wat er op aarde en in de hemel is misgegaan. Hij is "Koning van de naties". Alle naties zullen komen en zich voor Hem neerbuigen, wanneer Zijn gerechtigheden openbaar zijn geworden (15:3-4). Hij zal het onschuldig vergoten bloed vergelden (16:4-7; 18:20, 19:2) en zijn trouwe slaven belonen (11:18, 20:4). Het uur van zijn oordeel komt (14:7).

En er zat Iemand op de troon. De Vorst die op de troon zit wordt in dit hoofdstuk aangeduid als "Heer, God, de Almachtige, die was en die is en die komt" (4:8,11), de Schepper van alle dingen (4:11). Het is niet de Mensenzoon, want in de volgende hoofdstukken wordt onderscheid gemaakt tussen het Lam en Hem die op de troon zit:

"En het [Lam] *kwam en nam* [het boek] *uit de rechterhand van Hem die op de troon zat"* (5:7)

"Valt op ons en verbergt ons voor [het] *aangezicht van Hem die op de troon zit en voor de toorn van het Lam, want de grote dag van hun toorn is gekomen en wie kan bestaan?"* (6:16-17)

"En zij [d.i de grote menigte uit alle volken] *riepen met luider stem de woorden: Het heil aan onze God die op de troon zit en aan het Lam!"* (7:10)

De Persoon die Johannes op de troon ziet is de "enige waarachtige God" (Joh.17:3), de Vader.

Vers 3

En die daarop zat, was van aanzien een jaspis- en sardiussteen gelijk. De precieze aard van de edelstenen die Johannes vermeldt is moeilijk vast te stellen. De steen die *wij* jaspis noemen is geel, roodbruin of groen van kleur en ondoorzichtig. Maar volgens het boek Openbaring is de jaspis juist "kristalhelder" (21:11). Het is een bouwstof van de muur van het nieuwe Jeruzalem, en van die stad wordt gezegd dat zij "aan zuiver glas gelijk" is (21:18).

Volgens sommigen bedoelde Johannes met de "sardius" de edelsteen die wij carneool of kornalijn noemen, volgens anderen een rode jaspis. Het was in ieder geval een *rode* edelsteen. Volgens de Bijbel is de voornaamste eigenschap van "kostbaar gesteente" dat het licht doorlaat, en daarom "schittert" of "glanst" (21:11). In de profetie van Ezechiël wordt gesproken over "vlammende stenen" (Ezechiël 28:14,16). Wanneer Johannes opmerkt dat de Tronende "van aanzien een jaspis- en sardius-steen gelijk was", betekent dit dat er wit en rood licht van Hem uitstraalde, zoals edelstenen kunnen schitteren.

137

Uit de aanblik van iemand blijkt wat er in die persoon omgaat. De kristalheldere jaspis beeldt uit wat Johannes schreef in zijn eerste brief:

"dat God licht is en dat in Hem in het geheel geen duisternis is" (1 Johannes 1:5)

Wanneer er gerichten losbarsten en de schepping aan de vernietiging lijkt te worden prijsgegeven, is het belangrijk om de jaspis in gedachten te houden. De Schepper heeft ook wanneer Hij oordeelt geen duistere bedoelingen. Het einddoel van Zijn optreden is altijd positief. Hij is er niet op uit om Zijn schepping te vernietigen maar om die te volmaken.

De rode sardius beeldt uit dat Gods toorn na vele eeuwen van lankmoedigheid is ontbrand en dat Hij zal gaan "verderven wie de aarde verderven" (11:18). In de Griekse taal waarin het boek Openbaring werd geschreven is er een rechtstreeks verband tussen de kleur rood en vuur. Het woord *purros* is afgeleid van het woord *pur* ("vuur") en kan zowel "rood" als "vurig" betekenen (vgl. Openbaring 6:4 en 12:3). De vuurrode sardius doet denken aan een woord van Mozes:

"...De HERE, uw God, is een verterend vuur, een naijverig God" (Deuteronomium 4:24, vgl. Hebreeën 12:29)

De toorn van God over het kwaad wordt in de Bijbel dikwijls met een vuur vergeleken (zie b.v. Exodus 22:24, 32:10-12; 2 Koningen 22:13 en 17; Psalm 78:21-22, 89:47; Ezechiël 21:31, 22:21 en 31, 36:5). Wanneer de HEERE als Rechter verschijnt, dan "verteert er vuur vóór zijn aangezicht" (Psalm 50:2-6).

Volgens Joodse uitleggers en volgens de oude Statenvertaling was de sardius de *eerste* en de jaspis de *laatste* steen in de borstlap van de hogepriester (Exodus 28:17-20, 39:10-13). Gods oordelen zijn een doorbrekend licht (Hosea 6:5). Het vuur van zijn toorn zal uiteindelijk leiden tot een schepping die volkomen aan haar doel beantwoordt.

En rondom de troon was een regenboog, van aanzien een smaragd gelijk. De regenboog is een teken van Gods trouw aan alle levende wezens. In het boek Genesis staat geschreven:

"En God zeide tot Noach en tot zijn zonen met hem: Zie, Ik richt mijn verbond op met u en met uw nageslacht, en met alle levende wezens die bij u zijn: het gevogelte, het vee en het wild gedierte der aarde bij u, allen, die uit de ark gegaan zijn, alle gedierte der aarde. Ik dan richt mijn verbond met u op, dat voortaan niets dat leeft, meer door de wateren van de zondvloed zal worden uitgeroeid, en dat er geen zondvloed meer wezen zal, om de aarde te verderven. En God zeide: Dit is het teken van het verbond, dat Ik geef tussen Mij en u en alle levende wezens, die bij u zijn, voor alle volgende geslachten: mijn boog stel Ik in de wolken, opdat die tot een teken zij van het verbond tussen Mij en de aarde. Wanneer Ik dan wolken over de aarde breng en de boog in de wolken verschijnt, zal Ik mijn verbond gedenken, dat tussen Mij en u en alle levende wezens van alle vlees bestaat, zodat de wateren niet weer tot een vloed zullen worden om al wat leeft te verderven. Als de boog in de wolken is, dan zal Ik hem zien, zodat Ik mijn eeuwig verbond gedenk tussen God en alle levende wezens van alle vlees, dat op de aarde is. En God zeide tot Noach: Dit is het teken van het verbond, dat Ik heb opgericht tussen Mij en al wat op de aarde leeft. (Genesis 9:8-17)

De smaragd is een edelsteen met een groene kleur. Een groene regenboog is in de aardse werkelijkheid onmogelijk, want een regenboog is per definitie veelkleurig. Maar de betekenis van het symbool is duidelijk. Groen is de complementaire kleur van rood. In het oordeel vergeet God de trouw aan zijn schepping niet. In de toorn gedenkt Hij het ontfermen (Habakuk 3:3).

Vers 4

En rondom de troon waren vierentwintig tronen. Uit het feit dat DE troon in Johannes' visioen is omgeven door vierentwintig *andere* tronen blijkt dat God een stukje van zijn heerschappij en zijn recht om te oordelen heeft gedelegeerd aan anderen. Zo had ook Mozes op aanraden van zijn schoonvader Jethro een deel van de rechterlijke macht binnen het volk Israël aan lagere rechters overgedragen (Exodus 18:13-26). De wezens die op de vierentwintig tronen zitten zijn schepselen, want de Ene heeft volgens hun eigen woorden "alle dingen geschapen" (4:11). Het zijn schepselen die door de Schepper met gezag zijn bekleed.

En op de tronen zaten vierentwintig oudsten. In de profetische Schriften wordt er op één plaats over de oudsten van de HEERE gesproken. Jesaja heeft over de komende oordeelsdag gezegd:

"En te dien dage zal het geschieden, dat de HERE bezoeking zal brengen over het heer der hoogte in den hoge en over de koningen der aarde op de aardbodem. En zij zullen bijeengebracht worden, zoals men gevangenen bijeenbrengt in een kuil, en zij zullen opgesloten worden in een kerker, en na vele dagen zullen zij bezocht worden. Dan zal de blanke maan schaamrood worden, en de gloeiende zon zal zich schamen, want de HERE der heerscharen zal Koning zijn op de berg Sion en in Jeruzalem, en er zal heerlijkheid zijn **ten aanschouwen van zijn oudsten"** (Jesaja 24:21-23)

De profeet Jesaja en de ziener Johannes spraken over dezelfde tijd. Johannes beschrijft hoe er "bezoeking zal worden gebracht over het heer der hoogte in den hoge". Satan en zijn engelen zullen uit de hemel worden geworpen (12:7-12). De boze zal vervolgens worden gebonden en in de afgrond worden opgesloten (20:1-3). Johannes heeft ook gezien hoe de koningen der aarde door God zullen worden geoordeeld. Het beest en de valse profeet worden in de poel van vuur geworpen en de met hen verbonden koningen en hun legers worden gedood (19:17-21). Ook heeft Johannes mogen zien hoe "het heer der hoogte in den hoge" en de koningen der aarde "na vele dagen" door God opnieuw worden bezocht. De satan zal voor korte tijd uit zijn gevangenis worden losgelaten om de volken opnieuw te misleiden. Uiteindelijk zal de boze in de poel van vuur terechtkomen en de laatste opstandelingen uit de volken zullen worden gedood (20:3,7,10,11-13). Johannes vermeldt – net als Jesaja - dat de zon in die tijd "zwart zal worden als een haren zak en de maan zal worden als bloed" (6:12). En hij vermeldt driemaal nadrukkelijk, dat de HEERE Zijn koningschap zal opnemen (11:15-18. 19:6-10, 20:4-6).

Op de oordeelsdag, wanneer Gods koninklijke heerschappij op aarde zichtbaar wordt, zal er "heerlijkheid zijn ten aanschouwen van zijn oudsten". Jesaja spreekt over *Gods* oudsten – niet de oudsten van de gemeente of de oudsten van het volk Israël, maar de oudsten *van de Schepper*. Het gaat om de eerste wezens die de HEERE in het aanzijn heeft geroepen, wezens die er al waren voordat de aarde op Zijn bevel verscheen. In het boek Job worden die wezens ook genoemd. De Eeuwige heeft tegen Job gezegd:

"Waar waart gij, toen Ik de aarde grondvestte?
Vertel het, indien gij inzicht hebt!
Wie heeft haar afmetingen bepaald? Gij weet het immers!
Of wie heeft over haar het meetsnoer gespannen?

140

Waarop zijn haar pijlers neergelaten,
of wie heeft haar hoeksteen gelegd,
terwijl de **morgensterren** *tezamen juichten,*
en al de **zonen Gods** *jubelden?"* (Job 38:4-7)

Vóórdat God de aarde en de mens schiep bestonden er al enkele schepselen: Zijn "oudsten". Die juichten en jubelden toen ze zagen hoe de schepping tot stand kwam. Ze worden in het boek Job "morgensterren" en "zonen Gods" genoemd. De aanduiding "morgensterren" kan wijzen op koninklijke heerschappij (zie Openbaring 2:28). Blijkbaar schitterden zij al voordat de zon verscheen. De eretitel "zonen Gods" geeft aan dat ze rechtstreeks uit Gods hand zijn voortgekomen. Om diezelfde reden wordt Adam in de Bijbel "de zoon van God" genoemd (Lukas 3:38) en is de Messias, die door de Geest van God en niet door een man is verwekt, Gods eniggeboren, unieke Zoon (Lukas 1:35, Johannes 1:18, 3:16; 1 Johannes 4:9).

De oudsten van de schepping, de "morgensterren" of "zonen Gods", zullen juichen wanneer God zijn grote kracht opneemt en zijn koningschap aanvaardt (11:16). Vanaf dat moment zal de verlossing die God heeft bewerkt zichtbaar worden.

Bekleed met witte kleren. "Blinkend, rein, fijn linnen" (19:8) of "wit, rein, fijn linnen" (19:14) staat volgens de uitleg die Johannes geeft model voor de "gerechtigheden", de rechtvaardige daden, van de personen die ermee zijn bekleed (19:8). De oudsten hebben de opzienerstaak die de Eeuwige hun had toevertrouwd nauwgezet uitgeoefend.

En op hun hoofden gouden kronen. Voor het woord "kroon" wordt in Openbaring 4:4 het Griekse woord *stephanos* gebruikt, een lauwerkrans. In Johannes' visioen werpen de oudsten hun "kronen" neer voor de troon en zeggen:

"U bent waard, onze Heer en God, te ontvangen de heerlijkheid en de eer en de kracht, want U hebt alle dingen geschapen, en door uw wil bestonden zij en zijn zij geschapen" (4:11)

141

Uit dit gebaar blijkt, dat de kronen op de hoofden van de oudsten "heerlijkheid, eer en kracht" uitbeelden. Het resultaat van trouwe arbeid wordt in de Bijbel met een kroon vergeleken. De apostel Paulus noemde de mensen die door zijn evangelieprediking volgelingen van Christus waren geworden "mijn blijdschap en kroon" (Filippenzen 4:1), "onze hoop of blijdschap of kroon van de roem" (1 Thessalonicenzen 2:19), "onze heerlijkheid en blijdschap" (1 Thessalonicenzen 2:20). De vierentwintig oudsten zijn door God met gezag bekleed, en hebben dat gezag op de juiste manier uitgeoefend – in overeenstemming met de bedoelingen van de Schepper. Daarom schittert er op hun hoofd een gouden kroon. Maar omdat ze God kennen en eren als hun Schepper, schrijven ze het resultaat van hun arbeid toe aan *Hem*. Ze geven *Hem* alle eer aangezien *Hij* het is die ook door hen alles tot stand heeft gebracht. De apostel Paulus deed precies hetzelfde (1 Korinthe 15:10).

Vóór en om de troon (4:5-8)

"En van de troon gingen bliksemstralen, stemmen en donderslagen uit; en zeven vurige fakkels brandden vóór de troon; dit zijn de zeven Geesten van God. En vóór de troon was als een glazen zee, kristal gelijk. En in [het] midden van de troon en rondom de troon vier levende wezens, vol ogen van voren en van achteren. En het eerste levende wezen was een leeuw gelijk, en het tweede levende wezen een kalf gelijk, en het derde levende wezen had het gezicht als <van> een mens, en het vierde levende wezen was een vliegende arend gelijk. En de vier levende wezens hadden elk afzonderlijk zes vleugels, rondom en van binnen waren zij vol ogen en zij hebben geen rust, dag en nacht, en zeggen: Heilig, heilig, heilig, Heer, God de Almachtige, die was en die is en die komt"

Vers 5

En van de troon gingen bliksemstralen, stemmen en donderslagen uit.
Bliksemstralen, stemmen en donderslagen zijn voorboden van een naderende storm. Het is boeiend om te zien hoe dit beeld in het boek Openbaring wordt gebruikt. In Johannes' visioenen wordt de storm steeds heviger - tot ze haar doel heeft bereikt.

"En van de troon gingen bliksemstralen, stemmen en donderslagen uit" (4:5)

*"En er kwamen donderslagen, stemmen, bliksemstralen **en een aardbeving**"* (8:5)

*"En er kwamen bliksemstralen, stemmen, donderslagen, **aardbeving en grote hagel**"* (11:19)

*"En er kwamen bliksemstralen en stemmen en donderslagen, en er kwam **een grote aardbeving,** zoals er niet geweest is sinds er een mens op de aarde is geweest: zo'n aardbeving, zo groot! En de grote stad werd tot drie delen en de steden van de naties vielen. En het grote Babylon werd voor God in herinnering gebracht om haar de drinkbeker van de wijn van de grimmigheid van zijn toorn te geven. En elk eiland vluchtte en bergen werden niet gevonden. En **een grote hagel**, [elke steen] ongeveer een talent zwaar, viel uit de hemel op de mensen, en de mensen lasterden God vanwege de plaag van de hagel, want de plaag daarvan is zeer groot"* (16:18-21)

De storm die in Johannes' visioen steeds dichterbij komt en uiteindelijk in volle hevigheid losbarst, is de storm van "de grimmigheid van Gods toorn". Plagen zullen de aarde treffen. De aanblik van de planeet zal daarbij totaal veranderen. De hemelse Rechter gaat in samenspraak met Zijn oudsten vonnis vellen.

En zeven vurige fakkels brandden vóór de troon; dit zijn de zeven geesten van God. Deze geesten waren in het voorafgaande al genoemd (zie 1:4 en 3:3). Verderop worden zij "de zeven horens en zeven ogen van het Lam" genoemd (5:6), en in latere visioenen worden ze aangeduid als "DE zeven engelen" (8:2,6). Het zijn boden van God die de opdrachten van de Messias met betrekking tot de aarde op krachtige wijze uitvoeren en Hem over het wereldgebeuren informeren. Daartoe worden ze "uitgezonden over de hele aarde" (5:6). Ze zullen een actieve rol spelen in de slagen die de aarde gaan treffen (8:2,6,7,8,10,12; 9:1,13; 11:15; 16:1,2,3,4,8,10,12,17; 17:1).

Vers 6

En vóór de troon was als een glazen zee, kristal gelijk. Toen de HEERE het Sinaï-verbond sloot met het volk Israël, klommen Mozes, Aäron, Nadab en Abihu en zeventig van de oudsten van Israël naar Hem omhoog.

"En zij zagen de God van Israël en het was alsof onder zijn voeten een plaveisel lag van lazuur, als de hemel zelf in klaarheid" (Exodus 24:9)

Over zo'n volkomen doorzichtige "vloer" wordt er ook gesproken in de visioenen van de profeet Ezechiël. Johannes keek vanuit de hemel, dus van boven af, tegen deze "vloer" aan en noemde hem daarom een "glazen zee, kristal gelijk". Maar Ezechiël keek er vanuit aards perspectief, dus van onder, tegen aan, en hij beschrijft het als iets

"wat geleek op een uitspansel, als ontzagwekkend ijskristal" (Ezechiël 1:22)

Wanneer Hij die op de troon zit omlaag kijkt, is er niets dat zijn blik belemmert. Alles wat er in de schepping of op aarde voorvalt, is voor Hem te zien.

"Geen schepsel is voor Hem verborgen, want alle dingen liggen open en ontbloot voor de ogen van Hem, voor wie wij rekenschap hebben af te leggen" (Hebreeën 4:13)

En in het midden van de troon en rond de troon vier levende wezens, vol ogen van voren en van achteren. De uitdrukking "in het midden van de troon en rond de troon" is merkwaardig. Zó vreemd dat sommige uitleggers menen dat er sprake is van een fout in de Griekse tekst. Maar in werkelijkheid drukte Johannes zich juist nauwkeurig uit. Over "de troon en de vier levende wezens" had de profeet Ezechiël al eens gesproken:

"En ik zag en zie, een stormwind kwam uit het noorden, een zware wolk met flikkerend vuur en omgeven door een glans; daarbinnen, midden in het vuur, was wat er uitzag als blinkend metaal. En in het midden daarvan was wat geleek op vier wezens" (Ezechiël 1:4-5, zie ook het vervolg)

Toen deze verschijning zich later opnieuw voordeed (Ezechiël 8:4,10:15,10:20) begreep de profeet, dat de levende wezens "cherubim" waren (Ezechiël 10:20). Van deze wezens wordt gezegd dat ze zich *onder* de troon van God bevinden (2 Koningen 19:15). De Eeuwige sprak tot Ezechiël "van boven hun hoofden", dáár bevond zich de troon waarop Hij zat (Ezechiël 1:25-28, 10:1, 10:19). Wie beseft dat de cherubim Gods troon dragen en zich er*onder* bevinden, is in staat om de woorden van Johannes te begrijpen. De wezens dragen de troon en bevinden er zich daarom "midden onder". Maar het oppervlak dat ze in beslag nemen, heeft een grotere doorsnee dan de basis van de troon, daarom zijn ze ook "rondom de troon".

In het Nabije Oosten hadden tronen niet de vorm van een stoel, maar van een rustbank. De zoon van een koning kon samen met zijn vader op diens troon zitten (3:21). Indien de troon die Johannes zag een halfcirkelvormige "sofa" was, dan konden hovelingen zowel "in het midden van de troon" staan (dus vóór de koning, op korte afstand) als "rondom de troon" (vóór, naast en achter de koning, op wat grotere afstand).

Het Griekse woord *zoa* betekent: "levenden". Wij kennen dit woord van allerlei wetenschappelijke begrippen, zoals: "zoölogie" (de wetenschap aangaande het dierlijk leven) en "zoötechniek" (de kennis en vaardigheid die nodig zijn om dieren te houden en te fokken). Het woord "wezens", dat Ezechiël voor de *cherubim* gebruikt, komt in de Hebreeuwse Bijbel dikwijls voor als aanduiding van dieren (zie b.v. Ezechiël 14:15 en 21, 29:5, 31:6 en 13). In Griekse Bijbelteksten waarin hetzelfde voorkomt, gaat het ook om dieren. Zo lezen we:

"Van de **dieren**, *waarvan het bloed als zondoffer door de hogepriester in het heiligdom werd gebracht* [een stier en een bok] *werd het lichaam buiten de legerplaats verbrand"* (Hebreeën 13:11, vgl. Leviticus 6:30, 16:14-15, 16:27)

Mannen die hun lusten de vrije loop geven, gedragen zich als "redeloze wezens", als *dieren* die geen verstand hebben en alleen maar geschikt zijn om "gevangen en verdelgd te worden" (2 Petrus 2:12, Judas:10).

Het lichaam van de mens komt in vele opzichten overeen met dat van de zoogdieren. De mens kan daarom worden aangeduid als een *zoön* of "levend wezen". Eén van de verschijningsvormen van de *cherubim* is de menselijke gestalte (Ezechiël 1:10, Openbaring 4:7).

Zowel in de profetie van Ezechiël als in het boek Openbaring wordt gezegd dat de *cherubim* "rondom en van binnen" of "van voren en van achteren" vol ogen zijn (Ezechiël 1:18, 10:12, Openbaring 4:6,8). We kunnen daaruit afleiden dat ze voortdurend op Gods bevelen letten en ook de schepping aandachtig gadeslaan. Niets ontsnapt aan hun aandacht.

Vers 7

En het eerste levende wezen was een leeuw gelijk, en het tweede levende wezen een kalf gelijk, en het derde levende wezen had het gezicht als <van> een mens, en het vierde levende wezen was een vliegende arend gelijk.

Uit wat de Schrift over de *cherubim* vertelt blijkt dat hun verschijningsvormen symbolische betekenis hebben. De *cherubim* verschijnen in uiteenlopende gestalten die samenhangen met de boodschap van het betreffende Bijbelgedeelte.

Christus is niet in letterlijke zin een lam of een lammetje (Openbaring 5:6), maar een méns (1 Timotheüs 2:5-6). Zo zijn de *cherubim* ook geen gedrochten die door versmelting van verschillende diersoorten zijn ontstaan. Het zijn symbolische vertegenwoordigers van "alle levende zielen van alle vlees", waarbij de mens is inbegrepen (vgl. Genesis 9:15). Omdat de *cherubim* er niet werkelijk zo uitzien als ze in visioenen worden beschreven, kunnen ze bij verschillende gelegenheden op uiteenlopende manieren verschijnen. Ze hebben soms twee vleugels (Exodus 25:20, 37:9; 1 Koningen 6:24 en 27), maar ook wel eens vier (Ezechiël 1:6 en 11) of zes (Openbaring 4:8). Ze hebben soms vier gezichten (Ezechiël 1:6), maar ook wel eens twee (Ezechiël 41:18-19). In het ene visioen heeft elke cherub vier verschillende gelaatstrekken (Ezechiël 1:10), maar in een ander visioen tonen ze maar één enkel gelaat (Openbaring 4:7).

Zowel in de profetie van Ezechiël als in de Openbaring bezitten de cherubs kenmerken van een mens, een leeuw, een rund en een vogel. Van de vogel in kwestie wordt gezegd dat hij een kale kop heeft (Micha 1:16), en zich in grote aantallen bij een stuk aas verzamelt (Mattheüs 24:28). Daaruit blijkt dat we eerder aan een lammergier dan aan een arend moeten denken.

Waarschijnlijk vertonen de cherubs de karaktertrekken van deze diersoorten omdat ze verwijzen naar het verbond dat de HEERE met alle aardbewoners

146

heeft gesloten. In het boek Genesis wordt verteld, dat de HEERE na de zondvloed Zijn verbond heeft opgericht met "alle levende wezens van alle vlees" (Genesis 9:15). Zulke levende wezens worden in de Bijbel in vier categorieën ingedeeld: (1) Noach en zijn nageslacht, (2) het gevogelte, (3) het vee en (4) het wild gedierte der aarde (Genesis 9:9-10). Soms worden ze ook in twee groepen samengevat: de mensheid en "alle gedierte der aarde" (Genesis 9:10).

In de visioenen van Ezechiël en Johannes worden de aardse partners van het Noachidische verbond door één soort uit elke categorie vertegenwoordigd: de mens, de arend (of lammergier), het rund en de leeuw (Ezechiël 1:10, Openbaring 4:7). De leeuw is de koning van de wilde dieren, de os het grootste kuddedier, de arend of lammergier de machtigste vogel van het Midden-Oosten en de mens de koning van de hele schepping (vgl. Genesis 9:2).

Als teken van het verbond met Noach heeft de HEERE "zijn boog" in de wolken gesteld (Genesis 9:12-17). De wateren zullen nooit meer tot een vloed worden om al wat leeft te verderven. In de visioenen van Ezechiël en Johannes verschijnt Gods boog opnieuw (Ezechiël 1:28, Openbaring 4:3). Daaruit blijkt, dat de HEERE Zijn schepping trouw blijft, ook wanneer de aarde door vreselijke gerichten wordt getroffen. Niet de vernietiging van al wat leeft is Zijn einddoel, maar bevrijding van de schepping van de vloek die door Adams zonde over haar is gebracht (vgl. Romeinen 8:18-21, Openbaring 21:4 en 22:3).

In de Bijbel ontmoeten we cherubs voor het eerst in het boek Genesis. Toen Adam en Eva gezondigd hadden, verdreef de HEERE de mens

"en Hij stelde ten oosten van de hof van Eden de cherubs met een flikkerend zwaard, dat zich heen en weer wendde, om de weg tot de boom des levens te bewaken" (Genesis 3:24).

In het Hebreeuws staat hier feitelijk: om de weg tot de boom des levens te *bewaren.* Zorg voor het door God geschapene is ook in Genesis 3:24 het motief voor het optreden van de cherubs. De weg tot de levensboom moet worden bewaakt om deze te bewaren. In de toekomst zal hij weer worden ontsloten (Openbaring 2:7, 22:2 en 14). In het volgende hoofdstuk blijkt dat de HEERE ten oosten van de hof op bijzondere wijze aanwezig was. Kaïn en Abel brachten Hem er hun offers en Kaïn ging na zijn misdaad "weg van het aangezicht des Heren" om zich in het land Nod te vestigen (Genesis 4:1-16).

Cherubim maakten deel uit van het verzoendeksel van de ark, waar de HEERE met Mozes wilde samenkomen om over Zijn onderwijzing voor Israël te spreken (Exodus 15:17-22, Numeri 7:89). Aangezien de heerlijkheid van de HEERE boven het verzoendeksel, in het heilige der heiligen, aanwezig was, waren de cherubim ook afgebeeld op de tentkleden van de tabernakel (Exodus 26:1) en op het voorhangsel (Exodus 26:31). Koning Hizkia richtte zijn smeekbede tot "de HEERE die op de cherubs troont" (2 Koningen 19:15). In het heilige der heiligen van de tempel van Salomo bevonden zich twee cherubs van houtsnijwerk (1 Koningen 6:23-28). Ook daar waren er cherubs afgebeeld op het voorhangsel, in de vorm van ingeweven figuren (2 Kronieken 3:14). Bovendien prijkten er cherubs op de onderstellen van de koperen "zee", het grote wasvat in de voorhof (1 Koningen 7:29 en 36). In het heilige en heilige der heiligen van de nieuwe tempel die Ezechiël heeft mogen aanschouwen, zullen er opnieuw *cherubim* op de wanden prijken (Ezechiël 41:18-21). Van die tempel heeft de Here gezegd:

"Dit is de plaats van Mijn troon en de plaats Mijner voetzolen, waar Ik wonen zal onder de Israëlieten tot in eeuwigheid". (Ezechiël 43:7)

Uit een vergelijking van Ezechiël 43:7 met Openbaring 21:22 blijkt, dat hiermee bedoeld wordt: "onafgebroken, gedurende de hele toekomende eeuw". In de daaropvolgende eeuw van de "nieuwe hemel en de nieuwe aarde" zal er geen tempel meer zijn (Openbaring 21:22).

Op reliëfs (zoals boven de zij-ingang van de Servaaskerk in Maastricht) zijn de *cherubim* afgebeeld als symbolen van de vier evangelisten. Volgens commentatoren zouden ze model staan voor perioden uit de heilsgeschiedenis, terwijl anderen hen vereenzelvigen met de vaandels van de vier stammen (Juda, Efraïm, Ruben en Dan) die aan het hoofd van de kinderen Israëls gingen wanneer ze tijdens de woestijnreis moesten opbreken (Numeri 2). Voor zulke interpretaties ontbreekt echter Bijbels bewijs, terwijl de opvatting dat de cherubs de vogels, de landdieren en de mensheid vertegenwoordigen aansluit bij de Schrift. Zo opgevat zijn de *cherubim* een beeld van Gods trouw ten

148

opzichte van de door Hem geschapen "levende zielen". Het fundament van de hemelse troon is: zorg voor het geschapene (vgl. 2 Koningen 19:15 en Ezechiël 10:19). God "laat niet varen de werken van Zijn handen".

Vers 8

En de vier levende wezens hadden elk afzonderlijk zes vleugels, rondom en van binnen waren zij vol ogen en zij hebben geen rust, dag en nacht, en zeggen: Heilig, heilig, heilig, Heer God, de Almachtige, die was en die is en die komt. De "zes vleugels" van de cherubim hebben mogelijk dezelfde functies als de vleugels van de serafs in het roepingsvisioen van Jesaja:

"Met twee bedekte hij zijn aangezicht, met twee bedekte hij zijn voeten en met twee vloog hij" (Jesaja 6:2)

Omdat God zijn schepping niet in de steek laat maar daaraan voortdurend werkt (Johannes 5:17), geven de cherubs Hem onafgebroken eer. Hun ogen slaan Zijn handelen voortdurend gade. Uit het feit dat zij de lof van de Schepper "rusteloos" bezingen, "dag en nacht", blijkt dat cherubs geen "dieren" van vlees en bloed zijn, maar onvergankelijke en onsterfelijke schepselen. Juist daarom kunnen ze in Gods nabijheid verkeren. Vlees en bloed kunnen dat niet (1 Korinthe 15:49-50).

Het driemaal herhaalde "heilig" wijst op het feit dat niemand met God is te vergelijken (zie b.v. Jesaja 40:18, 46:5) en dat Hij volmaakt zondeloos is, dus Zijn doel nimmer mist. Uit het woord "Almachtige" (Grieks: *Pantokratoor*) blijkt dat Hij de werken van Zijn handen in geen enkel opzicht laat varen. Hij maakt af waaraan Hij is begonnen en geeft Zijn arbeid nooit onverrichter zake op. Hij "komt" beslist en zal de hele schepping vullen met Zijn heerlijkheid. Hij wordt alles in allen (1 Korinthe 15:28). Deze Godsnaam was in Openbaring 1:8 al genoemd. Omdat de Schepper de persoon is die "alles vasthoudt" (wat het Griekse woord *Pantokratoor* letterlijk betekent, de "Albeheerser"), loopt niets Hem uit de hand. Hij zal allereerst het volk Israël volmaken (1:7, 19:7-8) en dat vervolgens met de hele schepping doen (4:8, 5:13). Die vaste overtuiging spreekt uit de lofzang van de vier levende wezens.

Uit een vergelijking van het lied van de cherubim (Openbaring 4:8) met de zang van de serafs (Jesaja 6:3) blijkt dat het Griekse *Ho Theos Ho Pantokratoor* ("God, de Almachtige") een equivalent is van het Hebreeuwse *El Shaddai:* "Here der heerscharen" of "Heer van de legermachten". Op grond van deze vergelijking moet onder het "komen" van de Almachtige worden verstaan dat "de ganse aarde vol zal worden van Zijn heerlijkheid".

In het eerste hoofdstuk van de Openbaring was God aangeduid als "Hem die *is* en die was en die komt" (1:4,8). Voor slaven van Christus die worden verdrukt (1:1,9) legt de schrijver nadruk op het feit dat God "is". Dezelfde God die tot de vaderen sprak toen hij hen uit Egypte leidde en die er in de toekomst zal zijn, is er vandaag om zijn slaven te bemoedigen en te versterken.

In het loflied van de levende wezens valt nadruk op het feit dat God *"was"*. De cherubs noemen Hem: "de Almachtige, die *was* en die is en die komt" (4:8). Zij prijzen Hem als de Schepper die alles heeft gemaakt en die Zijn handwerk voert naar de voleinding (= de volmaking, of de voltooiing), zodat uiteindelijk alles aan zijn doel gaat beantwoorden.

Lof voor de Schepper (4:9-11)

"En wanneer de levende wezens heerlijkheid en eer en dankzegging zullen geven aan Hem die op de troon zit, die leeft tot in alle eeuwigheid, dan zullen de vierentwintig oudsten neervallen voor Hem die op de troon zit en Hem aanbidden die leeft tot in alle eeuwigheid, en hun kronen neerwerpen voor de troon en zeggen: U bent waard, onze Heer en God, te ontvangen de heerlijkheid en de eer en de kracht, want U hebt alle dingen geschapen, en door uw wil bestonden zij en zijn zij geschapen".

Vers 9

En wanneer de levende wezens heerlijkheid en eer en dankzegging zullen geven aan Hem die op de troon zit. De overgang van de tegenwoordige tijd ("zeggen", vs.8) naar de toekomende tijd ("zullen geven", vs.9) is op het eerste gezicht merkwaardig. De uitdrukking *hotan doosousin* wijst misschien op een voortdurende herhaling. In het Nederlands kunnen we dan schrijven: "En *telkens* wanneer de levende wezens heerlijkheid en eer en

150

dankzegging zullen geven". De "levende wezens" en de oudsten prijzen de Almachtige in beurtzang. Hun "partijen" in de hemelse liturgie wisselen elkaar voortdurend af.

De wezens geven God "heerlijkheid", "eer" en "dankzegging" (Gr. *doxa, timee* en *eucharistia*). Dat de cherubim God "heerlijkheid" geven wil zeggen dat ze Zijn koninklijke majesteit en volmaaktheid bezingen. Ze geven Hem "eer" door Hem te erkennen als de Schepper, Onderhouder en Voltooier van alle dingen. Dankzij Hem is de schepping er, blijft ze bestaan en gaat ze aan haar doel beantwoorden. Ze "danken" Hem voor wie Hij is, voor wat Hij doet en wat Hij nog zal gaan doen.

Die leeft tot in alle eeuwigheid. De aanduiding van God als "Hem die leeft tot in alle eeuwigheid" is ontleend aan de Hebreeuwse Schriften. Het lied van Mozes sluit naadloos aan bij de situatie die in het boek Openbaring wordt beschreven:

"Voorwaar, Ik hef mijn hand ten hemel
*en zeg: **Zowaar Ik in eeuwigheid leef;***
als Ik mijn bliksemend zwaard wet,
en mijn hand grijpt naar het gericht,
dan zal Ik wraak oefenen aan mijn tegenstanders,
en vergelding brengen over wie Mij haten.
Ik zal mijn pijlen dronken maken van bloed,
en mijn zwaard zal vlees verslinden:
het bloed der verslagenen en der gevangenen,
de harige hoofden der vijanden.
Jubelt, gij natiën, om zijn volk,
want Hij wreekt het bloed van zijn knechten,
Hij oefent wraak aan zijn tegenstanders
en verzoent zijn land, zijn volk" (Deuteronomium 32:40-43)

Dat God het bloed van zijn knechten gaat wreken, wordt vermeld in Openbaring 6:10-11, 16:4-7 en 19:2. Dat Hij wraak zal oefenen aan zijn tegenstanders, staat in Openbaring 19:11-21. En dat Hij zijn land en volk zal verzoenen blijkt in Openbaring 5:9-10, 7:1-17, 14:1-5, 19:6-10 en 20:4-6. In het Grieks van Openbaring 4:9 staat letterlijk dat God leeft "tot in de eeuwen der eeuwen" (*eis tous aioonas toon aioonoon*). Zijn gerichten zullen erop uitlopen dat

Zijn koninkrijk op zichtbare wijze op aarde wordt gevestigd. Dan zal de toekomstige eeuw aanbreken, de eeuw van het vrederijk (Openbaring 20), die – na minstens duizend jaar - wordt gevolgd door het tijdperk van de nieuwe hemel en de nieuwe aarde (Openbaring 21-22). Op de tegenwoordige "boze eeuw" zullen nog twee tijdperken volgen, waarin Gods bedoelingen met Zijn schepping gestalte zullen krijgen. Dat zijn de tijdperken waarnaar alle Bijbelheiligen hebben uitgezien: de "eeuwen van de eeuwen".

Koning Nebukadnezar duidde God aan als *"de eeuwig Levende,* wiens heerschappij een eeuwige heerschappij is en zijn koningschap van geslacht tot geslacht" (Daniël 4:34). Darius de Meder erkende Hem als "de levende God, *die blijft in eeuwigheid;* zijn koningschap is onverderfelijk en zijn heerschappij duurt tot het einde; Hij bevrijdt en redt" (Daniël 6:27-28). Daniël noemde God *"Hem die eeuwig leeft"* (Daniël 12:7). Terecht wordt Hij "de Eeuwige" genoemd, en Hij is ook "de Levende", in tegenstelling tot de afgoden (vgl. Openbaring 10:6). Hij is heer van de geschiedenis. Het wereldgebeuren is niet zin- of doelloos, maar loopt uit op een volmaakte schepping.

Vers 10

Dan zullen de vierentwintig oudsten neervallen voor Hem die op de troon zit en Hem aanbidden die leeft tot in alle eeuwigheid. Hoewel de vierentwintig oudsten hooggeplaatste schepselen zijn, bekleed met koninklijk gezag - zij verkeren immers in Gods nabijheid, dragen witte kleren en hebben kronen op hun hoofd (4:4) – "vallen zij neer" voor Hem die op de troon zit. Een uiting van eerbied voor de Ene die de ware Koning is. In het boek Openbaring lezen we regelmatig over zulk neervallen. De ziener Johannes viel als dood aan de voeten van de Mensenzoon (1:17). De vier levende wezens en de vierentwintig oudsten vallen neer voor het Lam wanneer dit de verzegelde boekrol uit de rechterhand van God heeft aanvaard (5:8,14). De engelen "vallen op hun gezicht neer vóór de troon" wanneer de grote menigte uit de volken in de hemel is verschenen (7:11). De oudsten "vallen op hun gezichten en aanbidden God" wanneer Hij zijn grote kracht heeft aangenomen en zijn koningschap heeft aanvaard (11:16). Zij vallen opnieuw neer wanneer het grote Babylon geoordeeld is (19:4). Uit ontzag voor de openbaringsengel wilde Johannes voor zijn voeten neervallen en hem eren, maar de engel wees dit eerbetoon af (19:10, 22:8).

152

De etiquette aan het Perzische hof was een aardse kopie van dit hemelse protocol. Hovelingen vielen voor de Perzische koning neer en bogen zó diep dat hun voorhoofden de vloer raakten. De gangbare manier om de vorst aan te spreken was: "O koning, leef in eeuwigheid". Die heilwens was een holle frase, maar God die op de hemelse troon zit leeft werkelijk tot in de eeuwen der eeuwen.

Het is niet juist om het werkwoord *proskuneoo* in Openbaring 4:10 met "aanbidden" te vertalen. Door deze vertaling wordt de indruk gewekt dat het een vorm van verering betreft die alleen God toekomt. Maar hetzelfde woord wordt in het Nieuwe Testament gebruikt voor de eer die een onderdaan zijn koning, of een werknemer zijn baas behoort te bewijzen. Wanneer de leden van de "synagoge van de satan" komen en zich voor de voeten van de gelovigen uit Filadelfia neerbuigen (Openbaring 3:9, Gr. *proskuneoo*), dan bewijzen zij die mensen eer, maar geen goddelijke eer. Johannes wilde de engel die met hem sprak geen goddelijke eer geven, hij was immers een vrome Jood, maar hij was zó onder de indruk van wat de engel hem toonde dat hij zich voor de hemelbode wilde neerbuigen (22:8). Het woord *proskuneoo* kan op alle plaatsen waar het voorkomt, worden weergegeven als "eer bewijzen". Uit het tekstverband moet blijken of het daarbij gaat om goddelijke of om menselijke eer (zie 3:9, 5:14, 7:11, 11:1, 11:16, 14:7, 15:4, 19:4, 19:10, 22:8, 22:9). Het is verwarrend om hetzelfde Griekse woord op de ene plaats weer te geven als "neerbuigen" en op andere plaatsen als "aanbidden".

En hun kronen neerwerpen voor de troon. Het neerwerpen van de "kransen" van de oudsten voor de troon heeft mogelijk dezelfde betekenis als het "neervallen" en "aanbidden", namelijk: eer bewijzen. Maar het heeft vermoedelijk nog een diepere betekenis. De Ene staat op het punt om "zijn grote kracht aan te nemen en zijn koningschap te aanvaarden" (11:17). Hij zal op zichtbare wijze over de aarde gaan regeren, in de persoon van zijn Beeld, de verheerlijkte Mensenzoon, de Messias van Israël (vgl. 20:4,6). De toekomstige *oukoumenee*, de mensenwereld van de toekomst, zal niet aan engelen zijn onderworpen maar aan de Mensenzoon (Hebreeën 2:5-8). De huidige wereld is aan engelen onderworpen. Sommige van die engelen staan vijandig tegenover God, anderen zijn Hem trouw (vgl. Daniël 10:13,20,21). Het neerwerpen van de kronen beeldt uit dat de vierentwintig oudsten van harte instemmen met Gods voornemen om in de persoon van de Messias over de aarde te gaan regeren. Ze gedragen zich anders dan de satan en zijn engelen, die zich tegen de bedoelingen van de Schepper verzetten (vgl. 12:7-12).

Vers 11

En zeggen: U bent waard, onze Heer en God, te ontvangen de heerlijkheid en de eer en de kracht, want U hebt alle dingen geschapen, en door uw wil bestonden zij en zijn zij geschapen. De "levende wezens" hadden God "heerlijkheid en eer en dankzegging" gegeven (4:9). Nu spreken de oudsten uit dat Hij waard is om te *ontvangen* "de heerlijkheid en de eer en de kracht". Die kracht oefent Hij op dit moment nog niet uit, want bij een latere gelegenheid danken de oudsten Hem omdat Hij zijn grote kracht *heeft aangenomen* en zijn koningschap heeft *aanvaard* (11:17).

Dat God alle dingen geschapen *heeft*, en dat zij door Zijn wil *bestonden* en geschapen *zijn*, is niet wat er in het Grieks staat. De oorspronkelijke tekst gebruikt niet een verleden tijd, maar éénmaal een tegenwoordige tijd en tweemaal een aoristus. In feite zingen de oudsten: "U *schept* alle dingen, en door uw wil *bestaan* zij en *worden* zij geschapen". In Bijbelvertalingen wordt de indruk gewekt dat de schepping van de wereld heeft plaatsgevonden in een grijs verleden, en dat God de schepping sindsdien alleen nog maar in stand houdt. Maar volgens de oudsten is Hij nog steeds aan het scheppen. Zijn schepping is nog niet *af*. Er komen nieuwe hemelen en een nieuwe aarde, Jeruzalem zal tot jubel worden en het Joodse volk tot blijdschap, dankzij het scheppend handelen van God (Jesaja 65:17-18). Israël, dat zo lang van God afkerig is geweest, zal nieuw geschapen worden en met haar Man worden verenigd (Jeremia 31:22). De vervulling van zulke beloften wordt in Openbaring 19-22 beschreven.

In de oorspronkelijke tekst staat niet dat God het waard is om de heerlijkheid en de eer en de kracht te *ontvangen*. Alsof Hij die op dit moment nog niet zou bezitten! Er staat dat God het waard is om de heerlijkheid en de eer en de kracht te *nemen* (Gr. *lambanoo*). Bij de lofzang in 4:9 sluit de latere lofzang van 11:17 aan. Hier zingen de oudsten dat God waardig is om de kracht te nemen, later loven ze Hem voor het feit dat Hij die kracht daadwerkelijk genomen heeft, zodat de "hemelse staatsgreep" een feit is geworden. De oudsten belijden dat God "alle dingen" heeft geschapen. Werkelijk alles (Gr. *ta panta*),

154

niets uitgezonderd. Israël heeft dit altijd beseft en de volken hebben er altijd moeite mee gehad. In het boek Spreuken staat:

"De HERE heeft alles gemaakt voor zijn doel,
ja, zelfs de goddeloze voor de dag des kwaads" (Spreuken 16:4)

Bij monde van de profeet Jesaja heeft God gezegd:

"Ik ben de HERE en er is geen ander; buiten Mij is er geen God... Ik ben de HERE, en er is geen ander; die het licht formeer en de duisternis schep, die het heil bewerk en het onheil schep; Ik, de HERE, doe dit alles" (Jesaja 45:5-7)

En de profeet Amos zei:

"Zal er een kwaad in de stad zijn, dat de HEERE niet doet?" (Amos 3:6, Statenvertaling)

De rechtvaardige Job was er vast van overtuigd dat het goede én het kwade van God afkomstig zijn. Het kwaad bereikt ons via tussenpersonen, maar komt uiteindelijk toch van Hém:

"Zouden wij het goede van God aannemen en het kwade niet?" (Job 2:10)

Het kan onmogelijk anders zijn, want God is Eén. Uit Hem, door Hem en tot Hem zijn alle dingen (Romeinen 11:36).

Wanneer de oudsten hun loflied zingen heeft het kwaad op aarde een dieptepunt bereikt. De "zoon van het verderf" is op het toneel verschenen. Hij gaat zich "verzetten en verheffen tegen al wat God heet of een voorwerp van verering is, zodat hij in de tempel van God gaat zitten en zichzelf vertoont dat hij god is" (2 Thessalonicenzen 2:3-4, vgl. Openbaring 13). Satan mobiliseert al zijn krachten omdat hij weet dat hij nog maar weinig tijd heeft (12:12). En tóch zingen de oudsten. Ze twijfelen er geen moment aan, dat God alles werkt naar de raad van Zijn wil (Efeze 1:11) en dat de schepping aan haar doel zal gaan beantwoorden. Elk schepsel dat in de hemel en op de aarde en onder de aarde en op de zee is, en alles wat daarin is, zal God eens gaan prijzen (vgl. 5:13).

Hoofdstuk 5

De verzegelde boekrol (5:1-5)

"En ik zag op de rechterhand van Hem die op de troon zat een boek, van binnen en van achteren beschreven, met zeven zegels verzegeld. En ik zag een sterke engel, die met luider stem uitriep: Wie is waard het boek te openen en zijn zegels te verbreken? En niemand in de hemel, noch op de aarde, noch onder de aarde, kon het boek openen of het bezien. En ik weende zeer, omdat niemand waard bevonden was het boek te openen of het te bezien. En één van de oudsten zei tot mij: Ween niet, zie, de leeuw uit de stam van Juda, de wortel van David, heeft overwonnen om het boek en zijn zeven zegels te openen"

Vers 1

En ik zag op de rechterhand van Hem die op de troon zat een boek. Wat Johannes "op" de rechterhand van God zag was geen boek zoals wij dat kennen. Buiten het boek Openbaring komt het Griekse woord *biblion* nog in de volgende vijf Bijbelteksten voor.

"Zij zeiden tot Hem: Waarom heeft Mozes dan geboden een **scheidbrief** *te geven en haar te verstoten?"* (Mattheüs 19:7, parallel in Markus 10:4)

"En het **boek** *van de profeet Jesaja werd Hem gegeven; en toen Hij het boek had ontrold, vond Hij de plaats waar geschreven stond: De Geest van de Heer is op Mij, doordat Hij mij heeft gezalfd..."* (Lukas 4:17-18)

"En nadat Hij het **boek** *had opgerold en aan de dienaar teruggegeven, ging Hij zitten"* (Lukas 4:20)

"Want toen door Mozes naar de wet elk gebod tot het hele volk gesproken was, nam hij het bloed van de kalveren en de bokken met water en scharlaken wol en hysop en besprenkelde zowel het **boek** *zelf als het hele volk..."* (Hebreeën 9:19, een verwijzing naar Exodus 24:3-8)

Hetzelfde woord dat in Openbaring 5:1 met "boek" is weergegeven, is in de evangeliën als "scheidbrief" vertaald! Zo'n *biblion* "sla je niet open" of "klap je dicht" zoals wij met een boek doen, maar je "ontrolt" het (Lukas 4:17) of "rolt het op" (Lukas 4:20). Een *biblion* heeft dezelfde vorm als een wetsrol uit de synagoge, die weer een kopie is van het "boek des verbonds" dat Mozes schreef in de woestijn (Exodus 24:7).

Wat Johannes "op" de hand van de Ene zag, dus op de palm van zijn geopende hand zag liggen, was een rol. Wellicht een rol van klein formaat, want het woord *biblion* is een verkleinwoord van *biblos*. De rol lag "op de rechter", de hand die in de Schrift met kracht wordt verbonden (Mattheüs 26:64, Markus 14:62, Lukas 22:69). In de oorspronkelijke tekst van het boek Openbaring ontbreekt het woord "hand". Uit het tekstverband blijkt dat de hand is bedoeld (vgl. 5:7).

De inhoud van sommige boekrollen moest telkens opnieuw worden gelezen. Met de wetsrollen in de synagoge was dit bijvoorbeeld het geval. Maar boekrollen konden ook "formulieren" zijn die aan een bepaalde handeling rechtsgeldigheid verschaften. Een scheidbrief was niet bedoeld om meermaals te worden gelezen, maar op het moment dat zo'n brief werd overhandigd was een huwelijk formeel ontbonden.

De rol uit Johannes' visioen is – gezien het vervolg van zijn verslag – bedoeld om Gods slaven op de komende dag des HEREN te tonen wat er *dan* spoedig zal gaan gebeuren. Telkens wanneer het Lam een zegel verbreekt kan de rol een stukje verder worden afgerold, en vinden er in de hemel en op aarde belangrijke gebeurtenissen plaats die leiden tot de vernietiging van het laatste wereldrijk. De rol is "de openbaring die God de Messias heeft gegeven" (vgl. Openbaring 1:1). Hij zal de wereldbeheersers onttronen en Zijn rijk van vrede op de hele aarde vestigen.

Van binnen en van achteren beschreven. We zouden verwachten: "van binnen en van buiten", of: "van voren en van achteren", maar in het Grieks staat er: "van binnen en van achteren". Bij een boekrol staat de tekst normaliter op de binnenzijde. "Van achteren" heeft betrekking op de achterzijde van het geopende document. Wanneer de rol is opgerold, blijft een deel van die achterzijde aan de buitenkant zichtbaar.

157

De Bijbel spreekt op twee plaatsen over een document dat aan beide zijden was beschreven. Het "getuigenis" dat Mozes mocht doorgeven, de schriftelijke kopie van de tien woorden van het verbond dat God met Israël had gesloten, was vastgelegd op tabletten van steen die aan beide zijden waren beschreven (Exodus 32:15-16). Het woord dat de profeet Ezechiël in opdracht van God tot Israël moest spreken was vastgelegd op een boekrol die van voren en van achteren was beschreven (Ezechiël 2:9-3:3).

Of dit met de rol die Johannes zag ook het geval was is niet zeker. Omdat de oorspronkelijke Griekse handschriften geen leestekens bevatten, kan Openbaring 5:1 op verschillende manieren worden weergegeven. Men zou in het Nederlands kunnen schrijven:

"En ik zag op de rechterhand van Hem die op de troon zat een boekrol, beschreven van binnen en van achteren, verzegeld met zeven zegels"

Maar men kan met evenveel recht vertalen:

"En ik zag op de rechterhand van Hem die op de troon zat een boekrol, beschreven van binnen, en van achteren verzegeld met zeven zegels"

Het enige verschil tussen beide versies is de plaatsing van de komma. Volgens de eerste lezing was de rol aan beide zijden beschreven. Volgens de tweede lezing bevond de tekst zich aan de binnenkant (of voorkant) terwijl de zegels aan de buitenkant (of achterkant) waren aangebracht. Uit het vervolg van het verhaal blijkt dat de tweede lezing van Openbaring 5:1 het meest waarschijnlijk is. Niemand kon de boekrol inzien zolang de zegels nog niet waren verbroken; de tekst was voor onbevoegden ontoegankelijk (5:3). Vermoedelijk stond de tekst dus aan de binnenzijde van de rol terwijl de zegels aan de buitenkant waren aangebracht.

Met zeven zegels verzegeld. De boekrol die Johannes zag heeft betrekking op een erfgoed. In vers 10 wordt het "lossen" of "loskopen" van dat erfgoed door het Lam vermeld. In het Bijbelboek Jeremia wordt beschreven hoe het bij het opstellen van een lossersakte toeging. Toen de stad Jeruzalem door het Babylonische leger was omsingeld en de val van de stad nabij was, kwam Hanameël, de zoon van Jeremia's oom Sallum, naar de profeet toe met het verzoek om zijn akker in Anatoth te kopen. Een verzoek dat volgens menselijke maatstaven onzinnig was. De totale ondergang van de Joodse natie was immers aanstaande en het was volstrekt onmogelijk om de akker in gebruik te nemen. Toch kocht Jeremia het stuk grond, omdat hij besefte dat het een handeling met tekenfunctie was, waardoor de HERE tot Zijn volk wilde spreken (Jeremia 32). Omdat de akker niet meteen maar pas na een onbekende en vermoedelijk zeer lange tijd in gebruik kon worden genomen, verliep de koop als volgt:

*"Dus schreef ik een koopbrief, zette mijn **zegel** erop, liet die door getuigen bekrachtigen en woog het geld op een weegschaal af. Daarna nam ik de koopbrief, **zowel die, die verzegeld was naar het voorschrift en de wettelijke bepalingen,** als de open brief, en gaf de koopbrief aan Baruch, de zoon van Neria, de zoon van Machseja, in tegenwoordigheid van Hanameël, de zoon van mijn oom, de getuigen die de koopbrief ondertekend hadden, en al de Judeeërs die zich in de gevangenishof bevonden. Toen gaf ik Baruch in hun tegenwoordigheid deze opdracht: Zo zegt de HERE der heerscharen, de God van Israël: Neem deze brieven, deze koopbrief, **zowel de verzegelde** als deze open brief, en leg ze in een aarden vat, opdat zij **lange tijd bewaard blijven;** want zo zegt de HERE der heerscharen, de God van Israël: Er zullen weer huizen, akkers en wijngaarden gekocht worden in Israël"* (Jeremia 32:10-15)

Bij de rol die Johannes op de rechterhand van de Ene zag liggen kunnen we gezien het vervolg van het verhaal aan zo'n verzegelde koopbrief (of lossersakte) denken. De koopprijs is betaald, en de transactie is schriftelijk vastgelegd. Maar de overdracht van de gekochte goederen of personen heeft nog niet plaatsgevonden. Dat zal pas gebeuren wanneer de wettige eigenaar of diens erfgenaam voor de rechter verschijnt en het document in het bijzijn van getuigen wordt geopend. De rol die Johannes zag was met zeven zegels gesloten (zie 6:1-17, 8:1). Een buitengewoon grondige vorm van verzegeling. Geen enkele onbevoegde kon het document openen. Alleen de rechtmatige eigenaar kon de zegels verbreken en het erfgoed waarop de rol betrekking had in bezit nemen.

Van een verzegelde boekrol is er ook sprake in het boek Daniël. Daniël kreeg te zien en te horen wat het volk Israël vanaf de Babylonische ballingschap tot aan het Messiaanse rijk zou overkomen. Hem werd verteld dat er voorafgaand aan dat rijk "een tijd van grote benauwdheid zou zijn, zoals er niet geweest is sinds er volken bestaan, tot op die tijd toe" (Daniël 12:1). De engel die met de ziener sprak, voegde aan deze voorzegging toe:

"Maar in die tijd zal uw volk ontkomen: al wie in het boek beschreven wordt bevonden" (Daniël 12:1)

Sommige Israëlieten zullen de "grote benauwdheid" overleven en anderen zullen uit hun graven opstaan (Daniël 12:1-3). De engel vervolgde:

"Maar gij, Daniël, houd de woorden verborgen, en **verzegel het boek** *tot de eindtijd; velen zullen onderzoek doen, en de kennis zal vermeerderen"* (Daniël 12:4)

De ziener kreeg te horen dat er aan de "grote benauwdheid" en het "verbrijzelen van de macht van het heilige volk" spoedig een einde zou komen, na verloop van "een tijd, tijden en een halve tijd" (Daniël 12: 5-7). Dat riep bij hem de vraag op, wat het doel van de benauwdheid was en wat er na die tijd zou gaan gebeuren. In zijn boek schreef hij:

"Ik nu hoorde het wel, maar begreep het niet en zeide: Mijn heer, waarop zullen deze dingen uitlopen? Doch hij zeide: Ga heen, Daniël, want deze dingen blijven verborgen en **verzegeld** *tot de eindtijd"* (Daniël 12:8-9)

Enkele details van die toekomstige benauwdheid werden wel aan Daniel geopenbaard. Het dagelijks offer in Jeruzalem zou worden gestaakt en worden vervangen door de verering van een afgod, een "gruwel". De dienst van de levende God zou gedurende duizend tweehonderd en negentig dagen onmogelijk zijn. Wie bleef verwachten en duizend driehonderd vijfendertig dagen bereikte was gelukkig te prijzen. Want zo'n overlevende zou mogen zien, dat de tempeldienst werd hersteld en dat zijn gestorven rechtvaardige volksgenoten werden opgewekt uit de doden (Daniël 12:11-13).

De verzegelde boekrol die Johannes in de rechterhand van God zag liggen heeft waarschijnlijk dezelfde strekking als de rol die Daniël moest verzegelen, en die pas in de eindtijd zou worden geopend. Dit blijkt uit de volgende overeenkomsten tussen het boek Openbaring en het boek Daniël:

160

1. De grote benauwdheid die in Daniël was aangekondigd (Daniël 12:1) wordt beschreven in de Openbaring (7:14, 12:12).

2. De gruwel die in de tempel wordt opgericht nadat het dagelijks offer is gestaakt (Daniël 12:11) wordt in de Openbaring "het beeld van het beest" genoemd en er wordt gewaarschuwd voor de afgodendienst die met de oprichting van dat beeld gepaard zal gaan (13:11-15, vgl 13:7).

3. Zowel in het boek Daniël (12:7) als in de Openbaring (12:14, 13:5) wordt gezegd dat de grote benauwdheid "een tijd, tijden en een halve tijd" zal duren.

4. Aan Daniël was verteld dat de grote vorst Michaël zou opstaan om Israël te helpen (Daniël 12:1). Johannes heeft deze machtige engelvorst de strijd met Israëls vijanden zien aanbinden (Openbaring 12:7).

5. Hoe Daniëls volk tijdens de periode van grote benauwdheid zal ontkomen (Daniël 12:1) wordt in de Openbaring getoond (Openbaring 7:2-3, 9:4, 12:5-6, 12:14-16).

6. De opstanding van de rechtvaardige Israëlieten die Daniël mocht verwachten (Daniël 12:2) zal volgens Johannes plaatsvinden wanneer de Messias met Zijn hemelse legermacht het beest en zijn legers uitgeschakeld heeft (Openbaring 19:11-20:6).

7. Bij die gelegenheid zal er een einde komen aan "het verbrijzelen van de macht van het heilige volk" (Daniël 12:7). De opgestane heiligen zullen als priesterkoningen met Christus gaan regeren (Openbaring 20:4,6).

Wanneer de verzegelde boekrol geopend wordt, breekt Israëls verdrukking aan, de periode van grote benauwdheid die als een tijd van barensweeen voorafgaat aan de geboorte van het messiaanse rijk. Na dit buitengewoon hevige slot van duizenden jaren van lijden zal Israël in de heerlijkheid van haar Messias mogen delen.

Vers 2

En ik zag een sterke engel, die met luider stem uitriep: Wie is waard het boek te openen en zijn zegels te verbreken? Over een "sterke engel" wordt

161

ook op andere plaatsen gesproken (10:1, 18:21), en aankondigingen, lofprijzingen of smeekbeden met luider stem klinken in het laatste Bijbelboek dikwijls (5:12, 6:10, 7:2, 7:10, 8:13, 14:7, 14:9, 14:15, 18:2). Hier houdt de "luide stem" vermoedelijk verband met het feit, dat de hele schepping de gestelde vraag moet horen (5:3). "Sterk" heeft niet alleen betrekking op de stem, maar ook op de lichaamskracht van de boodschapper. In het achttiende hoofdstuk werpt een "sterke engel" een molensteen in de zee (18:21) en in het tiende hoofdstuk neemt zo'n engel de zee en het land in bezit (10:2). Voor "uitroepen" gebruikt Johannes het Griekse werkwoord *kerussoo*, dat "herauten" of "proclameren" betekent. In opdracht van de Koning die het al regeert vraagt de engel wie wettelijk bevoegd en daarom in staat is om de verzegelde boekrol te openen. Het Griekse voegwoord *kai*, dat met "en" is vertaald heeft verklarende betekenis. Openen van het boek is hetzelfde als het verbreken van zijn zegels. We zouden de vraag van de engel als volgt kunnen weergeven:

"Wie is waardig de boekrol te openen, namelijk zijn zegels te verbreken?"

Gezien de aard van de rol moet het antwoord luiden: alleen de losser die door het betalen van de prijs het erfdeel heeft verworven is bevoegd om de zegels te verbreken. Een ander is daartoe niet in staat. Is er in heel Gods schepping zo'n losser te vinden? De vraag van de heraut wordt beantwoord in vers 9.

Vers 3

En niemand in de hemel, noch op de aarde, noch onder de aarde kon het boek openen of het bezien. Uit het vervolg van het verhaal blijkt dat de boekrol (of koopakte) betrekking heeft op *mensen*. Die bevinden zich als slaven in de greep van een vreemde heerser, hoewel er een koopprijs voor hen is betaald. Ze zijn het eigendom geworden van een nieuwe bezitter: God. De nieuwe Eigenaar wil "koningen en priesters" maken van mensen die nu nog slaven zijn. Vanuit een positie van diepe vernedering wil Hij hen tot ongekende hoogte verheffen (5:9-10). Zoals Hij eens de gevangen slaaf Jozef aanstelde als onderkoning van het land Egypte.

Een Israëliet die was verarmd kon zich als slaaf verkopen om in leven te blijven. Als niemand hem vrijkocht, bleef hij in dienst van zijn heer tot aan het eerstvolgende jubeljaar. Een bloedverwant kon echter voor hem in de bres

162

springen en een losprijs voor hem betalen. De hoogte van die prijs was afhankelijk van het aantal jaren dat er nog zou verlopen tot aan het jubeljaar. De losser moest de verwachte opbrengst van zijn arbeid aan zijn heer vergoeden, waarna die heer verplicht was om hem de vrijheid te schenken.

"Niemand in de hemel, noch op de aarde, noch onder de aarde" kon de boekrol openen of inzien, want:

1. Engelen en andere hemelwezens zijn geesten die niet door de dood worden getroffen (Hebreeën 2:16). Ze hebben geen bloed en kunnen daarom niet als "naaste bloedverwant" van menselijke slaven optreden.

2. Dieren bezitten vlees en bloed, maar ze zijn niet met verstand begiftigd en ze dragen geen morele verantwoordelijkheid. Omdat ze geen *menselijk* bloed bezitten, is hun bloed niet in staat om zonde weg te nemen (Hebreeën 10:4). Ook zij kunnen niet als lossers voor mensen optreden.

3. Er bevinden zich mensen "in de hemel" (Johannes was daar immers tijdens zijn visioen), "op de aarde", en "onder de aarde" (de gestorvenen in hun graven). Maar die mensen bevinden zich allemaal in de greep van de zonde en de dood (Romeinen 5:12-14). Omdat ze slaven zijn, is geen van hen in staat om voor een medemens de losprijs te betalen (Psalm 49:8-10). Wie het ware leven zoekt, kan geen hulp verwachten van andere stervelingen.

Vers 4

En ik weende zeer, omdat niemand waard bevonden was het boek te openen of het te bezien. Wanneer geen enkel schepsel bevoegd blijkt om de rol te openen, reageert Johannes heftig. Namens zijn medeslaven had hij al geschreven dat de Messias "ons liefheeft en ons van onze zonden verlost door zijn bloed, en ons maakt tot een koninkrijk, tot priesters voor zijn God en Vader" (1:5-6). Indien de rol niet kan worden geopend, zal die bevrijding nooit tot stand komen. Dan gaat Israël nooit aan haar bestemming beantwoorden. De stammen zullen dan niet gaan weeklagen want de Geest van de genade en de gebeden zal niet op hen wordt uitgestort (1:7). De doden zullen niet geoordeeld worden en wie God hebben gevreesd zullen geen loon ontvangen (vgl. 11:18). Aan het kwaad zal er nooit een einde komen, en het onrecht dat er tijdens de wereldgeschiedenis is begaan zal nooit worden rechtgezet (vgl. 11:18). De tranen van de onschuldigen zullen dan niet worden afgewist en de dood zal het laatste woord hebben (vgl. 21:4). Omdat dit toekomstperspectief volstrekt uitzichtloos is, barstte Johannes in huilen uit en werd hij overmand door verdriet. De toekomstvisie die elke moderne atheïst bezit was voor de ziener een aanleiding tot diepe droefenis.

Het openen van de boekrol staat gelijk aan het claimen van het erfdeel [13]. Het betekent dat de personen die God heeft gekocht in de "vrijheid van hun heerlijkheid" komen te staan (Romeinen 8:21). Als de boekrol geopend is, wordt het rijk van God openbaar en zal de Messias door middel van zijn volk op aarde gaan regeren (1:6, 5;10). Die heerschappij is nog niet Gods einddoel want uiteindelijk zal de hele schepping in de heerlijkheid van de "zonen" of "kinderen" van God mogen delen (Romeinen 8:19-22). Met krachten die zich tegen Gods bedoelingen verzetten zal er korte metten worden gemaakt. Wie de aarde verderven zullen worden verdorven (11:18). Zoals Egypte door plagen werd geteisterd toen Israël uit dat slavenhuis werd bevrijd.

Vers 5

En één van de oudsten zei tot mij: Ween niet, zie, de leeuw uit de stam van Juda, de wortel van David, heeft overwonnen om het boek en zijn zeven zegels te openen. In de oorspronkelijke Griekse tekst zegt de oudste niet dat de leeuw uit de stam van Juda "*heeft* overwonnen" maar dat Deze "overwint". Het moment waarop de leeuw dat doet wordt niet vermeld. Christus overwon door Zijn Vader tot aan de dood aan het kruis gehoorzaam te blijven, waarna Hij werd opgewekt uit de doden en werd verhoogd tot Gods rechterhand (Filippenzen 2:8-9). Zijn overwinning zal zichtbaar worden

---

[13] Op grond van Bijbelse argumenten en aan de hand van Joodse bronnen heeft prof. Josephine Massyngberd Ford een andere verklaring van de verzegelde boekrol voorgesteld. Volgens haar gaat het om een scheidbrief die God (of het Lam) Zijn ontrouwe vrouw dreigt te geven. De zegels en de bazuinen zouden (in tegenstelling tot de schalen) waarschuwende slagen en oordelen zijn, die de vrouw van het Lam de gelegenheid bieden om zich te bekeren (zie *Journal for the Study of Judaism in the Persian, Hellenistic, and Roman Period* 2:136-143,1971). Wie deze interpretatie van de verzegelde rol voorstaan, kunnen echter niet verklaren waarom Johannes erg moet huilen als niemand de rol blijkt te kunnen openen.

wanneer Hij de zegels gaat openen. Dan zal Hij werkelijk een leeuw blijken te zijn. Allen zullen voor Hem vrezen (vgl. Amos 3:8), en niemand zal tegen Hem kunnen standhouden.

"Leeuw uit de stam van Juda" is een eretitel van de Messias. Juda wordt in het boek Genesis met een leeuw vergeleken. De aartsvader Jakob heeft voordat hij stierf over zijn zoon de volgende zegen uitgesproken:

"Juda, ú zullen uw broeders loven, uw hand zal zijn op de nek uwer vijanden, voor u zullen uws vaders zonen zich neerbuigen. Een leeuwenwelp is Juda; na de roof zijt gij omhoog geklommen, mijn zoon; hij kromt zich, legt zich neder **als een leeuw** *of als een leeuwin; wie durft hem opjagen? De scepter zal van Juda niet wijken, noch de heerserstaf tussen zijn voeten, totdat Silo komt, en hem zullen de volken gehoorzaam zijn"* (Genesis 49:8-10)

Het hele nageslacht van Jakob wordt in het boek Numeri ook met een leeuw vergeleken. Bileam profeteerde over hen:

"Men schouwt geen onheil in Jakob, en ziet geen rampspoed in Israël. De HERE, zijn God, is met hem, en gejubel over de Koning is bij hem. God, die hen uitleidde uit Egypte, is hem als de hoornen van de wilde stier, want er bestaat geen bezwering tegen Jakob, noch waarzeggerij tegen Israël. Thans worde gezegd van Jakob en van Israël wat God doet: Zie, een volk, dat als een leeuwin opstaat, en **als een leeuw** *zich verheft, die zich niet neerlegt, eer hij buit gegeten en bloed van gevallenen gedronken heeft"* (Numeri 23:23-24)
"God, die hem uitleidde uit Egypte, is hem als de hoornen van de wilde stier. Volken, die zijn vijanden zijn, verslinde hij, en hun beenderen vermorzele hij en hij doorbore ze met zijn pijlen. Hij kromt zich, en legt zich neder **als een leeuw**, *en als een leeuwin; wie zal hem doen opstaan? Gezegend, die u zegenen; en die u vervloeken, vervloekt!"* (Numeri 24:8-9)

Deze beloften zullen volgens de profeet Micha worden vervuld, wanneer de beloofde Messias zijn volk zal weiden in de kracht van de HERE:

"...het overblijfsel van Jakob zal te midden van vele volkeren zijn als de dauw van de HERE, als regenstromen op het groene kruid, dat niet wacht op de mens, noch mensenkinderen verbeidt. En het overblijfsel van Jakob zal zijn onder de natiën, te midden van vele volkeren **als een leeuw** *onder de dieren des wouds, als een jonge leeuw onder de schaapskudden, die, wanneer hij er binnendringt, neerslaat en verscheurt, zonder dat iemand redt. Uw hand zal verheven zijn boven uw tegenstanders, en al uw vijanden zullen worden uitgeroeid"* (Micha 5:6-8)

165

Dé leeuw uit de leeuwenstam van het leeuwenvolk kan geen ander zijn dan de Messias, de man uit Bethlehem die de scepter of heersersstaf met recht draagt, die door God wordt gezegend en door wiens heerschappij er in de wereld blijvende vrede zal ontstaan (Micha 5:1-5).

Het Griekse woord *rhiza* dat met "wortel" is vertaald betekent niet alleen wortel maar ook "scheut", "loot" of "spruit". Elke uitloper van een wortel (ondergronds dan wel bovengronds) wordt een *rhiza* genoemd. "Wortel van David" is een verwijzing naar vele oudtestamentische profetieën:

*"En er zal een **rijsje** voortkomen uit de tronk van Isaï en een **scheut** uit zijn wortelen zal vrucht dragen... de aarde zal vol zijn van kennis des HEREN, zoals de wateren de bodem der zee bedekken. En het zal te dien dage geschieden, dat de volken de **wortel** van Isaï zullen zoeken, die zal staan als een banier der natiën, en zijn rustplaats zal heerlijk zijn"* (Jesaja 11:1,10, vgl. Romeinen 15:12)
*"Zie, de dagen komen, luidt het woord des HEREN, dat Ik aan David een rechtvaardige **Spruit** zal verwekken; die zal als koning regeren en verstandig handelen, die zal recht en gerechtigheid doen in het land. In zijn dagen zal Juda behouden worden en Israël veilig wonen"* (Jeremia 23:5-6)

*"Zie, de dagen komen, luidt het woord des HEREN, dat Ik het goede woord in vervulling zal doen gaan, dat Ik over het huis van Israël en het huis van Juda gesproken heb. In die dagen zal Ik aan David een **Spruit** der gerechtigheid doen ontspruiten, die naar recht en gerechtigheid in het land zal handelen. In die dagen zal Juda verlost worden en Jeruzalem veilig wonen, en zó zal men het noemen: De HERE onze gerechtigheid"* (Jeremia 33:14-16)

*"Voorwaar, zie, Ik zal mijn knecht, de **Spruit**, doen komen... en Ik zal op één dag de ongerechtigheid van dit land wegdoen"* (Zacharia 3:8-9)

*"Zo zegt de HERE der heerscharen: zie, een man, wiens naam is **Spruit**. Deze zal uit zijn plaats uitspruiten en hij zal de tempel des HEREN bouwen. Ja, hij zal de tempel des HEREN bouwen en hij zal met majesteit bekleed zijn en als heerser zitten op zijn troon; en hij zal priester zijn op zijn troon; heilzaam overleg zal er tussen hen beiden zijn"* (Zacharia 6:12-13)

Het overhandigen van de boekrol (5:6-7)

"En ik zag in het midden van de troon en van de vier levende wezens en in [het] midden van de oudsten een Lam staan als geslacht; het had zeven horens en zeven ogen, welke zijn de <zeven> geesten van God, uitgezonden over de hele aarde. En het kwam en nam [het boek] uit de rechterhand van Hem die op de troon zat".

Johannes beschrijft de gebeurtenissen in zijn visioen op een levendige manier. De oudste is nog maar nauwelijks uitgesproken of de ziener ziet een lam staan. Dat lam is het middelpunt van de hemelse troonzaal. Het bevindt zich in het centrum van de (vermoedelijk halfcirkelvormige) troon en daardoor ook in het centrum van de kring van de levende wezens en de wijdere kring van de vier-en-twintig oudsten. De oudste had een *leeuw* aangekondigd maar er verschijnt een *lam*. In de oorspronkelijke Griekse tekst wordt er een verkleinwoord gebruikt (een *arnion*, dat wil zeggen: een lammetje, het verkleinwoord van *aren*). Een lammetje is de absolute tegenpool van een leeuw: geen symbool van kracht maar van zwakheid en van hulpeloosheid, de weerloze prooi van roofzuchtige wolven (Mattheüs 7:15) en roofzuchtige mensen (Jesaja 53:7, Johannes 10:7-10).

Met het Lam dat Johannes zag was er iets bijzonders aan de hand. Het "stond als geslacht". Een lam dat geslacht is kan niet overeind staan: het ligt op de grond en is tot niets meer in staat. Maar het geslachte lam dat Johannes ziet, *staat* en heeft alle macht in hemel en op aarde. Het is een dode *geweest* maar het heeft de dood voorgoed achter zich gelaten. De opgestane Heer is niet letterlijk een lam of een leeuw, maar een *mens* (1 Timotheüs 2:5). Hij is met een onvergankelijk leven opgestaan, en is levend tot in de eeuwen van de eeuwen (vgl. Openbaring 1:18, 2:8). Omdat Hij de prijs van zijn leven heeft betaald, is Hij de Losser die het slavenvolk dat zich aan een vreemde heer heeft verkocht mag opeisen om het aan de oorspronkelijke eigenaar (God) terug te geven. Het zwakke van God zal sterker blijken te zijn dan het hele rijk van de satan.

Horens zijn in de Bijbel een symbool van kracht (Micha 4:13) en daardoor ook van koningen (Daniël 8:21). Over de "zeven ogen" van het Lam die Johannes zag was al gesproken door de profeet Zacharia. Die had in een nachtgezicht waargenomen dat er voor de hogepriester Jozua een steen werd neergelegd waarop zeven ogen gegraveerd waren. Die ogen beeldden uit, dat de HEERE van de hemelse machten de ongerechtigheid van het land in één dag zou wegdoen (Zacharia 3:9). Vanaf die dag zouden de Israëlieten vrede kennen en elkaar kunnen uitnodigen onder de wijnrank en de vijgenboom (Zacharia 3:10). In een later visioen zag de profeet een kandelaar met zeven lampen waarbij hij te horen had gekregen: "Die zeven lampen zijn de ogen van de HEERE, die over de hele aarde rondgaan" (Zacharia 4:10).

Wat de "zeven horens en de zeven ogen van het Lam" voorstellen, wordt in het boek Openbaring uitgelegd. Het zijn "de zeven geesten van God, uitgezonden over de hele aarde". Het Lam heeft niet letterlijk zeven horens en zeven ogen want die horens en ogen beelden de "zeven geesten van God" uit. Maar die zeven geesten zijn wel zeven werkelijk bestaande hemelwezens. Johannes had hen in zijn boek al een aantal malen vermeld:

"...de zeven geesten die voor zijn [d.i. Gods] troon zijn" (Openbaring 1:4)

"Dit zegt Hij [de opgestane Messias] die de zeven geesten van God en de zeven sterren heeft" (Openbaring 3:1)

"Zeven vurige fakkels brandden voor de troon; dit zijn de zeven geesten van God" (Openbaring 4:5)

Verderop in het boek worden ze genoemd:

"...de zeven engelen die voor God staan" (Openbaring 8:2)

Die engelen blazen de zeven bazuinen en gieten de zeven schalen van Gods gramschap uit (Openbaring 8:2,6; 15:1,6; 16:1; 17:1; 21:9). De Messias kan over hen beschikken (Openbaring 3:1). Ze helpen Hem om Zijn koninkrijk te vestigen. Wanneer Hij hun daartoe opdracht geeft, zullen zij de volken met rechtvaardige slagen treffen en het kwaad uit de wereld wegdoen. Over deze "engelen van het Lam" heeft de Here Jezus eens gezegd:

"Zoals dan de dolik verzameld en met vuur verbrand wordt, zo zal het zijn in de voleinding van deze eeuw. De Zoon des mensen zal zijn engelen uitzenden en zij zullen uit zijn

168

koninkrijk verzamelen alle aanleidingen tot vallen en hen die de wetteloosheid doen, en zij zullen hen in de vuuroven werpen" (Mattheüs 13:40-42)

De zeven horens en de zeven ogen van het Lam hebben betrekking op het vermogen van de opgestane Messias om aan het kwaad in de wereld een einde te maken, om "te verderven wie de aarde verderven" (Openbaring 11:18) en om het volk Israël aan de greep van de boze en de greep van de volken te ontrukken.

Vers 7

"En het kwam en nam [het boek] **uit de rechterhand van Hem die op de troon zat.** In de oorspronkelijke Griekse tekst van vers 7 ontbreekt het woord "boek" en ook het woord "hand". Wel blijkt uit het voorafgaande en het vervolg, dat het Lam de verzegelde rol uit Gods hand mag aannemen. Door de rol te overhandigen bevestigt de Eeuwige dat het Lam de rechtmatige Losser is, waardig om het boek te openen en om zijn zegels te verbreken, dat wil zeggen: gemachtigd om het lotsdeel op te eisen.

Alle engelen prijzen het Lam (5:8-14)

"En toen het dat boek had genomen, vielen de vier levende wezens en de vierentwintig oudsten vóór het Lam neer; zij hadden elk een harp en gouden schalen vol reukwerken, welke zijn de gebeden van de heiligen".

Uit het "nieuwe lied" dat de cherubs en de oudsten aanheffen (vers 9-10) blijkt dat het Lam de vrijgekochte slaven zal gaan opeisen. De oudsten dragen "harpen", zoals die door de tempelzangers (2 Kronieken 29:25), en "gouden wierookschalen" zoals die door de priesters in Israëls eredienst werden gebruikt. Omdat het lied wordt begeleid met harpen is het een vrolijke lofzang (1 Kronieken 25:1,6; Psalm 71:22), een getuigenis van Gods liefde en trouw (Psalm 92:2-5). De schalen die de oudsten bij zich hebben bevatten volgens de uitleg die Johannes van zijn visioen geeft niet wierook, maar "de gebeden van de heiligen". In alle eeuwen hebben gelovigen gevraagd of Gods rijk mag komen (Mattheüs 6:10) en Zijn heilsbeloften in vervulling mogen gaan (Lukas 18:6-8). De "gouden schalen vol reukwerk" beelden uit dat God naar zulke gebeden heeft geluisterd en die spoedig zal gaan verhoren.

169

Vers 9-10

"En zij zingen een nieuw lied en zeggen: 'U bent waard het boek te nemen en zijn zegels te openen, want u bent geslacht en hebt voor God gekocht met uw bloed uit elk geslacht en taal en volk en natie, en hebt hen voor onze God gemaakt tot een koninkrijk en tot priesters; en zij zullen over de aarde regeren". Het loflied van de cherubs en de oudsten houdt verband met het overhandigen van de verzegelde boekrol. Het bevestigt dat het Lam bevoegd is om de rol te nemen en de zegels van dat boek te verbreken. De uitdrukking "een nieuw lied", die ook elders in de Openbaring wordt gebruikt (14:3), is ontleend aan het boek Jesaja (42:10) en aan de Psalmen. Met een "nieuw lied" bezongen de psalmdichters dat de HEERE de plannen van de naties zal verijdelen (Psalm 33:10). Hij zal "opstaan tot de strijd" en al Zijn vijanden verslaan (Jesaja 42:10). Volgens hun nieuwe lied is God in aantocht als Rechter. Hij zal de volken rechtvaardig oordelen en de wereld berechten (Psalm 96). Hij zal Israël de overwinning geven, maar de volken voor hun misdrijven laten boeten (Psalm 144, 149). Johannes zag, hoe de verwachting van de psalmdichters en de profeten op de dag van de Heer in vervulling zal gaan.

De Messias zal het lotsdeel dat Hij heeft gekocht gaan opeisen. Hij zal Zijn tegenstander die het nu nog bezet houdt gaan verdrijven en de vloek uit de schepping wegnemen. Het lotsdeel bestaat uit *mensen,* en de wettige eigenaar van die mensen is God aangezien het Lam ze voor Hém heeft gekocht. Toen Israël uit Egypte werd geleid

"bevrijdde de HERE dit volk en ging het liefdevol voor, sterk en machtig leidde Hij het naar zijn heilige woning" (Exodus 15:13).

Maar inmiddels is Israël verstrooid onder "elk geslacht en elke taal en volk en natie". Daarom is er een exodus uit alle volken noodzakelijk. Wie uit Israël waren verdreven zullen worden samengebracht van de vier uiteinden van de aarde (Jesaja 11:11-16). Niet alleen zullen alle verstrooide ballingen weer bijeenkomen en één volk worden, maar dat volk zal ook aan haar bestemming gaan beantwoorden. Een bestemming die de HEERE al heeft aangekondigd bij de berg Sinaï (Exodus 19:6) en waaraan Hij ook na de ballingschap heeft vastgehouden (Jesaja 61:6, Romeinen 11:29, 1 Petrus 2:5,9). Het verloste Israël zal een koninkrijk van priesters zijn, tot zegen van de hele aarde die door hen zal worden bestuurd. Israël zal voorgoed van zonde worden bevrijd. Het volk zal zich nooit meer van God afkeren, en nooit meer onderlinge jaloezie en vijandschap koesteren. Aangezien het Lam Zijn leven voor hen heeft gegeven en dat leven aan hen zal meedelen, wordt de verlossing van Israël een feit. Johannes heeft het in zijn visioenen zien gebeuren (Openbaring 20:4,6; 22:5). De Schepper zal Zijn grote kracht opnemen en Koning worden over de hele aarde (Openbaring 11:17).

Vers 11

"En ik zag, en ik hoorde een stem van vele engelen rond de troon en de levende wezens en de oudsten en hun getal was tienduizenden tienduizendtallen en duizenden duizendtallen". "Ik zag een stem" is een stijlfiguur die Johannes in zijn boek al vaker had gebruikt (Openbaring 1:12). Daar ging het om het zien van een persoon die hem had aangesproken. Hier gaat het om het zien van personen die zo dadelijk *zullen* gaan spreken. Buiten de kring van de levende wezens en de kring van de oudsten blijkt er nog een ontzaglijk veel wijdere kring van engelen te zijn die zich rondom de troon bevinden. Het zijn er vele honderden miljoenen! Blijkens de beschrijving die Johannes van hen geeft zijn ze in groepen van duizend en tienduizend ingedeeld. Ze vormen de hemelse legermacht, die de wil uitvoert van Hem die op de troon zit.

Vers 12 en 13

"en zij zeiden met luider stem: 'Het Lam dat geslacht is, is waard te ontvangen de kracht en de rijkdom en wijsheid en sterkte en eer en heerlijkheid en lof'. En elk schepsel dat in de hemel en op de aarde en onder de aarde en op de zee is, en alles wat daarin is, hoorde ik zeggen: 'Hem die op de troon zit, en het Lam, zij de lof en de eer en de heerlijkheid en de macht tot in alle eeuwigheid'". Volgens onze Bijbelvertalingen stemde elk schepsel in het heelal in met de lofzang van de hemelse legermacht. Maar toen Johannes zijn visioen kreeg waren de doden (die "onder de aarde" en "in de zee" zijn) nog niet opgestaan (vgl. Openbaring 20:4-6,11-15). En in zijn volgende visioenen bereiden de volken (die "op de aarde zijn") zich nog voor op een directe confrontatie met God en zijn Gezalfde. Talloze getuigen van de Bijbelse waarheid zullen door hen nog worden gedood (Openbaring 5:9-10, 11:13, 13:1-18, 19:11-21). Wat Johannes hoorde is dus een vooruitblik op het *eindresultaat* van het openen van de verzegelde boekrol, een toestand die pas aan het eind van de eeuwen zal ontstaan, óf er is iets mis met de gangbare vertalingen.

In de oudste vertaling van het Nieuwe Testament (de Syrische), luidt Openbaring 5:12-13 als volgt:

"En zij zeiden met een luide stem: 'Waardig is het Lam dat geslacht is om te ontvangen kracht en rijkdom en wijsheid en sterkte en eer en heerlijkheid en lof en elk schepsel dat in de hemel en op de aarde en onder de aarde en op de zee is, en alles wat daarin is'. En ik hoorde Hem die op de troon zit zeggen: 'Het Lam zij de lof en de eer en de heerlijkheid en de macht in de eeuwen van de eeuwen'".

Deze oeroude vertaling staat misschien dichter bij de oorspronkelijke tekst dan onze huidige vertalingen. Volgens de Syrische vertaling bewezen niet alle schepselen het Lam eer toen het Lam de rol begon te openen, maar zong de hemelse legermacht dat het Lam waardig is om elk schepsel in de hemel en op aarde als lotsdeel te *ontvangen:* zowel de levenden als de gestorvenen. De Syrische versie van Openbaring 5:12-13 is in overeenstemming met Psalm 8:7 en Hebreeën 2:5-9. Alle schepselen zullen het geslachte Lam, de uit de doden opgestane Messias, eens toebehoren. Voor Hem zal elke knie zich eens buigen (Filippenzen 2:9-11). Hij bezit alle macht in hemel en op aarde (Mattheüs 11:27, 28:19; Johannes 3:35, 13:3, 17:2; Efeze 1:22). In Johannes' visioen gingen Hebreeën 1:6 (en Deuteronomium 32:43 in vervulling:

"En opnieuw, wanneer Hij de eerstgeborene inbrengt in de wereld (Gr. oikoumenee, de mensenwereld), *zegt Hij: 'En laten alle engelen van God Hem aanbidden"*

Nadat God de verzegelde boekrol heeft overhandigd aan het Lam zal de Eerstgeborene, de uit de doden opgestane Messias, de mensenwereld worden binnengebracht en worden geopenbaard door zijn Vader. In Openbaring 5:12-13 bewijzen "alle engelen van God" Hem daarom eer. Zij kijken uit naar de situatie die door het openen van de rol zal ontstaan. Ze erkennen dat het Lam op alle schepselen recht heeft, aangezien Hij voor hen de prijs heeft betaald.

Het lied van de hemelwezens verspreidt zich vanuit de troon in steeds wijdere cirkels, als rimpels in een vijver nadat er een steen in het water is gegooid. De afstand van het loflied tot de troon komt overeen met de afstand in de tijd tijdens de vervulling.

De levende wezens en de oudsten bezingen het *eerste* resultaat van de opening van de boekrol: Bevrijding van het verstrooide Israël uit de ballingschap en de greep van de zonde, zodat het Joodse volk als een koninkrijk van priesters over de aarde kan gaan regeren (Openbaring 5:10). Dat begindoel van God zal worden bereikt zodra de Messias is teruggekomen (Openbaring 19:6-20:6). De engelen bezingen het *uiteindelijke* resultaat van het openen van de rol, het einddoel dat dankzij het bestuur van de Messias en zijn priesterkoningen aan het eind van de eeuwen zal ontstaan, wanneer het tijdperk van de nieuwe hemel en de nieuwe aarde (Openbaring 21 en 22) is afgelopen. Alle schepselen zullen de Messias eens toebehoren en Hem vrijwillig gaan prijzen. De engelen zeggen immers dat "elk schepsel" het Lam toebehoort (vers 12). En in de afsluitende zegenspreuk (die volgens de Syrische vertaling wordt uitgesproken door de Vader) wordt het Lam de "lof" toegezegd van elk schepsel in het heelal (vers 13). Dankzij het bestuur van de Messias zal God eens "alles zijn in allen" (1 Korinthe 15:28). De hele schepping zal worden vrijgemaakt van de slavernij van de vergankelijkheid en in de vrijheid van de heerlijkheid van de kinderen van God mogen delen (Romeinen 8:20-21).

Vers 14

"En de vier levende wezens zeiden: 'Amen'. En de oudsten vielen neer en aanbaden". De "levende wezens" die de schepping vertegenwoordigen, zeggen: "Zó zal het zijn! Alle schepselen zullen in de eeuwen der eeuwen het Lam gaan loven, Hem eer gaan bewijzen en alle heerlijkheid en macht aan Hem gaan toeschrijven". Alsof ze dit willen uitbeelden vallen de vierentwintig oudsten voor God en het Lam neer. De vertaling van *proskuneoo* met "aanbaden" is misleidend, omdat hetzelfde Griekse woord in de Bijbel wordt gebruikt voor het eerbewijs van onderdanen aan hun koning. De oudsten (die van God bestuursmacht hebben ontvangen) beelden met dit gebaar uit dat alle macht toekomt aan het Lam.

Hoofdstuk 6

De opening van het eerste zegel (6:1-2)

"En ik zag, toen het Lam één van de zeven zegels opende, en ik hoorde één van de vier levende wezens zeggen als een stem van een donderslag: Kom! En ik zag en zie, een wit paard, en hij die erop zat had een boog, en hem werd een kroon gegeven, en hij trok uit overwinnend en om te overwinnen"

Het openen van de zegels is noodzakelijk om de inhoud van een verzegelde boekrol te kunnen lezen. In Johannes' visioen valt het openen van de zegels door het Lam samen met sleutelgebeurtenissen in de wereldgeschiedenis die tot de val en de verwoesting van het laatste wereldrijk leiden, waarna Hij het lotsdeel dat Zijn wettig eigendom is, in bezit zal nemen. Deze gebeurtenissen zullen plaatsvinden wanneer het einde van de tegenwoordige boze eeuw nadert en de dag van de Heer aanbreekt. De Messias heeft ze al aangekondigd in zijn rede op de Olijfberg, waar Hij ze aanduidde als "het begin van de weeën" (Mattheüs 24:8, Markus 13:9). Wat er na het openen van de eerste vier zegels op aarde gebeurt kan nog aan menselijk handelen worden toegeschreven of het gevolg van zulk handelen zijn. In Johannes' visioen wordt dit uitgebeeld door het feit dat de vier "levende wezens", cherubs die de aardse schepselen vertegenwoordigen, de werkzame krachten op het wereldtoneel roepen. Bij het openen van de latere zegels beginnen de gebeurtenissen de grenzen van het "normale" of het "natuurlijke" te overschrijden. De hand van God wordt dan steeds duidelijker zichtbaar. Vooral vanaf het zesde zegel is dit het geval.

Johannes zag hoe het Lam een van de zeven zegels opende (naar de tijd gerekend was dit natuurlijk het eerste) en hij hoorde een van de vier levende wezens zeggen: "Kom!" Het bevel van de cherub werd gegeven met een stem die klonk als een donderslag, dus met een angstaanjagend geluid (vgl. Psalm 77:18-19). Uit de klank van de stem blijkt dat de cherub een oordeel van God over de wereld afroept, want in het Oude Testament lezen we:

*"Wie met de HERE twisten, worden gebroken; over **hen** dondert Hij in de hemel"* (1 Samuël 2:10a).

Toen Mozes zijn staf uitstrekte naar de hemel, liet de HEERE het donderen en hagelen en werd het land Egypte door een plaag getroffen (Exodus 9:23,29). De HEERE heeft eens de donder doen rollen over de Filistijnen en hen in verwarring gebracht, zodat zij tegen Israël de nederlaag leden (1 Samuël 7:10). Donderslagen zijn een beeld van de kracht (Job 26:14, 40:4) en de toorn (1 Samuël 12:17-18) van de HEERE.

Het stemgeluid van de eerste cherub geeft aan dat de HEERE de einden van de aarde zal gaan richten (1 Samuël 2:10b). Hij gaat oorlog voeren tegen zijn tegenstanders (1 Samuël 2:10a). In antwoord op het bevelende roepen verschijnt er dus een *paard*. Een paard was in het nabije Oosten geen trekdier of een lastdier (voor dat doel werden ossen en ezels gebruikt), maar een kostbaar rijdier dat voor de oorlog was bestemd (Spreuken 21:31) Paarden werden van stal gehaald wanneer koningen ten strijde trokken (Deuteronomium 17:16).

De betekenis van de witte kleur van het paard is niet onmiddellijk duidelijk. De aanvoerders van het volk Israël reden op witte ezelinnen (Richteren 5:10), en de Messias en de hemelse legermacht die Hem volgt zullen op witte paarden rijden wanneer ze het beest en zijn legers gaan overwinnen (Openbaring 19:11,14).

De ruiter op het witte paard staat blijkbaar model voor een veldheer die een aanval inzet. De ruiter beschikt als aanvalswapen over een boog, en aan hem wordt een "kroon" gegeven. Voor "kroon" gebruikt Johannes het Griekse woord *stephanos*, een "erekrans", en hij legt meteen uit wat die krans uitbeeldt. De ruiter "trok uit, overwinnend en om te overwinnen". Wat in Openbaring 6:2 over de ruiter op het witte paard wordt gezegd, stemt overeen met wat in Openbaring 13:7 te lezen valt over "het beest uit de zee":

"En hem werd gegeven oorlog te voeren tegen de heiligen en hen te overwinnen; en hem werd gezag gegeven over elk geslacht en volk en taal en natie".

De boog beeldt uit, dat de ruiter in staat is om verafgelegen gebieden te bestoken en de volken die daar wonen te overwinnen. In de tijd van Johannes was een boog het wapen waarmee zelfs tegenstanders die zich nog op grote afstand bevonden al konden worden geveld. Een boog is in de Bijbel niet een zinnebeeld van het doorgeven van de boodschap van het evangelie, maar van het verkondigen van de leugen. In Jeremia 9:3 zegt de HEERE over Zijn afvallige volk Israël: "Zij spannen hun tong als hun boog. Met leugen en niet met betrouwbaarheid zijn zij in het land sterk geworden, want zij gaan voort van slechtheid tot slechtheid, en Mij kennen ze niet". En in Efeze 6:16 zegt Paulus, dat de boze "vurige pijlen" op de mensheid afvuurt, die alleen door het schild van het geloof kunnen worden tegengehouden.

Uit Johannes' visioen blijkt dat de drie ruiters die de eerste volgen *krachten* uitbeelden: het zwaard, de honger en de pest, en geen mensen zijn. De eerste ruiter mag dus niet vereenzelvigd worden met één enkele koning. Hij staat niet model voor het beest of de valse profeet. Gezien de parallel in de evangeliën (Mattheüs 24:5, Markus 13:6) is de ruiter op het witte paard het beeld van buitengewoon krachtige misleiding. Een ideologie die vrijheid, vrede, welzijn en veiligheid predikt, maar die in werkelijkheid leidt tot slavernij, oorlog, schaarste en dood. Volksmenners, opiniemakers en influencers zullen de mensheid voorhouden dat de wereld in gevaar is en alleen maar kan worden gered door elke aardbewoner aan strenge regels te onderwerpen. Onder invloed van die misleiding zullen zelfs de leiders in verafgelegen landen besluiten om politiek, economisch en militair te gaan ingrijpen. Als gevolg van deze leugen zal er uiteindelijk één enkel rijk ontstaan dat de hele aarde omspant en één enkele godsdienst die iedere aardbewoner moet aanhangen. De leeuw, de beer en de panter uit Daniël 7 (vers 4, vers 5 en vers 6) zullen tot één monster versmelten, dat op een panter lijkt, maar poten heeft als een beer en een muil als een leeuw (Openbaring 13:2). Tijdens het "begin van de weeën" (Matth.24:8), wanneer het Lam de eerste vier zegels opent, zal er wellicht nog geen wereldomvattend rijk ontstaan, maar een machtsblok dat een kwart van het aardoppervlak beslaat (6:8) en dat het eerst door rampen van apocalyptische omvang wordt getroffen.

Het tweede zegel (Openbaring 6:3-4)

"En toen het [Lam] het tweede zegel opende, hoorde ik het tweede levende wezen zeggen: Kom! En een ander paard, vuurrood, trok uit; en hem die erop zat werd gegeven de vrede van de aarde weg te nemen en [te maken] dat zij elkaar zouden slachten, en hem werd een groot zwaard gegeven".

176

Wanneer het Lam het tweede zegel verbreekt, roept het tweede levende wezen: "Kom!". De ziener vermeldt niet of dit roepen dezelfde klank heeft als het roepen van de eerste cherub, maar de gevolgen van de roep zijn vreselijk. In antwoord op het bevelende roepen verschijnt er een rossig paard. Het Griekse woord *purros* is afgeleid van het woord *pur*, dat "vuur" betekent, en is daarom door de vertalers als "vuurrood" weergegeven. In de Griekse Schriften komt dit woord maar op twee plaatsen voor, en wel in Openbaring 6:3 en Openbaring 12:3. De "grote draak" uit Openbaring 12:3, die volgens de uitleg van Johannes model staat voor "de oude slang, die genoemd wordt duivel en de satan" en die "het hele aardrijk misleidt" (Openbaring 12:9) is eveneens vuurrood van kleur. De duivel is volgens Jezus een "mensenmoordenaar van [het] begin af" (Johannes 8:44). De ruiter op het rode paard uit Openbaring 6 is eveneens een moordenaar. Uit vers 4 en uit de parallel in de evangeliën (Mattheüs 24:6, Markus 13:7, Lukas 21:10) blijkt dat hij model staat voor oorlog en massaslachting. De kleur van het paard beeldt een vurige haat uit die leidt tot bloedvergieten.

Om zijn taak te kunnen uitvoeren wordt er aan de ruiter op het rode paard een "groot zwaard" gegeven. In de oudheid bestonden er zwaarden met allerlei afmetingen. Sommige zwaarden waren zo klein dat ze als een dolk onder de kleding konden worden gedragen (vgl. Johannes 18:10). Voor de duidelijkheid voegt Johannes aan het Griekse woord *machaira* daarom het bijvoeglijk naamwoord *megalè* toe. De ruiter beschikt over een enorm slagzwaard, om tegenstanders weg te maaien.

Hij heeft volmacht om "de vrede van de aarde weg te nemen" en te bewerkstelligen dat de aardbewoners "elkaar afslachten". In Openbaring 6:8 blijkt, hoe dramatisch de gevolgen van zijn optreden zullen zijn. De profeet Jeremia heeft namens God gezegd:

"Het zwaard roep ik op tegen alle bewoners der aarde" (Jeremia 25:29).

Jeremia heeft ook beschreven wat de gevolgen van Gods oproep zullen zijn:

"Zie, rampspoed gaat van volk tot volk, een zware storm steekt op van de uithoeken der aarde, en zij die door de HERE geveld zijn, zullen te dien dage liggen van het ene einde der aarde tot het andere" (Jeremia 25:32-33).

Het derde zegel (Openbaring 6:5-6)

"En toen het [Lam] het derde zegel opende, hoorde ik het derde levende wezen zeggen: Kom! En ik zag en zie, een zwart paard, en hij die erop zat had een weegschaal in de hand. En ik hoorde als een stem in [het] midden van de vier levende wezens zeggen: Een rantsoen tarwe voor een denaar en drie rantsoenen gerst voor een denaar; en breng geen schade toe aan de olie en de wijn"

Wanneer het Lam een volgend zegel opent, roept een derde cherub: "Kom!". En weer verschijnt er een paard. Maar ditmaal is het paard zwart van kleur. Zwart is in de Hebreeuwse Bijbel een teken van rouw. In onze Nederlandse Bijbels staat dat mensen die geliefden hebben verloren "in de rouw gaan", maar het Hebreeuws zegt dat zij "in het zwart gaan" (zie b.v. Jeremia 4:28, 8:21; Maleachi 3:14 in de Statenvertaling). De zwarte kleur van het paard houdt verband met de massaslachting die de tweede ruiter heeft aangericht. De kleur zwart kan in de Bijbel behalve naar rouw ook nog naar ondervoeding verwijzen. Volgens het boek Klaagliederen zeiden de overlevenden in Jeruzalem nadat die stad was verwoest:

"Onze huid is **zwart** *geworden als een oven, vanwege de geweldige storm van de honger"* (Klaagliederen 5:10, SV).

Hun vroegere welvaart was veranderd in armoede en ellende, en hun gezondheid was ernstig aangetast:

"Reiner dan sneeuw waren haar vorsten... nu werd hun gestalte **zwarter** *dan roet, zij werden niet herkend op de straten, hun huid was verschrompeld om hun gebeente, was dor geworden als hout"* (Klaagliederen 4:7-8).

Een zwarte huidskleur is een symptoom van uithongering. Uit vers 6 blijkt dat de zwarte kleur van het derde paard hier ook op wijst. Het zwarte paard staat model voor voedselschaarste. De evangeliën spreken in dit verband van "hongersnoden" (Mattheüs 24:7, Markus 13:8, Lukas 21:11).

De ruiter heeft een weegschaal in zijn hand. Johannes gebruikt voor weegschaal het woord *zugon*, dat "een balans" betekent. Met zo'n balans kan

178

men controleren of twee lasten hetzelfde gewicht hebben (Ezechiël 5:1, 45:10). Gezien het vervolg van de tekst is die balans bestemd om ieder graankorreltje af te wegen, want het dagelijks voedsel wordt buitengewoon schaars (vgl. Ezechiël 4:16).

Voor "rantsoen" gebruikt de schrijver het woord *choinix*. Een *choenix* was een inhoudsmaat voor droge stoffen, een maatbeker met een inhoud van minder dan 1 liter. Een *choenix* tarwe was nét genoeg om een volwassene een dag lang te voeden. Vandaar dat de vertalers dit Griekse woord als "rantsoen" hebben weergegeven. Gerst was minder voedzaam dan tarwe; daarom was er een grotere hoeveelheid gerst voor een dagrantsoen vereist. Een *denarius* was het dagloon van een arbeider (Mattheüs 20:2).

Het verschrikkelijke oordeel dat de cherub afroept houdt in dat voedsel zó duur wordt dat een mens zijn volledige loon nodig heeft om in leven te kunnen blijven. In het onderhoud van gezinsleden kan hij niet meer voorzien. Wie geen werk heeft of geen loon ontvangt, lijdt honger. Onder zulke omstandigheden zullen talloze mensen binnen enkele maanden van ondervoeding sterven.

Uit de toevoeging: "Breng geen schade toe aan de olie en de wijn" hebben velen gemeend te mogen afleiden dat die producten in tegenstelling tot de tarwe en de gerst niet schaars en dus ook niet duur zullen worden. Maar uit het tekstverband blijkt, dat deze gevolgtrekking niet klopt. De opdracht wordt gegeven aan een ruiter die de voedselvoorraad op aarde moet gaan beheren. De ruiter krijgt opdracht om een maat tarwe te verstrekken voor een denarius en drie maten gerst voor een denarius, maar de olie en de wijn in de opslag mag hij "geen schade toebrengen". Uit vers 5 en vers 6a blijkt dat dit niet betekent dat hij olie en wijn mag uitdelen voor de normale prijs, maar dat hij die *niet* mag uitdelen. Vanwege het optreden van de derde ruiter worden de eerste levensbehoeften (gerst en tarwe) dus ongelooflijk duur en zijn luxe-artikelen (olie en wijn) helemaal niet meer te koop!

Wat Johannes tijdens dit visioen *hoorde,* is veelbetekenend. De ziener hoorde "als een stem in het midden van de vier levende wezens" spreken. De derde ruiter ontving zijn opdracht van een hemelwezen dat zich "te midden van" de cherubs bevond. In het midden van de vier levende wezens staat volgens

Openbaring 5:6 het *Lam*. De aarde wordt in opdracht van het Lam door voedselschaarste getroffen, want de Vader heeft Hem het hele oordeel in handen gegeven (Johannes 5:22). Zoals de HEERE in de tijd van Zerubbabel "een droogte riep over het land" (Haggaï 1:11) zo roept het Lam nu voedselschaarste over de aarde.

Het vierde zegel (Openbaring 6:7-8)

"En toen het [Lam] het vierde zegel opende, hoorde ik [de] stem van het vierde levende wezen zeggen: Kom! En ik zag en zie, een bleekgroen paard, en hij die erop zat, zijn naam was <de> dood, en de hades volgde hem; en hun werd macht gegeven over het vierde deel van de aarde om te doden met [het] zwaard en met honger en met [de] dood en door de wilde dieren van de aarde"

Voor de vierde maal opent het Lam een zegel, en het vierde levende wezen roept: "Kom!". En weer verschijnt er een paard, maar ditmaal is het bleekgroen van kleur. Het woord *chloros* betekent eigenlijk "groen", het is de kleur van gras (Markus 6:39, Openbaring 8:7), van de bladeren van kruiden en bomen (Openbaring 9:4). Maar wanneer de huid van een *dier* een groene tint aanneemt, is het met dat dier slecht gesteld. Een groenachtige kleur is een lijkkleur.

De ruiter op het groene paard heet: "Dood". Hij ontvangt volmacht om "te doden met de dood", terwijl de tweede ruiter moest doden "met het zwaard" en de derde "met honger". "Doden met de dood" klinkt ons in de oren als een vanzelfsprekendheid, maar Johannes ontleende deze uitdrukking aan de Bijbel. "Doden met de dood" betekent: "doden met de pest" of "ombrengen door middel van epidemieën". In de evangeliën worden besmettelijke ziekten aangekondigd als één van de "weeën" die zullen leiden tot de geboorte van het messiaanse rijk (Lukas 21:11, Mattheüs 24:7 in de Statenvertaling). In de middeleeuwen werd de pest "de zwarte dood" genoemd.

Het slot van vers 8 heeft niet alleen betrekking op de berijder van het groene paard, of op "de dood en de hades", maar op de vier ruiters *samen,* want Johannes schrijft dat aan "hun" (meervoud) macht werd gegeven. Aan de genoemde vier wordt "macht gegeven over het vierde deel van de aarde om te

180

doden met het zwaard en met honger en met [de] dood en door de wilde dieren van de aarde". In de Bijbel betekent "aarde" het droge, of het land. Wie de kuststrook bewoont bevindt zich aan het einde van de aarde. De vier ruiters ontvangen volmacht om op een kwart van het aardse landoppervlak de mensen die daar leven te doden. Zij zullen hen ombrengen door middel van oorlogsgeweld, door honger, door dodelijke ziekten en met behulp van wilde dieren. Omdat de mensen zijn verdwenen zullen leeuwen en beren, wolven en jakhalzen zich sterk uitbreiden en het land onveilig maken. De eerste ruiter misleidt de volken en maakt hun wijs dat ze strijd moeten gaan voeren (vgl. Openbaring 20:8). De tweede doodt door middel van het zwaard, de derde door middel van de honger en de vierde door besmettelijke ziekten.

Vers 8 kan daarom ook als volgt worden weergegeven: "En ik zag, en zie, een groen paard, en hij die erop zat, zijn naam was de *Pest*, en het dodenrijk (Gr. de *hades*) volgde hem". De letterlijke betekenis van het woord *hades* is: "het ongeziene". Wie in de *hades* is terechtgekomen verkeert niet meer in het land der levenden. Van zo iemand wordt niets meer vernomen. Hij is onzichtbaar en onbereikbaar geworden. Alleen God kan hem nog maar bereiken.

In de profetieën van Ezechiël (5:12, 5:17, 6:11-12, 7:15, 12:16) en Jeremia (14:12, 21:9, 24:10, 27:8, 27:13, 29:17-18, 32:24, 32:36, 34:17, 38:2, 42:17, 42:22, 44:13) worden het zwaard, de honger en de pest in één adem genoemd. Wanneer God een onontkoombaar kwaad over Zijn tegenstanders wil brengen, stuurt Hij deze krachten op hen af. Wie niet omkomt door het zwaard, sterft dan wel van de honger of als gevolg van een besmettelijke ziekte. In Ezechiël 14:21 noemt de HERE het zwaard, de honger, het wild gedierte en de pest: "Mijn vier zware gerichten", oordelen die ten doel hebben om "mens en dier uit te roeien". Toen de ballingschap begon, stuurde God dit viertal op Judea en Jeruzalem af. Blijkens Openbaring 6:8 zal Hij hen in de toekomst op een kwart van de wereld afsturen, om de volken te straffen voor hun afgodendienst (Openbaring 9:20-21), hun wanbeheer van Zijn schepping (Openbaring 11:18) en voor wat ze Zijn eigen volk hebben aangedaan (zie Openbaring 6:9-11).

181

Het vijfde zegel (Openbaring 6:9-11)

"En toen het [Lam] het vijfde zegel opende, zag ik onder het altaar de zielen van hen die geslacht waren om het woord van God en om het getuigenis dat zij hadden. En zij riepen met luider stem en zeiden: Tot hoelang, heilige en waarachtige Heerser, oordeelt en wreekt U ons bloed niet aan hen die op de aarde wonen? En aan ieder van hen werd een lang wit kleed gegeven; en hun werd gezegd dat zij nog een korte tijd moesten rusten, totdat ook hun medeslaven en hun broeders die gedood zouden worden evenals zij, voltallig zouden zijn"

Toen het Lam het vijfde zegel opende, verscheen er niet opnieuw een ruiter op het wereldtoneel, maar Johannes zag "het altaar". Voor het eerst in het boek Openbaring wordt er hier over een altaar gesproken. Het woord *thusiasterion* betekent letterlijk "offerplaats". In de Schrift is het meestal een aanduiding van het brandofferaltaar in de tempel in Jeruzalem (Mattheüs 5:23-24, 23:18-20, 23:35; Lukas 11:51, 1 Korinthe 9:13, 10:18; Hebreeën 7:13, 13:10). Maar het kan ook betrekking hebben op het reukofferaltaar (Lukas 1:11), of een aanduiding zijn van offerplaatsen in het algemeen (Romeinen 11:3). Abraham bond zijn zoon Isaak op een *thusiasterion* (Jakobus 2:21). In het boek Openbaring heeft het woord soms betrekking op het brandofferaltaar in Jeruzalem (Openbaring 11:1) of het reukofferaltaar in de hemelse tempel (Openbaring 8:3, 8:5, 9:13, 14:18, 16:7).

Door de beschrijving die Johannes geeft van het openen van het vijfde zegel wordt de indruk gewekt dat met het in vers 9 genoemde "altaar" het brandofferaltaar in de tempel is bedoeld, waar het offerbloed werd uitgegoten. In de voorschriften die de HEERE aan het volk Israël heeft gegeven, wordt over bepaalde offers gezegd:

"Al het bloed zult gij aan de voet van het altaar uitgieten" (Exodus 29:12).

"Al het (overige) bloed van de stier zal [de priester] *uitgieten aan de voet van het brandofferaltaar, dat bij de ingang van de tent der samenkomst staat"* (Leviticus 4:7,18,25,30,34).

182

"Wat van het bloed overblijft zal aan de voet van het altaar uitgedrukt worden" (Leviticus 5:9).

"Het overige bloed goot hij uit aan de voet van het altaar" (Leviticus 8:15, 9:9).

"Het bloed van uw slachtoffers zal op het altaar van de HERE, uw God, uitgegoten worden" (Deuteronomium 12:27).

De vier ruiters die Johannes na het openen van de eerste vier zegels zag waren symbolen van misleiding, massaslachting, voedselschaarste en besmettelijke ziekten. Wat er na het openen van het vijfde zegel zichtbaar werd, was ook een symbool. Toen Abel door zijn broer Kaïn was vermoord, "riep zijn bloed tot God van de aardbodem" (Genesis 4:10). Dat bloed riep niet met een hoorbare stem, maar God sloeg er acht op. De dood van een onschuldige gaat niet aan Hem voorbij. "Zielen" is in de Bijbel een aanduiding van "personen". In de vertaling van het NBG is het als "lieden" (of "mensen") weergegeven (zie b.v. Genesis 12:5, 14:21, 17:14). De HEERE heeft door de profeet Ezechiël gezegd: "De ziel die zondigt, die zal sterven" (Ezechiël 18:4,20, SV). Daarmee wordt bedoeld dat een Israëliet die zich aan afgodendienst, uitbuiting, onderdrukking of machtsmisbruik schuldig had gemaakt met de dood werd bestraft. Ook wij gebruiken het woord "ziel" soms als een *pars pro toto*, dat wil zeggen: als een aanduiding van de hele mens. We doen dat bijvoorbeeld in de bekende uitdrukking: "Noach en zijn acht zielen".

Bij de "zielen onder het altaar" mogen we denken aan mensen die vermoord zijn omdat ze God trouw wilden blijven. Het gaat om "hen die geslacht waren om het woord van God en om het getuigenis dat zij hadden" (Openbaring 6:9). "Geslacht" in vers 9 is van hetzelfde werkwoord afgeleid als "slachten" in vers 4. Het heeft betrekking op een gewelddadige dood. De "zielen" die Johannes zag waren aan het zwaard ten offer gevallen (vgl. 20:4). Bij "het woord van God" kan men denken aan de Bijbel, en bij "het getuigenis" aan de tien geboden. De stenen tafelen die Mozes uit de hand van God ontving, worden immers "de tafelen van het getuigenis" genoemd (Exodus 32:15,29) en dit "getuigenis" moest Mozes in de ark van het verbond leggen (Exodus 25:16,21). Het woord van God is niet toevertrouwd aan de volken, maar aan Israël. Over hen wordt in de Bijbel gezegd:

*"En **welk groot volk is er**, dat inzettingen en verordeningen heeft zo rechtvaardig, als heel deze wet, die ik u heden voorleg?"* (Deuteronomium 4:8)

"Hij heeft Jakob zijn woorden bekendgemaakt,
Israël zijn inzettingen en zijn verordeningen.
*Aldus heeft Hij **aan geen enkel volk** gedaan,*
en zijn verordeningen kennen zij niet." (Psalm 147:19-20)

*"Wat is dan het voorrecht van de Jood, of wat is het nut van de besnijdenis? Veel in elk opzicht, en wel in de eerste plaats dat **hun** de woorden van God zijn toevertrouwd"* (Romeinen 3:1-2)

In Openbaring 12:17 blijkt dat de woede van de draak (de satan) aan het eind van de tegenwoordige "boze eeuw" vooral gericht zal zijn tegen "hen die de geboden van God bewaren". Dit versterkt de gedachte dat we bij de "zielen onder het altaar" moeten denken aan wetsgetrouwe Joden.

Maar de uitdrukking "het woord van God en het getuigenis dat zij hadden" heeft in Openbaring 6:9 waarschijnlijk nog een andere betekenis. Het woord van God en het getuigenis (of: het getuigenis van Jezus Christus) worden in het laatste Bijbelboek namelijk op zeven plaatsen genoemd:

"Deze [Johannes] heeft het woord van God betuigd en het getuigenis van Jezus Christus, alles wat hij heeft gezien" (1:2).

"Ik [Johannes]... kwam op het eiland dat Patmos heet, om het woord van God en het getuigenis van Jezus" (1:9).

"...zag ik onder het altaar de zielen van hen die geslacht waren om het woord van God en om het getuigenis dat zij hadden" (6:9)

"En zijzelf hebben hem [d.i. de tegenstander] *overwonnen door het bloed van het Lam en door het woord van hun getuigenis, en zij hebben hun leven niet liefgehad tot* [de] *dood toe"* (12:11)

"En hij [d.i. de draak] *ging weg om oorlog te voeren tegen de overigen van haar nageslacht, hen die de geboden van God bewaren en het getuigenis van Jezus hebben"* (12:17)

184

"Ik [de openbaringsengel] *ben een medeslaaf van u en van uw broeders die het getuigenis van Jezus hebben; aanbid God! Want het getuigenis van Jezus is de geest van de profetie"* (19:10)

"...en [ik zag] *de zielen van hen die om het getuigenis van Jezus en om het woord van God onthoofd waren"* (20:4)

In het eerste hoofdstuk van de Openbaring is "het woord van God en het getuigenis van Jezus Christus" een aanduiding van "alles wat Johannes heeft gezien" (1:2), dat wil zeggen: van alle visioenen die hij op het eiland Patmos heeft ontvangen (1:9) en die hij in opdracht van de verheerlijkte Messias te boek heeft gesteld (1:19).

"Hen... die het woord van God... en het getuigenis hadden" (6:9) kan dus ook betekenen: hen die het boek Openbaring in bezit hadden en die de boodschap van dat boek ter harte namen (1:3, 22:7,9). Bij de "zielen onder het altaar" moeten we dan denken aan gelovigen die het laatste Bijbelboek als een betrouwbare Godsspraak hebben aanvaard.

De opening van het vijfde zegel sluit evenals de opening van de voorafgaande zegels aan bij wat Jezus in zijn rede op de Olijfberg aangekondigd had. Nadat Hij had gesproken over misleiding (Mattheüs 24:5, vgl. Openb.6:2), oorlogen en geruchten van oorlogen, opstand van volk tegen volk en koninkrijk tegen koninkrijk (Mattheüs 24:6-7, vgl. Openb.6:3-4), hongersnoden (Mattheüs 24:7, vgl. Openb.6:5-6) en "pestilentiën" (Mattheüs 24:7 in de Statenvertaling, vgl. Openb.6:8), liet Hij hierop volgen:

*"**Dan** zullen zij u overleveren om verdrukt te worden en u doden, en u zult gehaat zijn door alle volken ter wille van mijn naam"* (Mattheüs 24:9)

Jezus richtte zich tot zijn (Joodse) discipelen, die eens door alle volken gehaat zouden worden. Wanneer het einde van de tegenwoordige boze eeuw nadert, zullen "alle volken" zich keren tegen Gods volk, Israël, en vooral tegen personen uit dat volk die God en zijn Messias trouw willen blijven.

Met "het woord van God en het getuigenis dat zij hadden" kan Johannes doelen op: (i) de Bijbel en de tien geboden, of: (ii) de Bijbel en het boek

185

Openbaring, maar ook op: (iii) een specifieke Bijbelse waarheid. Van "het getuigenis" wordt in het NT namelijk de volgende definitie gegeven:

*"En **dit is het getuigenis:** dat God ons eeuwig leven heeft gegeven, en dit leven is in zijn Zoon"* (1 Johannes 5:11)

Bovendien heeft Jezus in verband met de haat van de volken en het vermoorden van zijn discipelen opgemerkt:

*"En dit evangelie van het koninkrijk zal over het hele aardrijk worden gepredikt **tot een getuigenis voor alle volken,** en dan zal het einde komen"* (Mattheüs 24:14)

De boodschap die de apostelen ons hebben overgeleverd houdt in dat Jezus is gestorven maar als Eersteling met een onvergankelijk leven is opgewekt, van tussen de doden uit (Handelingen 2:22-36, 1 Korinthe 15:20, Openbaring 1:5). Wie in Hem gelooft zal eens hetzelfde soort leven ontvangen als Hij nu al bezit (Lukas 18:29-30). In de Bijbel wordt die bestaanswijze "eeuwig leven" genoemd. Het is het leven van het toekomstige wereldtijdperk (Lukas 18:30). Wanneer het Lam de eerste vier zegels geopend heeft, zal juist díe boodschap overal worden ontkend en fel worden bestreden. Het "goede nieuws van het koninkrijk", de blijde boodschap dat God de wereld niet aan haar lot overlaat maar vrede en gerechtigheid tot stand zal brengen en zich zal ontfermen over de gestorvenen (Openbaring 11:18), zal als staatsgevaarlijk "nepnieuws" worden beschouwd. Op het verspreiden van dat goede nieuws zal de doodstraf komen te staan (Openbaring 13:15). De processen die de apocalyptische ruiters ontketenen zullen ertoe leiden dat dit woord van God niet langer wordt verdragen. De "zielen" die Johannes onder het altaar zag zullen van deze ontwikkeling het slachtoffer worden.

"En zij riepen met luider stem". Wie de inhoud van het boek Openbaring afwijst omdat er "in dat boek om wraak wordt geroepen", slaat de plank mis. In Openbaring 6:10 gaat het om een symbolische voorstelling. Wie omgebracht zijn, kunnen immers niet meer roepen. "Zielen onder het altaar" zijn een zinnebeeld van het vergoten bloed van mensen, die vanwege hun trouw aan Gods geboden zijn vermoord. Dat bloed roept tot God, net zoals het bloed van Abel tot Hem riep (Genesis 4:10). Omdat God rechtvaardig is, slaat Hij acht op bloed dat onschuldig is vergoten. Hij hoort wat dit bloed "tot

Hem roept". Hij aanvaardt het als een offer. Het bloed onder het altaar wijst op een vreselijk onrecht dat door de Eeuwige zal worden rechtgezet.

Tot hoelang. "Hoelang nog?" is een vraag die klinkt in vele Psalmen en ook in de boeken van de Profeten:

"HERE, hoelang nog? Keer weder, HERE, red mijn ziel, verlos mij om uwer goedertierenheid wil" (Psalm 6:4-5)

"Hoelang, HERE? Zult Gij mij voortdurend vergeten? Hoelang zult Gij uw aangezicht voor mij verbergen?" (Psalm 13:1-2)

"Hoelang, HERE, zult Gij toezien? Verlos toch mijn ziel van hun verwoestingen..." (Psalm 35:17)

"Hoelang nog zal de tegenstander honen, o God; zal de vijand uw naam voor altijd versmaden? Waarom houdt Gij uw hand, ja uw rechterhand, terug? Trek ze uit uw boezem, verdelg!" (Psalm 74:10-11)

"Hoelang nog, o HERE? Zult Gij voortdurend toornen, zal uw naijver branden als een vuur? Stort uw grimmigheid uit over de volken die U niet kennen, en over de koninkrijken die uw naam niet aanroepen; want zij hebben Jakob verslonden en zijn woonstede verwoest" (Psalm 79:6-7)

"HERE, God der heerscharen, hoelang brandt uw toorn tegen het gebed van uw volk?" (Psalm 80:5)

"Hoelang nog, o HERE? Zult Gij U voortdurend verbergen, zal uw grimmigheid branden als vuur?" (Psalm 89:46)

"Keer weder, o HERE! Hoelang nog? En ontferm U over uw knechten" (Psalm 90:13)

"Hoelang nog zullen de goddelozen, o HERE, hoelang nog zullen de goddelozen juichen?... uw volk, o HERE, vertreden zij, en uw erfdeel verdrukken zij, weduwe en vreemdeling doden zij, en wezen vermoorden zij" (Psalm 94:3,5-6)

"...toen vroeg ik: Hoelang, HERE? Hij antwoordde: Totdat de steden verwoest zijn, zodat er geen inwoner meer is..." (Jesaja 6:10-11)

"Hoelang, HERE, roep ik om hulp, en Gij hoort niet; schreeuw ik tot U: geweld! en Gij verlost niet? Waarom doet Gij mij ongerechtigheid zien, en aanschouwt Gij ellende? Ja, onderdrukking en geweld zijn voor mijn ogen" (Habakuk 1:2-3)

"HERE der heerscharen, hoelang nog zult Gij zonder erbarmen zijn over Jeruzalem en over de steden van Juda...? (Zacharia 1:12)

De roep van de "zielen onder het altaar" heeft dezelfde boodschap als de roep van Gods "uitverkorenen", de vromen in Israël, die "dag en nacht tot Hem roepen" omdat ze uitzien naar de komst van Zijn koninkrijk (Lukas 18:7-8, vgl. Mattheüs 6:10).

Van het Griekse woord *despotes*, dat als "Heerser" is weergegeven, is ons begrip "despoot" afgeleid. Een despoot is een vorst die absolute macht bezit en in geen enkel opzicht met de wensen van zijn onderdanen rekening behoeft te houden. Op aarde zijn er in de loop van de geschiedenis vele despoten geweest. Koning Nebukadnezar was er één (Daniël 5:19) en ook het "beest uit de zee", de toekomstige antichrist, zal absolute macht over zijn rijk uitoefenen (Openbaring 13:3-4, 7-10, 12-17). Maar de macht van aardse despoten is niet onbegrensd. Ze kunnen hun onderdanen doden, maar hen daarna niets meer doen (Lukas 12:4-5). Ook kunnen hun plannen falen. De Schepper van hemel en aarde is de *"waarachtige Despoot"*, de Enige die wérkelijk onbegrensde macht bezit en die alles werkt naar de raad van Zijn wil (Numeri 23:19, Psalm 33:11, Jesaja 14:24 en 27, 43:13, 45:9-10, 46:11, 55:11; Daniël 4:34-35). Zijn plannen falen nooit (Efeze 1:11). Hij kan zelfs de doden nog bereiken, want Hij zal hen opwekken, berechten en oordelen naar hun werken (Openbaring 20:11-15). Volgens Openbaring 6:10 is God niet alleen de enige "waarachtige" (dat wil zeggen: echte) despoot, maar ook de enige "heilige". Hij is volstrekt zuiver, rein en goed. Hij bezit niet alleen de absolute macht, maar gaat ook altijd op de juiste wijze met die macht om. Hij is volstrekt betrouwbaar. "God is licht en in Hem is in het geheel geen duisternis" (1 Johannes 1:5). "God is liefde" (1 Joh.4:16).

De "zielen onder het altaar" twijfelen er niet aan, dat God uiteindelijk recht zal doen. Omdat ze de Bijbel kennen, weten ze dat hun lot niet aan Hem voorbij is gegaan en dat Hij het bloed van Zijn knechten zal wreken (Deuteronomium 32:43). Ze vragen alleen: Hoelang zult U zich nog afzijdig houden? Tot hoelang stelt U uw vonnis nog uit? Wanneer zult U gaan ingrijpen?

Het woord "wreken" heeft bij ons een negatieve klank. Wanneer mensen zich wreken, gaat die wraak dikwijls alle perken te buiten. Menselijke wraak gaat gepaard met buitensporig geweld, met nietsontziende wreedheid en met vergelding van onrecht met onrecht. Maar de wraak van de "waarachtige Heerser" is heilige verontwaardiging. Boosdoeners worden rechtvaardig bestraft en de slachtoffers worden méér dan overvloedig gecompenseerd voor de geleden schade. Wanneer de "dag van de wraak van onze God" aanbreekt, zal Hij "alle treurenden troosten", en de "treurenden van Sion hoofdsieraad geven in plaats van as, vreugdeolie in plaats van rouw, een lofgewaad in plaats van een kwijnende geest" (Jesaja 61:2-3).

"Hen die op de aarde wonen" is een standaarduitdrukking die Johannes gebruikt voor "hen die zich op de (huidige) aarde thuis voelen", mensen die het hier-en-nu beschouwen als de enige werkelijkheid. Het Griekse woord *gè*, dat met "aarde" is vertaald, betekent "land": "het droge", het aardoppervlak dat niet is bedekt door de oceanen. In Openbaring 3:10 is "hen die op de aarde wonen" een parallel van de inwoners van "het hele aardrijk" (Gr. *oikoumenee*, de bewoonde wereld). "Wie op de aarde wonen" worden door Gods oordelen getroffen (Openbaring 8:13). Ze hebben een hekel aan het woord van God en ze verheugen zich wanneer Zijn profeten worden gedood (Openbaring 11:10). Ze aanbidden het beest uit de zee (Openbaring 13:8) omdat ze zich verwonderen over zijn herleving (Openbaring 17:8) en door de tekenen van het beest uit het land worden misleid (Openbaring 13:12,14). Ze plegen hoererij (Openbaring 17:2) door met Babylon handel te drijven en de (pseudo)religieuze denkbeelden en praktijken van die stad over te nemen. Wie "op de aarde wonen" zien niet uit naar een rijk van God in de toekomst. Omdat ze de profeten, de bezitters van Gods woord en het getuigenis van de Messias, hebben gedood en zich over hun dood hebben verblijd, zal Gods wraak hen treffen.

Een wit gewaad. Het geschenk van een wit gewaad is in de Bijbel een symbool van eerbetoon (Openbaring 3:4) en van overwinning (Openbaring 3:5). Toen Jozef zijn dromen had uitgelegd en een wijs advies had gegeven, bekleedde de farao hem met "linnen klederen" (Genesis 41:42). Toen zijn broers in Egypte kwamen om graan te kopen, gaf hij hun kostbare gewaden (Genesis 45:22). Wanneer de Perzische koningen een onderdaan eer wilden bewijzen konden zij hem bekleden met een koninklijk gewaad (Esther 6:8-9). Wie een mantel bezat, was aanzienlijker dan de meeste van zijn volksgenoten (Jesaja 3:7). En wie als gast was uitgenodigd voor een feest, werd door de gastheer bekleed met een staatsiekleed (Zacharia 3:5, vgl. Mattheüs 22:11). Het wit gewaad beeldt dus uit, dat de "zielen onder het altaar" door God worden geëerd, en worden beschouwd als rechtvaardigen die Hem trouw hebben gediend. Het bloed van de kinderen van Jeruzalem wordt nu door de HEERE onschuldig verklaard (Joël 3:21). De roep van de slachtoffers is gehoord en hun verzoek zal binnenkort worden ingewilligd. De "heilige en waarachtige Heerser" zal de wereld gaan oordelen.

"En hun werd gezegd dat zij nog een korte tijd moesten rusten, totdat ook hun medeslaven en hun broeders die gedood zouden worden evenals zij, voltallig zouden zijn". "Nog een korte tijd rusten" is weer een zinnebeeldige voorstelling. De mensen die Johannes onder het altaar ziet zijn vermoord. Het is hun *bloed* dat om wraak roept. Ze zijn omgebracht "om het woord van God en om het getuigenis dat zij hadden" en ze moeten nog een korte tijd "rusten". Toen de profeet Daniël een hoge leeftijd had bereikt en zijn taak op aarde had vervuld, werd er tegen hem gezegd: "Gij zult *rusten* en opstaan tot uw bestemming aan het einde der dagen" (Daniël 12:13). Rusten was in die mededeling beeldspraak voor "slapen in het stof der aarde" (Daniël 12:2), dat wil zeggen: als dode in het graf vertoeven. In Openbaring 6:11 wordt dezelfde beeldspraak gebruikt. Johannes moest immers later, in opdracht van God, schrijven:

"Gelukkig de doden die in [de] *Heer sterven, van nu aan. Ja, zegt de Geest, opdat zij* **rusten** *van hun arbeid; want hun werken volgen hen"* (Openbaring 14:13)

De "zielen onder het altaar" moeten nog een korte tijd werkeloos blijven, maar ze zullen opstaan en levend worden wanneer de Messias is gekomen en de satan heeft gebonden. Dan zullen ze als priesters van God met Christus mogen regeren in Zijn toekomstig rijk (Openbaring 20:4-6).

"Hun medeslaven en hun broeders" is de aanduiding van één enkele groep. De anderen die nog gedood zullen worden zijn zowel "medeslaven" (geloofsgenoten, vgl. Openbaring 1:1) als "broeders" (volksgenoten) van de "zielen onder het altaar". Het zijn net als de slachtoffers onder het altaar gelovigen uit Israël. De HEERE zal niet "voor altoos tegen Jakob blijven toornen". Hij zal "Zijn toorn niet uitstrekken van geslacht tot geslacht", maar Zijn volk "doen herleven opdat het zich in Hem kan verheugen" (Psalm 85:5-8). Voor het woeden van de tegenstanders is er een tijdsgrens vastgesteld, en de Almachtige heeft een limiet gesteld aan het aantal slachtoffers dat zij mogen maken.

Er staat in Openbaring 6:11 letterlijk: "totdat vervuld zouden zijn de medeslaven en de broeders van hen, die op het punt stonden om gedood te worden evenals zij". "Vervuld zijn" kan betrekking hebben op het *aantal* martelaren, dan betekent het: "voltallig zijn". Maar het kan ook betrekking hebben op de voltooiing van de *dienst* van de slaven, het volbracht-zijn van hun *taak*. Er moet nog een woord worden gesproken en een getuigenis worden gegeven, ook al wordt die boodschap niet geloofd en al kost het de getuigen het leven. Als "vervullen" op de dienst van de slaven betrekking heeft, sluit Openbaring 6:11 opnieuw aan bij wat de Here Jezus tegen Zijn discipelen heeft gezegd:

"...Zowel voor stadhouders als koningen zult u geleid worden om Mij, **tot een getuigenis voor hen en de volken**... *Een broer nu zal* [zijn] *broer tot* [de] *dood overleveren, en een vader* [zijn] *kind, en kinderen zullen opstaan tegen* [hun] *ouders en hen doden, en u zult door allen gehaat worden ter wille van mijn naam"* (Mattheüs 10:18,21-22).

"...Voor stadhouders en koningen zult u worden gesteld ter wille van Mij, **tot een getuigenis voor hen;** *en* **aan alle volken moet eerst het evangelie worden gepredikt"** (Markus 13:9-10, vgl. Lukas 21:12-17)

De profetie van Jezus dat "aan alle volken eerst het evangelie moet worden gepredikt" wordt doorgaans betrokken op zending en evangelisatie. Maar deze

191

Schriftwoorden wijzen niet op een vreedzaam kersteningsproces door middel van onderwijs, maar op het afleggen van een getuigenis in de rechtszaal. De leerlingen van Jezus zullen door allen worden gehaat, overal worden opgepakt en voor rechters en machthebbers worden gesteld om ter dood veroordeeld te worden. Het goede nieuws dat er dankzij de trouw van God een wereldomspannend rijk van vrede en gerechtigheid zal worden gevestigd is dan in elke rechtszaal te horen. Zó zal aan alle volken het evangelie worden gebracht.

Het zesde zegel (Openbaring 6:12-17)

"En ik zag, toen het [Lam] het zesde zegel opende, en er kwam een grote aardbeving, en de zon werd zwart als een haren zak en de hele maan werd als bloed, en de sterren van de hemel vielen op de aarde, zoals een vijgenboom zijn onrijpe vijgen afwerpt als hij door een harde wind geschud wordt. En de hemel week terug als een boek dat wordt opgerold, en elke berg en eiland werden van hun plaatsen gerukt. En de koningen van de aarde en de groten en de oversten over duizend en de rijken en de sterken en elke slaaf en vrije verborgen zich in de holen en in de rotsen van de bergen; en zij zeiden tot de bergen en tot de rotsen: Valt op ons en verbergt ons voor [het] aangezicht van Hem die op de troon zit, en voor de toorn van het Lam; want de grote dag van hun toorn is gekomen en wie kan bestaan?"

Wanneer het Lam het zesde zegel opent, wordt het gebed van de "zielen onder het altaar" verhoord. Het bloed van deze getuigen van God had "met luider stem" geroepen: "Tot hoelang, heilige en waarachtige Heerser, oordeelt en wreekt U ons bloed niet aan hen die op de aarde wonen?". De Almachtige had geantwoord dat ze nog een korte tijd moesten rusten. Wanneer het Lam het zesde zegel opent, is die tijd voorbij en gaat God de wereld oordelen. Uit vers 11 (waar over "korte tijd rusten" wordt gesproken) blijkt dat het zesde zegel kort na het vijfde wordt geopend. Vermoedelijk zullen alle zegels kort na elkaar worden verbroken. Oorlog leidt binnen enkele maanden of jaren tot allerlei vreselijke gevolgen (Openbaring 6:1-8). Wanneer Gods "slaven" hun getuigenis hebben voltooid zal de dag van Gods toorn ook spoedig aanbreken, want de Here Jezus heeft in Zijn toespraak op de Olijfberg gezegd:

192

"Terstond nu na de verdrukking van die dagen zal de zon verduisterd worden en de maan zal haar schijnsel niet geven, en de sterren zullen van de hemel vallen en de krachten van de hemelen zullen wankelen" (Mattheüs 24:29).

En er kwam een grote aardbeving. Het Griekse woord *seismos* betekent "beving" en heeft niet altijd betrekking op een aardbeving. De profeten hebben aangekondigd dat de HEERE op Zijn dag niet alleen de aarde, maar ook de hemelen zal doen beven. Heel de schepping zal op zijn grondvesten schudden, en de volken zullen door grote angst worden aangegrepen:

"Want zo zegt de HERE der heerscharen: Een ogenblik nog, een korte wijle, dan zal Ik de hemel en de aarde, de zee en het droge doen beven. Ja, Ik zal alle volken doen beven..." (Haggaï 2:7-8)

"Ik zal de hemel en de aarde doen beven, Ik zal de troon der koninkrijken omverwerpen, de kracht van de koninkrijken der volken verdelgen..." (Haggaï 2:22-23)

"Ik zal de stervelingen zeldzamer maken dan gelouterd goud en de mensen dan fijn goud van Ofir. Daarom zal Ik de hemel doen wankelen en de aarde zal bevend van haar plaats wijken door de verbolgenheid van de HERE der heerscharen, ten dage van Zijn brandende toorn" (Jesaja 13:12-13)

De schrijver van de Hebreeënbrief leidde uit deze profetieën af:

"Toen [op de Horeb] *deed zijn stem de aarde wankelen; maar nu heeft Hij beloofd en gezegd: 'Nog eenmaal zal Ik niet alleen de aarde doen beven maar ook de hemel'. Dit 'nog eenmaal' nu duidt* <de> *verandering van de wankelbare – als gemaakte – dingen aan, opdat de dingen blijven die niet wankelbaar zijn. Laten wij dus, daar wij een onwankelbaar koninkrijk ontvangen,* [de] *genade vasthouden, en laten wij daardoor God dienen op een* [Hem] *welbehaaglijke* [wijze] *met eerbied en ontzag"* (Hebreeen 12:26-28)

God laat de schepping niet beven omdat Hij het werk van Zijn handen wil gaan vernietigen, maar om een eind te maken aan de wereldrijken die elkaar opvolgen en om de heerschappij van de volken te vervangen door een volmaakte bestuursvorm die blijvend is.

En de zon werd zwart als een haren zak en de hele maan werd als bloed.
In vele profetieën is aangekondigd dat de zon op de komende dag des
HEREN zal worden verduisterd. Er staat bijvoorbeeld geschreven:

*"Zie, de dag des HEREN komt, meedogenloos, met verbolgenheid en brandende toorn, om
de aarde tot een woestenij te maken en haar zondaars van haar te verdelgen. Want de sterren
en de sterrenbeelden des hemels doen hun licht niet stralen, de zon is bij haar opgang
verduisterd en de maan laat haar licht niet schijnen. Dan zal Ik aan de wereld het kwaad
bezoeken en aan de goddelozen hun ongerechtigheid, en Ik zal de trots der overmoedigen doen
ophouden en de hoogmoed der geweldenaars vernederen"* (Jesaja 13:9-11)

*"En te dien dage zal het geschieden, dat de HERE bezoeking zal brengen over het heer der
hoogte in de hoge en over de koningen der aarde op de aardbodem. En zij zullen
bijeengebracht worden, zoals men gevangenen bijeenbrengt in een kuil, en zij zullen
opgesloten worden in een kerker, en na vele dagen zullen zij bezocht worden. Dan zal de
blanke maan schaamrood worden, en de gloeiende zon zich schamen..."* (Jesaja 24:21-23)

"Wanneer Ik u uitblus [de koning van Egypte] *befloers Ik de hemel en verduister Ik de
sterren; de zon overdek Ik met wolken, en de maan doet haar licht niet schijnen. Al de
stralende lichten aan de hemel verduister Ik om uwentwil; duisternis breng Ik over uw land,
luidt het woord van de Here HERE"* (Ezechiël 32:7-8)

*"Wee die dag, want nabij is de dag des HEREN; als een verwoesting komt hij van de
Almachtige... Dat alle inwoners des lands sidderen, want de dag des HEREN komt.
Want hij is nabij! Een dag van duisternis en van donkerheid, een dag van wolken en van
dikke duisternis... Voor hun aangezicht* [de aanblik van een sprinkhanenzwerm]
*siddert de aarde, beeft de hemel; de zon en de maan worden zwart en de sterren trekken haar
glans in... groot is de dag des HEREN en zeer geducht! Wie zal hem verdragen?"* (Joël
1:15, 2:1-2,10-11)

*"De zon zal veranderd worden in duisternis en de maan in bloed, voordat de grote en
geduchte dag des HEREN komt"* (Joël 2:31)

*"Nabij is de dag des HEREN in het dal der beslissing. De zon en de maan worden zwart
en de sterren trekken haar glans in"* (Joël 3:15)

"Te dien dage zal het geschieden, luidt het woord van de Here HERE, dat Ik op de middag de zon zal doen schuilgaan en bij klaarlichte dag het land in het donker zal zetten. Dan zal Ik uw feesten in rouw verkeren, en al uw liederen in klaagzang" (Amos 8:9-10)

Sommige van deze profetieën hebben betrekking op een oordeel van God over een bepaalde natie. Andere spreken over Zijn toekomstig oordeel over de hele mensheid. Steeds is de verduistering van de zon een dreigend teken van Gods naderende toorn. Een "haren zak" was in Israël een rouwgewaad (vgl. Openbaring 11:3) en "bloed" wijst op naderende sterfgevallen. Het verdwijnen van het zonlicht is een zinnebeeld van de toorn van de HEERE, terwijl een toename van de lichtsterkte wijst op Zijn genade en ontferming (vgl. Jesaja 30:26).

Uit sommige passages in de Bijbel blijkt, dat het zwart-worden van de zon en het rood-worden van de maan worden veroorzaakt door wolken, rook of as in de aardse atmosfeer. Er wordt immers gesproken over een "befloersen van de hemel" (Ezechiël 32:7), over "wolken en dikke duisternis" (Joël 2:2). De apostel Petrus heeft op grond van Joëls profetie (2:31) aangekondigd, dat God "tekenen zal geven op de aarde beneden: bloed en vuur en rookwalm. De zon zal veranderd worden in duisternis en de maan in bloed, voordat de grote en luisterrijke dag van [de] Heer komt" (Handelingen 2:19-20). Hoe de zon en de maan verduisterd zullen worden wordt in het boek Openbaring niet vermeld. Mogelijk heeft de "grote beving" die aan het zwart-worden van de zon voorafgaat, er iets mee te maken. As en rook die door vulkanen worden uitgestoten kunnen de atmosfeer maandenlang ondoorzichtig maken en het zonlicht afschermen. Het is opmerkelijk dat er in Joëls profetie niet over "rookwalm" maar over "vuur en rookzuilen" wordt gesproken. Zulke rookzuilen kunnen opstijgen uit actieve vulkanen, maar ook uit brandende steden nadat ze zijn verwoest. Op grond van wat Johannes in de verzen 13 en 14 schrijft, zijn beide verklaringen mogelijk.

Vers 12 geeft een nauwkeurige beschrijving van de hemelverschijnselen. Johannes merkt op dat "de *hele* maan werd als bloed"[14]. Wanneer er een

---

[14] In de meest betrouwbare handschriften staat in Openb.6:12: *hè selènè holè*, dus: "de hele maan". In andere staat alleen *hè selènè*, "de maan". Vandaar het verschil tussen de Telosvertaling en de HSV.

maansverduistering optreedt, is dat dikwijls geen volledige maar een gedeeltelijke eclips. Een deel van de maan wordt dan rood van kleur, en het verschijnsel is van korte duur. In het visioen van Johannes werd de *hele* maan echter bloedrood. En omdat de verduistering een atmosferische oorzaak had, duurde deze veel langer.

En de sterren van de hemel vielen op de aarde, zoals een vijgenboom zijn onrijpe vijgen afwerpt als hij door een harde wind geschud wordt, en de hemel week terug als een boek dat werd opgerold. Ook dit is de vervulling van talrijke profetieën uit de Hebreeuwse Bijbel. De overeenkomst tussen de hemel en een vijgenboom is dat beide "geschud" kunnen worden. Bij een vijgenboom kan dat door een storm gebeuren, bij de hemel zal het gebeuren wanneer de HEERE de wereld gaat oordelen. De profeet Jesaja heeft namens God eens de volgende oproep doen klinken:

"Nadert, gij volken, om te horen; en gij natiën, merkt op! De aarde hore en haar volheid, de wereld en al wat daaruit ontspruit. Want de HERE koestert toorn tegen alle volken en grimmigheid tegen al hun heer; Hij heeft hen met de ban geslagen, hen ter slachting overgegeven. Hun verslagenen liggen neergeworpen en de stank van hun lijken stijgt op, ja de bergen versmelten van hun bloed. Al het heer des hemels vergaat en als een boekrol worden de hemelen samengerold; al hun heer valt af, zoals het loof van de wijnstok en zoals het blad van de vijgeboom afvalt" (Jesaja 34:1-4)

"Daarom [om de geweldenaars te vernederen] *zal Ik de hemel doen wankelen en de aarde zal bevend van haar plaats wijken door de verbolgenheid van de HERE der heerscharen, ten dage van zijn brandende toorn"* (Jesaja 13:13)

Wanneer de HERE zijn stem verheft, zal niet alleen de aarde, maar ook de hemel beven (Joël 2:10, 3:15). In zijn rede op de Olijfberg heeft de Here Jezus over dit onderwerp gezegd:

"De sterren zullen van de hemel vallen en de krachten [Gr. *dunameis*] *van de hemelen zullen wankelen"* (Mattheüs 24:29, Markus 13:25)

Op grond van het tekstverband in het boek Openbaring kan het "vallen van de sterren van de hemel" op twee manieren opgevat worden:

196

a. Wanneer Gods toorn losbarst zullen er talrijke hemellichamen (meteorieten, kometen of komeetfragmenten) op de aarde vallen. Aardse waarnemers zullen een groot aantal "vallende sterren" zien, en de inslag van die "sterren" zal vreselijke gevolgen hebben. In zijn visioenen heeft Johannes zulke inslagen zien plaasvinden (vgl. Openbaring 8:7-10).

b. Op de dag van Gods toorn zal Hij bezoeking brengen over "de legermacht van de hoogte in de hoogte" (Jesaja 24:21). Engelvorsten die nu nog over de volken heersen, zullen dan uit de hemel worden verdreven en uiteindelijk in een onderaardse kerker worden opgesloten (Jesaja 24:22). Het vallen van zulke "sterren" heeft Johannes in zijn visioenen eveneens gezien (vgl. Openbaring 9:1, 12:9-10).

Beide verklaringen van de tekst zijn mogelijk, en wellicht vullen ze elkaar aan. Verschijnselen in de zichtbare wereld zijn volgens de Bijbel dikwijls een teken van wat er in de onzichtbare wereld plaatsvindt, of symbolen van een geestelijke werkelijkheid. Dat "de hemelen als een boekrol worden samengerold" is aangekondigd door de profeet Jesaja (Jesaja 34:4). De schrijver van de Hebreeënbrief merkt op, dat "de hemelen als een kleed zullen verouderen" en door de Schepper "als een mantel zullen worden samengerold" (Hebreeën 1:12). Niet om ze voorgoed te doen verdwijnen, maar om ze te "veranderen". De hemelen zijn als het ware het gewaad van God. Hij zal dat gewaad eens verwisselen (Psalm 102:27).

Voor een oosterling vertelden de sterrenbeelden een verhaal (Psalm 19:2-5). Ze hadden namen die iedereen kende, en met die namen waren bepaalde geschiedenissen verbonden. De tekens van de dierenriem en hun begeleidende sterrenbeelden predikten een boodschap. Ze waren te vergelijken met een boekrol, die over de gehele aarde kon worden gelezen (Psalm 19:5, Romeinen 10:18). Als zo'n boekrol wordt opgerold is de inhoud niet langer zichtbaar. Het "samenrollen van de hemelen", waarover in Psalm 102, Jesaja 34, Hebreeën 1 en Openbaring 6 wordt gesproken, kan inhouden dat een steeds groter deel van de hemel door wolken, rook en as wordt bedekt, totdat er uiteindelijk geen enkele ster meer is te zien. Aardse waarnemers zullen de indruk hebben dat de hemelen worden toegesloten.

En elke berg en eiland werden van hun plaatsen gerukt. Nadat hij het beven van de hemel heeft beschreven vermeldt Johannes nu het beven van de aarde. Dezelfde volgorde vinden we in Haggai 2:7-8, 22-23; en Jesaja 13:12-13. Verderop in het boek Openbaring wordt er gesproken over "een grote aardbeving, zoals er niet geweest is sinds er een mens op de aarde is geweest; zo'n aardbeving, zo groot!" (Openbaring 16:18). Naar aanleiding van die aardbeving schreef de ziener dat de steden van de naties vielen, dat "elk eiland vluchtte" en dat "bergen niet werden gevonden" (Openbaring 16:20). Hier merkt hij op dat "elke berg en elk eiland van hun plaatsen werden gerukt". Het gaat niet om een lokale aardbeving, zoals er in de geschiedenis van de mensheid vele zijn geweest, maar om een geweldige schok die het hele aardoppervlak treft. De gevolgen worden in Openbaring 16:18-19 beschreven.

Israëls profeten hebben aangekondigd dat wanneer God neerdaalt om te gaan oordelen, de aardse geografie zal veranderen.

"De bergen versmelten onder Hem en de dalen splijten, als was voor het vuur, als water dat afgutst van een helling" (Micha 1:4)

"De bergen beven voor Hem en de heuvelen versmelten; de aarde rijst voor Hem op, ja, de wereld en al haar bewoners. Wie kan standhouden voor Zijn gramschap? Wie staande blijven bij Zijn brandende toorn? Zijn grimmigheid stort zich uit als vuur en de rotsen springen voor Hem aan stukken" (Nahum 1:5-6)

"Ik zag de aarde, en zie, zij was woest en ledig; ik zag naar de hemel, en zijn licht was er niet. Ik zag de bergen, en zie, zij beefden, en alle heuvelen schudden. Ik zag, en zie, er was geen mens, en al het gevogelte des hemels was weggevlogen. Ik zag, en zie, de gaarde was een woestijn, en al zijn steden waren in puin gestort, voor de HERE, voor zijn brandende toorn" (Jeremia 4:23-26)

"Hij staat en doet de aarde schudden; Hij ziet rond en doet de volken van schrik opspringen, de aloude bergen liggen verpletterd, de eeuwige heuvelen zinken ineen" (Habakuk 3:6)

"Gij splijt de aarde tot rivieren, de bergen zien U, zij beven" (Habakuk 3:10)

En de koningen van de aarde en de groten en de oversten over duizend en de rijken en de sterken en elke slaaf en vrije verborgen zich in de holen en in de rotsen van de bergen. Johannes somt verschillende groepen van mensen op die met grote schrik op het beven van de hemelen en de aarde zullen reageren. Allereerst "de koningen van de aarde en de groten", de mensen die het in de wereld voor het zeggen hebben. Voor groten gebruikt hij het Griekse woord *megistanes*, dat "grootsten" betekent. In andere Bijbelteksten is het vertaald als "rijksgroten" (Markus 6:21) of als "de groten der aarde" (Openbaring 18:23). Vervolgens noemt Johannes "de oversten over duizend" (Grieks: *chiliarchoi)*, de aanvoerders die het in het leger voor het zeggen hebben. De ziener gebruikt niet het woord *centuriones*, "oversten over honderd" dat in de evangeliën en het boek Handelingen dikwijls voorkomt maar een woord waarmee een veel hogere positie in het leger wordt aangeduid, de positie van een generaal, een veldheer of een tribuun. Na een militaire carrière gingen zulke mensen dikwijls hoge functies in het openbaar bestuur bekleden. Als vierde groep van aanzienlijke mensen vermeldt Johannes "de rijken en de sterken": mensen die over aanzienlijke financiële reserves beschikken en die dus onder normale omstandigheden niets te vrezen hebben. De rest van de samenleving viel in Johannes' tijd uiteen in slaven en vrijen. *Elke* aardbewoner, of hij nu aanzienlijk was of onbelangrijk, machtig of zwak, rijk of arm, ondergeschikt of leidinggevend, zag de ziener in doodsangst vluchten, en zich verstoppen in de holen (Gr. *spelaia*) en de rotsen (Gr. *petras*) van de bergen. Daarmee kunnen natuurlijke grotten en kloven zijn bedoeld, maar ook door mensenhanden uitgehouwen onderaardse ruimten: kelders en tunnels. In Israël werden zulke ruimten dikwijls als schuilplaats ingericht en werd de toegang voor de vijand verborgen (Jozua 10:16-17, Richteren 6:2, 1 Samuël 13:6).

Ook deze reactie is door Israëls profeten aangekondigd. Jesaja heeft in opdracht van God gezegd:

"Ga in de rotskloven en verberg u in de grond voor de verschrikking des HEREN en voor de luister Zijner majesteit" (Jesaja 2:10)

"Dan kruipt men in de spelonken der rotsen en in de holen van de grond voor de verschrikking des HEREN en voor de luister Zijner majesteit, wanneer Hij opstaat om de aarde te verschrikken" (Jesaja 2:19)

Toen het tienstammenrijk door de Assyriërs werd verwoest hebben de inwoners van dat rijk tegen de bergen gezegd: "Bedekt ons", en tegen de heuvels: "Valt op ons" (Hosea 10:8), maar nu gaat het om een reactie van de hele mensheid. En men is niet op de vlucht voor een menselijke vijand, maar voor de HEERE zelf. In zijn rede op de Olijfberg heeft Jezus opgemerkt, dat het de mensen zal "besterven van bangheid en verwachting van de dingen die over het aardrijk komen" (Lukas 21:26).

Iedere vorm van menselijke waardigheid en ieder verschil tussen rangen en standen zal dan totaal verdwijnen. Het zal zijn zoals de dichter Asaf eens zong:

"Gij, geducht zijt Gij; wie kan bestaan voor uw aangezicht, wanneer uw toorn ontbrandt?" (Psalm 76:8)

Tijdens het huidige tijdperk, "des mensen dag", kan de ene mens zich nog boven de andere verheffen en kunnen mensen nog op het werk van hun eigen handen vertrouwen (de Bijbel noemt dat "afgoden dienen", vgl. Jesaja 2:7-9,13-16). Maar op de dag van de Heer zal alleen de HEERE nog maar zijn verheven. Jesaja heeft dit aangekondigd, en Johannes heeft het mogen zien:

"De verwaten ogen der mensen worden vernederd en de trots der mannen wordt neergebogen en de HERE alleen is te dien dage verheven. Want er is een dag van de HERE der heerscharen tegen al wat hoogmoedig is en trots en tegen al wat zich verheft, opdat het vernederd worde..." (Jesaja 2:11-12)

"Dan wordt de verwatenheid der mensen neergebogen en de trots der mannen vernederd, en de HERE alleen is te dien dage verheven..." (Jesaja 2:17)

"Dan wordt de mens verlaagd en de man wordt vernederd, ook worden de ogen der hoogmoedigen vernederd. Maar de HERE der heerscharen wordt verhoogd door recht en de heilige God wordt geheiligd door gerechtigheid" (Jesaja 5:15-16)

Het is niet Gods bedoeling om aan het mensengeslacht een definitief einde te maken, maar om de mensheid voorgoed aan Zich te verbinden. Er staat namelijk geschreven:

"Te dien dage zal de mens zijn zilveren en gouden afgoden, die hij zich gemaakt had om zich daarvoor neer te buigen, voor de ratten en de vleermuizen werpen, bij zijn vlucht in de rotsholten en de bergspleten vanwege de verschrikking des HEREN en de luister zijner majesteit, wanneer Hij opstaat om de aarde te verschrikken... de afgoden zullen volkomen verdwijnen" (Jesaja 2:20-21, 2:18)

En zij zeiden tot de bergen en tot de rotsen: Valt op ons en verbergt ons voor [het] aangezicht van Hem die op de troon zit, en voor de toorn van het Lam; want de grote dag van hun toorn is gekomen en wie kan bestaan? Dat de mensen zich uit pure doodsangst in grotten en kloven proberen te verstoppen kunnen we ons wel voorstellen. Er slaan immers overal hemellichamen in. Maar dat de mensheid (die nu nog voor een groot deel uit ongelovigen, animisten en boeddhisten bestaat) zal uitroepen: "Verberg ons, onttrek ons aan het oog van Hem die op de troon zit en behoed ons voor de toorn van het Lam, want de grote dag van hun toorn is gekomen!" – dat lijkt ons volslagen onmogelijk. Toch is het bij enig nadenken gemakkelijk te verklaren.

De "koningen van de aarde en de groten" hebben immers kort tevoren iedere onderdaan vervolgd die "het woord van God en het getuigenis had" (6:9). Wie van de Schepper en Zijn komend rijk getuigde had toen zijn eigen doodvonnis getekend. Maar de hele mensheid had juist vanwege die vervolging ook te horen gekregen dat de dag van Gods toorn spoedig zou aanbreken en zou worden gevolgd door het koninkrijk der hemelen. "Dit evangelie van het koninkrijk" was "over het *hele aardrijk* gepredikt tot een getuigenis voor *alle volken*" (Mattheüs 24:14). Niemand had die boodschap destijds geloofd. De verwachting van het Godsrijk was beschouwd als een kankergezwel dat uit de samenleving moest worden weggesneden. De mensen hadden feest gevierd en elkaar geschenken gestuurd wanneer er predikers van Gods woord werden omgebracht (11:10). Ze hadden gezegd: "Eindelijk rust, we zijn voorgoed van die onruststokers af"! (1 Thessalonicenzen 5:3).

Maar nu men door "een plotseling verderf" wordt getroffen, beseft men dat de martelaren het bij het rechte eind hadden. De toorn van God en van het Lam, waarover de getuigen hadden gesproken en die men als een waandenkbeeld had weggewuifd, is losgebarsten. Omdat men de boodschap van het komende rijk kort tevoren heeft gehoord en omdat de verschijnselen die zich voordoen de maat van het gewone verre overschrijden, beseft iedereen, wat er nu aan de hand is.

"Wie kan bestaan?" De uitroep waarmee hoofdstuk 6 besluit kan worden opgevat als een retorische vraag: "Welk mens kan standhouden wanneer God boos op hem is?" Het antwoord is: "Niemand". Maar de roep kan ook worden opgevat als een angstkreet: "Zal er nog wel iemand in leven blijven, wanneer de Schepper begint te toornen?" Die vraag wordt in de volgende hoofdstukken beantwoord. De Schepper heeft sommigen beschermd tegen de rampen die de aarde gaan treffen. Die personen zullen op wonderlijke wijze worden bewaard, want zij zijn aan God gewijd. En anderen zullen uit de doden worden opgewekt en met een onvergankelijk leven Zijn komend rijk mogen binnengaan.

Hoofdstuk 7

De verzegelden (7:1-8)

"Hierna zag ik vier engelen staan op de vier hoeken van de aarde, die de vier winden van de aarde vasthielden, opdat er geen wind zou waaien over de aarde, noch over de zee, noch over enige boom. En ik zag een andere engel opkomen van [de] opgang van [de] zon, die [het] zegel van [de] levende God had; en hij riep met luider stem tot de vier engelen wie gegeven was aan de aarde en de zee schade toe te brengen, en hij zei: Brengt geen schade toe aan de aarde, noch aan de zee, noch aan de bomen, voordat wij de slaven van onze God aan hun voorhoofden hebben verzegeld. En ik hoorde het getal van de verzegelden: honderdvierenveertigduizend verzegelden uit elke stam van [de] zonen van Israël – uit [de] stam Juda twaalfduizend verzegelden, uit [de] stam Ruben twaalfduizend, uit [de] stam Gad twaalfduizend, uit [de] stam Aser twaalfduizend, uit [de] stam Naftali twaalfduizend, uit [de] stam Manasse twaalfduizend, uit [de] stam Simeon twaalfduizend, uit [de] stam Levi twaalfduizend, uit [de] stam Issaschar twaalfduizend, uit [de] stam Zebulon twaalfduizend, uit [de] stam Jozef twaalfduizend, uit [de] stam Benjamin twaalfduizend verzegelden"

Hierna. De uitdrukking "hierna" (Gr. *meta tauta*) geeft aan, dat er visioen is afgesloten, en dat wat er volgt een nieuw gezicht is. Toen de verzegelde boekrol door het Lam stapsgewijs werd geopend, had Johannes vreselijke gerichten over de aarde zien losbarsten. Het laatste gericht was zelfs zó hevig geweest dat men zich kon afvragen of er nog wel iemand in leven zou blijven. En bij de hoorders van Johannes' profetie zou de vraag kunnen rijzen: Welk doel wil de Almachtige met dit verwoestende geweld bereiken? Is het Zijn bedoeling om de mensheid te vernietigen? Het antwoord op de eerste vraag wordt gegeven in Openbaring 7:1-8, en de tweede vraag wordt beantwoord in Openbaring 7:9-17.

... zag ik vier engelen staan op de vier hoeken van de aarde, die de vier winden van de aarde vasthielden, opdat er geen wind zou waaien over de aarde, noch over de zee, noch over enige boom. Uit deze inleiding blijkt dat het visioen uit Openbaring 7:1-8 een *terugblik* is. Voordat er nog maar één zegel van de boekrol was geopend, toen de hele schepping nog in diepe rust was, had God Zijn maatregelen al genomen en ervoor gezorgd dat het volk Israël tijdens de komende rampen niet geheel zou omkomen.

"De vier winden" (= winden uit het noorden, het oosten, het zuiden en het westen) zijn in de Bijbel de instrumenten waarmee God de mensheid oordeelt. Bij de profeten lezen we het volgende:

"Zie... Ik breng over Elam vier winden van de vier hoeken des hemels en Ik verstrooi hen naar al die windstreken, zodat er geen volk zal zijn, waar niet verdrevenen van Elam komen zullen.... Ik breng rampspoed over hen, mijn brandende toorn" (Jeremia 49:36-37)

"Zie, de vier winden des hemels brachten de grote zee in beroering, en vier grote dieren stegen uit de zee op" (Daniël 7:2)

Het gaat in Daniëls profetie om een ingrijpen van God in de volkerenwereld (uitgebeeld door "de grote zee") waardoor er vier wereldmachten op het toneel verschijnen. Aangezien die zich beestachtig gedragen worden ze voorgesteld als "dieren".

In zijn visioen ziet Johannes vier engelen staan op de "vier hoeken der aarde": het noorden, het zuiden, het oosten en het westen vanuit het land Israël gezien, en die engelen houden de "vier winden van de aarde" vast. Dat vasthouden betekent dat ze nog niet kunnen gaan waaien en de aarde, de zee en de bomen nog niet in beweging kunnen brengen. De aarde is in Openbaring 7:1 "het droge" of "het landoppervlak", want het staat tegenover de zee. Wanneer de winden opsteken, zullen ze, zo blijkt uit het vervolg, de aarde, de zee en de bomen "schade toebrengen". De winden staan model voor Gods vernietigende gerichten. Vóórdat die gerichten losbarsten, dus vóór het eerste zegel van de hemelse boekrol door het Lam wordt geopend, moet er eerst iets gebeuren.

En ik zag een andere engel opkomen van [de] opgang van [de] zon, die [het] zegel van [de] levende God had; en hij riep met luider stem tot de vier engelen wie gegeven was aan de aarde en de zee schade toe te brengen, en hij zei: Brengt geen schade toe aan de aarde, noch aan de

zee, noch aan de bomen, voordat wij de slaven van onze God aan hun voorhoofden hebben verzegeld. De "andere engel" die Johannes zag kwam "van de opgang van de zon", dus uit het oosten. Na een lange nacht van duisternis komt aan die "hoek van de aarde" het licht van de zon te voorschijn, en uit die richting zal God eens naar Zijn volk terugkeren. Uit de plaats waar de engel verschijnt, blijkt dat de Almachtige hem heeft uitgezonden "ter wille van hen die behoudenis zullen beërven" (Hebreeën 1:14). De HEERE staat op het punt om te gaan terugkeren naar Zijn volk Israël. De boodschapper roept luidkeels naar de vier engelen die de vier winden vasthouden, en zegt tegen hen dat ze de aarde, de zee en de bomen nog geen schade mogen toebrengen. Ze mogen de gerichten pas laten losbarsten wanneer "de slaven van onze God aan hun voorhoofden verzegeld zijn". Uit het gebruik van het bepaald lidwoord, DE slaven, blijkt dat deze slaven in het boek Openbaring al eerder waren genoemd. Ze waren al vermeld in het eerste vers van het eerste hoofdstuk. De Openbaring is gegeven om aan hén te tonen wat voor hén spoedig moet gebeuren (Openbaring 1:1).

Om een merkteken op deze mensen te kunnen aanbrengen heeft de engel "het zegel van de levende God" bij zich. De "levende God" is in de Bijbel een aanduiding van de God van Israël, de ware God in tegenstelling tot de afgoden. In het boek Openbaring is dat ook het geval, want tegenover het "zegel van de levende God" stelt het laatste Bijbelboek "het teken van het beest" dat op het voorhoofd of op de rechterhand kan worden aangebracht (Openbaring 13:16). Over het "zegel van de levende God" zegt Johannes het volgende:

1. Dit zegel houdt in, dat de *naam* van het Lam en de naam van de Vader van het Lam, de levende God, op het voorhoofd wordt geschreven (Openbaring 14:1).

2. In de Oudheid kon een brandmerk op het voorhoofd van een slaaf worden aangebracht, om aan te geven dat de betrokkene het eigendom was van een bepaalde heer. Het "zegel van de levende God" heeft dezelfde betekenis. Want de personen die de engel moet gaan verzegelen, zijn *"de slaven van onze God"* (Openbaring 7:3). Het boek Openbaring is in de canon opgenomen om aan deze mensen te laten zien wat "spoedig moet gebeuren" (Openbaring 1:1), zodat ze op de toekomstige gebeurtenissen voorbereid zijn.

3. Wie het zegel draagt, is beschermd tegen de gevolgen van de apocalyptische plagen. Tijdens het oordeel van de vijfde bazuin zullen boosaardige wezens de mensheid vijf maanden lang pijnigen, maar zij mogen dit alleen doen bij "de mensen die het zegel van God *niet* aan hun voorhoofden hebben" (Openbaring 9:4). Wie het zegel van God dragen mogen ze geen schade toebrengen.

De Bijbelse geschiedenis laat zien wat zo'n verzegeling tot stand brengt. Toen de moordenaar Kaïn vreesde dat ieder die hem aantrof hem zou doden, "stelde de HERE een teken aan Kaïn, dat niemand, die hem zou aantreffen, hem zou verslaan" (Genesis 4:15). Het teken verschafte de vluchteling bescherming. Voordat de tiende plaag over het land Egypte kwam moesten de Israëlieten een paaslam slachten en het bloed van dat dier aanbrengen op de beide deurposten en de bovendorpel van hun huizen. Wanneer de verderfengel de eerstgeborenen kwam doden, zou hij de huizen waarop het teken van het bloed was aangebracht "overspringen", dat wil zeggen: "voorbij gaan" (Exodus 12). In een visioen met betrekking tot Jeruzalem, dat afgoden was gaan dienen, zag de profeet Ezechiël hoe een in linnen geklede man "een teken moest maken op de voorhoofden" van mensen die treurden over de afgoderij. Tijdens het gericht dat vervolgens losbarstte verdelgden vijf verderfengelen de inwoners van de stad, maar wie het teken droeg mochten ze niet aanraken (Ezechiël 9:4-7).

En ik hoorde het getal van de verzegelden: honderdvierenveertig duizend verzegelden uit elke stam van [de] zonen van Israël. Op dit punt hebben de meeste uitleggers de woorden van God vergeestelijkt. Zij beschouwen het getal honderdvierenveertigduizend als een zinnebeeldig aantal, hoewel in de volgende vier verzen wordt aangegeven hoe dit aantal tot stand is gekomen. Ook beschouwen ze de verzegelden als leden van de christelijke kerk (die door hun doop verzegeld zouden zijn).

Zulke "verklaringen" doen de Bijbeltekst geweld aan. Want de Schrift zegt dat een engel die van de zonsopgang komt bepaalde mensen zal verzegelen. De verzegeling gebeurt dus niet door een priester of een predikant (7:2). Ook legt de Bijbel sterke nadruk op het feit, dat de verzegelden afkomstig zijn "uit elke stam van de zonen van Israël". In het tekstverband staat: "elke stam van de zonen van Israël" (7:4) tegenover: "elke natie en alle geslachten en volken en

206

talen" (7:9). Daaruit blijkt, dat de verzegelden uit Openbaring 7:1-8 niet gelovigen uit de volken zijn, maar Israëlieten. De stammen van Israël waaruit deze mensen afkomstig zijn worden in de verzen 5 tot en met 8 opgesomd. De honderd-vierenveertigduizend zijn volgens de Bijbel bijzondere dienstknechten ("slaven", vs.3) van God, die op aarde zullen leven wanneer de apocalyptische plagen losbarsten, en die door het zegel van God tegen de gevolgen van die plagen worden beschermd, zodat ze tijdens de grote verdrukking in leven blijven. Het zijn Joden die door God zijn geselecteerd uit de twaalf stammen van Israël. De taak die ze in opdracht van God zullen verrichten en waarin ze Hem zullen dienen, houdt in dat ze Gods lof zingen (14:3) en Zijn woord spreken (14:5). Profeten, "monden van God", worden in het boek Openbaring op meerdere plaatsen Gods "slaven" genoemd (10:7, 11:18, 19:5).

Uit [de] stam Juda twaalfduizend verzegelden, uit [de] stam Ruben twaalfduizend, uit [de] stam Gad twaalfduizend, uit [de] stam Aser twaalfduizend, uit [de] stam Naftali twaalfduizend, uit [de] stam Manasse twaalfduizend, uit [de] stam Simeon twaalfduizend, uit [de] stam Levi twaalfduizend, uit [de] stam Issaschar twaalfduizend, uit [de] stam Zebulon twaalfduizend, uit [de] stam Jozef twaalfduizend, uit [de] stam Benjamin twaalfduizend verzegelden. Op het eerste gezicht is deze opsomming eentonig: wanneer er uit elk van de twaalf stammen twaalfduizend mensen worden verzegeld, is het totale aantal verzegelden honderdvierenveertigduizend. Maar bij nader inzien is er met die opsomming iets bijzonders aan de hand. De volgorde waarin de stammen worden genoemd, is niet de volgorde waarin de stamvaders werden geboren en wijkt af van de volgorde waarin de stammen door de aartsvader Jakob aan het eind van diens leven werden gezegend. Toen Jakob zijn zonen zegende, betrof dit: Ruben (de eerstgeborene), Simeon, Levi, Juda, Zebulon, Issaschar, Dan, Gad, Aser, Naftali, Jozef en Benjamin (de jongste, zie Genesis 49). Maar in Openbaring 7 is de volgorde: Juda, Ruben, Gad, Aser, Naftali, Manasse, Simeon, Levi, Issaschar, Zebulon, Jozef en Benjamin. De volgorde van de stammen is op een aantal manieren gewijzigd:

a. De stam Dan wordt in Openbaring 7:1-8 niet genoemd, en uit deze stam wordt er dus niemand verzegeld. In het visioen van Johannes is Dan door Manasse vervangen. In de Bijbel wordt er dikwijls gesproken over de stammen

207

"Manasse en Efraïm". In plaats van de stamvader (Jozef) worden dan de namen van zijn beide zonen vermeld. In Openbaring 7 komt de bekende Bijbelse uitdrukking "Manasse en Efraïm" echter niet voor. Johannes spreekt over "Manasse en Jozef". Hij noemt de zoon en de vader, als twee aparte stammen!

b. Juda is door Johannes naar voren gehaald, en vóór Ruben geplaatst.

c. Simeon, Levi, Issaschar en Zebulon zijn naar achteren opgeschoven en de volgorde van Zebulon en Issaschar is omgedraaid. De namen van deze vier stammen zijn door Johannes geplaatst tussen "Manasse" (Jozefs eerstgeborene) en Jozef zelf.

Naar de reden van deze wijzigingen kunnen we alleen maar gissen, omdat de Bijbel weinig informatie verschaft.

Ad a. De stam Dan wordt door Johannes vermoedelijk niet vermeld omdat deze stam bij het aanbreken van de dag van de Heer niet meer zal bestaan. Als er geen levende nazaten van Dan zijn overgebleven, kunnen er uit deze stam ook geen mensen verzegeld worden. Dan was de eerste stam in Israël die afgoden begon te dienen, en de Danieten zetten deze praktijk voort tot zij door de Assyriërs in ballingschap werden gevoerd (Richteren 18:29-31, 1 Koningen 12:29-30 en 2 Koningen 10:29). Nu had Mozes in de wet gezegd:

"Laat er... geen man of vrouw, geen geslacht of stam zijn, wier hart zich... van de HERE, onze God afwendt om de goden dezer volken te gaan dienen... [want] dan zal de HERE die man niet willen vergeven, maar zullen de toorn en de ijver des HEREN tegen hem branden; heel de vloek, die in dit boek opgetekend staat, zal op hem rusten, en de HERE zal zijn naam uitwissen onder de hemel. De HERE zal hem uit alle stammen van Israël afzonderen ten verderve..." (Deuteronomium 29:18,20-21)

Wanneer de dag van de Heer aanbreekt, zal de vloek van Deuteronomium 29:20-21 in vervulling zijn gegaan. Omdat Dan een "wortel" is geweest die "gif en alsem" heeft voortgebracht, heeft de HEERE de naam van die stam uitgewist van onder de hemel en de stam laten uitsterven. Maar het laatste woord is daarmee niet gezegd, want vele Danieten zullen worden opgewekt uit de doden en het nieuwe Jeruzalem mogen binnengaan. Één van de poorten van die heilige stad draagt de naam Dan (Openbaring 21:12). En Dan heeft een erfdeel in het toekomstige nieuwe Israël (Ezechiël 48).

Ad b. Omdat Ruben zijn eerstgeboorterecht heeft verspeeld, is deze stam misschien naar achteren geschoven. Ruben heeft zich vergrepen aan de bijvrouw van zijn vader (Genesis 35:22, 49:4). Vanwege dat misdrijf heeft Jakob Ruben diens eerstgeboorterecht ontnomen en het geschonken aan Jozef (1 Kronieken 5:1-2, vgl. Genesis 48:5). Binnen Israël kreeg de eerstgeborene een dubbel erfdeel, en dus kregen Jozefs zonen Manasse en Efraïm ieder een eigen erfdeel en werden zij beschouwd als aparte stammen. Omdat hij als eerstgeborene een dubbel deel kreeg wordt Jozef in Openbaring 7 twee maal vermeld en worden er van hem geen twaalf- maar vierentwintigduizend nakomelingen verzegeld. Onder de "slaven van onze God" heeft Jozef een dubbel deel. Het blijft raadselachtig waarom Efraïm niet onder zijn eigen naam maar onder de naam van zijn vader in de lijst is opgenomen, en niet onmiddellijk na Manasse is vermeld. Mogelijk houdt dit verband met het feit dat de stam Efraïm evenals de stam Dan afgodendienst in Israël heeft geïntroduceerd (Richteren 17, Hosea 4:17). De naam Efraïm is daarom "uitgewist" en door de naam Jozef vervangen. Toch is er ook voor Efraïm nog een toekomstige zegen weggelegd. In het toekomstige nieuwe Israël zal deze stam evenals de stam Dan ondanks haar ontrouw een erfdeel ontvangen (Ezechiël 48).

Waarom Juda vooraan is gezet, is niet moeilijk te raden. Het boek Openbaring is immers een beschrijving van de "openbaring van Jezus Christus" (1:1), en de ware Zoon van David, de Messias, is uit deze stam voortgekomen (1 Kronieken 5:2, Genesis 49:8,10). Juda werd in de loop van de geschiedenis "de sterkste onder zijn broeders" (1 Kronieken 5:2). Aan hem is beloofd dat "de volken hem gehoorzaam zullen zijn" (Genesis 49:10). De vervulling van die belofte wordt in het boek Openbaring beschreven. De Messias zal de volken immers hoeden met een ijzeren staf (2:27, 12:5, 19:15). Bovendien was Juda de stam die de HEERE het langste trouw bleef. Maar uiteindelijk verviel zelfs Juda tot afgodendienst en werd door koning Nebukadnezar in ballingschap gevoerd.

Ad c. Aan de volgorde van de namen Issaschar en Zebulon kan vermoedelijk geen bijzondere betekenis worden gehecht, want in de Thora staat meestal:

209

"Issaschar en Zebulon" (Genesis 35:23, Exodus 1:3), maar soms ook "Zebukon en Issaschar" (zie b.v. Genesis 49:13-14). Simeon en Levi zijn wellicht naar achteren geplaatst omdat deze zonen van Jakob de inwoners van Sichem op slinkse wijze hebben vermoord. Zij wilden de verkrachting van hun zuster Dina wreken (Gen.34), maar gingen in hun wraakzucht alle perken van het recht te buiten en bezorgden hun vader een slechte naam.

De honderdvierenveertigduizend verzegelden zijn uitverkorenen van God, en zullen op het wereldtoneel een bijzondere rol spelen, maar het heil is niet tot hen beperkt. Ze staan niet model voor "de kerk van alle eeuwen" of voor "het verloste deel van de mensheid". Want in Openbaring 14:4 wordt over hen gezegd: "Dezen zijn uit de mensen gekocht als *eerstelingen* voor God en het Lam". De verzegelden zijn het begin van een latere, veel grotere oogst. De boodschap die zij namens God mogen doorgeven (14:5) is waarschijnlijk het middel waardoor de Almachtige die oogst zal binnenhalen.

De grote menigte (7:9-17)

"Daarna zag ik en zie, een grote menigte die niemand kon tellen, uit elke natie en [alle] geslachten en volken en talen, stond vóór de troon en vóór het Lam, bekleed met lange witte kleren en [met] palmtakken in hun handen. En zij riepen met luider stem de woorden: 'Het heil aan onze God die op de troon zit en aan het Lam'. En alle engelen stonden rond de troon en de oudsten en de vier levende wezens, en zij vielen op hun gezicht neer vóór de troon en aanbaden God en zeiden: 'Amen! De lof en de heerlijkheid en de wijsheid en de dankzegging en de eer en de kracht en de sterkte zij onze God tot in alle eeuwigheid! Amen'. En één van de oudsten antwoordde en zei tot mij: 'Dezen die bekleed zijn met lange witte kleren, wie zijn zij en vanwaar zijn zij gekomen?' En ik zei tot hem: 'Mijn heer, u weet het'. En hij zei tot mij: 'Dezen zijn het die uit de grote verdrukking komen; en zij hebben hun lange kleren gewassen en ze wit gemaakt in het bloed van het Lam. Daarom zijn zij vóór de troon van God en zij dienen Hem dag en nacht in zijn tempel; en Hij die op de troon zit zal zijn tent over hen uitbreiden. Zij zullen geen honger en geen dorst meer hebben en de zon zal op hen geenszins vallen, noch enige hitte; want het Lam dat in [het] midden van de troon

is, zal hen weiden en hen leiden naar bronnen van levenswateren, en God zal elke traan van hun ogen afwissen.'"

Nadat hij had gezien hoe er op aarde honderdvierenveertigduizend Israëlieten door een engel worden verzegeld, ontving Johannes een nieuw visioen. Openbaring 7:9 begint namelijk met de Griekse uitdrukking *meta tauta* ("na deze dingen"). De ziener keek niet meer vanuit de hemel naar de aarde (zoals in Openbaring 7:1-8) maar hij zag in de hemel plotseling een menigte staan, "vóór de troon en vóór het Lam". Uit de voorafgaande visioenen blijkt, dat die troon (4:2) en dat Lam (5:6) zich in de hemel bevinden. De mensenmassa die Johannes zag vormt in minstens drie opzichten de tegenpool van de verzegelden op aarde:

i. Van de menigte wordt gezegd dat "niemand haar kan tellen", terwijl de verzegelden wél waren geteld. Het waren er immers twaalfduizend uit elk van de twaalf stammen, dus in totaal honderdvierenveertigduizend mensen.

ii. De menigte bevindt zich in de hemel, vóór de troon en vóór het Lam, maar de honderdvierenveertigduizend bevinden zich op aarde. Zij moeten immers door een zegel worden beschermd tegen de gevolgen van de plagen die God over de aarde brengt (7:1-3, 9:4).

iii. Van de menigte wordt gezegd dat zij afkomstig is "uit *elke natie* en alle geslachten *en volken en talen*", terwijl de verzegelden afkomstig zijn "uit elke stam van de zonen van *Israël*".

Alle verzegelden zijn afkomstig uit het volk *Israël*. Zij zijn zorgvuldig uitgekozen uit de twaalf stammen van de Joodse natie. De grote menigte bestaat daarentegen uit mensen van *elke* nationaliteit, *elk* volk en *elke* taal. Geen enkele natie en geen enkele taal is in de grote menigte niet vertegenwoordigd. En het aantal mensen is zó groot dat het ontelbaar is.

Terwijl het visioen van de honderd-vier-en-veertigduizend een *terugblik* was, en liet zien wat er vóór het losbarsten van de toorn van God op aarde moet plaatsvinden, is het visioen van de grote menigte een *vooruitblik* op de oogst die dankzij Gods oordelen en dankzij de prediking van Gods "slaven" wordt binnengehaald. "Wanneer Uw gerichten op aarde zijn, leren de inwoners der wereld gerechtigheid" heeft Jesaja eens gezegd (Jesaja 26:9). Op de gerichten die er bij het aanbreken van de dag van de Heer zullen plaatsvinden is dit ook van toepassing. Van de honderd vier en veertig duizend wordt in de Openbaring gezegd dat zij "uit de mensen gekocht zijn als *eerstelingen* voor God en het Lam" (14:4). De grote menigte is blijkbaar de oogst waarvan de honderdvierenveertigduizend de eerstelingen warem.

De grote menigte bevindt zich **"vóór de troon** [van God] **en vóór het Lam".** Ze bestaat dus uit verloste mensen die zijn opgestaan uit de doden en die bij hun opstanding een zondeloos en onvergankelijk leven hebben ontvangen. Wat Johannes ziet zal pas werkelijkheid worden nadat de "eerste opstanding" heeft plaatsgevonden (vgl. Openbaring 20:4-6). De mensenmassa vóór de troon was **"bekleed met lange witte kleren"** en ieder van hen had **"palmtakken in de handen".** Hun witte kleren zijn een zinnebeeld van zondeloosheid em van feeestvreugde. Het Lam heeft hen van hun zonden "gewassen" of "bevrijd" door Zijn bloed (1:5, 7:14). De palmtakken die zij in hun handen hebben verwijzen naar het Loofhuttenfeest (vgl. 7:15-16). Van dat feest heeft de HERE gezegd:

"Op de eerste dag zult gij vruchten van sierlijke bomen nemen, takken van **palmen** *en twijgen van loofbomen en van beekwilgen, en gij zult vrolijk zijn voor het aangezicht van de HERE, uw God, zeven dagen lang... In loofhutten zult gij wonen zeven dagen"* (Leviticus 23:40,42)

"Toen vonden zij in de wet, die de HERE door de dienst van Mozes gegeven had, geschreven, dat de Israëlieten op het feest in de zevende maand in loofhutten zouden wonen en dat zij een bevel zouden uitvaardigen en laten omroepen in al hun steden en in Jeruzalem van deze inhoud: Trekt uit naar het gebergte en brengt het loof van de olijfboom, van de olijfwilg, van de mirt, van **palmen**, *van loofbomen, om loofhutten te maken, zoals geschreven staat"* (Nehemia 8:15-16)

De menigte die Johannes zag bevond zich eens op verre afstand van de HEERE, zoals Israël ooit vertoefde in de woestijn. Maar nú is ze thuisgekomen, en ze verkeert in Gods nabijheid. Uit de viering van het Loofhuttenfeest blijkt bovendien dat de oogst is binnengehaald. Het Loofhuttenfeest werd immers gevierd in de zevende maand na het aanbreken van de lente, wanneer de opbrengst van het land was ingezameld

(Deuteronomium 16:13, Leviticus 23:39). Het is het "feest van de inzameling" (Exodus 23:16, 34:22).

De feestvierende menigte bij de troon roept **"met luider stem"**, dus uit volle borst: **"Het heil aan onze God die op de troon zit en aan het Lam!"** Men leest deze woorden meestal alsof er stond: "Het heil VAN onze God... en VAN het Lam". Met die roep zou de menigte erkennen dat zij door God en door het Lam is gered. En dat zou natuurlijk beslist waar zijn, maar het is niet wat er in Openbaring 7:10 staat. De menigte roept: "Het heil AAN onze God... en AAN het Lam". Het heil is voor God en voor het Lam *bestemd*. De Schepper en zijn Zoon hebben er naar uitgekeken. De feesten die jaarlijks in Israël werden gevierd waren geen feesten van *Israël*, maar feesttijden van de *HEERE* (Leviticus 23:2,4,37,44; 2 Kronieken 2:4, Ezra 3:5). Ook het Pesachfeest was geen feest van *Israël*, maar een Pascha voor de *HEERE* (Numeri 28:16). Zoals Israël feest vierde voor de HEERE (Numeri 28:12), zo doet de grote menigte vóór de troon dit ook. De viering van het Loofhuttenfeest op aarde wees vooruit naar de vreugde van de ontelbaar grote menigte in de hemel.

Rond de troon, de vierentwintig oudsten en de vier levende wezens waren de engelen die Johannes al eerder had gehoord en gezien (5:11). Toen had hij opgemerkt: "hun getal was tienduizenden tienduizendtallen en duizenden duizendtallen", hier zegt hij dat "alle" engelen zich rond de troon hebben verzameld. Ze zijn gekomen om het resultaat van Gods verlossingswerk te zien en ze stemmen in met de lofprijzing van de menigte.

Johannes zegt van de engelen dat zij "rond" de troon staan, en van de ontelbare menigte dat die "voor" de troon staat. De troon heeft misschien de vorm van een halve cirkel. De mensen staan voor die halve cirkel, terwijl de engelen in een wijdere kring rondom de troon en rond de menigte staan.

In een eerder visioen hadden de engelen geroepen: "Het Lam dat geslacht is, is waard te ontvangen de kracht en rijkdom en wijsheid en sterkte en eer en heerlijkheid en lof!" (Openbaring 5:12). Door de verschijning van de grote menigte is die heerlijkheid zichtbaar geworden. De engelen stemmen dus in met de lofprijzing van de menigte. Hun handelen is in overeenstemming met wat ze zeggen. Ze vallen neer vóór de troon en bewijzen God eer. Wat deze

213

"aanbidding" inhoudt wordt door Johannes uitgelegd. Ze zeggen: "Amen! De lof en de heerlijkheid en de wijsheid en de dankzegging en de eer en de kracht en de sterkte zij onze God tot in alle eeuwigheid [15]! Amen!" (Openbaring 7:12).

Omdat het Hebreeuwse woord Amen "Zó *zal* het zijn" betekent, is met de aankomst van de grote menigte in de hemel het *begin* van Gods "heil" (7:10) zichtbaar geworden, maar het *einddoel* van Gods handelen nog niet bereikt. Zijn plannen zullen pas zijn voltooid aan het eind van de "eeuwen van de eeuwen", wanneer "elk schepsel dat in de hemel en op de aarde en onder de aarde en op de zee is, en alles wat daarin is" met de lofzang ven de engelen is gaan instemmen (Openbaring 5:13) en er in heel de schepping geen enkele vijandschap of vervreemding meer bestaat.

"Antwoordde en zei" is een Hebraïsme. Dezelfde uitdrukking komt voor in de wet van Mozes (Numeri 32:31), de evangeliën (Mattheüs 12:38, 25:9; plus Markus 5:9 en Lukas 3:16 in de Statenvertaling) en het boek Handelingen (Handelingen 15:13). Wat de oudste tegen Johannes zegt is een antwoord op wat de engelen zongen: dat God in de eeuwen der eeuwen DE lof en DE heerlijkheid en DE wijsheid en DE dankzegging en DE eer en DE kracht en DE sterkte zal ontvangen. De zevenvoudige herhaling van het bepaald lidwoord (het woord "DE") geeft aan, dat AL Gods schepselen Hem eens ALLE lof, heerlijkheid, wijsheid, dankzegging, eer, kracht en sterkte zullen toebrengen. Omdat de oudste reageert op wat de engelen zingen, is wat hij zegt een "antwoord". Maar het is ook een retorische vraag:

"Dezen die bekleed zijn met lange witte kleren, wie zijn zij en vanwaar zijn zij gekomen?" De oudste en Johannes zien dat er een groep mensen in de hemel is aangekomen, en de oudste zegt tegen zijn metgezel: "Wie zijn dat en waar komen ze vandaan?" Hij stelt die vraag niet, omdat hij het antwoord niet weet, maar om de aandacht van de ziener en van elk mens die naar de boodschap van het laatste Bijbelboek luistert (1:3) op de betekenis van het visioen te vestigen. De vraag van de oudste is een opstapje om over het visioen uitleg te kunnen geven. Johannes begrijpt de bedoeling van de vraag, want hij zegt: **"Mijn heer, u weet het"**.

---

[15] In de oorspronkelijke tekst van Openbaring 7:12 staat *eis tous aioonas toon aioonoon*, "in de eeuwen van de eeuwen". De vertaling "in alle eeuwigheid" is niet correct.

De oudste had gevraagd:

a. Wie zijn dat?, en:
b. Vanwaar zijn ze gekomen?

In zijn uitleg worden beide vragen beantwoord. Het antwoord van de oudste heeft de vorm van een kruisstelling:

A. Dezen zijn het die uit de grote verdrukking komen
    B. En zij hebben hun lange kleren gewassen en ze wit gemaakt in het bloed van het Lam.
        C. Daarom zijn zij vóór de troon van God en zij dienen Hem dag en nacht in zijn tempel; en Hij die op de troon zit zal zijn tent over hen uitbreiden.
        C. Zij zullen geen honger en geen dorst meer hebben en de zon zal op hen geenszins vallen, noch enige hitte,
    B. Want het Lam dat in het midden van de troon is, zal hen weiden en hen leiden naar bronnen van levenswateren.
A. En God zal elke traan van hun ogen afwissen.

"Dezen zijn het die uit de grote verdrukking komen". In de oorspronkelijke Griekse tekst staat er een bepaald lidwoord voor het woord "verdrukking". De oudste zegt niet, dat de menigte "grote verdrukking" of "*een* grote verdrukking" achter de rug heeft, maar dat zij uit "DE grote verdrukking" komt. Het bepaald lidwoord wijst op een bijzondere periode van verdrukking waarover de profeten hebben gesproken. In de Bijbelse profetie vinden we een vergelijkbare uitdrukking op ten minste twee plaatsen.

*"Wee, want **groot** is die dag, **zonder weerga; een tijd van benauwdheid** is het voor Jakob; maar daaruit zal hij gered worden"* (Jeremia 30:7)

"Te dien tijde zal Michaël opstaan, de grote vorst, die de zonen van uw volk [d.i. het volk Israël] *ter zijde staat, en er zal **een tijd van grote benauwdheid** zijn, zoals er niet geweest is sinds er volken bestaan, tot op die tijd toe. Maar in die tijd zal uw volk ontkomen; al wie in het boek geschreven wordt bevonden"* (Daniël 12:1)

Jeremia en Daniël spraken over de komst van de dag van de Heer. Wanneer die dag aanbreekt, zal er een tijd van grote benauwdheid zijn. Jeremia zegt dat "Jakob", dus het volk Israël, dan door een ongekend grote verdrukking zal worden getroffen. Uit Daniëls visioen blijkt, dat ook de "volken" het dan enorm zwaar zullen krijgen, zó zwaar als ze het in de geschiedenis nooit hebben gehad. Zowel Jeremia als Daniël maken duidelijk dat het volk Israël tijdens de verdrukking niet volledig zal verdwijnen. Er zal redding en ontkoming voor hen zijn.

In Zijn rede op de Olijfberg sloot de Here Jezus zich bij de toekomstverwachting van het boek Daniël aan. Hij zei:

"Wanneer u dan de gruwel van de verwoesting, waarvan gesproken is door de profeet Daniël, zult zien staan in [de] *heilige plaats – laat hij die het leest, erop letten! – laten dan zij die in Judéa zijn, vluchten naar de bergen; laat hij die op het dak is, niet naar beneden gaan om de dingen uit zijn huis te halen; en laat hij die op het veld is, niet terugkeren naar achteren om zijn kleed te halen. Wee echter de zwangeren en de zogenden in die dagen. En bidt dat uw vlucht niet 's winters of op sabbat gebeurt. Want er zal dan een* **grote verdrukking** *zijn zoals er niet geweest is van* [het] *begin van* [de] *wereld af tot nu toe en er ook geenszins meer zal komen. En als die dagen niet werden verkort, zou geen enkel vlees behouden worden, maar ter wille van de uitverkorenen zullen die dagen worden verkort"* (Mattheüs 24:15-22, parallel in Markus 13:14-20)

Uit de woorden van de oudste blijkt, dat de "grote menigte die niemand kan tellen" *niet* een beeld is van de "kerk van alle tijden en plaatsen". De grote menigte is wel afkomstig uit alle plaatsen, ze bevat immers mensen "uit elke natie en alle geslachten en volken en talen" (7:9), maar ze is niet afkomstig uit alle tijden, want ze is bijeenverzameld tijdens de grote verdrukking, de unieke periode in de geschiedenis die door Jeremia, Daniël en de Here Jezus is aangekondigd. De menigte bestaat uit mensen die in die tijd zijn omgebracht, of ellendig zijn omgekomen. Maar God heeft hen opgewekt. Daarom staan ze vóór de troon en vieren feest in de hemel.

Over die menigte zegt de oudste: **"Zij hebben hun lange kleren gewassen en die wit gemaakt in het bloed van het Lam"**. Het Griekse woord *en* kan "in", "met", of "door" betekenen. In sommige vertalingen is vers 14 daarom als volgt weergegeven: "en die wit gemaakt door het bloed van het Lam". Een gewaad kan onmogelijk wit worden gemaakt door het in bloed te dompelen. Wat de oudste zegt is dus beeldspraak. Tijdens de grote verdrukking heeft de menigte het woord van God geloofd, en niet de propaganda van het beest. Ze heeft uitgezien naar het onvergankelijke leven dat het Lam verwierf door Zijn Vader tot de dood van het kruis trouw te blijven en heeft de herleving van het beest, dat van zijn dodelijke wond genas doordat er een geest uit de afgrond in hem voer (13:3-4, 13:12, 17:8) herkend als een bedrieglijke schijnopstanding. De menigte heeft daarom geweigerd om het beest goddelijke eer te bewijzen. En haar vertrouwen is niet vergeefs geweest. Zoals Christus stierf maar uit de dood verrees, zo is ook zij met een onvergankelijk leven uit de doden opgestaan.

"Witte kleren" waren in het verslag van Johannes al een aantal malen genoemd. Allereerst in de belofte voor de overwinnaars uit Sardis:

"Zij zullen met Mij wandelen in **witte** [kleren], *omdat zij het waard zijn"* (3:4)

Ook in de boodschap van de Mensenzoon voor de gemeente van Laodicea:

"Omdat u... de... naakte bent, raad Ik u aan... van Mij te kopen... **witte kleren**, *opdat u bekleed wordt en de schande van uw naaktheid niet openbaar wordt"* (3:17-18)

Daarna in het troonvisioen:

"Rondom de troon waren vierentwintig tronen, en op de tronen zaten vierentwintig oudsten, bekleed met **witte kleren**" (4:4)

En in het visioen waarin het vijfde zegel werd geopend:

"En aan ieder van hen [die geslacht waren om het woord van God en het getuigenis dat zij hadden] *werd* **een lang wit kleed** *gegeven, en hun werd gezegd dat zij nog een korte tijd moesten rusten, totdat ook hun medeslaven en hun broeders die gedood zouden worden evenals zij, voltallig zouden zijn"* (6:11)

Uit die laatste tekst blijkt dat de ontelbare menigte haar kleren heeft "gewassen en wit gemaakt in het bloed van het Lam" (7:14) door aan "het woord van God en het getuigenis van Jezus" vast te houden (6:9). Ze is ondanks de misleiding van het beest blijven geloven in het evangelie van het Koninkrijk en in de profetie betreffende de openbaring van Jezus Christus (13:3-4, vgl. 2 Thessalonicenzen 2:3). Tijdens de heerschappij van het beest werd zij vanwege haar standvastigheid "gehaat door alle volken" (Mattheüs 24:9), maar nu is ze gerehabiliteerd en viert feest. Want het beloofde Koninkrijk wordt nu op aarde gevestigd en de ware Messias, Jezus Christus, wordt geopenbaard zoals God het heeft beschikt.

De menigte bestaat uit discipelen van Jezus uit alle naties van de aarde die de talen van de volken spraken. Uit het feit dat ze "uit elke natie en alle geslachten en volken en talen" afkomstig is, kan niet worden afgeleid dat het *goyim* (niet-Joden) zijn. Er zijn immers Joden "uit elk van de volken die er onder de hemel zijn" (Handelingen 2:5). In Openbaring 6:11 worden de dragers van witte kleren "medeslaven en broeders" genoemd, en in het latere visioen van het nieuwe Jeruzalem wordt van hen gezegd:

"de troon van God en van het Lam zal daarin zijn en zijn slaven zullen Hem dienen, en zij zullen zijn aangezicht zien en zijn naam zal op hun voorhoofden zijn. En er zal geen nacht meer zijn en lamplicht en zonlicht hebben zij niet nodig, want [de] Heer, God, zal over hen lichten" (22:3-5).

De mededeling: "Zij dienen Hem dag en nacht in Zijn tempel, en Hij die op de troon zit zal Zijn tent over hen uitbreiden" (7:15) wordt aan het eind van het boek Openbaring (22:3-5) herhaald. De aanduidingen "medeslaven en broeders", "slaven die God dienen", "dag en nacht in Zijn tempel" wijzen op Joden uit de hele wereld. Het Joodse volk is immers een koninkrijk van priesters (Exodus 19:5-6, Deuteronomium 7:6, 10:15; Ezechiël 19:6. Jesaja 42:12, 43:20-21, 61:6, 1 Petrus 2:5,9). De grote menigte die Johannes zag bestaat dus mogelijk uit Joden, die niet alleen afkomstig zijn uit Israël maar uit alle landen van de wereld.

"Daarom zijn zij vóór de troon van God en zij dienen Hem dag en nacht in Zijn tempel". Het voegwoord "daarom" geeft aan dat de schrijver verwijst naar een heilsfeit dat het volk Israël kende. Bij het "wassen" en "wit maken" van lange kleren denkt iedere Israëliet aan wat er bij de berg Horeb heeft plaatsgevonden. Het volk moest zich gereedmaken voor de Godsverschijning op de berg door "hun klederen te wassen" (Exodus 19:14). Zo moesten ook de Levieten hun kleren wassen vóór ze dienst mochten doen in de tent der samenkomst (Numeri 8:21). Het was één van de ceremoniën waarmee de reiniging van zonde werd uitgebeeld. "Vuile kleren" zijn in de Bijbel een beeld van ongerechtigheid. Om God te kunnen dienen en tot Hem te kunnen naderen moeten zulke kleren gereinigd worden, of door een rein gewaad worden vervangen (Zacharia 3:1-10). Alleen wie volmaakt gereinigd is en de zonde voorgoed achter zich heeft gelaten, kan in Gods nabijheid verkeren en Hem dag en nacht dienen.

"En Hij die op de troon zit zal zijn tent over hen uitbreiden". Sommige uitleggers denken bij het woord "tent" aan de "tent der samenkomst", maar die interpretatie ligt niet voor de hand. In de voorafgaande hoofdzin had de oudste immers al gezegd, dat de menigte God "dag en nacht mag dienen in Zijn tempel". In de bijzin staat letterlijk dat Hij die op de troon zit "over hen zal tabernakelen". Het Griekse werkwoord *skenoo* is afgeleid van het zelfstandig naamwoord *skenos*, dat "tent" of "hut" betekent. God zelf zal de loofhut zijn waarin de menigte mag schuilen. Uit de palmtakken die ze in haar handen heeft (7:9) blijkt dat ze het Loofhuttenfeest viert, en de volgende zin luidt:

"Zij zullen geen honger en geen dorst meer hebben en de zon zal op hen geenszins vallen, noch enige hitte" (7:16). De menigte heeft de woestijn (de aardse verdrukking) achter zich gelaten en is in het beloofde land (het onvergankelijke leven) aangekomen. Toen ze in de grote verdrukking was, leed ze honger en dorst (vgl. 6:5-6, 6:8, 8:7, 8:11, 13:17, 16:4) en viel de zon op haar omdat ze moest vluchten voor oorlogsgeweld (vgl. 6:3-4), in de wildernis een toevlucht moest zoeken (12:13-14) en ondraaglijke hitte moest verdragen (vgl. 16:8-9). Maar dat alles is nu voorgoed voorbij.

"Want het Lam dat in [het] midden van de troon is, zal hen weiden en hen leiden naar bronnen van levenswateren". In zijn beeldspraak maakt de oudste een verrassende wending. Het Lam wordt een herder! Door Zijn dood, opstanding en hemelvaart heeft Hij de weg gebaand waarop de mensen die Hem toebehoren Hem mogen volgen. Hij zal Zijn kudde "weiden" (in de oorspronkelijke tekst staat eigenlijk: "hoeden") en haar leiden naar "bronnen van levenswateren". Dan zullen ze nooit meer honger of dorst, of last van de

219

hitte hebben. De uitdrukking "bronnen van levenswateren" verwijst naar profetieën van de Bijbel over Gods toekomstige tempel:

"Een rivier – haar stromen verheugen de stad Gods, de heiligste onder de woningen des Allerhoogsten" (Psalm 46:5)

"Een bron zal ontspringen uit het huis des HEREN en zal het dal van Sittim drenken" (Joël 3:18)

"Dan zullen te dien dage levende wateren uit Jeruzalem vlieten, de helft daarvan naar de oostelijke en de helft naar de westelijke zee; in de zomer zowel als in de winter zal dat geschieden" (Zacharia 14:8)

"Zie, er stroomde water onder de drempel van het huis uit, oostwaarts, want de voorzijde van het huis was op het oosten; het water vloeide onder de rechter zijkant van het huis vandaan, ten zuiden van het altaar" (Ezechiël 47:1 e.v.)

"En hij toonde Mij een rivier van levenswater, blinkend als kristal, die uitging van de troon van God en van het Lam" (Openbaring 22:1)

Omdat de HERE "DE Bron van levend water" is (Jeremia 2:13), bevat Zijn tempel "bronnen van levenswateren" (Zacharia 14:8). Wie Hem dag en nacht mogen dienen in Zijn tempel, bevinden zich bij deze bronnen en zullen nooit meer honger of dorst hebben. Maar bij de redding van zulke priesters zal het niet blijven. De Eeuwige zal elk mens die dorst heeft "geven uit de bron van het water van het leven om niet" (Openbaring 21:6). Iedere dorstige mag komen en ieder die wil mag het levenswater nemen" (Openbaring 22:17, vgl. Jesaja 55:1). Volstrekt gratis en totaal onverdiend!

"En God zal elke traan van hun ogen afwissen". In de woorden van de oudste worden twee profetieën van Jesaja gecombineerd. De Messias, de Knecht van de HEERE, zal worden gesteld "tot een verbond voor het volk om het land weder te herstellen, om verwoeste eigendommen weer tot een erfdeel te maken, om tot de gevangenen te zeggen: Gaat uit!, tot hen die in de duisternis zijn: Komt te voorschijn" (Jesaja 49:8-9). Over die bevrijde en verloste gevangenen wordt vervolgens gezegd:

"Aan de wegen zullen zij weiden, op alle kale heuvels zal hun weide zijn; **zij zullen hongeren noch dorsten, woestijngloed noch zonnesteek zal hen treffen, want hun Ontfermer zal hen leiden en hen voeren aan waterbronnen"** (Jesaja 49:9-10)

En over de HEERE der heirscharen die op de berg Sion "voor alle volken een feestmaal zal aanrichten" staat er geschreven:

"Hij zal voor eeuwig de dood vernietigen, en **de Here HERE zal de tranen van alle aangezichten afwissen** *en de smaad van Zijn volk zal Hij van de gehele aarde verwijderen"* (Jesaja 25:8)

Eens zal in Jeruzalem "niet meer gehoord worden het geluid van geween of van geschreeuw" (Jesaja 65:19). Aan het eind van het boek Openbaring wordt dan ook gezegd:

"Zie, de tent van God is bij de mensen en Hij zal bij hen wonen, en zij zullen zijn volken zijn en God zelf zal bij hen zijn, en **Hij zal alle tranen van hun ogen afwissen,** *en de dood zal niet meer zijn,* **noch rouw, noch geklaag, noch moeite zal er meer zijn,** *want de eerste dingen zijn voorbijgegaan"* (Openbaring 21:3-4).

Israëls zegen zal zich uiteindelijk uitstrekken tot de hele mensheid.

Jesaja heeft gezegd: "De Here HERE zal *de tranen van alle aangezichten* afwissen" (Jesaja 25:8). Maar in het visioen van Johannes zegt de oudste: "God zal *elke traan van hun ogen* afwissen" (7:17). Die laatste formulering, "elke traan", wijst op elk verdriet, hoe groot of hoe klein ook, en de formulering van Jesaja, "alle aangezichten" wijst op ieder mens. De Eeuwige heeft op elk verdriet acht geslagen, niets is aan Hem voorbij gegaan. Hij zal smart en rouw volmaakt opheffen, elke emotionele wond helen en de verloste mensheid volmaakte blijdschap verschaffen. Voor wie aan enorme verschrikkingen wordt blootgesteld mag dit een diepe troost zijn. Maar het is ook een troost voor wie weinig hoeft mee te maken. Tegen zo iemand zal God niet zeggen: "Kijk eens naar je buren of je voorouders, die waren er veel erger aan toe dan jij". De Eeuwige neemt een kleine smart even ernstig als een grote, want Hij heelt *alle* smart. Zijn werken zijn volmaakt.

Hoofdstuk 8

Het zevende zegel en het gouden wierookvat (8:1-5)

"En toen het [Lam] het zevende zegel opende, kwam er een stilzwijgen in de hemel, ongeveer een half uur. En ik zag de zeven engelen die vóór God staan en hun werden zeven bazuinen gegeven. En een andere engel kwam en hij ging bij het altaar staan met een gouden wierookvat; en hem werden veel reukwerken gegeven, opdat hij [kracht] zou geven aan de gebeden van alle heiligen op het gouden altaar dat vóór de troon was. En de rook van de reukwerken steeg op met de gebeden van de heiligen uit [de] hand van de engel vóór God. En de engel nam het wierookvat en vulde het met het vuur van het altaar en wierp dat op de aarde; en er kwamen donderslagen, stemmen, bliksemstralen en een aardbeving"

In het boek Openbaring volgen drie reeksen van zeven handelingen (opening van zegels, blazen van bazuinen, uitgieten van schalen) elkaar op en valt de zevende van de reeks telkens weer in zeven nieuwe handelingen uiteen. Dit patroon doet denken aan wat het volk Israël in opdracht van God moest doen bij de stad Jericho, toen ze het beloofde land binnentrokken. De HEERE heeft toen tegen Jozua gezegd:

"Zie, Ik geef Jericho met zijn koning, de krachtige helden, in uw macht. **Gij moet om de stad heen trekken, terwijl alle krijgslieden één maal om de stad heen gaan; zó moet gij zes dagen doen,** *terwijl zeven priesters zeven ramshorens voor de ark uit dragen.* **Maar op de zevende dag moet gij zevenmaal om de stad heen trekken** *en de priesters zullen op de horens blazen. Wanneer men op de ramshoorn de toon aanhoudt en gij het geluid van de hoorn verneemt, dan moet het gehele volk een luid gejuich aanheffen en de stadsmuur zal ineenstorten en het volk moet daarop klimmen, ieder recht voor zich uit"* (Jozua 6:2-5)

Als aanvulling op het gebod van de HEERE had Jozua het volk bevolen:

*"*Gij zult **niet juichen** *en* **uw stem niet laten horen,** *ja,* **laat er geen woord uit uw mond uitgaan** *tot op de dag dat ik u zeg: Juicht! – dan moet gij juichen"* (Jozua 6:10)

Wat Johannes in de hemel zag gebeuren, lijkt op wat er eens op aarde plaatsvond, bij de stad Jericho. Het Lam, dat in het Hebreeuws óók Jozua heet, opent het laatste zegel van de verzegelde boekrol. De akte is nu geheel leesbaar. De Losser die door het betalen van een prijs een verloren geraakt "lotsdeel" heeft gekocht, kan dat gebied nu voor de wettige eigenaar gaan opeisen. Net zoals Israël het beloofde land in bezit ging nemen toen het volk de Jordaan was overgestoken. De eerste plaats die werd opgeëist voor de HEERE was de stad Jericho. Toen de Israëlieten tegen die stad optrokken moesten zij een doodse stilte bewaren. Alleen het geluid van de ramshoorn mocht worden gehoord: zes dagen lang tijdens één enkele omgang rond de stad en op de zevende dag gedurende zeven omgangen.

Zoals de HEERE tegen Jozua zei: "Ik geef Jericho met zijn koning, de krachtige helden, in uw macht" (Jozua 6:2), zo heeft Hij nu tegen de Messias gezegd: "Het koningschap over de wereld is aan jou, jij zult als koning heersen tot in de eeuwen der eeuwen" (vgl. 1:5-6, 2:26-28, 3:21, 5:9-10, 5:12-13, vgl. 11:15). Zoals Jericho uiteindelijk viel, zo horen we in het laatste Bijbelboek: "Gevallen, gevallen is het grote Babylon!" (Openbaring 14:8, 18:2). Zoals Jericho's muur uiteindelijk ineenstortte (vermoedelijk vanwege een aardbeving, Jozua 6:5,20), zo vindt er bij het uitgieten van de laatste toornschaal een ontzaglijke aardbeving plaats, waardoor de steden van de volken instorten (Openbaring 16:18-19). Zoals Jericho met vuur werd verbrand (Jozua 6:29), zo zal Babylon met vuur verbrand worden (Openbaring 18:8,9,18).

Zoals Israël gedurende zes dagen éénmaal, en op de zevende dag zevenmaal, om Jericho heentrok, in doodse stilte, zo valt er wanneer het Lam de boekrol volledig heeft geopend een diepe stilte in de hemel, waarna er zeven "bazuinen" worden geblazen – terwijl de zevende bazuin uiteenvalt in de zeven schalen van de zeven laatste plagen.

Het Bijbelboek Zacharia laat zien wat de zinnebeeldige betekenis van een hemels stilzwijgen is. Nadat hij zijn derde nachtgezicht heeft beschreven zegt die profeet:

"Zwijg, al wat leeft, voor het aangezicht des HEREN, **want Hij maakt zich op uit zijn heilige woning"** (Zacharia 2:13).

En de profeet Habakuk zegt, nadat hij een oordeel over alle afgodendienaars aangekondigd heeft:

*"… de HERE is in Zijn heilige tempel. **Zwijg** voor Hem, gij ganse aarde!"* (Habakuk 2:20)

Het stilzwijgen geeft aan dat God "zich opmaakt" om zijn heilige woning te verlaten en rechtstreeks in het wereldgebeuren te gaan ingrijpen. Zijn gerichten zullen openbaar worden. Wat er na dit stilzwijgen gaat gebeuren, zal in toenemende mate de hand van de Almachtige laten zien en niet meer aan menselijk handelen kunnen worden toegeschreven.

De "zielen onder het altaar" hebben tot God geroepen en gevraagd: "Tot hoelang, heilige en waarachtige Heerser, oordeelt en wreekt U ons bloed niet aan hen die op de aarde wonen?" (Openbaring 6:10). De gelovigen die de grote verdrukking meemaakten hebben dag en nacht tot God geroepen en Hem gesmeekt of Zijn rijk spoedig mocht komen (Lukas 18:7). De verhoring van zulke gebeden is nu aanstaande. De HEERE is zich aan het gereedmaken. Hij zal het bloed van de martelaren gaan wreken en al het begane onrecht gaan rechtzetten. Alle schepselen mogen daarom "stil zijn". In de Hebreeuwse Bijbel staat hierover geschreven:

*"Goed is het, **in stilheid** te wachten op het heil des HEREN"* (Klaagliederen 3:26)

En:

*"Waarlijk, mijn ziel keert zich **stil** tot God, van Hem is mijn heil"* (Psalm 62:2)

Na het halve uur stilte zullen er ontzagwekkende gerichten losbarsten, maar spoedig zal Gods heil zichtbaar worden en het rijk van de Messias aanbreken waarnaar duizenden jaren lang is uitgezien.

En ik zag de zeven engelen die vóór God staan en hun werden zeven bazuinen gegeven. Uit het bepaald lidwoord dat Johannes gebruikt, blijkt dat hij in zijn boek al eerder over deze engelen had gesproken. Hij noemt hen DE zeven engelen, engelen die zijn Joodse lezers kennen. In eerdere visioenen noemde hij hen: "de zeven geesten die voor Gods troon zijn" (Openbaring

1:4), "de zeven geesten van God", die zijn "uitgezonden over de hele aarde" (Openbaring 3:1, 4:5, 5:6). In de Bijbel wordt gezegd, dat God "Zijn engelen tot geesten maakt en Zijn dienaars tot een vuurvlam" (Psalm 104:4, Hebreeën 1:7). Engelen zijn dus geesten. De zeven boodschappers die in Openbaring 8:2 worden genoemd zijn heel bijzondere engelen. Ze staan "vóór God", als hooggeplaatste hovelingen voor Zijn troon. In het boek Daniël worden ze "wachters" genoemd (Daniël 4:13,17,23) omdat ze op Gods bevelen wachten en klaarstaan om die uit te voeren. De engel Gabriël is één van de zeven, want tegen de priester Zacharia, de vader van Johannes de Doper, zei hij: "Ik ben Gabriël, die voor God sta" (Lukas 1:19).

Uit de positie van de engelen ("vóór God", of "voor Gods troon") blijkt, dat de bazuinen aan hen worden gegeven om een opdracht van de Almachtige te gaan uitvoeren. Uit het feit dat ze op bazuinen moeten gaan blazen, blijkt dat er oorlog uitbreekt en dat de Almachtige ten strijde trekt (vgl. Openbaring 12:7, 16:14). Binnen Israël hadden "bazuinen" (zilveren trompetten en *sjofarim*, ramshoorns) een signaalfunctie. Ze dienden om het leger bij elkaar te roepen voor de oorlog, en om Israël "in gedachtenis te brengen voor het aangezicht van de HERE... zodat het van haar vijanden verlost zou worden" (Numeri 10:9). Wanneer richters of koningen het volk wilden oproepen tot de strijd of de vijand in verwarring wilden brengen, lieten ze op de hoorn blazen (Richteren 3:27, 6:34, 7:8,16,18; 1 Samuël 13:3). Bazuingeschal zal er volgens de profeten ook klinken wanneer de "grote dag des HEREN nabij is" (Jeremia 4:5, Joël 2:1-2; Zefanja 1:14-18).

"En een andere engel kwam en hij ging bij het altaar staan met een gouden wierookvat". De bewering dat deze "andere engel" de Messias zou zijn, is niet juist. De Zoon van God is volgens de Bijbel namelijk géén engel, Hij is ver boven de engelen verheven (Hebreeën 1:5-14, Efeze 1:20-23; 1 Petrus 3:22). Over de identiteit van de andere engel uit Openbaring 8:3 hoeven we niet te gaan fantaseren. De Bijbel zegt van hem alleen dat hij "een andere engel" is, dus niet één van "de zeven engelen is die vóór God staan".

Uit het feit dat de andere engel zich bij het altaar opstelt met een gouden wierookvat in zijn hand (8:3-4) blijkt dat hij de HEERE een reukoffer gaat brengen. De ceremoniën in het aardse heiligdom waren een zinnebeeld of een schaduw van de werkelijke eredienst die zich afspeelt in de hemel (Hebreeën

8:5, 9:23-24). Gloeiende kolen van het altaar werden in de eredienst van het volk Israël gebruikt om reukwerk te ontsteken voor de HEERE (Leviticus 16:12). Een gouden wierookvat hoorde bij het gerei van het Heilige der heiligen in de tempel en de tabernakel (Hebreeën 9:4, vgl. Leviticus 16:12-13). Het altaar dat Johannes vóór de troon zag staan moet het hemelse reukofferaltaar zijn, want in het aardse heiligdom stond het gouden reukofferaltaar "vóór het voorhangsel, dat vóór de ark der getuigenis is, vóór het verzoendeksel dat boven het getuigenis is"(Exodus 30:6). Het verzoendeksel van de ark (of, zoals Luther vertaalt, de "genadetroon") was de aardse troon van God. Daar kwam God met zijn volk samen (Exodus 30:6).

"en hem werden veel reukwerken gegeven, opdat hij [kracht] zou geven aan de gebeden van alle heiligen op het gouden altaar dat vóór de troon was. En de rook van de reukwerken steeg op met de gebeden van de heiligen uit [de] hand van de engel vóór God". Wat koning David ooit aan God vroeg: "Laat mijn gebed als reukoffer voor Uw aangezicht staan" (Psalm 141:2), dat ziet Johannes in zijn visioen gebeuren. Aan de engel worden "veel reukwerken gegeven"- ongetwijfeld in opdracht van God – en de engel zorgt ervoor dat de welriekende geur van die reukwerken zich mengt met de gebeden van de heiligen die zich op het gouden altaar bevinden, zodat ze gezamenlijk opstijgen tot God. De zinnebeeldige ceremonie van het aardse reukoffer verwees naar een hemelse realiteit: de gebeden van de heiligen die door de HEERE worden gehoord. De Almachtige verleent "geur" of "kracht" aan die gebeden. Menselijke gebeden zijn per definitie gebrekkig en onvolmaakt, maar de Schepper neemt die onvolmaaktheden weg zodat ze voor Hem aanvaardbaar worden. "Een bekrachtigd gebed van een rechtvaardige vermag veel" (Jakobus 5:16).

In allerlei Psalmen horen we wat Israëls "heiligen" tijdens de grote verdrukking zullen bidden:

'O God, houd U niet stil, zwijg niet en blijf niet werkeloos, o God.
Want zie, Uw vijanden tieren, Uw haters steken het hoofd op.
Zij smeden een listige aanslag tegen Uw volk,
En beraadslagen tegen uw beschermelingen.
Zij zeggen: Komt, laten wij hen als volk verdelgen,
Zodat aan de naam van Israël niet meer wordt gedacht....

226

Doe hun als Midjan, als Sisera, als Jabin aan de beek Kison" (Psalm 83:2-5,10)

"Zoals men de aarde doorploegt en openscheurt,
zo liggen onze beenderen verstrooid aan de rand van het dodenrijk...
Behoed mij voor de strik die zij mij spanden,
voor de vallen der bedrijvers van ongerechtigheid.
Laten de goddelozen in hun kuilen vallen,
altegader, terwijl ik ontkom" (Psalm 141:7,9-10)

"Geef hun naar hun handeling
en naar hun schandelijk gedrag,
geef hun naar het werk van hun handen,
vergeld hun naar hun doen" (Psalm 28:4)

"Vergeld onze naburen in hun boezem zevenvoudig
de smaad waarmee zij U bejegenen, o HERE" (Psalm 79:12)

"En de engel nam het wierookvat en vulde het met het vuur van het altaar en wierp dat op de aarde; en er kwamen donderslagen, stemmen, bliksemstralen en een aardbeving". Vuur dat op de aarde wordt geworpen is het symbool van een vernietigend oordeel dat door God wordt voltrokken en waarbij Zijn vijanden worden verdelgd. Een duidelijk voorbeeld is in Ezechiël 10:2 te vinden, en de betekenis van het symbool wordt verklaard in Ezechiël 9:1-10. Ook uit de volgende aankondigingen van de profeten blijkt, wat de handeling betekent:

"Ik zal vuur werpen in Magog en onder hen die in gerustheid de kustlanden bewonen, en zij zullen weten dat Ik de HERE ben" (Ezechiël 39:6)

"Vuur en zwavel zal Ik doen neerregenen op hem (= Gog), *op zijn krijgsbenden en op de vele volken die met hem zijn"* (Ezechiël 38:22)

"Doch Ik zal een vuur in zijn (= Israëls) *steden werpen; dat zal haar burchten verteren"* (Hosea 8:14)

Ik zal...

"vuur werpen in Hazaëls huis, zodat het Benhadads burchten verteert" (Amos 1:4)

"vuur werpen binnen de muur van Gaza, zodat het zijn burchten verteert" (Amos 1:7)

"vuur werpen binnen de muur van Tyrus, zodat het zijn burchten verteert" (Amos 1:10)

"vuur werpen in Teman, zodat het Bosra's burchten verteert" (Amos 1:12)

"vuur werpen in Juda, zodat het Jeruzalems burchten verteert" (Amos 2:5)

Wanneer God vuur op de aarde werpt, is het met de bolwerken van Zijn vijanden gedaan. In een eerder visioen had Johannes gezien, dat er "bliksemstralen, stemmen en donderslagen" van Gods troon uitgingen, voorboden van een naderende storm (4:5). Nu het vuur van het altaar op aarde is geworpen, worden die tekenen van Gods toorn voor de aardbewoners waarneembaar, in de vorm van een aardbeving (8:5).

De eerste bazuin (8:6-7)

"En de zeven engelen die de zeven bazuinen hadden, maakten zich gereed om te bazuinen. En de eerste bazuinde, en er kwam hagel en vuur vermengd met bloed, en het werd op de aarde geworpen, en het derde deel van de aarde verbrandde, en het derde deel van de bomen verbrandde, en al het groene gras verbrandde"

De zeven engelen zijn de zeven geesten van God waarover in de Openbaring al meerdere malen was gesproken (1:4, 3:1, 4:5, 5:6, 8:2). In Openbaring 5:6 waren ze "de zeven horens van het Lam" genoemd. Zoals de horens van een hoefdier als aanvalswapens kunnen worden gebruikt wanneer het dier zijn tegenstanders wil uitschakelen, zo strijden deze zeven engelen in opdracht van het Lam tegen Gods vijanden. Ze blazen in de hemel op ramshoorns, bazuinen of trompetten, en elk bazuinsignaal heeft dramatische gevolgen voor de mensen die op aarde leven.

Het Griekse voegwoord *kai* kan worden vertaald als "en", maar heeft in het Nieuwe Testament dikwijls ook een verklarende betekenis. In Openbaring 8:7 is dat laatste vermoedelijk het geval. Toen de eerste engel op zijn bazuin blies,

228

begon het op aarde te hagelen. Maar het was géén gewone hagel. Er kwam "hagel, *namelijk vuur vermengd met bloed, en het werd op de aarde geworpen"*. Er viel iets uit de lucht dat op hagel leek. Wat er naar beneden viel was echter niet wit maar rood van kleur. De hagelstenen bestonden niet uit ijs maar uit een gesteente dat rood was als bloed en heet als vuur. Het aardoppervlak werd door een regen van kleine hemellichamen getroffen. De gevolgen van die ongewone hagelbui waren vreselijk: *"het derde deel van de aarde* [dat wil in de Bijbel zeggen: het droge, het landoppervlak, zie Genesis 1:10] *verbrandde, en het derde deel van de bomen verbrandde, en al het groene gras verbrandde"*. Waar de "bui" viel, verbrandde alles – niet alleen de bomen en het gras, maar letterlijk alles. Eén derde van het landoppervlak op aarde werd volkomen verwoest.

Het groene gras wordt speciaal vermeld om aan te geven dat de hitte buitengewoon fel en de vernietiging totaal was. Loof van bomen en struiken is gevoeliger voor verbranding dan groen gras. Om de omvang van bosbranden te beperken legt de beheerder van een natuurgebied daarom dikwijls brandgangen aan. Maar in de ramp die Johannes zag gebeuren blijft er zelfs geen sprietje gras meer over. De dieren op het veld komen om. En onder de mensen die zich in het gebied bevinden waar de hagel valt zullen er ongetwijfeld talloze slachtoffers vallen. Het oordeel van de eerste bazuin komt overeen met de zevende plaag waarmee het land Egypte werd getroffen (Exodus 9:13-35). Daarbij kwam ieder die op het veld was om en van het veldgewas bleef er niets over.

Maar de ramp die Johannes zag was ernstiger. Er flikkerde hier geen vuur door de hagel *heen* (zoals in Egypte), maar de hagel *bestond* uit vuur, uit een gloeiendheet materiaal dat er uitzag als bloed. Toen de hagel ophield was één derde van het landoppervlak veranderd in een smeulende ashoop. Door de hagel met "bloed" te vergelijken laat Johannes zien dat de HEERE het bloed van Zijn uitverkorenen die tot Hem hebben geroepen (6:10) begint te wreken. Zij riepen: "Tot hoelang?", en het antwoord is: "Tot *nu*". De dag van de wraak is nu aangebroken. De aardbewoners worden door een plotseling verderf getroffen (1 Thessalonicenzen 5:3).

De tweede bazuin (8:8-9)

"En de tweede engel bazuinde, en [iets] als een grote berg, brandend van vuur, werd in de zee geworpen; en het derde deel van de zee werd bloed, en het derde deel van de schepselen in de zee, die zielen hadden, stierf, en het derde deel van de schepen verging"

Toen de tweede engel op zijn bazuin blies, zag Johannes "[iets] als een grote berg" dat in de zee werd geworpen. Het was geen berg, maar het had de afmetingen van een berg. Het zag er uit als een vulkaan die aan het uitbarsten is, want het brandde als vuur. Volgens de ziener zal het in antwoord op de tweede bazuinstoot vanuit de hemel in DE zee worden geworpen. In de oorspronkelijke tekst staat er een bepaald lidwoord voor het woord "zee". Het gaat blijkbaar om een bekende zee, een zee die iedere Bijbellezer zou moeten kennen.

Wanneer er in de Bijbel over DE zee wordt gesproken, dan betreft het niet de oceanen in het algemeen, of al het zoute water op onze planeet. In het eerste hoofdstuk van Genesis wordt immers het volgende gezegd:

"En God noemde het droge aarde, en de samengevloeide wateren noemde Hij **zeeën"**
(Genesis 1:10)

Wanneer Johannes het oog zou hebben gehad op de oceanen, dan zou hij hebben geschreven dat er "iets als een berg in de zeeën werd geworpen". Maar dat schreef de ziener niet. Uit het feit dat er in Openbaring 8:8 over "DE zee" wordt gesproken, blijkt dat Johannes het heeft over een zee die de zeven gemeenten kennen: de zee die aan hun provincie grenst, de Egeïsche of de Middellandse Zee. In sommige Bijbelboeken wordt die laatste "de grote zee" genoemd (Ezechiël 47:10). Het hemellichaam dat er uitziet als een berg en dat in die zee terechtkomt is vermoedelijk een asteroïde, een grote meteoor. De gevolgen van die inslag zijn vreselijk. Eén derde van het water in de zee neemt de kleur van bloed aan en wordt giftig. Alle dieren die in dat deel van de zee leefden, komen om. En alle schepen die er voeren vergaan, vanwege de enorme energie van de botsing en de vloedgolven die er het gevolg van zijn.

230

De derde bazuin (8:10-11)

"En de derde engel bazuinde, en er viel uit de hemel een grote ster, brandend als een fakkel, en zij viel op het derde deel van de rivieren en op de bronnen van de wateren. En de naam van de ster wordt Alsem genoemd. En het derde deel van de wateren werd alsem, en velen van de mensen stierven door de wateren, omdat zij bitter waren gemaakt"

Als de derde engel op zijn bazuin blaast, ziet Johannes een "grote ster" uit de hemel vallen. Terwijl het voorwerp dat eruit zag als een "grote berg" in zijn *geheel* brandde (8:8), brandt deze "grote ster" als "een fakkel", dat wil zeggen: *aan één kant*. De "ster, brandend als een fakkel" is daarom vermoedelijk een komeet. Maar het kan ook gaan om een meteoor die een lange weg door de aardse atmosfeer aflegt, en voor een menselijke waarnemer de aanblik van een fakkel biedt. Uit de mededeling van Johannes dat de ster "valt op het derde deel van de rivieren en op de bronnen van de wateren" blijkt dat het hemellichaam op zijn weg vergaat tot een gas of tot fijnstof dat over een derde deel van het landoppervlak wordt verspreid, en in het zoete water terechtkomt.

Het Griekse woord *apsinthos*, dat Johannes in vers 11 gebruikt, is de naam van een giftige plant ("alsem"), maar het betekent letterlijk: "ondrinkbaar". We zouden vers 11 dus ook als volgt kunnen vertalen:

"En de naam van de ster wordt Ondrinkbaar genoemd. En het derde deel van de wateren werd ondrinkbaar, en velen van de mensen stierven door de wateren, omdat zij bitter waren gemaakt".

De vallende ster maakt het zoete water giftig en ongenietbaar. Bitter is in de Bijbel de tegenpool van "smakelijk" of "zoet" (Openbaring 10:9-10), en in figuurlijke zin de tegenpool van "liefdevol" (Kolossenzen 3:19). Vanwege de zonde van afgoderij en valse profetie heeft de HEERE eens over Israël gezegd:

"Zie, Ik spijzig hen met alsem, Ik drenk hen met gifsap" (Jeremia 9:15, 23:15)

In het oordeel van de ballingschap is deze profetie van Jeremia in vervulling gegaan (Klaagliederen 3:15, 19). Nu ziet Johannes hoe de *volken* alsem te

231

drinken krijgen. En ook zij worden door Gods gericht getroffen vanwege afgoderij (vgl. Openbaring 9:20).

De vierde bazuin (8:12)

"En de vierde engel bazuinde, en het derde deel van de zon en het derde deel van de maan en het derde deel van de sterren werd getroffen, opdat het derde deel daarvan verduisterd zou worden en de dag voor een derde deel daarvan niet zou lichten en de nacht eveneens".

Wanneer de vierde engel op zijn bazuin blaast, leidt dit tot verduistering. Uit de woorden van Johannes blijkt dat het daglicht en het nachtelijke schijnsel van de maan en de sterren aan kracht inboeten. Van de normale lichtsterkte blijft maar twee derde over.

Het oordeel van de vierde bazuin is waarschijnlijk het gevolg van de drie bazuinstoten die eraan vooraf zijn gegaan. Door de branden die na het blazen van de eerste bazuin ontstonden, en door de inslagen van de tweede en derde bazuin zal er stof en rook in de atmosfeer terecht komen. Stof- en rookdeeltjes zullen het licht van de zon, de maan en de sterren tegenhouden waardoor er minder licht op het aardoppervlak valt (vgl. Openbaring 9:2). De profeten van de HEERE hebben voorzegd dat de dag van de Heer een dag van duisternis zal zijn (Jesaja 13:10, Joël 2:2, Amos 5:18,20; Zefanja 1:15).

De gerichten die tot de openbaring van de Messias en de vestiging van het messiaanse rijk leiden, nemen stapsgewijs in ernst en omvang toe. Aan de apokalyptische ruiters werd macht gegeven "over het *vierde* deel van de aarde om te doden" (Openbaring 6:8). Maar de bazuingerichten treffen het *derde* deel van de aarde, het zoete water en de zee (Openbaring 8:7-11). En door de schaalgerichten die Johannes later zag, worden de *hele* zee en *al* het zoete water aangetast (Openbaring 16:3,4).

De roep van de arend (8:13)

"En ik zag en ik hoorde één arend vliegen in [het] midden van de hemel, die met luider stem zei: Wee, wee, wee hun die op de aarde

232

wonen, vanwege de overige stemmen van de bazuin van de drie engelen die gaan bazuinen"

De vertaling van het Griekse woord *aetos* met "arend" is omstreden. Binnen het boek Openbaring komt dit woord voor in 4:7, 8:13 en 12:14. In Mattheüs 24:28 staat hetzelfde woord, en daar is het als "gier" vertaald. Het Griekse *aetos* is een equivalent van de Hebreeuwse naam *nesher.*

De uitdrukking "het midden van de hemel" (Gr. *mesouranema*) komt in het Nieuwe Testament slechts drie maal voor: in Openbaring 8:13, 14:6 en 19:17. Bij "het midden van de hemel" zou je kunnen denken aan het zenit, de plaats waar de zon rond het middaguur staat. Maar de uitdrukking kan ook in verticale zin worden opgevat. Het midden van de hemel betekent dan: "hoog in de lucht", op de helft van de afstand tussen het aardoppervlak en de bovengrens van de aardse atmosfeer. De vogel vliegt op een plek waar hij voor iedereen goed zichtbaar is en vanwaar zijn "luide stem" overal kan worden gehoord (vgl. 14:6).

Arenden of gieren kunnen niet spreken. De vogel die Johannes zag, is daarom een "teken". En dat teken wordt alleen goed begrepen als we bij het woord *aetos* aan een gier denken. Als er gieren verschijnen, is de dood nabij en zal een levend wezen dat zich op de grond bevindt spoedig in aas veranderen. De vogel die Johannes zag was dus een teken van het naderende einde van "hen die op de aarde wonen". De betekenis van het symbool wordt in Openbaring 19:17 verklaard. Vogels die zich in het midden van de hemel bevinden eten het "vlees van koningen, van oversten over duizend, van sterken, van paarden en van hen die daarop zitten en van allen, zowel van vrijen als van slaven, van kleinen als van groten" wanneer die koningen met hun legers gesneuveld zijn. Uit wat de vogel roept, blijkt de betekenis van het symbool. De gier schreeuwt luidkeels: **"Wee, wee, wee hun die op de aarde wonen".** Hun einde is nabij en het zal een afschuwelijk einde zijn. De uitdrukking "hun die op de aarde wonen" kan een aanduiding zijn van mensen die zich op aarde thuis voelen en die alles verwachten van hun huidige, vergankelijke bestaan. Maar de uitdrukking kan ook in letterlijke zin worden opgevat. In Filippenzen 2:13 staat "hen die op de aarde zijn" tegenover "hen die in de hemel" en "hen die onder de aarde" zijn. "Hen die op de aarde zijn" betekent daar: de op aarde levende mensen, in tegenstelling tot de gestorvenen (die onder de aarde zijn)

233

en de uit de doden opgestane, verheerlijkte mensen ("hen die in de hemel zijn"). De oordelen die Johannes zag, vinden plaats op het aardoppervlak. Tijdens de eerste vier bazuingerichten wordt dat oppervlak belaagd *vanuit de hemel* (8:7,8,10,12). Na het blazen van de vijfde en zesde bazuin zal de aarde worden geteisterd door *onderaardse* machten (9:2-3, 9:14). Steeds zijn de op het aardoppervlak levende mensen het doelwit.

Hoofdstuk 9

De vijfde bazuin (9:1-12)

"En de vijfde engel bazuinde, en ik zag een ster, uit de hemel op de aarde gevallen, en haar werd de sleutel van de put van de afgrond gegeven. En zij opende de put van de afgrond en er steeg rook op uit de put als rook van een grote oven; en de zon en de lucht werden verduisterd door de rook van de put. En uit de rook kwamen sprinkhanen voort op de aarde en hun werd macht gegeven zoals de schorpioenen van de aarde macht hebben. En hun werd gezegd dat zij geen schade mochten toebrengen aan het gras van de aarde, noch aan enig groen, noch aan enige boom, behalve aan de mensen die het zegel van God niet aan hun voorhoofden hebben. En hun werd gegeven dat zij hen niet zouden doden, maar dat zij hen vijf maanden zouden pijnigen; en hun pijniging was als [de] pijniging van een schorpioen wanneer hij een mens steekt. En in die dagen zullen de mensen de dood zoeken en hem geenszins vinden; en zij zullen begeren te sterven en de dood vlucht van hen weg. En de gedaanten van de sprinkhanen waren aan paarden gelijk, toegerust tot [de] oorlog; en op hun koppen was [zoiets] als kronen, aan goud gelijk, en hun gezichten waren als gezichten van mensen, en zij hadden haar als vrouwenhaar, en hun tanden waren als die van leeuwen, en zij hadden harnassen als ijzeren harnassen, en het gedruis van hun vleugels was als gedruis van wagens met vele paarden, die ten oorlog trekken; en zij hadden staarten, aan schorpioenen gelijk, en angels, en hun macht was in hun staarten om de mensen schade toe te brengen, vijf maanden lang. Zij hadden over zich als koning de engel van de afgrond; in het Hebreeuws is zijn naam Abaddon; en in het Grieks heeft hij [de] naam Apollyon. Eén 'Wee!' is voorbijgegaan, zie, er komt nog twee keer een 'Wee!' hierna".

Zodra de vijfde engel "bazuinde" (dus op zijn instrument blies) zag Johannes "een ster, uit de hemel op de aarde gevallen". Uit de vorm van het werkwoord "vallen" (een perfectum) blijkt, dat deze ster al op aarde was gevallen toen Johannes haar zag. In zijn visioen zag Johannes niet hoe ze viel, maar wat ze deed zodra de vijfde engel het signaal gaf.

Over sterren die uit de hemel op aarde vallen wordt in het laatste Bijbelboek op meerdere plaatsen gesproken. Wanneer het Lam het zesde zegel opent, "vallen de sterren van de hemel op de aarde, zoals een vijgenboom zijn onrijpe vijgen afwerpt als hij door een harde wind geschud wordt" (6:13). En wanneer de derde engel bazuint, "valt er uit de hemel een grote ster, brandend als een fakkel, op het derde deel van de rivieren en op de bronnen van de wateren" (8:10). In hoofdstuk 6 en 8 heeft het woord "ster" betrekking op een hemellichaam, een meteoor, een asteroïde of een komeet.

Maar in het visioen van "de grote draak" (12:3-9), zag Johannes een vuurrood ondier met een staart die "het derde deel van de sterren meesleept en die op de aarde werpt" (12:4). De symbolen in dat visioen worden in het boek Openbaring verklaard. De draak die Johannes zag is: "de oude slang die genoemd wordt duivel en de satan". En het meeslepen van de sterren door de staart van de draak beeldt uit dat de "engelen van de satan" met hem neergeworpen worden op de aarde, wanneer de duivel door Michaël en zijn engelen uit de hemel wordt verdreven (12:9).

Uit Openbaring 12:4 en 9 blijkt dat een ster die vanuit de hemel op aarde is gevallen, een engel uit het leger van de satan is. Op grond van het boek Job en van de profetie van Micha, de zoon van Jimla (1 Kon.22:19-23) weten we dat zulke kwaadaardige machten, net als de heilige engelen, onder het gezag van de HEERE staan. Het visioen van Johannes laat dit ook zien. De ster kan haar taak pas gaan vervullen wanneer de vijfde engel gebazuind heeft. En de sleutel om de put van de afgrond te openen wordt haar (van Hogerhand) *gegeven*. Ook aan de sprinkhanen, die Johannes vervolgens ziet wordt "volmacht" (=gezag, autoriteit of bevoegdheid) *verleend* om de mensheid te pijnigen. Ze kunnen de mensen pas gaan kwellen wanneer God hun daartoe opdracht geeft, en ze kunnen met hun pijniging geen dag langer doorgaan dan Hij toestaat.

Dat de ster in Openb.9:1 en 2 wordt aangeduid als "haar" en als "zij" houdt verband met het feit dat "ster" in het Nederlands een vrouwelijk woord is. In het Grieks is het woord *aster* mannelijk. Als we de Openb.9:1 en 2 letterlijk willen weergeven, zouden we dus moeten schrijven: "...en hem werd de sleutel van de put van de afgrond gegeven. En hij opende de put van de afgrond". Uit het volgende vers blijkt, dat die put op slot zit en dat de ster hem mag gaan openen.

236

Het woord put (Gr. *phrear*) is in de Septuagint, de Griekse vertaling van het OT, de aanduiding van een ondergronds reservoir waarin regenwater wordt opgeslagen. In Zeeland wordt zo'n opslagruimte een "tras" genoemd, en in algemeen beschaafd Nederlands heet het een "cisterne". Jozef werd door zijn broers in zo'n put geworpen (Gen. 37:22-24). Een dier kan erin vallen wanneer de opening niet afgedekt is (Ex. 21:33-34, Luk. 14:5). In een droge put kan men zich verstoppen (2 Sam. 17:18-19). De profeet Jeremia werd door zijn vijanden in een modderige put geworpen met de bedoeling dat hij daarin zou stikken (Jer. 38:6).

De opening die Johannes zag stond blijkbaar in verbinding met een diep reservoir, want het was "de put *van de afgrond*". In het NT is "de afgrond" een onderaardse ruimte die dient als gevangenis voor boze geesten (Luk. 8:31, 2 Petr. 2:4, Openb. 20:3,7). Uit Openbaring 9:2-12 blijkt ook, dat er in de afgrond kwade machten huizen.

Vers 2

"En zij opende de put van de afgrond en er steeg rook op uit de put als rook van een grote oven, en de zon en de lucht werden verduisterd door de rook van de put". Zodra de ster de put opent, stijgt er rook op uit de put. Blijkbaar gaat het om een dikke nevel want de zon wordt erdoor verduisterd en het zicht wordt belemmerd. Als een deken bedekt de rook het land in de omgeving van de put (vgl. Exod. 10:5). De beschrijving van Johannes heeft iets dubbelzinnigs. Wanneer het buiten koud is, kan er uit een waterreservoir een grondmist opstijgen. Maar de nevel die Johannes zag was zó dicht dat hij leek op de rook van een smeltoven. De rook uit de put doet denken aan de rook die uit de Jordaanstreek opsteeg toen de HEERE Sodom en Gomorra had omgekeerd (Gen. 19:28), of aan de rook die de Sinaï aan het oog onttrok toen de HEERE op die berg neerdaalde (Ex. 19:18).

Vers 3

"En uit de rook kwamen sprinkhanen voort op de aarde en hun werd macht gegeven zoals de schorpioenen van de aarde macht hebben". In het visioen van Johannes kwam de rook dichterbij. Wat er uit de put opsteeg leek vanuit de verte op rook, maar nu de wolk nadert blijkt het te gaan om een sprinkhanenzwerm. Een zwerm treksprinkhanen kan er uitzien als een donkere wolk die het zwerk verduistert (vgl. Joël 2:10). Maar wat Johannes zag waren geen gewone insecten. Want deze sprinkhanen eten geen gras, kruiden en bladeren van bomen en struiken, zoals normale sprinkhanen doen. Ze vormen geen bedreiging voor de plantenwereld, maar ze vallen *mensen* aan. Ze hebben gif en ze kunnen buitengewoon pijnlijk steken, als schorpioenen. Die macht wordt hun "gegeven" – door de Almachtige. Hij heeft de strijd met de volken aangebonden en met het signaal van de vijfde bazuin een nieuw offensief gestart.

Vers 4

"En hun werd gezegd dat zij geen schade mochten toebrengen aan het gras van de aarde noch aan enig groen, noch aan enige boom, behalve aan de mensen die het zegel van God niet aan hun voorhoofden hebben". De wezens die eruit zien als sprinkhanen hebben opdracht om te pijnigen en de neiging om te "verderven" (vgl. vers 11). Maar ze kunnen met hun verwoestende werk geen stap verder gaan dan God hun toestaat. De honderd vier-en-veertigduizend Israëlieten die het zegel van de Schepper aan hun voorhoofden hebben (7:3) mogen ze niet aanraken (vgl. Ezech. 9:4-6). En aan de plantenwereld mogen ze geen schade toebrengen. Alleen de mensen die afgoden dienen en vijandig tegenover de ware God staan, mogen ze kwaad doen. Bovendien heeft de Schepper voor de duur van hun optreden een termijn vastgesteld (9:5). Vijf maanden kunnen enorm lang lijken voor een slachtoffer dat ondraaglijke pijn lijdt, maar de kwelling zal geen dag langer duren dan God heeft bepaald.

De "sprinkhanen" uit de afgrond zullen zich ongetwijfeld verheugen over de volmacht die ze hebben gekregen. Ze menen misschien dat de mensheid aan hen overgeleverd is. Maar Johannes noemt de groep die door God verzegeld is en die daardoor onaantastbaar zijn, "*eerstelingen* van God en het Lam" (14:4). Daaruit blijkt dat de HERE Zijn vijanden pijnigt, maar positieve bedoelingen heeft met de massa's die Zijn zegel missen. De verzegelden zijn slechts eerstelingen. De volle oogst uit de mensheid moet nog worden binnengehaald.

Vers 5

"En hun werd gegeven dat zij hen niet zouden doden, maar dat zij hen vijf maanden zouden pijnigen; en hun pijniging was als [de] pijniging

238

van een schorpioen wanneer hij een mens steekt". Johannes benadrukt opnieuw, dat de sprinkhanen niet verder mogen gaan dan God hun toestaat. Het gif van de schorpioensoorten uit het Midden Oosten is uiterst pijnlijk, maar niet levensbedreigend. Zo heeft de Schepper ook de gevolgen van de steek van deze "onderaardse sprinkhanen" beperkt. Net zoals de satan Job alles mocht afnemen, maar Job niet mocht doden (Job 1:12), zo mogen deze "kwelgeesten" de mensheid hevig pijnigen maar hun slachtoffers niet ombrengen. En na vijf maanden van kwelling moeten ze met hun werk stoppen.

Vers 6

"En in die dagen zullen de mensen de dood zoeken en hem geenszins vinden; en zij zullen begeren te sterven en de dood vlucht van hen weg". De steek van de sprinkhanen veroorzaakt een ongekend hevige pijn. Zó hevig en zó aanhoudend is die pijn, dat wie gestoken is naar de dood verlangt. Het gif van de sprinkhanen brengt een ondraaglijke kwelling te weeg. De getroffenen zullen hun geboortedag vervloeken, zoals Job (Job 3:1-12) en Jeremia (Jer. 20:14-18) dit eens deden. Ook de overlevenden van het volk Israël bij het begin van de Babylonische ballingschap waren liever dood geweest dan de verschrikkingen van Juda's ondergang te moeten meemaken (Jer. 8:3). De rampspoedige slachtoffers van de sprinkhaansteek zullen "wachten op de dood, en hij komt niet". Ze "zouden zich verheugen tot jubelens toe" en "blij zijn, wanneer zij het graf gevonden hadden" (Job 3:20-22). Maar de sprinkhaansteek is niet dodelijk, en de getroffenen worden niet uit hun lijden verlost.

Vers 7

"En de gedaanten van de sprinkhanen waren aan paarden gelijk, toegerust tot [de] oorlog; en op hun koppen was [zoiets] als kronen, aan goud gelijk, en hun gezichten waren als gezichten van mensen". Wanneer Johannes beschrijft, hoe de sprinkhanen er uitzagen, kan men zich afvragen of deze onderaardse wezens er werkelijk zó zullen uitzien wanneer ze op het aardoppervlak verschijnen, of dat de kenmerken die Johannes opsomt een zinnebeeldige betekenis hebben. Zinnebeelden zijn het beslist, maar een letterlijke betekenis is er waarschijnlijk ook. De kwelgeesten die Johannes zag zagen er uit als "paarden, *toegerust tot de oorlog*". In de oudheid was het paard een beeld van oorlog, want de paarden die koningen bezaten waren strijdrossen.

Gouden "kronen" op hun koppen (of: "hoofden") beelden uit dat ze in de strijd de overwinning behalen. Het Griekse woord *stephanos* wijst op een erekrans, zoals overwinnende veldheren die droegen, en goud wijst op onvergankelijkheid. De mensheid kan tegen deze sprinkhanen niet op. Hun aanval kan niet worden afgeslagen. Elk mens die ze aanvallen, weten ze te vellen. En voor de gevolgen van hun steek bestaat er geen enkel geneesmiddel. Wie gestoken is, lijdt ondraaglijke pijn, en aan die pijn is niets te doen. Dat "hun gezichten waren als gezichten van mensen" wijst op intelligentie. De sprinkhanen uit de afgrond zijn met verstand begiftigd. Ze maken gebruik van list en overleg om hun slachtoffers te kunnen treffen. Het zijn slimme tegenstanders.

Vers 8

"En zij hadden haar als vrouwenhaar, en hun tanden waren als die van leeuwen". "Haar als vrouwenhaar" betekent: "lang haar", want lang haar is volgens de Bijbel een eer voor een vrouw (1 Kor. 11:14-15). De Bijbel zegt ook, dat lang haar een beeld is van onderschikking aan gezag. Wie lang haar draagt heeft "een macht op het hoofd" (1 Kor. 11:10). "Haar als vrouwenhaar" beeldt dus uit, dat de sprinkhanen niet ongecontroleerd optreden, maar onder het gezag staan van een aanvoerder of leider. Aan het eind van zijn beschrijving zal de ziener dit nog zeggen (9:11).

Het bezit van "tanden als leeuwen" (9:8) wijst niet op vraatzucht, want in tegenstelling tot gewone sprinkhanen eten deze sprinkhanen niets op. Ze vreten de wijnstok en de vijgenboom niet kaal (Joël 1:6-7), maar steken met hun staarten (9:10). In Johannes' tijd kwamen er in het Midden Oosten nog leeuwen voor, en deze dieren waren spreekwoordelijk voor kracht. "Wat is sterker dan een leeuw?" is een retorische vraag die de Filistijnen aan Simson stelden (Richt. 14:18). "Tanden als van leeuwen" is daarom een beeld van de kracht van de wezens die na het blazen van de vijfde bazuin de mensheid aanvallen.

Vers 9

"en zij hadden harnassen als ijzeren harnassen, en het gedruis van hun vleugels was als gedruis van wagens met vele paarden, die ten oorlog trekken". "IJzeren harnassen" wijzen op onkwetsbaarheid. Pijlen kunnen door zo'n pantser niet heendringen. De onderaardse sprinkhanen zijn geen

240

normale insecten die men met allerlei middelen kan bestrijden, maar wezens uit de wereld van de geesten waartegen "geen enkel kruid is gewassen".

Uit het feit dat hun vleugels een geluid maken als een optrekkend leger blijkt, dat ze ontzaglijk talrijk zijn. In dat opzicht lijken ze op treksprinkhanen. De profeet Joël zei over een sprinkhanenzwerm:

*"Als **ratelende wagens** op de toppen der bergen springen zij; als het geknetter van een vuurvlam die stoppelen verteert; als een **machtig volk, in slagorde geschaard tot de strijd"** (Joël 2:5).*

Vers 10

"en zij hadden staarten, aan schorpioenen gelijk, en angels, en hun macht was in hun staarten om de mensen schade toe te brengen, vijf maanden lang." Uit dit vers blijkt opnieuw, dat het oordeel van de vijfde bazuin niet bestaat uit een gewone sprinkhanenplaag. Want deze sprinkhanen hebben geen springpoten, maar angels waarmee ze kunnen steken. En ze bijten niet met hun mond, maar ze brengen schade toe met hun staarten. Ze hebben volmacht om dat vijf maanden lang te doen. Wat er daarna met hen gebeurt, vertelt Johannes niet. Blijkbaar verdwijnen ze plotseling van het toneel, zoals met een zwerm treksprinkhanen kan gebeuren wanneer er een sterke wind opsteekt of alle planten opgegeten zijn.

Vers 11

"Zij hadden over zich als koning de engel van de afgrond; in het Hebreeuws is zijn naam Abaddon; en in het Grieks heeft hij [de] naam Apollyon." De Spreukendichter zegt: "De sprinkhanen hebben geen koning, toch trekken zij gezamenlijk in goede orde op" (Spr. 30:27). Maar de sprinkhanen die Johannes zag, hebben wél een koning, en zij trekken dus *enorm* gedisciplineerd op. Ze gehoorzamen aan de instructies van een aanvoerder: "de engel van de afgrond", die in het Hebreeuws Abaddon en in het Grieks Apollyon wordt genoemd. *Abaddoon* betekent: "Verderver" en *Apollyon:* "Vernietiger". De Griekse naam is vermoedelijk afgeleid van het werkwoord *apollumi,* dat "ombrengen", "vernietigen" of "verderven" betekent. De koning van de afgrond is wellicht de "verderfengel" die we uit de Bijbelse geschiedenis kennen. Over hem staat er geschreven:

"En de HERE zal Egypte doortrekken om het te slaan; wanneer Hij dan het bloed aan de bovendorpel en aan de beide doorposten ziet, dan zal de HERE die deur voorbijgaan en de **verderver** *niet toelaten in uw huizen te komen om te slaan"* (Exod. 12:23)

"Door het geloof heeft [Mozes] het Pascha gehouden en het bloed doen aanbrengen, opdat de **verderver** *hun eerstgeborenen niet zou aanraken"* (Hebr. 11:28)

"En mort niet, zoals sommigen van hen deden, en zij kwamen om door de **verderfengel"** (1 Kor. 10:10, Num. 16:41-49).

"Toen de engel zijn hand naar Jeruzalem uitstrekte om het te verdelgen, berouwde het onheil de HERE, en Hij zeide tot de **engel die verderf bracht** *onder het volk: Genoeg! Laat nu uw hand zinken. De engel stond toen bij de dorsvloer van de Jebusiet Arauna. En David sprak tot de HERE, toen hij de engel zag, die onder het volk verderf bracht: Zie, ik heb gezondigd, en ik heb ongerechtigheid bedreven, maar deze schapen – wat hebben zij gedaan? Laat toch Uw hand zijn tegen mij en mijn familie"* (2 Sam. 24:16-17)

"Toen zond de HERE een **engel,** *die alle krijgshelden, vorsten en oversten in de legerplaats van de koning van Assur* **verdelgde,** *zodat hij met beschaamd gelaat naar zijn land terugkeerde"* (2 Kron. 32:21)

Uit het feit dat de verderfengel "een engel van de HEERE" wordt genoemd, kan niet worden afgeleid dat de "engel van de afgrond" uit Openb.9:11 een andere persoon moet zijn. Want ook deze engel krijgt volmacht van de HEERE en wordt door Hem gebruikt om de mensheid te treffen. Verderf en kwaad zijn in Gods hand, evengoed als voorspoed en zegen.

Vers 12

Eén 'Wee!' is voorbijgegaan, zie, er komt nog twee keer een 'Wee!' hierna". De gevolgen van het blazen van de vijfde bazuin worden in vers 12 een "wee" genoemd. Johannes gebruikt hier niet het Griekse woord voor een "barenswee", maar het woord *ouai*, een uitroep van verdriet of van pijn. Een wee is een periode van hevige rampspoed die de mensheid zal treffen. De kwelling door de sprinkhanen die Johannes had gezien was nog maar het eerste "wee". De mensheid zou nog door twee andere, ongekend zware, rampen worden getroffen.

De zesde bazuin (9:13-21)

"En de zesde engel bazuinde, en uit de <vier> horens van het gouden altaar dat vóór God is, hoorde ik één stem die zei tot de zesde engel die de bazuin had: Maak de vier engelen los die gebonden zijn bij de grote rivier, de Eufraat. En de vier engelen die gereed waren tegen het uur en de dag en de maand en het jaar om het derde deel van de mensen te doden, werden losgemaakt. En het getal van de legers van de ruiterij was twintigduizend tienduizendtallen; ik hoorde hun getal. En aldus zag ik het gezicht de paarden en hen die erop zaten: zij hadden vuurrode, donkerrode en zwavelkleurige harnassen, en de koppen van de paarden waren als leeuwekoppen, en uit hun monden kwam vuur, rook en zwavel. Door deze drie plagen werd het derde deel van de mensen gedood, door het vuur, de rook en de zwavel die uit hun monden kwamen. Want de macht van de paarden is in hun mond en in hun staarten; want hun staarten zijn aan slangen gelijk en hebben koppen, en daarmee brengen zij schade toe. En de overigen van de mensen, die niet gedood waren door deze plagen, bekeerden zich zelfs niet van de werken van hun handen, dat zij niet aanbaden de demonen en de gouden, zilveren, koperen, stenen en houten afgoden, die niet kunnen kijken, niet horen en niet lopen; en zij bekeerden zich niet van hun moorden, noch van hun toverijen, noch van hun hoererij, noch van hun diefstallen".

Wanneer de zesde engel op zijn instrument blaast, hoort Johannes een stem komen uit "de horens van het gouden altaar dat vóór God is". Met dit gouden altaar is het wierookaltaar in de hemelse tempel bedoeld. In de aardse tempel stond dat altaar in het Heilige, voor het voorhangsel dat Gods aardse troon, het verzoendeksel van de ark, aan het oog onttrok. Dat het *altaar* spreekt, heeft ongetwijfeld diepe betekenis. Wierook is in het boek Openbaring verbonden met de gebeden van de heiligen (5:8, 8:3, 8:4). Die gebeden worden) vanaf dit gouden altaar, als wierook, aan God aangeboden (8:3-4). De gelovigen die als martelaren waren gestorven hadden tot God geroepen: "Tot hoelang, heilige en waarachtige Heerser, oordeelt en wreekt U ons bloed niet aan hen die op de aarde wonen?" (6:10). Tegen hen was gezegd "dat zij nog een korte tijd moesten rusten, totdat ook hun medeslaven en hun broeders die gedood zouden worden evenals zij, voltallig zouden zijn" (6:11). Dat het wierookaltaar in de hemelse tempel spreekt, kan dus betekenen dat de gebeden van de heiligen worden verhoord. De Schepper gaat het bloed van Zijn dienaren wreken. De mensen die het uitmoorden van Zijn volk hebben toegejuicht, worden nu zélf gedood.

Het spreken van het altaar zou nog een andere betekenis kunnen hebben. Via dit altaar wordt de waarachtige God aanbeden (8:3). Omdat het altaar zuivere eredienst vertegenwoordigt, keert het zich tegen afgoderij. Uit Johannes' visioen blijkt dat de mensen die na het blazen van de zesde bazuin worden gedood, afgodendienaars zijn. Zij vereren de "werken van hun handen" en "aanbidden de demonen en de gouden, zilveren, koperen, stenen en houten afgoden, die niet kunnen kijken, niet horen en niet lopen" (9:20).

Het altaar geeft de engel die op de bazuin heeft geblazen opdracht om "de vier engelen los te maken die gebonden zijn bij de grote rivier, de Eufraat". Uit het gebruik van een bepaald lidwoord (DE vier engelen) blijkt dat het om bekende engelen gaat. Misschien gaat het om de vier engelen die in Openb. 7:1 waren genoemd, booschappers aan wie het is gegeven "de aarde en de zee schade toe te brengen". Van de engelen uit Openb. 7:1 werd niet gezegd dat ze ergens "gebonden waren". Toch zouden de engelen in Openb.7 en in Openb.9 dezelfde verderfengelen kunnen zijn. In Openb. 7:1 zag Johannes hen misschien nádat ze waren losgelaten, en nog vóórdat ze tegen de aarde ten strijde trokken. De vier engelen uit Openb. 9 kunnen ook de engelen zijn waarvan Petrus zegt dat God hen "in de afgrond heeft geworpen en heeft overgeleverd aan ketenen van donkerheid om tot [het] oordeel bewaard te worden" (2 Petr. 2:4). Volgens de brief van Judas heeft de Heer hen "tot [het] oordeel van [de] grote dag met eeuwige boeien onder duisternis bewaard" (Judas:6). "Tot het oordeel" zou kunnen betekenen: tot het moment waarop zij geoordeeld zullen worden, maar kan ook betekenen: "ten behoeve van het oordeel", met het oog om hen te gebruiken voor het oordeel over de afvallige mensheid. Het aantal (vier) geeft aan, dat deze engelen in elke windrichting zullen uittrekken om de hele aarde te treffen (vgl. Openb. 7:1).

De engelen zijn volgens de stem die uit het altaar klinkt "gebonden bij de grote rivier, de Eufraat". De Eufraat wijst op de omgeving van de stad Babel. Blijkbaar bevinden de vier engelen zich daar in een onderaardse gevangenis, maar worden losgelaten op het moment dat God de mensheid gaat straffen. De Eufraat wordt in de Bijbelse profetie meerdere malen genoemd en in één

Bijbeltekst in verband gebracht met een grote slachting die de HERE er zal gaan voltrekken (Jer. 46:10).

Vers 15

"En de vier engelen die gereed waren tegen het uur en de dag en de maand en het jaar om het derde deel van de mensen te doden, werden losgemaakt". Uit de woorden van Johannes blijkt, dat de Schepper de geschiedenis in Zijn hand heeft en alle historische gebeurtenissen, zelfs de meest verschrikkelijke, van te voren kent en overziet. Deze Bijbelse waarheid wordt benadrukt in de profetie van Jesaja:

"Zo zegt de HERE, de Koning en Verlosser van Israël, de HERE der heerscharen: Ik ben de Eerste en ik ben de Laatste en buiten Mij is er geen God. En wie is als Ik – hij roepe het uit en verkondige het en legge het Mij voor – daar Ik toch het overoude volk in het aanzijn riep; en hetgeen er in de toekomst gebeuren zal, mogen zij verkondigen. Weest niet verschrikt en vreest niet. Heb Ik het u niet van oudsher doen horen en verkondigd? Gij zijt Mijn getuigen: Is er een God buiten Mij? Er is geen andere Rots, Ik ken er geen" (Jes. 44:6-8)

De vier engelen die Johannes zag, worden voor dát uur van díe dag uit díe maand van dát jaar gereed gehouden. Het tijdstip waarop ze worden losgemaakt is door de Schepper exact bepaald. Aan hen is een vreselijke taak gegeven: om één-derde van de mensheid te doden. Niet alleen het moment waarop ze dit zullen doen is door God vastgesteld: de Schepper heeft hun ook een beperking opgelegd, die zij niet mogen overschrijden. Eén derde van de mensheid mogen ze treffen, niet meer. Maar één derde van de mensheid betekent: een onvoorstelbaar aantal slachtoffers.

Vers 16

"En het getal van de legers van de ruiterij was twintigduizend tienduizendtallen; ik hoorde hun getal". De vier engelen die bij de Eufraat gebonden waren zullen hun werk niet alléén uitvoeren. Ze voeren het bevel over een geweldige legermacht die vanaf deze "grote rivier" met grote snelheid naar de vier windstreken zal uittrekken. Hun snelheid blijkt uit het feit dat Johannes hen aanduidt als "bereden troepen" of "ruiterij". In de oudheid was het renpaard de snelste vorm van transport en de cavalerie het legeronderdeel dat het snelst tegen de vijand kon oprukken. Johannes kreeg te horen hoeveel ruiters er waren: tweehonderd miljoen. Aangezien er momenteel 7,8 miljard mensen op aarde wonen, zou elke ruiter maar 13 mensen hoeven te doden om een derde van de mensheid om te brengen. Uit het uiterlijk van de ruiters blijkt dat ze daartoe in staat zijn.

Sommige christenen menen uit het visioen van Johannes te kunnen afleiden dat de ziener een *menselijk* leger heeft gezien, dat was voorzien van moderne wapens (tanks, pantserwagens en kanonnen). Omdat Johannes zulke wapens niet kende, beschreef hij ze in termen die in zijn tijd gangbaar waren. Maar zo'n uitleg doet geen recht aan de inhoud van het visioen. Als Johannes een menselijk leger had gezien, zou een bepaalde groep mensen zich tegen een andere groep hebben gekeerd. Dat is niet wat Johannes zag. In zijn visioen keren *engelen* zich tegen mensen, en hebben opdracht om "het derde deel van de mensen te doden". Niet het derde deel van een bepaald volk of een bepaalde bevolkingsgroep, maar het derde deel van de mensheid. De vier aanvoerders die Johannes met een enorme legermacht zag oprukken zijn afkomstig uit een onderaardse gevangenis.

Vers 17

"En aldus zag ik in het gezicht de paarden en hen die erop zaten: zij hadden vuurrode, donkerrode en zwavelkleurige harnassen, en de koppen van de paarden waren als leeuwekoppen, en uit hun monden kwam vuur, rook en zwavel". Uit de beschrijving die Johannes van de ruiters geeft, blijkt dat ze onaantastbaar zijn, want ze dragen "harnassen". "Koppen als leeuwekoppen" wijst op hun kracht om te verslinden. De kleur van de harnassen (felrood, donkerrood en geel, volgens een andere vertaling: vuurrood, blauw en zwavelkleurig) staat mogelijk in verband met de manier waarop ze hun slachtoffers ombrengen: door middel van vuur, rook en zwavel. De verdelgingsmiddelen die de ruiters gebruiken zijn blijkbaar afkomstig uit hun onderaards verblijf. Vulkanen spuwen immers vuur, rook en zwavel. Het zijn dezelfde middelen die de HEERE eens gebruikte om Sodom en Gomorra om te keren (Gen. 19:24,28).

Vers 18

"Door deze drie plagen werd het derde deel van de mensen gedood, door het vuur, de rook en de zwavel die uit hun monden kwamen". Johannes merkt op dat de mensen die door de ruiters worden gedood, omkomen door drie "plagen": vuur, rook en zwavel die door de vijandige legermacht worden uitgeblazen. Wij zouden misschien zeggen, dat de ruiters hun slachtoffers ombrengen door middel van verbranding, verstikking en vergiftiging.

Vers 19

"Want de macht van de paarden is in hun mond en in hun staarten; want hun staarten zijn aan slangen gelijk en hebben koppen, en daarmee brengen zij schade toe". De verwoestende kracht van de ruiters wordt door Johannes nog eens benadrukt. De "rossen" die de soldaten uit de afgrond berijden, hebben niet één hoofd (zoals een gewoon paard), maar vele "koppen". Niet alleen hun lichaam heeft een kop, maar ook hun staarten hebben koppen. Blijkbaar zien die staarten er uit als een bundel kronkelende slangen. De "paarden" zijn niet alleen van voren, maar aan alle kanten gevaarlijk. Ze kunnen een doelwit aan elke kant van hun lichaam waarnemen en dit vervolgens vernietigen.

Vers 20

"En de overigen van de mensen, die niet gedood waren door deze plagen, bekeerden zich zelfs niet van de werken van hun handen, dat zij niet aanbaden de demonen en de gouden, zilveren, koperen, stenen en houten afgoden, die niet kunnen kijken, niet horen en niet lopen". Van het resterende twee-derde deel van de mensheid dat door de ruiters niet is gedood, zegt Johannes dat ze zich "niet bekeerden van de werken van hun handen". Het Griekse werkwoord *metanoeoo*, dat als "bekeren" is vertaald, betekent letterlijk: "omdenken". De overlevenden bleven vertrouwen op "de werken van hun handen" in plaats van de levende God om redding te smeken. De uitdrukking "de werken van hun handen" is ontleend aan het Hebreeuws en heeft doorgaans betrekking op afgoden (zie b.v. Deut. 4:28; 2 Kon. 19:18; 2 Kron. 32:19, 34:25; Psa 135:15; Jes. 37:19, Jer. 1:16, 44:8; Hand. 7:41). Johannes zegt dan ook, dat met "de werken van hun handen" wordt bedoeld: "de gouden, zilveren, koperen, stenen en houten afgoden". Achter

247

afgodendienst schuilen boze machten, vandaar dat de ziener opmerkt dat zij de demonen bleven aanbidden. De goden van de volken zijn demonen (Deut. 32:17, Psa. 106:37, 1 Kor. 10:19-20). Met "de gouden, zilveren, koperen, stenen en houten afgoden" zou Johannes kunnen doelen op het beeld van het beest dat de mensen hebben vervaardigd en dat iedereen moet vereren (Openb. 13:14-17). Maar met "de werken van hun handen" zijn beslist ook andere dingen bedoeld. De mensen blijven vertrouwen op wat ze zelf hebben gemaakt. Dat hoeven niet persé godenbeelden te zijn. De produkten van wetenschap en techniek en de uitkomsten van internationale verdragen zijn erbij inbegrepen. De overlevenden volharden in de waan dat ze de aarde door hun eigen inspanningen voor verdere rampen moeten behoeden en dat zij daartoe ook in staat zijn.

Ondanks het feit dat de "werken van hun handen" één op de drie mensen niet hebben kunnen redden, en dat zulke creaties "niet konden kijken, horen of lopen", blijven de overlevenden op deze werken vertrouwen, en weigeren om de toevlucht te nemen tot de levende God.

Vers 21

"En zij bekeerden zich niet van hun moorden, noch van hun toverijen, noch van hun hoererij, noch van hun diefstallen". Voor "toverijen" staat in de oorspronkelijke tekst het Griekse woord *pharmakeia*, waarvan ons Nederlandse woord "farmacie" is afgeleid. In de Bijbel heeft dit meestal betrekking op pogingen van de mens om de aardse werkelijkheid door middel van bezweringen te beïnvloeden en de hulp van onzichtbare machten in te roepen. "Toverij" is, zo zal Johannes later nog opmerken, afkomstig uit het grote Babylon (Openb. 18:23, vgl. Jes. 47:9,12). De "wijzen" aan het hof van de Egyptische farao maakten er gebruik van (Exod. 7:22). Het is een "werk van het vlees" (Gal. 5:20).

Het woord "hoererij" kan wijzen op buitenechtelijk geslachtsverkeer, maar kan ook betrekking hebben op het raadplegen van doden of van geesten om informatie te krijgen over de toekomst. Waarzeggerij, spiritisme en astrologie beschouwt de Bijbel als "hoererij" (Lev. 20:6). Zulke praktijken waren in Israël verboden – er stond de doodstraf op (Exod. 22:18; Lev. 19:31, 20:6,27; Deut.

248

18:10-14; 1 Sam. 28:3-7; 1 Kron. 10:13; Jes. 8:19). Een Israëliet behoorde zijn God om wijsheid en raad te vragen.

"Gouden, zilveren, koperen, stenen en houten afgoden" lijken dingen uit het verre verleden, waaraan de Verlichting voorgoed een einde heeft gemaakt. Maar misschien zou Johannes, als hij in onze tijd leefde, vers 21 zó hebben weergegeven: "En zij gingen niet anders denken over hun wapenindustrie, hun raketschilden en veiligheidsdiensten, hun verdragsorganisaties, hun geneesmiddelen en vaccins, hun modellen en prognoses, en hun technieken om de schepping uit te putten. Ze bleven daarop vertrouwen, terwijl was bewezen dat zulke werken de mensheid niet konden redden. Ze wendden zich niet tot de levende God.

Hoofdstuk 10

Zee en aarde opgeëist (10:1-4)

"En ik zag een andere sterke engel neerdalen uit de hemel, bekleed met een wolk, en de regenboog op zijn hoofd en zijn gezicht als de zon en zijn voeten als vuurzuilen; en hij had in zijn hand een geopend boekje. En hij zette zijn rechtervoet op de zee en zijn linker op de aarde. En hij riep met luider stem, zoals een leeuw brult, en toen hij riep, lieten de zeven donderslagen hun stemmen horen. En toen de zeven donderslagen gesproken hadden, stond ik op het punt het op te schrijven; en ik hoorde een stem uit de hemel zeggen: Verzegel wat de zeven donderslagen gesproken hebben en schrijf het niet op".

Hoofdstuk 10 geeft nadere uitleg over het tweede "wee". Pas in Openbaring 11:14 wordt de beschrijving van dit "wee" afgesloten, met de woorden: "Het tweede 'wee' is voorbijgegaan, zie, het derde 'wee' komt spoedig". De ziener zag "een andere sterke engel neerdalen uit de hemel". Met dit korte zinnetje geeft Johannes het volgende aan:

i. De engel die hij zag was niet één van de bazuinengelen, en ook niet de "sterke engel" die had uitgeroepen: "Wie is waard het boek te openen en zijn zegels te verbreken?" (5:2), want deze hemelbode wordt "een *andere* sterke engel" genoemd.

ii. De engel die nu verscheen was wél "een *sterke*": een machtig, heldhaftig hemelwezen. Deze bode van God was in staat om tegenstand te overwinnen.

iii. De engel "viel" niet uit de hemel, zoals de eerder genoemde ster (9:1), maar hij *"daalde neer",* op een majestueuze en eervolle manier. Het was geen dienaar van de boze, zoals de ster uit Openb.9:1, die de aarde schade mocht toebrengen, maar een bode die rechtstreeks in Gods dienst stond.

Ook het uiterlijk van de hemelbode maakte duidelijk dat hij God vertegenwoordigde en uitvoering gaf aan Gods wil:

250

a. De engel was *"bekleed met een wolk"*. In de Bijbel wordt een wolk dikwijls in verband gebracht met de heerlijkheid van de HEERE (zie b.v. Psa. 18:11, 104:3; Jes. 19:1, Ezech. 1:4, Matth. 24:30 en Openb. 1:7).

b. De engel had *"de regenboog"* (volgens andere versies van de tekst "een regenboog" *op zijn hoofd*, als een erekrans. Uit deze hoofdtooi blijkt dat hij de trouw van God jegens Zijn schepping vetegenwoordigt. De HEERE laat de wereld niet voor altijd in de hand van Zijn vijanden. Hij zal "verderven wie de aarde verderven" (11:18), de huidige wereldbeheersers onttronen, de schepping uit hun greep bevrijden en zowel de hemelen als de aarde vernieuwen.

c. Uit het feit dat *"zijn gezicht straalt als de zon"* blijkt dat de duisternis vanwege de komst van de sterke engel verdwijnt.

d. En omdat hij *voeten* heeft *"als vuurzuilen"* kan niets onreins of onheiligs voor hem stand houden. De vuurzuilen doen denken aan de vuurkolom die bij het volk Israël was in de woestijn en die hun pad tijdens de nacht verlichtte.

Vers 2

"en hij had in zijn hand een geopend boekje. En hij zette zijn rechtervoet op de zee en zijn linker op de aarde". Johannes zag in de hand van de engel "een geopend boekje". De boekrol die de Schepper op Zijn hand hield en die alleen door het Lam kon worden geopend (5:1 e.v.) was een *biblion*. Het woord *biblion* is feitelijk al een verkleinwoord van het woord *biblos*, dat "boek" betekent. Een *biblion* is een boekrol. Maar wat Johannes nu in de hand van de engel zag, was een *biblaridion*: een *"kleine* boekrol". Het geringe formaat van de rol was blijkbaar erg opvallend.

De engel "zette zijn rechtervoet op de zee en zijn linker op de aarde". Het plaatsen van de voet op een bepaald terrein is in de Bijbel een beeld van het opeisen van dat gebied, er op grond van eigendomsrecht of een beschikking van de Schepper aanspraak op maken. Mozes hield het volk Israël voor:

251

*"Elke plaats **die uw voetzool betreedt**, zal van u zijn; vanaf de woestijn en de Libanon, vanaf de rivier, de rivier de Eufraat, tot aan de zee in het westen zal uw gebied zich uitstrekken. Niemand zal tegenover u standhouden"* (Deut. 11:24-25).

Tegen de verspieder Kaleb had Mozes gezegd:

*"Het land **dat uw voet betreden heeft**, zal voor eeuwig voor u en uw kinderen tot erfelijk bezit zijn"* (Jozua 14:9).

Toen Mozes gestorven was, zei de HEERE tegen diens opvolger Jozua:

*"Elke plaats **die uw voetzool betreedt**, heb Ik u gegeven, overeenkomstig wat Ik tot Mozes gesproken heb"* (Jozua 1:3).

In het visioen dat Johannes zag, kunnen de aarde en de zee betrekking hebben op "het droge en de oceanen". Maar het ligt meer voor de hand om het Griekse woord *ge*, dat als "aarde" is vertaald, op te vatten als "land". *Ge* is dan een aanduiding van het land *Israël*, en het woord zee (Gr. *thalassa*) verwijst naar de onrustige volken. Uit het feit dat de engel zijn linkervoet op het land en zijn rechtervoet op de zee zette, blijkt dat er relatief weinig inspanning nodig is om het land voor God op te eisen, maar een forse krachtsinspanning voor de zee. De rechterhand en de rechtervoet staan in de Bijbel namelijk model voor kracht.

Vers 3

"En hij riep met luider stem, zoals een leeuw brult, en toen hij riep, lieten de zeven donderslagen hun stemmen horen". Zodra de engel zijn voeten op het land en de zee had gezet riep hij "met luider stem, zoals een leeuw brult". Een leeuw brult niet, wanneer hij zijn prooidieren omzichtig benadert of op de loer ligt om een prooi te kunnen vangen. Een leeuw brult pas wanneer hij zijn prooi heeft gegrepen. In het Bijbelboek Amos lezen we:

"Brult een leeuw in het woud als hij geen prooi heeft? Laat een jonge leeuw vanuit zijn hol zijn stem klinken zonder dat hij iets gevangen heeft?" (Amos 3:4)

Uit de woorden van Amos blijkt, wat het roepen van de engel betekent. De brullende roep is een duidelijk signaal. Het betekent: "Hebbes!", ik heb ze te pakken, ze zijn in mijn macht. Wat de engel zei, vertelt Johannes niet, maar de strekking van zijn roep is duidelijk.

De profeet Amos zegt, dat "een stem zoals een leeuw brult" de stem is van de HEERE:

"Komt er kwaad in de stad zonder dat de HEERE dat doet? Voorzeker, de Heere HEERE doet niets tenzij Hij Zijn geheimenis heeft geopenbaard aan Zijn dienaren, de profeten. **De leeuw heeft gebruld.** *Wie zou niet bevreesd zijn? De Heere HEERE heeft gesproken. Wie zou niet profeteren?"* (Amos 3:6-8)

Ook in andere Bijbelboeken wordt Gods stem met het brullen van een leeuw vergeleken (Jer. 25:30-32, Joël 3:16). In Openbaring 10 vindt plaats wat de profeet Amos heeft aangekondigd. Johannes krijgt het woord van God te "eten", waarna hij moet "profeteren over vele volken, naties, talen en koningen" (vers 11). De HEERE gaat *kwaad* over de zee en de aarde brengen, maar Hij blijft Zijn schepping trouw en heeft het uiteindelijke heil van Zijn schepselen op het oog.

Uit de "zeven donderslagen" waarmee de roep van de engel gepaard gaat blijkt, dat de hemelbode zware gerichten over de zee en het land afroept. In de Bijbel is de donder dikwijls een uiting van Gods toorn. In de profetie van Jesaja wordt hierover gezegd:

"Door de HEERE van de legermachten zult u gestraft worden met **donder,** *aardbeving en groot geluid, wervelwind, storm en de vlam van een verterend vuur"* (Jes. 29:6)

Uit het geluid van de donder blijkt de kracht van de HEERE. De rechtvaardige Job beschreef de ontzaglijke werken van God in schepping en herschepping (Job 26:5-13), om daarna op te merken:

"Zie, dit zijn nog maar de uiteinden van Zijn wegen; wat hebben wij slechts een fluisterend woord van Hem gehoord! Wie zou dan **de donder van Zijn kracht** *kunnen begrijpen?"* (Job 26:14)

Johannes schrijft dat de zeven donderslagen "hun stemmen lieten horen" en hij zegt in het volgende vers dat ze "gesproken hadden". Tijdens het brullen van de engel klonk er zeven maal een stem uit de hemel, en het geluid van die stem leek op het geluid van de donder. Zo'n hemelstem wordt ook in het Johannesevangelie genoemd:

"Er kwam dan een stem uit de hemel: 'Ik heb [Hem] *verheerlijkt en Ik zal* [Hem] *opnieuw verheerlijken!' De menigte dan die* [daar] *stond en dit had gehoord, zei dat er een donderslag was geweest. Anderen zeiden: Een engel heeft tot Hem gesproken"* (Joh. 12:28-29)

Het getal zeven geeft misschien aan dat de toorn van God zeven maal zal ontbranden, tijdens het uitgieten van de zeven toornschalen na het blazen van de zevende bazuin. Omdat de engel zijn voeten plaatste op de zee en op het land, zal de hele wereld na een zevental gerichten onderworpen zijn aan de HEERE en zal het koninkrijk (of koningschap) van God dan wereldwijd zijn gevestigd.

Vers 4

En toen de zeven donderslagen gesproken hadden, stond ik op het punt het op te schrijven; en ik hoorde een stem uit de hemel zeggen: Verzegel wat de zeven donderslagen gesproken hebben en schrijf het niet op". Johannes hoorde wat de zeven donderslagen zeiden. Omdat hij opdracht had gekregen om wat hij zag en hoorde op te schrijven (1:11,19) wilde hij vastleggen wat ze hadden gezegd. Maar een stem uit de hemel verbood het hem. Wat de zeven donderslagen hadden gesproken, moest de ziener "verzegelen" (dat wil zeggen: sluiten, verborgen houden). Hij mocht het niet noteren in zijn boek.

In zijn boek zal Johannes nog allerlei gebeurtenissen beschrijven die met de verschijning van de Messias gepaard zullen gaan. Bepaalde details van Gods handelen heeft hij echter niet bekend mogen maken. Toen de discipelen van de Here Jezus Hem vroegen wanneer Zijn wederkomst zou plaatsvinden (Hand. 1:7), zei Hij dat God bepaalde dingen "in Zijn eigen macht heeft gesteld". Mensen krijgen niet elk detail van Gods raad te horen. Maar alles zal gebeuren op het juiste tijdstip, en het doel dat de Almachtige heeft vastgesteld zal volmaakt worden bereikt.

Geen uitstel meer (10:5-7)

"En de engel die ik op de zee en op de aarde zag staan, hief zijn rechterhand op naar de hemel, en zwoer bij Hem die leeft tot in alle eeuwigheid, die de hemel heeft geschapen en wat daarin is, en de aarde en wat daarop is en de zee en wat daarin is, dat er geen uitstel meer zal zijn; maar in de dagen van de stem van de zevende engel, wanneer hij zal bazuinen, zal ook de verborgenheid van God voleindigd worden, zoals Hij aan Zijn slaven, de profeten, heeft verkondigd".

Johannes zag hoe de engel die zijn ene voet op de zee en zijn andere op de aarde had gezet, zijn hand ophief. Sommige versies van de tekst zeggen "rechterhand", andere hebben "hand", maar de betekenis van het gebaar is duidelijk, want Johannes legt het uit.

Vers 6

"en zwoer bij Hem die leeft tot in alle eeuwigheid, die de hemel heeft geschapen en wat daarin is, en de aarde en wat daarop is en de zee en wat daarin is, dat er geen uitstel meer zal zijn". De engel bekrachtigt wat hij zal gaan zeggen met een eed, en hij zweert "bij Hem die leeft tot in alle eeuwigheid". In de oorspronkelijke Griekse tekst ontbreekt het woord "alle". Er staat: "bij de Levende tot in de eeuwen van de eeuwen". De Enige Waarachtige God, Die er tijdens de hele geschiedenis is geweest en Die er ook zal zijn tijdens de eeuwen bij uitstek, waarin Zijn schepping aan haar doel zal gaan beantwoorden en Zijn rijk zich zal openbaren. De "Levende tot in de eeuwen van de eeuwen" is de Schepper van "de hemel en wat daarin is, de aarde en wat daarop is, en de zee en wat daarin is". Hij heeft het heelal gemaakt en Hij heeft de tijdstippen vastgesteld waarop er grote veranderingen zullen plaatsvinden. Hij heeft de "eeuwen", de wereldtijdperken of eonen, in Zijn hand. De engel zweert dat er vanaf een bepaald moment geen "uitstel", geen tijdsinterval (Gr. *chronos)* meer zal zijn. Daarmee bedoelt hij niet, dat het verschijnsel tijd dan niet meer zal bestaan en de tijd zal ophouden, maar dat de "eeuwen der eeuwen" op dat ogenblik zullen aanbreken en het rijk van de Messias zichtbaar zal worden. Tegen martelaren die "geslacht waren om het woord van God en om het getuigenis dat zij hadden" was gezegd dat "zij *nog een korte tijd* moesten rusten", waarna de Almachtige hun moordenaars zou

255

straffen en hun bloed zou wreken (6:9-11). Uit de eed van de engel blijkt, dat die "korte tijd" voorbij is. God zal Zijn vijanden gaan straffen, hun onschuldige slachtoffers gaan rehabiliteren en Zijn rijk op aarde gaan vestigen. Vanaf het moment dat de engel in het volgende vers beschrijft.

Vers 7

"maar in de dagen van de stem van de zevende engel, wanneer hij zal bazuinen, zal ook de verborgenheid van God voleindigd worden, zoals Hij aan Zijn slaven, de profeten, heeft verkondigd". Wanneer de zevende engel op zijn bazuin blaast, dus wanneer de laatste bazuin klinkt, zal er geen uitstel meer zijn. De "machtige engel" zegt niet: "zodra de zevende bazuin klinkt", maar: *"in de dagen van de stem van de zevende engel"*. Blijkbaar zal die engel niet één enkele, korte stoot op zijn instrument geven, maar een lang aangehouden noot blazen. Het optreden van de zevende engel doet denken aan de handelwijze van het volk Israël, dat op de zevende dag zeven maal rond Jericho trok terwijl de priesters voortdurend op de bazuin bliezen (Jozua 6:4). Meteen daarna moest het volk juichen en stortte de stad in.

In de tijd waarin de zevende bazuin klinkt, zal er geen uitstel meer zijn, maar zal "de verborgenheid van God voleindigd worden, zoals Hij aan Zijn slaven, de profeten, heeft verkondigd". De Bijbelse profeten waren Gods "slaven". Het waren "knechten van de HEERE". God legde Zijn woord in hun mond. Ze spraken over het koninkrijk van God, dat in de toekomst, in de "laatste dagen" op aarde zou worden gevestigd (zie b.v. Jes. 2). In hun dagen hield God zich nog verborgen en greep Hij nog niet in, maar in de laatste dagen zou de HEERE zichtbaar en tastbaar gaan regeren en over machtige volken gaan rechtspreken. In die dagen zouden de rechtvaardige doden herleven en worden beloond, terwijl de vijanden van God en van Zijn volk zouden worden gestraft (vgl. Openb. 11:17-18). Volgens de eed die de "sterke engel" in Johannes' visioen zwoer, zal er wanneer de zevende bazuin wordt geblazen een eind komen aan Gods verborgenheid en zal de Schepper op aarde zichtbaar worden. De Messias zal dan verschijnen in heerlijkheid en als Gods Beeld over de schepping gaan regeren.

Het geopende boekje (10:8-11)

"En de stem die ik uit de hemel had gehoord, sprak opnieuw met mij en zei: Ga heen, neem het boek dat geopend is in de hand van de engel die op de zee en de aarde staat. En ik ging naar de engel en zei tot hem mij het boekje te geven. En hij zei tot mij: Neem het en eet het op, en het zal uw buik bitter maken, maar in uw mond zal het zoet zijn als honing. En ik nam het boekje uit de hand van de engel en at het op; en het was in mijn mond zoet als honing, en toen ik het gegeten had, werd mijn buik bitter. En men zei tot mij: U moet opnieuw profeteren over volken en naties en talen en vele koningen".

De stem uit de hemel die had gezegd, dat Johannes niet mocht opschrijven wat de zeven donderslagen hadden gesproken (vs. 4), klonk opnieuw. De stem gaf hem opdracht om naar de sterke engel toe te gaan die zijn voeten op de zee en op het land had geplaatst en het boekje aan te nemen dat die engel in zijn hand hield. Johannes had al gezien, dat de sterke engel een geopende boekrol in zijn hand had, en dat die rol erg klein was (10:2). Uit het feit dat de rol *geopend* was, blijkt dat de inhoud niet verborgen hoefde te blijven.

Vers 9

En ik ging naar de engel en zei tot hem mij het boekje te geven. En hij zei tot mij: Neem het en eet het op, en het zal uw buik bitter maken, maar in uw mond zal het zoet zijn als honing. In zijn visioen gaat Johannes naar de engel toe en vraagt, of die het boekje aan hem wil geven. De engel voldoet aan dat verzoek en zegt dat Johannes de rol moet opeten. Het opeten van het boekje beeldt uit, dat Johannes een boodschap van God betreffende de toekomstige gerichten over de volken en de komst van het messiaanse rijk, in zich moet opnemen en zich die boodschap eigen moet maken. De profeet Ezechiël kreeg van God eens een vergelijkbare opdracht. Hij moest een boekrol die de "woorden van God" bevatte (Ezech. 2:7) uit Gods hand aannemen en die rol opeten (Ezech. 2:8-9). Wie Gods woord heeft gegeten, is in staat om Gods boodschap aan zijn medemensen door te geven (Ezech. 3:1,4). In Ezechiëls mond was de rol "als honing zo zoet" (Ezech. 3:3), maar nadat hij van de heerlijkheid van de HEERE was weggegaan, bleef de profeet "bitter bedroefd en hevig ontdaan" achter (Ezech. 3:14).

257

Dat de boekrol in de mond van de profeet zoet was als honing maar zijn buik bitter maakte, wordt vermoedelijk veroorzaakt door de boodschap van de rol. De rol kondigt aan, dat het gebed van de martelaren en van alle ware gelovigen zal worden verhoord. Zij hebben dag en nacht gesmeekt: "Uw koninkrijk kome!". In die zin smaakt de rol zoet. Maar wanneer Gods rijk komt, zal "elke boom die geen goede vrucht voortbrengt" worden omgehakt en in het vuur worden geworpen (Matth. 3:10). Dat de Messias "de tarwe zal samenbrengen in Zijn schuur" is zoet, maar dat Hij "het kaf met onuitblusbaar vuur zal verbranden", is bitter (Matth. 3:12). Dat het rijk van God zal verschijnen is goed nieuws, maar dat er zware gerichten over de volken nodig zijn om dat rijk te vestigen aangezien velen uit die volken tot het einde toe opstandig blijven en zich niet van hun afgodendienst bekeren, is een bittere waarheid.

Vers 10

"En ik nam het boekje uit de hand van de engel en at het op; en het was in mijn mond zoet als honing, en toen ik het gegeten had, werd mijn buik bitter". Johannes volgt het bevel van de engel op, en wanneer hij het boekje heeft gegeten, gebeurt er wat de engel heeft voorzegd. Het boekje smaakt aanvankelijk zoet, maar wanneer de ziener het heeft doorgeslikt, veroorzaakt het buikpijn: een beeld van innerlijke onrust.

Vers 11

En men zei tot mij: U moet opnieuw profeteren over volken en naties en talen en vele koningen". De "men" of "zij" die zeiden dat Johannes opnieuw moest profeteren, waren vermoedelijk de "sterke engel" en de "stem uit de hemel" die eerder tot hem hadden gesproken. Wat Johannes moest gaan zeggen, kunnen we lezen in het boek Openbaring (de hoofdstukken 11 tot 19). Uit het slot van hoofdstuk 10 blijkt wat de strekking van het boekje was dat de ziener moest eten. Het bevatte profetieën van God over "volken en naties en talen en vele koningen", ontwikkelingen die zich in de volkerenwereld zouden voordoen en gerichten die de mensheid zouden treffen. Gebeurtenissen die uiteindelijk zouden leiden tot de verschijning van de Messias in heerlijkheid en de onderwerping van de hele aarde. Het boekje had betrekking op "volken en naties en talen en vele koningen". Een natie is een grotere eenheid dan een volk, want een natie kan meerdere volken omvatten, die verschillende talen spreken. Een natie staat onder leiding van een staatshoofd. Zo'n staatshoofd wordt in de Bijbel een "koning" genoemd. Binnen een natie kunnen meerdere "koningen" elkaar opvolgen, omdat machthebbers overlijden, aftreden of worden afgezet. Johannes moest opnieuw gaan profeteren over de ethnische en politieke ontwikkelingen die tot de ondergang van het laatste wereldrijk zouden leiden en zouden uitlopen op de vestiging van het rijk van de Messias.

Hoofdstuk 11

Een meetopdracht (11:1-2)

"En mij werd een rietstok gegeven, aan een staf gelijk, en gezegd: Sta op en meet de tempel van God en het altaar en hen die daarin aanbidden. En de voorhof die buiten de tempel is, verwerp die en meet die niet, want hij is aan de naties gegeven, en zij zullen de heilige stad vertreden, tweeënveertig maanden lang"

De hoofdstukindeling in onze Bijbel is dikwijls verwarrend. In Openbaring 11:1 begint er geen nieuw visioen, maar wordt het gesprek voortgezet dat Johannes voerde met de "andere sterke engel" (10:1,5,9) en de "stem uit de hemel" (10:4,8).

Wie er een rietstok aan Johannes gaf en wie er tot hem sprak, wordt in Openbaring 11:1 niet verteld. Het zou de sterke engel kunnen zijn in wiens nabijheid de profeet stond (10:9), maar ook iemand anders. De opdracht om te gaan meten, hield verband met het in-bezit-nemen van de zee en het land (10:2). Wanneer er land wordt overgedragen, moeten de grenzen van het perceel nauwkeurig worden bepaald om het eigendomsrecht te kunnen vaststellen. Met de rietstok die Johannes kreeg, moest blijkbaar worden vastgesteld, welk deel van het land al aan God was overgedragen en welk deel nog bezet werd gehouden, en moest worden opgeëist voor de wettige Eigenaar. Van de "meetlat" die Johannes ontving, worden er twee eigenschappen genoemd:

(1) Het was een "rietstok" (Gr. *kalamos,* waarvan ons Nederlandse woord "kalmoes" is afgeleid). In de Bijbel is dit woord meestal als "rietstengel" weergegeven (Matth. 11:7, 12:20, 27:29,30; 27:48; Mar. 15:19,36; Luk. 7:24), in een enkel geval ook als "pen" (3 Joh.:13). Een "meetriet" werd gebruikt om de afmeting van bouwmaterialen of constructies vast te stellen (Openb. 21:15,16), terwijl puntige stukjes riet als schrijfgerei werden benut.

(2) Een rietstengel is broos en knakt gemakkelijk (Matth. 12:20), hoewel hij tegen harde wind bestand is omdat hij met iedere windvlaag meebuigt (Matth. 11:7, Luk. 7:24). Van déze "rietstok" zegt Johannes echter, dat hij leek op een

staf (Gr. *rhabdos*), en dus stevig en onbuigzaam was. *Rhabdos* is in Bijbelvertalingen weergegeven als "staf", "stok", "roede" of "scepter" (Matth. 10:10, Mar. 6:8, Luk. 9:3, 1 Kor. 4:21, Hebr. 1:8, 9:4, 11:21). In de Openbaring is het de aanduiding van de ijzeren "staf" of "scepter" waarmee de Messias de volken zal regeren (Openb. 2:27, 12:5, 19:15).

Uit de meting van Johannes bleek dat er nog maar een piepklein stukje van het land aan God was gegeven: "de tempel van God en het altaar en hen die daarin aanbidden". De "heilige stad", het land en de zee (het gebied van "de naties") werden nog bezet gehouden. Met de "tempel" (Gr. *naos*) is het tempelgebouw bedoeld: het heilige en heilige der heiligen. Behalve dat heiligdom was ook "het altaar" al aan God gegeven. In de Griekse tekst van Openb. 11:1 staat niet het gewone woord voor altaar, maar het woord *thusiasterion*, dat "offerplaats" betekent. Het brandofferaltaar van de tempel was geplaatst in de binnenste voorhof. Daar gingen de Israëlieten heen om God te aanbidden (Gr. *proskuneo*, zich voor Hem neer te werpen, zoals onderdanen voor hun vorst) want vanaf dat altaar stegen hun offergaven op naar de hemel. "De offerplaats" is een aanduiding van de plaats van aanbidding, en heeft niet alleen betrekking op het altaar maar ook op het gebied daaromheen. Volgens de meting waren het heiligdom, de binnenste voorhof en de personen die daar baden al aan God gewijd – in tegenstelling tot de omgeving.

Openb.11:1-2 heeft niet betrekking op de christelijke gemeente of de "kerk", want in het lichaam van Christus is er geen sprake van een "heiligdom", een "offerplaats" waar gelovigen heen gaan om te "aanbidden" en een "heilige stad". Uit de woorden van Johannes blijkt, dat er in de tijd die aan de komst van de Messias voorafgaat opnieuw een tempel in Jeruzalem zal zijn. Dat er in de voleinding van de eeuw weer een tempel zal zijn, mochten we op grond van het boek Daniël en op grond van 2 Thess.2 al verwachten. De "mens van de zonde" zal immers in die tempel gaan zitten omdat hij zich verzet tegen iedere vorm van verering en wil laten zien, dat hijzelf god is (2 Thess. 2:3-4).

In de oorspronkelijke tekst van Openb. 11:2 staat voor voorhof het woord *aulee*, dat "erf" betekent: een open terrein bij een gebouw dat door een hek of een muur is omgeven. In andere Bijbelteksten is het vertaald als "voorhof" (Matth. 26:3,58,69; Mar. 14:54,66; 15:16; Luk. 22:55; Joh. 18:15), soms ook als "hofstede" (Luk. 11:21) of "stal" (= schaapskooi, Joh. 10:1,16). De

261

Statenvertaling gebruikt het woord "zaal", wat niet juist is, want bij een zaal denken wij aan een overdekte vergaderruimte. Het "erf" van de tempel, het "plein" waarop het heiligdom stond, moest Johannes in zijn meting niet meenemen, maar verwerpen (Gr. *ekballoo*, "uitwerpen"), want het was niet aan de aanbidders van God gegeven maar aan de "naties".

In Openb. 11:1-2 wordt er een toestand geschetst, waarin er op de tempelberg weer een heiligdom voor de God van Israël is. Maar de omgeving van de tempel, het plein om het heiligdom, wordt niet beheerd door het volk Israël, maar staat onder de jurisdictie van buitenlandse mogendheden. Over die "naties" wordt in 11:2 gezegd, dat zij "de heilige stad zullen vertreden, tweeënveertig maanden lang". Het woord "vertreden" (Gr. *pateoo*) betekent: "onder de voet lopen". In andere Bijbelteksten is het vertaald als "treden op" (plattrappen, Luk. 10:19), "vertrappen" (Luk. 21:24), of "treden" (van druiven, in een wijnpersbak, Openb. 14:20, 19:15). De tweeënveertig maanden in Openb.11:2 hebben vermoedelijk betrekking op de tijd waarin de wetteloze "mens der zonde" in de tempel gaat zitten om zich als god te laten vereren. Dezelfde periode van "twee en veertig maanden" wordt namelijk genoemd in Openb. 13:5. Op andere plaatsen in de Bijbel wordt er gesproken over "twaalfhonderdzestig" (letterlijk "duizend tweehonderd zestig") dagen (Openb. 11:3, 12:6). Twee en veertig maanden van dertig dagen komen overeen met duizend tweehonderd en zestig dagen. De Bijbel duidt hetzelfde tijdvak ook aan als: "een tijd, tijden en een halve tijd" (letterlijk: "een tijd, en tijden, en een deel van een tijd", Dan. 7:25, Openb. 12:14). Aangezien Openb. 12:6 en 14 parallellen zijn, heeft die uitdrukking dezelfde betekenis als "duizend tweehonderd en zestig dagen". Eén jaar, twee jaren en een half jaar komt overeen met $1 \times 360 + 2 \times 360 + 0,5 \times 360 = 360+720+180 = 1260$ dagen. Over het "vertrappen van de heilige stad" lezen we in de Schrift het volgende:

1. De "heiligen van de Allerhoogste", de gelovigen uit Israël, zullen in de hand van een buitenlandse machthebber worden gegeven, en die machthebber zal "de tijden en de wet" veranderen (Dan. 7:25). Hij zal de wet van God, de eredienst die op deze wet gebaseerd is, en Israëls godsdienstige kalender afschaffen.

2. Openb. 11:2 zegt dat "de naties" "de heilige stad zullen vertreden", Jeruzalem onder de voet zullen lopen en de bevolking zullen onderdrukken (vgl. Dan. 7:25).

3. Hoewel de eredienst van de HEERE in Zijn tempel met geweld wordt gestaakt en wordt vervangen door de verering van de "wetteloze mens van de zonde", zal de Schepper in Jeruzalem "twee getuigen" hebben die namens Hem zullen profeteren (Openb. 11:3).

4. Gelovigen uit Judéa en Jeruzalem zullen vluchten zodra ze zien dat er een beeld van de "wetteloze" in de "heilige plaats" wordt neergezet (Openb. 12:6, vgl. Matth. 24:15, Mar. 13:14, Dan. 11:31, 12:11; Luk. 17:31-33). Ze zullen zich schuil houden in een bergachtige woestijn, waar ze worden gevoed en bewaard (Openb. 12:6,14).

5. Zodra de Messias verschijnt, zal Hij aan het optreden van de "mens van de zonde" een eind maken. Hij zal de wetteloze "verteren door de adem van Zijn mond en te niet doen door de verschijning van Zijn komst" (2 Thess. 2:8), dus de tegenstander met een enkel woord uitschakelen (vgl. Jes. 11:4, 30:33; Openb. 19:15,20). De verstrooide en gevluchte Israëlieten zullen door Hem worden ingezameld en worden teruggebracht naar het heilige land (Mat. 24:31, vgl. Deut. 30:4, Jes. 27:13).

Getuigen in het hol van de leeuw (11:3-6)

"En Ik zal aan Mijn twee getuigen [macht] geven en zij zullen profeteren twaalfhonderd zestig dagen lang, met zakken bekleed. Dezen zijn de twee olijfbomen en de twee kandelaars, die vóór de Heer van de aarde staan. En als iemand hun schade wil toebrengen, komt er vuur uit hun mond en verteert hun vijanden; en als iemand hun schade wil toebrengen, dan moet hij zó gedood worden. Dezen hebben de macht de hemel te sluiten, zodat er geen regen valt in de dagen van hun profeteren; en zij hebben macht over de wateren om die in bloed te veranderen en om de aarde te slaan met allerlei plagen, zo dikwijls zij willen".

Uit de meting van Johannes bleek dat de tempel en de "offerplaats" het enige stukje van het land was dat al aan God was gewijd. Maar wanneer naties de heilige stad vertreden en de tempel wordt ontwijd doordat er een "verwoestende gruwel" wordt opgericht, kunnen aanbidders er niet meer verschijnen om tot de HEERE te naderen. Het heiligdom is dan aan de Schepper ontnomen.

Uit het visioen van Johannes blijkt dat de HEERE dit niet over Zijn kant zal laten gaan. Zolang de heilige stad door de volken wordt vertreden (volgens vers 2 gedurende "tweeënveertig maanden" en volgens vers 3 tijdens "duizend tweehonderd en zestig dagen") zal de HEERE "twee getuigen" laten profeteren. Uit de verzen 2 en 8 blijkt dat ze dit in Jeruzalem zullen doen. In vers 3 wordt niet gezegd, wát de HEERE aan Zijn twee getuigen zal geven (het woord "macht" of "volmacht" of "opdracht" ontbreekt in de Griekse tekst), maar vermoedelijk zal de HEERE aan Zijn getuigen een boodschap geven die zij namens Hem zullen uitspreken. Het aantal twee houdt waarschijnlijk verband met het feit, dat volgens de wet van Mozes "op het getuigenis van twee of drie een zaak zal vaststaan" (Deut. 17:6, 19:15; Matth. 18:16, 1 Tim. 5:19, Hebr. 10:28). Uit Johannes' opmerking dat de getuigen zijn bekleed "met zakken", blijkt dat ze rouw bedrijven (Gen.37:34, Amos 8:10) – rouw over het verlies van de tempel en over de martelaren die door "het beest", "de mens van de zonde", "de wetteloze" worden omgebracht (vgl. 6:9-11 en 13:15).

Wanneer de tempel is verwoest of ontwijd, is er niet langer een eredienst om Gods heiligheid en grootheid zichtbaar te maken. Maar in die stikdonkere nacht zullen de twee getuigen de "twee olijfbomen en de twee kandelaars" zijn, die "vóór de HEERE staan". Ze zullen namens Hem licht verspreiden. Uit de beeldspraak "olijfbomen en kandelaars" blijkt, dat het deze mensen nooit aan "olie" zal ontbreken om licht te geven. Ze zullen worden geïnspireerd door Gods Geest, zodat ze Gods woord zonder enige hapering kunnen doorgeven. Toen de Babylonische ballingschap ten einde was, waren de hogepriester Jozua en de landvoogd Zerubbabel de twee "olijfbomen en kandelaars" die voor de Heer van de aarde stonden (Zach. 4). Ze werden in staat gesteld om de tempel te herbouwen, niet door menselijke kracht of menselijk geweld, maar door Gods Geest. Diezelfde Geest zal de twee getuigen de kracht en de wijsheid geven om tijdens de "grote verdrukking" hun getuigenis te voltooien.

De getuigen zullen profeteren dat de God van Israël de Enige Heerser is (6:10), de Schepper van hemel en aarde, Wiens rijk komt, terwijl de machthebber die zich als god laat vereren, niet meer is dan een mens (13:18). Maar deze mens zal oppermachtig lijken. Hij is door demonische werking herleefd, nadat hem een dodelijke wond was toegebracht (13:3,12,14). Via zijn helper, het "beest uit de aarde" of "de valse profeet", is hij in staat om "vuur uit de hemel te laten neerdalen op de aarde" (13:13) en via zijn beeld doodt hij allen die weigeren om hem te aanbidden (13:15).

Aangezien de twee getuigen de ondergang van het beest aankondigen, zullen de machthebbers in het beestrijk hen met geweld de mond willen snoeren. Maar zolang het getuigenis nog niet is voltooid, zal hun dit niet lukken. Als iemand de getuigen "schade wil toebrengen, komt er vuur uit hun mond en verteert hun vijanden; en als iemand hun schade wil toebrengen, dan moet hij zó gedood worden" (11:15). In Israël heeft iets dergelijks al eens eerder plaats gevonden. Toen de dienaren van koning Ahazia de profeet Elia gevangen wilden nemen (2 Kon. 1:10,12), daalde er op een enkel woord van deze "man Gods" vuur uit de hemel neer dat zijn tegenstanders verteerde. Daaruit bleek dat Elia werkelijk het woord van God sprak (2 Kon.1:9-12). Ook de twee getuigen zijn oprechte dienaren van de HEERE. Hun macht doet niet onder voor de macht van het beest (vgl. 13:13). Wanneer dienaren van het beest proberen om de getuigen van God het spreken te beletten, geven de getuigen een kort bevel en worden hun vijanden door vuur verteerd.

Omdat de getuigen de Enige Waarachtige Heerser vertegenwoordigen (vgl. 6:10), is hun macht zelfs gróter dan die van het beest. Ze zijn in staat om "de hemel te sluiten", zodat "er geen regen valt in de dagen van hun profeteren". "Jullie menen dat het beest god is?" zeggen de getuigen, "Wij zullen je laten zien Wie er werkelijk God is. Omdat je je verzet tegen de God van Israël, krijg je geen druppel regen meer". Ook dit teken is in Israël eerder verricht, door de profeet Elia (1 Kon. 17:1). Toen die profeet in opdracht van de HEERE zei dat het niet meer zou regenen tenzij hij weer regen aankondigde, "regende het drie jaar en zes maanden niet op aarde" (Jak. 5:17). Met precies hetzelfde gezag zullen de twee getuigen spreken.

Johannes vervolgt zijn beschrijving van de twee getuigen door op te merken: "En zij hebben macht over de wateren om die in bloed te veranderen en om

265

de aarde [of: het land] te slaan met allerlei plagen, zo dikwijls zij willen". Mozes en Aäron kregen eens dezelfde volmacht, waarna het land Egypte door tien plagen werd getroffen (Exod. 7:17-20, 1 Sam. 4:8). De term "plagen" heeft in de Bijbel niet alleen betrekking op ziekten. Het Griekse woord *plège* betekent letterlijk: "slag". Het wordt in het boek Openbaring gebruikt voor "vuur, rook en zwavel" waardoor mensen omkomen (9:17-20), voor de dodelijke zwaardwond van het beest (13:3,12,14) en voor de zeven laatste rampen die de aarde zullen treffen (15:6,8; 16:9,21; 21:9): pijnlijke zweren, verandering van water in bloed, verzengende hitte, verduistering van het aardoppervlak, opdrogen van rivieren, een ontzaglijke aardbeving en loodzware hagelstenen. "Verbranding, dood, rouw en honger" zijn de plagen die in één uur over de stad Babylon zullen komen (18:4.8). Uit het feit dat Mozes en Aäron rampen aankondigden, waarna die rampen op het aangekondigde tijdstip over Egypte kwamen, bleek dat ze in opdracht van God hadden gesproken. Zo zullen de twee getuigen hun getuigenis ook met angstaanjagende tekenen bevestigen.

De dood van de getuigen (11:7-10)

"En wanneer zij hun getuigenis voleindigd zullen hebben, zal het beest dat uit de afgrond opstijgt, oorlog met hen voeren en hen overwinnen en hen doden. En hun lijk [zal liggen] op de straat van de grote stad, die geestelijk genoemd wordt Sodom en Egypte, waar ook hun Heer gekruisigd is. En [zij] uit de volken en geslachten en talen en naties zien hun lijk drie en een halve dag, en zij laten niet toe dat hun lijken in een graf gelegd worden. En zij die op de aarde wonen, verblijden zich over hen en zijn vrolijk en zullen elkaar geschenken zenden, omdat deze twee profeten hen die op de aarde wonen gepijnigd hadden".

Zolang de twee getuigen hun getuigenis nog niet voltooid hebben, zijn ze onkwetsbaar (11:5). In dat opzicht lijken deze twee "profeten" (11:10) op DE trouwe en waarachtige Getuige (3:14), Jezus Christus. Over de Here Jezus staat geschreven: "Zij trachtten Hem dan te grijpen; en niemand sloeg de hand aan Hem, omdat Zijn uur nog niet gekomen was" (Joh. 7:30). "...Hij leerde in de tempel, en niemand greep Hem, omdat Zijn uur nog niet was gekomen" (Joh. 8:20). Johannes, de schrijver van het boek Openbaring, benadrukt de overeenkomst tussen de getuigen en de Messias nog eens extra door op te merken dat de getuigen zullen omkomen in de stad "waar ook hun Heer gekruisigd is" (11:8). De verkondiging van de twee getuigen zal twaalfhonderdzestig dagen duren (11:3), waarna ze net als hun Heer zullen worden omgebracht in Jeruzalem.

Toen de Here Jezus Zijn prediking van het goede nieuws van het koninkrijk had voltooid kwam het uur waarop Hij werd "overgeleverd in handen van zondaars" (Matth. 26:45, Luk. 22:53; vgl. Matth. 17:22, Mar. 9:31, 10:33-34, Luk. 9:44, 24:7). Met de twee getuigen zal er hetzelfde gebeuren. Het "beest dat uit de afgrond opstijgt" zal een oorlog tegen hen beginnen, hen overwinnen en doden. De toevoeging "dat uit de afgrond opstijgt" is belangrijk. Uit een later visioen van Johannes blijkt namelijk, dat de loopbaan van het "beest" uiteenvalt in twee fasen. Tijdens de eerste fase is het één van de "koppen" van een alliantie van tien naties waarover zeven "kopstukken" regeren (13:1). Op zeker moment zal dit staatshoofd een dodelijke wond worden toegebracht (13:3). Maar hij herleeft op wonderlijke wijze en herrijst uit de afgrond, doordat de satan zijn lichaam bezielt en beheerst (13:4). Na deze schijn-opstanding is het beest onoverwinnelijk (13:4). Het is niet langer een normaal mens, maar een menselijk lichaam dat zijn "leven" ontleent aan een inwonende boze geest en waarin de bovenmenselijke intelligentie van satan zich manifesteert. Hóe het beest de getuigen zal uitschakelen, wordt in Openbaring 11 niet verteld. Maar het succes van zijn aanval is te wijten aan het feit, dat de "draak", "de oude slang, die genoemd wordt duivel en de satan" het beest "gezag" heeft gegeven (13:4, vgl. 12:9).

De inwoners van Jeruzalem en de vertegenwoordigers van de "naties" hebben een enorme hekel aan de twee getuigen. Deze profeten hebben immers "de aarde geslagen met allerlei plagen", zoet water ondrinkbaar gemaakt en het drie-en-een-half jaar niet laten regenen (11:6). Ze hebben "hen die op de aarde wonen gepijnigd" (11:10) – niet alleen door rampen over de aarde te brengen, maar ook met hun striemende woorden. Omdat men de getuigen verafschuwt, is men niet bereid om hun een fatsoenlijke begrafenis te geven. Men verhindert dat de dode lichamen in een graf worden gelegd (11:9). Ze blijven in de open lucht liggen, als een zichtbaar teken van de macht van het beest. Johannes merkt op: **"Hun lijk [zal liggen] op de straat van de grote stad, die geestelijk genoemd wordt Sodom en Egypte, waar ook hun Heer gekruisigd is"** (11:8). Voor "op de straat" staat in het Grieks: *epi tes plateias*, wat letterlijk "op HET plein" betekent. Waarschijnlijk moet daarbij worden

267

gedacht aan *Haram-al-Sharif*, het tempelplein waarop de Al Aqsa moskee zich bevindt, het allerbekendste plein van Jeruzalem. Dat met "de grote stad" Jeruzalem wordt bedoeld, blijkt uit de opmerking, dat de Heer van de getuigen er gekruisigd is. Dat Jeruzalem "geestelijk Sodom en Egypte" wordt genoemd, wil zeggen dat haar inwoners zich schuldig maken aan afschuwelijke afgoderij en in slavernij verkeren. Johannes zegt over de vermoorde getuigen, dat "hun lijk" op straat zal liggen. Hij gebruikt niet een meervoud (wat logisch zou zijn geweest, want er waren twee getuigen), maar een enkelvoud [16]. In vers 8 heeft het woord "lijk" misschien de betekenis van "aas". "Waar het aas is, daar zullen de gieren zich verzamelen" zei de Here Jezus eens (Matth. 24:28), waarbij Hij hetzelfde woord gebruikte *(ptooma)* als er in Openb. 11:8 staat. Uit het verslag van Johannes blijkt, dat de dode lichamen van de getuigen allerlei "gieren" zullen aantrekken. Hun dood wordt uitbundig gevierd en minstens zevenduizend bekende en hooggeplaatste politici blijken naar Jeruzalem te zijn gekomen (11:10,13). Wat de mensen ooit deden bij de jaarlijkse herdenking van de geboorte van de Messias, doen ze nu bij de dood van Zijn getuigen: ze sturen elkaar geschenken (11:10). Daaruit blijkt, dat de mensheid totaal van God is afgeweken. Zijn getuigen "zijn gehaat door alle volken" omdat ze opkwamen voor Zijn naam (Matth. 24:9).

De opstanding van de getuigen (11:11-14)

"En na de drie en een halve dag kwam [de] levensgeest uit God in hen en zij gingen op hun voeten staan, en grote vrees viel op hen die hen aanschouwden. En zij hoorden een luide stem uit de hemel tot hen zeggen: Komt hier op! En zij stegen op naar de hemel in de wolk, en hun vijanden aanschouwden hen. En op dat uur kwam er een grote aardbeving, en het tiende deel van de stad viel en zevenduizend namen van mensen werden bij de aardbeving gedood; en de overigen werden zeer bevreesd en gaven heerlijkheid aan de God van de hemel. Het tweede 'Wee' is voorbijgegaan, zie, het derde 'Wee' komt spoedig".

Drie-en-een-halve dag blijven de lichamen van de getuigen op het plein liggen, onbegraven en voor iedereen zichtbaar. Maar dan gebeurt er iets dat geen

---

[16] Althans, in de meest betrouwbare handschriften. In sommige handschriften staat een meervoud *(ptoomata)*.

mens had verwacht. De getuigen die hun Heer volgden in Zijn dood, volgen Hem nu ook in Zijn opstanding en hemelvaart. God zendt in elk van hen een levensgeest (in de oorspronkelijke tekst ontbreekt het bepaald lidwoord) en ze "gaan op hun voeten staan". De toeschouwers schrikken, "grote vrees valt op hen". De opstanding van de twee getuigen is immers een bevestiging van hun boodschap, dat de God van Israël de Enige Waarachtige Heerser is en dat het met de schijnbare triomf van het beest spoedig zal zijn gedaan. Een luide stem uit de hemel roept tot de getuigen: "Kom naar boven!". En de getuigen "stijgen op naar de hemel in de wolk". Uit het bepaald lidwoord (DE wolk) blijkt, dat de *sjechina*, de heerlijkheid van de HEERE, is bedoeld. Bij de hemelvaart van de Here Jezus gebeurde er precies hetzelfde: "Een wolk onttrok Hem aan hun ogen" (de ogen van de discipelen, Hand. 1:9). Nu nemen de vijanden van de getuigen waar, dat ze levend worden en ten hemel varen. Voor hen is dat een angstaanjagend gezicht.

Nóg angstaanjagender is het feit, dat Jeruzalem op datzelfde moment door een grote aardbeving wordt getroffen. In het NT heeft "op dat uur" meestal de betekenis: "op dat tijdstip". De ziener merkt op, dat de hemelvaart van de getuigen werd gevolgd door een zware aardbeving. Een tiende deel van de stad Jeruzalem "viel", dat wil zeggen: stortte in. Het zou kunnen gaan om tien procent van de gebouwen, of tien procent van het stadsoppervlak.

Opmerkelijk is het zinnetje, dat er bij de aardbeving "zevenduizend namen van mensen" werden gedood. Waarom vond Johannes het zo belangrijk om het aantal slachtoffers te vermelden? En waarom schreef hij "*namen van mensen*"? "Mensen" was als aanduiding toch voldoende geweest?

De uitdrukking "namen van mensen" doet denken aan een uitdrukking in Genesis 6:4. In dat Bijbelgedeelte wordt over het tijdperk vóór de zondvloed gezegd:

"*De reuzen waren in die dagen op de aarde, en ook daarna, toen de zonen Gods tot de dochters der mensen kwamen, en zij hun kinderen baarden; dit zijn de geweldigen uit de voortijd,* mannen van naam".

In het Hebreeuws staat: "stervelingen van naam", mensen met een grote reputatie – niet alleen vanwege hun grote lichaamslengte en lichaamskracht, maar ook vanwege het feit dat ze de lakens uitdeelden. Bij "namen van mensen" (Openb. 11:13) kunnen we dus denken aan bekende politici of wereldleiders. De "namen" die in het boek Openbaring worden genoemd hebben zich verbonden aan het beest en zijn demonen – net zoals de "mannen van naam" die vóór de zondvloed op aarde leefden voortkwamen uit een verbintenis van menselijke vrouwen met "zonen Gods", boosaardige hemelwezens (Gen. 6:4, Judas:6-7). Bij de zevenduizend "namen van mensen" gaat het vermoedelijk om politici die naar Jeruzalem zijn gekomen om het beest te feliciteren wanneer het de twee getuigen heeft omgebracht. Door zevenduizend prominente aanhangers van het beest in één moment weg te vagen bevestigt de Almachtige opnieuw dat de twee getuigen namens Hem hebben gesproken. Met het rijk van het beest zal het spoedig zijn gedaan.

Het getal zevenduizend is in dit verband van grote betekenis. Tijdens de goddeloze heerschappij van Achab en Izébel heeft de HEERE in Israël "zevenduizend mannen doen overblijven, die hun knie voor Baäl niet gebogen hebben" (Rom. 11:4, 1 Kon. 19:18). Alleen die "heilige rest" diende en eerde Hem nog. Alle overigen waren de Baäl gaan dienen. In Johannes' visioen gebeurt er precies het omgekeerde: zevenduizend "namen van mensen" worden gedood, waarna alle overigen "heerlijkheid geven aan de God van de hemel". De inwoners van Jeruzalem en Judéa krijgen ontzag voor de Schepper – in die zin worden ze "zeer bevreesd" – en bewijzen eer aan "de God van de hemel". In het Oude Testament wordt de Almachtige "de God van de hemel" genoemd wanneer Israël in ballingschap is en de heerlijkheid van de HEERE uit Zijn aardse tempel is verdwenen. In Openbaring 11 wordt de HEERE zó genoemd omdat de eredienst in Zijn huis met geweld is gestaakt en de tempel is ontwijd door er een afgodsbeeld te plaatsen.

Uit vers 14 blijkt dat de dood, opstanding en hemelvaart van de getuigen met de daaropvolgende aardbeving en verwoesting van een tiende deel van Jeruzalem samenvalt met het slot van het tweede "wee" of de zesde bazuin (vgl. Openb. 9:13-21). Op dat moment is er in de volkerenwereld van bekering nog geen sprake, ondanks de zware gerichten die de naties hebben getroffen (Openb. 9:21), terwijl Israël wél ontzag voor God heeft gekregen (Openb. 11:14).

De zevende bazuin (11:15-18)

"En de zevende engel bazuinde, en er kwamen luide stemmen in de hemel die zeiden: Het koninkrijk van de wereld van onze Heer en van zijn Christus is gekomen, en Hij zal regeren tot in alle eeuwigheid. En de vierentwintig oudsten die vóór God zitten op hun tronen, vielen op hun gezichten en aanbaden God en zeiden: Wij danken U, Heer, God de Almachtige, die is en die was, dat U uw grote kracht hebt aangenomen en Uw koningschap hebt aanvaard. En de naties zijn toornig geworden, en uw toorn is gekomen en de tijd van de doden om geoordeeld te worden en om het loon te geven aan Uw slaven de profeten, en aan de heiligen en aan hen die Uw naam vrezen, de kleinen en de groten, en om te verderven hen die de aarde verderven"

Johannes zag en hoorde, hoe de laatste van de zeven engelen die "vóór God stonden" (8:2) op zijn bazuin blies. Het geluid van de bazuin werd gevolgd door "luide stemmen in de hemel". Die stemmen jubelden: "Het koninkrijk van de wereld van onze Heer en van Zijn Christus [Zijn Gezalfde, de Messias] is gekomen, en Hij zal regeren tot in alle eeuwigheid". In Openbaring 11:15 staat, dat Gods Messias zal regeren *eis tous aioonas toon aioonoon*, "in de eeuwen der eeuwen". De uitdrukking "eeuwen der eeuwen" betekent: de eeuwen bij uitstek, de grandioze slotfase van de geschiedenis. "Eeuwen der eeuwen" is een stijlfiguur die overeenkomt met de Bijbelse uitdrukkingen "heilige der heiligen" (het allerheiligste), "lied der liederen" (het allermooiste lied) en "knecht der knechten" (de allerlaagste dienaar). De Messias zal niet regeren voor altijd, maar in de twee toekomstige eeuwen die op de tegenwoordige "boze eeuw" zullen volgen.

Het tekstverband laat zien, in welke zin het rijk van God en Zijn Messias nu is gekomen. Toen de ziener moest opmeten wat er aan God was gewijd, had hij alleen de tempel en de offerplaats kunnen meten, plus de Israëlieten die daar heen waren gegaan om de HEERE te aanbidden (11:1). Meer was er op dat moment nog niet. En de "landmeter" had te horen gekregen dat de naties de heilige stad gedurende tweeënveertig maanden zouden vertreden en dat er tijdens die benarde tijd maar twee getuigen van de HEERE zouden overblijven. Gods tempel zou worden ontwijd (dat laatste blijkt uit Openbaring 13 en 2 Thessalonicenzen 2). Maar nú had God het voor Zijn getuigen opgenomen, hen voor ieders oog gerehabiliteerd door hen te doen opstaan uit de doden en hen op te nemen in de hemel (11:11). Bovendien had de HEERE zevenduizend van Zijn tegenstanders omgebracht (11:13a), zodat de overige Israëlieten ontzag voor Hem kregen en Hem de gepaste eer gingen bewijzen (11:13b). In Israël is "het koninkrijk [de koninklijke macht] van onze Heer en van Zijn Messias" nu dus zichtbaar geworden.

De vierentwintig oudsten die Johannes in eerdere visioenen had gezien (4:4,10; 5:8) en die als leden van de hemelse raadsvergadering rond Gods troon op eigen tronen zitten, sluiten zich aan bij wat de "luide stemmen" hebben gezegd. Ze staan op van hun zetels, werpen zich vol ontzag voor de Schepper neer en bewijzen Hem eer. In vs.16 staat dat zij "vóór DE God zitten op hun tronen". Het bepaald lidwoord geeft aan dat Hij de Enige is Die de naam God werkelijk verdient.

Terwijl ze zich neerbuigen spreken de oudsten een dankgebed uit. Ze danken God voor het feit dat Hij "Zijn grote kracht heeft aangenomen en Zijn koningschap heeft aanvaard". Vanaf nu zal de Schepper krachtig gaan optreden en Zijn koningschap over de aarde gaan uitbreiden. Het is opvallend dat de oudsten de Almachtige aanduiden als Hem "die is en die was" (vs.17). Bij eerdere gelegenheden werd Hij aangeduid als Hem "die is en die was en die komt" (1:4, 1:8, 4:8), maar in 11:17 ontbreken de woorden "die komt" (althans, in de meest betrouwbare handschriften).

In hun gebed zeggen de oudsten dat de volken "toornig waren geworden". Het massale verzet van de mensheid tegen God en Zijn Messias heeft tot "grote verdrukking" voor Israël geleid. De "toorn van God" is nu óók gekomen. Hij gaat als Rechter optreden, onschuldige slachtoffers in ere herstellen en schuldigen straffen. Het "tijdstip van de doden om geoordeeld te worden" is nu aangebroken. De rechtvaardige doden zullen spoedig opstaan: de "slaven van God, de profeten", de "heiligen" en allen die "Gods naam vrezen, de kleinen en de groten". Velen van hen zijn als martelaar gestorven, maar nú zullen ze worden beloond en worden bekleed met onsterfelijkheid (vgl. 20:4). Ze zullen het leven van de toekomstige eeuw ("eeuwig leven") ontvangen. Maar "hen die de aarde [of: het land] verderven", zullen nu zélf worden verdorven. De helpers en medestanders van het beest zullen in een oogwenk omkomen (vgl. 19:17-21).

Hoofdstuk 12

God denkt aan Zijn verbond (11:19-12:2)

"En de tempel van God in de hemel werd geopend en de ark van Zijn verbond werd gezien in Zijn tempel, en er kwamen bliksemstralen, stemmen, donderslagen, aardbeving en grote hagel. En er werd een groot teken gezien in de hemel: een vrouw, bekleed met de zon en de maan onder haar voeten en op haar hoofd een kroon van twaalf sterren. En zij was zwanger en schreeuwde in haar weeën en in haar pijn om te baren" (11:19-12:2)

Openbaring 11:19 is een overgangsvers dat de hoofdstukken 11 en 12 verbindt. Johannes zag, hoe "de tempel van God in de hemel werd geopend en de ark van Zijn verbond in die tempel werd gezien". Op aarde is er sinds de Babylonische ballingschap geen ark meer geweest en ook na het herstel van Israël zal er in Jeruzalem geen ark zijn (Jer. 3:16), maar in de hemelse tempel is er blijkbaar wél een ark. Het opengaan van de hemelse tempel en het zichtbaar worden van de ark beelden uit, dat de HEERE het verbond gedenkt dat Hij met Abraham, Izak, Jakob en Israël heeft gesloten (Psa.105:3-11). Dat God aan Zijn verbond denkt is troostrijk, want Hij zal Zijn dienaren en allen die ontzag voor Hem hebben gaan belonen (11:18a). Maar het feit dat de HEERE aan Zijn verbond denkt is ook angstaanjagend. Want Hij zal verbondsbreuk straffen en korte metten maken met afgoderij, allereerst in Israël en uiteindelijk in de hele wereld (11:18b). De "bliksemstralen, stemmen, donderslagen, aardbeving en grote hagel" die met de opening van de tempel en het zichtbaar-worden van de ark gepaard gaan, wekken de indruk dat de toorn van de Almachtige is ontbrand en dat Hij krachtig zal gaan optreden. Wie afgoden vereren zullen door zware gerichten worden getroffen, vooral de aanhangers van het in Openbaring 11:7 genoemde "beest". Gods gerichten zullen de *aarde* treffen, want aardbeving is een verschijnsel dat zich op aarde voordoet, hagel valt op de grond en bliksemstralen schieten vanuit de hemel op de aarde neer.

Nadat de tempel was geopend, werd er "een groot teken gezien in de hemel, een vrouw" (12:1). Omdat deze vrouw een *teken* wordt genoemd, zag Johannes niet een letterlijke vrouw, maar een zinnebeeld dat naar iets anders verwees. Het woord *semeion* betekent "aanwijzing", "aanduiding" of "wegwijzer". Wat

Johannes zag was een *groot* teken, blijkbaar de aanduiding van een hoofdrolspeler in de geschiedenis. Uit de verwijzing naar de ark van het verbond (11:19) en uit de aanblik van de vrouw blijkt, wie zij uitbeeldt. In het OT wordt Israël de vrouw van de HEERE genoemd, het volk waarmee de Almachtige een huwelijksverbond heeft gesloten (o.a. in Jes.50, 54; Jer.3, Klaagl.1, Hosea).

De vrouw die Johannes zag was "bekleed met de zon" en straalde even helder als het daglicht. Over zijn volksgenoten, de Israëlieten, merkte de apostel Paulus eens op: "Van hen is de heerlijkheid" (Rom. 9:4). Tijdens de woestijnreis ging de heerlijkheid van de HEERE voor het volk Israël uit, en dat volk is geroepen om Gods heerlijkheid uit te stralen.

De vrouw had "de maan onder haar voeten". Wat onder iemands voeten ligt is overwonnen en onderworpen (Rom. 16:20, 1 Kor. 15:25,27; Efe. 1:22, Heb. 1:13, 2:8, 10:13). Aan de heerschappij van de duisternis zal dankzij deze vrouw (en het kind dat zij baart) spoedig een einde komen. Het rijk van God zal dankzij hen aanbreken. Het daglicht zal helder gaan schijnen, en alle surrogaten en zwakke afschaduwingen zullen op dat moment verbleken.

Op haar hoofd droeg ze "een kroon van twaalf sterren". Johannes gebruikt voor "kroon" het woord *stephanos*, een "erekrans". Bij het symbool van de sterren kunnen we denken aan wat een engel eens tegen Daniël heeft gezegd:

"En de verstandigen zullen stralen als de glans van het uitspansel, en die velen tot gerechtigheid hebben gebracht als de sterren, voor eeuwig en altoos" (Dan. 12:1).

De twaalf sterren staan model voor de twaalf apostelen, die het evangelie van het koninkrijk aan Israël hebben gepredikt (Matth. 10). Door hun verkondiging en de schriftelijke vastlegging daarvan in het Nieuwe Testament hebben zij "velen tot gerechtigheid gebracht". De zon, maan en sterren die Johannes zag verwijzen ook naar een bekende droom van Jozef uit het boek Genesis. In die droom stonden zon, maan en sterren model voor Jozefs vader, moeder en elf broers (Gen. 37:9-11). In zijn droom zag Jozef maar elf sterren, omdat hijzelf de twaalfde was. Uit de overeenkomst tussen Openb.12 en Gen.37 blijkt opnieuw, dat de vrouw die Johannes zag een symbool is van het volk Israël.

De vrouw in Johannes' visioen was zwanger en stond op het punt om te baren. Ze had krachtige weeën die haar veel pijn deden. Ze schreeuwde het uit. In de Joodse traditie wordt gesproken over de "barensweeën van de Messias" die aan het messiaanse rijk vooraf zullen gaan, een tijd van grote benauwdheid voor Israël. Ook de Here Jezus sprak in dit verband over "weeën" (Matth. 24:9, Mar. 13:9) en over een "grote verdrukking" die het volk Israël zou treffen (Matth. 24:21, Mar. 13:19). Deze unieke periode is door de profeten voorzegd (Jer. 30:4-8, Dan. 12:1). Deportatie en volkerenmoord worden door de profeten met weeën vergeleken (Jes. 26:17-18, Micha 4:9-10).

De vrouw in barensnood is een beeld van de lotgevallen van het volk Israël in de "voleinding van de eeuw", de korte periode die zal voorafgaan aan de verschijning van de Messias in heerlijkheid en de vestiging van het messiaanse rijk. In die tijd zullen Israëlieten die de HEERE trouw willen blijven het enorm moeilijk krijgen. De boze zal zich met volle hevigheid tegen hen keren en hen trachten uit te roeien. Johannes zal in een volgend "teken" die stijd nog zien. Wat de boze het volk Israël zal aandoen, is vanuit aards standpunt bezien "grote verdrukking", onderdrukking en moord. Vanuit een hemels standpunt bezien zijn het echter "barensweeën", momenten van hevige pijn die na korte tijd zullen leiden tot de geboorte van een kind. Dat kind zal gaan heersen in een rijk van vrede waarin de gestorven gelovigen zullen worden bekleed met onvergankelijkheid en de dood uiteindelijk volledig te niet zal worden gedaan.

De tegenstander (12:3-4)

"En er werd een ander teken gezien in de hemel; en zie, een grote, vuurrode draak met zeven koppen en tien horens en op zijn koppen zeven diademen. En zijn staart sleepte het derde deel van de sterren van de hemel mee en wierp ze op de aarde. En de draak stond vóór de vrouw die zou baren, om zodra zij haar kind zou baren, [het] te verslinden" (12:3-4)

In de hemel verscheen een "ander teken" (12:3). Johannes zag een grote, vuurrode "draak", een monster met meerdere koppen. Ook deze draak was niet letterlijk een dier, want hij wordt een "teken" genoemd. Hij was het zinnebeeld van een macht die een belangrijke rol speelt op het wereldtoneel – net zoals de vrouw een beeld was van het volk Israël. Het beest was "groot" en "vuurrood". Uit zijn afmetingen blijkt zijn enorme kracht, en zijn kleur wijst op bloeddorstigheid (vgl. 6:4, Hebr. 2:14-15).

De draak die Johannes zag had "zeven koppen en tien horens". Volgens velen staan de getallen zeven en tien model voor een volheid of een volkomenheid. Zeven koppen zouden dus wijzen op grote intelligentie en tien horens op grote macht. Maar uit het boek Openbaring blijkt, dat de zeven koppen en tien horens van de draak een *letterlijke* betekenis hebben. In de periode die aan de komst van het messiaanse rijk voorafgaat zal de draak zich op het wereldtoneel manifesteren via een machtsblok dat door zeven staatshoofden is geleid en dat een federatie vormt met tien andere staten (vgl. 13:1, 17:7-14). Die federatie zal zich keren tegen het volk Israël. De zeven "diademen" wijzen op koninklijke macht (vgl. 19:12,16) en mogelijk ook op godsdienstige invloed van de draak, want de hogepriester van Israël droeg zo'n diadeem op zijn voorhoofd (Exod. 28:36-38).

Johannes zag, hoe de draak met zijn staart het derde deel van de sterren van de hemel meesleepte en ze op de aarde wierp (12:4). Later zegt hij, dat de draak "werd neergeworpen op de aarde en zijn engelen werden met hem neergeworpen" (12:9). Met "het derde deel van de sterren van de hemel" kunnen dus engelen zijn bedoeld die met de draak samenspannen, zijn handlangers in de onzichtbare wereld. Maar het is de vraag of vers 4 en vers 9 op dezelfde gebeurtenis betrekking hebben. In vers 9 zijn de draak en zijn engelen *passief*: ze worden door het leger van de aartsengel Michaël uit de hemel verdreven. In vers 4 is de draak daarentegen *actief*: hij roert zijn staart en daarmee sleept hij één-derde van de sterren mee en gooit ze op de aarde. In de Bijbel is "de staart" een zinnebeeld van valse profetie. In Jes. 9:14 staat:

"De profeet die leugen onderwijst, die is de staart".

En in het boek Daniël wordt over de koning van het noorden gezegd, dat die

"zeer groot werd tegen het zuiden, tegen het oosten en tegen het Sieraad, ja, zijn grootheid reikte tot aan het heer des hemels, en hij deed er van het heer, namelijk van de sterren, ter aarde vallen, en vertrapte ze" (Dan. 8:10).

Over deze koning zegt de profeet ook:

"...Degenen die zich misgaan tegen het verbond, zal hij door vleierijen tot afval bewegen" (Dan. 11:32).

Dat de draak "met zijn staart het derde deel van de sterren meesleept en ze op de aarde werpt", kan dus betekenen dat de satan door middel van valse profetie een derde deel van het volk Israël ertoe zal aanzetten om afgoderij te plegen en de band met de Ene God te verbreken.

In het visioen van Johannes plaatste de draak zich vóór de zwangere vrouw met de bedoeling om haar kind en waarschijnlijk ook haarzelf, te verslinden (12:4). Het monster weet, dat dit kind voor hem een ernstige bedreiging vormt. Aan het begin van de wereldgeschiedenis heeft de Ene God namelijk gezegd dat "het zaad van de vrouw hem de kop zal vermorzelen" (Gen. 3:15). De draak wil verhinderen dat het kind het levenslicht ziet. Vandaar dat hij zich tegen de vrouw keert zodra die begint te baren. Hoe hij haar aanvalt en probeert te verslinden zal Johannes in het volgende hoofdstuk nog beschrijven.

De bevalling en vlucht van de vrouw (12:5-6)

"En zij baarde een zoon, een mannelijk [kind], die alle naties zal hoeden met een ijzeren staf; en haar kind werd weggerukt naar God en naar Zijn troon. En de vrouw vluchtte de woestijn in, waar zij een plaats heeft, door God bereid, opdat men haar twaalfhonderd zestig dagen voedde".

In zijn visioen zag Johannes, dat de vrouw een kind baarde. In de oorspronkelijke tekst staat: "En zij bracht voort een zoon, een mannelijke" (12:5). De toevoeging "een mannelijke" lijkt overbodig (zonen zijn immers per definitie mannelijk), maar Johannes legt uit wat hij ermee bedoelt. Dit kind zal "alle naties hoeden met een ijzeren staf". Het kind is "mannelijk" omdat het krachtig zal gaan optreden. Het zal koning worden en met groot gezag en onverbiddelijke strengheid gaan regeren. Die heerschappij zal volgens de Bijbel worden uitgeoefend door de Messias (Psa. 2:9, 72:8-19; Openb. 19:15) en door trouwe volgelingen die met Hem zijn verbonden (Openb. 2:27, 3:21). Van sommige gelovigen wordt niet gezegd dat ze met een "ijzeren staf" zullen regeren maar wel dat ze "koningen en priesters" zullen zijn van God en van Christus (Openb. 1:6, 5:10, 20:4, 22:5).

Het kind in Johannes' visioen is een zinnebeeld van de Messias – de Here Jezus nadat Hij was opgestaan uit de doden – maar ook een beeld van gelovigen die in Zijn heerschappij zullen delen. Uit de opmerking van Johannes, dat het kind werd "*weggerukt* naar God en Zijn troon" blijkt, dat we aan zulke gelovigen moeten denken. Van hen wordt in 1 Thess. 4:17 immers gezegd, dat zij zullen worden "*weggerukt* de Heer tegemoet in de lucht" en dat ze daarna "altijd bij de Heer zullen zijn". De meeste Bijbelvertalingen zeggen, dat deze gelovigen zullen worden "opgenomen", maar in de oorspronkelijke tekst van het NT wordt zowel in 1 Thess 4:17 als in Openb. 12:5 het werkwoord *harpazoo* gebruikt. In de Telosvertaling van het NT is het zeven keer vertaald als "rukken" of "wegrukken", drie maal als "opnemen", twee maal als "roven" of "wegroven", en één maal als "wegvoeren" (Matth. 11:12, 13:19; Joh. 6:15, 10:12,28,29; Hand. 8:39, 23:10; 2 Kor. 12:2,4; 1 Thess. 4:17, Judas:23 en Openb. 12:5). *Harpazoo* betekent "wegrukken".

Met de vrouw in Johannes' visioen is geen letterlijke vrouw bedoeld, maar een volk. De vrouw is immers een "groot *teken*". Omdat de vrouw geen letterlijke vrouw is maar het zinnebeeld van een volk, is haar kind ook geen letterlijk kind maar de aanduiding van een groep mensen die uit dat volk zal voortkomen. Het "baren" van de vrouw is blijkbaar een beeld van het voortbrengen van écht leven: leven dat de dood voorgoed achter zich heeft. Om met Christus te kunnen regeren moeten gelovigen immers worden bekleed met onvergankelijkheid en onsterfelijkheid (1 Kor. 15:50-53). En ze kunnen pas worden "weggerukt" naar de hemel nadat ze zijn opgestaan uit de doden (1 Thess. 4:16) of zijn veranderd in een oogwenk (1 Kor. 15:51).

Uit Openb. 4:2-3 blijkt, dat Gods troon zich in de hemel bevindt. Omdat de Messias na Zijn opstanding werd opgenomen in de hemel en werd geplaatst aan Gods rechterhand, zal dat ook eens gebeuren met Zijn Lichaam. De leden zullen het Hoofd volgen. Het "kind" wordt weggerukt naar God en Zijn troon omdat de aarde binnenkort een strijdtoneel wordt en deze groep niet aan de aardse maar aan de hemelse kant zal meevechten.

Nadat de vrouw haar kind gebaard had, vluchtte ze "de woestijn in". Volgens de Bijbel zullen vele inwoners van Judéa en Jeruzalem eens vluchten naar een onherbergzame streek, omdat ze de HEERE trouw willen blijven. Deze vlucht is door de Here Jezus als volgt aangekondigd:

"Wanneer u dan de gruwel van de verwoesting, waarvan gesproken is door de profeet Daniël, zult zien staan in [de] heilige plaats, - laat hij die het leest, erop letten! – laten dan zij die in Judéa zijn, vluchten naar de bergen; laat hij die op het dak is, niet naar beneden gaan om de dingen uit zijn huis te halen; en laat hij die op het veld is, niet terugkeren naar achteren om zijn kleed te halen. Wee echter de zwangeren en de zogenden in die dagen! En bidt dat uw vlucht niet 's winters of op sabbat gebeurt. Want er zal dan een grote verdrukking zijn zoals er niet geweest is van [het] begin van [de] wereld af tot nu toe en ook geenszins meer zal komen" (Matth. 24:15-21).

In de woestijn heeft de vrouw "een plaats, door God bereid" (12:6). Deze beschrijving van haar schuilplaats doet denken aan een belofte van de opgestane Heer aan de gemeente van Filadelfia:

"Omdat u het woord van Mijn volharding hebt bewaard, zal Ik ook u bewaren voor het uur van de verzoeking, dat over het hele aardrijk zal komen, om te verzoeken hen die op de aarde wonen" (3:10).

In de woestijn heeft God blijkbaar een plek bereid waar de "vrouw" veilig wordt bewaard. Toen Israël onder leiding van Mozes door de woestijn reisde gaf de wolkkolom steeds aan, waar het volk zich moest legeren. Zo zal de HEERE trouwe Israëlieten die tijdens de komende grote verdrukking hun land moeten ontvluchten ook naar een veilige plaats brengen.

De woestijn is een streek waar niets groeit en men zich ver van de bewoonde wereld bevindt. Als een groot aantal mensen daarheen vlucht, kunnen de voedsel- en de watervoorziening dus een probleem worden. Maar Johannes voegt aan de zin dat God voor de vrouw een plaats heeft berid, de bijzin toe: "opdat zij haar daar voeden duizend tweehonderd zestig dagen". Zo luidt de bijzin in de oorspronkelijke Griekse tekst. Blijkbaar heeft de Schepper niet alleen voor een schuilplaats maar ook voor eten en drinken gezorgd. Met de "zij" die de vrouw zullen voeden, worden waarschijnlijk God en de Messias bedoeld. In de voorafgaande tekst was immers gesproken over "God en Zijn

279

troon", terwijl het Lichaam van de Messias naar die troon was weggerukt
Zolang het volk Israël zich in de woestijn bevond en nog niet in het beloofde
land was aangekomen, werd het door de HEERE met manna gevoed. Tijdens
de regering van de goddeloze Achab en Izébel, die de Baälscultus met geweld
wilden invoeren, vluchtte de profeet Elia de woestijn in, waar hij werd gevoed
door raven, bij de beek Krith (1 Kon. 17:2-6). Zo zullen de trouwe Israëlieten,
die vanuit Judéa naar de woestijn zijn gevlucht (Matth. 24:16, Openb. 12:6)
ook eens op wonderlijke wijze in leven worden gehouden.

Oorlog in de hemel (12:7-9)

**"En er kwam oorlog in de hemel: Michaël en zijn engelen voerden
oorlog tegen de draak, en de draak voerde oorlog en zijn engelen; en hij
was niet sterk genoeg, en hun plaats werd in de hemel niet meer
gevonden. En de grote draak werd neergeworpen, de oude slang, die
genoemd wordt duivel en de satan, die het hele aardrijk misleidt; hij
werd neergeworpen op de aarde en zijn engelen werden met hem
neergeworpen".**

Johannes zag hoe er na de bevalling en vlucht van de vrouw oorlog uitbrak in
de hemel. Uit het voegwoord "en" blijkt, dat die oorlog volgde op de
gebeurtenissen die hij eerder had gezien, en met die gebeurtenissen in verband
stond. Blijkbaar ontbrandde er een strijd in de hemel zodra het "mannelijk
kind" daar was aangekomen. Vanaf dat moment waren Hoofd en Lichaam
verenigd, en was de Messias compleet. Het koninkrijk (of koningschap) van
Christus zou nu beginnen (vgl. 12:10).

Het rijk van God en Zijn Messias begint in de hemel en zal vervolgens ook op
aarde worden gevestigd. De tegenstander: de duivel of de satan, zal stap voor
stap worden verdreven uit het gebied dat hij nu nog bezet houdt. Michaël, de
hemelvorst die het volk Israël terzijde staat (Dan. 10:13, 10:21, 12:1) en die in
de Bijbel de "aartsengel" (= eerste engel) wordt genoemd (Judas:9) begint met
"zijn engelen", dus met de hemelse legermacht, tegen de draak te strijden
zodra het kind bij Gods troon is aangekomen. De draak probeert met zijn *eigen*
engelen, een leger van boze geesten, zijn positie in de hemel te behouden.
Maar de draak lijdt de nederlaag. Hij is niet "sterk genoeg" om te kunnen

standhouden, en wordt met zijn helpers op de aarde geworpen. Het gezag van de Messias is daarmee zichtbaar geworden (vgl. 12:10).

Van het "teken" van de grote draak (12:3) geeft Johannes een verklaring: De draak is de "oude slang, die genoemd wordt duivel en de satan" (12:9). De term "oude slang" verwijst naar de slang uit het paradijs, de verleider van het eerste mensenpaar (Genesis 3). Van die slang wordt gezegd dat hij "het hele aardrijk", de *oikoumenee*, de menselijke samenleving (vgl. 20:3,8) misleidt. Hij is de duivel (Gr. *diabolos*, de persoon die de woorden van God verdraait en die mensen tegen elkaar opzet), en bovendien Gods tegenstander (Hebr. *satan*), die de mensheid door middel van de dood in slavernij houdt.

De luide stem in de hemel (12:10-12)

"En ik hoorde een luide stem in de hemel zeggen: Nu is de behoudenis gekomen en de kracht en het koninkrijk van onze God en het gezag van Zijn Christus; want de aanklager van onze broeders, die hen dag en nacht vóór onze God aanklaagde, is neergeworpen. En zijzelf hebben hem overwonnen door het bloed van het Lam en door het woord van hun getuigenis, en zij hebben hun leven niet liefgehad tot [de] dood toe. Daarom weest vrolijk, hemelen en u die daarin woont. Wee de aarde en de zee, want de duivel is tot u neergekomen met grote grimmigheid, daar hij weet dat hij weinig tijd heeft"

Naar de betekenis van Johannes' visioen hoeven we niet te gissen. Want een luide stem in de hemel geeft een uitleg die aan duidelijkheid niets te wensen overlaat. Het visioen laat zien hoe, en bij welke gelegenheid, het messiaanse rijk zal komen. "*Nú* is de redding gekomen: de kracht en het koningschap van onze God en het gezag van Zijn Messias" jubelt de stem. Natuurlijk was God ook vóór die tijd al Koning, en natuurlijk gebeurde alles ook vóór die tijd al naar de raad van Zijn wil (Efe.1:11). Maar God had "Zijn grote kracht nog niet aangenomen en het koningschap nog niet aanvaard" (11:17). Nú is het gezag van de door Hem gezalfde Koning echter zichtbaar geworden. De hemel is schoongeveegd. Elke tegenstander is eruit verwijderd. Het gezag van de Messias werd zichtbaar doordat de draak met zijn engelen uit de hemel werd geworpen. De stem duidt hem aan als **"de aanklager van onze broeders, die hen dag en nacht vóór onze God aanklaagde"**. Daaruit blijkt, wat de draak

281

in de hemel deed. Hij klaagde bepaalde mensen bij God aan, zoals de rechtvaardige Job (vgl. Job 1:6-12 en 2:1-7). In de hemelse raadsvergadering werden rechtvaardige mensen vals beschuldigd, door de satan.

Het is opmerkelijk, dat de stem zegt dat de draak "onze broeders" dag en nacht voor God aanklaagde. Daaruit blijkt dat de "luide stem" afkomstig is van een menigte. Als het de stem van één persoon was geweest, had ze "*mijn* broeders" moeten zeggen. Uit het gebruik van het woord "broeders" blijkt bovendien, dat de sprekers *mensen* zijn net als de personen die door de draak werden aangeklaagd. De sprekers en de beklaagden hebben dezelfde moeder en zijn daarom elkaars broeders. Omdat Johannes een barende vrouw had gezien, mogen we veronderstellen dat het "kinderen" zijn van deze vrouw. De stem is blijkbaar afkomstig van het "mannelijk kind" dat was weggerukt naar God en Zijn troon. En de "broeders" van het kind zijn: "de overigen van haar nageslacht", mensen "die de geboden van God bewaren en het getuigenis van Jezus hebben" (12:17-18). De draak zal zijn woede op hen gaan koelen, in het land Israël en daarbuiten. Johannes zal dat nog gaan zien (13:7-10, 13:15-18).

"En zijzelf [de broeders van het mannelijk kind] *hebben* hem [de draak] overwonnen door het bloed van het Lam en door het woord van hun getuigenis, en zij hebben hun leven niet *liefgehad* tot [de] dood toe" is niet de enig mogelijke weergave van vs.11. Door de voltooid verleden tijd te gebruiken wordt de indruk gewekt dat de "broeders" dit in het *verleden* hebben gedaan. Maar uit Johannes' visioenen blijkt, dat de vervolging waarin de "broeders" met de dood worden bedreigd, pas uitbreekt nádat de draak op aarde is geworpen (12:17-13:18). In het Grieks van vs.11 staan de werkwoorden "overwinnen" en "liefhebben" in een tijdloze vorm, de *aoristus*. "En zij *overwinnen* hem door het bloed van het Lam en door het woord van hun getuigenis, en zij *hebben* hun leven niet lief tot de dood toe" geeft de bedoeling van de schrijver misschien beter weer. De vertalers hadden zelfs een toekomende tijd kunnen gebruiken. Wat de stem roept, is een vooruitblik op wat Johannes nog zal gaan zien en beschrijven.

Een wereldleider waarin de macht van satan zich ten volle manifesteert zal in de tempel van God gaan zitten en zich als god laten vereren – als de *enige* god, want aan elke andere vorm van godsdienst of verering zal hij een einde maken. De "broeders" van de luide stem weigeren om het beeld van deze machthebber te aanbidden. In die zin "overwinnen" ze de draak, want die wil zich door middel van dit beeld door de hele mensheid laten vereren. In de ogen van de wereld zijn de "broeders" verliezers, want ze worden in opdracht van de machthebber omgebracht. De broeders hebben "hun leven niet lief, tot de dood toe". Ze blijven de Enige Waarachtige God trouw, zelfs wanneer het hun het leven kost. Ze overwinnen de draak omdat ze het woord van God vasthouden en dit doorgeven: "het woord van hun getuigenis". Op grond van dat woord, vooral de inhoud van het boek Openbaring (1:2), weten de broeders hoe het met de machthebber en zijn beeld zal aflopen. Ze beseffen, dat de Messias Zijn eigen leven aan hen zal meedelen, een leven dat de dood voorgoed achter zich heeft. Ze overwinnen de draak door "het bloed van het Lam" en "het woord van hun getuigenis". Omdat ze bereid zijn om hun tijdelijke leven te verliezen, verwerven ze een onvergankelijk leven. Zó overwinnen ze.

"Daarom weest vrolijk, hemelen en u die daarin woont" vervolgt de stem. Het voegwoord slaat terug op het feit dat de draak met zijn engelen uit de hemel is geworpen en het rijk van God is verschenen. In de hemelen kan er feest worden gevierd, want de draak en zijn handlangers zijn op de aarde geworpen. De hemel is gereinigd en de lucht is gezuiverd – de enige gebieden waar de boze nog zijn gang kan gaan zijn de aarde en de zee.

"Wee de aarde en de zee", gaat de stem verder, "want de duivel is tot u neergekomen met grote grimmigheid, daar hij weet dat hij weinig tijd heeft". De duivel beseft, dat de klap die hem is toegebracht nog maar het *begin* is van het hemels offensief. De Schepper zal hem ook zijn heerschappij over "de aarde en de zee" (het land Israël en de volkerenzee) gaan ontnemen. De boze weet dat hij maar "weinig tijd" heeft. Omdat hij de Schepper haat wil hij in zijn ondergang zoveel mogelijk mensen meeslepen. Hij wil zijn woede koelen op de vrouw en op de rest van haar nageslacht. Want het mannelijke kind van de vrouw was de oorzaak van zijn val.

De lotgevallen van de vrouw (12:13-16)

"En toen de draak zag dat hij op de aarde neergeworpen was, vervolgde hij de vrouw die de mannelijke [zoon] gebaard had. En aan de vrouw werden de twee vleugels van de grote arend gegeven, opdat zij in de

woestijn zou vliegen naar haar plaats, waar zij gevoed wordt een tijd en tijden en een halve tijd, buiten [het] gezicht van de slang. En de slang wierp achter de vrouw water uit zijn mond als een rivier, om haar door de rivier te laten meesleuren. En de aarde kwam de vrouw te hulp, en de aarde opende haar mond en verzwolg de rivier die de draak uit zijn mond geworpen had".

Johannes zag wat de draak na zijn val ging doen. Hij schrijft: "En toen de draak zag dat hij op de aarde neergeworpen was, vervolgde hij de vrouw die de mannelijke [zoon] gebaard had". Jodenvervolging is een kwaad van alle tijden, maar hier betreft het een uitzonderlijke vorm van vervolging. Want de draak keert zich tegen "de vrouw", dat wil zeggen: tegen Israël in haar eigen land, in het bijzonder tegen de inwoners van *Jeruzalem*. Deze vervolging breekt uit nadat de "mannelijke zoon": het Lichaam van de Messias, is weggerukt naar God en Zijn troon. En in tegenstelling tot alle vervolgingen die er in de geschiedenis hebben plaatsgevonden, zal Israëls vijand bij deze gelegenheid *niet* in zijn opzet slagen. Want de vrouw zal vluchten en tijdens haar vlucht op wonderlijke wijze door God worden geholpen.

Toen hij het "grote teken in de hemel" zag had Johannes opgemerkt, dat de vrouw de woestijn in vluchtte (vs.6). Van die vlucht geeft hij nu een nadere beschrijving. Hij zegt: **"En aan de vrouw werden de twee vleugels van de grote arend gegeven opdat zij in de woestijn zou vliegen naar haar plaats"**. Volgens de oorspronkelijke Griekse tekst schreef Johannes letterlijk: "En [er] werden gegeven aan de vrouw twee vleugels van DE arend, DE grote". Het zelfstandig naamwoord vleugels is daar niet voorzien van een bepaald lidwoord. In het Grieks staan er twee lidwoorden, die allebei betrekking hebben op het woord "arend". De ziener sprak blijkbaar over een *bekende* arend, een arend die de lezers goed kenden. Het vierde "levende wezen", dat Johannes bij de troon van God had gezien, "was een vliegende arend gelijk" (4:7). En zodra de vierde bazuin was geblazen, had hij een arend (volgens andere handschriften: een engel) zien vliegen in het midden van de hemel, die een "wee" over de aardbewoners had uitgeroepen (8:13). Het is niet waarschijnlijk, dat met "DE arend DE grote" (12:14) zo'n hemelwezen is bedoeld. Het ligt meer voor de hand om te denken aan wat God in Zijn wet heeft geschreven:

"U hebt zelf gezien wat Ik met de Egyptenaren gedaan heb en hoe Ik u op arendsvleugels gedragen en u bij Mij gebracht heb" (Exodus 19:4).

"Zoals een arend zijn nest opwekt, boven zijn jongen zweeft, zijn vleugels uitspreidt, ze pakt en ze draagt op zijn vlerken, zo heeft alleen de HEERE hem geleid, er was geen vreemde god bij hem" (Deut. 32:11).

"DE arend, DE grote" is beeldspraak voor de God van Israël. In de woestijn heeft de HEERE Zijn volk "gedragen, zoals een man zijn zoon draagt", op heel de weg die het is gegaan (Deut. 1:31). "Op arendsvleugels gedragen" is een beeld van de voortdurende aandacht en trouwe zorg van de HEERE voor Zijn volk tijdens de tocht door de woestijn totdat het aankwam op de voor haar bestemde "plaats" (Deut. 1:31). Zoals de HEERE Zijn volk vanuit het slavenhuis leidde naar het beloofde land, zo zal de HEERE eens het gelovige deel van Zijn volk vanuit Jeruzalem, dat in geestelijk opzicht "Sodom en Egypte" is geworden (11:8), op arendsvleugels dragen naar "haar plaats" waar ze "een tijd en tijden en een halve tijd" (12:14), of "twaalfhonderdzestig dagen" (12:6), zal worden gevoed. In het boek Openbaring staan arendsvleugels model voor de grote snelheid waarmee de vrouw zal kunnen vluchten en de kracht waarmee God haar in veiligheid zal brengen. Bij de profeten is de arend een beeld van een machtige vogel met een snelle vlucht (Jer. 48:40, 49:22; Hab. 1:8). Omdat de vrouw "twee vleugels van DE arend DE grote" krijgt, is zij de draak te snel af. De draak wil haar te grazen nemen, maar de vrouw neemt vliegensvlug de wijk. Zij heeft de waarschuwing van de Here Jezus (Matth. 24:15-20, Luk. 17:30-33) in haar oren geknoopt, en ze wordt in staat gesteld om zich in een oogwenk naar haar plek in de woestijn te begeven.

Op die plaats **"wordt zij gevoed... buiten het gezicht van de slang"**. Het is opmerkelijk, dat de draak nu plotseling "de slang" wordt genoemd. Johannes vestigt daarmee de aandacht op zijn optreden als leugenaar en misleider. De Schepper die het oog dat ziet heeft gemaakt kan zo'n oog ook verblinden. Wie door Hem verblind is, ziet een stad niet - zelfs als hij er zich middenin bevindt (2 Kon. 6:8-23). De schuilplaats van de vrouw zal voor de slang en voor de door hem misleide volken onvindbaar blijven.

Wanneer de slang bespeurt dat de vrouw hem te vlug af is en hij haar niet kan inhalen, probeert hij haar op een andere manier om te brengen. Hij werpt "water uit zijn mond als een rivier achter haar aan, om haar te laten meesleuren". Veel uitleggers nemen op grond van Openb. 17:15, Jes. 8:7-8 en Dan. 11:40 aan, dat "water" het beeld is van een menigte of een volk, en "rivier" het beeld van een leger. Maar in Openb.12:15 heeft "water als een rivier" misschien een andere betekenis. De slang neemt immers pas het besluit om de vrouw door water te gaan vernietigen wanneer hij ziet dat zij op de vlucht is geslagen en zich met grote snelheid van hem verwijdert. De inzet van een leger zou zinvol zijn wanneer achtervolgers de vluchtenden nog konden inhalen. Juist omdat de slang beseft dat hij de vluchtenden *niet* meer kan inhalen, probeert hij hen weg te spoelen met water.

Als we de vlucht van de vrouw letterlijk moeten opvatten, moeten we dat misschien ook doen met het water dat de draak gebruikt. Inwoners van Judéa die de HEERE trouw willen blijven zullen met grote snelheid vluchten in de richting van de woestijn, via een dal door een heuvelachtig gebied. De slang probeert hen door middel van een vloedgolf te vernietigen. Welk middel hij daarvoor gebruikt, vertelt Johannes niet. Door een stuwdam op te blazen of te openen kan een beekdal of een wadi veranderen in een kolkende waterstroom. In het visioen van Johannes werpt de slang water "uit zijn *mond*". Daaruit blijkt dat de duivel bevel geeft om de vluchtweg van de vrouw onder water te zetten.

De vluchtenden lijken ten dode opgeschreven. Maar het plan van de boze om de "heilige rest" van Israël te vernietigen faalt omdat God een wonder verricht. Johannes schrijft: **"En de aarde kwam de vrouw te hulp, en de aarde opende haar mond en verzwolg de rivier die de draak uit zijn mond geworpen had"** (12:6). Dat de aarde de rivier verzwelgt zou kunnen betekenen dat het water dat de slang "uit zijn mond werpt" de grond inzakt voordat het de vluchtenden heeft kunnen bereiken. Maar de uitdrukking: "De aarde opende haar mond" heeft in de Bijbel een bijzondere betekenis. Johannes heeft die ontleend aan het boek Numeri, waar de ondergang van Korach, Datan en Abiram wordt beschreven.

"Toen zei Mozes: Hierdoor zult u weten dat de HEERE mij gezonden heeft om al deze daden te doen, dat zij niet uit mijn eigen hart voortgekomen zijn. Als dezen zullen sterven zoals elk mens sterft, en hun vergolden zal worden zoals elk mens vergolden wordt, dan heeft

de HEERE mij niet gezonden. Maar als de HEERE iets nieuws zal scheppen, zodat **de aardbodem zijn mond zal opensperren,** *en hen en alles wat van hen is, zal verzwelgen en zij levend naar het graf zullen afdalen, dan zult u weten dat deze mannen de HEERE verworpen hebben. En het gebeurde, toen hij geëindigd had al deze woorden te spreken, dat de aardbodem die onder hen was, gespleten werd.* **De aarde opende haar mond en verzwolg hen,** *met hun gezinnen, en alle mensen die Korach toebehoorden, en al hun bezittingen. En zij daalden levend af naar het graf, zij en alles wat van hen was. En de aarde overdekte hen, en zij waren verdwenen uit het midden van de gemeente"* (Num. 16:28-33, vgl. Num. 26:10, Deut. 11:6, Psa. 106:17)

Wanneer de aarde haar mond opent, "schept de HEERE iets nieuws". Normaliter opent de aarde haar mond niet, maar vormt ze een vaste bodem waarover je zonder gevaar kunt lopen. Of de slang van een letterlijke waterstroom of van menselijke handlangers gebruik wil maken om de vluchtende vrouw te vernietigen, is in feite onbelangrijk. Één ding is duidelijk: de vluchtenden worden gered doordat de HEERE "iets nieuws schept". DE aardbodem splijt plotseling open en het vernietigingsmiddel van de slang verdwijnt in de diepte voordat het de vrouw heeft ingehaald. De bloeddorstige draak slaagt er niet in om de vrouw na haar bevalling te verslinden.

De laatste verzen van Openbaring 12 (vs.17 en 18) horen qua inhoud bij hoofdstuk 13, de beschrijving van het "beest uit de zee" en het "beest uit de aarde". Ze hoeven hier dus nog niet te worden besproken.

Hoofdstuk 13

De opkomst van het laatste wereldrijk (12:17-13:2)

"En de draak werd toornig op de vrouw en hij ging weg om oorlog te voeren tegen de overigen van haar nageslacht, hen die de geboden van God bewaren en het getuigenis van Jezus hebben; en hij ging op het zand van de zee staan. En ik zag uit de zee een beest opstijgen, dat tien horens en zeven koppen had en op zijn horens tien diademen en op zijn koppen namen van lastering. En het beest dat ik zag was aan een luipaard gelijk, en zijn poten waren als die van een beer en zijn muil als de muil van een leeuw. En de draak gaf hem zijn macht en zijn troon en groot gezag" (12:17-13:2)

Omdat de draak de vrouw die het mannelijk kind gebaard heeft niet kon ombrengen, probeert hij haar op een andere manier te treffen. Johannes zag hoe hij "weg ging om oorlog te voeren tegen de overigen van haar nageslacht", kinderen die niet zijn gevlucht naar de woestijn, maar "die de geboden van God bewaren en het getuigenis van Jezus hebben". De draak keert zich tegen gelovigen die aan de Thora vasthouden en het boek Openbaring koesteren als een profetie met Goddelijk gezag. In Openbaring 1:2 wordt het laatste Bijbelboek "het getuigenis van Jezus"genoemd.

Het monster plaatste zich "op het zand van de zee", waarna Johannes "uit de zee een beest zag opstijgen". Dat zinnebeeld is ontleend aan het boek Daniël. In dat Bijbelboek zegt de profeet:

"'s Nachts in mijn visioen keek ik toe, en zie, de vier winden van de hemel zweepten de grote zee op, en **vier grote dieren stegen op uit de zee**, *die van elkaar verschilden"* (Daniël 7:2)

Daniël had eens *vier* dieren uit de zee zien opstijgen, maar Johannes zag er slechts *één*. Het vierde dier dat Daniël zag leek op het ene dat Johannes zag, want van dit "beest" wordt gezegd:

"Het verschilde van al de dieren die ervóór geweest waren. En **het had tien horens"** (Daniël 7:7).

288

"En ik zag uit de zee een beest opstijgen, dat tien horens... had" (Openbaring 13:1)

Over het vierde dier uit zijn visioen merkte Daniël op:
"Het vierde dier zal het vierde koninkrijk op aarde zijn, dat verschillen zal van al de andere koninkrijken" (Daniël 7:23)

De dieren die Daniël en Johannes zagen, staan dus model voor "koninkrijken", dat wil zeggen: voor machtsblokken. Het vierde dier dat Daniël zag zou volgen op de Babylonische, Medo-Perzische en Griekse wereldrijken die eraan vooraf waren gegaan, maar daarvan ook verschillen. Het voornaamste verschil met de drie imperia die eraan voorafgingen was dat dit vierde "dier" de hele aarde (of: het hele land) zou verslinden en verwoesten (Dan.7:7,23).

Over de tien "horens" van het vierde dier zei Daniël:

"En de tien horens duiden aan dat uit dat koninkrijk tien koningen zullen opstaan" (Dan. 7:24)

De horens staan dus model voor "koningen". Binnen de grenzen van het vierde machtsblok zal er een samenwerkingsverband of een confederatie van tien naties ontstaan, elk met hun eigen staatshoofd.

In Openb.17:9-10 wordt gezegd, dat de "koppen" van het beest model staan voor "zeven bergen", die ook "zeven koningen" zijn. De ziener schreef letterlijk:

"De zeven koppen zijn zeven bergen waarop de vrouw zit en ze zijn zeven koningen" (17:9).

Uit de woorden van Johannes blijkt, dat we niet aan zeven letterlijke heuvels of "bergen" moeten denken, want de bergen zijn tevens koningen. Een berg is volgens Psalm 30:7, Jes. 2:2, Jer. 51:25, Micha 4:1, Dan 2:35 en Zach. 4:7 de aanduiding voor het machtscentrum of het machtsgebied van een koning. Uit Openb. 17:12-17 blijkt dat de tien koningen die door de "horens" van het beest worden uitgebeeld, *tegelijkertijd* zullen regeren en *gezamenlijk* zullen optreden. Maar in Openb. 17:10 wordt gezegd, dat de koningen die de "koppen" van het beest vertegenwoordigen *opeenvolgend* op het toneel zullen verschijnen. Dit zevental heeft gemeen dat "de vrouw op hen zit" (17:9), dus dat Babylon de hoofdstad van hun land is of tot hun gebied behoort.

Op de horens van het beest zag Johannes tien "diademen". Het woord diadeem kan wijzen op het feit dat deze vorsten niet alleen politieke maar ook godsdienstige macht bezitten, want Israëls hogepriester (vgl. Exod. 28:36) en de Messias (19:12) dragen ook diademen. Op Aärons diadeem stond: "De heiligheid van de HEERE", maar op de koppen van het beest zag Johannes "namen van lastering". Dit monster spreekt kwaad van de Schepper, van Zijn dienst en van de mensen die Hem vereren (13:5-7).

Het beest uit Johannes' visioen bezat trekken van verschillende diersoorten. Het lijf van het ondier zag er uit als een luipaard, maar de poten leken op de poten van een beer en de muil op de muil van een leeuw. Hoewel het beest zeven koppen had, zag Johannes toch maar één muil. Omdat de koppen niet gelijktijdig aanwezig zijn (17:10) is dit misschien ook vanzelfsprekend.

Wanneer we Openbaring 13 met Daniël 7 vergelijken, kunnen we misschien achterhalen waarom het beest dat Johannes zag op drie verschillende diersoorten lijkt. Daniël had drie opeenvolgende wereldrijken gezien (Dan.7:3,17), die werden uitgebeeld als een leeuw (Dan.7:4), een beer (Dan.7:5) en een luipaard (Dan.7:6). De leeuw stond model voor het Babylonische wereldrijk, de beer voor het Medo-Perzische en de luipaard voor het Griekse. Nú zag Johannes een beest met de romp van een luipaard, de poten van een beer en de muil van een leeuw. Het beest uit Openbaring 13 heeft dus trekken van het Griekse, Medo-Perzische en Babylonische wereldrijk, terwijl het Griekse element overheerst. Dit zou kunnen betekenen, dat het vierde en laatste machtsblok uit Daniëls visioen dat tevens het beest uit de Openbaring is, Turkije, Syrië, Iran en Irak omvat, en wellicht ook Egypte. Egypte, Syrië en Turkije maakten namelijk deel uit van het Griekse wereldrijk, Iran van het Medo-Perzische en Irak van het Babylonische. Dat de "muil" van het beest uit Openbaring 13 er uitziet als de muil van een leeuw belooft voor het land Israël weinig goeds. Want de Babylonische leeuw heeft Juda en Jeruzalem eens verslonden. Ook van dit beest wordt gezegd, dat het "oorlog zal voeren tegen de heiligen en hen zal overwinnen" (13:7). Het zal vele "heiligen" gevangen nemen en hen doden met het zwaard (13:10).

Het opstijgen van dit beest uit de volkerenzee is een werk van de satan, want het beest stijgt op zodra de draak "op het zand van de zee is gaan staan" (12:18-13:1). De boze is de inspirator van het verbond dat de tien "horens" zullen sluiten. De tienstatenbond zal satans bedoelingen gaan uitvoeren, want de draak "geeft het beest zijn macht en zijn troon en groot gezag" (13:2). In het beest dat Johannes zag zullen alle macht, heerszucht en invloed van de duivel zich openbaren, en ook heel zijn sluwheid, moordlust en list.

In Psalm 83 worden tien volken genoemd die een verbond sluiten tegen de HEERE met de bedoeling om Zijn volk om te brengen. In deze psalm zegt Asaf:

"O God, zwijg niet, houd U niet doof, wees niet stil, o God! Want zie, Uw vijanden tieren, wie U haten, steken hun hoofd omhoog. Zij beramen listig een heimelijke aanslag tegen Uw volk en beraadslagen tegen Uw beschermelingen. Kom, zeiden zij, laten wij hen uitroeien, zodat zij geen volk meer zijn en aan de naam van Israël niet meer gedacht wordt. Want **samen** *hebben zij in hun hart beraadslaagd;* **dezen** *hebben een verbond tegen U gesloten: de tenten van Edom en de Ismaëlieten, Moab en de Hagrieten, Gebal, Ammon en Amalek, Filistea met de bewoners van Tyrus. Ook Assyrië heeft zich bij hen aangesloten; zij zijn voor de zonen van Lot een sterke arm geweest"* (Psalm 83:6-9)

De psalm beschrijft een alliantie van tien buurvolken, die tegen het volk Israël zullen samenspannen. Edom (volk 1) is het zuiden van Jordanië (Gen. 32:3, 36:8), waar de nakomelingen van Esau zich gevestigd hebben. Ismaëlieten (volk 2) zijn inwoners van het Arabische schiereiland (Gen. 25:12-16) die afstammen van Abrahams zoon Ismaël. Moab (volk 3) is een gebied in Jordanië ten noorden van Edom en ten oosten van de Dode Zee (Num. 21:11-15, Deut. 1:1-5) dat wordt bewoond door afstammelingen van Abrahams neef Lot. Hagrieten (volk 4) leven ten oosten van Gilead (1 Kron. 5:10), dus in het huidige Syrië. Gebal (volk 5) is de Hebreeuwse naam voor de stad die de Griekse naam Byblos droeg, het huidige Jibaïl in het noorden van Libanon. Ammon (volk 6) bevond zich rond het huidige Amman in Jordanië, ten noordoosten van Moab. Amalek (volk 7), Israëls aartsvijand, woonde tussen Havila en Sur (1 Sam. 15:7), in de Sinaï-woestijn. Filistea (volk 8) was een volk van Kretenzische oorsprong dat zich gevestigd had in wat tegenwoordig de Gazastrook heet (1 Sam. 6:17). Tyrus (volk 9) was een befaamde handelsstad op een eilandje in de zee, in het zuiden van Libanon. De naam Assyrië (volk 10) had aanvankelijk betrekking op het tweestromenland tussen de Eufraat en de Tigris (Gen. 10:10-11) maar omvatte later ook Iran. Want in Ezra 6:1 en 22 wordt Darius, de heerser over het Perzische rijk, de "koning van Assyrië" genoemd.

Met de verenigde volken uit Psalm 83 zal het slecht aflopen (Psa. 83:10-16) en met het beest dat Johannes zag is dat ook het geval. De Messias zal hun legers doen omkomen wanneer Hij verschijnt (Openb. 19:17-21). De tien horens van het in Openbaring 13 genoemde "beest" zijn dus vermoedelijk de volken die in Psalm 83 waren genoemd.

Een imitatie van opstanding (13:3-4)

"En [ik zag] één van zijn koppen als tot [de] dood geslagen, en zijn dodelijke wond werd genezen; en de hele aarde ging met verbazing het beest achterna. En zij aanbaden de draak, omdat hij het gezag aan het beest had gegeven, en zij aanbaden het beest en zeiden: Wie is aan het beest gelijk, en wie kan er oorlog tegen voeren?"

Wat Johannes nu zag, is in het Nederlands moeilijk weer te geven. In de Griekse tekst staat letterlijk: "En ik nam waar één van de koppen ervan als geslagen tot de dood, en de slag van de dood ervan werd genezen". Waardoor de vraag rijst: Was die kop écht dood of meenden de toeschouwers dat hij dood was omdat hem een wond was toegebracht die geen mens kan overleven? In 13:14 wordt de dodelijk verwonde kop "het beest" genoemd, dus met het laatste wereldrijk vereenzelvigd, en er wordt gezegd, dat hij "de wond van het zwaard had en weer leefde". Blijkbaar wordt dit staatshoofd niet door gif of door een kogel maar door het *zwaard* gedood. We mogen daarbij ook denken aan een dolkstoot, want er bestonden in de oudheid "zwaarden" van allerlei afmeting. Niet duidelijk is, *waar* het zwaard hem zal treffen. Zal hij in zijn borst of onderlijf worden geraakt, of worden onthoofd (vgl. 20:4)? In ieder geval is de wond die hij oploopt zó ernstig dat iedereen meent dat het met hem is afgelopen.

Bij deze "kop" leidt de wond toch niet tot een definitief einde. Want hij "leeft" (13:14), "zijn dodelijke wond wordt genezen" (13:3). Totaal onverwacht en in de ogen van de toeschouwers volstrekt wonderbaarlijk. De genezing is niet een natuurlijk herstel, maar te wijten aan de macht van de draak. In 11:7 en 17:8 wordt gezegd dat het beest zal opstijgen "uit de afgrond". Dat onderaardse gebied wordt in de Openbaring op meerdere plaatsen genoemd (9:1,2,11; 11:7, 17:8, 20:1,3). Het is een gevangenis waarin demonen huizen (Luk. 8:31, Openb. 20:1,3). Uit de "put" (=de toegangspijp) van de afgrond kunnen "kwelgeesten" worden losgelaten om de mensheid te pijnigen (9:1-12). Ze worden geleid door een koning die in het Hebreeuws "Verderf" en in het Grieks "Verderver" heet (9:11). De herleving van het beest is abnormaal. Een geest uit de afgrond neemt bezit van het lichaam van de gedode vorst. Vanaf dat moment is de dictator een "zombie" – een dode die schijnt te leven maar wiens lichaam in werkelijkheid wordt bestuurd door een boosaardige macht.

Voor het oog van de toeschouwers lijkt de wereldleider te zijn opgestaan uit de doden. Van de opstanding van Christus was geen enkel mens getuige. Zijn graf was namelijk verzegeld en voor waarnemers ontoegankelijk. Maar de "opstanding" van het beest vindt in het openbaar plaats, met een voorspelbaar resultaat: **"De hele aarde ging met verbazing het beest achterna"** (13:3). De aardbewoners beschouwen dit "beest" als de eerste persoon die op onmiskenbare wijze uit de dood is opgestaan. Dat Christus uit de dood is opgestaan is volgens hen een fabeltje, maar de opstanding van het beest hebben ze met eigen ogen waargenomen. Ze verbazen zich enorm. "Omdat ze de liefde tot de waarheid niet hebben aangenomen om behouden te worden, zendt God hun een werking van dwaling om de leugen te geloven" (2 Thess. 2:10-11). Het beest is volgens zijn tijdgenoten een onloochenbaar bewijs van leven na de dood, en van de realiteit van een onzichtbare macht die zulk leven kan schenken. Johannes merkt op:

"En zij [de aardbewoners] *aanbaden de draak, omdat hij het gezag aan het beest had gegeven, en zij aanbaden het beest en zeiden: Wie is aan het beest gelijk, en wie kan er oorlog tegen voeren?"* (13:4)

Het Griekse werkwoord *proskuneoo*, dat als "aanbidden" is weergegeven, betekent "vereren" of "eer bewijzen", en heeft niet altijd betrekking op het bewijzen van *Goddelijke* eer. Een slaaf kan zijn heer "aanbidden" (Matth.

18:26). Cornelius "aanbad" Petrus door zich diep voor hem neer te buigen en de apostel respect te betonen (Hand. 10:25). De tegenstanders van de gelovigen uit Filadelfia zullen hun verachte stadgenoten eens "aanbidden": zich diep voor hen neerbuigen en erkennen dat de opgestane Messias hen heeft liefgehad (Openb. 3:9). De opmerking van Johannes dat de aardbewoners de draak en het beest "aanbidden", kan betekenen dat de draak en het beest worden vereerd als goden, maar betekent in eerste instantie misschien alleen, dat de mensheid de macht van deze leiders beseft en hen vol eerbied achternaloopt.

De aardbewoners vereren de satan, omdat hij het beest heeft doen "herleven". En ze vereren het beest, omdat dit wezen – dat vroeger een mens was - onsterfelijk is geworden. Het is zinloos om een aanslag te plegen tegen een machthebber die niet gedood kan worden. Ook blijkt deze wereldleider na zijn "opstanding" over bovennatuurlijke scherpzinnigheid, list en wijsheid te beschikken. Hij is daardoor oppermachtig.

Wat het beest zegt (13:5-6)

"En hem werd een mond gegeven die grote dingen en lasteringen sprak; en hem werd gezag gegeven om te handelen, tweeënveertig maanden. En hij opende zijn mond tot lasteringen tegen God, om Zijn naam te lasteren en Zijn tabernakel <en> hen die in de hemel wonen"

Johannes geeft een levendig en beeldend verslag van de gebeurtenissen. Vanaf het moment waarop de leider van het beestrijk van zijn dodelijke wond is hersteld begint hij de ware God te lasteren. Hij doet dit omdat de draak hem heeft doen leven en hem gezag heeft gegeven (13:4). De draak doet hem ook spreken. Uit de mond van dit beest horen we de woorden van de draak.

De Schepper heeft aan het optreden van het herleefde beest een grens gesteld. Hij zal de Almachtige gedurende tweeënveertig maanden mogen lasteren. Die periode van 1260 dagen, 42 maanden, of een tijd, tijden en een halve tijd (= 3½ jaar) wordt in de Openbaring en in het boek Daniël dikwijls genoemd. Bij de "openbaring van de Heer Jezus van [de] hemel met [de] engelen van Zijn kracht, in vlammend vuur" (2 Thess. 1:7, Openb. 19:11-21) zal er aan de lastering van het beest een einde worden gemaakt. De lasteraar zal dan worden gegrepen en in de poel van vuur worden geworpen (Openb. 19:20). De tweeënveertig maanden waarover Johannes spreekt zijn dus de laatste maanden van de tegenwoordige "boze eeuw", die zullen uitlopen op de openbaring van Christus in heerlijkheid.

De "grote dingen" (Gr. *megala)* die het beest spreekt worden in het boek Daniël "grootspraak" genoemd (Daniël 7:8). "Grote [dingen] en lasteringen" (Openb.13:5) is waarschijnlijk een *hendiadys.* Deze Griekse uitdrukkking betekent: "grote lasteringen". Het beest spreekt op een ongehoorde manier kwaad van God, van Gods "tabernakel" (Gr. *skeenee)* en van "hen die in de hemel wonen". Met dat laatste zijn Michaël en de heilige engelen bedoeld, die de draak uit de hemel hebben geworpen. De draak geeft uiting aan zijn eigen frustratie en daarvoor gebruikt hij de mond van het beest. Het woord *skeenee* kan betrekking hebben op een "tent", maar ook beeldspraak zijn voor iemands "woning", "woonplaats" of "behuizing". De "tent" waarin God woont is de hemel. De hemel is Zijn *tijdelijke* behuizing, want Hij heeft Zich voorgenomen, dat Zijn "tabernakel" bij de mensen zal zijn en dat Hij op de nieuwe aarde bij hen zal wonen (21:3).

Het is opmerkelijk dat het beest het bestaan van God en van de heilige engelen niet *ontkent.* De lasteraar schildert hen af als de grootste bedreiging van de mensheid. Die buitenaardse God heeft de mensheid voortdurend bedrogen. Hij heeft hun opstanding beloofd, maar nog nooit een dode doen opstaan. Hij heeft de toegang tot de levensboom geblokkeerd en alleen maar mensen in het graf doen neerdalen. Hoeveel rampspoed heeft Hij niet over de wereld gebracht? De God van Israël is de grote Vijand. Wie Hem vereren blokkeren de groei van de mensheid naar een nieuw evolutiestadium: een toestand van onsterfelijkheid. Alleen de draak heeft voor de mens het goede op het oog. Wie hém dienen zullen onsterfelijk worden. "Kijk maar naar mij", zegt het beest. "Ik was dood en ben weer levend geworden. Ik ben het toonbeeld van de wáre god. Alleen hij verdient jullie aanbidding. Door mij spreekt de échte verlosser. Erken hem".

De apostel Paulus laat zien dat het beest zulke grootspraak zal uiten. Hij schreef aan de christenen in Thessalonica:

*"De dag van de Heer komt niet als niet eerst de afval gekomen is en de mens van de zonde geopenbaard is, de zoon van het verderf, die zich verzet en zich verheft tegen al wat God heet of een voorwerp van verering is, zodat hij in de tempel van God gaat zitten en zichzelf vertoont dat **hij** god is"* (2 Thess. 2:3-4)

Het beest zal zich dus keren tegen al wat God heet en tegen iedere vorm van verering. Godsdienstige mensen en godsdienstige instellingen zal hij te vuur en te zwaard bestrijden, vooral de vereerders van de God van Israël. Zulke mensen en hun gebouwen en organisaties zal hij afschilderen als een kankergezwel dat uit de wereld moet worden weggesneden. Hij zal (in eigen persoon of in de vorm van zijn beeld) in Gods tempel in Jeruzalem gaan zitten, om zich daar als god te laten vereren. Door op die heilige plaats een gruwel op te richten zal hij de dienst van de Eeuwige verwoesten (Dan. 11:31, Dan. 12:11, Matth. 24:15, Mar. 13:14).

Wat het beest doet (13:7-10)

"En hem werd gegeven oorlog te voeren tegen de heiligen en hen te overwinnen; en hem werd gezag gegeven over elk geslacht en volk en taal en natie. En allen die op de aarde wonen, zullen hem aanbidden, [ieder] wiens naam, van [de] grondlegging van [de] wereld af, niet geschreven staat in het boek van het leven van het Lam dat geslacht is. Als iemand een oor heeft, laat hij horen. Als iemand in gevangenschap [leidt], dan gaat hij in gevangenschap; als iemand met [het] zwaard zal doden, dan moet hij met [het] zwaard gedood worden. Hier is de volharding en het geloof van de heiligen".

In het boek Daniël wordt ook voorzegd, dat het beest macht zal ontvangen om "oorlog te voeren tegen de heiligen en hen te overwinnen". Deze profeet schrijft:

*"Ik had namelijk toegekeken en gezien dat die horen **oorlog voerde tegen de heiligen en dat hij hen overwon**... Woorden tegen de Allerhoogste zal hij spreken, de heiligen van de Allerhoogste zal hij te gronde richten. Hij zal erop uit zijn bepaalde tijden en de wet te veranderen, en zij zullen in zijn hand worden overgegeven voor een tijd, tijden en een halve tijd"* (Dan. 7:21,25)

Over deze "horen", een machtige koning, werd later tegen Daniël gezegd:

"Hij zal het sieraadland binnentrekken... En hij zal de tenten van zijn paleis tussen de zeeën opzetten, bij de berg van het heilig sieraad. Dan zal hij tot zijn einde komen, en geen helper hebben... Van de tijd dat het steeds terugkerende offer weggenomen zal worden en de verwoestende gruwel opgesteld zal zijn, zijn het duizend tweehonderd negentig dagen. Welzalig is hij die blijft verwachten en duizend driehonderdvijfendertig dagen bereikt" (Dan. 11:41,45; 12:11-12)

De profetieën van de Bijbel laten zien, dat het herleefde beest "de overigen van het nageslacht van de vrouw" zal bestrijden, mensen "die de geboden van God bewaren en het getuigenis van Jezus hebben" (12:17). De "heiligen" die in Openbaring 13:7 worden genoemd zijn wetsgetrouwe Joden die niet naar de woestijn zijn gevlucht, maar in het "sieraadland" en in de stad Jeruzalem zijn achtergebleven. Ook zijn het wetsgetrouwe Joden in het buitenland, en gelovigen uit de volken die het Oude en Nieuwe Testament als een Goddelijke openbaring beschouwen. Het herleefde beest zal de hoogtijden van de HERE verbieden, want hij is er volgens de profeet Daniël op uit om "bepaalde tijden en de wet te veranderen". De sabbat en de zondag zullen door hem in de ban worden gedaan. Hij zal elk restant van ware godsdienst weten uit te roeien, want hij zal "de heiligen *overwinnen*". Ze "zullen in zijn hand worden *overgegeven*". Er zal een einde komen aan het bestaan van een onafhankelijke Joodse staat. Israël zal onder de voet worden gelopen en worden ingelijfd bij het rijk van het beest.

"En hem werd gezag gegeven over elk geslacht en volk en taal en natie"
merkt Johannes vervolgens op. Het gezag van het beest zal niet tot het Midden Oosten beperkt blijven. Tot een "geslacht" behoren mensen die een bepaalde familieband bezitten. Een "volk" is een grotere eenheid dan een geslacht. Het Schotse volk bestaat bij voorbeeld uit vele "clans". Een "taal" is een andere eenheid dan een volk. Taalgrenzen vallen niet altijd samen met de grenzen van een volk of een bepaalde natie. Het Engels wordt niet alleen in Engeland gesproken, en het Spaans niet alleen in Spanje, maar in een veel groter deel van de wereld. Een "natie" is een politieke of staatkundige eenheid. Binnen de grenzen van een natie kunnen er verschillende talen worden gesproken. Wie gezag ontvangt "over *elk* geslacht en volk en taal en natie" mag heersen over de hele mensheid.

Om dat laatste nog eens te benadrukken merkt Johannes op: **"En allen, die op de aarde wonen, zullen hem aanbidden"** (Openb.13:8). Op aarde bevinden zich de levende stervelingen, die zich onderscheiden van de "onderaardsen" (= de doden) en de "ophemelsen" (= verheerlijkte gelovigen, vgl. Fil.2:10). Elk levend mens in de wereld zal het beest "aanbidden", dus buigen voor deze machthebber en hem eer bewijzen.

Uit het vervolg van Johannes' verslag (Openb.13:9-10) blijkt dat vele mensen zullen weigeren om voor het beest te buigen. Maar zulke standvastigen zullen worden uitgeroeid en zijn daarna niet meer op aarde te vinden.

Johannes zegt, dat de naam van wie het beest aanbidden **"niet van de grondlegging van de wereld af geschreven staat in het boek van het leven van het Lam dat geslacht is"** (13:8). Toen God "in een begin" de wereld schiep, schreef Hij hun namen niet op de lijst van toekomstige onderdanen van Zijn Zoon. De aanbidders van het beest hebben geen burgerschap in het messiaanse rijk en zullen het leven van de toekomstige eeuw niet ontvangen.

Van de "heiligen" die weigeren om het beest te aanbidden, zijn de namen **wél** van de grondlegging der wereld af geschreven in het boek van het leven van het Lam. Daarom blijven ze standvastig en weigeren ze om voor het beest te buigen. Zulke weigeraars zullen door het beest worden omgebracht, maar bij de eerste opstanding het "leven ontvangen van het Lam dat geslacht is". Het Lam zal hen doen opstaan uit de doden en hen bekleden met onvergankelijkheid (vgl. 1:17-18, 6:9-11, 20:4).

Openbaring 13:10 heeft een aantal parallellen in het Oude Testament. De profeet Jeremia kreeg van de HEERE eens de volgende opdracht:

"En het zal gebeuren, wanneer zij [de Israëlieten] tegen u zeggen: Waar moeten wij naartoe gaan? dat u tegen hen moet zeggen: 'Zo zegt de HEERE: Wie bestemd is voor de dood, naar de dood; wie bestemd is voor het zwaard, naar het zwaard; wie bestemd is voor de honger, naar de honger; en wie bestemd is voor de gevangenis, naar de gevangenis'" (Jer.15:2)

Over koning Nebukadnezar heeft de HEERE gezegd:

"Hij zal komen en het land Egypte treffen: wie bestemd is voor de dood, met de dood; wie bestemd is voor de gevangenschap, met de gevangenschap; wie bestemd is voor het zwaard, met het zwaard" (Jer.43:11).

Ook bij andere profeten vinden we zulke uitspraken. In de profetie van Zacharia zegt de HEERE:

"Laat sterven wat sterft, laat uitgeroeid worden wat dreigt uitgeroeid te worden en laten zij die overblijven elkaars vlees verslinden" (Zach. 11:9)

Uit vers 9 en uit deze Schriftuurlijke parallellen blijkt dat we Openbaring 13:10 als volgt moeten opvatten:

"Indien iemand voor gevangenschap [is opgeschreven], in gevangenschap gaat hij, indien iemand met het zwaard gedood moet worden, met het zwaard zal hij worden gedood"

Johannes maakt gebruik van een Hebreeuwse uitdrukking die aangeeft dat iemands lot vastligt zodat hij er niet aan kan ontsnappen. De zin die aan de uitdrukking voorafgaat en de zin die erop volgt verklaren de betekenis. De volharding en het Godsvertrouwen van de heiligen blijken uit het feit dat ze, zelfs in een situatie waarin op verering van de Eeuwige de doodstraf staat, de Eeuwige blijven vereren. Ze zijn bereid om zich vanwege dit "vergrijp" te laten executeren. In het rijk van het beest is er geen andere vorm van trouw mogelijk. Wie "een oor heeft", wie het vermogen heeft ontvangen om Gods stem te vernemen en voor die stem ontzag te hebben, moet goed luisteren. "Heiligen" die tijdens de laatste drie-en-een-half-jaar van de tegenwoordige "boze eeuw" in het rijk van het beest terecht komen, zullen moeten kiezen tussen trouw aan de Eeuwige of trouw aan het beest. Een keuze voor de Eeuwige zal leiden tot gevangenschap en dood. Voor dat lot zal de Almachtige een "heilige" *niet* beschermen. Maar elke trouwe heilige zal wél mogen opstaan uit de doden en met de Messias op aarde mogen regeren (20:4).

Een imitatie van profetie (13:11-12)

"En ik zag een ander beest opstijgen uit de aarde; en het had twee horens, aan die van een lam gelijk, en het sprak als [de] draak. En het

oefent al het gezag van het eerste beest uit in diens tegenwoordigheid; en het maakt dat de aarde en zij die erop wonen, het eerste beest aanbidden, van wie de dodelijke wond genezen was"

Nadat Johannes een beest uit de zee had zien opstijgen, kreeg hij een tweede beest te zien. Het eerste beest was een statenbond, die uit de volkerenzee zou opkomen. De leider van die statenbond stond vijandig tegenover God en Zijn dienst, vooral nadat hij van een dodelijke aanslag was hersteld. Het tweede beest dat Johannes vervolgens zag, steeg niet op uit de "zee" maar uit de "aarde". Het woord *gè*, dat als "de aarde" is vertaald, kan ook "het land" of "het droge" betekenen. Omdat *"ek tès gès"* (vers 13) staat tegenover *"ek tès thalassès"* (vers 1), ligt het voor de hand om *gè* in vers 13 op te vatten als een aanduiding van het land.

Terwijl het eerste beest opkomt uit de "volkerenzee", zal het tweede beest opkomen uit Israël. Uit het woord "beest" blijkt, dat deze persoon (of het instituut dat hij vertegenwoordigt) onmenselijk en levensgevaarlijk is: een verscheurend monster. Maar Johannes merkt op, dat dit tweede beest niet "tien horens" heeft, zoals het beest uit de zee, maar "twee horens, aan die van EEN lam gelijk". In het Grieks staat er geen bepaald lidwoord voor het woord "lam". De tekst zegt niet: "aan die van HET Lam gelijk", want HET Lam heeft zeven horens (5:6). De zeven horens van het Lam zijn symbolen van de zeven "geesten van God", engelen of boodschappers die uitgezonden worden over de hele aarde (5:6). De tien horens van het beest uit de zee verwijzen eveneens naar een concrete werkelijkheid. Het zijn zinnebeelden van tien koningen die met het beest zullen samenspannen en die hun macht aan het beest zullen overdragen (17:12). De twee horens van het beest uit het land hebben daarom vermoedelijk ook een concrete betekenis. Het zijn misschien zinnebeelden van de middelen waarmee dit beest macht over zijn volksgenoten uitoefent en hen manipuleert: door de tekenen die het verricht (13:13-14) en door de woorden die het spreekt (13:14). Wat dit tweede beest zegt komt volstrekt overtuigend over en de wondertekenen die het verricht lijken het Goddelijk gezag van zijn woorden te bevestigen.

De bijzin "aan die van een lam gelijk" geeft aan, dat dit beest er voor de toeschouwers in het land onschuldig en vertrouwenwekkend uitziet – maar, zoals Johannes vervolgens opmerkt: "het spreekt als een draak"! De tegenstelling tussen lam en draak doet denken aan het onderscheid tussen schaap en wolf dat de Here Jezus maakte in de bergrede (Matth.7:15). In Openb.16:13, 19:20 en 20:10 wordt het beest uit het land **"de valse profeet"** genoemd. Hij lijkt Israëls welzijn op het oog te hebben en met gezag over politieke en godsdienstige kwesties te kunnen spreken. Hij verricht tekenen die op de wonderen van Elia lijken (13:13-14, 19:20). Hij beweert misschien dat hij de Elia van de eindtijd is, die is aangekondigd door Maleachi (Mal.4:5-6), of de gezaghebbende Profeet waarover Mozes heeft gesproken (Deut.18:15-19). Zijn tekenen lijken aan te tonen, dat hij spreekt en handelt met Goddelijk gezag. Maar het is een **"valse"** profeet (Gr. *pseudoprophètès*, een "nep-profeet") die de mensen "misleidt" (19:20). Dat hij spreekt "als een draak" betekent niet alleen: sluw en geraffineerd, maar ook: bedrieglijk en vol dodelijk venijn. Zijn spreken zal leiden tot de dood van velen (13:15-17).

Door de vertaling: **"En het oefent al het gezag van het eerste beest uit in diens tegenwoordigheid"** wordt de indruk gewekt dat de twee "beesten" gezamenlijk optreden en gezamenlijke "staatsbezoeken" afleggen. Maar het Griekse woord *enoopion*, dat Johannes gebruikt, betekent letterlijk: "in het oog van", of "onder de ogen van". Dit woord geeft aan dat het beest uit het land zich strikt houdt aan wat het beest uit de zee hem opdraagt. Het beest uit de zee is de baas, en het beest uit het land voert de opdrachten van dat eerste beest uit zonder daar in enig opzicht van af te wijken. Zoals het tweede beest handelt "in het oog van" het eerste, zó ging Johannes de doper als bode uit "voor" de HERE (Luk.1:15-17) en zo stond de engel Gabriël als hooggeplaatste dienaar "voor" God (Luk.1:19). De vertaling van vers 11 had daarom ook kunnen luiden: "En het oefent al het gezag van het eerste beest voor hem uit".

"En het maakt dat de aarde en zij die erop wonen, het eerste beest aanbidden, van wie de dodelijke wond genezen was", zegt Johannes nu. Het tweede beest heeft opdracht om alle aardbewoners (en dus ook alle inwoners van het land Israël) het eerste beest te doen "aanbidden". Het Griekse woord *proskuneoo* betekent: "zich onderwerpen aan", of: "eer bewijzen" en heeft niet altijd betrekking op het bewijzen van Goddelijke eer. Een echtgenote kan haar echtgenoot, een slaaf zijn heer, en een onderdaan zijn koning op rechtmatige wijze "eer bewijzen". Aanvankelijk houdt de "aanbidding" van de aardbewoners misschien alleen maar in, dat ze het beest

301

uit de zee gezag verlenen over hun nationale aangelegenheden. Maar na enige tijd krijgt deze "aanbidding" een totalitair en religieus karakter. Johannes zal dat nog gaan beschrijven. De aanleiding om het eerste beest eer te bewijzen is het feit dat hij "van zijn dodelijke wond is genezen", dus ogenschijnlijk uit de dood is opgestaan. Het lijkt dwaasheid om zich niet aan dat beest te onderwerpen want het beest belooft welzijn, een lang leven en uiteindelijk zelfs overwinning van de dood aan allen die hem vereren. Ook lijkt het beest oppermachtig en onaantastbaar te zijn. Het heeft geen zin om zich tegen hem te verzetten, want hij heeft de dood voorgoed achter zich gelaten. Het beest uit het land slaagt er daarom in om alle aardbewoners te laten buigen voor het beest uit de zee.

Wat het tweede beest doet (13:13-14a)

"En het doet grote tekenen, zodat het zelfs vuur uit de hemel laat neerdalen op de aarde ten aanschouwen van de mensen. En het misleidt hen die op de aarde wonen, door de tekenen die hem gegeven zijn te doen in tegenwoordigheid van het beest"

Het beest uit het land "doet grote *tekenen*". Tekenen zijn wonderen die betekenis hebben, omdat ze als wegwijzers fungeren. De "tekenen" die het beest verricht, zijn niet te vergelijken met de trucs waarmee een goochelaar zijn publiek misleidt, of met het tactisch inzicht van een veldheer die ergens een bom laat neerkomen. Het tweede beest wordt evenals het eerste beheerst door de satan. Want de apostel Paulus heeft over deze "wetteloze", de "mens van de zonde" geschreven:

"En dan zal de wetteloze geopenbaard worden, die de Heer <Jezus> zal verteren door de adem van zijn mond en te niet doen door de verschijning van zijn komst; hem, wiens komst **naar** [de] **werking van de satan** *is met allerlei kracht en tekenen en wonderen van* [de] *leugen, en met allerlei bedrog van* [de] *ongerechtigheid voor hen die verloren gaan..."* (2 Thess. 2:8-10)

De wonderen die het tweede beest verricht zijn geen simpele demonstraties van menselijke macht. Ze hebben een Bijbelse achtergrond. Door vuur uit de hemel te laten neerdalen, op een altaar dat zich op de berg Karmel bevond, liet de profeet Elia eens zien dat de HEERE God is, en niet de Baäl (1 Koningen 18:38-39). Het beest uit het land doet nu precies hetzelfde. In de ogen van vele

Israëlieten is hij de Elia van de eindtijd, die door de profeet Maleachi is aangekondigd (Mal.4:5-6). Door vuur uit de hemel te laten neerdalen laat deze nep-profeet "zien" dat het beest uit de zee de zichtbare vertegenwoordiger is van de ware God, die elke Israëliet behoort te eren. Door het eenparig optreden van de twee beesten denkt de satan, die de Schepper hartgrondig haat, te kunnen verhinderen dat de Messias bij Zijn komst een toegerust volk heeft, dat met Hem kan gaan regeren. De tekenen die het beest verricht zijn "wonderen van de leugen" en "bedrog van de ongerechtigheid". Wie zich erdoor laten misleiden "gaan verloren". Zulke mensen zullen het rijk van de Messias niet binnengaan, maar omkomen.

Wat het tweede beest zegt (13:14b-15)

"En het zegt tot hen die op de aarde wonen, dat zij voor het beest dat de wond van het zwaard had en [weer] leefde, een beeld moesten maken. En het werd hem gegeven aan het beeld van het beest adem te geven, opdat het beeld van het beest ook zou spreken en maken dat allen die het beeld van het beest niet aanbaden, gedood zouden worden"

Het beest uit het land zegt tegen de inwoners van het land (en tegen alle aardbewoners) dat zij "voor het beest dat de wond van het zwaard had en [weer] leefde" een beeld moeten maken. Het gaat niet alleen om een beeld VOOR, dat wil zeggen: "ten behoeve van", of "in opdracht van", het beest, maar ook om een beeld VAN, dus een afbeelding of een representatie van het beest uit de zee. In de Bijbelboeken Daniël, Mattheüs, Markus, en 2 Thessalonicenzen wordt er gesproken over de ontwijding van de tempel door een vorst, de "koning van het noorden", die daar een afgodsbeeld laat plaatsen en de dienst van de ware God met geweld beëindigt. Door het plaatsen van deze "gruwel" wordt de dienst van de Ene verwoest. De Bijbel noemt dit beeld daarom "de gruwel van de verwoesting" of "de verwoestende gruwel" (Dan.11:31, 12:11; Matth.24:15, Mar.13:14, 2 Thess.2:4). Het beeld dat "zij die op de aarde wonen" volgens Openb.13:14 moeten maken, is de verwoestende gruwel die de profeten hebben aangekondigd.

Johannes schrijft niet, dat de tempeldienaren een beeld van het beest *in het heiligdom* moeten plaatsen. Vers 14 zegt dat *alle* aardbewoners zo'n beeld moeten maken. Bij het woord "beeld" hoeven we niet aan een standbeeld te denken. Elke zichtbare voorstelling is een beeld. Op iedere Romeinse munt stond een "beeld" van de keizer (Matth.22:15-22, Mar.12:13-17, Luk.20:20-26). Een foto van de koning die je in je huis hangt, of een afbeelding die je in de fotogalerij van je mobiele telefoon plaatst, zouden moderne manieren zijn om aan de opdracht van het beest uit het land gehoor te geven.

Met het beeld dat de aardbewoners van het beest uit de zee moeten maken, gebeurt er echter iets bijzonders. Johannes zegt, dat het beest uit het land macht ontvangt om het beeld dat de aardbewoners hebben gemaakt, te doen spreken en te doen waarnemen of de eigenaar het "aanbidt". Wie het beeld niet de verschuldigde eer bewijst wordt gedood.

Waar Johannes zich misschien nog over verbaasde, is in de eenentwintigste eeuw gemakkelijk te realiseren. Een camera van een smartphone of een personal computer gekoppeld aan spraaksoftware met beeldherkenning maakt mogelijk wat er in Openb.13:15 wordt gezegd. Maar het feit dat het beeld kan zien en spreken is misschien niet het resultaat van technologie. Omdat de aanwezigheid van het beest (diens *parousia*) in 2 Thess. 2:9 wordt toegeschreven aan "de werking van de satan" en omdat het vermogen om het beeld te doen spreken aan het beest uit het land wordt **gegeven,** is de "levensadem" van dat beeld vermoedelijk het werk van boze geesten.

Ook in *dit* opzicht hebben de "tekenen en wonderen" van het beest uit het land een Bijbelse achtergrond. Door vuur uit de hemel te doen neerdalen, lijkt het beest zich te legitimeren als de Elia van de eindtijd, waarvan de profeten hebben gesproken (Mal.4:5, Matth.17:11, Mar.9:12). Elia heeft eens alle Baälspriesters uitgeroeid (1 Kon.18:40). Zo zal de herleefde "Elia" ook eens ieder mens ombrengen die niet wil buigen voor de (ogenschijnlijk) "door God gezalfde wereldheerser". Mozes heeft immers ook eens gezegd:

"Een profeet zal [de] *Heer uw God u verwekken uit uw broeders, zoals Hij mij* [verwekte]: *naar hem zult u horen overeenkomstig alles wat hij tot u zal spreken; en het zal gebeuren dat elke ziel die niet hoort naar die profeet,* **zal worden uitgeroeid uit het volk"** (Hand.3:22-23, vgl. Deut.18:15-19).

"Ik ben de vervulling van zulke profetieën", zegt het beest uit het land. "Ik ben door God gezonden om de wereld te onderwerpen aan het gezag van de ware Messias, het beest uit de zee. Op weigering om voor hem te buigen staat de doodstraf".

Wat het tweede beest bewerkt (13:16-17)

"En het maakt dat men aan allen, de kleinen en de groten, de rijken en de armen, de vrijen en de slaven, een merkteken geeft op hun rechterhand of op hun voorhoofd; <en> dat niemand kan kopen of verkopen dan wie het merkteken heeft: de naam van het beest of het getal van zijn naam"

Johannes zag hoe het beest uit het land erin slaagde om "aan allen een merkteken te geven". Het woord "merkteken" (Gr. *charagma)* komt in het boek Openbaring acht keer voor (13:16, 13:17, 14:9, 14:11, 15:2, 16:2, 19:20, 20:4) en in de rest van de Bijbel maar één keer (Hand. 17:29). In de Openbaring heeft het altijd betrekking op het "merkteken" van het beest. In de toespraak van Paulus op de Areópagus gaat het om het "snijden" van een voorstelling van een afgod door een kunstenaar, bij voorbeeld in de vorm van een reliëf (Hand. 17:29). Een *charagma* is een "inkrassing" of een "stempel" dat ergens op aangebracht wordt.

De ziener benadrukt, dat *allen* zo'n merkteken zullen ontvangen. Met "de kleinen en de groten" zouden onbetekenende en aanzienlijke mensen bedoeld kunnen zijn, maar ook kleine kinderen en volwassenen. Gezien het vervolg van Johannes' betoog is dit laatste waarschijnlijker. Want de volgende tegenstelling die hij noemt, "de rijken en de armen", betreft aanzien en eer. Een rijke is vermogend, en een arme is tot weinig in staat. "De vrijen en de slaven" verwijst naar mensen die zelfbeschikkingsrecht hebben en mensen die dat niet hebben. Wat Johannes schrijft zou je dus als volgt kunnen weergeven: "Mensen van elke leeftijdsgroep, mensen uit elke vermogensklasse, en zowel werkgevers als werknemers worden verplicht om een merkteken te dragen".

Het teken zal worden gepropageerd als een middel om tussen mensen uit verschillende culturen eenheid tot stand te brengen en in het rijk van het beest vrede en veiligheid te kunnen waarborgen. Soortgelijke maatregelen werden in het verleden genomen door Nebukadnezar (Dan.3) en Darius (Dan.6), die heersten over het Babylonische en Medo-Perzische rijk. Het beest uit de zee

305

streeft naar volledige controle over zijn onderdanen: op politiek, economisch **én** godsdienstig gebied.

Uit de beschrijving die Johannes van het merkteken geeft, blijkt dat het op een duidelijk zichtbare plaats wordt aangebracht: op de rechterhand of het voorhoofd. Bij sommige werkzaamheden is de rechterhand niet zichtbaar: wanneer een werknemer of een arts bij voorbeeld verplicht is om handschoenen te dragen. In zulke gevallen zal er misschien voor het voorhoofd worden gekozen. Dat Johannes de rechterhand en het voorhoofd noemt zou ook een symbolische betekenis kunnen hebben. Het beest wil niet alleen het handelen maar ook het denken van zijn onderdanen beheersen. De genoemde plaatsen hebben bovendien een *Bijbelse* achtergrond. Mozes heeft eens tegen het volk Israël gezegd:

"Deze woorden, die ik u heden gebied, moeten in uw hart zijn. U moet ze uw kinderen inprenten en erover spreken, als u in uw huis zit en als u over de weg gaat, als u neerligt en als u opstaat. U moet ze als een teken op uw hand binden en ze moeten als een voorhoofdsband tussen uw ogen zijn" (Deut. 6:6-8).

"Daarom moet u deze woorden van mij in uw hart en in uw ziel prenten. Bind ze als een teken op uw hand, en ze moeten als een voorhoofdsband tussen uw ogen zijn" (Deut. 11:18).

Uit het boek Openbaring blijkt, dat het aanbrengen van dit teken beslist geen onschuldige maatregel is. Het is niet te vergelijken met het bezit van een paspoort, identiteitspapier of toegangsbewijs. Want Johannes zal later nog schrijven:

"Als iemand het beest en zijn beeld aanbidt en op zijn voorhoofd of op zijn hand [het] *merkteken ontvangt, die zal ook drinken van de wijn van Gods grimmigheid, die ongemengd is ingeschonken in de drinkbeker van Zijn toorn; en hij zal gepijnigd worden met vuur en zwavel ten aanschouwen van* [de] *heilige engelen en het Lam"* (14:9-10)

Aanbidding van het beest wordt hier in één adem genoemd met het ontvangen van het merkteken. Blijkbaar is het teken een zichtbaar bewijs dat aantoont dat iemand het beest aanbidt. En deze aanbidding is niet de normale eerbied die onderdanen behoren te hebben voor hun staatshoofd, of werknemers voor

306

hun baas. Het gaat nu om de erkenning dat alléén het beest god is en dat er geen god is buiten hem. Het beest "verheft zich tegen al wat God heet of een voorwerp van verering is" (2 Thess. 2:4). Het eist de verering op die alleen aan de Schepper toekomt. Niets mag worden vereerd of aanbeden behalve het beest. Wie daarmee instemt, ontvangt het teken van het beest.

De HEERE heeft tegen het volk Israël gezegd:

*"Luister, Israël! De HEERE, onze God, de HEERE is één! Daarom zult u de HEERE, uw God, liefhebben met **heel** uw hart, met **heel** uw ziel en met **heel** uw kracht".* (Deut. 6:4-5)

"Wees op uw hoede dat uw hart niet verleid wordt, zodat u afwijkt, andere goden dient en u voor hen neerbuigt" (Deut. 11:16).

Nu zegt het beest uit het land: "De machthebber in wiens dienst ik sta, is de enige waarachtige god. Schrijf dat op je rechterhand en op je voorhoofd. En wees hem in geen enkel opzicht ongehoorzaam, want dat zal je je leven kosten".

Wie het teken van het beest niet draagt, zal geen enkele transactie of betaling kunnen uitvoeren. **"Niemand kan kopen of verkopen dan wie het merkteken heeft"** (13:17). Mocht iemand dus geen beeld van het beest hebben gemaakt, en zó ver van de bewoonde wereld leven dat hij nooit in de nabijheid van andermans beeld komt, dan kan hij nóg niet aan de verering van het beest ontsnappen. Want wie dat teken niet draagt kan niets betalen en ook geen salaris ontvangen. Elke aankoop is vanaf dat moment een vorm van afgodendienst. Voedsel kopen staat dan gelijk aan "afgodenoffer eten en hoereren" (vgl. 2:14, 20).

In sommige handschriften van het NT wordt de indruk gewekt, dat er in vers 17 over drie zaken wordt gesproken. In die handschriften staat, dat "niemand kan kopen of verkopen dan wie het merkteken heeft OF de naam van het beest OF het getal van zijn naam". Maar in de meest betrouwbare handschriften ontbreekt de eerste vermelding van het voegwoord "of". Johannes spreekt niet over drie dingen, maar over één enkel ding: het teken van het beest. Dat teken is een zichtbare weergave van "de *naam* van het beest,

307

of het *getal* van zijn naam". In het Hebreeuws, het Latijn en het Grieks hadden letters een getalswaarde en konden niet alleen gebruikt worden om te schrijven, maar ook om te rekenen.

Wat de ziener aanraadt (13:18)

"Hier is de wijsheid. Wie verstand heeft, laat die het getal van het beest berekenen, want het is [het] getal van een mens, en zijn getal is zeshonderdzesenzestig".

De uitdrukking "wie verstand heeft" (letterlijk: "de hebbende het verstand", dus: de verstandige) is vermoedelijk ontleend aan het boek Daniël. Over de "tijd van het einde", de afsluitende fase van de tegenwoordige boze eeuw, het tijdperk van de grote verdrukking en de verwoestende gruwel, heeft een hemelse boodschapper tegen Daniël gezegd:

"Velen zullen gereinigd, zuiver wit gemaakt en gelouterd worden. De goddelozen echter zullen goddeloos handelen en geen enkele van de goddelozen zal het begrijpen, maar de **verstandigen** *zullen het begrijpen"* (Dan. 12:10).

Verstandigen zijn mensen die "het begin van wijsheid" hebben: ontzag voor God, de "vreze des HEREN" (Job 28:28, Spr.9:10). Zulke mensen zullen volgens de engel die met Daniël sprak, de voorzeggingen van de Schepper over de voleinding begrijpen. En zulke mensen raadt Johannes aan, om het getal van het beest te berekenen.

In 13:18 spreekt de ziener over "het getal van het beest", terwijl hij in het vorige vers sprak over "het getal van zijn naam". Sommige uitleggers beweren daarom, dat er in de verzen 17 en 18 van twee verschillende getallen sprake is. Het is echter erg onwaarschijnlijk dat Johannes in vers 18 zou spreken over een nieuw getal. De lijn van het betoog zou daardoor verloren gaan. In de Bijbel drukt iemands naam de aard of het wezen van de persoon uit. "Het getal van mijn naam" is dus hetzelfde als "het getal van mij".

Volgens sommige uitleggers betekent de bijzin: **"want het is [het] getal van een mens"**: "het is een getal volgens menselijke berekening". Het getal van het beest kan berekend worden op basis van de getalswaarden die mensen aan

308

letters toekennen. Voor deze uitleg beroept men zich op Openbaring 21:17, waar Johannes over de engel die het nieuwe Jeruzalem opmat zegt:

"En hij mat haar muur, honderdvierenveertig el, **een maat van een mens,** *dat is van een engel".*

De maatstaf die de engel hanteerde had de lengte van een menselijke onderarm (gerekend vanaf de elleboog tot de top van de middelvinger).

"Want het is het getal van een mens" zou echter ook kunnen betekenen: "want uit het getal blijkt, dat het beest een mens is". De bijzin verklaart, waarom Johannes zijn lezers aanraadt om het getal van het beest te berekenen. In de loop van de geschiedenis zijn er ontelbaar veel pogingen gedaan om de getalswaarde van de naam van een machthebber te berekenen, en vast te stellen dat die mens het "beest" was waarover de Bijbel had gesproken. Geen van die voorspellingen is ooit uitgekomen, en al die berekeningen deden gezocht aan. Het is de vraag, of de schrijver van de Openbaring de bedoeling had om zijn lezers het beest te laten identificeren vóórdat dit zich als monster zou ontpoppen. Hij zegt niet, dat de verstandigen het getal van het beest moeten berekenen om te kunnen vaststellen WIE het beest is, maar om vast te stellen WAT het beest is. Uit het getal van het beest blijkt, dat het beest een mens is, en niet god.

"En zijn getal is: chi-xi-stigma" (χξς) merkt Johannes tenslotte op. Om het getal aan te geven gebruikt hij de 22^e en de 14^e letter van het Griekse alfabet, plus een zeldzame variant van de Griekse letter s. Omdat deze letters overeenkomen met getalswaarden, kan men ook vertalen: "En zijn getal is: zeshonderd, zestig, zes". Buiten het boek Openbaring komt dit getal slechts drie keer in de Bijbel voor. In 1 Kon.10:14 en 2 Kron.9:13 wordt gezegd, dat "het gewicht van het goud, dat voor Salomo op een jaar inkwam" zeshonderdzesenzestig talenten bedroeg. En in Ezra 2:13 staat, dat er zeshonderdzesenzestig "kinderen van Adonikam" met Zerubbabel uit de Babylonische ballingschap terugkeerden.

Het verband met koning Salomo is misschien van groot belang. Aan David was een zoon beloofd die voor de HERE een huis zou bouwen en wiens koninklijke troon voor eeuwig zou worden bevestigd (2 Sam.7:13).

Aanvankelijk leek Salomo de beloofde zoon te zijn. Hij bouwde een tempel voor de HEERE en hij vestigde een rijk van vrede en welvaart dat zich tot ver buiten Israëls landgrenzen uitstrekte. Onder invloed van zijn vele buitenlandse vrouwen begon de koning op latere leeftijd echter afgoden te dienen. Hij stierf en bleek niet de zoon te zijn wiens koningschap blijvend was.

Het getal 666 heeft dus een Bijbelese achtergrond. De rijkdom en macht van het beest doen denken aan de glorie van Salomo. Het beest zal aanvankelijk de tempeldienst van de HEERE herstellen en een rijk van voorspoed en vrede vestigen. Maar na enige tijd zal hij de tempel van God ontwijden en er zijn eigen beeld in laten opstellen. Wanneer het beest op grond van allerlei tekenen aanspraak maakt op goddelijke verering, zullen de verstandigen op grond van de getalswaarde van zijn naam weten dat hij maar een mens is en dat zijn rijk niet zal blijven bestaan.

Hoofdstuk 14

Een nieuw lied (14:1-5)

"En ik zag en zie, het Lam stond op de berg Sion en met hem honderdvierenveertigduizend, die zijn naam en de naam van zijn Vader hadden, geschreven op hun voorhoofden. En ik hoorde een stem uit de hemel als een stem van vele wateren en als een stem van een zware donderslag. En de stem die ik hoorde, was als van harpspelers die op hun harpen spelen. En zij zingen <als> een nieuw lied vóór de troon en vóór de vier levende wezens en de oudsten; en niemand kon het lied leren dan de honderdvierenveertigduizend die van de aarde gekocht waren. Dezen zijn het die zich niet met vrouwen hebben bevlekt, want zij zijn maagdelijk. Dezen zijn het die het Lam volgen waar het ook heengaat. Dezen zijn uit de mensen gekocht als eerstelingen voor God en het Lam. En in hun mond is geen leugen gevonden, <want> zij zijn onberispelijk" (14:1-5)

Sommige uitleggers beschouwen Openbaring 14:1-5 als een visioen dat zich afspeelt in de hemel, maar die opvatting is om een aantal redenen onjuist:

1. De ziener zag het Lam staan "op de berg Sion" (14:1). Deze berg bevindt zich op aarde, in de stad Jeruzalem (zie 2 Sam.5:7, 1 Kon.8:1, 1 Kron.11:5, 2 Kron.5:2, Psa.51:18, 135:21; Jes.4:3-4 e.a.).

2. De ziener hoorde "een stem uit de hemel" die "een nieuw lied zong vóór de troon en vóór de levende wezens en de oudsten". Die stem fungeerde als een *chazzan*, een vóórzanger. Het was Gods bedoeling dat mensen op aarde dit hemelse lied zouden leren. De enigen die het konden leren waren de honderdvierenveertigduizend. Uit het feit dat Johannes het Lam met de honderdvierenveertigduizend op de berg Sion zag staan, waarna hij een stem uit de hemel hoorde, blijkt dat het Lam zich met Zijn volgelingen op aarde bevond terwijl de stem afkomstig was uit de hemel. Tijdens de eerste komst van de Here Jezus klonk er bij drie gelegenheden een stem uit de hemel: toen Hij door Johannes werd gedoopt (Matth.3:17, Mar.1:11, Luk.3:22), tijdens Zijn verheerlijking op de berg (Matth.17:5, Mar.9:7, Luk.9:35), en toen Hij in Judéa sprak over Zijn naderende dood aan het kruis (Joh.12:28).

3. De uitdrukking "een nieuw lied" is ontleend aan Psa.33:3, 40:4, 96:1, 98:1, 144:9 en 149:1, en aan Jes.42:10. Zo'n lied wordt altijd gezongen door mensen *op aarde*. Zij loven God omdat Hij op wonderlijke wijze heeft ingegrepen en hen heeft gered, de vijanden heeft overwonnen en Zijn rijk in de wereld heeft gevestigd. We lezen in de Bijbel:

"Loof de HEERE... Zing voor Hem een nieuw lied... De HEERE vernietigt de raad van de heidenvolken, Hij verbreekt de gedachten van de volken" (Psa.33:2,3,10)

"Lang heb ik de HEERE verwacht, en Hij boog zich naar mij toe en hoorde mijn hulpgeroep... Hij legde mij een nieuw lied in de mond... Velen zullen het zien en vrezen, en op de HEERE vertrouwen" (Psa.40:2,4)

*"Zing voor de HEERE een nieuw lied, zing voor de HEERE, **heel de aarde**... Hij zal over de volken op billijke wijze rechtspreken... Hij komt om **de aarde** te oordelen. Hij zal de wereld oordelen in gerechtigheid en de volken naar Zijn waarheid"* (Psa.96:1,10,13)

*"Zing voor de HEERE een nieuw lied, want Hij heeft wonderen gedaan; Zijn rechterhand en Zijn heilige arm hebben Hem heil gebracht... Hij komt om **de aarde** te oordelen, Hij zal de wereld oordelen in gerechtigheid en de volken op billijke wijze oordelen"* (Psa.98:1,9)

"O God, ik zal een nieuw lied voor U zingen... U bent het... Die Zijn dienaar David bevrijdt van het zwaard dat onheil brengt" (Psa.144:9,10)

"Zing de HEERE een nieuw lied... Laten de kinderen van Sion zich verheugen over hun Koning... Gods lofzangen klinken uit hun mond... om wraak te oefenen over de heidenvolken... om het beschreven recht aan hen te voltrekken" (Psa.149:1,2,6,7,9)

*"Zing voor de HEERE een nieuw lied, Zijn lof vanaf het einde **der aarde**.... De HEERE zal uittrekken als een held... Hij zal Zijn vijanden overweldigen"* (Jes.42:10,13)

Uit deze Bijbelteksten blijkt, dat Openb.14:1-5 het begin laat zien van de vestiging van Gods koninkrijk op aarde. In Openb.12 waren de boze machten al verdreven uit de hemel. Nu is het rijk van God ook op de aarde zichtbaar geworden. Er is in Jeruzalem een bruggehoofd gevormd, dat bestaat uit de Messias en Zijn honderdvierenveertigduizend volgelingen. De Messias is in de

312

heilige stad verschenen. Vanuit Sion zal Hij de goddeloosheden van Jakob gaan afwenden (Rom.11:26, Jes.59:20). Het "nieuwe lied" van de harpspelers is een voortzetting van het "nieuwe lied" dat klonk in Openb.5:9. Toen het Lam zich nog in de hemel bevond, zongen de levende wezens en de oudsten:

"U bent waard het boek te nemen en zijn zegels te openen, want U bent geslacht en hebt voor God gekocht met uw bloed uit elk geslacht en taal en volk en natie, en hebt hen voor onze God gemaakt tot een koninkrijk en tot priesters, en zij zullen over de aarde regeren".

Nú staat het Lam op de berg Sion. Het is begonnen om Zijn wettig erfdeel op te eisen.

De honderdvierenveertigduizend die zich bij het Lam bevonden, hadden **"Zijn naam en de naam van Zijn Vader, geschreven op hun voorhoofden".** In een eerder visioen had Johannes gezien, hoe deze mensen met "het zegel van de levende God" aan "hun voorhoofden" werden verzegeld (7:2,3). Blijkbaar bestond dat zegel uit de naam van het Lam en de naam van Zijn hemelse Vader (Rom.15:6. 2 Kor.1:3, 11:31; Efe.1:3, 3:14; Kol.1:3, 1 Pet.1:3). Op het voorhoofd van de 144.000 staat: "Van Christus en van God". Het teken van het beest is een perverse imitatie van dit Goddelijk zegel. Dat teken wordt immers ook aan het voorhoofd (of op de rechterhand) aangebracht en het bestaat uit de naam van het beest of het getal van zijn naam (13:16-17).

Johannes zegt dat de stem uit de hemel klonk **"als de stem van vele wateren"**, **"als een zware donderslag"**, en **"als van harpspelers die op hun harpen spelen".** Zo'n combinatie van geluiden is in de aardse werkelijkheid onmogelijk: een harp klinkt niet als een donderslag of als het oorverdovende geruis van een waterval. Maar de geluiden die Johannes waarnam hebben een diepe betekenis.

De stem van de verheerlijkte Mensenzoon (1:15) en van de grote menigte in de hemel (14:2, 19:6) klinkt "als een gedruis van vele wateren". Zo'n gedruis zal er volgens de Bijbel te horen zijn, wanneer de HEERE terugkeert om bij Zijn volk Israël te gaan wonen (Ezech.43:2). Uit dit geluid blijkt, dat de HEERE machtiger is dan de volkerenzee. De verzamelde volken zijn niet in staat om

Zijn terugkeer en de vestiging van Zijn rijk op aarde te verhinderen (Psa.93:4, Jes.17:13).

Een stem als een donderslag klonk er ook, toen de Here Jezus sprak over Zijn naderend sterven (Joh.12:29). De mensen die bij Hem stonden meenden dat er een donderslag was geweest. Maar het was de stem van de Vader, die in antwoord op het gebed van Zijn Zoon zei:

"Ik heb Hem verheerlijkt en Ik zal Hem opnieuw verheerlijken!" (Joh.12:28).

De Vader verheerlijkte Zijn Zoon door Hem op de Paasmorgen uit het graf op te wekken, en Hij zal Hem nogmaals verheerlijken door Hem bij Zijn wederkomst elke tegenstand te laten overwinnen.
"De Zoon des mensen zal komen in Zijn heerlijkheid en alle engelen met Hem, dan zal Hij zitten op [de] *troon van Zijn heerlijkheid"* (Matth.25:31).

In Openb.14:1-5 heeft het Lam zich al geplaatst op de berg Sion, de heuvel waar de troon van zijn vader David zich bevond. Van daaruit zal Hij zijn koninkrijk uitbreiden tot het de hele aarde omvat. "Ik heb Hem verheerlijkt en Ik zal Hem opnieuw verheerlijken!" (Joh.12:28) zegt de donderslag in Openb.14:2. Het welbehagen van de HEERE zal door de hand van het Lam voorspoedig zijn (Jes.53:10). Zijn rijk van vrede en gerechtigheid zal vanaf dit moment gaan komen.

Het oorspronkelijke Grieks van Openb.14:2 bevat vele herhalingen. Johannes hoorde het geluid van "harpspelers" die "harpspeelden" op hun "harpen". Voor harpspeler gebruikt hij het woord *kitharoidos,* voor spelen het woord *kitharizoo* en voor het muziekinstrument het woord *kithara* (waarvan ons woord "gitaar" is afgeleid). Sommige Bijbelvertalingen spreken van "citerspelers", anderen denken aan lier- of luitspelers. Het betreft in ieder geval een snaarinstrument. In de Psalmen is de harp het instrument bij uitstek om God te loven en Hem dank te zeggen (Psa.33:2, 43:4, 57:8, 71:22, 81:2 e.v., 92:3, 98:5, 108:2, 147:7, 149:3, 150:3). De strekking van het lied dat de harpspelers zingen, komt ongetwijfeld overeen met het lied dat verderop in het boek Openbaring wordt genoemd:

"Groot en wonderbaar zijn Uw werken, Heer, God de Almachtige; rechtvaardig en waarachtig zijn Uw wegen, **Koning van de naties**. *Wie toch zou <U> niet vrezen, Heer, en Uw naam niet verheerlijken? Want U alleen bent heilig, want* **alle naties zullen komen en zich voor U neerbuigen**, *omdat Uw gerechtigheden openbaar zijn geworden"* (Openb.15:4)

Uit Openb.14:3 blijkt dat de zangers in de hemel niet de *cherubim* (de "levende wezens") en de oudsten zijn (die in Openb.5:8-10 zongen), maar anderen. De zangers zingen hun lied immers *"vóór* de troon en *vóór* de vier levende wezens en de oudsten". De uitdrukking "vóór de troon" geeft aan dat leden van de hemelse hofhouding het lied zingen. De engel Gabriël zei tegen de vader van Johannes de Doper: "Ik ben Gabriël, die vóór God sta" (Luk.1:19). Hij bedoelde dit als terechtwijzing, want Zacharias had aan zijn woorden getwijfeld, terwijl die op Gods tijd toch volmaakt zouden worden vervuld (Luk.1:20). Zoals de engelen zongen toen het kindje in de kribbe was geboren (Luk.2:13-14), zo zullen de engelen ook zingen wanneer de Zoon terugkeert op aarde en het Lam, de Eerstgeborene, eer bewijzen (Hebr.1:6).

Uit het feit dat "niemand het lied kon leren dan de honderdvierenveertigduizend die van de aarde [of: het land] gekocht waren" blijkt, dat de rest van de wereld nog niet aan God is onderworpen. Met een citaat uit de kleine profeten zal Johannes nog duidelijk maken, dat het bij deze honderdvierenveertigduizend mannen gaat om de "heilige rest" van Israël. In het boek Openbaring is er een tegenstelling tussen 13:8,12 en 15 en 14:2-3. "Allen die op de aarde wonen" aanbidden het beest uit de zee, want wie dit weigerden, werden omgebracht. Maar de hemelse legermacht en de honderdvierenveertigduizend bewijzen eer aan God en aan het Lam.

In vs.4 zegt Johannes over de honderdvierenveertigduizend: **"Dezen zijn het die zich niet met vrouwen hebben bevlekt, want zij zijn maagdelijk"**. In vele Bijbelcommentaren worden deze woorden figuurlijk opgevat - als aanduiding van afgodendienst – met een verwijzing naar 2 Kor.11:2. In dat vers zegt Paulus, dat hij zich inspant om de Korinthiërs "als een reine maagd voor Christus te stellen". Maar in 2 Kor.11 is de beeldspraak anders dan in Openb.14. De gelovigen in Korinthe mochten geen relaties aanknopen met andere *"mannen"* (= met afgoden), want ze waren "met één man verloofd":

315

met de Messias. Over "bevlekken met vrouwen" wordt in 2 Kor.11:2 niet gesproken.

Het ligt voor de hand om bij Openb.14:4 te denken aan de "leer van Bileam": het "eten van afgodenoffers" en het "hoereren" waarover Johannes eerder had gesproken (2:14-15, 2:20). Bileam gaf de Moabitische koning Balak de raad, om Israël uit te nodigen voor offerfeesten ter ere van de afgod Baäl-Peor. Wanneer zij op die uitnodiging ingingen, zich overgaven aan gewijde prostitutie met Moabitische vrouwen en zich zo aan Baäl-Peor koppelden, zouden ze de HEERE ontrouw worden. Dan zou de HEERE hen niet langer beschermen, en zou Moab het Joodse volk kunnen overwinnen. In het rijk van het beest, waar niemand kan kopen of verkopen zonder dat hij het merkteken van het beest heeft (13:17), zal een huwelijk of een verbintenis tussen twee mensen waarschijnlijk alleen maar gesloten kunnen worden indien men het teken van het beest aanvaardt. Het beest zal verbintenissen van één man en één vrouw mogelijk zelfs compleet verbieden, en vrije sex propageren als onderdeel van zijn eigen verering. Deze machthebber streeft er immers naar om "wet te veranderen" en de door God gegeven orde terzijde te schuiven (Dan.7:25). Wellicht hebben de 144.000 om zulke redenen besloten om een celibatair leven te leiden.

Omstreden is ook de betekenis van het zinnetje: **"Dezen zijn het die het Lam volgen waar het ook heengaat".** Als we inzien dat Johannes de wederkomst van het Lam aanschouwde, is de betekenis duidelijk. Tijdens Zijn eerste komst had het Lam veel volgelingen, maar toen Hij zich "het brood van het leven" noemde (Joh.6:48) en zei dat "niemand tot Hem kon komen, tenzij het hem van de Vader was gegeven" (Joh.6:65) lieten de meesten Hem in de steek:

"Van toen af trokken velen van Zijn discipelen zich terug en wandelden niet meer met Hem" (Joh.6:66).

De honderdvierenveertigduizend discipelen van het op aarde teruggekeerde Lam zijn uit ander hout gesneden. Hun trouw is *blijvend*, geen van hen haakt af.

Uit het Bijbelwoord, dat de honderdvierenveertigduizend **"uit de mensen gekocht zijn als *eerstelingen"*** blijkt, dat deze mannen in het toekomstige

316

rijk van de Messias als priester-koningen zullen gaan regeren (1:5-6, 5:9-10). Het Lam heeft hen gekocht met Zijn eigen bloed. Uit het woord "eerstelingen" blijkt bovendien, dat deze mensen het begin zijn van een later volgende, grotere oogst. In een eerder visioen had Johannes die oogst al gezien (7:9-17). En terwijl het Lam bij Zijn eerste komst twaalf (en later nog tweeënzeventig) discipelen kon uitzenden, heeft Hij nu honderdvier-en-veertigduizend afgevaardigden tot Zijn beschikking om de oogst te gaan binnenhalen.

Het zinnetje: **"En in hun mond is geen leugen gevonden, \<want\> zij zijn onberispelijk"** is ontleend aan het Bijbelboek Zefanja. Die profeet heeft gezegd: "Het overblijfsel van Israël zal geen onrecht doen en geen leugen spreken, en in hun mond zal niet gevonden worden een tong die bedriegt" (Zef.3:13). Johannes bestempelt de honderdvierenveertigduizend dus als het "overblijfsel van Israël", de "heilige rest". De aanwezigheid van dat "overblijfsel" is volgens de profeten, en volgens de Romeinenbrief, de garantie dat heel Israël uiteindelijk zal worden behouden (vgl. in Rom.11 de verzen 4-5 met 11-16 en 25-27). Omdat Johannes opmerkt, dat in de mond van de honderdvierenveertigduizend "geen leugen is gevonden", zullen deze mensen namens God en de Messias spreken, en van de komst van Gods koninkrijk getuigen tegenover hun medemensen. Zij spreken de waarheid in een tijd waarin de massa "de leugen gelooft" en spreekt (2 Thess.2:11).

Drie boodschappen (14:6-13)

"En ik zag een andere engel vliegen in [het] midden van de hemel, die [het] eeuwig evangelie had, om het te verkondigen aan hen die op de aarde wonen en aan elke natie en geslacht en taal en volk, en hij zei met luider stem: Vreest God en geeft Hem heerlijkheid, want het uur van Zijn oordeel is gekomen, en aanbidt Hem die de hemel en de aarde en [de] zee en [de] waterbronnen heeft gemaakt. En een andere, een tweede engel volgde en zei: Gevallen, gevallen is het grote Babylon, dat van de wijn van de grimmigheid van haar hoererij alle naties heeft laten drinken. En een andere, een derde engel volgde hen en zei met luider stem: Als iemand het beest en zijn beeld aanbidt en op zijn voorhoofd of op zijn hand [het] merkteken ontvangt, die zal ook drinken van de wijn van Gods grimmigheid, die ongemengd is ingeschonken in de

drinkbeker van Zijn toorn; en hij zal gepijnigd worden met vuur en zwavel ten aanschouwen van [de] heilige engelen en het Lam. En de rook van hun pijniging stijgt op tot in alle eeuwigheid; en zij hebben dag en nacht geen rust, zij die het beest en zijn beeld aanbidden, en ieder die het merkteken van zijn naam ontvangt. Hier is de volharding van de heiligen die de geboden van God en het geloof in Jezus bewaren. En ik hoorde een stem uit de hemel zeggen: Schrijf: gelukkig de doden die in [de] Heer sterven, van nu aan. Ja, zegt de Geest, opdat zij rusten van hun arbeid, want hun werken volgen hen" (14:6-13)

Bij "het midden van de hemel" mogen we denken aan het zenit, de plaats waar de zon rond het middaguur staat. In die betekenis komt de uitdrukking voor in Deut.4:11 en Jozua 10:13. Maar "het midden van de hemel" kan ook in verticale zin worden opgevat. Het midden van de hemel betekent dan: "hoog in de lucht", op de helft van de afstand tussen het aardoppervlak en de bovengrens van de atmosfeer. Op die verheven plaats, waar hij voor iedere aardse waarnemer duidelijk zichtbaar was, zag Johannes "een andere engel vliegen". Met "een andere engel" bedoelt de schrijver vermoedelijk: een andere dan de zevende engel die in 11:15 had gebazuind. Toen de zevende engel bazuinde, hadden er stemmen in de hemel geklonken die zeiden:

"Het koninkrijk van de wereld van onze Heer en van zijn Christus is gekomen, en Hij zal regeren tot in alle eeuwigheid (Gr. tot in de eeuwen der eeuwen)" (11:15).

De vierentwintig oudsten hadden op dat moment gebeden:

"Wij danken U, Heer, God de Almachtige, die is en die was, dat U uw grote kracht hebt aangenomen en uw koningschap hebt aanvaard. En de naties zijn toornig geworden, en uw toorn is gekomen, en de tijd van de doden om geoordeeld te worden en om het loon te geven aan uw slaven de profeten, en aan de heiligen en aan hen die uw naam vrezen, de kleinen en de groten, en om te verderven hen die de aarde verderven" (11:17-18).

Nu ziet Johannes, wat er na deze aankondiging op aarde gaat gebeuren. Een engel roept hoog in de lucht met luide stem: "Vreest God en geeft Hem heerlijkheid, want het uur van Zijn oordeel is gekomen, en aanbidt Hem die de hemel en de aarde en [de] zee en [de] waterbronnen heeft gemaakt". De stem van de heraut is voor alle aardbewoners hoorbaar. De boodschap die hij brengt is immers bestemd voor "elke natie en geslacht en taal en volk", dus voor de hele mensheid, voor "hen die op de aarde wonen". In het oorspronkelijke Grieks staat in vs.6: "hen die op aarde *zitten*" (of "zetelen").

Johannes noemt de boodschap van de engel een "eeuwig evangelie". "Eeuwig" kan in dit verband verschillende dingen betekenen:

1. Het is een opdracht voor alle mensen *in alle tijden*. Mensen behoren God te vereren, en ontzag te hebben voor hun Schepper (vgl. Rom.1:20-21). De mensheid heeft die waarheid voortdurend onderdrukt en dit gebod voortdurend overtreden. Maar wie in een wereld vol afgodendienst de boodschap van de engel ter harte nam en ontzag voor God kreeg, werd door Hem ook altijd innerlijk veranderd en gezegend (vgl. Rom.2:14-16).

2. Het is Gods boodschap voor de "*toekomstige* eeuw" (Mar.10:30). Dat tijdperk begon toen de zevende engel bazuinde. Toen was de huidige "boze eeuw" afgelopen (vgl. Gal.1:4) en toen ving de komst van de Messias aan. Deze opvatting van het woord "eeuwig" ligt meer voor de hand dan de eerste. De engel roept immers: "Vreest God en geeft Hem heerlijkheid, **want het uur van Zijn oordeel is gekomen**". Met de komst van dat "uur" is er een nieuw wereldtijdperk aangebroken. God is niet langer onzichtbaar en verborgen, maar Hij laat luid en duidelijk van Zich horen zodra de zevende bazuin heeft geklonken. Hij laat het kwaad niet langer ongestraft en het goede onbeloond, maar Hij gaat elk kwaad bestraffen en al het goede belonen, zowel van de levenden als van de doden. Wie gehoor geeft aan de oproep van de engel, gehoorzaamt God en gelooft het goede nieuws dat Zijn rijk in aantocht is.

Nadat hij de eerste engel had gezien zag Johannes een andere, een tweede die blijkbaar op dezelfde plaats vloog als de eerste. Deze boodschapper riep: **"Gevallen, gevallen is het grote Babylon, dat van de wijn van de grimmigheid van haar hoererij alle naties heeft laten drinken!"** (14:8). Uit de val van Babylon zal blijken dat het uur van Gods oordeel is gekomen. In Openbaring 16-18 wordt beschreven hoe dit goddeloze centrum van de wereld ten onder zal gaan. Babel (Gr. *Babylon)* was de eerste stad die de mensheid stichtte na de zondvloed (Gen.11:1-9). Uit Babel is de hele mensheid voortgekomen en over het aardoppervlak verspreid. Babel is ook de bron van alle afgodendienst die er sinds de zondvloed in de wereld is geweest. Afgoderij begon toen de Babylonische overheid haar onderdanen opdroeg om koning Nimrod en zijn vrouw Semiramis als goden te vereren.

"De wijn van de *grimmigheid* van haar hoererij" is niet de enig mogelijke vertaling van Openb.14:8. Het Griekse woord *thumos*, dat met "grimmigheid" is vertaald, is in de meeste Bijbelteksten als "toorn" weergegeven. Het betekent "hartstocht", "vuur" of "felheid". "De wijn van de *hartstocht* van haar hoererij" geeft als vertaling een betere zin, want tussen hartstocht en hoererij bestaat er een duidelijk verband, terwijl dat bij grimmigheid en hoererij niet het geval is. Hoererij is in de Bijbel dikwijls beeldspraak voor afgodendienst. In Openb.14:8 is hoererij vermoedelijk het zinnebeeld van oneerlijke handel, het najagen van winst ten koste van alles, economische groei als het allerhoogste goed, weelde en welstand als afgod. Een hoer is een vrouw die zich verkoopt aan de meestbiedende. In Openb.17-18 wordt van de "grote hoer", Babylon, gezegd dat de hele wereld met deze stad handel dreef.

Na de tweede engel zag Johannes nog een andere, een derde engel. Deze heraut riep luidkeels: **"Als iemand het beest en zijn beeld aanbidt en op zijn voorhoofd of op zijn hand [het] merkteken ontvangt, die zal ook drinken van de wijn van Gods grimmigheid, die ongemengd is ingeschonken in de drinkbeker van Zijn toorn; en hij zal gepijnigd worden met vuur en zwavel ten aanschouwen van [de] heilige engelen en het Lam".** De boodschap van de derde engel is de keerzijde van de opdracht van de eerste. Wie het beest aanbidt, geeft niet God maar het beest eer en verwacht heil niet van het gehoorzamen van God maar van het gehoorzamen van het beest.

In Openbaring 14 wordt "de wijn van de hartstocht van de hoererij" van Babylon, die alle naties te drinken hebben gekregen, gesteld tegenover "de wijn van Gods hartstocht, die ongemengd is ingeschonken in de drinkbeker van Zijn toorn". De volken aanbidden het beest en vereren de heerser over het beestrijk. Wie weigert om het beest te erkennen en zijn teken te aanvaarden, kan niet kopen of verkopen (13:16-17). Op weigering om voor het beeld van het beest te buigen staat de doodstraf (13:15). Velen zullen bereid zijn om het teken van het beest te aanvaarden, want het bezit van dit teken lijkt de enige manier te zijn om te kunnen overleven en in de wereld vrede en rust te hebben. Zulke twijfelaars krijgen van de derde engel een dubbele waarschuwing te horen: (1) Vereerders van het beest zullen worden getroffen door de felheid van Gods toorn, en: (2) Met de rust die het beest belooft zal het spoedig zijn gedaan.

Het Griekse werkwoord *basanizoo*, dat met "pijnigen" is vertaald, kan verschillende betekenissen hebben. In het Grieks woordenboek dat op mijn bureau staat wordt als eerste betekenis gegeven: "keuren, beproeven". Als tweede betekenis vermeldt het boek: "onderzoeken, nagaan, verhoren" en als derde: "folteren, martelen, kwellen, pijnigen". In de Oudheid ging een gerechtelijk onderzoek dikwijls gepaard met mishandeling. Een verdachte. kon gegeseld worden om zijn weerstand te breken en hem tot een bekentenis te dwingen.

"Vuur en zwavel" worden in de Bijbel meerdere malen genoemd, maar op alle andere plaatsen waar ze worden vermeld zijn het géén middelen om mensen te pijnigen. De Almachtige maakte van deze middelen gebruik om zondaars te oordelen en hen in een oogwenk om te brengen. In Luk.17:29 lezen we:

"Op de dag echter dat Lot uit Sodom ging, regende het **vuur en zwavel** *van* [de] *hemel en* **verdelgde** *hen allen"*.

De HEERE "vaagde" Sodom met haar inwoners en al haar ongerechtigheid "weg", "richtte de stad te gronde" en "keerde haar om" (Gen.19:12-29).

In Openb.9:13-21 wordt er gesproken over een demonische ruiterij van onderaardse oorsprong. Uit de monden van de paarden komt **"vuur, rook en zwavel"**. Waarbij Johannes opmerkt:

"Door deze drie plagen werd het derde deel van de mensen **gedood:** *door het vuur, de rook en de zwavel die uit hun monden kwamen"* (Openb.9:18).

Het beest en de valse profeet zullen wanneer de Messias verschijnt worden geworpen "in de poel van **vuur die van zwavel brandt"** (Openb.19:20). Duizend jaar later komt ook de duivel in die poel terecht, en hij zal er met zijn twee handlangers "dag en nacht gepijnigd worden tot in de eeuwen der eeuwen" (Openb.20:10). Omdat de duivel en zijn twee handlangers boze geesten uit de afgrond zijn (11:7, 13:1, 13:11, 17:8), zijn ze bestand tegen vuur en zwavel en kunnen ze "dag en nacht" aan de hitte van Gods toorn worden onderworpen. Voor hén is dit "eeuwige vuur" bereid (Matth.25:41). Maar gewone stervelingen zijn tegen vuur en zwavel niet bestand. Voor hen is "de poel die van **vuur en zwavel** brandt, de tweede **dood**" (Openb.21:8). Wanneer zij door vuur en zwavel worden getroffen, zal blijken dat het slechts stervelingen zijn.

"En de rook van hun pijniging stijgt op tot in alle eeuwigheid" merkt de engel vervolgens op. Toen de HEERE Sodom en Gomorra had omgekeerd, zag Abraham "dat er **rook** van dat land opsteeg, **zoals de rook van een oven**" (Gen.19:28). In het eerste boek van de Psalmen zegt koning David over het komende oordeel van God: "Maar de goddelozen **komen om**; de vijanden van de HEERE zijn als het kostbaarste van de lammeren: **zij verdwijnen**, **in rook zullen zij verdwijnen**" (Psa.37:20). De profeet Jesaja kondigt een toekomstig oordeel van de HEERE over het land Edom aan met de volgende woorden:

*"Zijn beken zullen veranderd worden in pek, en zijn stof in zwavel; ja, zijn land zal worden tot brandend pek. 's Nachts en ook overdag zal het niet geblust worden, **voor eeuwig zal zijn rook opstijgen. Van generatie op generatie zal het verwoest blijven,** tot in alle eeuwigheden zal niemand erdoorheen trekken"* (Jes.34:9-10).

De apostel Petrus schrijft in zijn tweede brief, dat God de "steden Sodom en Gomorra **tot as verbrand** en \<tot omkering\> veroordeeld, en ze tot een voorbeeld gesteld heeft voor hen die goddeloos zouden leven" (2 Petr.2:6). Ook Judas, de broer van de Here Jezus, zegt dat Sodom en Gomorra, de steden die "hoereerden en ander vlees achterna gingen", in het land Israël "liggen als een voorbeeld, doordat zij een straf van eeuwig vuur ondergaan" (Judas:7). Wanneer Israël zich zou afkeren van de HEERE en afgoden zou gaan dienen, zou de HEERE hun land treffen met "ziekten en plagen". Latere generaties zouden dan zien

*"dat heel zijn land **zwavel en zout, een brandplek**, is; dat het niet wordt bezaaid, er niets op groeit en er geen enkel gewas opkomt, zoals bij de omkering van Sodom en Gomorra, Adama en Zeboïm, die de HEERE omgekeerd heeft in Zijn toorn en grimmigheid"* (Deut.29:23).

Uit deze teksten blijkt dat het "opstijgen van de rook van hun pijniging tot in alle eeuwigheid" (Openb.14:11) **niet** betekent, dat de menselijke volgelingen van het beest eindeloos gepijnigd zullen worden. Door het vuur en de zwavel van Gods "pijniging" zullen zij immers omkomen (Psa.37:20), tot as worden verbrand (2 Petr.2:6), en in rook verdwijnen (Psa.37:20). "Tot in alle eeuwigheid" is een misleidende weergave van Openb.14:11, in de oorspronkelijke Griekse tekst staat: "tot in de eeuwen der eeuwen" *(eis aioonas aioonoon)*. Gedurende beide toekomstige eeuwen zal het resultaat van Gods oordeel zichtbaar blijven. Wie nu naar de de vlakte gaat waarin Sodom, Gomorra, Adama en Zeboïm hebben gelegen, de vallei die ooit een lusthof was, ziet een troosteloos oord van dood en verderf, waar helemaal niets meer leeft. Wat Sodom en Gomorra is overkomen, is volgens Petrus en Judas een voorbeeld van de straf van eeuwig vuur die de aanbidders van het beest in de toekomst zullen ondergaan. Ze zullen in rook opgaan, van hun macht en hun pracht zal niets dan verwoesting overblijven.

Met het zinnetje: "En zij hebben dag en nacht geen rust, zij die het beest en zijn beeld aanbidden, en ieder die het merkteken van zijn naam ontvangt", verwijst Johannes naar het boek Deuteronomium. Over een Israëliet die zich van de HEERE afkeerde, maar "zichzelf zegende door te zeggen: Ik zal **vrede** hebben, ook wanneer ik mijn verharde hart volg", zei Mozes: "De HEERE zal zijn naam van onder de hemel uitwissen" (Deut. 29:19-20). Johannes knoopt bij deze woorden van Mozes aan. Wie zich afwendt van "Hem die de hemel en de aarde en de zee en de waterbronnen heeft gemaakt", door het beest en zijn beeld te gaan dienen, zal géén rust hebben, noch overdag, noch 's nachts. De rust die het beest belooft is schijn, want tijdens zijn regering zullen de oordelen van God over de wereld losbarsten. Het beest zal zijn volgelingen geen ware vrede en ook geen blijvend leven schenken.

"Hier is de volharding van de heiligen die de geboden van God en het geloof in Jezus bewaren" (Openb.14:12), lijkt een herhaling te zijn van het slot van Openb.13:10, waar stond: "Hier is de volharding en het geloof van de heiligen". Maar in de Bijbel is er nooit sprake van nutteloze herhaling. Openb.13:10 betrof het besluit van de heiligen om de HEERE trouw te blijven en voor die trouw zelfs gevangenschap en terechtstelling te trotseren. In Openb.14:12 spreekt de derde engel over de standvastigheid van de heiligen tegenover de leugens van het beest. Heiligen beseffen dat de rust die het beest

323

belooft een schijnvrede is, en dat alleen de HEERE en Zijn Messias ware vrede kunnen schenken. Daarom bezwijken ze niet voor de verleidingen van het beest.

Een stem uit de hemel gaf Johannes nu opdracht om in zijn boek een zaligspreking op te nemen. Op grafstenen is de spreuk: **"Zalig zijn de doden die in den Heere sterven, van nu aan"** dikwijls vermeld. Dit opschrift is ontleend aan Openb.14:13 in de Statenvertaling. Maar zo'n grafschrift is om meerdere redenen onjuist. In de zeventiende eeuw betekende het Nederlandse woord zalig: "gered" of "behouden". In de oorspronkelijke tekst van Openb.14:13 staat echter niet het Griekse woord voor "gered" *(sesoosmenoi)*, maar het woord *makarios,* dat "gelukkig" betekent. In de meeste moderne vertalingen, zoals de Telosvertaling, is Openb.14:13 daarom weergegeven als: "Gelukkig de doden die in [de] Heer sterven, van nu aan".

Met "van nu aan" bedoelt de ziener: Vanaf het moment, waarop het beest verering van zichzelf begint te eisen en God Zijn toorn over het rijk van het beest begint uit te gieten. Openb.14:13 heeft niet betrekking op elk ogenblik in de geschiedenis, maar op het tijdperk van de grote verdrukking, de drie-en-een-half jaren die aan de komst van de Messias zullen voorafgaan. Wie dan als christen is gestorven, is gelukkig te prijzen.

Waarom moest Johannes schrijven dat de doden die in de Heer zouden sterven **"van nu aan"** gelukkig te prijzen waren? De Geest van God, die de ziener inspireerde, noemt de reden: voor zulke gelovigen betekent het sterven dat zij mogen "rusten van hun arbeid". Over de rust van de doden wordt in de Bijbel op meerdere plaatsen gesproken, onder andere in Job 3:11-19 en ook in Dan.12:13. Wanneer je dood bent, kunnen de handlangers van het beest je niet langer onder druk zetten. Je hoeft je dan niet meer af te vragen hoe je in leven kunt blijven en kunt standhouden tegenover de misleiding van het beest. Als je dood bent, kunnen de gevolgen van de toornschalen die de HEERE over de aarde uitgiet, je niet meer treffen. Tijdens de grote verdrukking is een gestorven gelovige dus gelukkig te prijzen boven de levenden die nog op de aarde wonen.

"Want hun werken volgen hen" merkt de Geest op. Uit het vervolg van Johannes' boek blijkt dat deze woorden betrekking hebben op de opstanding.

324

Slachtoffers van het beest, die "om het getuigenis van Jezus en om het woord van God onthoofd zijn, en die het beest of het beeld niet hebben aangebeden en niet het merkteken aan hun voorhoofd en aan hun hand ontvangen hebben" zullen binnen enkele jaren levend worden en met Christus gaan regeren (Openb.20:4). Zij zullen priesters van God en van Christus zijn gedurende de duizend jaren van de binding van de satan (Openb.20:6). Bij de opstanding, die zal plaatsvinden wanneer Jezus komt, zal de Messias aan alle gelovigen het genadeloon geven en hun "vergelden zoals hun werk is" (Openb.22:12). In die zin zullen de werken van wie in Christus zijn gestorven hen "volgen".

Een dubbele oogst (14:14-20)

En ik zag en zie, een witte wolk, en op de wolk zat [iemand, de] Zoon des mensen gelijk, die op zijn hoofd een gouden kroon en in zijn hand een scherpe sikkel had. En een andere engel kwam uit de tempel en riep met luider stem tot Hem die op de wolk zat: Zend uw sikkel en maai, want het uur om te maaien is gekomen, want de oogst van de aarde is overrijp geworden. En Hij die op de wolk zat, sloeg zijn sikkel op de aarde en de aarde werd gemaaid. En een andere engel kwam uit de tempel die in de hemel is, en ook hij had een scherpe sikkel. En een andere engel, die macht had over het vuur, <kwam> uit het altaar, en hij riep met luider stem tot Hem die de scherpe sikkel had en zei: Zend uw scherpe sikkel en oogst de trossen van de wijnstok van de aarde, want zijn druiven zijn rijp. En de engel sloeg zijn sikkel op de aarde en oogstte van de wijnstok van de aarde en wierp het in de grote wijnpersbak van de grimmigheid van God. En de wijnpersbak werd buiten de stad getreden en er kwam bloed uit de wijnpersbak tot aan de tomen van de paarden, zestienhonderd stadiën ver (14:14-20)

Na het visioen van de drie boodschappers kreeg Johannes te zien hoe de aarde werd geoogst. Eerst zag hij een graanoogst en daarna een wijnoogst, in dezelfde volgorde als waarin de jaarlijkse graan- en wijnoogst plaatsvinden. De ziener begint zijn beschrijving van de graanoogst met de woorden: "En ik zag en zie, een witte wolk". De kleur van die wolk is veelzeggend. In het laatste Bijbelboek is wit de kleur van rechtvaardiging (3:4,5,18; 4:4; 6:11; 7:9,13,14; 19:14) en van overwinning (6:2, 19:11). Een witte wolk is een goed voorteken, maar een donkere wolk kondigt storm of noodweer aan.

Op de wolk zat een persoon die leek op een "mensenzoon". Aan het begin van zijn boek had Johannes over de Messias geschreven: "Zie, Hij komt met de wolken" (1:7). Bij de mens op de wolk mogen we daarom denken aan de Messias, maar Johannes spreekt dat niet rechtstreeks uit. De verschijning van de Zoon des mensen op de wolken van de hemel is het moment waarop Zijn overwinning zichtbaar wordt. Op Zijn hoofd draagt ook déze Mensenzoon een "gouden kroon", een onverwelkelijke erekrans. Het Griekse woord *stephanos* betekent: een lauwerkrans zoals atleten en veldheren mochten dragen wanneer ze de overwinning hadden behaald. In Zijn hand heeft deze Mens een "scherpe sikkel". Die sikkel is een zinnebeeld van de pijnlijke manier waarop de laatste rechtvaardigen bij de "voleinding van de eeuw" (Matth.13:39-40) door Hem ingezameld zullen worden. Aangezien zij weigeren om het beest te vereren en voor zijn beeld te buigen, worden ze weggemaaid en omgebracht (13:10,15; 14:13; 20:4). Voor hen is dat bittere lot echter de doorgang naar eeuwige heerlijkheid in het rijk van de Messias (20:4-6).

Het geloof van deze mensen is tot het uiterste beproefd en echt bevonden, ze zijn als graan op het land dat "overrijp" is geworden. De oorspronkelijke Griekse tekst gebruikt voor "overrijp" het woord *exeeranthee*, dat "gedroogd" betekent. In andere Bijbelteksten is het als "opgedroogd" of "verdord" weergegeven. Graan moet droog zijn om geoogst te kunnen worden. Als tarwe in de schuur wordt gebracht nadat het geregend heeft, zal de graanoogst beslist bederven. Maar als de oogsttijd van de wereld is aangebroken, zullen de rechtvaardigen in perfecte conditie verkeren, ze zijn "kurkdroog" en geschikt om ingezameld te worden. In Johannes' beschrijving wordt er over de eerste oogst niets kwalijks opgemerkt. We mogen deze oogst dus vereenzelvigen met de "tarwe" die de Messias zal bijeenbrengen in Zijn "schuur" (Matth.13:30, Luk.3:17). Het visioen geeft geen aanleiding om dit "maaien" te vereenzelvigen met het uittrekken en bijeenverzamelen van het "onkruid" dat door de Here Jezus in Zijn gelijkenissen werd genoemd.

Uit de profetieën van de Bijbel blijkt, dat de beeldspraak van de druivenoogst in tegenstelling tot de beeldspraak van de graanoogst een ongunstige betekenis heeft. Jeremia gebruikte het beeld van de wijnpers toen hij een klaaglied zong over de verwoesting die de HEERE in Juda en Jeruzalem had aangericht:

"Als in een wijnpers heeft de Heere de maagd, de dochter van Juda, getreden" (Klaagl.1:15)

Het zinnebeeld van de druivenoogst dat Johannes te zien kreeg, is ontleend aan het Bijbelboek Joël. In het derde hoofdstuk van dat boek staat:

"Laten de heidenvolken opgewekt worden en oprukken naar het dal van Josafat, want daar zal Ik zitten om te berechten alle heidenvolken van rondom! Sla de sikkel erin, want de oogst is rijp. Kom en daal af, want de wijnpers is vol. De perskuipen stromen over, want hun kwaad is groot" (Joël 3:13-14)

En in een profetie van Jesaja wordt over de Messias, Die "uit Edom komt" en Die "voorttrekt in Zijn grote kracht" gezegd:

"Ik heb de pers alleen getreden; er was niemand uit de volken met Mij. Ik heb hen vertreden in Mijn toorn, hen vertrapt in Mijn grimmigheid... Ik heb de volken vertrapt in Mijn toorn, Ik heb hen dronken gemaakt in Mijn grimmigheid, Ik heb hun bloed ter aarde doen neerdalen" (Jes.63:3,6; vgl. Openb.19:15)

Het is opmerkelijk dat de heraut die de sikkeldrager toeroept: **"Zend uw scherpe sikkel en oogst de trossen van de wijnstok van de aarde, want zijn druiven zijn rijp"**, afkomstig is uit het *altaar* in de hemelse tempel. In een eerder visioen had Johannes onder dat altaar de zielen gezien "van hen die geslacht waren om het woord van God en om het getuigenis dat zij hadden". Het bloed van deze martelaren riep tot de "heilige en waarachtige Heerser", en smeekte Hem om te oordelen en hun recht te verschaffen (6:9-11). Nú is de tijd van Gods oordeel gekomen. De volken worden gestraft voor het onrecht dat zij Gods volk hebben aangedaan. Want de HEERE heeft gezegd:

"...in die dagen en in die tijd, als Ik een omkeer zal brengen in de gevangenschap van Juda en Jeruzalem, zal Ik alle heidenvolken bijeenbrengen en hen doen afdalen naar het dal van Josafat. Daar zal Ik met hen een rechtszaak voeren, vanwege Mijn volk en Mijn eigendom Israël, dat zij onder de heidenvolken verstrooid hebben. Mijn land hebben zij verdeeld. Zij hebben het lot geworpen over Mijn volk. Zij gaven een jongen voor een hoer; zij verkochten een meisje voor wijn, zodat zij konden drinken" (Joël 3:1-3)

327

Het visioen van de wijnoogst heeft betrekking op een ontzaglijk oordeel van God dat in "het dal van Josafat" (Joël 3:13) zal worden voltrokken, een dal dat zich bij Jeruzalem, maar "buiten de stad" (Openb.14:20) bevindt, gezien Jesaja's profetie aan de oostkant, in de richting van Edom (Jes.63). Voor "rijp" gebruikt Johannes in vers 18 een ander woord dan in vers 15. In vs.18 staat het woord *ekmasan*, dat werkelijk "rijp" betekent. De druiven zijn overrijp geworden en de oogst kan niet meer worden uitgesteld.

Het visioen van Johannes verwijst naar een onvoorstelbaar gruwelijke werkelijkheid. Vers 20 zegt: **"En de wijnpersbak werd buiten de stad getreden en er kwam *bloed* uit de wijnpersbak tot aan de tomen van de paarden, zestienhonderd stadiën ver"**. In de Grieks-Romeinse wereld was een stadium een afstandsmaat van 600 voet, in Rome ruim 185 en in Athene ruim 192 meter. Zestienhonderd stadiën komen dus overeen met een afstand van ongeveer 300 kilometer. Over zo'n afstand zag Johannes het bloed van de gesneuvelden meer dan een meter hoog staan. Miljoenen slachtoffers zijn nodig om zo'n bloedbad te doen onstaan. Op grond van de Bijbel (Jes.34:1-8, Jes.63:1-6, Joël 3 en Openb.16:16) moeten we vermoedelijk denken aan een front dat loopt vanaf de vlakte van Megiddo in het noorden van Israël door het dal van Josafat (wellicht het Kidrondal ten oosten van Jeruzalem) tot aan Bozra in het land Edom (wellicht het huidige Busaira in Jordanië). Over de hele lengte van die vallei zullen Gods vijanden eens in de richting van Jeruzalem oprukken, een vallei die een lengte heeft van ongeveer 300 kilometer. Maar dan zullen ze door de Almachtige in een oogwenk worden verpletterd. De omvang van de slachting waarmee het tijdperk van de volken zal worden afgesloten tart iedere beschrijving.

Hoofdstuk 15

Een ander teken (15:1)

"En ik zag een ander teken in de hemel, groot en wonderbaar: zeven engelen die de zeven laatste plagen hadden, want hiermee is de grimmigheid van God voleindigd" (15:1)

Door op te merken: "ik zag een **ander** teken in de hemel" verwijst Johannes naar de eerdere tekenen die hij had gezien: het grote teken van de vrouw in barensnood (12:1) en het teken van de grote, vuurrode draak (12:3). Van dit derde teken zegt de ziener niet alleen dat het "groot", maar ook dat het "wonderbaar" was. In het laatste Bijbelboek wordt van Gods werken gezegd, dat ze "wonderbaar" zijn (15:3). Ook bij dit derde teken gaat het om een werk van God, wonderbaarlijk groot in zijn uitwerking en ontzaglijk belangrijk. Want door de zeven plagen die zeven engelen zullen gaan uitgieten, zal Gods toorn (Gr. *thumos*, hartstocht) worden "voleindigd" en zal God Zijn doel bereiken: het verzet van de volken tegen Zijn bestuur zal worden gebroken, alle volken zullen aan het gezag van de Messias worden onderworpen en Zijn volk Israël zal veilig wonen.

Het lied van de overwinnaars (15:2-4)

"En ik zag als een glazen zee met vuur gemengd, en hen die de overwinning behaald hadden over het beest en over zijn beeld en over het getal van zijn naam, op de glazen zee staan met harpen van God. En zij zingen het lied van Mozes, de slaaf van God, en het lied van het Lam en zeggen: Groot en wonderbaar zijn uw werken, Heer, God de Almachtige; rechtvaardig en waarachtig zijn uw wegen, Koning van de naties! Wie toch zou <U> niet vrezen, Heer, en uw naam niet verheerlijken. Want U alleen bent heilig, want alle naties zullen komen en zich voor U neerbuigen, omdat uw gerechtigheden openbaar zijn geworden" (15:2-4)

In zijn visioenen had Johannes "iets als een glazen zee" al eerder gezien. De "zee" die hij toen zag bevindt zich in de hemel, vóór de troon van God (4:6). Het is – naar de mens gesproken - het venster waardoor de Eeuwige naar de aarde kijkt en dat zich, als een soort "vloer" (Exod.24:10) vóór Hem bevindt. Van onder af ziet de "zee" eruit als een "uitspansel" (Ezech.1:22). In tegenstelling tot een normale zee is deze rustig en vlak.

Toen Johannes de zee voor het eerst zag, was die "kristal gelijk" (4:6), dat wil zeggen: volmaakt helder en volstrekt doorzichtig. Maar nu flikkert er vuur in het glas, als bliksemschichten in het uitspansel. Dat vuur is een zinnebeeld van Gods toorn, die spoedig in volle hevigheid zal losbarsten en Zijn tegenstanders zal verteren. Gods woede is opgewekt door de beide beesten, die talloze gelovigen hebben omgebracht en de hele bewoonde wereld tot afgoderij hebben verleid.

"*Op* de glazen zee", dus aan Gods kant van het uitspansel, zag Johannes **"hen die de overwinning behaald hadden over het beest en over zijn beeld en over het getal van zijn naam"**. Hij bekeek deze mensen niet vanuit aards, maar vanuit hemels perspectief. Op aarde overwon het beest de heiligen (13:7). Wie weigerde om zijn beeld te aanbidden en zijn merkteken te aanvaarden, werd gedood (13:15,17; 20:4). Op aarde leken trouwe gelovigen de grote verliezers. Maar God beschouwt hen als overwinnaars. Net als hun Heer en Heiland bleven ze gehoorzaam tot de dood (vgl. Fil.2:8), hun trouw en volharding werden zichtbaar toen ze de allerhoogste prijs moesten betalen.

In zijn visioen zag Johannes, dat deze mensen "harpen van God" bij zich hadden. Het Griekse woord *kithara* wordt meestal vertaald als "citer". In het boek Openbaring waren "harpen van God" al eerder genoemd. De vierentwintig oudsten in de hemel gebruikten dezelfde instrumenten om eer te bewijzen aan het Lam (5:8), en toen het Lam zich met de honderdvierenveertigduizend had geplaatst op de berg Sion klonk het geluid van citers uit de hemel (14:2). In dit derde visioen waarin Johannes citers zag, zingen de citerspelers "het lied van Mozes, de slaaf van God, en het lied van het Lam" (15:3). Met het lied van Mozes zou Johannes kunnen doelen op Exodus 15:1-22, Deuteronomium 32 of Psalm 90. In het lied dat Mozes met de Israëlieten zong bij de Schelfzee werden de grootheid van God en de kracht van Zijn toorn bezongen:

"*Uw rechterhand, HEERE, was* **heerlijk in macht**. *Uw rechterhand, HEERE,* **verpletterde de vijand**. *In Uw grote majesteit wierp U* **terneer** *wie tegen U* *opstonden. U zond **Uw brandende toorn**, die hen als stoppels verteerde... Wie is als U onder de goden, HEERE? Wie is als U, verheerlijkt in heiligheid, ontzagwekkend in lofzangen, U Die wonderen doet?"* (Exod.15:6-7,11)

Het slot van het lied van Mozes in het Bijbelboek Deuteronomium sluit ook naadloos aan bij de visioenen van het boek Openbaring:

*"Zie nu in, dat Ik, Ik Die ben, er is geen God naast Mij. Ik dood en Ik maak levend. **Ik** verwond en **Ik** genees en er is niemand die uit Mijn hand redt! Want Ik hef Mijn hand op naar de hemel en zeg: Zo waar Ik in eeuwigheid leef: Als Ik Mijn glinsterend zwaard wet, Mijn hand het grijpt voor het oordeel, zal Ik **de wraak laten terugkomen op Mijn tegenstanders, en het hun die Mij haten, vergelden.** Ik zal Mijn pijlen dronken maken van bloed, en Mijn zwaard zal vlees eten van het bloed van de gesneuvelde en de gevangene, van het hoofd van de vijand met zijn loshangende haar. Juich, heidenen, met Zijn volk! Want Hij zal **het bloed van Zijn dienaren wreken.** Hij zal de wraak laten terugkomen op Zijn tegenstander, en Zijn land en Zijn volk verzoenen!"* (Deut.32:39-43)

Ook thema's uit Psalm 90 komen in Openb.15 terug.

*"Wie kent **de kracht van Uw toorn en uw verbolgenheid**, wie weet hoezeer U te vrezen bent?... Keer terug, HEERE, hoelang nog? Laat het U berouwen over Uw dienaren"* (Psa.90:11,13).

In Openbaring 15 en 16 zien we hoe de HEERE terugkeert, Zijn vijanden oordeelt, het vergoten bloed vergeldt en zich ontfermt over Zijn volk Israël. Het visioen van Openb.15:2-4 is een vooruitblik, want de gestorven heiligen zullen pas opstaan en met het Lam over de aarde gaan regeren wanneer Gods vijanden zijn geoordeeld en de satan is gebonden (19:19-20:6). In een visioen kunnen toekomstige dingen worden getoond alsof ze al werkelijkheid zijn geworden. Tijdens de verheerlijking van de Here op de berg, waar Petrus, Jakobus en Johannes aanwezig waren, gebeurde dat ook. Wat er op die berg plaatsvond noemde de Here een "gezicht" (Matth.17:1-9). In dat gezicht zagen de discipelen de heerlijkheid die hun Meester na Zijn opstanding en hemelvaart zou bezitten.

Met "het lied van het Lam" kan het lied uit Openb.5 zijn bedoeld, dat óók met citerbegeleiding werd gezongen:

"U bent waard het boek te nemen en zijn zegels te openen; want U bent geslacht en hebt voor God gekocht met Uw bloed uit elk geslacht en taal en volk en natie, en hebt hen voor onze God gemaakt tot een koninkrijk en tot priesters; en zij zullen over de aarde regeren" (5:9-10)

Ook kan de tekst van "het lied van het Lam" in Openb.15:4 zijn vastgelegd. De overwinnaars van het beest zullen zingen:

"Groot en wonderbaar zijn uw werken, Heer, God de Almachtige; rechtvaardig en waarachtig zijn uw wegen, Koning van de naties! Wie toch zou <U> niet vrezen, Heer, en uw naam niet verheerlijken. Want U alleen bent heilig, want alle naties zullen komen en zich voor U neerbuigen, omdat uw gerechtigheden openbaar zijn geworden" (15:4)

Wanneer alle naties zullen komen en zich voor de Almachtige zullen neerbuigen, zal het Lam dat het Beeld van God is de Koning van de naties zijn.

De overwinnaars prijzen de Almachtige vanwege de grootheid en wonderbaarlijkheid van Zijn werken, het feit dat Hij Zijn gegeven woord trouw blijft, dus Zijn beloften vervult en Zijn bedreigingen ten uitvoer brengt. Vers 4 bevat echo's uit de Psalmen, en de Bijbelboeken Jesaja en Jeremia. We lezen daar:

*"Onder de goden is niemand U gelijk, Heere; werken als de Uwe zijn er niet. **Al de heidenvolken**, die U gemaakt hebt, Heere, zullen komen, zich voor Uw aangezicht **neerbuigen** en Uw Naam **eren**. Want U bent groot en doet wonderen, U bent God, U alleen"* (Psa.86:8-10, vgl. Psa.76:8-10).

"Niemand, HEERE, is U gelijk, groot bent U en groot is Uw Naam in sterkte. Wie zou U niet vrezen, Koning van de heidenvolken? Want dat komt U toe. Immers, onder al de wijzen van de heidenvolken en in heel hun koninkrijk is niemand U gelijk" (Jer.10:6,7).

"Ook in de weg van Uw oordelen, HEERE, hebben wij U verwacht; naar Uw Naam en naar Uw gedachtenis gaat het verlangen van onze ziel uit. Met heel mijn ziel verlang ik

naar U in de nacht, ja, met mijn geest diep in mij zoek ik U ernstig. **Want wanneer Uw oordelen over de aarde komen, leren de bewoners van de wereld wat gerechtigheid is"** (Jes.26:8-9).

Het woord "gerechtigheden" (Openb.15:4) betekent: "rechtvaardige daden". In Johannes' visioen heeft het betrekking op de oordelen die God over de aardbewoners gaat voltrekken. Dat alle volken eens zullen komen en zich voor de HEERE zullen neerbuigen, is in vele profetieën voorzegd (Psa.66:1-9, 72:11, Jes.66:23, Zef.2:11, Zach.14:16). Uit het lied op de glazen zee blijkt, dat Gods gerichten niet tot totale uitroeiing van de mensheid zullen leiden. Uit alle volken zal er een bekeerde "rest" zijn, en overlevenden uit alle volken zullen de HEERE, de "Koning van de naties", eren en dienen. Wanneer Gods oordelen over de aarde komen, leren de aardbewoners wat gerechtigheid is. Ze zullen God gaan vrezen, Hem gaan aanbidden en van Hem hun heil gaan verwachten.

De hemelse tempel opnieuw geopend (15:5-8)

"En daarna zag ik, en de tempel van de tabernakel van het getuigenis in de hemel werd geopend. En de zeven engelen die de zeven plagen hadden, kwamen uit de tempel, bekleed met rein, blinkend linnen en de borst omgord met gouden gordels. En één van de vier levende wezens gaf aan de zeven engelen zeven gouden schalen, vol met de grimmigheid van God die leeft tot in alle eeuwigheid. En de tempel werd vervuld met rook van de heerlijkheid van God en van zijn macht; en niemand kon de tempel binnengaan, voordat de zeven plagen van de zeven engelen voleindigd waren" (15:5-8)

Johannes duidt de tempel in de hemel aan als "de tempel van de tabernakel van het getuigenis" (15:5). Op aarde waren de tabernakel en de tempel afzonderlijke behuizingen, waarin de ark van het verbond met het getuigenis, de stenen tafelen van de wet, zich achtereenvolgens bevonden heeft, maar hier worden tempel en tabernakel vereenzelvigd. De aardse tabernakel en de aardse tempel waren allebei kopieën van het ene origineel in de hemel, de "tempel van de tabernakel van het getuigenis" (vgl. Hebr.9:24). De engelen die Johannes zag kwamen blijkbaar uit het hemelse "heilige der heiligen", uit het vertrek waar God op een bijzondere manier aanwezig is, tussen de cherubs boven het verzoendeksel van de ark van het verbond.

333

Johannes zeg "de zeven engelen die de zeven plagen hadden" naar buiten komen. Ze waren bekleed met priesterlijk gewaden, die leken op het gewaad van de Menzenzoon (1:13). Door hen "DE zeven engelen" te noemen, vereenzelvigt Johannes hen met de "zeven geesten van God" die voor de troon staan en die door God en het Lam worden uitgezonden in alle landen (1:4, 3:1, 4:5, 5:6). Deze machtige hemelwezens zullen Gods "hartstocht" op aarde uitgieten, en de hele bewoonde wereld gaan treffen met plagen. Voor "plaag" gebruikt Johannes het Griekse woord *pleegee,* dat "klap", "slag", of "stoot" betekent. Met de "hartstocht" (Gr. *thumos)* van God is Zijn brandende toorn bedoeld. Uit het priesterlijk gewaad van de engelen blijkt, dat de "klappen" die zij in opdracht van God gaan uitdelen, korte metten zullen maken met de aardse afgodendienst en de dienst van de levende God zullen herstellen. De gouden "schalen" waarmee de engelen de plagen uitgieten zijn ondiepe kommen. In Israëls tempeldienst werden zulke schalen gebruikt bij het reukofferaltaar. Uit het zinnebeeld van het uitgieten van de schalen blijkt dat deze plagen Gods antwoord zijn op de gebeden van de heiligen. Die hebben geroepen: "Hoelang oordeelt en wreekt U niet...?" (6:10), en ze hebben dagelijks gebeden: "Uw koninkrijk kome" (Matth.6:10, Luk.11:2). Hun gebeden zijn als wierook naar God opgestegen en ze worden nú door de Almachtige verhoord. Uit het feit, dat één van de vier "levende wezens", een *cherub* die de aardse schepselen vertegenwoordigt, de schalen aanreikt blijkt dat de schaalgerichten een eind zullen maken aan de misdaden van hen die "de aarde verderven" (11:18). De zeven plagen zullen aanvankelijk wel grote schade aanrichten, maar wanneer ze voltooid zijn zal de Almachtige het "zuchten van de schepping" stapsgewijs gaan opheffen. Bij de eerste opstanding zal Hij Zijn "zonen" al gaan openbaren, en de rest van de schepping zal later uit de slavernij van de vergankelijkheid worden bevrijd (Rom.8:22).

De zeven gouden schalen die de engelen ontvangen, zijn vol van de **"grimmigheid van God die leeft tot in alle eeuwigheid".** De schalen zijn zinnebeelden van Gods boosheid over het feit dat de mensheid in plaats van haar Schepper de boze is gaan vereren en ieder medemens die zijn of haar Maker trouw wilde blijven heeft vermoord. Voor "tot in alle eeuwigheid" staat in de oorspronkelijke tekst weer *tous aioonas toon aionoon,* "tot in de eeuwen der eeuwen". Wanneer elk van de zeven engelen zijn schaal heeft uitgegoten, zal de huidige boze eeuw worden afgesloten en de toekomstige eeuw aanbreken.

De twee wereldtijdperken die nog in de toekomst liggen zijn de "eeuwen van de eeuwen", de allerbeste eeuwen, de eonen waarin de HERE Koning zal zijn over de hele aarde.

Johannes zag, hoe de heerlijkheid van de HERE de tempel vervulde. Niemand kon de tempel binnengaan zolang die heerlijkheid daar zichtbaar werd. Toen de tabernakel was opgericht in de woestijn, vervulde Gods heerlijkheid het aardse heiligdom, zodat Mozes er niet kon binnengaan (Exod.40:34-35). Ook tijdens de inwijding van Salomo's tempel vervulde Gods heerlijkheid het gebouw, zodat de priesters er niet konden staan om te dienen (1 Kon.8:11, 2 Kron.5:14, 2 Kron.7:1-3). De profeet Ezechiël heeft gezien dat de toekomstige aardse tempel eens ook zal worden vervuld met de heerlijkheid van de HERE (Ezech.43:5). Bij deze drie gelegenheden werd Gods heerlijkheid zichtbaar als een lichtende wolk. Maar in Johannes' visioen zag ze er uit als "rook". Daaruit blijkt dat Gods majesteit zich nu zal openbaren als een vuur dat Zijn vijanden zal verteren.

Hoofdstuk 16

De zeven schalen (16:1-21)

Vers 1

"En ik hoorde een luide stem uit de tempel tot de zeven engelen zeggen: Gaat heen en giet de zeven schalen van de grimmigheid van God uit op aarde!"

In het boek Openbaring hadden "luide stemmen" al dikwijls geklonken (1:10, 5:2,12; 6:10; 7:2,10; 8:13; 10:3; 11:12,15; 12:10; 14:7,9,13,15). In de oorspronkelijke Griekse tekst van het laatste Bijbelboek staat op al die plaatsen: "grote stem" (*phonee megalee*). Engelboodschappers die in opdracht van God als heraut moeten optreden, hebben een "grote stem". Een grote stem is natuurlijk luid, maar het bijvoeglijk naamwoord geeft ook aan, dat de spreker de menselijke maat te boven gaat, zoals het brullen van een leeuw het gefluister van een kind overtreft. De uitdrukking "een luide stem *uit de tempel*" is ontleend aan een profetie van Jesaja. In dat Bijbelboek staat:

*"Een **geluid uit de tempel**, de stem van de HEERE!*
Hij vergeldt Zijn vijanden naar wat zij verdienen" (Jes.66:6)

In Jes.66:6 wordt het woord "stem" twee maal gebruikt. De Hebreeuwse tekst zegt: "Een **stem** uit de tempel, de **stem** van de HEERE!" (zie de Statenvertaling). Een stem die uit de tempel komt is de stem van de HEERE. Hij gaat Zijn vijanden het verdiende loon geven (vgl. Openb.16:5-7). Zijn alles overtreffende kracht zal zichtbaar worden. De stem geeft de zeven engelen opdracht om de schalen van Zijn toorn te gaan uitgieten op de aarde. God spreekt en het is er, Hij gebiedt en het staat er. Zijn opdracht wordt dus onmiddellijk uitgevoerd. Het beeld van het uitgieten is vermoedelijk ontleend aan de Psalmen en de Klaagliederen. In Psalm 79 bidt Asaf:

"Stort Uw grimmigheid uit over de heidenvolken, die U niet kennen; over de koninkrijken, die Uw naam niet aanroepen, want men heeft Jakob verslonden, en zij hebben zijn lieflijke woning verwoest" (Psa.79:6-7)

336

En naar aanleiding van de verwoesting van Jeruzalem door Nebukadnezar klaagde Jeremia:

"De HEERE heeft Zijn grimmigheid ten uitvoer gebracht, Hij heeft Zijn brandende toorn uitgestort. Hij stak in Sion een vuur aan, dat haar fundamenten verteerde" (Klaagl.4:11)

In Openbaring 16 wordt Gods toorn uitgestort over allen die het beest aanbidden.

Vers 2

"En de eerste ging weg en goot zijn schaal uit op de aarde, en er kwam een kwaadaardige en boze zweer aan de mensen die het merkteken van het beest hadden en die zijn beeld aanbaden".

Johannes zag hoe de eerste engel de hemelse tempel verliet en zijn schaal uitgoot op de aarde (of: "het land", dus "het droge"). Toen Gods toorn was uitgegoten, kwam er "een kwaadaardige en boze zweer aan de mensen die het merkteken van het beest hadden en die zijn beeld aanbaden". De bijvoeglijke naamwoorden *kakos* en *poneros* kunnen ook als "lelijk en pijnlijk" worden weergegeven. Uit vers 11 blijkt immers, dat de zweren hevige pijn veroorzaken.

Er is blijkbaar een rechtstreeks verband tussen het teken van het beest en het ontstaan van de zweer. Als gevolg van het uitgieten van de eerste schaal verandert het teken in een zweer. De zweer ontstaat mogelijk op de plek waar het teken is aangebracht, dus op de rechterhand of op het voorhoofd. Bij het uitgieten van de eerste schaal gaat de oordeelsaankondiging van de derde engel in vervulling, Die heraut had gezegd:

"Zij hebben dag en nacht geen rust, zij die het beest en zijn beeld aanbidden, en ieder die het merkteken van zijn naam ontvangt" (14:11).

De meeste mensen hebben het teken van het beest op hun lichaam laten aanbrengen om in het rijk van het beest te kunnen kopen en verkopen. Ze meenden dankzij dit besluit rust te hebben en te kunnen overleven. Maar het teken ontwikkelt zich nu tot een kwaadaardige zweer, een gezwel dat de drager dag en nacht een martelende pijn bezorgt. Met dit soort zweren werd de

337

aartsvader Job eens geslagen door de satan (Job 2:7). Zulke zweren maakten deel uit van de vloek die de HEERE had aangekondigd indien het volk Israël het verbond met Hem zou verbreken (Deut.28:27,35).De Filistijnen werden door de HEERE geslagen met gezwellen, toen zij de ark van het verbond hadden geroofd (1 Sam.5:6).

Het oordeel van de eerste schaal heeft veel overeenkomst met de zesde plaag, waarmee de HEERE in de tijd van de Exodus het land Egypte sloeg. Er kwamen toen "zweren bij de mensen en dieren in heel Egypte, die als puisten openbraken". Die zweren veroorzaakten zóveel pijn, dat de magiërs aan het hof van de farao niet langer voor Mozes konden staan, en niet langer bedrieglijke wonderen konden doen (Exod.9:8-11). De dienaren van het beest zullen door het gericht van de eerste schaal net zó worden getroffen. De zweer zal hen op elk moment van de dag of nacht op buitengewoon pijnlijke wijze aan de boodschap van de derde engel (uit Openb. 14:9-11) herinneren. Maar net zoals de farao tijdens de zesde plaag niet naar de woorden van Mozes en Aäron wilde luisteren (Exod.9:12), zo zullen de aanhangers van het beest zich ondanks hun pijn ook niet tot God bekeren. Ze zijn niet bereid om Hem eer te geven (16:9,11,21).

Het oordeel van de eerste schaal komt niet overeen met het oordeel van de eerste bazuin, want op het blazen van de eerste bazuin volgde er een plaag van hagel (8:7), terwijl het uitgieten van de eerste schaal zweren veroorzaakt bij de volgelingen van het beest (16:2).

Vers 3

"En de tweede goot zijn schaal uit op de zee, en zij werd bloed als van een dode, en elke levende ziel, [alles] wat in de zee is, stierf".

Toen de tweede engel zijn schaal uitgoot, werd de zee getroffen. Uit het slot van vers 3 blijkt, dat we het woord "zee" hier letterlijk moeten opvatten. Het is de zee waarin vissen leven. Omdat Johannes spreekt over DE zee, heeft hij misschien het oog op de Middellandse Zee. In de Bijbel wordt die namelijk aangeduid als: "de zee", of: "de grote zee" (Num.34:6,7; Jozua 1:4, 9:1, 15:12,47; 23:4; Ezech.47:10,15,17,19,20; 48:28). Wanneer de Schrift spreekt over de oceanen, gebruikt ze de uitdrukking: "zeeën" (Gen.1:10,22; 49:13; Lev.11:9,10; Deut.33:19; Neh.9:6; Job 6:3; Psa.8:8, 24:2, 46:2, 69:34; 78:27;

135:6; Ezech.26:17, 27:4,25,26, 27,33,34; 28:2,8). "De zee" uit Openbaring 16:3 is blijkbaar de zee waaraan het rijk van het beest grenst. Over dat beest wordt in vers 2 en vers 10 immers gesproken.

Het gevolg van het uitgieten van de tweede schaal is verschrikkelijk. De zee wordt "bloed als van een dode". Geen helderrood, fris en stromend bloed (in de Bijbel heet dat: "levend"), maar een donkere, stroperige en bedorven vloeistof. Het water zag er uit als geronnen bloed. Wat ooit kristalhelder was en bruiste van leven, wordt een stinkende poel waarin niets meer leeft. "Elke levende ziel, [alles] wat in de zee is, stierf", merkt Johannes op.

Het oordeel van de tweede schaal lijkt op het oordeel van de tweede bazuin (8:8-9). Maar er zijn toch ook belangrijke verschillen. Toen de tweede bazuin klonk, werd er "iets als een grote berg, die van vuur brandde" in de zee geworpen, en het *derde deel* van de zee werd bloed en het *derde deel* van de levende wezens in de zee stierf (8:8). Bij het uitgieten van de tweede schaal wordt er niet over een vurige berg gesproken en door dat uitgieten sterft *elke* levende ziel in de zee (16:3). Door het blazen op de tweede bazuin verging het derde deel van de schepen, omdat er een vloedgolf ontstond toen de "berg" in de zee werd geworpen, maar bij het uitgieten van de tweede schaal wordt er over het lot van de schepen niets gezegd. Omdat de zee niet alleen de visserij werk verschaft, maar ook een belangrijke vaarroute is voor handelsschepen zal het oordeel van de tweede schaal de economie van het beestrijk toch beslist enorme schade toebrengen.

Vers 4-7

"En de derde goot zijn schaal uit op de rivieren en de waterbronnen, en het werd bloed. En ik hoorde de engel van de wateren zeggen: U bent rechtvaardig, U die bent en die was, de Heilige, omdat U zó geoordeeld hebt. Want bloed van heiligen en profeten hebben zij vergoten, en bloed hebt U hun te drinken gegeven; zij zijn het waard. En ik hoorde het altaar zeggen: Ja Heer, God de Almachtige, waarachtig en rechtvaardig zijn Uw oordelen".

Wanneer de derde engel zijn schaal uitgiet, verandert het zoete water in de rivieren en de bronnen in bloed. Het neemt de kleur van bloed aan en het ziet er in alle opzichten uit als bloed. Maar uit het voorafgaande vers (16:3) en uit

339

de parallel in het boek Exodus (Exod.7:17-22) blijkt dat dit water, dat eerst levenbrengend en een zegen was, nu giftig en ondrinkbaar is geworden. Het oordeel van de derde schaal komt overeen met de eerste plaag waarmee de HEERE eens het land Egypte heeft geslagen.

Omdat Johannes spreekt over "de engel van de wateren" hebben sommigen gemeend dat hij geloofde dat de natuur werd bezield door bepaalde geesten. In de Griekse wereld meende men, dat er in rivieren en bronnen waternimfen huisden, de *najaden*. De Bijbel geeft echter geen enkele aanleiding om zoiets te veronderstellen. Met "de engel van de wateren" is de derde engel bedoeld, de boodschapper van God die zijn schaal moest uitgieten op de rivieren en de waterbronnen. Wanneer deze engel zijn opdracht heeft uitgevoerd, zegt hij: **"U bent rechtvaardig, U die bent en die was, de Heilige, omdat U zó geoordeeld hebt. Want bloed van heiligen en profeten hebben zij vergoten, en bloed hebt U hun te drinken gegeven; zij zijn het waard"**. Uit het oordeel van de derde schaal blijkt dat de HEERE bezig is om "Zijn vijanden te vergelden naar wat zij verdienen" (Jes.66:6). De aardbewoners hebben wie weigerden om voor het beeld van het beest uit de zee te buigen, en wie waarschuwden voor de misleiding van het beest uit het land, genadeloos omgebracht. Nu krijgen ze loon naar werken. Wie eens dorstten naar bloed, krijgen op dit moment bloed te drinken.

De engel van de wateren zegt niet: "U bent rechtvaardig, U die bent en die was en die komt" (vgl. 1:4). De schaalengel laat "die komt" weg, want op dit moment *is* God al gekomen. Hij heeft "Zijn grote kracht *aangenomen* en Zijn koningschap aanvaard" (11:17). Hij is bezig om een einde te maken aan het kwaad en om het recht te herstellen.

Nadat de engel had gesproken, hoorde Johannes een stem uit het altaar zeggen: "Ja Heer, God de Almachtige, waarachtig en rechtvaardig zijn Uw oordelen". Met "het altaar" zou de ziener kunnen doelen op het gouden wierookaltaar in de hemelse tempel maar ook op het brandofferaltaar in de hemelse voorhof. Voor beide opvattingen is wel iets te zeggen. Van het wierookaltaar stegen immers de gebeden van de heiligen op, waarin geroepen werd om de komst van Gods koninkrijk. En van onder het brandofferaltaar riepen de zielen van de martelaren (in de vorm van hun vergoten bloed):

"Tot hoelang, heilige en waarachtige Heerser, oordeelt en wreekt U ons bloed niet aan hen die op de aarde wonen?" (6:10).

Tegen hen was gezegd, dat

"zij nog een korte tijd moesten rusten, totdat ook hun medeslaven en hun broeders gedood zouden worden evenals zij" (6:11).

Nú is die korte tijd voorbij. De HEERE vervult wat Hij gesproken heeft. Hij doet wat Hij heeft gezegd. Hij geeft de kwaaddoeners loon naar werken. Ze moeten ervaren wat ze hun slachtoffers hebben aangedaan: grote angst en benauwdheid, en ze zullen uiteindelijk omkomen.

Het oordeel van de derde schaal heeft enige overeenkomst met het oordeel van de derde bazuin. In beide gevallen worden namelijk de rivieren en de bronnen getroffen (9:10, 16:4). Maar als de derde bazuin klinkt, valt er een ster uit de hemel en wordt het *derde deel* van de rivieren en de bronnen ondrinkbaar (9:10-11). Na het uitgieten van de derde schaal wordt er daarentegen niets gezegd over een vallende ster, en niet het derde deel van het zoete water, maar *alle* rivieren en bronnen in het rijk van het beest worden aangetast.

Vers 8-9

En de vierde goot zijn schaal uit op de zon, en haar werd gegeven de mensen met vuur te verbranden en de mensen werden verbrand door grote hitte en lasterden de naam van God, die de macht over deze plagen had, en zij bekeerden zich niet om Hem heerlijkheid te geven.

Wanneer de vierde engel zijn schaal uitgiet, verandert de intensiteit van de zonnestraling op aarde. Het "wordt de zon gegeven de mensen met vuur te verbranden" en hen te "verbranden door grote hitte". Het Griekse werkwoord *kaumatizoo*, dat als "verbranden" is vertaald, kan ook "schroeien" betekenen. Uit vers 9 blijkt, dat de mensen niet zullen omkomen, maar zullen lijden onder enorme hitte en mogelijk ook onder ernstige huidaandoeningen vanwege de plotselinge toename van de lichtsterkte. Het oordeel van de vierde schaal is in zeker opzicht een verzwaring van het gericht van de eerste. Bij de pijn van de zweren voegt zich de pijn van de hitte.

341

Wat er bij de vierde schaal gebeurt doet denken aan voorzeggingen van de Hebreeuwse profeten. De profeet Jesaja heeft gezegd:

"Het treurt, verwelkt – dat land; hij verkommert, verwelkt – de bewoonde wereld... Want het land is ontheiligd door zijn inwoners; zij overtreden de wetten, zij veranderen elke verordening, zij verbreken het eeuwige verbond. Daarom verteert de vervloeking het land en moeten zijn inwoners boeten. Daarom zullen de inwoners van het land verbrand worden, zodat er weinig stervelingen zullen overblijven" (Jes.24:4-6)

En de profeet Maleachi zegt over de dag van de Heer:

"Want zie, die dag komt, brandend als een oven. Dan zullen alle hoogmoedigen en allen die goddeloosheid doen, stoppels worden. En de dag die komt, zal ze in vlam zetten, zegt de HEERE van de legermachten, Die van hen wortel noch tak zal overlaten" (Mal.4:1)

Ondanks de pijn van de zweren, de schroeiende hitte en het watergebrek dat door de derde schaal is ontstaan, zullen de mensen geen gehoor geven aan de oproep van de eerste vliegende engel (14:6-7). Ze komen niet tot ander inzicht, ze "bekeren zich niet". Ze krijgen geen ontzag voor God en ze zijn niet bereid om Hem eer te geven. Integendeel, ze "lasteren de naam van God, die de macht over deze plagen had". Ze beschouwen de Schepper als een vijand die hun leefwereld aantast. Ze geven er de voorkeur aan om de satan te blijven dienen.

Vers 10-11

En de vijfde goot zijn schaal uit op de troon van het beest, en zijn koninkrijk werd verduisterd; en zij kauwden hun tongen van pijn en lasterden de God van de hemel vanwege hun pijnen en vanwege hun zweren, en zij bekeerden zich niet van hun werken.

De vijfde schaal is een rechtstreekse aanval op het rijk van het beest. Zodra deze schaal is uitgegoten, wordt het in heel dat rijk duister. Het oordeel van de vijfde schaal heeft veel overeenkomst met de negende plaag die het land Egypte trof tijdens de uittocht (Exod.10:21-23). Bij die plaag heerste er drie dagen dikke duisternis in heel Egypte, maar het bleef licht in het gebied waar de Israëlieten zich bevonden. De plaag van de vijfde schaal heeft bovendien

342

enige overeenkomst met het oordeel van de vijfde bazuin. Toen die bazuin had geklonken, werden "de zon en de lucht verduisterd door de rook van de put", die door een engel was geopend. De mensheid werd toen vijf maanden lang gepijnigd door sprinkhaanachtige wezens die uit de afgrond kwamen (9:1-12). Na het uitgieten van de vijfde schaal wordt de mensheid echter niet gepijnigd door kwelgeesten. Haar pijnen zijn nu afkomstig van de hitte, de dorst en de zweren die door het uitgieten van de voorafgaande schalen zijn ontstaan.

Uit Openbaring 2:13 en 13:2 blijkt, dat we bij de "troon van het beest" (16:10) misschien moeten denken aan de stad Pergamum. De gemeente van Pergamum bevindt zich immers in de stad, waar de "troon van satan" is (2:13), en de satan geeft zijn "kracht, zijn troon en zijn grote macht" aan het beest (13:2).

In vele profetieën uit de Bijbel wordt gezegd, dat de zon zal worden verduisterd wanneer de dag van de Heer aanbreekt. De profeet Jesaja schreef:

*"De zon zal **verduisterd** worden wanneer zij opkomt, en de maan zal haar licht niet laten schijnen. Ik zal de wereld haar slechtheid vergelden, en de goddelozen hun ongerechtigheid"* (Jes.13:10-11)

*"De volle maan zal rood worden van schaamte, de gloeiende zon zal **beschaamd** worden, als de HEERE van de legermachten zal regeren op de berg Sion, en in Jeruzalem"* (Jes.24:23)

En de profeet Joël kondigde aan:

*"Zon en maan worden **in het zwart gehuld** en de sterren **trekken hun licht in...** Groot is immers de dag van de HEERE en zeer ontzagwekkend. Wie zal hem kunnen verdragen?"* (Joël 2:10-11)

*"De zon zal veranderd worden in **duisternis** en de maan in bloed, voor die dag van de HEERE komt, die grote en ontzagwekkende"* (Joël 2:31)

"Menigten, menigten in het dal van de dorsslede, want de dag van de HEERE *is nabij in het dal van de dorsslede. Zon en maan worden* **in het zwart gehuld** *en de sterren hebben hun schijnsel ingetrokken"* (Joël 3:14-15)

In Zijn rede op de Olijfberg heeft de Here Jezus gezegd:

"Meteen na de verdrukking van die dagen zal de zon **verduisterd** *worden en de maan zal zijn schijnsel niet geven en de sterren zullen van de hemel vallen en de krachten van de hemelen zullen heftig bewogen worden"* (Matth.24:29, vgl. Mar.13:24-25, Luk.21:25)

Hoewel beangstigende duisternis zich voegt bij de pijn van de zweren, de schroeiende hitte en het watergebrek dat door de eerdere schalen is ontstaan, volharden de inwoners van het rijk van het beest in hun opstand tegen God. Ze "lasteren de God van de hemel". Ze beschouwen Hem als een hardvochtige kwelgeest die de aardse vrede verstoort en hen bestookt met rampen. Ze "bekeren zich niet van hun werken". Ze blijven redding verwachten van afgoden – wellicht de afgoden van wetenschap en technologie, en de machten van spiritisme en satanisme. Ze volharden in hun verering van het beest.

Vers 12-16

En de zesde goot zijn schaal uit op de grote rivier de Eufraat, en zijn water droogde op, opdat de weg van de koningen die van [de] zonsopgang komen, bereid zou worden. En ik zag uit de mond van de draak en uit de mond van het beest en uit de mond van de valse profeet drie onreine geesten [komen] als kikkers; want het zijn geesten van demonen die tekenen doen [en] die uitgaan naar de koningen van het hele aardrijk, om hen te verzamelen tot de oorlog van de grote dag van God de Almachtige. Zie, Ik kom als een dief. Gelukkig hij die waakt en zijn kleren bewaart, opdat hij niet naakt wandelt en men zijn schaamte niet ziet. En Hij verzamelde hen op de plaats die in het Hebreeuws Harmagedon heet.

Wanneer de zesde engel zijn schaal uitgiet, droogt de rivier de Eufraat op. Dit oordeel staat mogelijk in verband met de schalen die vorige engelen hadden uitgegoten. De vierde schaal had immers schroeiende hitte veroorzaakt. De Eufraat is een natuurlijke barrière tussen het land Israël en de naties die –

vanuit Israël gezien – in het verre Oosten wonen. Door het opdrogen van de Eufraat wordt "de weg bereid van de koningen die van [de] zonsopgang komen", de wereldleiders uit het Oosten, de legers van het Aziatische continent. Het oordeel van de zesde schaal schept de omstandigheden die nodig zijn om een enorme legermacht van de volkeren tegen het heilige land te laten oprukken. Zij zullen zich onder invloed van de satan verenigen om te gaan strijden tegen de HEERE en Zijn Gezalfde, maar die strijd zal leiden tot hun volledige ondergang (vgl. 14:19-20, 16:14-16 en 19:19-20). Over een opdrogen van de rivier de Eufraat is ook gesproken door Jesaja en Zacharia (Jes.11:15-16, Zach.10:10-11).

Wie de gebeurtenissen op aarde door een aardse brll bekijkt, stelt vast dat de legers van de volken door een wereldleider ("het beest") en diens minister van propaganda ("de valse profeet") worden opgeroepen om op te rukken in de richting van het land Israël. Johannes bekijkt de gebeurtenissen echter door een hemelse bril en ziet daarom méér.

Achter de oproep aan de volken om oorlog te gaan voeren, gaan demonen schuil. Het zijn geen *loze* woorden. Ze worden bevestigd door "tekenen" waardoor ze buitengewoon overtuigend overkomen. De tekenen wekken de schijn, dat de strijd door het beest en zijn handlangers zal worden gewonnen, indien de volken één vuist maken. Zolang hij nog niet door de HEERE is gebonden, is satan in staat om de volken te verleiden (20:3), en hij verleidt de volken tot de oorlog tegen God en Zijn Gezalfde (20:8). Niet alleen de koningen van het Oosten, maar de koningen van de hele bewoonde wereld (het "aardrijk"), worden door de tegenstander gemobiliseerd. In het visioen van Johannes zagen de demonen die de volken misleidden eruit als kikkers – wellicht omdat kikkers onreine dieren zijn die zich met grote sprongen naar een verafgelegen bestemming kunnen begeven.

Wanneer Johannes heeft beschreven hoe de mensheid door demonen zal worden misleid, wordt zijn verslag van de gebeurtenissen plosteling onderbroken. Een stem zegt: **"Zie"** (= Kijk, Let op!), **Ik kom als een dief. Gelukkig hij die waakt en zijn kleren bewaart, opdat hij niet naakt wandelt en men zijn schaamte niet ziet"**. De spreker is blijkbaar de Mensenzoon uit Johannes' eerste visioen, en de aansporing is gericht tot Zijn "slaven" die op aarde wonen wanneer de "dag van de Heer" aanbreekt.

345

Blijkbaar houdt deze zaligspreking verband met de mobilisatie van de volken. Hoewel de hele aarde zich tegen het volk Israël keert, de militaire macht van de tegenstanders overweldigend groot lijkt en tekenen de indruk wekken dat hun overwinning zeker is, behoren de "slaven" aan de geboden van God en het getuigenis van Jezus Christus vast te houden. Want hun Heer zal spoedig verschijnen, "als een dief" voor de volken die de overwinning meenden te gaan behalen. Slaven die blijven uitzien naar de komst van hun Heer en die "waken" door niet mee te doen met afgodendienst zijn gelukkig te prijzen, want ze zullen niet beschaamd staan bij Zijn komst in heerlijkheid die nu spoedig zal plaatsvinden.

In zijn visioen zag Johannes niet alleen de macht van satans handlangers, maar vooral de macht van de HEERE. De legers van de volken worden verzameld **"tot de oorlog *van de grote dag van God de Almachtige"*.** Het lijkt alsof de beide beesten die legers verzamelen. Maar in werkelijkheid is het de Almachtige die hen verzamelt om hun op Zijn grote dag een vernietigende slag toe te brengen. **"Hij"**, dus God, verzamelt de koningen **"op de plaats die in het Hebreeuws Harmagedon heet"**. Harmagedon zou "heuvels van Megiddo" kunnen betekenen en kunnen verwijzen naar de vlakte van Jizreël in het noorden van Israël, maar het betekent misschien ook: "heuvels van de menigten" en is dan mogelijk een verwijzing naar Joël 3:9-15 In Harmagedon worden de legers van de volken verzameld voor de beslissende veldslag, die daarna zal plaatsvinden aan een front dat zich uitstrekt van Megiddo in het noorden tot Bozra in het zuiden, over een afstand van "zestienhonderd stadiën", dus driehonderd kilometer (14:20).

Vers 17-21

En de zevende goot zijn schaal uit op de lucht, en er kwam een luide stem uit de tempel vanaf de troon, die zei: Het is gebeurd! En er kwamen bliksemstralen en stemmen en donderslagen, en er kwam een grote aardbeving zoals er niet geweest is sinds er een mens op de aarde is geweest: zo'n aardbeving, zo groot! En de grote stad werd tot drie delen en de steden van de naties vielen. En het grote Babylon werd voor God in herinnering gebracht om haar de drinkbeker van de wijn van de grimmigheid van Zijn toorn te geven. En elk eiland vluchtte en bergen werden niet gevonden. En een grote hagel, [elke steen] ongeveer een

talent zwaar, viel uit de hemel op de mensen, en de mensen lasterden God vanwege de plaag van de hagel, want de plaag daarvan is zeer groot"

De laatste van de zeven engelen giet zijn schaal uit "op de lucht", zegt de Telosvertaling. Maar de oorspronkelijke Griekse tekst van het boek Openbaring zegt dat de inhoud van de schaal **"in"** (Gr. *eis,* niet "op", Gr. *epi)* de lucht werd uitgegoten. Door het uitgieten van de zevende schaal wordt de *hele* aardse atmosfeer getroffen. In de brief aan de Efeziërs noemt Paulus de satan "de overste van de macht der *lucht"* (Efe.2:2). In de lucht bevinden zich "overheden, machten, wereldbeheersers, geestelijke machten van de boosheid" onder leiding van de boze (Efe.6:12). Zij beïnvloeden het wereldgebeuren door de gedachten en gevoelens van de mensheid te manipuleren en de mensen in duisternis gevangen te houden (Efe.2:2-3, 6:12). De zevende schaal maakt een definitief einde aan hun macht en invloed. Het rijk van satan is dan volkomen vernietigd. Na het uitgieten van de zevende schaal klinkt er dan ook "een luide stem uit de tempel vanaf de troon" die zegt: "Het is gebeurd!". In de oorspronkelijke tekst staat: "Het is *geworden!"* (Gr. *ginomai),* dat wil zeggen: ontstaan, of tot stand gekomen. De stem zegt: "Mijn rijk is gekomen!".

Gods stem doet "niet alleen de aarde wankelen maar ook de hemel" (Hebr.12:26, Hag.2:7). Er komen "bliksemstralen en stemmen en donderslagen" en er vindt een ongekend zware aardbeving plaats. Van die aardbeving zegt Johannes dat zó een "er niet is geweest sinds er een mens op aarde is geweest", zó geweldig groot. Hij treft de *hele* aarde, niet slechts een stukje van het landoppervlak, en hij is zó krachtig dat de bergen op het land en in de zee (= eilanden) verdwijnen. De aanblik van de wereld verandert totaal.

De gevolgen voor de menselijke samenleving zijn verschrikkelijk. "De grote stad" valt in drie delen uiteen; de "steden van de naties" storten volledig in en het "grote Babylon" wordt het volgende doelwit. Uit vers 19 blijkt, dat "de grote stad" niet hetzelfde is als "het grote Babylon". In Openbaring 16:17-21 somt Johannes acht gevolgen van het uitgieten van de zevende schaal op. De beschrijving van elk nieuw gevolg begint met het woordje "en":

"En er kwamen bliksemstralen en stemmen en donderslagen..."
"En er kwam een grote aardbeving..."

347

"En de grote stad werd tot drie delen..."
"En de steden van de naties vielen..."
"En het grote Babylon werd voor God in herinnering gebracht..."
"En elk eiland vluchtte..."
"En bergen werden niet meer gevonden..."
"En een grote hagel... viel uit de hemel..."

De Bijbel noemt allerlei steden "groot": Resen (Gen.10:12), Gibeon (Joz.10:2), Jeruzalem (Jer.22:8, Openb.11:8), Hamath (Amos 6:2), Ninevé (Jona 1:2, 3:2, 3:3, 4:11), Babylon (Openb.14:8, 17:18, 18:10, 18:16, 18:18, 18:19, 18:21) en het nieuwe Jeruzalem (Openb.21:10). "De grote stad" uit Openb.16:18 is blijkbaar: "de grote stad die geestelijk genoemd wordt Sodom en Egypte, waar ook onze Heer gekruisigd is" (Openb. 11:8). Omdat Babylon afzonderlijk wordt vermeld kan met "de grote stad" in Openb.16:18 niet Babylon zijn bedoeld. Dat de Olijfberg eens zal splijten is al voorzegd door de profeet Zacharia (Zach.14:4). Door dat splijten zullen er twee afzonderlijke heuveltoppen en een nieuwgevormd dal ontstaan. Één enkel stadsdeel zal dan in drieën zijn gesplitst.

Met de "steden van de naties" bedoelt Johannes: de steden van de volken die waren opgerukt tegen Jeruzalem. Wat "het grote Babylon" is, zal in Openbaring 17 nog worden uitgelegd, terwijl Openbaring 18 laat zien hoe dit Babylon door Gods toorn wordt getroffen.

Het laatste gevolg van het uitgieten van de zevende schaal is "een grote hagel" die vanuit de hemel op de mensen valt. Het woord "groot" heeft niet alleen betrekking op het *aantal* stenen, maar ook op de *grootte* van die stenen. Ze zijn "een talent zwaar". Een talent was in de oudheid een gewichtsmaat van 20 tot 60 kilogram. Deze hagelstenen zullen dus inslaan als bommen. Voor de mensen die vanwege de aardbeving uit hun huizen zijn gevlucht zal de hagel dodelijk zijn.

Het oordeel van de zevende schaal lijkt op het oordeel van de eerste bazuin (8:7). Toen viel er vurige hagel uit de hemel die het derde deel van de bomen en het groene gras verbrandde. Maar de hagel van de zevende schaal is niet gericht tegen de bomen en het gras, maar tegen de *mensen*. En afgezien van het land Israël zal de *hele* bewoonde wereld erdoor worden getroffen, want "de steden van de naties" werden in het vorige vers vermeld.

Het oordeel van de zevende schaal heeft ook enige overeenkomst met de zevende plaag waarmee de HEERE Egypte sloeg in de dagen van Mozes. Ook toen viel er een buitengewoon zware hagel, en wie de waarschuwing van de HEERE in de wind had geslagen, kwam om (Exod.9:13-35, Psa.78:47-48, 105:32). Aan de Egyptenaren werd destijds de kans geboden om zich te beschermen. Wie Gods woord geloofde, bracht zijn vee tijdig naar binnen en verborg zich in zijn huis. Maar voor de hagel van de zevende schaal zal er geen enkele beschutting zijn. De steden van de naties zijn immers met de grond gelijk gemaakt.

Aan de mensheid die haar eigen vrederijk meende te kunnen stichten, wordt helemaal *niets* overgelaten waarop zij nog kan vertrouwen. Wie binnenshuis blijft of zich onder de grond verstopt wordt bedolven, en wie naar buiten vlucht wordt verpletterd door de hagelstenen. Hoewel dat ongelooflijk lijkt, zullen er volgens Johannes toch nog overlevenden zijn. Zelfs tijdens deze rampen zal niet iedereen omkomen. Maar de overlevenden bekeren zich niet, integendeel! Ze "lasteren God vanwege de plaag van de hagel, want de plaag daarvan is zeer groot". Voor plaag gebruikt Johannes opnieuw het woord *pleegee*, dat "slag" of "klap" betekent. De aardbewoners lasteren God door Hem af te schilderen als een kwaadaardige macht, die er plezier in schept om de mensheid uit te roeien, zodat men zich met hand en tand tegen Hem moet blijven verzetten.

Hoofdstuk 17

Nadere uitleg bij de zevende plaag (17:1-3a)

"En één van de zeven engelen die de zeven schalen hadden, kwam en sprak met mij en zei: Kom, ik zal u tonen het oordeel over de grote hoer die op vele wateren zit, met wie de koningen van de aarde gehoereerd hebben, en zij die de aarde bewonen zijn dronken geworden van de wijn van haar hoererij. En hij voerde mij weg in [de] geest naar een woestijn"

In voorafgaande visioenen was er al een oordeel over een "grote hoer" aangekondigd. Johannes had toen een engel horen profeteren:

"Gevallen, gevallen is het grote Babylon, dat van de wijn van de grimmigheid van haar hoererij alle naties heeft laten drinken!" (14:8).

En toen de zevende schaal werd uitgegoten, gaf de ziener daarbij het volgende commentaar:

"...Het grote Babylon werd voor God in herinnering gebracht om haar de drinkbeker van de wijn van de grimmigheid van Zijn toorn te geven" (16:19).

Maar Babylon was in eerdere visioenen nog niet getoond, en Johannes had nog niet beschreven wat haar hoererij inhield. Pas in Openbaring 17 en 18 wordt over Babylons aard en ondergang nadere uitleg gegeven.

"Eén van de zeven engelen die de zeven schalen hadden" kwam naar Johannes toe en zei tegen hem: **"Kom, ik zal u tonen het oordeel over de grote hoer"**. Welke hemelbode het was, zegt de Bijbel niet, maar op grond van het voorafgaande kan het de engel zijn geweest die de zevende schaal had uitgegoten. Toen was het grote Babylon immers "voor God in herinnering gebracht" (16:19). Openbaring 17 en 18 laten zien wat dit grote Babylon is en wat er na het oordeel van de zevende schaal met haar zal gebeuren.

De engel die Johannes nieuwe dingen toont, maakt gebruik van beeldspraak, maar hij legt de betekenis van elk zinnebeeld direct uit. De "grote hoer" die hij zal laten zien, is geen menselijke vrouw, en de wateren waarop zij zit, zijn geen rivieren of beekjes. Want de engel zal later nog opmerken:

"De wateren die u hebt gezien, waarop de hoer zit, zijn volken en menigten en naties en talen... En de vrouw die u hebt gezien, is de grote stad die [het] *koningschap heeft over de koningen van de aarde"* (17:15,18).

De wateren in Johannes' visioen beelden dus *mensenmassa's* uit: volken en naties en talen. En de vrouw die Johannes te zien kreeg, is in werkelijkheid een *stad*. Steden worden in de Bijbel dikwijls uitgebeeld als vrouwen. Babel (Psa.137:8, Jes.47:1,5; Jer.50:42, 51:33; Zach.2:7), Jeruzalem (Jes.1:8, 10:32, 16:1, 37:22, 52:2, 62:11; Jer.4:31, 6:2,23; Klaagl.1:6, 2:1,4,8,10,13,15,18; 4:22; Micha 1:13, 4:8,10,13; Zef.3:14, Zach.2:10, 9:9), Tarsis (Jes.23:10), en Sidon (Jes.23:12) werden door de profeten zinnebeeldig als vrouwen voorgesteld.

Omdat de vrouw geen mens is maar een stad, is haar hoererij ook geen gewone prostitutie. De **"koningen van de aarde"**, de staatshoofden en wereldleiders, hebben met haar gehoereerd. Die hebben haar betaald en voor hen is zij een belangrijke inspiratiebron geweest. Bovendien heeft ze allen "die de aarde bewonen" dronken gemaakt met "de wijn van haar hoererij". Johannes noemt haar **"de moeder van de hoeren en van de gruwelen der aarde"** (17:5), en hij zag in haar hand een beker vol wijn, die bestond uit **"de gruwelen en de onreinheden van haar hoererij"** (17:4). Uit Openbaring 13 en 18 blijkt, dat de "hoererij" die de koningen van de aarde hebben overgenomen, op twee belangrijke pijlers rust:

1. Het gebruik van *handel* en *economie* als middel om hun onderdanen uit te buiten en hen volledig te beheersen. Een hoer verkoopt zich immers voor geld en geeft zich aan de meestbiedende.

2. Het voeren van een beleid waarin met de wil van God geen rekening wordt gehouden, en de *mens* en zijn *technologie* als *afgod* worden vereerd. De Bijbelse uitdrukking "gruwelen" betekent immers: afgoden, of vormen van afgodendienst. Achter zulke menselijke plannen en praktijken schuilen in de onzichtbare wereld satan en zijn demonen.

Voor de koningen van de aarde is de wijn uit de beker van de vrouw de verleiding van totale controle. Waar men van die wijn heeft gedronken wordt de overheid een afgod die zich laat vereren, elk detail van het leven van haar onderdanen bepaalt en in ieder opzicht over hun lot beschikt. En voor de aardbewoners is de wijn die de vrouw aanbiedt de roes van vrede en veiligheid, weelde en aards genot, gezondheid en een lang leven. Volgens Openb.17 zijn alle aardbewoners van Babylons wijn dronken geworden wanneer de dag van de Heer aanbreekt. Niemand zal nog helder kunnen denken.

De engel voerde Johannes weg **"in geest"**. Het lichaam van de ziener bleef op Patmos, maar in zijn visioen werd hij verplaatst "naar een woestijn": een gebied ver van de bewoonde wereld. Een streek waar rovers huizen, en waar zich dingen afspelen die voor het oog van de wereld verborgen moeten blijven.

Een vrouw berijdt het beest (17:3b-6)

"En ik zag een vrouw zitten op een scharlakenrood beest dat vol namen van laster was [en] zeven koppen en tien horens had. En de vrouw was bekleed met purper en scharlaken en versierd met goud en edelgesteente en parels, en had een gouden drinkbeker in haar hand, vol gruwelen en de onreinheden van haar hoererij. En op haar voorhoofd was een naam geschreven: Verborgenheid, het grote Babylon, de moeder van de hoeren en van de gruwelen van de aarde. En ik zag de vrouw dronken van het bloed van de heiligen en van het bloed van de getuigen van Jezus. En toen ik haar zag, verwonderde ik mij met grote verwondering"

In de woestijn zag Johannes een "vrouw" (gezien het voorafgaande: "de grote hoer") zitten op een beest dat er uitzag als een draak (want het had zeven koppen en tien horens, vgl. 12:3). Het beest was **"scharlakenrood"**. Uit de uitleg die de ziener geeft blijkt dat de rode kleur wijst op *bloeddorst,* terwijl de toevoeging "scharlaken" aangeeft dat deze bloeddorst uitgaat van *regeerders:* koningen en overheden. Dit monster gaat over lijken (17:6). Het beest had **"zeven koppen en tien horens",** en was daarom waarschijnlijk hetzelfde ondier als Johannes eerder had gezien (13:1) Volgens de uitleg die de engel geeft stellen die koppen *opeenvolgende* koningen en hun machtsgebieden ("bergen") voor (17:9-11), terwijl de horens model staan voor *gelijktijdig*

352

regerende koningen (17:12-14). Uit de manier waarop de engel de koppen en de horens verklaart blijkt dat het beest een verbond uitbeeldt van wereldleiders en de volken die zij vertegenwoordigen. Het beest is mogelijk zelfs een zinnebeeld van de hele mensheid, of de "verenigde naties".

Het monster was **"vol namen van laster"**. Dit beest "verheft zich tegen al wat God heet of een voorwerp van verering is" (2 Thess.2:4), het spreekt kwaad van God en godsdienst en treedt op onder anti-godsdienstige vlag. Het schrijft alle kwaad in de wereld toe aan de Almachtige, aan Zijn dienst en aan het volk dat Hem vereert (2:9, 13:1,5,6).

De vrouw die Johannes zag was **"bekleed met purper en scharlaken"**. Een purperen mantel is een teken van koninklijke waardigheid. Toen de soldaten de spot dreven met de Here Jezus en Hem wilden uitbeelden als "koning der Joden" zetten ze een doornenkroon op Zijn hoofd en deden Hem een purperen mantel aan (Mar.15:17-20). De rijke man in een bekende gelijkenis was eveneens "gekleed met purper" (Luk.16:19). De vrouw is **"versierd met goud en edelgesteente en parels"**. Ze is ongelooflijk rijk en laat dat zien door zich met pracht en praal te bekleden. Ze schittert als het nieuwe Jeruzalem (21:11,19,21) maar de bron van haar rijkdom is satanisch terwijl de heerlijkheid van die toekomstige stad afkomstig is uit de hemel.

In haar hand had ze **"een gouden drinkbeker, vol gruwelen en de onreinheden van haar hoererij"**. Die overhandigt zij aan "alle naties" (14:8), aan "de koningen van de aarde" (17:2) en aan hen "die de aarde bewonen" (17:2). Ze zegt: "Doe als ik en werk met mij samen, dan word je groot en schatrijk en machtig, dan zit je stevig en veilig in het zadel". De hele mensheid is voor die verleiding bezweken en heeft uit haar beker gedronken (14:8, 17:2).

"Op haar voorhoofd was een naam geschreven: Verborgenheid, het grote Babylon, de moeder van de hoeren en van de gruwelen der aarde". Op het voorhoofd van de vrouw, waar je een diadeem zou verwachten, zag Johannes een "naam": een kernachtige omschrijving van haar aard. De oorspronkelijke Griekse tekst van het boek Openbaring zegt letterlijk: **"Babylon de Grote"**, een passende naam voor een koningin!

Het woord **"verborgenheid"** stond niet op het voorhoofd van de vrouw, maar is door de schrijver van het laatste Bijbelboek als verklaring toegevoegd. De ziener merkt op dat de naam van de vrouw een verborgen betekenis heeft, die het menselijk verstand zonder hulp niet kan ontdekken. Aan slaven van de Messias, die Gods woord kennen en die dat woord als een kostbare schat bewaren, is het geheim geopenbaard. Omdat de hemelse Mensenzoon Johannes opdracht had gegeven om op te schrijven welke dingen hij "zag" en wat ze "waren", dus wat ze vertegenwoordigden (1:19) legt de ziener uit, wat de naam van de vrouw betekent: Babylon de Grote is **"de moeder van de hoeren en van de gruwelen van de aarde"**. Voor een oppervlakkige toeschouwer is ze een triomf van techniek, het schitterende eindresultaat van menselijke ontwikkeling, een hoogstandje van techniek en cultuur waarvan eerdere beschavingen alleen nog maar konden dromen. Maar wie de Bijbel kent, weet dat deze vrouw al een historie van duizenden jaren achter de rug heeft en kort na de zondvloed op het wereldtoneel is verschenen. Zij is **"de moeder van de hoeren en van de gruwelen van de aarde"**: de oorsprong van elke menselijke religie en van elke afgodische praktijk die er sinds de zondvloed in de wereld is geweest.

De vrouw is in werkelijkheid een stad (17:18). Afgodendienst begon in Babel, en werd de mensheid opgelegd door de Assyrische koning Nimrod (Gen.10:8-12). Volgens de buiten-bijbelse overlevering liet deze vorst zichzelf als god en zijn vrouw Semiramis als een godin vereren. De naam Nimrod betekent: "Wij zullen in opstand komen" en wijst dus op verzet tegen de Schepper. Nimrod *"begon* geweldig te zijn op de aarde" (Gen.10:8). Hij was de eerste machthebber, "een geweldig jager voor het aangezicht des HEREN" (Gen.10:9). "Een geweldig jager" betekent niet dat hij op leeuwenjacht ging, maar dat hij joeg op *mensen,* want hij stichtte een *wereldrijk* (Gen.10:10-12). Goddelijke verering van het vorstenhuis en het bespieden en najagen van onderdanen op al hun wegen ("mensenjacht") waren de pijlers van Nimrods strategie. Met list en geweld wist hij de verspreide nakomelingen van Noach te vangen, en onder zijn heerschappij te brengen.

In de tijd die aan de wederkomst van Christus voorafgaat zal "Babylon de Grote" dezelfde middelen verschaffen aan "het beest" en "de koningen der aarde". Op het voorhoofd van Israëls hogepriester was een gouden diadeem bevestigd met het opschrift: "de heiligheid van de HERE" (Exod.28:36,

39:30). Maar op het voorhoofd van de vrouw die Johannes zag zal staan: "Ik ben het, en niemand anders dan ik" (17:5, vgl. Jes.47:10).

"En ik zag de vrouw dronken van het bloed van de heiligen en van het bloed van de getuigen van Jezus", merkt de ziener vervolgens op. Omdat deze vrouw met behulp van afgodendienst rijkdom, aanzien en macht verwerft, is zij fel gekant tegen de verering van de Schepper en tegen het goede nieuws van Zijn toekomstige rijk. Wie aan de HEERE zijn gewijd ("heiligen") en wie over de Messias spreken ("getuigen van Jezus") brengt zij om (vgl. 6:9-10, 13:7,10,15; 16:6; 18:24; 20:4). Ze heeft plezier in de dood van zulke mensen, want ze beschouwt elke executie van een Godvrezend persoon als een zichtbaar bewijs van haar eigen glorie en macht. Het bloed van de slachtoffers stijgt haar naar het hoofd, ze zwelgt erin en is eraan verslaafd. Ze gedraagt zich als Izébel en Athalia. Ze geeft opdracht dat elke Bijbelgetrouwe gelovige moet worden vermoord en ze heeft het stellige voornemen om de komst van het messiaanse rijk definitief te verijdelen.

"En toen ik haar zag, verwonderde ik mij met grote verwondering", zegt Johannes eerlijk. Waarom hij zich zo verwonderde, vertelt de Bijbel niet. Misschien verbaasde hij zich over het feit, dat de Schepper het zó ver had laten komen. Want de engel die met Johannes sprak reageerde op zijn verbazing door het *einde* van de vrouw en de *ondergang* van het beest te gaan aankondigen. Maar er was mogelijk nog een andere aanleiding voor Johannes' verbazing. Uit Openbaring 18 blijkt, dat er in "het grote Babylon" *Israëlieten* wonen, leden van het volk van God. Zij worden opgeroepen om de stad te verlaten, niet medeschuldig te worden aan haar zonden, en niet te worden getroffen door de slagen die zij zal ontvangen (18:4). De vrouw lijkt de vervulling te zijn van een belofte die aan het volk Israël is gegeven: dat het als een volk van koningen en priesters over de aarde zal mogen regeren (Exod.19:6, vgl. 1 Petr.2:9, Openb.1:6, 2:26-28, 5:10, 20:4,6). De vrouw berijdt het beest, ze leidt dit en zet het naar haar hand. Ze staat boven de koningen van de aarde. Hoewel ze zich heeft gekeerd tegen de dienst van de Allerhoogste en God heeft verlaten, heerst ze als koningin en stroomt alle aardse rijkdom háár paleizen binnen. De onvoorstelbare rijkdom en macht van deze vrouw zijn een grote verleiding voor het volk waaraan God aardse zegeningen heeft beloofd. Johannes verbaast zich dus enorm over haar. Volgens de Bijbel zal afval van de Schepper toch niet worden *beloond,* maar juist worden bestraft? Maar deze

355

vrouw heeft de hele wereld weten te onderwerpen en ze wordt door alle wereldleiders gerespecteerd! Wie God verlaten, hebben blijkbaar niet "smart op smart te vrezen", maar krijgen het in de wereld voor het zeggen!

Opkomst en ondergang van het beest (17:7-14)

"En de engel zei tot mij: Waarom hebt u zich verwonderd? Ik zal u de verborgenheid van de vrouw zeggen en van het beest dat haar draagt, dat de zeven koppen en de tien horens heeft. Het beest dat u gezien hebt, was en is niet en zal uit de afgrond opstijgen en ten verderve gaan; en zij die op de aarde wonen, van wie de naam van [de] grondlegging van [de] wereld af niet geschreven is in het boek van het leven, zullen zich verwonderen als zij het beest zien, dat het was en niet is en zal zijn. Hier is het verstand dat wijsheid heeft: de zeven koppen zijn zeven bergen, waarop de vrouw zit. Ook zijn het zeven koningen: vijf zijn gevallen, de ene is er, de andere is nog niet gekomen, en wanneer hij komt, moet hij een korte tijd blijven. En het beest dat was en niet is, is ook zelf [de] achtste, en het is uit de zeven en gaat ten verderve. En de tien horens die u hebt gezien, zijn tien koningen, die nog geen koninkrijk ontvangen hebben, maar één uur gezag als koningen ontvangen met het beest. Dezen hebben enerlei bedoeling en geven hun macht en gezag aan het beest. Dezen zullen oorlog voeren tegen het Lam, en het Lam zal hen overwinnen – want Hij is Heer van [de] heren en Koning van [de] koningen – en zij die met Hem zijn, geroepenen en uitverkorenen en getrouwen".

Om de woorden van de engel te begrijpen, moeten we de tijdsaanduidingen in zijn boodschap verstaan. Wanneer de boodschapper opmerkt: "Het beest dat u gezien hebt, was en is niet", dan hebben deze tijdsaanduidingen niet betrekking op de tijd waarin Johannes op het eiland Patmos verbleef. Johannes was immers "in de geest" verplaatst naar de dag van de Heer (1:10) en op die dag "in geest" gevoerd naar een woestijn (17:3). In de tijd waarnaar Johannes was verplaatst en die voor de ziener in de verre toekomst lag, zal het beest dat hij uit de zee had zien opkomen (13:1) een sleutelmoment in zijn geschiedenis doormaken. Het is er even niet, omdat de leider die er het hoofd van vormt, is omgekomen. Hij zal zijn vermoord.

In een eerder visioen had Johannes die moordaanslag al waargenomen. Hij had dit beest met tien horens en zeven koppen uit de "zee" zien opkomen (13:1). En hij had gezien hoe "één van die koppen als tot [de] dood werd geslagen" (13:3). Die kop – het zinnebeeld van een staatshoofd – bezweek ten gevolge van een zwaardwond (13:14). Maar zijn dodelijke wond werd genezen (13:3,12). Het beest herleefde (13:14). Door de macht van de satan kwam er een schijnopstanding tot stand.

"De draak gaf hem zijn macht en zijn troon en groot gezag" (13:2).

De boze nam bezit van het lichaam van de overleden machthebber om via hem over de mensheid te gaan regeren en zich via hem te laten aanbidden (13:1-18).

Wat Johannes in dat eerdere visioen al had gezien, wordt nu als volgt verwoord: **"Het beest dat u gezien hebt, was en is niet en zal uit de afgrond opstijgen"** (17:8). De afgrond is een onderaardse ruimte waarin verderfengelen zijn opgesloten totdat ze ten behoeve van een gericht van God uit hun gevangenis worden losgelaten (9:1-11, 20:1-3). In Openb.11:7 was al vermeld dat het beest op zeker ogenblik "uit de afgrond zal opstijgen". De geest die dan bezit neemt van de overleden machthebber is afkomstig uit de afgrond. Die geest streeft ernaar om alle aardbewoners in het verderf te storten. Hij zal uiteindelijk ook het beest zelf naar de ondergang voeren.

"En zij die op de aarde wonen, van wie de naam van [de] grondlegging van [de] wereld af niet geschreven is in het boek van het leven, zullen zich verwonderen als zij het beest zien, dat het was en niet is en zal zijn", merkt Johannes op. Wij zouden zeggen: "Mensen uit de wereld die God niet kennen en met Hem geen rekening houden, zullen zich verbazen". De engel voegt daar nog iets aan toe: Zulke mensen zijn niet voorbestemd om te mogen leven in het rijk van de Messias. Toen God de wereld schiep, schreef Hij hun namen niet in het boek van het leven. *Hij* heeft bepaald wie er tijdens de beide toekomstige eeuwen ("in de eeuwen der eeuwen") op aarde zullen mogen leven. Wie niet voor dat eeuwige leven zijn bestemd zullen zich ontzaglijk verbazen wanneer ze zien dat een wereldleider wordt vermoord, enige tijd dood is en vervolgens weer tot leven komt. Het beest was er eens, is er op zeker moment niet meer en komt dan toch weer terug. Het staat ogenschijnlijk op uit de doden. Hoe is dat mogelijk?, vragen de mensen zich af. En ze denken: Kunnen wij de dood misschien óók overwinnen?

"Hier is het verstand dat wijsheid heeft: de zeven koppen zijn zeven bergen, waarop de vrouw zit. Ook zijn het zeven koningen". In Openbaring 13:9 schreef Johannes al: "Hier is de wijsheid – Wie verstand heeft..." Openbaring 17:9 verwijst naar het boek Daniël. In Dan.12:10 staat geschreven:

"Geen enkele van de goddelozen zal het begrijpen, maar de verstandigen zullen het begrijpen".

Verstandigen zijn mensen die ontzag voor God hebben, die Zijn woord als een kostbare schat bewaren en wat er op hen afkomt in het licht van dat woord bezien. Zulke mensen zullen wanneer het beest herleeft weten "hoe laat het is". Zoals je uit het getal van zijn naam kunt afleiden dat het beest maar een mens is (13:9), zo zul je het ook op grond van de loop van de geschiedenis kunnen identificeren (17:9 e.v.). De engel laat zien, welke gebeurtenissen tot de schijnopstanding van het beest zullen leiden. Hij legt uit wat de koppen van het beest voorstellen. In de oorspronkelijke tekst luiden zijn woorden als volgt: "De zeven koppen: bergen zijn het, zeven, waarop de vrouw zetelt, en zeven koningen". Uit deze zinsbouw blijkt, dat het woord *kai* ("en") in Openbaring 17:9 verklarende betekenis heeft. De zeven koppen van het beest zijn niet het zinnebeeld van twee *afzonderlijke* dingen (bergen en koningen), maar van één enkel ding. De koppen van het beest zijn bergen waarop de vrouw zit, *namelijk* zeven koningen. In de profetieën van het Oude Testament waarnaar de engel verwijst worden koningen en bergen vereenzelvigd. Een berg is de heerschappij of de macht van een koning. In Psalm 30 zingt David:

*"Ik zei wel in mijn zorgeloze rust: Ik zal voor eeuwig niet wankelen – Want, HEERE, door Uw goedgunstigheid had U **mijn berg** vast doen staan – Maar toen U Uw aangezicht verborg, werd ik door schrik overmand"* (Psa.30:7-8)

En in Jer.51 zegt de HERE tegen Babel en het land Chaldea:

*"Zie, Ik zál u, **berg** die te gronde richt, spreekt de HEERE, u, die heel de aarde te gronde richt! Ik zal Mijn hand tegen u uitstrekken, Ik zal u van de rotsen afrollen en Ik zal u maken tot een **berg** die in brand staat"* (Jer.51:25)

Het woord berg doet bovendien denken aan de droom van koning Nebukadnezar die de profeet Daniël mocht beschrijven en verklaren. In die droom werd het beeld dat de koning had gezien aan de voeten getroffen door een steen, die het hele beeld verbrijzelde. Waarop de profeet opmerkte:

*"Maar de steen die het beeld getroffen had, werd tot een grote **berg** en vulde de hele aarde"* (Dan.2:35)

Van die gebeurtenis gaf Daniël de volgende verklaring:

"In de dagen van die koningen [de 10 tenen van het beeld] *zal de God van de hemel echter een **koninkrijk** doen opkomen dat voor eeuwig niet te gronde zal gaan en waarvan de heerschappij niet op een ander volk zal overgaan. Het zal al die andere koninkrijken verbrijzelen en tenietdoen, maar zelf zal het voor eeuwig standhouden. Daarom hebt u gezien dat, niet door mensenhanden, uit de berg een steen werd afgehouwen, die het ijzer, brons, leem, zilver en goud verbrijzelde"* (Dan.2:44-45).

De berg uit Dan.2:35 is blijkbaar een beeld van het koninkrijk der hemelen, de heerschappij van de Messias over de hele aarde.

De zeven koppen van het beest verwijzen volgens de uitleg van de engel *niet* naar de "zeven heuvels" van de stad Rome, of van een andere stad. Uit zijn verklaring blijkt, dat de koppen van het beest "bergen" en "koningen" voorstellen (opeenvolgende machthebbers in het beestrijk), terwijl "de vrouw" op die koppen "zit". De betrokken machthebbers zullen zich door Babylon laten leiden. De engel zegt over de zeven koppen:

"Vijf zijn gevallen, de ene is er, de andere is nog niet gekomen, en wanneer hij komt, moet hij een korte tijd blijven. En het beest dat was en niet is, is ook zelf [de] achtste, en het is uit de zeven en gaat ten verderve" (17:10-11). Het werkwoord "vallen" wordt in de Openbaring dikwijls in letterlijke zin gebruikt: engelen en mensen vallen neer om uiting aan hun eerbied te geven (1:17, 4:10, 5:8,14; 7:11, 11:16, 19:4,10; 22:8), hemellichamen vallen op aarde (6:13, 8:10, 9:1), rotsen storten ten gevolge van een aardbeving naar beneden (6:16). Zonlicht kan op iemand vallen (7:16). Gebouwen en steden kunnen vallen (11:13, 16:19). En vrees kan op mensen vallen (11:11). Wanneer het werkwoord in verband met koningen wordt gebruikt, heeft "vallen" de betekenis van "afgezet worden", "hun macht en invloed definitief verliezen", of "omkomen" (14:8, 17:10, 18:2).

Uit bepaalde gebeurtenissen die de engel beschrijft, zal een "verstandige" kunnen afleiden dat de "opstanding" van het beest, de voleinding van de eeuw en de komst van de Messias nabij zijn. Omdat de engel zijn uitleg was begonnen met de mededeling: "Het beest dat u gezien hebt, was en is niet" was Johannes in de geest verplaatst naar een moment in de tijd waarop het betreffende staatshoofd zal zijn vermoord. Het beest is blijkbaar één van de vijf "koppen" die op dat tijdstip al "zijn gevallen". Hun plaats is ingenomen door de ene "kop" die er op dat moment is. Na de zesde kop die op het tijdstip van het visioen aan het hoofd van het beestrijk staat, zal er nog een zevende kop verschijnen, die maar kort aan de macht zal blijven. En na die zevende kop zal het beest (dat één van de zeven was) als achtste opnieuw op het toneel verschijnen. Het was er een tijdlang niet, maar het zal tot verbazing van de hele wereld "uit de afgrond opstijgen". Hoe het uiteindelijk "ten verderve" zal gaan, laat Johannes zien in hoofdstuk 19.

Nadat de engel had uitgelegd wat de zeven koppen van het beest voorstelden, zette hij zijn uitleg voort door te verklaren wat de tien horens van het monster vertegenwoordigden: **"En de tien horens die u hebt gezien, zijn tien koningen, die nog geen koninkrijk ontvangen hebben, maar één uur gezag als koningen ontvangen met het beest. Dezen hebben enerlei bedoeling en geven hun macht en gezag aan het beest"** (17:12). Op het tijdstip waarnaar Johannes in het visioen is verplaatst, het moment in de geschiedenis waarop de zesde kop aan het hoofd van het beestrijk staat, zijn de tien horens van het beestrijk er nog niet. Het zijn volgens de uitleg van de engel tien machthebbers die pas in de allerlaatste fase van de tegenwoordige boze eeuw gedurende korte tijd ("één uur") gezag over een "koninkrijk" zullen ontvangen – dus macht over bepaalde naties zullen uitoefenen. Hun rijken zullen zich verenigen met het rijk van het beest, want de engel zegt dat zij "enerlei bedoeling" hebben en "hun macht en gezag aan het beest zullen geven". Wat de gemeenschappelijke bedoeling van deze koningen is, wordt in de volgende zin gezegd. Uit de woorden van de engel kunnen we afleiden dat de tien koningen overeenkomen met de tien "tenen" van het beeld, dat koning Nebukadnezar zag in zijn droom (Dan.2:42). Door die droom ontving de koning inzicht in de gang van de wereldgeschiedenis tot aan de vestiging van het messiaanse rijk (Dan.2:28). Uit de toelichting van de engel blijkt dat de tien koningen er zullen zijn wanneer de Messias komt en dat ze bij die komst door Hem zullen worden uitgeschakeld.

"Dezen zullen oorlog voeren tegen het Lam, en het Lam zal hen overwinnen – want Hij is Heer van [de] heren en Koning van [de] koningen – en zij die met Hem zijn, geroepenen en uitverkorenen en getrouwen", merkt de engel op. Dat is de éne bedoeling die de tien koningen en de heerser over het beestrijk gemeen hebben. Het is hun verlangen om het volk van de Messias uit te roeien en de komst van het messiaanse rijk te verhinderen. De woorden van de engel stemmen overeen met de woorden van Asaf uit Psalm 83:

Openbaring 17	Psalm 83
"Dezen hebben **enerlei** bedoeling" (vs.13)	"Want **samen** hebben zij in hun hart beraadslaagd" (vs.6)
"Dezen zullen oorlog voeren **tegen het Lam**" (vs.14)	"Uw vijanden tieren, wie U haten, steken hun hoofd omhoog... dezen hebben een verbond **tegen U** gesloten" (vs.3,6)
"en **zij die met Hem zijn, geroepenen en uitverkorenen en getrouwen**" (vs.14)	"Zij beramen listig een heimelijke aanslag tegen **Uw volk** en beraadslagen tegen **Uw beschermelingen**. Kom, zeiden zij, laten wij hen uitroeien, zodat zij geen volk meer zijn en aan de naam van **Israël** niet meer gedacht wordt" (vs.4,5)
"**Tien** koningen die nog geen koninkrijk [of: koningschap] ontvangen hebben" (vs.12)	De tenten van Edom (koning 1) en de Ismaëlieten (koning 2), Moab (koning 3) en de Hagrieten (koning 4), Gebal (koning 5), Ammon (koning 6) en Amalek (koning 7), Filistea (koning 8) met de bewoners van Tyrus (koning

	9). Ook Assyrië (koning 10) heeft zich bij hen aangesloten (vs.7-9).
"en het Lam zal hen overwinnen, want Hij is **Heer van [de] heren en Koning van [de] koningen**" (vs.14)	"Laten zij beschaamd en door schrik overmand zijn tot in eeuwigheid, laten zij rood van schaamte worden en omkomen. Dan zullen zij weten dat U... U alleen **de Allerhoogste bent, over de hele aarde**" (vs.18,19)

Bij de tien koningen mogen we blijkbaar denken aan volken die zich om het land Israël bevinden, en waarbij Assyrië (Irak, en mogelijk ook Iran) zich zal aansluiten. Zij zijn de "tien horens" van het beestrijk. Het beeld van de horens geeft aan dat het beest met hen zal "stoten", dus van hen gebruik zal maken om tegen Israëls Messias oorlog te voeren.

Aard en ondergang van de vrouw (17:15-18)

"En hij zei tot mij: De wateren die u hebt gezien, waarop de hoer zit, zijn volken en menigten en naties en talen. En de tien horens die u hebt gezien en het beest, dezen zullen de hoer haten en haar eenzaam en naakt maken, en haar vlees eten en haar met vuur verbranden. Want God heeft in hun harten gegeven zijn bedoeling uit te voeren en het met enerlei bedoeling uit te voeren en hun koninkrijk aan het beest te geven, totdat de woorden van God vervuld zullen zijn. En de vrouw die u hebt gezien, is de grote stad die [het] koningschap heeft over de koningen van de aarde".

Nadat de engel de koppen en horens van het beest had verklaard, deelde hij Johannes mee dat de band tussen het beest en zijn berijdster niet altijd zal blijven bestaan. Het beest zal zich met zijn horens uiteindelijk keren tegen de vrouw die het berijdt. De engel zegt: **"De wateren die u hebt gezien, waarop de hoer zit, zijn volken en menigten en naties en talen".** Hij had eerder gezegd, dat hij Johannes "het oordeel zou tonen over de grote hoer die op vele *wateren* zit" (17:1),en daarna had Johannes "een vrouw op een scharlakenrood *beest*" te zien gekregen (17:3). Blijkbaar zagen de wateren die de engel aangekondigd had, er voor Johannes uit als een beest! Het beest bestaat uit samengevloeide "wateren", en die "wateren" zijn in werkelijkheid

362

"volken en menigten en naties en talen". Wanneer volken, menigten, naties en taalgroepen zich verenigen ontstaat er volgens de Bijbel een monster. Als vrome Jood kende Johannes het beeld van de wateren uit de Schriften. Want de profeet Jeremia heeft over de stad Babel geprofeteerd:

"U die woont aan grote **wateren**, *die rijk bent aan schatten, uw einde is gekomen, de maat van uw winstbejag"* (Jer.51:13).

Johannes had de wateren waarvan de engel sprak al "gezien" in Gods woord. In zijn visioen zag hij hoe de profetieën van Jeremia en Jesaja over de ondergang van de stad Babel uiteindelijk definitief zullen worden vervuld. Dit blijkt uit de volgende parallellen:

Jeremia en Jesaja	Johannes
"U die woont aan grote **wateren**" (Jer.51:13)	"de grote hoer die aan vele **wateren** zit" (17:1).
"Babel was in de hand van de HEERE een gouden **beker**, die heel de aarde dronken maakte (Jer.51:7).	"En de vrouw... had een gouden **drinkbeker** in haar hand, vol gruwelen en de onreinheden van haar hoererij" (17:4).
"Van zijn wijn hebben de volken **gedronken**, daarom gedragen de volken zich als een **waanzinnige**" (Jer.51:7).	"Zij die de aarde bewonen zijn **dronken** geworden van de wijn van haar hoererij" (17:2).
"Men zal u niet meer noemen: **gebiedster** van de koninkrijken" (Jes.47:5).	"En de vrouw die u hebt gezien, is de grote stad die [het] **koningschap** heeft over de koningen van de aarde" (17:18).
"U zei: Ik zal voor eeuwig **gebiedster** zijn" (Jes.47:7).	"Zij zegt in haar hart: Ik zit als **koningin** en ben geen weduwe en zal helemaal geen rouw zien" (18:7)
"Ik zal u maken tot een berg die in **brand** staat" (Jer.51:25)	"Met vuur zal zij **verbrand** worden" (18:8)
"Het oordeel erover reikt **tot aan de hemel**, het is verheven tot aan de wolken" (Jer.51:9).	"Want haar zonden zijn opgestapeld **tot aan de hemel** en God heeft zich haar ongerechtigheden herinnerd" (18:5)

"**Vlucht weg** uit het midden van Babel, uit het land van de Chaldeeën" (Jer.50:8). "**Vlucht weg** uit het midden van Babel, laat ieder zijn leven redden, word in zijn ongerechtigheid niet verdelgd" (Jer. 51:6). "**Ga weg** uit zijn midden, Mijn volk, laat ieder zijn leven redden" (Jer.51:45)	"**Gaat uit** van haar, Mijn volk, opdat u met haar zonden geen gemeenschap hebt en opdat u van haar plagen niet ontvangt" (18:4)
"Doe ermee zoals het zelf heeft gedaan" (Jer.50:15). "**Vergeld** het naar zijn werk, doe het overeenkomstig alles wat het zelf gedaan heeft" (Jer.50:29).	"**Vergeldt** haar zoals ook zij vergolden heeft" (18:6)
"Ik zal aan Babel **vergelden** en aan al de inwoners van Chaldea al hun kwaad dat zij Sion aangedaan hebben" (Jer.51:24)	"**Vergeldt** haar zoals ook zij vergolden heeft" (18:6)
"Zoals Babel geweest is tot een val voor de dodelijk gewonden van Israël, zo zullen in Babel de dodelijk gewonden van heel de aarde vallen" (Jer.51:49).	"Vergeldt haar zoals ook zij vergolden heeft" (18:6)
"Zijn torens zijn **gevallen**" (Jer.50:15). "Plotseling is Babel **gevallen** en stuk gebroken" (Jer.51:8). "**Gevallen, gevallen** is Babel!" (Jes.21:9)	"**Gevallen, gevallen** is het grote Babylon" (14:8,18:2)
"Dan zal het gebeuren, zodra u het voorlezen van deze boekrol beëindigt, dat u daaraan een steen zult binden en hem midden in de Eufraat zult werpen. Dan moet u zeggen: Zó zal Babel wegzinken en **niet meer boven komen**, vanwege het onheil dat Ik erover zal brengen" (Jer.51:63-64).	"En één sterke engel hief een steen op als een grote molensteen en wierp die in de zee en zei: Zó zal de grote stad Babylon met geweld neergeworpen worden en zij zal **geenszins meer gevonden worden**" (18:21)
"Hun huizen zullen vol zitten met	"Het is een woonplaats van demonen

huilende **uilen; struisvogels** zullen er wonen en bokachtigen zullen er rondspringen. Hyena's zullen janken in zijn verlaten burchten, en jakhalzen in zijn paleizen van verlustiging" (Jes.13:21-22).	en een bewaarplaats van elke onreine geest en een bewaarplaats van elke onreine en gehate **vogel** geworden" (18:2)
"De vreugdemuziek van tamboerijnen houdt op, het gejoel van uitgelaten mensen verstomt, de vreugdemuziek van de harp houdt op. Zij zullen geen wijn meer drinken onder gezang, sterke drank zal bitter zijn voor wie hem drinken. Gebroken is Chaosstad, gesloten zijn alle huizen, niemand kan erin. Op straat is er gejammer over de wijn; alle blijdschap is ondergegaan, de vreugde uit het land is verdwenen" (Jer.24:8-11).	"En geluid van harpspelers, toonkunstenaars, fluitspelers en bazuinblazers zal geenszins meer in u gehoord worden, en geen enkele beoefenaar van enige kunst zal meer in u gevonden worden, en geluid van een molen zal geenszins meer in u gehoord worden, en lamplicht zal geenszins meer in u schijnen, en de stem van bruidegom en bruid zal geenszins meer in u gehoord worden" (18:22-23)

"En de tien horens die u hebt gezien en het beest, dezen zullen de hoer haten en haar eenzaam en naakt maken, en haar vlees eten en haar met vuur verbranden", merkt de engel vervolgens op. Blijkbaar zal er vijandschap ontstaan tussen de "tien horens en het beest", de tien koningen die er aan het eind van de tijden van de volken zullen zijn plus de machthebber over het beestrijk, en "de hoer", de grote stad Babylon. De horens en het beest zullen de hoer gaan haten. De engel vermeldt de reden van die vijandschap niet. De haat van de koningen zal misschien ontstaan doordat zij schatplichtig: economisch afhankelijk en in juridische zin onderworpen, zijn geworden aan de superrijken die in Babylon wonen (vgl. 17:19 en 18:23). Ze zullen tegen de stad optrekken, haar verdediging weten uit te schakelen en haar verwoesten. De engel beeldt dit uit door te zeggen, dat zij "de hoer eenzaam en naakt zullen maken". Babylon zal geen "minnaars" (= bondgenoten) meer hebben en niet langer worden beschermd. De tien horens en het beest zullen "haar vlees eten", dat wil zeggen: de stad plunderen, al haar rijkdommen roven en die voor hun eigen doeleinden benutten. Uiteindelijk zullen ze het grote Babylon "met vuur verbranden", zodat er alleen nog maar rokende puinhopen van overblijven (vgl. 18:8).

"**Want God heeft in hun harten gegeven Zijn bedoeling uit te voeren en het met enerlei bedoeling uit te voeren en hun koninkrijk aan het beest te geven, totdat de woorden van God vervuld zullen zijn**", zegt de engel naar aanleiding van Babylons val. "Hun harten" heeft betrekking op de tien horens en het beest die hij in het voorafgaande vers had genoemd. Die wereldleiders menen dat zij zich vrijwillig hebben verenigd (vgl. 17:12-13), maar in werkelijkheid heeft *God* dit in hun harten gegeven om hen Zijn raadsbesluit te laten uitvoeren. De tien horens en het beest zullen de voorzeggingen van de Schepper over de slotfase van de tegenwoordige boze eeuw in vervulling doen gaan. Zij zullen binnen korte tijd ("na één uur", 17:12) worden overwonnen door het Lam, dus door de Messias, en door de hemelse legermacht (17:14, vgl. 19:11-21).

De hemelbode sluit zijn uitleg af met het zinnetje: "**En de vrouw die u hebt gezien, is de grote stad die [het] koningschap heeft over de koningen van de aarde**". De "verborgenheid" die Johannes in Openbaring 17:5 had genoemd, is hiermee verklaard. De vrouw die de engel hem toonde is niet werkelijk een "moeder" of een "hoer", maar een *stad*. In die stad wonen de mensen die het voor het zeggen hebben. Babylon is de woonplaats van de superrijken die in de wereld aan de touwtjes trekken, de belichaming van de "staat achter de staat". Daarom zag Johannes dat de vrouw op het beest "zat", het bereed en het bestuurde. Maar op een tijdstip dat Hij heeft uitgekozen zal God aan de macht die de hoer over het beest uitoefent een einde maken. Hij zal teweeg brengen dat de tien horens en het beest de hoer gaan haten. Dan zal het grote Babylon in één dag worden verwoest (18:8).

Hoofdstuk 18

De boodschap van de machtige engel (18:1-3)

"Hierna zag ik een andere engel uit de hemel neerdalen, die grote macht had; en de aarde werd verlicht door zijn heerlijkheid. En hij riep met krachtige stem de woorden: 'Gevallen, gevallen is het grote Babylon, en het is een woonplaats van demonen en een bewaarplaats van elke onreine geest en een bewaarplaats van elke onreine en gehate vogel geworden. Want van de wijn van de grimmigheid van haar hoererij hebben alle naties gedronken en de koningen van de aarde hebben met haar gehoereerd en de kooplieden van de aarde zijn rijk geworden door de macht van haar weelde'"

Na het visioen van de vrouw op het beest dat één van de zeven engelen aan Johannes had getoond en verklaard, kreeg Johannes iets nieuws te zien. Hij zag "een andere engel uit de hemel neerdalen" – een andere boodschapper van God. Van deze engel zegt de ziener, dat hij "grote macht had". Het Griekse woord *exousia* betekent "volmacht", "bevoegdheid" of "gezag". De "andere engel" trad op als een heraut. Zijn woord had groot (Gr. *megas*) gezag. Wat hij zei, was een woord van God en werd meteen werkelijkheid. De Almachtige "spreekt en het is er, Hij gebiedt en het staat er" (Psa.33:9). Deze bode van God straalde zóveel licht uit dat de aarde "door zijn heerlijkheid werd verlicht". Door zijn krachtig optreden zou het licht op aarde doorbreken.

Het gezag van de engel blijkt ook uit het geluid van zijn stem. Voor "krachtige stem" staat in het Grieks letterlijk: "grote stem". Opnieuw gebruikt Johannes het woord *megas*. De machtige engel die hij zag neerdalen is mogelijk dezelfde boodschapper als in Openbaring 14:8 was genoemd. Want die engel had gezegd:

"Gevallen, gevallen is het grote Babylon, dat van de wijn van de grimmigheid van haar hoererij alle naties heeft laten drinken!" (14:8).

De "machtige engel" uit Openb.18:1-2 kondigt dezelfde boodschap af als de "tweede engel" uit Openb.14:8.

Wanneer de machtige engel zijn stem verheft, zullen talloze profetieën van Jesaja en Jeremia in vervulling gaan. In die Bijbelboeken staat over Babel geschreven:

"Heere, op de wachttoren sta ik overdag voortdurend. En op mijn wachtpost sta ik hele nachten door. Zie nu, daar komt het: strijdwagens, manschappen, ruiters twee aan twee! Hij neemt het woord en zegt: **Gevallen, gevallen is Babel!** *En alle beelden van zijn goden heeft Hij tegen de grond stukgebroken"* (Jes.21:8-9)

"Plotseling is **Babel gevallen** *en stukgebroken"* (Jer.51:8)

"Niemand zal er verblijven, nooit meer, en niemand, van generatie op generatie, zal er wonen. Geen Arabier zal daar zijn tent opzetten, en geen herder zal daar neerstrijken. Maar wilde woestijndieren zullen daar neerliggen. Hun huizen zullen vol zitten met huilende uilen; struisvogels zullen er wonen en bokachtigen zullen er rondspringen. Hyena's zullen janken in zijn verlaten burchten en jakhalzen in zijn paleizen van verlustiging" (Jes.13:20-22)

"Zij gedragen zich als een waanzinnige door verschrikkelijke afgoden! Daarom zullen er wilde woestijndieren met hyena's wonen, struisvogels zullen er wonen. Er zal voor altijd niet meer in worden gewoond, van generatie op generatie zal het niet worden bewoond" (Jer.50:38-39)

De machtige engel roept uit dat Babylon is gevallen en een "woonplaats van demonen" en een "bewaarplaats van elke onreine geest" is geworden. Met de "bokachtigen" die Jesaja noemde kunnen dus boze geesten zijn bedoeld. "Een woonplaats van demonen" en "een bewaarplaats van elke onreine geest" (Openb.18:2) is wellicht beeldspraak voor: "een woeste en onherbergzame plaats". Want de profeten hadden gezegd: "Niemand zal er verblijven, nooit meer. Niemand, van generatie op generatie, zal er wonen. Geen Arabier zal daar zijn tent opzetten, en geen herder zal daar neerstrijken". "Er zal voor altijd niet meer in worden gewoond, van generatie op generatie zal het niet worden bewoond".

"Onreine en gehate vogels" werden door de profeten opgesomd: uilen, struisvogels, nachtuil, kauw, ransuil, en raaf. Zulke vogels mochten door de Israëlieten niet worden gegeten. Ze waren onrein en in de ogen van een vrome

Jood weerzinwekkend. Ze hielden zich schuil op onbewoonde en onherbergzame plaatsen.

De engel roept ook uit *waarom* Babylon in opdracht van God werd verwoest. Hij schreeuwt: **"Want van de wijn van de grimmigheid van haar hoererij hebben alle naties gedronken en de koningen van de aarde hebben met haar gehoereerd en de kooplieden van de aarde zijn rijk geworden door de macht van haar weelde"**. Voor "grimmigheid" gebruikt de heraut het Griekse woord *thumos*, dat "hartstocht" betekent. "De hartstocht van haar hoererij" ligt als vertaling meer voor de hand dan "de grimmigheid van haar hoererij". Grimmigheid heeft immers de betekenis van "toorn" of "woede". Babylons hartstocht ging uit naar rijkdom en macht. Zij heeft de economie en de staatsmacht vergoddelijkt. Dankzij deze strategie is ze het centrum van de wereldeconomie en onvoorstelbaar rijk geworden. Alle machthebbers op aarde hebben zich door haar adviezen laten leiden en elke koopman op aarde heeft met haar handel gedreven. Want in deze stad bevond zich het grote geld. Maar haar rijkdom en de weelde kwamen alleen maar terecht bij "de groten der aarde" – de miljardairs van de multinationals (18:3,11,15,23), bij "allen die hun schepen op zee hadden", dus bij de eigenaars van rederijen (18:19) en bij "de koningen", dus de politici en de wereldleiders (18:3,9). Gewone mensen werden door Babylon gedegradeerd tot koopwaar (vgl. 2 Petr.2:3). De stad dreef handel in "lichamen en zielen van mensen" (18:13). En wie in Babylon en in de wereld die met haar heulde over God en Gods geboden of over de Messias en het toekomstige messiaanse rijk durfde te spreken, werd een kopje kleiner gemaakt (18:24).

Een tweede boodschap (18:4-7a)

"En ik hoorde een andere stem uit de hemel zeggen: 'Gaat uit van haar, mijn volk, opdat u met haar zonden geen gemeenschap hebt en opdat u van haar plagen niet ontvangt; want haar zonden zijn opgestapeld tot aan de hemel en God heeft Zich haar ongerechtigheden herinnerd. Vergeldt haar zoals ook zij vergolden heeft, en verdubbelt haar dubbel naar haar werken; mengt haar dubbel in de drinkbeker die zij gemengd heeft. Naarmate zij zichzelf verheerlijkt heeft en weelderig geleefd heeft, geeft haar zoveel pijniging en rouw'"

Toen de machtige engel was uitgesproken hoorde Johannes "een andere stem uit de hemel" spreken. Die andere stem richtte zich niet tot Babylon maar tot "mijn volk" en wellicht ook tot aardse tegenstanders die Babylon in opdracht van God moesten gaan straffen. Het is opmerkelijk dat ondanks de haat die Babylon koesterde tegen Gods "profeten en heiligen" (18:14) er zich toch nog "volk van God" bevond. Met "mijn volk" doelt de stem vermoedelijk op Joden die zich om zakelijke redenen in Babylon ophielden. Volgens de Bijbel is Israël Gods volk (Exod.3:10, 5:1, 6:7, 7:4, 7:16 etc.). De Babylonische Israëlieten hebben hun Joodse identiteit vermoedelijk verborgen gehouden.

Gods volk krijgt de opdracht: "Gaat uit van haar. Verlaat Babylon vóór het te laat is. Als jullie er blijven, raken jullie in haar praktijken verstrikt en moet Ik jullie met de stad gaan straffen". Wat de stem zegt lijkt op de opdracht die Lot, de neef van Abraham, eens ontving. Hij moest Sodom verlaten voordat het oordeel van de HEERE zou losbarsten. De twee engelen die bij hem op bezoek waren gekomen zeiden:

"Wie hebt u hier verder nog? Een schoonzoon, uw zonen, of uw dochters? Breng allen die u in de stad hebt, uit deze plaats naar buiten. Want wij gaan deze plaats te gronde richten, omdat de roep van haar zonden groot geworden is voor het aangezicht van de HEERE. Daarom heeft de HEERE ons gezonden om haar te gronde te richten" (Gen.19:12-13).

In de Bijbelboeken Jesaja en Jeremia krijgt Israël herhaaldelijk opdracht om Babel te verlaten.

"Ga weg uit Babel, vlucht weg van de Chaldeeën..." (Jes.48:20)

"Vertrek, vertrek, ga daar weg, raak het onreine niet aan, ga uit haar midden weg, reinig u, u die de heilige voorwerpen van de HEERE draagt!" (Jes.52:11)

"Vlucht weg uit het midden van Babel, uit het land van de Chaldeeën. Ga weg, wees als bokken voor de kudde uit!" (Jer.50:8)

"Vlucht weg uit het midden van Babel, laat ieder zijn leven redden, word in zijn ongerechtigheid niet verdelgd" (Jer.51:6)

"Wij hebben getracht Babel te genezen, maar het is niet genezen. Verlaat het, en laten wij gaan, ieder naar zijn land, want het oordeel erover reikt tot aan de hemel, het is verheven tot aan de wolken" (Jer.51:9)

"Ga weg uit zijn midden, Mijn volk, laat ieder zijn leven redden vanwege de brandende toorn van de HEERE" (Jer.51:45)

De apostel Paulus citeerde dit profetenwoord om de christenen in Korinthe met de afgodendienst in de Griekse wereld te laten breken:

"Welke overeenkomst heeft Gods tempel met afgoden? Want wij zijn [de] tempel van [de] levende God, zoals God gezegd heeft: 'Ik zal onder hen wonen en wandelen, en Ik zal hun God zijn en zij zullen Mijn volk zijn'. Daarom, gaat weg uit hun midden en scheidt u af, zegt [de] Heer en raakt niet aan wat onrein is" (2 Kor.6:16-17)

Volgens de stem uit de hemel zal de Almachtige Babylon gaan straffen, "want haar zonden zijn opgestapeld tot aan de hemel". Deze Hebreeuwse uitdrukking geeft aan dat "zij de maat van haar zonden vol heeft gemaakt". Iets dergelijks heeft de HEERE eens tegen Abraham gezegd, met betrekking tot de Jordaanstreek:

"De roep van Sodom en Gomorra is groot en hun zonde heel zwaar, Ik zal nu afdalen en zien of zij werkelijk alles gedaan hebben zoals de roep luidt die over haar tot Mij gekomen is" (Gen.18:20-21)

Over de stad Ninevé zei de HEERE:

"Hun kwaad is opgestegen voor Mijn aangezicht" (Jona 1:2),

en de profeet Jeremia zei over Babel:

"Het oordeel erover reikt tot aan de hemel, het is verheven tot aan de wolken" (Jer.51:9)

Zoals Sodom, Gomorra en Ninevé vanwege de grootheid van hun kwaad eens door het oordeel van God werden getroffen en volstrekt onbewoonbaar werden, zo zal dit ook eens met Babel gebeuren.

De heraut van God roept uit: "Vergeldt haar zoals ook zij vergolden heeft!"
Ook deze roep is ontleend aan de Schrift. In de Psalmen lezen we:

"Dochter van Babel, die verwoest zult worden, welzalig is hij die u uw misdaad vergelden zal, die u tegen ons begaan hebt" (Psa.137:8).

En Jeremia geeft de vijanden van Babel opdracht:

"Wreek u erop, doe ermee zoals het zelf heeft gedaan... Vergeld het naar zijn werk, doe het overeenkomstig alles wat het zelf gedaan heeft" (Jer.50:15,29)

Volgens de apostel Paulus handelt God rechtvaardig, wanneer Hij misdadigers de gevolgen van hun daden laat proeven en laat ervaren wat zij anderen hebben aangedaan:

"Het is immers rechtvaardig van God verdrukking te vergelden aan hen die u verdrukken" (2 Thess.1:6)

In het boek Openbaring zegt de opgestane Heer tegen de gemeente van Thyatira:

"Ik zal u geven eenieder naar uw werken" (Openb.2:23)

Op minstens zeven plaatsen in de Bijbel wordt er gezegd, dat God de hele wereld rechtvaardig zal oordelen en elk mens zal vergelden naar zijn werken (Psa.62:13, Jer.17:10, Jer.32:19, Matth.16:27, Rom.2:6, 2 Kor.5:10, Openb.20:12).

Wanneer de stem roept: "Verdubbelt haar *dubbel* naar haar werken; mengt haar *dubbel* in de drinkbeker die zij gemengd heeft", is dat niet in tegenspraak met het beginsel van "loon naar werken", maar in overeenstemming met de Thora. Wie in Israël op diefstal werd betrapt, moest het gestolene *dubbel* teruggeven (Exod.22:4, 22:7, 22:9). Zo handelde de HEERE zelf ook: Hij gaf Job het dubbele terug van wat Hij hem eerst had ontroofd (Job 42:10). En zo zal de HEERE, wanneer het messiaanse rijk aanbreekt en de rechtvaardige doden opstaan, aan Juda en Efraïm ook eens het dubbele teruggeven (Zach.9:12).

In het geval van Babylon heeft het woord "dubbel" vermoedelijk nog een andere betekenis, die door de hemelse stem wordt verklaard:

"Naarmate zij zichzelf verheerlijkt heeft en weelderig geleefd heeft, geeft haar zoveel pijniging en rouw" (18:7a)

De rijkdom en de weelde van Babylon zijn gebaseerd op uitbuiting en roof. Om onvoorstelbare rijkdom en weelde te kunnen verwerven, heeft ze talloze mensen gedegradeerd tot koopwaar en in diepe ellende gestort, terwijl ze elke tegenstander liet ombrengen. Daarom zal haar niet alleen alles worden afgenomen wat ze heeft geroofd, maar ze zal ook moeten ervaren wat ze anderen heeft aangedaan. In die zin zal ze "dubbel" ontvangen voor haar zonden. De beker die ze had gevuld met de wijn van weelde en luxe zal worden geleegd, om vervolgens tot de rand toe te worden gevuld met de grimmigheid van Gods toorn (Openb.16:19).

Gods reactie op Babylons hoogmoed (18:7b-8)

"Want zij zegt in haar hart: Ik zit als koningin en ben geen weduwe en zal helemaal geen rouw zien. Daarom zullen haar plagen op één dag komen: dood en rouw en honger, en met vuur zal zij verbrand worden; want sterk is [de] Heer, God, die haar geoordeeld heeft"

In de achtste eeuw voor Christus heeft de profeet Jesaja de hoogmoed van Babel als volgt beschreven:

"U zei: 'Ik zal voor eeuwig gebiedster zijn'. Tot nog toe hebt u deze dingen niet ter harte genomen, u hebt niet aan het einde ervan gedacht. Nu dan, hoor dit, genotzuchtige, die zo onbezorgd woont, die in haar hart zegt: 'Ik ben het, en niemand anders dan ik, ik zal niet als weduwe neerzitten of verlies van kinderen kennen'. Maar deze beide dingen zullen u overkomen in een ogenblik, op één dag: verlies van kinderen en weduwschap. Ze zullen in volle omvang over u komen, vanwege uw vele toverijen en uw zeer talrijke bezweringen. Want u hebt op uw slechtheid vertrouwd. U hebt gezegd: 'Niemand ziet mij'. Uw wijsheid, uw wetenschap, die heeft u afvallig gemaakt. U zei in uw hart: 'Ik ben het, en niemand anders dan ik'. Daarom zal er onheil over u komen. Wanneer het aan de dag treedt, zult u niet weten; rampspoed zal u treffen, u zult die niet

kunnen afkopen; er zal plotseling verwoesting over u komen, zonder dat u een vermoeden hebt" (Jes.47:7-10).

Volgens Jesaja zegt Babel: "Ik zal voor eeuwig gebiedster zijn". Volgens de stem uit de hemel die Johannes hoorde zegt zij: "Ik zit als koningin". Volgens de oudtestamentische profeet zegt Babel: "Ik zal niet als weduwe neerzitten of verlies van kinderen kennen". Volgens het laatste Bijbelboek zegt Babylon: "Ik ben geen weduwe en zal helemaal geen rouw zien". De stad laat elke wereldleider naar haar pijpen dansen, in die zin is zij "gebiedster" of "koningin". Zij oogst de rijkdom van de volken en ze meent dat ze deze positie altijd zal blijven behouden. Volgens Jesaja berust Babels status op "wijsheid en wetenschap", "toverijen en bezweringen" en pure "slechtheid". Ze heeft de wereldse wetenschap aan haar kant, ze beheerst alle media, ze beschikt over de beste juristen en ze is in haar wurgcontracten volstrekt gewetenloos. Maar deze hulpmiddelen zullen haar niet blijvend verzekeren van de wereldheerschappij. In één dag zal ze van haar "kinderen" (= inwoners) worden beroofd. Alle "groten der aarde" die zich in haar bevinden zullen omkomen en de metropool met zijn torenhoge gebouwen en oogverblindende rijkdommen zal binnen één uur in vlammen opgaan.

Dat Babylon met vuur verbrand zal worden, was in een eerder visioen al voorzegd (17:16). Verbranding is de straf voor Babylons hoererij. Volgens de wet van Mozes moest de dochter van een priester die hoererij had gepleegd met vuur worden verbrand (Lev.21:9).

Babylons wetenschap rustte op een atheïstische basis. "Ik ben het, en niemand anders dan ik" was haar devies. Ze meende dat niet God, maar alleen zij de lakens in de wereld kon uitdelen. "Niemand ziet mij" – er is geen God, die op mijn bedrog, mijn hebzucht en mijn uitbuiting let. Maar aan die illusie zal plotseling een einde worden gemaakt. **"Sterk is [de] Heer, God, die haar geoordeeld heeft"**. Zijn macht is oneindig veel groter dan de macht van Babylon.

Wat de hemelstem zegt over Gods kracht, is ontleend aan het Bijbelboek Jeremia. In Jeremia 50 wordt over de Chaldeeën, de inwoners van Babel, gezegd:

"Zo zegt de HEERE van de legermachten: De Israëlieten zijn onderdrukt geweest, tezamen met de Judeeërs. Allen die hen gevangen hadden, hebben hen vastgehouden, zij hebben geweigerd hen los te laten. Maar **hun Verlosser is sterk,** *HEERE van de legermachten is Zijn Naam. Hij zal hun rechtszaak zeker voeren, opdat Hij het land tot rust zal brengen, maar de inwoners van Babel doet Hij sidderen"* (Jer.50:33-34).

Hoe koningen reageren op Babylons val (18:9-10)

"En de koningen van de aarde die met haar gehoereerd en weelderig geleefd hebben, zullen over haar wenen en weeklagen, wanneer zij de rook van haar brand zien, terwijl zij uit vrees voor haar pijniging in de verte blijven staan en zeggen: 'Wee, wee de grote stad, Babylon, de sterke stad; want in één uur is uw oordeel gekomen'"

Uit vers 9 en 10 blijkt, dat Babylon onvoorstelbaar rijk werd dankzij "de koningen van de aarde" die met haar samenspanden en in haar rijkdom deelden. Dit samenspannen met de wereldleiders ten bate van economisch gewin wordt door Johannes twee maal aangeduid als "hoererij" (17:2, 18:3). Wanneer de stad plotseling wordt verwoest en de koningen "de rook van haar brand zien", veroorzaakt dit bij hen grote ontsteltenis. Niet alleen omdat het centrum van hun economisch netwerk nu is weggevallen, maar ook omdat ze vrezen dat het lot dat Babylon getroffen heeft ook hén zou kunnen treffen. Ze houden zich op een afstand (**"blijven in de verte staan"**), uit "**vrees voor haar pijniging**". Hoe is het mogelijk, dat het centrum van de wereld, Babylon, die grote stad, die sterke stad, zó plotseling is weggevaagd?

Uit het vorige visioen van Johannes weten we, dat Babylon zal worden verwoest en verbrand door de "tien hoorns van het beest" (17:16-18), tien machthebbers die de stad haten. Bij dat tiental gaat het blijkbaar om andere machthebbers dan de "koningen van de aarde" die in Openbaring 18:9 worden vermeld. De verwoesting van Babylon is een oordeel van God (17:17, 18:5-8), maar dit oordeel zal worden uitgevoerd door de tien hoorns, die volgens de engel die Johannes uitleg gaf tien koningen uitbeelden (17:12). Terwijl de stem uit de hemel die het oordeel over Babylon aankondigde had gezegd dat "haar plagen op één dag zouden komen" (18:8), zeggen de koningen van de aarde wanneer zij de rook van de brand zien: "in één uur is uw oordeel gekomen" (18:10). De verwoesting van een wereldstad op één dag, in één enkel uur, wekt de indruk, dat de "hoorns" van kernwapens of ongekend krachtige conventionele wapens gebruik zullen maken om Babylon weg te vagen.

Hoe kooplieden reageren op Babylons val (18:11-16)

"En de kooplieden van de aarde zullen over haar huilen en treuren, omdat niemand hun waren meer koopt: koopwaar van goud, zilver, edelgesteente, parels, fijn linnen, purper, zijde en scharlaken, allerlei geurig hout, allerlei ivoren voorwerpen en allerlei voorwerpen van zeer kostbaar hout, koper, ijzer en marmer, en kaneel, reukwerk, mirre, wierook, wijn, olie, meelbloem en tarwe, lastdieren en schapen, paarden en wagens, en lichamen en zielen van mensen. En de rijpe vrucht waarnaar uw ziel verlangde, is van u geweken. Al wat glansrijk en sierlijk was, is van u weggegaan en u zult dat beslist niet meer terugvinden. De kooplieden van deze waren, die door haar rijk zijn geworden, zullen huilend en treurend op grote afstand blijven staan uit vrees voor haar pijniging, en zeggen: Wee, wee de grote stad, die bekleed was met fijn linnen, purper en scharlaken, en getooid met goud, edelgesteente en parels. Want in één uur is die grote rijkdom verwoest".

De rouwklacht van de kooplieden over de val van Babylon, die Johannes beschrijft, lijkt op de rouwklacht die de profeet Ezechiël in opdracht van de HEERE moest aanheffen over de handelsstad Tyrus (Ezech.27). In de rouwklacht van de kooplieden worden materialen en goederen opgesomd die twee dingen gemeen hebben: ze zijn uiterst kostbaar en ze moeten van ver worden aangevoerd. De koopwaar van Tyrus bereikte de stad via de Middellandse Zee, en de koopwaar van Babylon zal vermoedelijk worden aangevoerd via de Perzische Golf en de Eufraat. De handelswaar die de kooplieden aan Babylon zullen leveren, stemt in bepaalde opzichten ook overeen met het kostbare materiaal dat David gereedlegde voor de bouw van de tempel door zijn zoon Salomo (1 Kron.29:2).

"Goud, zilver, edelgesteente en parels" zijn handelswaren die in verhouding tot hun gewicht een grote waarde hebben en die voor het vervaardigen van kunstvoorwerpen (17:4) en sieraden (17:4, 18:16) worden gebruikt (vgl. Ezech.28:13). De luister van Babylon zal vanwege het massaal invoeren van zulke kostbaarheden lijken op de luister van het nieuwe Jeruzalem. Maar waar

376

de stad van de mens zich met zulke dingen *opdoft*, zijn het de materialen waarvan het nieuwe Jeruzalem *gemaakt* is en die de onvergankelijke heerlijkheid van de Godsstad uitbeelden (21:18-21).

Naast vier kostbaarheden noemt de stem uit de hemel vier kostbare textielsoorten, die Babylon invoert. "Fijn linnen" (Gr. *bussos)* is geweven uit vezels van vlas. Uit allerlei Bijbelteksten blijkt dat fijn linnen kostbaar was (Gen.41:42, 1 Kon.10:28, Esther 1:6, 8:15; Spr.7:16, 31:22). Linnen behoorde tot het hefoffer dat de Israëlieten brachten voor de bouw van de tabernakel (Exod.25:4). Het werd gebruikt om tentdoek en de kleding van de priesters te maken (Exod.26-28, 35-36, 38-39; Lev.6:10, 16:4,23,32; 1 Sam.2:18, 22:18).

"Purper" (Gr. *porphura)* is de naam van een paarse kleurstof die wordt gewonnen uit een kliertje dat zich bij de kieuwen van bepaalde zeeslakken bevindt, o.a. bij de brandhoren. Met deze kleurstof werd textiel geverfd. Omdat voor één pond verf dertigduizend slakken moesten worden opgevist, waren purperen gewaden uitzonderlijk kostbaar. De rijke man uit de gelijkenis van de arme Lazarus was gekleed met purper en zeer fijn linnen (Luk.16:19). Toen Johannes de vrouw op het beest zag, was deze vrouw (= Babylon) eveneens met purper bekleed (Openb.17:4).

"Zijde" (Gr. *serikos)* wordt gesponnen van het spinsel van de zijderups. Zijderupsen zijn de larven van de vlinder *Bombyx mori,* die zich voeden met het gebladerte van de moerbeiboom. De meeste zijde is afkomstig uit India en China, en ook in Bijbelse tijden werd zijde door karavanen uit het verre Oosten aangevoerd (Ezech.27:16). Zijde heeft een bijzondere glans en is kostbaar. Het is een zachte stof waarmee rijke vrouwen zich kleden (Ezech.16:10,13).

"Scharlaken" (Gr. *kokkinos)* werd gewonnen uit de wijfjes van een schildluissoort die leeft op struikvormige eiken in het Middellandse Zeegebied. Scharlaken was ook de aanduiding van textiel dat met deze kleurstof was geverfd (Hebr.9:19) en dat daardoor een intens rode kleur had gekregen. Scharlaken kledingstukken waren buitengewoon kostbaar en werden alleen door hooggeplaatste personen gedragen. Toen de soldaten die de Here Jezus moesten kruisigen de spot met Hem dreven, zetten ze een doornenkroon op

Zijn hoofd en deden Hem een scharlakenrode [17] mantel om, waarna ze voor Hem neerknielden en riepen: "Gegroet, koning van de Joden!" (Matth.27:28). De vrouw die een engel aan Johannes had getoond en die Babylon voorstelde, was bekleed met scharlaken (17:4, vgl. 18:16), en het beest (= het wereldrijk) dat zij bereed had een scharlakenrode kleur (17:3).

Van het noemen van vier soorten textiel gaat de stem over op het vermelden van zes kostbare bouwmaterialen. "Allerlei geurig hout" heeft vermoedelijk betrekking op kostbare houtsoorten die een etherische olie bevatten. De toegangsdeuren van het binnenste heiligdom van Salomo's tempel (1 Kon.6:31) en de daar geplaatste cherubs (1 Kon.6:23) waren van zulk "olieachtig hout" (SV, de HSV zegt: "olijfwilgenhout") gemaakt. Sandelhout behoudt zijn geur wel tientallen jaren.

Van "ivoor" (Gr. *elephantinos*) werden koninklijke zetels (1 Kon.10:18, 2 Kron.9:17) en ledikanten (Amos 6:4) gemaakt. Paleiswanden (1 Kon.22:39, Amos 3:15, Psa.45:8) en de flanken van luxe zeilschepen (Ezech.27:6) konden ermee ingelegd worden. Ivoor behoorde tot de rijkdommen die koning Salomo door schepen van Tharsis naar Israël liet brengen (1 Kon.10:22, 2 Kron.9:21).

Bij "zeer kostbaar hout" moeten we waarschijnlijk denken aan houtsoorten die niet vanwege hun geur, maar vanwege hun bijzondere kleur, hardheid of duurzaamheid gewild zijn en waarvan meubels, deuren en wandbekleding worden gemaakt.

Van "koper" en "ijzer" werden wapens, gereedschappen en wagens gesmeed (Gen.4:22). Sommige houten voorwerpen werden met koper overtrokken (Exod.27, 38) en koper werd gebruikt om kunstvoorwerpen te gieten, zoals de "koperen zee" in de tempel van Salomo (1 Kon.7:45-46, 2 Kon.25:16). Kettingen, schilden en massieve deuren werden vervaardigd van koper (2 Kron.12:10, 33:11, 36:6), en koper en ijzer werden gebruikt om er de zolen van

---

[17] Volgens de evangelieschrijver Markus was het een purperen (Gr. *porphura*) mantel (Mar.15:17,20). Maar Mattheüs noemt het (in de oorspronkelijke Griekse tekst) een scharlaken *(kokkinos)* gewaad. De mantel was in ieder geval rood en van kostbare stof gemaakt.

schoenen mee te versterken (Deut.33:25). Tegenwoordig wordt koper gebruikt voor elektriciteitsdraden, en staal is nodig voor de constructie van hoge gebouwen.

"Marmer" (Gr. *marmaros*) is een kostbaar bouwmateriaal. De vloer en de pilaren in de voorhof van het paleis in de burcht Susan waren van marmer gemaakt (Esther 1:6). Koning David sloeg blokken marmer op voor de bouw van de tempel (1 Kron.29:2). Het huis van de HEERE moest immers "groot en wonderlijk" zijn (1 Kron.22:5, 2 Kron.2:5 en 9).

Nadat hij zes bouwmaterialen heeft genoemd, vermeldt de stem vier welriekende stoffen. "Kaneel" (Gr. *kinamoomon*) wordt tegenwoordig gebruikt om voedsel en bakproducten te kruiden. Maar in Oudheid gebruikte men deze boombast vooral als geurstof om poeders en parfums te maken (Spr.7:17, Hoogl.4:14).

"Reukwerk" (Gr. *thumiama*) is een poedervormig mengsel van specerijen (Ex.30:35, 1 Kron.9:30) dat tijdens de eredienst van het volk Israël werd verbrand (Ex.40:27, Lev.16:13, Num.16:7, 2 Kron.2:4 en 6, 13:11) en bij de ark van het verbond werd gelegd (Ex.30:35-36). Reukwerk was een beeld van het opstijgen van gebeden tot God (Psa.141:2). In het huis van rijke mensen werd reukwerk aangestoken om "het hart te verblijden" (Spr.27:9).

"Mirre" (Gr. *muron*) is de hars, of een olie uit de hars van doornige struikjes uit het geslacht *Commiphora*. Mirre is afkomstig uit Afrikaanse landen, waaronder Ethiopië. Met mirre-olie kon men zich zalven – waarna men aangenaam rook (Matth.26:7,9,12; Mar.14:3,4; Luk.7:37,38,46; 23:56; Joh.11:2, 12:3,5) – en mirreolie kon worden aangestoken om een vertrek te vullen met een sterke geur. In Israël was mirre kostbaar, omdat het van ver moest worden aangevoerd.

"Wierook" (Gr. *libanos*) is een aanduiding van de hars van de wierookboom *(Boswellia sacra)* of van een mengsel van aromatische stoffen uit verschillende plantensoorten. Wierook wordt gebrand om een aangename geur te verspreiden en om kwalijke geuren te verdoezelen.

Na deze geurstoffen noemt de stem vier voedingsmiddelen: wijn, olie, meelbloem en tarwe. Wijn om te drinken, olie om voedsel klaar te maken en te bakken (Exod.29:40, Lev.2:4,5,7), en meelbloem voor de bereiding van platte koeken of broden (Gen.18:6, Lev.2:4, 7:12, 24:5; Num.6:15). Indien olie en meelbloem in ruime mate voorradig waren, leefde men in luxe en overvloed (Ezech.16:13). Een maatje (Gr. *choinix*) tarwe was het dagrantsoen voor één man, en tarwe was een kostbaarder en verfijnder voedsel dan gerst (Openb.6:6).

"Lastdieren en schapen" is vermoedelijk een aanduiding van dieren die als transportmiddel (of als oorlogswapen) fungeerden en dieren die werden gegeten. "Paarden en wagens" was in de Oudheid een aanduiding van wapentuig (Exod.14:9, Jozua 11:4, 1 Kron.18:4, Jer.46:9, Nahum 3:2). Babylon koopt op de wereldmarkt allerlei wapens om zich te kunnen verdedigen. En ze laat het zich aan niets ontbreken. Ze legt haar wingewesten misschien een vegetarisch dieet op, maar zelf is ze beslist geen vegetariër.

Het laatste stukje handelswaar dat de stem vermeldt is het meest schokkend. Babylon voert op grote schaal "lichamen en zielen van mensen" in. De uitdrukking "mensenzielen" is wellicht ontleend aan het OT (vgl. Ezech.27:13, 1 Kron.5:21, Num.31:35). "Zielen van mensen" betekent "personen", het is een Hebraïsme. Onder "lichamen en zielen van mensen" kan men arbeidskrachten verstaan die door de kooplieden van de aarde worden ingehuurd en naar Babylon worden gebracht. Maar dat kan niet verklaren, waarom de stem uit de hemel nu juist déze uitdrukking gebruikt. Als de spreker dit bedoelde, had hij het Griekse woord *ergatai* kunnen gebruiken, dat "werkers" of "arbeiders" betekent. Bij "lichamen en zielen van mensen" moeten we eerder denken aan vrouwenhandel, kindermisbruik, of orgaanhandel ("lichamen") en aan dwangarbeiders of slaven ("zielen"), die aan Babylon worden verkocht. De kooplieden die aan Babylon goederen leveren, houden zich ook met zulke kwalijke praktijken bezig.

Met "de rijpe vrucht waarnaar uw ziel verlangde" en die van Babylon week is ongetwijfeld haar weelde bedoeld, en de macht die zij over de koninkrijken van de wereld uitoefende. Vers 14 kan op verschillende manieren worden weergegeven. In plaats van: "Al wat glansrijk en sierlijk was, is van u weggegaan en u zult dat beslist niet meer terugvinden" kan men ook vertalen:

"Al wat glansrijk en sierlijk was van u is vergaan [18] en **men** zal dat beslist niet meer terugvinden". In de plotselinge verwoesting door vuur zal al Babylons weelde in vlammen opgaan. Dat de inwoners van Babylon hun rijkdom niet meer zullen terugvinden, is vanzelfsprekend want zij komen binnen één uur om. Maar ook latere gelukszoekers zullen volgens de hemelstem van Babylons rijkdom niets meer kunnen terugvinden. Zo is het ook voorzegd door de profeten:

"Babel, het sieraad van de koninkrijken, de luister en de trots van de Chaldeeën, zal zijn als toen God ondersteboven keerde Sodom en Gomorra" (Jes.13:19)

"Zoals God Sodom en Gomorra en de naburige plaatsen ervan ondersteboven heeft gekeerd, spreekt de HEERE, zo zal niemand daar [d.i., in Babel] *wonen en geen mensenkind erin verblijven"* (Jer.50:40).

De hemelstem spreekt over het verdriet van de kooplieden in de toekomende tijd. In Johannes' visioen wordt het oordeel over Babylon aangekondigd (18:1-3) maar het is nog niet voltrokken. De stem geeft voor het toekomstige verdriet twee oorzaken aan:

1. "Niemand koopt hun waren meer". Zij waren door Babylon "rijk geworden", maar nu is hun afzetgebied plotseling verdwenen. Wég is hun winst!

2. Zij koesteren "vrees voor haar pijniging". Als Babylon in één uur kon worden verwoest, kan dat lot ook henzelf treffen. Is wat Babylon overkwam, misschien een voorteken van hun eigen ondergang?

De reactie van zeelui op Babylons val (18:17-19)

"En elke stuurman, al het volk op de schepen, zeelieden en allen die op zee hun werk doen, bleven van verre staan, en riepen toen zij de rook van haar verbranding zagen: Welke stad was aan deze grote stad gelijk? En zij wierpen stof op hun hoofd en riepen huilend en treurend: Wee,

---

[18] In de oorspronkelijke tekst stond ófwel het werkwoord *apeelthen* (geweken) óf het werkwoord *apooleto* (omgekomen, vergaan). Er bestaan twee verschillende tekstversies.

wee, de grote stad, waarin allen die schepen op zee hadden, rijk zijn geworden door haar weelde. Want in één uur is zij verwoest"

Behalve de "kooplieden van de aarde" is er nog een andere beroepsgroep die door Babylons ondergang met verdriet en afgrijzen wordt vervuld: "elke stuurman (Gr. *kubernetes)* en al het volk op de schepen", alle scheepskapiteins en hun bemanningen. Onder "al het volk op de schepen" moeten we volgens de stem uit de hemel verstaan: "zeelieden en allen die op zee hun werk doen". Op schepen zijn er niet alleen "zeelieden" (Gr. *nautes,* matrozen), maar ook andere "werkers": navigators, onderhoudstechnici en soldaten voor de beveiliging. Aangezien de schepen een kostbare lading vervoeren, zijn er beslist gewapende bewakers aan boord.

De mensen die tot deze beroepsgroep behoren verkopen zelf niets, maar zijn vanwege Babylons weelde toch rijk geworden. Zij transporteerden de luxe-goederen die Babylon massaal inkocht en brachten die vanuit verre landen naar de stad. Uit de rouw van de zeelieden blijkt dat het vervoer vooral via de zee plaatsvond, dus via de Perzische Golf en daarna via de Eufraat.

Wanneer de zeelieden de rook van Babylon zien, roepen ze: **"Welke stad was aan deze grote stad gelijk?"** Toen het "beest", de machthebber over het laatste wereldrijk, ogenschijnlijk uit de dood was opgestaan had de wereldbevolking gezegd: "Wie is aan dit beest gelijk?" (Openb.13:4). De aardbewoners hadden zich verbaasd over de levenskracht, de macht en de onmetelijke kennis van deze persoon. Hij dankte die aan het feit dat de satan zijn troon en heel zijn kracht en grote macht aan hém had gegeven (Openb.13:2-4, 13:14, 17:8). Een machthebber als deze was er nooit eerder geweest. Iets dergelijks kan worden gezegd over het grote Babylon. Geen enkele andere metropool is met haar te vergelijken, een stad als deze is er nergens anders geweest. Babylon is uniek vanwege haar onmetelijke rijkdom en vooral vanwege de invloed die zij vanwege haar "wetenschap" (Jes.47:7-10) en haar politieke en economische macht op de hele wereld uitoefende (Openb.14:8, 17:5, 18:3, 18:9).

"Stof op het hoofd werpen" is in de Bijbel een teken van rouw, wanhoop en verslagenheid (Jozua 7:6, Job 2:12, Klaagl. 2:10, Ezech.27:30, Amos 2:7). "Huilen en treuren" zijn uitingen van dezelfde emotie.

Babylons val een reden tot blijdschap (18:20)

"Verblijd u over haar, hemel, heilige apostelen en profeten, want God heeft uw vonnis aan haar voltrokken"

De stem uit de hemel roept alle hemelbewoners en de "heilige apostelen en profeten" op, om zich over de val van Babylon te verblijden. Ze mogen zich verheugen omdat God het vonnis, dat deze boodschappers van de HEERE herhaaldelijk aangekondigd hadden, nu eindelijk heeft voltrokken. Dat Babylon totaal verwoest en door God geoordeeld zou worden, was voorzegd door Jesaja (13, 14, 21, 47), door Jeremia (50, 51), door de dichter van Psalm 137 (Psa.137:8) en door Daniël (zie b.v. Dan.2). De val van het wereldsysteem - dat gebaseerd is op uitbuiting en op het vergaren van weelde en rijkdom - is ook voorzegd door de apostelen. Johannes en Petrus schreven:

"Heb de wereld niet lief en ook niet wat in de wereld is. Als iemand de wereld liefheeft, is de liefde van de Vader niet in hem. Want al wat in de wereld is: de begeerte van het vlees, de begeerte van de ogen en de hoogmoed van het leven, is niet uit de Vader, maar is uit de wereld. En de wereld gaat voorbij met haar begeerte; maar wie de wil van God doet, blijft tot in eeuwigheid" (1 Joh.2:15-17).

"De hemelen die er nu zijn, en de aarde, zijn door hetzelfde Woord als een schat weggelegd en worden voor het vuur bewaard tot de dag van het oordeel en van het verderf van de goddeloze mensen" (2 Petr.3:7).

"De dag van de Heere zal komen als een dief in de nacht. Dan zullen de hemelen met gedruis voorbijgaan en de elementen brandend vergaan, en de aarde en de werken daarop zullen verbranden. Als deze dingen dus allemaal vergaan, hoedanig behoort u dan te zijn in heilige levenswandel en in godsvrucht; u, die de komst van de dag van God verwacht en daarnaar verlangt, waarop de hemelen, door vuur aangestoken, zullen vergaan en de elementen brandend zullen wegsmelten" (2 Petr.3:10-12)

Zulke profetieën werden duizenden jaren geleden uitgesproken. Ze zijn nog steeds niet vervuld, en het lijkt alsof de profeten en apostelen maar wat gefantaseerd hebben. Als het vonnis over Babylon uiteindelijk wordt voltrokken, zal de waarheid van hun woorden blijken en zullen zij zich verheugen.

Bij de "openbaring van de Heere Jezus vanuit de hemel met de engelen van Zijn kracht" zal Hij volgens Paulus "met vlammend vuur wraak oefenen over hen die God niet kennen, en over hen die het evangelie van onze Heere Jezus Christus niet gehoorzaam zijn" (2 Thess.1:8). De vervulling van die profetie wordt in Openbaring 19 beschreven.

Een profetie van een sterke engel (18:21-24)

"En een sterke engel hief een steen op als een grote molensteen, en wierp die in de zee, en zei: Zó zal Babylon, de grote stad, met geweld neergeworpen worden, en het zal niet meer gevonden worden. En het geluid van citerspelers, zangers, fluitspelers en bazuinblazers zal beslist niet meer in u gehoord worden. En er zal geen enkele beoefenaar van welke kunst dan ook meer in u gevonden worden, en het geluid van de molen zal zeker niet meer in u gehoord worden. En het lamplicht zal nooit meer in u schijnen en de stem van een bruidegom of een bruid zal nooit meer in u gehoord worden. Want uw kooplieden waren de groten van de aarde. Door uw tovenarij immers werden alle naties misleid. En het bloed van profeten en heiligen en van allen die geslacht zijn op aarde, is in deze stad gevonden"

In zijn visioen zag Johannes een sterke engel, die optrad als een profeet en met een symbolische handeling een toekomstige gebeurtenis uitbeeldde. De engel nam een grote steen die eruit zag als een molensteen. Hij tilde die hoog op en wierp hem in de zee. De engel herhaalde wat de kwartiermeester Seraja eens in opdracht van de profeet Jeremia had moeten doen. Toen Seraja als vertegenwoordiger van koning Zedekia op reis ging naar Babel, had Jeremia tegen hem gezegd:

"Zodra u in Babel komt, zult u het bezien en al deze woorden [d.z. de profetieën over Babels ondergang] *voorlezen, en zeggen: HEERE, U hebt Zelf over deze plaats gesproken dat U hem zult uitroeien, zodat er geen inwoner meer in is, van mens tot dier, maar dat hij zal worden tot eeuwige woestenijen. Dan zal het gebeuren, zodra u het voorlezen van deze boekrol beëindigt, dat u daaraan een steen zult binden en hem midden in de Eufraat zult werpen. Dan moet u zeggen: Zó zal Babel wegzinken en niet meer boven komen, vanwege het onheil dat Ik erover zal brengen"* (Jer.51:61-64).

In de Oudheid werd Babel ingenomen en ze verloor haar centrale positie, maar ze werd nooit totaal weggevaagd. Eens zal Babylon echter volledig worden verwoest, in één uur "met geweld worden neergeworpen" en "niet meer worden gevonden". De engel citeert opnieuw enkele voorzeggingen van Israëls profeten. Volgens Jeremia zou Nebukadnezar, de koning van Babel, uit Juda (en uit Tyrus, Ezech.26:13)

"doen verdwijnen de stem van de vreugde, de stem van de blijdschap, de stem van de bruidegom en de stem van de bruid, het geluid van de molenstenen en het licht van de lamp" (Jer.25:10, vgl. Jer.7:34, 16:9).

Wat Babel Israël aandeed, zal uiteindelijk haarzelf worden aangedaan. Alle muziek, theater en dans zal uit de stad verdwijnen, het felle lamplicht zal er doven en huwelijken of andere verbintenissen zullen er niet meer worden gesloten.

Met het zinnetje **"Want uw kooplieden waren de groten van de aarde"** geeft de sterke engel aan, waarom Babylon zo'n fascinerende, prachtige en schitterende stad was. Een stad vol cultuur, waar de allerbeste musici optraden ("citerspelers, zangers, fluitspelers en bazuinblazers"), en de allerbeste schilders, beeldhouwers, architecten, sieraadontwerpers en goudsmeden ("beoefenaars van welke kunst dan ook") voortdurend aan het werk waren. Waar altijd de heerlijkste bakproducten werden gemaakt ("het geluid van de molen" niet verstomde), de lampen nooit uitgingen en er nooit een einde leek te komen aan de feesten. Babylon was de stad van glamour en het grote geld. Maar omdat die rijkdom met behulp van afgodendienst, misleiding en uitbuiting was verkregen was ze ook rijp geworden voor het gericht.

In de tijd waarin Johannes leefde waren de groten van de aarde de Romeinse keizer, diens stadhouders en de landsvorsten. Maar bij de voleinding van de eeuw, in de tijd die aan de komst van de Messias voorafgaat, zullen de groten van de aarde volgens de woorden van de engel **"kooplieden"** zijn. Wanneer het tijdstip nadert waarop de Messias geopenbaard wordt, zullen niet de staatshoofden en de volksvertegenwoordigers het in de wereld voor het zeggen hebben, maar de leiders van grote ondernemingen, de mensen die een monopolie hebben op de productie van bepaalde goederen en het leveren van bepaalde diensten, de miljardairs die aan het hoofd staan van enorme multinationals. Zulke mensen zullen hun hoofdkwartier hebben in Babylon, en vanuit die stad de wereld beheersen.

Hoe deze situatie kon ontstaan legt de engel uit. Op zijn mededeling: **"Want uw kooplieden waren de groten van de aarde"** laat hij volgen: **"Door uw toverij immers werden alle naties misleid".** Voor "immers" staat in de oorspronkelijke Griekse tekst van de Openbaring het woord *hoti,* dat verwijst naar een oorzaak. De woorden van de engel kunnen daarom ook als volgt worden weergegeven: "Want uw kooplieden waren de groten van de aarde, *vanwege het feit* dat door uw toverij alle volken werden misleid". Wie het woord "toverij" hoort, is geneigd om te denken aan magie of occultisme. Binnen het Nieuwe Testament komt dit woord in drie teksten voor, in Gal.5:20, Openb.9:21 en Openb.18:23. In de oude Statenvertaling is het op de eerste twee plaatsen als "venijngeving" weergegeven. Het Griekse woord *pharmakeia* dat in Openb.18:23 is vertaald als "toverij", betekent namelijk: "het toedienen van medicijnen". Zoiets kan met goede bedoelingen worden gedaan, om een medemens van zijn ziekte te genezen, maar ook met kwade bedoelingen, om bepaalde medemensen uit de weg te ruimen. Om die reden hebben de Statenvertalers het woord in Gal.5:20 en Openb.9:21 als "venijngeving" (dus: als "vergiftiging") weergegeven. In overdrachtelijke zin kan *pharmakeia* betrekking hebben op magische praktijken, maar dat is niet de oorspronkelijke betekenis. De grondbetekenis van het woord is wat wij "farmacie" noemen.

Blijkbaar handelden de kooplieden van Babylon in *medicijnen.* Ze werden de "groten van de aarde" omdat alle volken hun producten afnamen en in de kracht van die producten geloofden.

De slotzin van de engel geeft aan waarom God besloot om Babylon te oordelen. Volgens het Griekse origineel zei hij: **"En in haar [= in Babylon] is bloed van profeten en heiligen gevonden en van allen die geslacht zijn op de aarde".** Het woord "geslacht" wijst op een gewelddadige dood. In 1 Joh.3:12 is het vertaald als "doodslaan" (Kaïn sloeg zijn broer Abel dood). In Openb.5:6,9,12 en 13:8 is het een aanduiding van de kruisiging van Christus. In Openb.6:4 heeft het betrekking op de dodelijke slachtoffers van een oorlog, en in Openb.6:9 op martelaren die gedood zijn omdat ze het woord van God en het getuigenis van Jezus vasthielden. In Openb.13:3 (en 13:14) gaat het om de dodelijke zwaardwond van het "beest uit de zee". Door de vertaling "slachten" wordt de indruk gewekt, dat de engel spreekt over onthoofding, maar in werkelijkheid gebruikt hij een werkwoord waarmee elke manier om medemensen om te brengen kan worden aangeduid. Gezien het voorafgaande mogen we veronderstellen, dat de "groten van de aarde" in Babylon niet alleen van het schavot en van wapens, maar ook van medicijnen en gifstoffen gebruik hebben gemaakt om ongewenste personen van het wereldtoneel te verwijderen. Bij die ongewenste personen gaat het volgens de engel om gelovigen en mensen die namens God hebben gesproken ("profeten en heiligen"), maar ook om vele naamloze anderen ("allen die geslacht zijn op de aarde"). Het bloed van Babylons slachtoffers "riep tot God van de aardbodem" (vgl. Gen.4:10 en Openb.6:9-10). Om die reden heeft de Eeuwige het besluit genomen om de stad in één uur te verwoesten.

Hoofdstuk 19

Vreugde in de hemel (19:1-5)

"Hierna hoorde ik als een luide stem van een grote menigte in de hemel zeggen: Halleluja! De behoudenis en de heerlijkheid en de macht zijn van onze God! Want waarachtig en rechtvaardig zijn Zijn oordelen, want Hij heeft de grote hoer geoordeeld, die de aarde heeft verdorven met haar hoererij, en Hij heeft het bloed van Zijn slaven van haar hand gewroken. En voor de tweede maal zeiden zij: Halleluja! En haar rook stijgt op tot in alle eeuwigheid. En de vierentwintig oudsten en de vier levende wezens vielen neer en aanbaden God die op de troon zat en zeiden: Amen, halleluja! En van de troon ging een stem uit die zei: Prijst onze God, al Zijn slaven, <en> u die Hem vreest, kleinen en groten!"

Het begin van hoofdstuk 19 is de voortzetting van Johannes' visioen betreffende de val van Babylon. In dat hoofdstuk had een stem uit de hemel gezegd:

"Verblijd u over haar, hemel, heilige apostelen en profeten, want God heeft uw vonnis aan haar voltrokken" (18:20).

In hoofdstuk 19 zien we, hoe de hemelbewoners aan de opdracht van de stem gehoor geven, en God prijzen vanwege het feit dat Hij Babylon geoordeeld heeft. In de hemel bevinden zich een enorm groot aantal engelen[19]. Wanneer die gezamenlijk hun stem verheffen, is er "een luide stem van een grote menigte" te horen. De Hebreeuwse uitdrukking "Halleluja" betekent: "Prijst Ja", of, zoals de Statenvertaling zegt: "Looft den HEERE". Deze oproep komt vierentwintig keer voor in de Psalmen en vier keer in het Nieuwe Testament[20]. De eerste Bijbeltekst waarin de uitdrukking voorkomt stemt in veel opzichten overeen met het gebruik in het boek Openbaring:

---

[19] Volgens Openbaring 5:11 zijn het er 101000000 (tienduizend maal tienduizend plus duizend maal duizend, dus honderdéén miljoen).

[20] In Psalm 104:35, 105:45, 111:1, 112:1, 115:18, 116:19 en 117:2 staat het woord "Halleluja" één keer. In Psalm 106 (vers 1 en 48), Psalm 113 (vers 1 en 9), Psalm 146

388

"De zondaars zullen van de aarde verdwijnen, de goddelozen zullen er niet meer zijn. Loof de HEERE, mijn ziel! Halleluja!" (Psalm 104:35)

In de zin die de menigte op het woord "Halleluja" laat volgen, ontbreekt het werkwoord "zijn". Volgens de oorspronkelijke tekst van Openb.19:1 zegt zij: "De redding (*soteria*) en de heerlijkheid (*doxa*) en de eer (*timee*) en de macht (*dunamis*) aan de Heer, de God van ons"! Met die uitroep bedoelt ze: "De redding, de heerlijkheid, de eer en de macht van onze Heer en God zullen verschijnen" (komen, of zichtbaar worden). In het vervolg van de lofprijzing wordt de reden voor dit enthousiasme genoemd.

De hemelbewoners roepen: **"Want waarachtig en rechtvaardig zijn Zijn oordelen"**. Daarmee bedoelen ze: "De oordelen van God zijn precies zó gekomen als Hij ze aangekondigd heeft. De hemelse Rechter heeft de kwaaddoeners aangedaan wat zij anderen hebben aangedaan, hen gevonnist in overeenstemming met hun werken". Ze laten daarop volgen: **"Want Hij heeft de grote hoer geoordeeld, die de aarde heeft verdorven met haar hoererij"**. Hét centrum van de wereldeconomie, van de vervolging van Gods trouwe dienaren, en van onderdrukking en uitbuiting van de mensheid is weggevaagd. De val van Babylon was noodzakelijk om het messiaanse rijk te kunnen vestigen en Israël te kunnen herstellen. Om dat te onderstrepen scandeert de menigte het slot van het lied van Mozes uit Deuteronomium 32: "Hij heeft het bloed van Zijn slaven van haar hand gewroken". Mozes had het volk Israël eens het volgende lied geleerd:

"Juich, heidenen, met Zijn volk! Want **Hij zal het bloed van Zijn dienaren wreken. Hij zal de wraak laten terugkomen op Zijn tegenstanders,** *en Zijn land en Zijn volk verzoenen!* (Deut.32:43)

Uit de val van Babylon blijkt, dat God het oordeel over Zijn tegenstanders, die Zijn trouwe knechten hebben vermoord, voortzet en zal voltooien. Zijn gerichten waren bij het uitgieten van de toornschalen al begonnen (vgl. 16:5-7).

(vers 1 en 10), Psalm 147 (vers 1 en 20), Psalm 148 (vers 1 en 14), Psalm 149 (vers 1 en 9) en Psalm 150 (vers 1 en 6) klinkt de oproep twee maal, en in Psalm 135 drie maal (vers 1, 3 en 21). In het Nieuwe Testament is hij alleen te vinden in Openbaring 19:1,3,4 en 6.

389

Uit de dramatische gevolgen van die schalen bleek dat de HEERE het roepen van de zielen (dat wil zeggen: van het bloed) van de vermoorde slachtoffers (vgl. 6:10) had gehoord. Uit de val en de verwoesting van Babylon blijkt dit ook. De hemelbewoners roepen nogmaals: "Halleluja". Ze brengen de Schepper lof en eer omdat Hij het kwaad in de wereld niet onbestraft laat, en bezig is om de macht van de kwaaddoeners te breken. Spoedig zal dat werk zijn voltooid.

Met de slotzin: **"En haar rook stijgt op tot in alle eeuwigheid"** (Gr. *eis tous aioonas toon aioonoon,* "tot in de eeuwen der eeuwen") voorzegt de hemel, dat de gevolgen van het oordeel over Babylon gedurende de beide toekomstige "eeuwen" (wereldtijdperken) zichtbaar zullen blijven en dat Babylon nooit meer zal worden herbouwd. Toen Sodom en Gomorra in één ogenblik met vuur en zwavel waren weggevaagd, steeg er een rook van het land op, "als de rook van een oven" (Gen.19:28). Over het oordeel dat de HEERE eens zal voltrekken over het gebied van Bozra, in het land Edom, heeft Jesaja geprofeteerd:

*"Zijn beken zullen veranderd worden in pek, en zijn stof in zwavel; ja, zijn land zal worden tot brandend pek. 's Nachts en ook overdag zal het niet geblust worden, **voor eeuwig zal zijn rook opstijgen.** Van generatie op generatie zal het verwoest blijven, tot in alle eeuwigheden zal niemand erdoorheen trekken"* (Jesaja 34:9-10).

Van Sodom en Gomorra wordt in de Bijbel gezegd, dat "zij daar" [in het gebied van de Dode Zee] "liggen als een waarschuwend voorbeeld, doordat zij de straf van het eeuwige vuur ondergaan" (Judas:23). Judas schreef volgens de oorspronkelijke Griekse tekst: "Ze liggen vóór ons, voorbeeld van eeuwig vuur rechtvaardig ondergaande". Volgens de apostel Petrus houdt dit "voorbeeld" in, dat zij "tot as verbrand" en in een oogwenk "omgekeerd"zijn (2 Petr.2:6). Het vuur heeft maar een ogenblik gewoed, maar de gevolgen van Sodoms verbranding zijn tijdens de hele "tegenwoordige eeuw" zichtbaar gebleven. In het gebied van de Dode Zee zijn ze nog altijd te zien. Zo zullen de gevolgen van Babylons "pijniging" en "val" (die in één uur zal zijn voltooid, 18:10,16,19) tijdens de beide toekomstige eeuwen ook voortdurend zichtbaar blijven.

De vierentwintig oudsten uit de hemelse raadsvergadering die zich rondom de troon bevinden en de vier levende wezens die de troon dragen, betuigen hun instemming met de woorden van de hemelse legermacht. Ze zeggen: "Amen", zó is het! En ook zij prijzen de HEERE door te juichen: "Halleluja!"

Johannes hoorde van de troon een stem uitgaan, die zei: **"Prijst onze God, al Zijn slaven, <en> u die Hem vreest, kleinen en groten!"**. Uit deze opdracht blijkt, dat er op aarde nog altijd knechten van God zijn en mensen die de Schepper vrezen, want de stem roept zulke mensen op om de Almachtige te prijzen. De stem richt zich mogelijk tot: (1) "de vrouw bekleed met de zon", het gelovige deel van Israël dat naar de woestijn is gevlucht (12:14-16), (2) "de overigen van haar nageslacht" waartegen de slang oorlog heeft gevoerd maar die hij niet volledig heeft weten uit te roeien (vgl. 12:17) en (3) de honderd vier-en-veertig duizend die zijn gemarkeerd als Gods eerstelingen en die immuun zijn voor de gevolgen van Zijn gerichten (7:1-7, 9:4, 14:1-5). Uit de evangeliën weten we, dat de dagen van de grote verdrukking zullen worden verkort, omdat anders "geen vlees behouden zou worden". Omwille van de uitverkorenen zullen die dagen worden verkort (Matth.24:22, Mar.13:20). Aan het woeden van de boze en zijn handlangers zal er een vroegtijdig einde komen. Ze zullen er niet in slagen om de heilige rest uit Israël en uit de volken totaal om te brengen. Wat de stem zegt is misschien ontleend aan Psalm 134:1 en 115:13. In dat geval is de opdracht gericht aan gelovige Israëlieten.

Hoewel de stem uitgaat van de troon, kan God niet de Spreker zijn, want de stem zegt: "Prijst *onze* God". De spreker plaatst zich naast de "slaven" en "Godvrezenden" die hij oproept om de Eeuwige te prijzen. De stem is waarschijnlijk dus afkomstig van de "mannelijke zoon" die is weggerukt naar God en Zijn troon (12:5).

De bruiloft van het Lam (19:6-10)

"En ik hoorde als een stem van een grote menigte en als een stem van vele wateren en als een stem van zware donderslagen, die zeiden: Halleluja! Want [de] Heer, <onze> God, de Almachtige, heeft zijn koningschap aanvaard. Laten wij blij zijn en ons verheugen en Hem de heerlijkheid geven, want de bruiloft van het Lam is gekomen en zijn

vrouw heeft zich gereedgemaakt; en haar is gegeven bekleed te zijn met blinkend, rein, fijn linnen, want het fijne linnen zijn de gerechtigheden van de heiligen. En hij zei tot mij: Schrijf: gelukkig zij die geroepen zijn tot het bruiloftsmaal van het Lam. En hij zei tot mij: Dit zijn de waarachtige woorden van God. En ik viel voor zijn voeten neer om hem te aanbidden; en hij zei tot mij: zie toe, [doe dit] niet; ik ben een medeslaaf van u en van uw broeders die het getuigenis van Jezus hebben; aanbid God! Want het getuigenis van Jezus is de geest van de profetie".

Een "stem van een grote menigte" had in Johannes' visioen al eerder geklonken. Het was de stem van de hemelbewoners die God prezen omdat Zijn redding, macht en heerlijkheid zichtbaar werden (19:1). Een stem "als van vele wateren" had Johannes ook al eerder gehoord: toen de hemelse Mensenzoon tegen hem sprak (1:15) en toen er uit de hemel een lofzang klonk omdat het Lam en zijn eerstelingen op de berg Sion stonden (14:2). In de profetieën van Ezechiël is de stem als van vele wateren de stem van de Almachtige (Ezech.1:24, 43:2). Toen Jezus nog op aarde was, zei een "stem als een donderslag" uit de hemel eens over Hem:

"Ik heb Hem verheerlijkt, en Ik zal Hem opnieuw verheerlijken!" (Joh.12:28-30).

In Openb.14:2 werd een stem "als van een grote donderslag" gehoord, maar nú klinkt er "een stem van zware donderslag*en* [meervoud]". Het proces waarvan de verschijning van het Lam met zijn eerstelingen de aanvang was, zal nú worden voltooid. Wanneer de eerstelingen ingezameld zijn, volgt binnen afzienbare tijd de hele oogst.

De stemmen zeggen dat de HEERE **Zijn koningschap heeft aanvaard**, dat Zijn heerschappij over de volkerenwereld vanaf dit moment is gevestigd en dat die heerschappij met rechtvaardigheid en strengheid zal worden gehandhaafd. De stemmen roepen elk schepsel op om blij te zijn, om zich te verheugen en God te eren, **"want de bruiloft van het Lam is gekomen en zijn vrouw**[21]

---

[21] In Openb.21:2 en 9 wordt het nieuwe Jeruzalem de bruid van het Lam genoemd. Maar die stad zal pas in de tweede toekomstige eeuw op aarde neerdalen. In Openb.19 spreekt Johannes niet over de "bruid" maar over de "vrouw" van het Lam.

heeft zich gereedgemaakt". De vrouw die door de hemelbewoners wordt genoemd kan geen andere zijn dan de persoon die in het laatste Bijbelboek al eerder was vermeld. Het is de vrouw uit Openbaring 12:1-2, die werd bedreigd door de draak, maar met Gods hulp wist te vluchten naar de woestijn en die daar twaalfhonderdzestig dagen werd gevoed (12:6,14). In de Bijbel wordt de HEERE op vele plaatsen aangeduid als de Man van zijn volk Israël, en wordt Israël aangeduid als de vrouw van de HEERE (zie b.v. Jes. 54:5-8, 62:4-5, Jer.3:14, Hos.2:16,19-20). Dat de stemmen verheugd zijn vanwege het feit dat de vrouw van het Lam zich heeft "gereedgemaakt" is niet verwonderlijk. Tijdens haar lange geschiedenis die wordt beschreven in het Oude Testament, de evangeliën en het boek Handelingen werd het volk Israël telkens opnieuw "afkerig" (Jes.57:17, Hos.14:4 e.v.) en pleegde "hoererij" door andere goden "overspelig" na te lopen (Jes.57:3 e.v., Jer.3:9, Ezech.16:26,29,32; 23:8,17,27; 43:7,9; Hos.4:10-12, 6:10). Gods volk werd daarom gestraft met wegvoering en ballingschap. Die tijd is nu voorgoed voorbij, Israël is van haar afkerigheid genezen.

"En haar [d.i. de vrouw van het Lam] **is gegeven bekleed te zijn met blinkend, rein, fijn linnen, want het fijne linnen zijn de gerechtigheden van de heiligen",** roepen de stemmen uit. Fijn linnen was de stof waarmee de kleding van Israëls priesters en van de hogepriester moest worden gemaakt (zie Exod.28). Het is Israël, de vrouw van het Lam, gegeven om als een priesterlijk koninkrijk en een heilig volk tussen God en de mensheid in te staan (Exod.19:5-6, vgl. Openb.1:6 en 5:10). Nú zal die roeping worden vervuld. Het gereinigde en herstelde Israël zal gaan onderwijzen, rechtspreken en regeren op een manier die met Gods wil in overeenstemming is – tijdens de eeuw die aanbreekt wanneer de Messias in heerlijkheid is verschenen.

Een stem geeft Johannes opdracht om in zijn boek te schrijven: **"Gelukkig zij, die geroepen zijn tot het bruiloftsmaal van het Lam".** Gezien het voorafgaande is die stem niet afkomstig van de menigte uit de hemel, maar van een hemelbode. Wellicht de engel die Johannes eerder uitleg had gegeven (Openb.17:1). Met "zij, die geroepen zijn tot het bruiloftsmaal van het Lam"

Op grond van Openb.12:1-2 en Matth.24:16 e.v. mogen we in Openb.19 denken aan de gelovige Israëlieten uit Jeruzalem en Judéa, die naar de woestijn zijn gevlucht en zich daar hebben gereedgemaakt voor de komst van de Messias.

zijn gezien het tekstverband overlevenden uit de volken bedoeld, die op aarde mogen leven tijdens de duizendjarige binding van de satan en de heerschappij van de Messias en de Zijnen (Openb.20). Het zijn de "schapen" die in Matth.25:34 worden genoemd en die te horen krijgen:

"Komt, gezegenden van mijn Vader, beërft het koninkrijk dat u bereid is van [de] *grondlegging van* [de] *wereld af"*.

De engel laat op zijn opdracht volgen: **"Dit zijn de waarachtige woorden van God"**. Tijdens de bijna vierduizend jaar lange geschiedenis van het volk Israël leek het alsof de bruiloft van het Lam nooit zou plaatsvinden, alsof Israël nooit tot berouw en bekering zou komen en alsof God Zijn Zoon nooit naar de aarde zou zenden (vgl. Hand.3:19-21). Maar de bruiloft van het Lam zal beslist eens plaatsvinden en er zullen uit de volken velen tot Zijn bruiloft worden genodigd. God zal Zijn koningschap aanvaarden, Israël zal genezen zijn van haar afkerigheid, gereinigd en hersteld, en de geroepenen uit de volken zullen naar de bruiloft komen. Dat **zijn "de waarachtige woorden van God"**. Hoe onmogelijk de vervulling ervan ook mag schijnen, ze zullen beslist werkelijkheid worden.

Omdat Johannes als vrome Jood om de komst van het rijk had gebeden en naar de verschijning van de Messias had uitgezien, was hij door de boodschap van de engel diep ontroerd en enorm verblijd. De ziener was zó overdonderd door dit goede nieuws, dat hij de boodschapper eer bewees door zich "voor zijn voeten neer te werpen", dat wil zeggen: plat op de grond te gaan liggen, zoals oosterlingen deden in de nabijheid van een machthebber (vgl. Gen.44:14). Omdat de engel de Almachtige vertegenwoordigde en Diens woorden sprak, wilde Johannes hem zelfs Goddelijke eer bewijzen.

Maar de engel wees dit eerbetoon af. Hij plaatste zich niet boven, maar naast Johannes. Zowel Johannes als hij waren "slaven" van God, en ze waren met hetzelfde werk bezig. Ze waren geroepen om te getuigen van Jezus, evenals de "broeders" van Johannes. De engel legde uit wat Johannes zag en Johannes schreef het op, zodat de broeders van Johannes op hun beurt deze "waarachtige woorden" konden doorgeven. De eer die Johannes de engel wilde bewijzen behoorde hij alleen aan God te geven.

Als verklaring van zijn opmerking dat hij een "medeslaaf" was van Johannes en van Johannes' broeders "die het getuigenis van Jezus hadden", voegde de engel daaraan toe: **"Want het getuigenis van Jezus is de geest van de profetie"**. Dat zou een uitspraak kunnen zijn over de profetische Schriften van de Bijbel: "Elk van God ingegeven Schriftwoord getuigt van Jezus, de messiaanse Koning". Zo'n samenvatting van de Bijbelse profetie is beslist juist, maar toch was dit waarschijnlijk niet de bedoeling van de engel. Met "het getuigenis van Jezus" en met "de profetie" is het boek Openbaring bedoeld. Dat blijkt uit Openbaring 1:3. Wat Johannes had gezien, wat de engel hem had uitgelegd zodat hij het kon opschrijven, en wat Johannes' broeders in boekvorm zouden ontvangen, was "het getuigenis van Jezus" – zowel een getuigenis *aangaande* Jezus als een getuigenis dat van Jezus *afkomstig* was en door Hem was gegeven (Openb.1:1). De "broeders" van Johannes zijn zij die de woorden van het boek Openbaring "horen en die bewaren" (Openb.1:3). De geest van dat boek is "het getuigenis van Jezus". Het boek laat zien hoe de Messias wordt onthuld en zichtbaar wordt, hoe Zijn koninkrijk zal worden gevestigd en hoe Hij in opdracht van Zijn Vader de hele schepping zal herstellen en vernieuwen.

De Ruiter op het witte paard (19:11-16)

"En ik zag de hemel geopend, en zie, een wit paard, en Hij die daarop zit, <heet> Getrouw en Waarachtig, en Hij oordeelt en voert oorlog in gerechtigheid. En zijn ogen zijn <als> een vuurvlam en op zijn hoofd zijn vele diademen en Hij heeft een geschreven naam, die niemand kent dan Hijzelf. En Hij is bekleed met een in bloed gedoopt kleed, en zijn naam wordt genoemd het Woord van God. En de legers <die> in de hemel <zijn>, volgden Hem op witte paarden, bekleed met wit, rein, fijn linnen. En uit zijn mond komt een scherp zwaard, opdat Hij daarmee de naties slaat. En Hij zal hen hoeden met een ijzeren staf en Hij treedt de wijnpersbak van de wijn van de grimmigheid van de toorn van God de Almachtige. En Hij heeft op zijn kleed en op zijn heup een geschreven naam: Koning van [de] koningen en Heer van [de] heren"

In zijn visioen zag Johannes hoe de hemel openging en er een immens leger verscheen. Volgens vers 14 waren het zelfs meerdere legers. Uit vers 15 blijkt dat de opmars van deze hemelse legermacht gericht is tegen "de naties", dat wil zeggen: de volken buiten Israël, die zich verzetten tegen de HEERE en Zijn Gezalfde (vs.19, vgl. Psa.2). Voor het leger uit ging een Ruiter op een wit paard – zinnebeeld van een overwinnende veldheer. Uit de namen en uit de aanblik van deze Ruiter blijkt dat Hij de Messias is, de hemelse Mensenzoon van Wie de profeten Ezechiël en Daniël hebben gesproken, het Woord dat in Bethlehem vlees is geworden.

De Ruiter heet **"Getrouw en Waarachtig"** (19:11). In Openb.1:11 wordt Jezus Christus "de trouwe getuige" genoemd, en in Openb.3:14 zegt de hemelse Mensenzoon, dat Hij "de Amen, de trouwe en waarachtige getuige" is. Met de woorden "getrouw en waarachtig" kan bedoeld zijn, dat Hij de vervulling is van al Gods beloften (2 Kor.1:20) en de Rechter die het door God aangekondigde oordeel zal voltrekken (Joh.5:22). Maar er wordt vooral mee bedoeld dat Hij het toonbeeld is van de nieuwe mensheid, de mens zoals die in Gods plan zal worden. Hij heet de "trouwe en waarachtige getuige" omdat Hij de Eerstgeborene is van de doden (1:5) en het begin van de schepping van God (3:14). Niet het "beest uit de zee" dat van zijn dodelijke aanslag is hersteld is het toonbeeld van de mens van de toekomst, maar deze hemelse Ruiter op het witte paard.

Dat de Man uit de hemel die is opgestaan uit de doden de "bewoonde wereld" (Gr. *oikoumenee*) eens rechtvaardig zal oordelen, zei de apostel Paulus al in zijn toespraak op de Areópagus (Hand.17:31). En dat de hemelse Messias "oorlog zal voeren" (Gr. *polemeoo*), was in het boek Openbaring al aangekondigd. Hij zal strijden tegen de Nikolaïeten en tegen allen die de "leer van de Nikolaïeten" vasthouden (Openb.2:14-16), tegen mensen die "afgodenoffer eten en hoereren": de volgelingen van het beest die zijn merkteken dragen om te kunnen kopen en verkopen. In Openbaring 19 wordt gezegd dat de Messias zal strijden tegen "de volken" (19:15): de koningen van de aarde, hun legeraanvoerders en hun soldaten (19:18-19), het beest uit de zee en de valse profeet (19:20), en al deze tegenstanders zal overwinnen. In Openb.2:16, Openb.19:15 en Openb.19:21 blijkt, dat de Messias oorlog voert met "het zwaard van zijn mond". Hij hoeft maar een enkel woord te spreken, en zijn vijanden komen om.

Dat de ogen van de Messias eruit zien **"als een vuurvlam"** was in het laatste Bijbelboek al eerder gezegd: in 1:14 en 2:18. Uit de eerdere vermeldingen (en uit Dan.10:6 e.v.) blijkt, dat deze beeldspraak wijst op het bezit van kennis en inzicht die het normale menselijke verstand verre te boven gaan. De Mensenzoon weet niet alleen wat mensen hebben gedaan, maar Hij kent ook de motieven en de drijfveren die achter hun daden schuilgingen. Daarom kan Hij "oordelen in gerechtigheid".

De **"vele diademen"** op Zijn hoofd beelden waarschijnlijk uit, dat Hij de "Koning der koningen en Here der heren" is, en over de hele wereld zal regeren. De oude Statenvertaling schreef daarom: "vele koninklijke hoeden". Maar deze hoofddeksels laten ook zien, dat Hij in de toekomstige eeuwen in *godsdienstig* opzicht het hoogste gezag zal bezitten en als Priester-Koning tussen de HEERE en de mensheid zal instaan. Israëls hogepriester Aäron droeg zo'n diadeem van puur goud op zijn voorhoofd, en op die diadeem stond geschreven: "De heiligheid van de HEERE" (Exod.28:36). Van die diadeem wordt in de wet gezegd:

"Hij moet namelijk op het voorhoofd van Aäron zijn, zodat Aäron **de ongerechtigheid kan dragen** *van de geheiligde gaven die de Israëlieten brengen, ja, van al hun geheiligde geschenken. Hij moet namelijk voortdurend op zijn voorhoofd zijn om hen* **aangenaam te maken** *voor het aangezicht van de HEERE"* (Exod.28:38).

En in het Nieuwe Testament lezen we over de Messias, dat Hij "in de voleinding der eeuwen de zonde zal afschaffen door het offer van zichzelf" (Hebr.9:26, Grieks). Op grond van zijn offer zal Hij tijdens zijn regering de zonde van de wereld uiteindelijk geheel wegdoen.

"En Hij heeft een geschreven naam, die niemand kent dan Hijzelf" merkt Johannes vervolgens op. Wáár de naam geschreven is, die niemand kent dan de Messias zelf, vertelt Johannes niet – maar gezien de parallel met Exod.28:36 is die naam misschien gegraveerd op één van de diademen die Messias draagt. Mogelijk aan de binnenkant van die diadeem zodat de inscriptie aan de buitenkant niet zichtbaar is. In de boodschap die bestemd was voor de gemeente van Pergamum beloofde de Mensenzoon, dat overwinnaars een witte steen zouden ontvangen met op die steen een nieuwe naam geschreven, die niemand gekend heeft behalve wie hem ontvangt (2:17). Zowel de nieuwe naam van de overwinnaars als de geschreven naam van de Messias beelden uit, dat de betrokken personen een unieke, blijvende band met hun Maker hebben en vanwege die band bij elke gelegenheid tot Hem kunnen naderen. Over de unieke band van de Here Jezus met zijn Vader wordt in het Johannesevangelie gezegd:

"Niet dat iemand de Vader heeft gezien, dan alleen Hij die van God is [gekomen]: *Deze heeft de Vader gezien"* (Joh.6:46-47)

De voorstelling van de Messias als een overwinnende veldheer die een in bloed gedoopt gewaad draagt, is vemoedelijk ontleend aan het 63ᵉ hoofdstuk van de profeet Jesaja. Dat hoofdstuk begint als volgt:

"Wie is Deze Die uit Edom komt,
*in **helrode** kleding uit Bozra,*
Die luisterrijk is in Zijn gewaad,
Die voorttrekt in Zijn grote kracht?
Ik ben het, Die spreek in gerechtigheid,
Die machtig ben om te verlossen.
*Waarom is dat **rood** aan Uw gewaad,*
en is Uw kleding als die van iemand die de wijnpers treedt?
Ik heb de pers alleen getreden;
er was niemand uit de volken met Mij.
Ik heb hen vertreden in Mijn toorn,
hen vertrapt in Mijn grimmigheid.
Hun bloed (Hebr. kracht) ***is op Mijn kleding gespat,***
heel Mijn gewaad heb Ik besmet.
Want de dag van de wraak was in Mijn hart,
het jaar van Mijn verlosten was gekomen.
Ik keek rond, maar er was niemand die hielp;
Ik ontzette Mij, want er was niemand die ondersteunde.
Daarom heeft Mijn arm Mij heil verschaft,
en Mijn grimmigheid, die heeft Mij ondersteund.
Ik heb de volken vertrapt in Mijn toorn,
Ik heb hen dronken gemaakt in Mijn grimmigheid,
Ik heb hun bloed (Hebr. kracht) ***ter aarde doen neerdalen.*** (Jesaja 63:1-6)

Het gewaad van de Messias zag er in Johannes' visioen helrood uit, omdat het in bloed was gedoopt of er bloed op was gespat. Het bloed op zijn gewaad kan uitbeelden, dat Hij door God tot Priester is gewijd (vgl. Exod.29:21). Maar het kan ook een vooruitblik zijn op het feit, dat deze Veldheer zijn vijanden zal verpletteren (vgl. 19:15, 19:17-18, 19:21), en dat Hij dit ten oosten van Israël zal doen, in het gebied van Edom[22].

"En zijn naam wordt genoemd het Woord van God" is het volgende dat Johannes opmerkt (19:13). In Psalm 33 wordt over dat Woord gezegd:

"Door het Woord van de HEERE is de hemel gemaakt,
door de Geest [of: adem] van Zijn mond heel hun legermacht.
Hij verzamelt het water van de zee als een dam,
Hij sluit de diepe wateren op in schatkamers.
Laat heel de aarde voor de HEERE vrezen,
laat alle bewoners van de wereld bevreesd zijn voor Hem.
Want Hij spreekt en het is er,
Hij gebiedt en het staat er.
De HEERE vernietigt de raad van de heidenvolken,
Hij verbreekt de gedachten van de volken" (Psalm 33:6-10).

De Messias is Gods vleesgeworden woord (Joh.1:14). Het woord dat uit zijn mond komt is een scherp zwaard (Openb. 1:16, 2:12, 2:16, 19:15; vgl. Jes.49:2 en Hebr.4:12). Door het woord dat Hij nú gaat spreken zullen zijn vijanden in een oogwenk omkomen, zullen hun plannen totaal worden verijdeld en hun gedachten worden verbroken. Het woord dat Hij spreekt, bezit de kracht om te scheppen maar ook de kracht om het geschapene te vernietigen, én de kracht om het vernietigde te herscheppen. Want "de HEERE doodt en maakt levend" (Deut.32:39, 1 Sam.2:6). Hij doet neerdalen in de *sjeool* (het graf, de sfeer van de doden) en Hij doet daar weer uit opkomen (1 Sam.2:6).

"En de legers <die> in de hemel <zijn>, volgden Hem op witte paarden, bekleed met wit, rein, fijn linnen", schrijft Johannes. Het is opvallend, dat deze hemelse legers (in overeenstemming met Jesaja 63) de Ruiter op het witte paard volgen, maar niet tegen Diens vijanden strijden. Hún kleed is smetteloos

---

[22] In het Hebreeuws is de naam Edom namelijk verwant aan het woord *adom*, dat "rood" betekent. Ezau, de stamvader van Edom, had rossig haar. In Jes.63 komt het woord Edom voor in vers 1 en het woord *adom* in vers 2.

wit en niet "gedoopt in bloed". Ze zien hoe de Ruiter de "persbak van de wijn van de grimmigheid van de toorn van God de Almachtige" treedt (19:15), maar zelf treden ze die niet. Zo staat het ook in het boek Jesaja:

*"Ik heb de pers **alleen** getreden"* (Jes.63:3)

Nadat hij de legers die de Messias volgen heeft genoemd, spreekt Johannes opnieuw over hun Aanvoerder: **"En uit zijn mond komt een scherp zwaard, opdat Hij daarmee de naties slaat".** Dit scherpe zwaard dat uit de mond van de Mensenzoon komt was in het boek Openbaring al drie maal genoemd (1:16, 2:12, 2:16) en het zal in het vervolg van dit hoofdstuk nog eenmaal worden vermeld (19:21). Door het oordelend woord dat de Messias in opdracht van God zal spreken, zullen de legers van de naties worden "geslagen", dus worden gedood (19:21). Wat in Openb.19:21 wordt beschreven, is de vervulling van een voorzegging van Jesaja (Jes.11:4) en een voorzegging van koning David (Psa.110:6).

"En Hij zal hen hoeden met een ijzeren staf" is het volgende dat Johannes opmerkt. Dat de Messias zó zal gaan regeren, was voorzegd in de tweede Psalm (Psalm 2:9) en het was ook al eerder gezegd in het boek Openbaring (Openb.2:27, 12:5). Zijn koningschap begint wanneer de macht van het beest en de valse profeet verbroken is. Uit de vermeldingen van de ijzeren staf in het laatste Bijbelboek blijkt, dat bepaalde gelovigen met de Messias zullen regeren en een streng gezag over de volken zullen uitoefenen.

Dat de Messias **"de wijnpersbak treedt van de wijn van de grimmigheid van de toorn van God, de Almachtige"** was voorzegd door Jesaja (63:1-6) en Joël (3:9-14). Hij treedt die pers alléén (Jes.63:3). Het treden van de pers was in een eerder visioen van Johannes al aangekondigd (Openb.14:17-20) en het wordt beschreven in Openb.19:17-21.

Dat iemand koning is, kun je niet alleen zien aan zijn kroon, maar ook aan zijn gewaad en aan de macht die hij bezit. In de Bijbel wordt de macht van een overwinnende vorst dikwijls uitgebeeld door te zeggen dat hij zijn vijanden onder zijn voeten zal leggen[23] of die vijanden zal vertrappen[24]. Bij het vertrappen van een schorpioen of een slang maakt men gebruik van de spierkracht in de benen, en die kracht schuilt vooral in de heup en de dij. Vandaar dat Johannes over de Ruiter op het witte paard opmerkt: **"En Hij heeft op zijn kleed en op zijn heup een geschreven naam: Koning van [de] koningen en Heer van [de] heren"** (19:16). Deze Ruiter heeft groter gezag dan welke andere machthebber ook. Hij zal de legers van de verzamelde volken en hun aanvoerders, het beest en de valse profeet, in een oogwenk aan zich onderwerpen. Wie het opschrift "koning van de koningen en heer van de heren" op zijn dij heeft, bezit voldoende kracht om de persbak van Gods toorn te treden.

De grote maaltijd van God (19:17-21)

"En ik zag één engel staan in de zon, en hij riep met luider stem en zei tot alle vogels die in [het] midden van de hemel vlogen: Komt, verzamelt u tot de grote maaltijd van God; opdat u vlees eet van koningen, vlees van oversten over duizend, vlees van sterken, vlees van paarden en van hen die daarop zitten en vlees van allen, zowel van vrijen als van slaven, van kleinen als van groten. En ik zag het beest en de koningen van de aarde en hun legers verzameld om oorlog te voeren tegen Hem die op het paard zat en tegen zijn leger. En het beest werd gegrepen en met hem de valse profeet die de tekenen in diens tegenwoordigheid had gedaan, waardoor hij hen misleidde die het merkteken van het beest ontvingen en die zijn beeld aanbaden. Levend werden deze twee geworpen in de poel van vuur die van zwavel brandt. En de overigen werden gedood met het zwaard dat kwam uit de mond van Hem die op het paard zat, en alle vogels werden verzadigd van hun vlees"

Dat Johannes één bode van God zag staan "in de zon" betekent vermoedelijk dat deze engel zich vanuit aards perspectief in het zenit bevond: het hoogste

---

[23] Als een voetbank: Psa.110:1, Mat.22:44, Mar.12:36, Luk.20:43, Han.2:35, Heb.1:13, 10:13. Onder de voeten: 2 Sam.22:39, Psa.8:6, 18:38, 47:3; Mal.4:3; Rom.16:20; 1 Kor.15:25; Heb.2:8; Openb.12:1.

[24] Psa.44:5, 60:12, 91:13, 108:13; Jes.14:25, 26:6, 28:3, 63:6; Mal.4:3.

punt van de hemel gezien vanuit het punt waar de schrijver stond, de top van de hemelkoepel. Vanuit zijn hoge positie riep de engel tot alle vogels "die in het midden van de hemel vlogen", dat wil zeggen: in de lucht tussen de engel en de grond: "Kom, verzamel je!". "Waar het aas is, daar zullen de gieren zich verzamelen", zei de Here in zijn toespraak op de Olijfberg (Matth.24:28, Luk.17:37). De engel roept dat er binnenkort veel aas te eten zal zijn, en hij nodigt alle aaseters uit om zich te verzamelen op de plek waar God voor hen een grote maaltijd bereiden zal.

De **"grote maaltijd van God"** is in vele opzichten de tegenhanger van "het bruiloftsmaal van het Lam" waarover in ditzelfde hoofdstuk was gesproken (19:9). Wie geroepen zijn tot het bruiloftsmaal van het Lam, gaan het messiaanse koninkrijk binnen en zullen tijdens de toekomstige eeuw op aarde mogen leven. Maar de volken die door God bijeen zijn verzameld en door onreine geesten waren opgeroepen om zich gereed te maken voor de strijd (16:13-16), zullen voedsel worden voor de gieren en in een oogwenk worden verpletterd (vgl. 14:17-20). Tot de "grote maaltijd van God" worden alle onreine vogels geroepen. Uit de beschrijving van de engel blijkt dat het aas dat die vogels kunnen gaan eten, afkomstig is van militairen van elke rang en stand uit de legers van de volken: koningen, oversten over duizend, sterken, cavaleristen met hun rijdieren, en infanteristen. **"Zowel van vrijen als van slaven"** betekent misschien: zowel van beroepsmilitairen als van dienstplichtigen. **"Van kleinen als van groten"**: betekent: van naamloze onbekenden maar ook van mannen van naam, van tienersoldaten maar ook van veteranen.

In de volgende zin legt Johannes uit wélke legers voor "de grote maaltijd van God" verpletterd zullen worden. Het zijn de legers "van de koningen van de aarde", die zich verzameld hebben om oorlog te voeren tegen de Messias ("Hem die op het paard zat") en tegen de verheerlijkte gelovigen ("zijn leger"). Ze zijn vooral afkomstig uit het noorden en het oosten en ze bevinden zich (zoals Johannes in 14:17-20 en 16:13-16 had gezien) in een front van honderden kilometers lengte aan de oostgrens van het beloofde land. Ze worden geleid door het beest uit de zee, de heerser over het beestrijk dat in Openb.13:1-10 en 17:7-18 was beschreven. Ze menen de vestiging van het messiaanse rijk te kunnen verhinderen en Gods volk van de kaart te kunnen vegen.

Maar de Ruiter op het witte paard voorkomt dat ze hun plannen kunnen uitvoeren. De leiders van de opstand: het beest uit de zee en het beest uit het land, worden "gegrepen". Door wie ze gegrepen worden, vertelt Johannes niet, maar aangezien de satan in een volgend visioen door een engel wordt gegrepen (20:1-3) worden de beide "beesten" waarschijnlijk gearresteerd door engelen. Het "beest uit het land" wordt in Openbaring 19 omschreven als **"de valse profeet die de tekenen in diens tegenwoordigheid had gedaan, waardoor hij hen misleidde die het merkteken van het beest ontvingen en die zijn beeld aanbaden".** In de oorspronkelijke Griekse tekst staat voor "in diens tegenwoordigheid" *enoopion autou*, "namens hem", of "als vertegenwoordiger van hem", waarbij met "hem" het beest uit de zee is bedoeld. Over het optreden van "het beest uit het land" had Johannes al gesproken in Openbaring 13:11-17. Hij was als "valse profeet" de aanstichter van de verering van het beest uit de zee dat zich verhief "boven al wat God genoemd of als God vereerd wordt" (2 Thess.2:4).

"Levend werden deze twee geworpen in de poel van vuur die van zwavel brandt" merkt Johannes vervolgens op. Het woord "levend" is in dit verband van grote betekenis. Voor mensen die in de poel van vuur geworpen worden, is die poel de tweede dood (Openb.2:11, 20:6, 20:14, 21:8). Maar voor de beide beesten is het *niet* de tweede dood. Ruim duizend jaar later bevindt dit tweetal zich nog *altijd* in de poel van vuur (Openb.20:10). In het onderwijs over Zijn wederkomst zei de Here Jezus, dat bepaalde volken (de "bokken") in het "eeuwige vuur" (= het vuur van de toekomstige eeuw) terecht zouden komen, hoewel dat vuur niet voor hén was bereid, maar voor "de duivel en zijn engelen" (Matth.25:41). In Openbaring 20:10 laat Johannes zien, hoe de duivel in het eeuwige vuur wordt geworpen. De "engelen" of "boodschappers" van de duivel voor wie het "eeuwige vuur" ook bestemd is, zijn de beide beesten die ruim duizend jaar eerder in de poel terecht zullen komen (Openb.19:20). Het zijn geen normale mensen, maar transhumane personen: menselijke lichamen die zijn overgenomen door boze geesten en die volledig door die geesten worden bestuurd. Omdat het "boodschappers" of zichtbare manifestaties van de duivel zijn krijgen ze hetzelfde vonnis als de satan. Voor hén is de poel van vuur niet de tweede dood, maar een plaats van pijniging. Ze zullen er gedurende "dag en nacht worden gepijnigd in de eeuwen van de eeuwen", dus tijdens de beide toekomstige eeuwen (Openb.20:10).

Johannes sluit zijn beschrijving van dit visioen af met de zin: **"En de overigen werden gedood met het zwaard dat kwam uit de mond van Hem die op het paard zat, en alle vogels werden verzadigd van hun vlees"**. Met "de overigen" zijn de volgelingen van het beest en de valse profeet bedoeld, de koningen, hun oversten over duizend, de sterken, de paarden en de ruiters, de vrijen en de slaven, de kleinen en de groten. De complete legermacht van de volken komt in één oogwenk om, door "het zwaard uit de mond van Hem die op het paard zat", dus door een woord dat de Messias spreekt. Ze "vergaan op hun weg", zoals in Psalm 2:12 was voorzegd. Zó eindigt de opstand van de volken, en vanaf dat moment is het messiaanse rijk op de hele aarde gevestigd.

Hoofdstuk 20

De duizendjarige binding van de satan (20:1-3)

"En ik zag een engel neerdalen uit de hemel, die de sleutel van de afgrond en een grote keten in zijn hand had. En hij greep de draak, de oude slang, dat is [de] duivel en de satan, en bond hem duizend jaren; en hij wierp hem in de afgrond en sloot en verzegelde die boven hem, opdat hij de naties niet meer zou misleiden voordat de duizend jaren voleindigd waren; daarna moet hij een korte tijd worden losgelaten"

Tijdens de stapsgewijs voortschrijdende openbaring van de Messias wordt satans bewegingsvrijheid steeds verder ingeperkt. Dat begon al in Openbaring 12. Toen het gelovige Israël, de vrouw bekleed met de zon, haar mannelijk kind had gebaard en dat kind was weggerukt naar Gods troon (12:5) was er een oorlog ontbrand in de hemel (12:7). Michaël en zijn engelen hadden "de draak en zijn engelen" uit de hemel verdreven en "de grote draak, de oude slang, die genoemd wordt duivel en de satan" op de aarde geworpen (12:7-9). Uit woede over deze nederlaag had de boze de mensheid gedwongen om zijn stroman, het "beest uit de zee" te aanbidden (12:17-13:10). Met de hulp van een tweede handlanger, het "beest uit het land", had hij die verering opgelegd aan allen (13:11-18). Op weigering om het beest uit de zee te aanbidden kwam de doodstraf te staan, en wie niet het teken van het beest kon laten zien, als zichtbaar bewijs van loyaliteit, kon niet meer kopen of verkopen. De draak onderwierp de hele wereld aan een totalitair systeem om de verering van de Ene God te kunnen wegvagen.

Het rijk van het beest werd echter spoedig door zware plagen getroffen. Zijn onderdanen ontwikkelden uiterst pijnlijke, kwaadaardige zweren (16:2). Het zeewater en het zoete water in zijn machtsgebied werden giftig (16:3-7). De temperatuur op aarde bereikte ondraaglijke hoogten (16:4) en het beestrijk werd in duisternis gehuld (16:10-11). De steden in dat rijk werden door een ongekend zware aardbeving in puinhopen veranderd (16:18-19). Het centrum van de wereldeconomie, de stad Babylon, werd in één uur verwoest (17:16, 18:10). Uiteindelijk werden de legers van het beest en diens vazallen door de Messias weggevaagd, terwijl de beide "beesten" in de poel van vuur werden geworpen (19:11-21). Vanaf dat moment had de satan geen helpers meer.

405

In een visioen zag Johannes nu, hoe er met de boze korte metten werd gemaakt. Een engel uit de hemel **"greep de draak, de oude slang"** [25]. Hij "bond" hem met een grote ketting, hij wierp hem in de afgrond en "sloot die" boven hem. De "afgrond" (Gr. *abyssos*) is een onderaardse ruimte (vgl. Rom.10:7) die dient als een gevangenis voor boze geesten (Luk.8:31, Openb.9:1,2,11; 11:7-8). Uit wat Johannes in zijn visioen te zien kreeg **"Hij greep de draak... hij bond hem... hij wierp hem in de afgrond... hij sloot en verzegelde die boven hem"** blijkt dat de satan vanaf dit moment geen enkele bewegingsvrijheid meer bezat en het wereldgebeuren niet langer kon beïnvloeden.

Volgens Johannes wordt de satan in hechtenis genomen **"opdat hij de naties niet meer zou misleiden"**. Nú misleidt de boze nog "de hele wereld" (Openb.12:9). Hij brengt de volken op het idee om oorlog te voeren en om afgoden te dienen. Hij is "de god van deze eeuw" die de zintuigen van de mensheid verblindt zodat zij het goede nieuws van de heerlijkheid van de Messias niet aanvaarden of begrijpen (2 Kor.4:4). Hij is "de overste van de macht der lucht" die werkzaam is in de "kinderen van de ongehoorzaamheid" (Efe.2:2). Hij doet zich voor als een "engel van het licht" en zijn handlangers zien eruit als "dienaars van de gerechtigheid", maar in werkelijkheid is hij een brenger van duisternis en zijn handlangers zijn dienaars van de dwaling (2 Kor.11:14). Als de tegenwoordige boze eeuw op zijn eind loopt zal hij via een valse profeet, "het beest uit het land", de hele bewoonde wereld ertoe brengen om het "beest uit de zee" te aanbidden (Openb.13:14).

In het boek Openbaring blijkt, dat de satan de volken influistert om het volk van God, de boden van God en de door God aangestelde Koning te bestrijden. Hij kan dit doen zolang hij nog niet is gebonden (Openb.11:7, 12:17, 13:7, 16:14, 19:19) en hij zal het opnieuw doen wanneer hij voor korte tijd uit zijn gevangenis wordt losgelaten (Openb.20:8-9). Gedurende een periode van duizend jaren: de "dag van de Heer" (Psa.90:4, 2 Petr.3:8) zal hij de mensheid niet meer kunnen misleiden, omdat hij tijdens die "dag" zal zijn

---

[25] Met "de oude slang" bedoelt Johannes: De slang uit het paradijs, het listige schepsel dat het eerste mensenpaar misleidde. Johannes geeft een verklaring van het begrip "oude slang" door op te merken: "dat is de duivel en de satan".

opgesloten in de afgrond. Dat de boze daarna "een korte tijd *moet* worden losgelaten" wil zeggen, dat God het in Zijn plan zó heeft beschikt. De tegenstander moet wanneer de duizend jaren zijn verstreken de mensheid nog éénmaal op de proef stellen en "partij laten kiezen" (vgl. 1 Kor.11:18-19), zodat zichtbaar wordt welke mensen oprecht zijn en wie er niet oprecht zijn.

De eerste opstanding (20:4-6)

"En ik zag tronen, en zij gingen daarop zitten, en het oordeel werd hun gegeven, en [ik zag] de zielen van hen die om het getuigenis van Jezus en om het woord van God onthoofd waren, en die het beest of zijn beeld niet hadden aangebeden en niet het merkteken aan hun voorhoofd en aan hun hand ontvangen hadden; en zij werden levend en regeerden met Christus duizend jaren. De overigen van de doden werden niet levend voordat de duizend jaren voleindigd waren. Dit is de eerste opstanding. Gelukkig en heilig is hij die aan de eerste opstanding deel heeft; over dezen heeft de tweede dood geen macht, maar zij zullen priesters van God en van Christus zijn en met Hem <de> duizend jaren regeren"

Aan de heerschappij van de "koningen van de aarde" (Openb.19:18-19), de miljardairs uit Babylon (Openb.17:18, 18:23), de beide beesten (Openb.19:19-20) en de satan (Openb.20:1-3) was er nu een definitief einde gekomen. Johannes zag, hoe er andere koningen werden geïnstalleerd, en hoe die koningen gingen rechtspreken.

Tijdens de regering van Belsazar, de laatste koning van het Babylonische wereldrijk dat voorafging aan het rijk van de Meden en de Perzen, kreeg Daniël een nachtgezicht dat hij op de volgende manier beschreef:

*"Ik keek toe totdat er tronen werden geplaatst... totdat de Oude van dagen kwam, de heiligen van de Allerhoogste recht verschaft werd en het tijdstip was bereikt dat **de heiligen het koningschap in bezit namen**... het koningschap en de heerschappij en de grootheid van de koninkrijken onder heel de hemel zullen gegeven worden aan **het volk van de heiligen van de Allerhoogste**. Zijn koninkrijk zal een eeuwig koninkrijk zijn, en alles wat heerschappij heeft, zal Hem eren en gehoorzamen"* (Dan.7:9,22,27).

Johannes zag hoe deze profetie van Daniël werd vervuld. "Het volk van de heiligen van de Allerhoogste", dat wil zeggen: het volk Israël onder leiding van haar Messias, ging in Johannes' visioen op aarde regeren. Tot de vorsten die dan op tronen zullen plaatsnemen behoren de twaalf apostelen, want de Here heeft tegen hen gezegd:

"Voorwaar, Ik zeg u, dat u die Mij gevolgd bent, in de wedergeboorte, wanneer de Zoon des mensen zal zitten op [de] troon van Zijn heerlijkheid, u ook op twaalf tronen zult zitten om de twaalf stammen van Israël te oordelen... En Ik beschik u een koninkrijk, zoals mijn Vader Mij heeft beschikt, opdat u eet en drinkt aan mijn tafel in mijn koninkrijk en op tronen zit om de twaalf stammen van Israël te oordelen" (Matth.19:28, Luk.22:29-30)

Omdat de gemeente die door God is bijeenverzameld uit alle volken het lichaam van Christus is zal die gemeente wanneer het messiaanse rijk aanbreekt óók gaan regeren. De apostel Paulus heeft daarover gezegd:

"Of weet u niet, dat de heiligen de wereld zullen oordelen? En als door u de wereld wordt geoordeeld, bent u dan onwaardig voor [de] geringste rechtszaken? Weet u niet, dat wij engelen zullen oordelen?... Het woord is betrouwbaar; want als wij met [Hem] gestorven zijn, zullen wij ook met [Hem] leven; als wij verdragen, zullen wij ook met [Hem] regeren" (1 Kor.6:2-3, 2 Tim.2:11-12)

Wanneer Johannes schrijft, dat hij **"de zielen zag van hen die om het getuigenis van Jezus en om het woord van God onthoofd waren"**, betekent dit niet dat er schimmen of lichaamloze zielen zichtbaar werden. In het Hebreeuwse taalgebruik (dat we kennen uit de Psalmen) is het woord "ziel" de aanduiding van een levend mens. Als de psalmist zegt: "Wat buigt gij u neder, o mijn ziel?" (Psa.42:11) dan spreekt hij tegen zichzelf en stelt zich de vraag: "Waarom ben je zo terneergeslagen?" Johannes legt uit wat hij zag: de mensen wier bloed door het beest was vergoten, de mensen die als martelaar waren gestorven omdat ze zich aan het getuigenis van Jezus en het woord van God hadden vastgeklampt en die daarom hadden geweigerd om het beest of zijn beeld te aanbidden en zijn merkteken te aanvaarden (vgl. Openb. 6:9-11 en 13:14-17), **"werden levend"** (Gr. leefden). Ze waren geveld (het Griekse woord *pepelekismenoon* wekt de indruk dat ze waren onthoofd met een bijl), maar nu stonden ze op om als koningen met de Messias te gaan regeren, duizend jaar lang.

Wanneer de ziener vervolgens opmerkt, dat **"de overigen van de doden niet levend werden voordat de duizend jaren voleindigd waren"**, dan geeft dit woord geen grond voor de opvatting dat de martelaren de *enigen* zullen zijn die met Christus gaan regeren en dat alle andere doden tot het oordeel van de grote witte troon in hun graven zullen blijven liggen (20:11-12). Want volgens Openbaring 20:4 hebben er al koningen op tronen plaatsgenomen vóórdat de martelaren opstaan (wellicht de heiligen uit de tijd van het Oude Testament en de leden van het lichaam van Christus). Op grond van de Bijbel mogen we weten dat de apostelen met hun Meester, de gelovigen uit Israël met hun Koning en de leden van Christus met hun Hoofd zullen gaan regeren. Onder "de overigen van de doden" moeten we blijkbaar verstaan: Israëlieten die in ongeloof zijn gestorven en alle doden die niet tot de gemeente van Christus hebben behoord. Volgens Openbaring 11:18 zullen "Gods slaven, de profeten, en de heiligen, en degenen die Gods naam vrezen, de kleinen en de groten" hun loon ontvangen bij het blazen van de zevende bazuin. De "profeten" die namens God hebben gesproken, de "heiligen" (gelovige Israëlieten, waaronder koning David) en allen die ontzag voor God hebben gehad zullen dan levend worden. Bekende gelovigen uit de volken, zoals Melchizedek en Job zijn erbij inbegrepen, en vele mensen wier namen wij niet kennen.

"Dit is de eerste opstanding" merkt Johannes vervolgens op. Het Griekse woord *protos* kan betekenen: het begin van een hele reeks, de "eerste" in de tijd, maar ook: de "eerdere" ter onderscheiding van de latere, en ook: de "beste" of "voornaamste" van een hele reeks. Uit wat Johannes aan dit zinnetje liet voorafgaan en erop liet volgen, blijkt dat hij bedoelt: de eerdere ten opzichte van de latere (die pas zal plaatsvinden nadat de duizend jaren zijn voltooid) en de "beste" in vergelijking tot de minder goede. Want de ziener schreef eerder: **"De overige doden werden niet levend voordat de duizend jaren voleindigd waren"** en hij merkt later op: **"Gelukkig en heilig is hij die aan de eerste opstanding deel heeft; over dezen heeft de tweede dood geen macht"**. De eerste opstanding onderscheidt zich dus in twee opzichten van de latere:

1. Bij deze opstanding staan sommige doden op, terwijl andere doden in hun graven blijven liggen. Het is een opstanding "van tussen de doden uit" - zoals ook de Here Jezus "van tussen de doden uit" (Gr. *ek nekroon*) opstond (Mar.9:10, Luk.20:35, 24:46; Han.4:2, 17:3).

2. Wie aan deze opstanding deel hebben, *kunnen niet meer sterven* (Luk.20:35-36). Over hen "heeft de tweede dood geen macht". Volgens Openb.20:14 en 21:8 is de poel des vuurs de tweede dood. Als mensen die aan de eerste opstanding deel hadden in de poel des vuurs geworpen zouden worden, zouden ze in dat vuur niet omkomen, want ze zijn bij hun opstanding "levend geworden". De Schepper heeft hen bekleed met onsterfelijkheid zodat ze gelijk zijn geworden aan de engelen in de hemel (Luk.20:36). Leden van de eerste opstanding zijn bovendien van zonde bevrijd. Om die reden zullen ze beslist niet in de tweede dood terechtkomen (vgl. Openb.2:11).

"Zij zullen priesters van God en van Christus zijn en met Hem <de> duizend jaren regeren" merkt Johannes tenslotte op. Uit dit zinnetje blijkt, dat er behalve de uit de doden opgestane "heiligen" en de "overige doden" die in hun graven blijven liggen tijdens de duizend jaren nog een derde categorie van mensen bestaat: mensen die de gerichten van de bazuinen (8:2 e.v.) en de schalen (16:1 e.v) en de eindstrijd bij het heilige land (19:11-21) hebben overleefd. Dat er zulke mensen zullen zijn, is voorzegd door de profeten (zie b.v. Zach.14:16-19, Jes.2:2-4, Micha 4:1-4). Zulke overlevenden hebben nog een vergankelijk lichaam. Zij zijn de onderdanen van onsterfelijke koningen die namens en met Christus over hen zullen regeren (vgl. 1 Kor.15:50), en als priesters tussen hen en God zullen instaan (vgl. Openb.1:6, 5:10, 11:15, 22:5). Wie aan de eerste opstanding deel hebben, zullen het overblijfsel van de oude mensheid onderwijzen en rechtvaardig besturen.

De laatste misleiding en de veroordeling van de satan (20:7-10)

"En wanneer de duizend jaren voleindigd zijn, zal de satan uit zijn gevangenis worden losgelaten, en hij zal uitgaan om de naties te misleiden die aan de vier hoeken van de aarde zijn, Gog en Magog, om hen tot de oorlog te verzamelen, en hun getal is als het zand van de zee. En zij kwamen op over de breedte van de aarde en omsingelden de legerplaats van de heiligen en de geliefde stad; en er daalde vuur neer <van God> uit de hemel en verteerde hen. En de duivel die hen misleidde, werd geworpen in de poel van vuur en zwavel waar zowel het beest als de valse profeet zijn, en zij zullen dag en nacht gepijnigd worden tot in alle eeuwigheid"

Johannes zag hoe er aan de duizendjarige periode van rechtvaardig bestuur door koningen en priesters die God had aangesteld (20:6) een eind kwam. Na verloop van duizend jaren **"zal de satan uit zijn gevangenis worden losgelaten"**. Aangezien de satan was opgesloten door een engel uit de hemel (20:1-2), moet dit loslaten op Gods bevel plaatsvinden. De Almachtige heeft blijkbaar nog een taak voor de satan, en om die reden wordt zijn hechtenis voor korte tijd opgeheven.

Zodra de satan is losgelaten, **"zal hij uitgaan om de naties te misleiden die aan de vier hoeken van de aarde zijn"**. De boze zet het werk voort dat hij tijdens de geschiedenis altijd heeft gedaan: de volken verleiden (Openb.12:9) [26]. Nu richt hij zijn pijlen op "de naties die aan de vier hoeken van de aarde zijn". Gezien het vervolg van het verslag van Johannes moeten we "de vier hoeken van de aarde" opvatten als: de vier hoeken van het continent, gezien vanuit de heilige stad, Jeruzalem. Het betreft dus mogelijk: het uiterste noorden (Rusland?), het verre oosten (China?), het uiterste zuiden (Afrika?) en het uiterste westen (West Europa, inclusief Nederland?). Johannes duidt die volken aan als **"Gog en Magog"** en hij merkt op dat **"hun getal is als het zand der zee"**. De uitdrukkingen Gog en Magog waren eerder gebruikt door de profeet Ezechiël (Ezech.38 en 39), maar in Ezechiëls profetie is Magog de aanduiding van een land ten noorden van Israël en is Gog de naam van de hoofdvorst over dat land. Johannes gebruikt dezelfde namen voor volken die zich vanuit Israël gezien aan "de vier hoeken van het droge" bevinden, in de noordelijke, oostelijke, zuidelijke en westelijke kustlanden. **"Hun getal is als het zand der zee"** heeft meer dan één betekenis. Hun inwoners zijn even talrijk als zandkorrels en ze bevinden zich vanuit Israël gezien in de buurt van de zee.

De misleiding van de satan houdt in, dat hij deze volken influistert om te gaan strijden tegen "God en Zijn gezalfde", precies zoals hij dat vóór zijn duizendjarige binding had gedaan (Openb.16:13-14). **"En zij kwamen op**

---

[26] Het werkwoord *planaoo*, dat als "verleiden" is vertaald, betekent letterlijk: op een dwaalspoor, of een heilloze weg leiden, een weg die naar de ondergang voert. Satan verleidt de volken tot afgodendienst (Openb.2:20, 13:14, 19:20) tot besteding van hun geld aan volstrekt nutteloze of schadelijke doeleinden (Openb.18:23), en tot oorlog, met name oorlog tegen Gods volk Israël (Openb.16:13-14, 20:3,8,10).

over de breedte van de aarde en omsingelden de legerplaats van de heiligen en de geliefde stad", merkt Johannes vervolgens op. Hoewel een vergelijkbaar offensief in het verleden was uitgelopen op een smadelijke nederlaag (Openb.19:11-21), lieten de volken zich opnieuw verleiden en stootten zich aan de steen die hen al eerder had verpletterd. Ze kwamen met een ontzagwekkende legermacht opzetten, van alle kanten, over de hele breedte van de continenten, en omsingelden "de legerplaats van de heiligen en de geliefde stad". Daarmee is het aan Israël beloofde land bedoeld (van de Nijl tot aan de Eufraat, zie Gen.15:18) en de stad Jeruzalem. Maar verder dan de grenzen kwamen ze niet, want God greep in: **"Er daalde vuur neer <van God> uit de hemel en verteerde hen"**. Van de verzamelde legers bleef niets over, alle soldaten kwamen om. Satans misleiding maakte zichtbaar wat er in de harten van deze mensen leefde. Ondanks het rechtvaardige bestuur en het betrouwbare onderwijs van Gods "koningen en priesters" gedurende duizend jaren waren ze vijandig tegenover God en Zijn Messias blijven staan. Die houding leidde tot een oordeel van God met vuur – zoals de apostel Petrus al had aangekondigd (2 Petr.3:7). Ze werden in een oogwenk verteerd. Van hun boosaardige plannen kwam niets terecht.

De **"duivel die hen misleidde"** ontving nu zijn definitieve straf. Hij werd **"geworpen in de poel van vuur en zwavel"**. Johannes voegt eraan toe: **"waar zowel het beest als de valse profeet zijn"**. De handlangers van de boze waren daar al duizend jaar, want die waren al in de vuurpoel geworpen toen het messiaanse rijk begon (Openb.19:20). Volgens de Bijbel bevinden de gevangenis en de strafplaats van boze geesten zich "ondergronds". De "afgrond" wordt voorgesteld als een onderaardse ruimte die via een "put" of "schacht" met de bovenwereld is verbonden (Openb.9:1,2,11; vgl. Luk.8:31, Rom.10:7, Openb.11:7, 17:8, 20:1,3). En de "poel van vuur" verwijst naar de diepst gelegen plek op het aardoppervlak die ontstond toen Sodom en Gomorra werden omgekeerd en met vuur en zwavel werden verbrand: de Dode Zee (Gen.19:24). Maar de vuurpoel waarin satan wordt geworpen zal zich vermoedelijk wat verder naar het (zuid)oosten bevinden, in het gebied van Edom (Jes.34:1-10, vgl. Ezech.47:1-12). In die vuurpoel zullen de duivel, het beest en de valse profeet **"dag en nacht gepijnigd worden"**. **"Tot in alle eeuwigheid"** is geen goede weergave van wat er in de oorspronkelijke tekst staat. *Eis tous aioonas toon aioonoon* betekent: "in de eeuwen van de eeuwen". Die uitdrukking verwijst naar (1) het tijdperk tussen de wederkomst van Christus

412

in heerlijkheid en het oordeel van de grote witte troon en (2) het tijdperk van de nieuwe hemel en de nieuwe aarde dat op het oordeel van de grote witte troon zal volgen. Beest en valse profeet werden al tijdens de eerste "eeuw" gepijnigd in de vuurpoel en satan bevond zich toen in de afgrond. Vanaf het ogenblik waarop de satan in de vuurpoel is geworpen, zal hij daar met zijn beide handlangers gepijnigd worden. Uit de evangeliën blijkt, dat demonen die tijdens de tegenwoordige "boze eeuw" mensen kwellen in de toekomstige eeuwen ook hun gerechte straf zullen ondergaan (Matth.8:29, 25:41; Mar.5:7, Luk.8:28). Uit de toevoeging "dag en nacht, in de eeuwen van de eeuwen" blijkt niet alleen dat de pijniging van de satan en zijn handlangers onafgebroken wordt voortgezet, maar ook dat ze gestraft worden in de aardse sfeer, in ruimte en tijd, tijdens een zeer lange periode waaraan nochtans eens een eind komt. Boze geesten worden niet gestraft in een tijdloze eeuwigheid.

Het oordeel van de grote witte troon (20:11-15)

"En ik zag een grote, witte troon en Hem die daarop zat, voor Wiens aangezicht de aarde en de hemel wegvluchtten, en geen plaats werd voor hen gevonden. En ik zag de doden, de groten en de kleinen, voor de troon staan; en er werden boeken geopend. En een ander boek werd geopend, namelijk dat van het leven. En de doden werden geoordeeld volgens wat in de boeken geschreven was, naar hun werken. En de zee gaf de doden die in haar waren, en de dood en de hades gaven de doden die in hen waren, en zij werden geoordeeld, ieder naar zijn werken. En de dood en de hades werden geworpen in de poel van vuur. Dit is de tweede dood: de poel van vuur. En als iemand niet geschreven gevonden werd in het boek van het leven, werd hij geworpen in de poel van vuur"

Nadat hij had gezien hoe de duivel in de poel van vuur werd geworpen, zag Johannes **"een grote, witte troon"**. In de oudheid hadden tronen de vorm van een sofa of een zitbank zodat er meer dan één persoon op kon zitten (vgl. Openb.3:21). Ook werden tronen geplaatst op een verhoging die met trappen kon worden bestegen, zodat dienaren van de koning vóór de troon konden staan, op een hogere positie dan het gewone volk (vgl. Openb.1:4, 4:5, 14:3,5). Dat de troon die Johannes zag "groot" was kan verband houden met het feit dat een groot aantal mensen voor die troon moet verschijnen (Openb.20:12-15) maar ook met het feit dat de troon plaats biedt aan meerdere personen.

De kleur van de zetel **("wit")** geeft aan dat de vorst die op de troon zit een volstrekt rechtvaardig oordeel velt, en dat er in Hem geen enkele duisternis is (vgl. 1 Joh.1:5). **"Hem die daarop zat"** kan niemand anders zijn dan het Beeld van God, de verheerlijkte Messias. De Here Jezus heeft immers gezegd:

"Want ook de Vader oordeelt niemand, maar heeft heel het oordeel aan de Zoon gegeven, opdat allen de Zoon eren zoals zij de Vader eren... Want zoals de Vader leven heeft in Zichzelf, zo heeft Hij ook de Zoon gegeven leven te hebben in Zichzelf; en Hij heeft Hem macht gegeven oordeel uit te oefenen, omdat Hij [de] Mensenzoon is. Verwondert u hierover niet, want er komt een uur dat allen die in de graven zijn, zijn stem zullen horen en zullen uitgaan: zij die het goede hebben gedaan tot [de] opstanding van [het] leven, en zij die het kwade hebben bedreven tot [de] opstanding van [het] oordeel" (Joh.5:22,26-29).

De opstanding van het leven was genoemd in vers 4-6, en de opstanding van het oordeel wordt hier beschreven, in de verzen 12 en 13. Omdat de Vader "heel het oordeel aan de Zoon heeft gegeven" is de Persoon die op de grote witte troon zit, de Zoon van God. Maar uit de brieven van Paulus weten we, dat gelovigen die tot het Lichaam van Christus behoren, met het Hoofd verbonden zullen zijn wanneer dat Hoofd in heerlijkheid verschijnt (Kol.3:3). En volgens de apostel zullen de heiligen "de wereld oordelen" (1 Kor.6:2), waarbij hij met "de heiligen" de gemeenteleden bedoelt (1 Kor.6:3 e.v.). Gemeenteleden zijn vóór de komende toorn al uit de doden opgestaan of bekleed met onvergankelijkheid (1 Thess.4:15-17, 1 Kor.15:51-54) terwijl de overige "heiligen" (zoals de gelovigen uit het Oude Testament) onmiddellijk ná de komende toorn zijn verrezen, aan het begin van het messiaanse rijk (Openb.20:4-6). Er zijn dus vele heiligen op of bij de grote witte troon aanwezig die als rechters zullen optreden, in volmaakte harmonie met de Koning.

Als Johannes schrijft dat **"de aarde en de hemel wegvluchtten"**, dan citeert hij Psalm 114. In die Psalm lezen we:

"Toen Israël uit Egypte trok,
het huis van Jakob uit een volk met een vreemde taal,

414

werd Juda Zijn heiligdom,
Israël Zijn koninklijk bezit.
De zee zag het en **vluchtte***,*
de Jordaan deinsde achteruit,
de bergen sprongen op als rammen,
de heuvels als lammeren.
Wat was er, zee, dat u **vluchtte***,*
Jordaan, dat u achteruit deinsde?
Wat was er, bergen, dat u opsprong als rammen,
en u, heuvels, als lammeren?
Beef, aarde, **voor het aangezicht van de Heere***,*
voor het aangezicht van de God van Jakob,
Die de rots veranderde in een waterplas,
hard gesteente in een waterbron" (Psa.114:1-8).

Toen Johannes de grote aardbeving beschreef die zal plaatsvinden wanneer de steden van de naties vallen en Babylon definitief verwoest wordt, had hij al gezegd: "En elk eiland **vluchtte** en bergen **werden niet gevonden**" (Openb.16:20). Hier schrijft de ziener: aarde en hemel vluchtten **"en geen plaats werd voor hen gevonden"**. Dat is natuurlijk beeldspraak. Aarde en hemel leven immers niet en kunnen dus ook niet uit angst wegvluchten. Maar vanwege de ontzagwekkendheid van de Persoon die op de troon zit zullen de oude aarde en hemel wél verdwijnen en zal de schepping worden veranderd en vernieuwd, zoals de HEERE eens "de rots veranderde in een waterplas en hard gesteente in een waterbron". Zo zegt Petrus het ook in zijn tweede brief:

"Maar [de] dag van de Heer zal komen als een dief, waarop de hemelen met gedruis zullen voorbijgaan en [de] elementen brandend vergaan en [de] aarde en de werken daarop zullen gevonden worden... Wij echter verwachten naar Zijn belofte **nieuwe hemelen en een nieuwe aarde** *waar gerechtigheid woont"* (2 Petr.3:10,13).

"En ik zag de doden, de groten en de kleinen, voor de troon staan" merkt Johannes vervolgens op. Uit het bepaald lidwoord ("DE doden") blijkt dat het gaat om *alle* doden. De toevoeging "de groten en de kleinen" kan meer dan één betekenis hebben: de volwassenen en de kinderen, de aanzienlijken en de geringen, de machtigen en de machtelozen, de leiders en hun onderdanen. Onder "de doden" mogen we echter niet verstaan: alle mensen die ooit hebben geleefd. Want wie aan de eerste opstanding deel hadden zijn er niet bij inbegrepen. Die doden waren immers al meer dan duizend jaar eerder opgestaan en hadden onvergankelijk, eeuwig leven ontvangen toen het messiaanse rijk begon (Openb.20:4-6). Wie niet betrokken waren bij de opstand van "Gog en Magog" zijn ook niet door vuur verslonden en niet inbegrepen bij "de doden" die Johannes voor de troon zag staan. Uit het feit dat Johannes de doden zag "staan" blijkt dat ze zijn opgestaan, zoals was voorzegd in vers 5: **"De overigen van de doden werden niet levend voordat de duizend jaren voleindigd waren"**. Toch noemt Johannes hen in de verzen 12 en 13 niet: "levenden" maar: "doden", want deze mensen zijn wel opgestaan maar niet bekleed met onvergankelijkheid. Over hen heeft de tweede dood nog macht, zoals spoedig zal blijken.

"En er werden boeken geopend", merkt de ziener op, en hij laat erop volgen: "**En de doden werden geoordeeld volgens wat in de boeken geschreven was, naar hun werken"**. Van het openen van boeken wanneer een rechtbank zitting neemt is er ook sprake in Daniël 7:10. Tot de boeken die geopend zullen worden behoren in ieder geval de Hebreeuwse en Griekse Schriften, de boeken die wij aanduiden als het "Oude en Nieuwe Testament". Want in het boek Deuteronomium zegt Mozes:

"Neem dit wetboek en leg het naast de ark van het verbond van de HEERE, uw God, zodat het daar is als **getuige tegen u**" (Deut.32:26)

En in het Johannes-evangelie merkt de Here Jezus op:

"Meent niet dat Ik u bij de Vader zal aanklagen; hij die u aanklaagt is **Mozes***, op wie u uw hoop gevestigd hebt. Want als u Mozes geloofde, zou u Mij geloven, want hij heeft over Mij* **geschreven"** (Joh.5:45-46)

"Wie Mij verwerpt en Mijn woorden niet aanneemt, heeft dat wat hem oordeelt: **het woord dat Ik heb gesproken, dat zal hem oordelen op de laatste dag**" (Joh.12:48)

Twee dingen in het verslag van Johannes moeten worden onderstreept:

1. Het oordelen van de doden vindt plaats terwijl ze voor de grote witte troon staan, en *niet* in de poel van vuur. De Rechter bepaalt wat er met hen moet gebeuren, en ze ontvangen voor de troon een rechtvaardig vonnis, op grond van wat er in de boeken staat gescheven.

2. Aangezien de doden geoordeeld worden "naar hun werken" is de zwaarte van hun vonnis afhankelijk van de vraag hoe ze zich tijdens hun aardse leven hebben gedragen. In Zijn onderwijs benadrukte de Here Jezus dat er in het toekomstige oordeel gradaties zouden zijn. Tegen de inwoners van Chorazin en Bethsaïda zei Hij:

*"Ik zeg u evenwel: het zal voor Tyrus en Sidon **draaglijker** zijn in* [de] *dag van* [het] *oordeel dan voor u"* (Matth.11:22, Luk.10:14)

En de inwoners van Kapernaüm kregen te horen:

"Ik zeg u evenwel, dat het voor [het] *land van Sodom **draaglijker** zal zijn in* [de] *dag van* [het] *oordeel dan voor u"* (Matth.11:24, vgl. Matth.10:15).

In een gelijkenis over het toekomstige oordeel merkte Hij op:

"Die slaaf nu, die de wil van zijn heer heeft gekend, en [zich] *niet bereid en niet naar zijn wil gedaan heeft, zal **met vele*** [slagen] ***worden geslagen**, maar wie die niet gekend en dingen gedaan heeft die slagen waard zijn, zal **met weinige worden geslagen**. Ieder nu wie veel gegeven is, van hem zal veel worden geëist, en wie veel is toevertrouwd, van hem zal men des te meer vragen"* (Luk.12:47-48)

Deze gelijkenis benadrukt de billijkheid en de gepastheid van het toekomstige oordeel, en ook de *tijdelijkheid* van de opgelegde straf, want zowel aan "vele" als aan "weinige" slagen komt er eens een eind. Dat de HEERE ieder mens zal vergelden **"naar zijn werken"** wordt in de Bijbel op vele plaatsen gezegd (Psa.28:4, 62:13, Spr.24:12, Jes.59:18, Jer.17:10, Mat.16:27, Joh.5:29, Rom.2:6, 1 Kor.3:8, 2 Kor.5:10, 11:15; 2 Tim.4:14, 1 Petr.1:17, Openb.2:23, 18:6, 20:12,13; 22:12). Hij zal niet alleen het kwade dat mensen hebben gedaan op passende wijze bestraffen, maar ook het goede dat zij hebben gedaan op passende wijze belonen. Uiteindelijk zullen "de velen", dat wil zeggen: al Adams nakomelingen, door Zijn Zoon tot rechtvaardigen worden gesteld

(Rom.5:19). Het oordeel van de grote witte troon is noodzakelijk om dat grote einddoel van de Schepper te bereiken.

"En een ander boek werd geopend, namelijk dat van het leven", zag Johannes in zijn visioen. Over dat boek wordt in de Bijbel op vele plaatsen gesproken. Toen Mozes pleitte voor het volk Israël dat een gouden kalf had gemaakt en zich daarvoor had neergebogen, zei hij:

"Och, dit volk heeft een grote zonde begaan, want zij hebben voor zichzelf een gouden god gemaakt. Nu dan, of U toch hun zonde wilde vergeven! Maar indien niet, schrap mij alstublieft uit Uw boek, dat U geschreven hebt. Toen zei de HEERE tegen Mozes: Wie tegen Mij zondigt, zal Ik uit Mijn boek schrappen" (Exod.32:31-33).

In Psalm 69 zegt koning David over zijn wrede en onbarmhartige vijanden (en profetisch over de vijanden van de Messias):

"Laat hen uitgewist worden uit het boek des levens, laat hen bij de rechtvaardigen niet opgeschreven worden" (Psa.69:29)

Over het lot van het volk Israël tijdens de toekomstige grote verdrukking kreeg de profeet Daniël te horen:

"Het zal een benauwde tijd zijn, zoals er niet geweest is sinds er een volk is geweest tot op die tijd. In die tijd zal uw volk ontkomen: ieder die gevonden wordt, opgeschreven in het boek" (Dan.12:1).

Over Euódia, Syntyché, Clemens en zijn overige medearbeiders zei Paulus, dat hun "namen in het boek van het leven staan" (Fil.4:3)

De meeste vermeldingen van dit "levensboek" vinden we in de Openbaring. Tegen de gemeente van Sardes zei de opgestane Heer:

"Wie overwint, die zal bekleed worden met witte kleren en Ik zal zijn naam geenszins uitwissen uit het boek van het leven" (Openb.3:5).

In het dertiende hoofdstuk van het boek wordt over "het beest", de laatste wereldleider, gezegd:

"En allen die op de aarde wonen, zullen hem aanbidden, [ieder] *wiens naam, van de grondlegging van* [de] *wereld af, niet geschreven staat* **in het boek van het leven van het Lam** *dat geslacht is"* (Openb.13:8).

Later zegt een engel tegen Johannes:

"Zij die op de aarde wonen, van wie de naam van [de] *grondlegging van* [de] *wereld af niet geschreven is* **in het boek van het leven,** *zullen zich verwonderen als zij het beest zien, dat het was en niet is en zal zijn"* (Openb.17:8).

In het nieuwe Jeruzalem dat uit de hemel neerdaalt zal

"niets onheiligs binnengaan, noch wie gruwel en leugen doet, behalve zij die geschreven zijn **in het boek van het leven van het Lam"** (Openb.21:27).

Uit deze teksten blijkt, dat er in het boek van het leven *namen* staan (zie b.v. Fil.4:3, Openb.3:5, 13:8, 17:8, 21:27). Het boek is een namenlijst van personen die burgerrecht hebben in het toekomstige rijk van de Messias, zodat ze tijdens het tijdperk van de duizendjarige binding van satan mogen leven en het nieuwe Jeruzalem mogen binnengaan (zie b.v. Dan.12:1, Openb.21:27). Als iemands naam in het boek ontbreekt, heeft hij of zij geen "eeuwig leven" en zal tijdens de toekomstige eeuwen aan de dood zijn prijsgegeven. Zulke mensen zullen zich in de tijd die voorafgaat aan de wederkomst van Christus verwonderen over de (schijn)opstanding van het "beest" en dat "beest" aanbidden (Openb.13:8, 17:8).

"En de zee gaf de doden die in haar waren, en de dood en de hades gaven de doden die in hen waren" schrijft Johannes. Op het eerste gezicht is het vreemd, dat hij de zee (Gr. *thalassa*) in één adem noemt met de dood (Gr. *thanatos*) en de *hades*. Blijkbaar zijn de zee, de dood en de hades drie plaatsen waar doden zich kunnen bevinden. In de zee bevinden zich alle mensen die zijn verdronken en wier lichamen nooit zijn gevonden. Wie op het land zijn gestorven kunnen door nabestaanden zijn begraven en in een graf rusten, maar ook zijn verbrand of tot stof zijn vergaan, zodat ze voor het nageslacht niet meer zichtbaar zijn. Het Griekse woord *hades* betekent letterlijk: het ongeziene. Vers 13 geeft dus aan, dat *alle* doden voor de grote witte troon zullen verschijnen, waar en in welke toestand ze zich ook maar bevinden. De ziener benadrukt sterk, dat *iedere* overledene zal worden geoordeeld naar zijn of haar werken.

De volgende zin van Johannes is belangrijk om het vervolg van zijn boek te kunnen verstaan. De zin luidt: **"En de dood en de hades werden geworpen in de poel van vuur"**. Ook dit zinnetje is op het eerste gezicht raadselachtig. Hoe kunnen ongrijpbare dingen zoals de dood en de hades nu ergens ingeworpen worden? Gelukkig legt Johannes zelf uit, wat hij met deze beeldspraak bedoelt.

1. Dat de dood en de hades in de poel van vuur werden geworpen, betekent dat onrechtvaardige doden die zich in een graf bevonden of die niet meer werden gezien, in de vuurpoel werden gegooid. Vers 15 zegt immers: **"En als iemand niet geschreven gevonden werd in het boek van het leven, werd hij geworpen in de poel van vuur"**.

2. Aangezien de poel van vuur de dood en de hades in zich opneemt, neemt deze vuurpoel de functie over die vóór het oordeel van de grote witte troon door dood en hades werden vervuld. Aan het slot van vers 14 merkt Johannes immers op: **"Dit is de tweede dood: de poel van vuur"**.

Het tweede gebod is een gebod, even belangrijk als het eerste (Matth.22:39, Mar.12:31). Het tweede hanengekraai is een gekraai, net als het eerste (Mar.14:72). De tweede nachtwake is net als de eerste een periode van waken (Luk.12:38). Het tweede teken dat de Here deed wijst net als het eerste op Zijn messiaanse heerlijkheid (Joh.4:54). De tweede reis van Jozefs broers was een reis naar Egypte, evenals de eerste (Hand.7:13). De tweede vermaning is een terechtwijzing zoals de eerste (Tit.3:10). Het tweede zegel en de tweede bazuin en de tweede schaal zijn een zegel, een bazuin en een schaal, net als de eerste leden van de reeks. Wanneer Johannes dus opmerkt: **"Dit is de tweede dood: de poel van vuur"**, geeft dit aan dat de mensen die zich in die poel bevinden dood zijn, even dood als toen zij zich in de zee, het graf of het ongeziene bevonden. De poel van vuur is géén plaats waar mensen eeuwigdurend worden gepijnigd, want het is de "tweede dood" voor hen die erin terecht komen. Een plaats van pijniging is de poel van vuur alleen maar voor de satan, het beest en de valse profeet (Openb.19:20, 20:10). Dat drietal wordt er *levend* ingeworpen en zij zullen er worden gepijnigd in de eeuwen van de eeuwen, want voor hén is de vuurpoel *niet* de tweede dood.

Hoofdstuk 21

Het visioen van de nieuwe hemel en de nieuwe aarde
(Openb.21:1-5)

"En ik zag een nieuwe hemel en een nieuwe aarde, want de eerste hemel en de eerste aarde waren voorbijgegaan, en de zee was niet meer" (Openbaring 21:1)

Na het oordeel van de grote witte troon zag Johannes hoe een profetie uit de Hebreeuwse Schriften werd vervuld. De profeet Jesaja had namens de HEERE tegen het volk Israël gezegd:

"Want zie, Ik schep een nieuwe hemel en een nieuwe aarde. Aan de vorige dingen zal niet meer gedacht worden, ze zullen niet meer opkomen in het hart" (Jes.65:17).

De bijzin **"en de zee was niet meer"** houdt verband met het visioen van de grote witte troon. Tijdens dat visioen had Johannes opgemerkt:

"En de zee gaf de doden die in haar waren, en de dood en de hades gaven de doden die in hen waren" (Openb.20:13).

De schrijver van het laatste Bijbelboek had gezien, hoe "de dood en de hades werden geworpen in de poel van vuur" (Openb.20:14). Maar wat er met de zee gebeurde had hij nog niet verteld. Nu zegt hij, dat de zee er op de nieuwe aarde niet meer zal zijn. De functies van dood en hades zijn daar overgenomen door de poel van vuur – want die is "de *tweede* dood" (Openb.20:14). Maar een zee die landen en volken van elkaar scheidt, een oceaan waarin mensen kunnen verdrinken en verdwijnen is er op de nieuwe aarde niet meer.

"En ik zag de heilige stad, het nieuwe Jeruzalem, uit de hemel neerdalen van God, gereed als een bruid die voor haar man versierd is" (Openb.21:2)

Ook over dit nieuwe Jeruzalem had Jesaja al gesproken. Op het zinnetje: "Aan de vorige dingen zal niet meer gedacht worden, ze zullen niet meer opkomen in het hart" (Jes.65:17) had de profeet laten volgen:

"Maar wees vrolijk en verheug u tot in eeuwigheid in wat Ik schep, want zie, Ik schep Jeruzalem een vreugde en zijn volk blijdschap. En Ik zal Mij verheugen over Jeruzalem en vrolijk zijn over Mijn volk" (Jes.65:18-19a). Johannes mocht het nieuwe Jeruzalem zien dat God zal scheppen. Het is geen gerepareerde of herstelde versie van de vroegere aardse stad, geen metropool die door architecten is ontworpen en waar een leger van bouwvakkers aan heeft gewerkt, maar "de stad van de levende God, [het] hemelse Jeruzalem" (Hebr.12:22). Van deze stad en haar fundamenten is *God* de "ontwerper en bouwmeester" (Hebr.11:10). De stad is in de hemel gebouwd en daalt uit de hemel neer, **"als een bruid die voor haar man versierd is"**. Wie de toekomstige "echtgenoot" is voor wie de stad is versierd, zal spoedig tegen Johannes worden gezegd:

*"Kom, ik zal u de **bruid,** de vrouw **van het Lam** tonen"* (Openb.21:9).

De bruidegom, of echtgenoot van het nieuwe Jeruzalem is "het Lam" dat voor de inwoners van deze stad is geslacht en ook is opgestaan, Israëls Messias.

"En ik hoorde een luide stem vanuit de troon zeggen: Zie, de tabernakel van God is bij de mensen en Hij zal bij hen wonen, en zij zullen Zijn volk zijn, en God zelf zal bij hen zijn, <hun God>" (Openb.21:3)

Een luide stem uit de troon noemt het nieuwe Jeruzalem "de tabernakel (= de tent) van God". Wat de tabernakel in de woestijn (Lev.26:11-12) en de tempel van Salomo (1 Kon.8:13,27) voorafschaduwden zal in het nieuwe Jeruzalem worden vervuld. God zal daar bij de mensen wonen. Dat God eens bij de mensen zou wonen was door de profeten aangekondigd, in verband met het definitieve herstel van het volk Israël (Ezech.37:27, Zach.2:10).

Het visioen van de nieuwe hemel en de nieuwe aarde wordt door Bijbellezers dikwijls opgevat als een beschrijving van de "eeuwige toestand", de onveranderlijke eindfase van de schepping waarin Gods heilsplan is voltooid en al Gods bedoelingen zijn bereikt. Maar uit zeven feiten die in de profetieën van Jesaja en Johannes worden vermeld blijkt dat deze opvatting onjuist is.

1. Mensen worden er heel oud maar sterven nog wel.

Van de nieuwe aarde zegt Jesaja, dat de mensen er net zo oud zullen worden als de bomen. Hun leven zal zich uitstrekken over vele honderden jaren, net als in de tijd vóór de zondvloed (Jes.65:22). Zelfs een verstokte zondaar zal er pas op honderdjarige leeftijd door de vloek worden getroffen (Jes.65:20). Een honderdjarige zal in die tijd worden beschouwd als een jonkie dat nog maar pas komt kijken. Op de nieuwe aarde zullen er nog kinderen worden geboren. Verschillende generaties zullen elkaar opvolgen (Jes.65:23). De levenskracht van de mensheid is sterk toegenomen, maar het loon van de zonde wordt nog steeds uitgekeerd (Jes.65:20). Zelfs aan het leven van een boom komt er eens een eind. De dood is er op de nieuwe aarde nog.

2. De doodstraf wordt er voltrokken.

Wie op de nieuwe aarde opzettelijk en openlijk zondigt (wat de Bijbel een "zonde met opgeheven hand" of een "zonde tot de dood" noemt), zal de doodstraf krijgen. Pelgrims die tijdens de hoogtijden van de HEERE naar Jeruzalem gaan zullen buiten de stad de dode lichamen van misdadigers zien liggen. Hun lijken zullen door vuur en maden worden verteerd, in het dal van Hinnom (Jes.66:21-24).

3. Het visioen van Johannes laat geen eindstadium zien maar een proces.

De stem die Johannes uit de troon hoort klinken, zegt: "De dood zal niet meer zijn" (Openb.21:4). Maar op het moment waarop de stem dit afkondigt is de dood er nog. De "poel van vuur en zwavel" is immers de tweede dood (Openb.21:8). Blijkbaar geeft de stem het *einddoel* van het tijdperk van de nieuwe hemel en de nieuwe aarde aan, maar in Johannes' visioen is dat einddoel nog niet bereikt.

4. Op de nieuwe aarde zijn er nog zieken die behoefte hebben aan genezing.

In het nieuwe Jeruzalem zag Johannes "het geboomte (Gr. *xulon*) van het leven" en hij merkt over dat geboomte op: "de bladeren van de boom zijn tot genezing van de naties" (Openb.22:3). De "naties" waarover Johannes spreekt, zijn dus nog vergankelijk, want alleen vergankelijke mensen hebben maar behoefte aan genezing. Deze heidenvolken bevinden zich buiten de heilige stad, want ze brengen daar geschenken naartoe (Openb.21:24 en 26).

5. Op de nieuwe aarde wordt er nog geregeerd door koningen.

In het tijdperk van de duizendjarige binding van de satan en het tijdperk van de nieuwe hemel en de nieuwe aarde, de toekomstige "eeuwen" die de voorafgaande overtreffen, wordt er nog geregeerd. Tijdens deze "eeuwen van de eeuwen" regeert het Lam nog met Zijn "slaven" (Openb.22:3-5). En buiten het nieuwe Jeruzalem zijn er nog "koningen der aarde", die zich aan het Lam hebben onderworpen (Openb.21:24). Omdat Christus op de nieuwe aarde nog regeert en er nog koningen tussen God en de mensheid in staan, is Gods einddoel met Zijn schepping nog niet bereikt. De Messias moet heersen *"totdat Hij al Zijn vijanden onder Zijn voeten heeft gelegd"* (1 Kor.15:25). Als "laatste vijand" zal de dood te niet worden gedaan (1 Kor.15:26). In Johannes' visioen is het nog niet zo ver, want Christus heerst nog. Wanneer de dood als laatste vijand te niet is gedaan, zal Christus het koninkrijk (of: het koningschap) aan zijn Vader overgeven en zal God "alles zijn in allen" (1 Kor.15:24,28).

6. Op de nieuwe aarde is God nog niet "alles in allen".

Over het nieuwe Jeruzalem zei de opgestane Heer tegen Johannes:

"Buiten zijn de honden, de tovenaars, de hoereerders, de moordenaars, de afgodendienaars en ieder die [de] leugen liefheeft en doet" (Openb.22:15).

Zulke mensen bevinden zich in de poel van vuur (Openb.21:8). De meesten van hen bedreven hun misdrijven op de oude aarde, toen de eerste dingen nog niet waren voorbijgegaan. Uit het feit dat de Heer hen noemt, blijkt dat God nog niet "alles" is geworden in "allen". In een leugenaar, een moordenaar, een hoereerder of een afgodendienaar is Hij per definitie niet "alles". En ook niet in een dode. Hoe zou de God van het leven in een dode alles kunnen zijn?

7. De poorten van het nieuwe Jeruzalem moeten worden bewaakt.

De poorten van het nieuwe Jeruzalem worden nooit gesloten (Openb.21:25), maar bij elke poort staat een engel die als poortwachter optreedt (Openb.21:12). Blijkbaar moeten die engelen ervoor zorgen dat niets onheiligs de stad binnenkomt (Openb.21:27). Alleen mensen "die hun lange kleren hebben gewassen" (Openb.22:14), gezien het voorafgaande "in het bloed van het Lam" (Openb.7:14), en wier namen in het levensboek staan (Openb.21:27) mogen de stad in. Er is dus nog sprake van een scheiding binnen de mensheid. Niet iedereen is al behouden.

Uit deze zeven feiten over de toekomst, die Jesaja, Johannes en Paulus in hun geschriften vermelden, blijkt dat het visioen van de nieuwe hemel en de nieuwe aarde niet een beschrijving is van de definitieve toestand van Gods schepping, maar van het laatste wereldtijdperk.

"En Hij zal elke traan van hun ogen afwissen, en de dood zal niet meer zijn, noch rouw, noch geschrei, noch pijn zal er meer zijn, \<want\> de eerste dingen zijn voorbijgegaan" (21:4)

Wat de luide stem vanaf de troon zegt, moeten we niet opvatten als een doel dat is bereikt zodra de nieuwe hemel en de nieuwe aarde zichtbaar worden, maar als de eindbestemming van de nieuwe schepping. Op het moment van spreken is de tweede dood er immers nog (21:8). De stem zegt wat God ZAL doen, wat Hij op het moment van spreken voor bepaalde mensen al heeft gedaan en wat Hij uiteindelijk zal realiseren voor allen. Voor de inwoners van het nieuwe Jeruzalem is het op het moment van spreken al werkelijkheid geworden (22:3), voor de volken die buiten de stad zijn nog niet. Want die hebben gezien het vervolg van Johannes' betoog nog genezing nodig (22:2) en zij kennen nog wél pijn, al is er voor hun pijn een goede remedie.

De stem zegt niet, dat God "alle" tranen van mensenogen zal afwissen, hoewel dat beslist waar is. De stem zegt: "*elke* traan". Sommige mensen hebben ontzaglijk veel leed moeten dragen. Hoe groot is het leed van het Joodse volk niet geweest, de eeuwen door, het leed van pogroms en Holocaust, van intifada en Al-Aqsa storm? Bij mensen die veel tranen hebben moeten schreien zal de Eeuwige *elk* van die tranen wegwissen en de geslagen wonden, tot de kleinste toe, volledig helen. Maar ook bij mensen die weinig leed hoefden te dragen, zal Hij geen enkele traan vergeten, of te gering achten om er aandacht aan te schenken. Zelfs de enkele, kleine traan wist Hij af.

"En Hij die op de troon zat, zei: Zie, Ik maak alles nieuw. En Hij zei \<tot mij\>: Schrijf, want deze woorden zijn getrouw en waarachtig" (21:5)

In Johannes' visioen zei de Almachtige: "Zie" (dat wil zeggen: Let op, kijk!), "Ik maak alles nieuw". Het werkwoord "maken" staat in de de tegenwoordige tijd. De stem zegt: "Kijk eens, Ik ben *bezig* alles nieuw te maken". En de stem geeft Johannes opdracht: "Schrijf", schrijf dit op, "want deze woorden zijn getrouw en waarachtig". Omdat het boek dat Johannes aan het schrijven was bestemd was voor "slaven van Jezus Christus" (1:1) die op de aarde zouden zijn tijdens de "dag van de Heer" (1:10), voor leden van "de zeven gemeenten" (1:4,11) die het tijdperk van de grote verdrukking (3:10) en de wederkomst van Christus zouden meemaken (2:5,10,16,25; 3:3,11,20) is de opdracht die Johannes krijgt een bemoediging voor mensen die tijdens de allerdonkerste fase van de wereldgeschiedenis op aarde zullen leven. Hoewel alles om hen heen wordt verwoest wanneer de oordelen van God het rijk van het beest treffen, mogen ze hoop hebben. De Almachtige maakt alles nieuw. Dat woord is betrouwbaar, want het is afkomstig van de Almachtige Schepper die alle dingen in Zijn hand houdt en die heel Zijn schepping naar het einddoel voert dat Hij heeft vastgesteld

Met de woorden "Zie, Ik maak alle dingen nieuw" eindigt het visioen dat Johannes ontving van de nieuwe hemel en de nieuwe aarde, en dat was ingeleid met de woorden "En ik zag..." (21:1). In de verzen 6, 7, en 8 krijgt de ziener een opdracht en een boodschap voor de zeven gemeenten, waaraan hij zijn boek moest sturen. In vers 9 begint er een nieuw visioen, waarin een engel Johannes de glorie van het nieuwe Jeruzalem toont.

Gods boodschap voor Zijn slaven op de dag van de Heer (Openb.21:6-8)

"En Hij zei tot mij: Zij zijn gebeurd! Ik ben de alfa en de oméga, het begin en het einde. Ik zal hem die dorst heeft, geven uit de bron van het water van het leven om niet. Wie overwint, zal deze dingen beërven, en Ik zal hem een God zijn en hij zal Mij een zoon zijn" (21:6-7)

"Zij zijn gebeurd!" moeten we gezien het tekstverband opvatten als een profetisch *perfectum*. Het is zó volstrekt zeker dat deze dingen zullen gebeuren, dat Johannes erover spreekt alsof ze al gebeurd zijn. Ze zijn gebeurd omdat God de Alfa en de Oméga is, het Begin en het Einde, de Almachtige Schepper die heel de geschiedenis in Zijn hand houdt en die van tevoren de afloop kan bekend maken (vgl. Jes.44:6-8, 48:12-15; Openb.1:8, 1:17, 2:8, 22:13). Tijdens de grote verdrukking, wanneer de zeven gemeenten zich op aarde bevinden, is alles nog niet nieuw gemaakt, maar de leden van die zeven gemeenten mogen er absoluut zeker van zijn, dat ze dankzij Gods ingrijpen nieuw zullen worden.

Tot de leden van de zeven gemeenten, de "slaven van Jezus Christus" die er op aarde zullen zijn wanneer de dag van de Heer aanbreekt, richt Hij die op de troon zit een troostrijke bemoediging en een ernstige waarschuwing. De bemoediging staat in de verzen 6 en 7, en de waarschuwing in vers 8. Aan "wie dorst heeft" (en wie zou er tijdens de verschrikkingen van de grote verdrukking niet vurig naar het onvergankelijke leven verlangen?) belooft de Almachtige, dat Hij de dorstige zal **"geven uit de bron van het water van het leven, om niet"**. In de HSV staat dat God zo iemand "te *drinken* zal geven" en dat is ook de bedoeling van het vers, maar de woorden "te drinken" ontbreken in de oorspronkelijke tekst. Het "water van het leven" zou Johannes in zijn latere visioen nog zien (22:1). De Almachtige belooft, dat wie dorst heeft vanwege Zijn onverdiende goedheid onvergankelijk leven zal ontvangen en tijdens de eeuw van de nieuwe hemel en de nieuwe aarde het nieuwe Jeruzalem zal mogen binnengaan. Wie overwint (gezien het vervolg van de tekst door niet voor het beest te buigen, maar te blijven vertrouwen op de Schepper) zal een lotsdeel ontvangen in de nieuwe wereld die God zal scheppen, in Gods nabijheid mogen verkeren, van al het geleden verdriet worden genezen en niet langer aan de vergankelijkheid onderworpen zijn. Wat was genoemd in de verzen 1 tot 5 zal zo iemand ontvangen en hij (of zij) zal mogen delen in wat God aan de ware zoon van David, de Messias, heeft beloofd:

"Ik zal hem een God zijn en hij zal Mij een zoon zijn" (2 Sam.7:14).

"Maar voor de bangen, ongelovigen, verfoeilijken, moordenaars, hoereerders, tovenaars, afgodendienaars en alle leugenaars – hun deel is in de poel die van vuur en zwavel brandt; dit is de tweede dood" (21:8)

Na de bemoediging voor de mensen die op aarde zijn wanneer de dag van de Heer aanbreekt, volgt er in vers 8 een ernstige waarschuwing. Wie uit angst of gebrek aan vertrouwen op de ware God besluit om voor het beest te buigen, wie zich thuisvoelt in de door het beest geschapen samenleving, wie instemt met de moordpartijen tegen andersdenkenden die het beest organiseert, wie zich net als het beest keert tegen de huwelijksband die God heeft ingesteld, wie andere mensen manipuleert met propaganda of hen met giftige stoffen uitschakelt, wie applaudiseert bij de toespraken van het beest dat God en godsdienst vervloekt, wie de voorkeur geeft aan de leugen boven de waarheid, wie het beest als god vereert, die zal géén lotsdeel ontvangen op de nieuwe aarde. Het lotsdeel van zo iemand is "in de poel die van vuur en zwavel brandt". Tijdens het tijdperk van de nieuwe hemel en de nieuwe aarde zal zo'n volgeling van het beest zich in de tweede dood bevinden en niet op aarde mogen leven. Met die ernstige waarschuwing eindigt het intermezzo dat het visioen van de nieuwe hemel en de nieuwe aarde (Openb.21:1-5) scheidt van het visioen van het nieuwe Jeruzalem (Openb.21:9-22:5).

Het visioen van het nieuwe Jeruzalem
(Openb.21:9-22:5)

"En één van de zeven engelen die de zeven schalen hadden, vol van de zeven laatste plagen, kwam en sprak met mij en zei: Kom, ik zal u de bruid, de vrouw van het Lam tonen" (21:9)

Bij een eerdere gelegenheid (Openb.17:1) was één van de zeven engelen die de schaalgerichten hadden voltrokken naar Johannes toegekomen en had hem "de grote hoer" getoond, "de grote stad die het koningschap heeft over alle koningen der aarde" (Openb.17:13). Dat visioen liep uit op het oordeel dat Babylon zal treffen.

Nu komt opnieuw één van de zeven engelen naar Johannes toe en laat hem de stad zien die tijdens de "eeuw van de eeuwen" het centrum van de wereld zal vormen, en waar de koningen van de aarde dán hun heerlijkheid en eer naartoe zullen brengen (21:24). Het Babylon van de eindtijd met haar verering van het beest was een afschuwelijke karikatuur van het échte wereldcentrum dat in de tweede toekomstige eeuw op aarde zal neerdalen. In die heilige stad zal God bij de mensen wonen en zullen de koningen van de aarde Hem met hun geschenken vereren.

In vers 10 blijkt dat de engel met "de bruid, de vrouw van het Lam" het nieuwe Jeruzalem bedoelt, "de heilige stad, die neerdaalt uit de hemel van God", de stad waarnaar gelovigen van oude tijden af hebben uitgezien (Hebr.11:13-16). Dat nieuwe Jeruzalem is geen hoer zoals Babylon, dat zich gaf aan de meest biedende, maar een bruid die haar Man trouw blijft zolang de nieuwe wereld blijft bestaan.

"En hij voerde mij weg in [de] geest op een grote en hoge berg en toonde mij de heilige stad, Jeruzalem, die uit de hemel neerdaalde van God en de heerlijkheid van God had" (21:10)

In het visioen wordt Johannes door de engel op een grote en hoge berg gezet van waaraf hij het nieuwe Jeruzalem kan overzien. Dit slotvisioen van de Openbaring doet denken aan wat er met Mozes gebeurde aan het eind van zijn leven. In het boek Deuteronomium lezen we:

"Toen beklom Mozes, vanuit de vlakten van Moab, de berg Nebo, de top van de Pisga, die recht tegenover Jericho ligt. En de HEERE liet hem heel het land zien: van Gilead tot Dan, heel Naftali, het land van Efraïm en Manasse, heel het land van Juda tot aan de zee in het westen, het Zuiderland, de vlakte van de vallei van Jericho, de palmstad, tot aan Zoar.En de HEERE zei tegen hem: Dit is het land waarvan Ik Abraham, Izak en Jakob gezworen heb: Aan uw nageslacht zal Ik het geven. Ik heb het u met uw eigen ogen laten zien" (Deut.34:1-4)

Tegen Mozes zei de HEERE: "Maar ú mag daarheen niet oversteken" (Deut.34:4), maar Johannes kreeg het nieuwe Jeruzalem te zien in de wetenschap dat hij er wél zou mogen binnengaan, omdat hij "van zijn zonden gewassen was in het bloed van Jezus Christus" (Openb.1:5).

Bij het aanbreken van de dag van de Heer zal het aardse Jeruzalem een zeer *onheilige* stad zijn, die in geestelijk opzicht lijkt op Sodom en Egypte (Openb.11:8). Maar het nieuwe Jeruzalem, dat er in de "eeuw van de eeuwen" zal zijn, is een *heilige* stad: volmaakt aan de HEERE gewijd.

De apostel Paulus schreef: "Allen hebben gezondigd en *missen* de heerlijkheid van God" (Rom.3:23), maar van het nieuwe Jeruzalem zegt Johannes, dat dit "de heerlijkheid van God *had*". De mensen die in de stad wonen, zijn niet langer doelmissers, maar zondeloze, onsterfelijke en onvergankelijke beelddragers van God. Ze zijn met Gods heerlijkheid bekleed. Gerechtvaardigd door Zijn genade. Voor Johannes moet het enorm troostrijk geweest zijn om de definitieve Godsstad te zien, waarin de Eeuwige met Zijn tegenstrevend volk volmaakt tot Zijn doel is gekomen. Jesaja 60:1-2 en 60:19-20 zullen in het nieuwe Jeruzalem in vervulling gaan.

"Haar lichtglans was aan zeer kostbaar gesteente gelijk, als een kristalheldere jaspissteen" (21:11)

Uit de beschrijving van Johannes blijkt dat de edelsteen die de Bijbel jaspis noemt (Gr. *iaspis*) er niet uitziet zoals de steen die wij jaspis noemen. Onze jaspis is een ondoorzichtige vorm van kwarts die mooie kleuren heeft, maar de Bijbelse jaspis is "kristalhelder". Hij ziet eruit als diamant of bergkristal. Het nieuwe Jeruzalem verspreidt een schitterend, wit licht. Het straalt met "een licht uit de hemel, sterker dan de glans van de zon" (Hand.9:3, 26:13). Zo straalt ook het gelaat van de hemelse Mensenzoon (Openb.1:16).

"Zij had een grote en hoge muur, zij had twaalf poorten en aan de poorten twaalf engelen en daarop namen geschreven, welke <de namen> van de twaalf stammen van [de] zonen van Israël zijn" (21:12)

Wanneer Johannes de bouw van de heilige stad gaat beschrijven merkt hij allereerst op dat zij "een grote en hoge muur" heeft. Een muur maakt scheiding tussen het gebied *binnen* de stad en het gebied daarbuiten. Een "grote en hoge muur" voorkomt dat onbevoegden de stad binnendringen. Uit Openb.21:17 kunnen we afleiden dat de muur van het nieuwe Jeruzalem 144 el hoog is, ongeveer 70 meter. Bovendien heeft de stad "twaalf poorten". Dat zijn de enige toegangswegen. En die toegangen worden bewaakt, want "aan" (of: "op", Gr. *epi*) elke poort staat een engel die als poortwachter optreedt. De engelbewaarders van het nieuwe Jeruzalem doen denken aan de *cherubim* die de HEERE aan de oostkant van de hof van Eden plaatste om de weg naar de boom van het leven te bewaken (Gen.3:24). In het nieuwe Jeruzalem bevindt zich ook "geboomte van het leven" (Openb.22:2) en wie onheilig is mag die stad niet binnengaan, want Openbaring 21 zegt:

"En geenszins zal in haar [= in het nieuwe Jeruzalem] *iets onheiligs binnengaan, noch wie gruwel en leugen doet, behalve zij die geschreven zijn in het boek van het leven van het Lam"* (21:27)

Zoals er in de borstlap van Israëls hogepriester twaalf edelstenen zaten met daarop de namen van de zonen van Israël (Exod.28:21), zo zijn die namen ook geschreven op de poorten van het nieuwe Jeruzalem. De poorten die tijdens de duizendjarige binding van satan toegang verlenen tot het aardse Jeruzalem,

431

dragen dezelfde namen: Ruben, Juda en Levi aan de noordkant, Jozef, Benjamin en Dan aan de oostkant, Simeon, Issaschar en Zebulon aan de zuidkant, en Gad, Aser en Naftali aan de westkant (Ezech.48:30-35). Het nieuwe Jeruzalem is de hoofdstad van het herstelde Israël, en de inwoners van die stad zijn verloste nakomelingen van Jakob.

"Aan [de] oostkant drie poorten, aan [de] noordkant drie poorten, aan [de] zuidkant drie poorten en aan [de] westkant drie poorten" (21:13)

Net als bij het Jeruzalem van het millennium dat Ezechiël zag, heeft ook het nieuwe Jeruzalem de vorm van een vierkant met drie poorten in elke zijmuur, en die zijmuren staan haaks op de windrichtingen. In zijn beschrijving van de poorten begint Ezechiël met de noordkant en draait vervolgens met de klok mee: van het noorden naar het oosten en het zuiden om in het westen te eindigen (Ezech.48:31-35). Johannes gebruikt een andere volgorde: hij begint in het oosten, draait tegen de klok in naar het noorden, springt vervolgens naar het zuiden en draait tenslotte met de klok mee naar het westen. Ezechiël vertelt welke naam op welke poort geschreven is, maar Johannes zegt dat niet. Het is een raadsel waarom Johannes in zijn beschrijving deze vreemde volgorde gebruikt en waarom hij niet vermeldt wiens naam op welke poort geschreven is. Zowel Johannes als Ezechiël beginnen hun beschrijving echter in het oosten (de richting van de morgen) en eindigen in het westen (de richting van de avond). Mogelijk noemt Johannes de poorten van de stad in de volgorde oost-noord-zuid-west omdat dit de volgorde was waarin een engel in Ezechiëls visioen de zijden van de nieuwe tempel had opgemeten (Ezech.42:16-19). In het visioen van Johannes was er ook een engel, die de zijden van het nieuwe Jeruzalem opmat (vs.15-16). Mogelijk gebruikte de engel die Johannes zag dezelfde meetvolgorde als de engel die Ezechiël zag en somt Johannes daarom de windstreken op deze vreemde manier op.

"En de muur van de stad had twaalf fundamenten en daarop [de] twaalf namen van de twaalf apostelen van het Lam" (21:14)

Omdat de [vierkante] stad twaalf poorten heeft, drie aan elke zijmuur, liggen er tussen die poorten twaalf fundamenten: vier fundamenten die de hoeken van de stad dragen en twee fundamenten onder elke zijmuur, tussen de drie poorten. Op die fundamenten staan de "twaalf namen van de twaalf apostelen

432

van het Lam". Omdat elke poort in Ezechiëls visioen de naam van één bepaalde aartsvader draagt, geeft vers 14 vermoedelijk aan, dat elk fundament van het nieuwe Jeruzalem de naam van één apostel draagt. Het gaat om: Simon Petrus, Andreas, Jakobus de zoon van Zebedeüs, Johannes, Filippus, Bartholomeüs, Thomas, Mattheüs de tollenaar, Jakobus de zoon van Alfeüs, Thaddeüs, Simon de Kanaäniet en Matthias, die Judas heeft vervangen (Matth.10:2-5, Hand.1:26). Tegen Zijn twaalf apostelen heeft de Here Jezus gezegd, dat ze "in de wedergeboorte, wanneer de Zoon des mensen zal zitten op de troon van zijn heerlijkheid, ook op twaalf tronen zullen zitten om de twaalf stammen van Israël te oordelen" (Matth.19:28). Het opzienerschap dat Judas zou vervullen is door Matthias overgenomen (Hand.1:20,24-26). De tronen en de rechters waarover de Here Jezus sprak had Johannes in een eerder visioen al mogen zien (Openb.20:4). Dankzij de verkondiging van de twaalven in de eerste eeuw en hun rechtvaardige bestuur in de toekomstige eeuwen zal Israël worden hersteld en herboren. Daarom staan hun namen op de fundamenten van het nieuwe Jeruzalem.

"En hij die met mij sprak, had een gouden meetrietstok, opdat hij de stad en haar poorten en haar muur zou meten" (21:15)

De engel die aan Ezechiël de tempel toonde die tijdens de duizendjarige binding van satan in het aardse Jeruzalem zal staan had net als de engel die met Johannes sprak een meetriet in zijn hand (Ezech.40:3,5). Van het meetriet in Ezechiël wordt niet gezegd dat het van goud was. Van dat riet wordt wel gezegd dat het zes el lang was (Ezech.40:5), terwijl de lengte van de gouden maatstaf die Johannes zag niet wordt vermeld. Een meetriet (Gr. *kalamos*) werd in de Oudheid meestal gemaakt van een papyrus-stengel. Zulke stengels kunnen wel vijf meter hoog worden. Maar het riet dat Johannes zag was van *goud*, en was niet afkomstig uit de Nijl, maar uit het hemels heiligdom. De engel had een meetriet bij zich dat door God was geijkt omdat hij de afmetingen van het nieuwe Jeruzalem, haar poorten en haar muur moest vaststellen. Niet om na te gaan of die afmetingen wel klopten, maar om de maten aan Johannes bekend te maken, zodat hij ze in zijn boek kon vermelden.

"En de stad ligt in het vierkant, en haar lengte is even groot als haar breedte. En hij mat de stad met de rietstok: twaalfduizend stadiën: haar lengte, breedte en hoogte zijn gelijk" (21:16)

Het Griekse woord *tetragonos* betekent letterlijk "vierhoekig". Een gebouw dat vierhoekig is kan de vorm van een vierkant of een rechthoek hebben. Voor de duidelijkheid voegt Johannes er aan toe: **"haar lengte is even groot als haar breedte".** Het grondvlak van de stad is dus een perfect vierkant. De engel nam de maten van de stad op en die bleken gigantisch te zijn: twaalfduizend bij twaalfduizend bij twaalfduizend stadiën. De uitspraak van Johannes: **"Haar lengte, breedte en hoogte zijn gelijk"** kan op twee manieren worden opgevat: de stad heeft òfwel de vorm van een kubus, òf zij ziet eruit als een piramide met een vierkant grondvlak, waarbij de afstand van de top tot het grondvlak gelijk is aan de lengte van de zijden van het grondvlak. Het volgende vers wijst eerder op een piramide- dan een kubusvorm. De gelijke lengte, breedte en hoogte van de stad doen denken aan het heilige der heiligen in de tempel, want van dat vertrek waren de lengte, de breedte en de hoogte ook gelijk (1 Kon.6:20). Een stadie was de afstand die de Grieken liepen in een renbaan (vgl. 1 Kor.9:24) en die bedroeg 185 meter. Twaalfduizend stadiën komen dus overeen met 2220 kilometer! Uit de enorme afmetingen van het nieuwe Jeruzalem blijkt dat de nieuwe aarde en de nieuwe hemel véél groter en anders geordend zijn dan de huidige hemel en de huidige aarde. Het begrip twaalfduizend moet letterlijk worden opgevat, want de engel heeft de lengte, breedte en hoogte van de stad nauwkeurig opgemeten, maar het heeft ook een symbolische betekenis. In de beschrijving van het nieuwe Jeruzalem keert het getal twaalf voortdurend terug: er zijn twaalf poorten met de namen van de twaalf stammen, twaalf engelen, en twaalf fundamenten met de namen van de twaalf apostelen. De lengte, breedte en hoogte van de stad bedragen twaalfduizend stadiën, en de stadsmuur is twaalf maal twaalf, ofwel 144, el hoog. Deze herhaling van het getal twaalf verwijst naar het volk Israël, dat hier tot haar definitieve bestemming is gekomen.

"En hij mat haar muur: honderdvierenveertig el, een maat van een mens, dat is van een engel" (21:17)

De maat van de muur is klein in verhouding tot de maten van de stad, maar "groot en hoog" (21:12) in vergelijking tot de afmetingen van een mens, want 144 el komt overeen met 70 meter. Uit het feit dat Johannes de muur in vers

12 "groot en hoog" noemt, blijkt dat de honderdvierenveertig el uit vers 17 vermoedelijk zowel betrekking hebben op de *hoogte* als de *breedte* (of dikte) van de muur. De bijzin: "een maat van een mens, dat is van een engel" geeft aan dat de el die de engel hanteerde de menselijke maat had, en gelijk was aan de afstand van de top van de middelvinger tot de kromming van de elleboog bij een volwassene, ongeveer 48 centimeter. Wanneer het nieuwe Jeruzalem de vorm van een piramide heeft, omsluit de muur het grondvlak van de piramide en rijst het centrum van de stad enorm ver boven de muur uit. Toch is die muur zelf al even hoog als een flinke kerktoren.

"En de bouwstof van haar muur was jaspis; en de stad was zuiver goud, aan zuiver glas gelijk" (21:18)

Het Griekse woord *endomesis* dat in vers 18 als "bouwstof" is weergegeven, komt in de Bijbel nergens anders voor. Volgens het woordenboek betekent *endomesis* "bouwmateriaal", en dit is ook de weergave in de HSV, maar de CLV schrijft: "steunbeer" en andere vertalingen zeggen "dakrand", "dakbedekking" of "bekleding". Omdat de Bijbelse jaspis een doorzichtige en glasheldere steen was, die er uitzag als bergkristal of diamant (21:12) kon Johannes zien hoe het nieuwe Jeruzalem er van binnen uitzag. De stad was van zuiver goud – zoals de binnenkant van het heilige der heiligen in de tempel (1 Kon.6:20). Johannes vergelijkt het goud met "zuiver glas". In de eerste eeuw was glas meestal niet volmaakt helder en doorschijnend, maar vanwege verontreinigingen enigszins troebel. Zuiver glas was zeldzaam en heel kostbaar. De ziener benadrukt dat het goud van het nieuwe Jeruzalem volmaakt zuiver was. Hij zegt letterlijk: "en de stad: goud, zuiver, als glas, zuiver". Uit de Griekse zinsbouw en de herhaling van het woord "zuiver" *(katharos)* blijkt dat zuiverheid, de totale afwezigheid van verontreinigingen, het punt van de vergelijking is. Het bouwmateriaal van de stad is de zichtbare uitbeelding van wat in vers 27 wordt gezegd: "en geenszins zal in haar iets onheiligs binnengaan, noch wie gruwel en leugen doet". Bovendien beeldt dit materiaal uit dat God op een bijzondere manier in de stad tegenwoordig is, zoals Hij aanwezig was in het heilige der heiligen van de tabernakel en de tempel. Geen enkele onreinheid of onheiligheid kan in Gods nabijheid verkeren.
"De fundamenten van de muur van de stad waren met allerlei edelgesteente versierd. Het eerste fundament was jaspis, het tweede saffier, het derde chalcédon, het vierde smaragd, het vijfde sardónyx,

het zesde sardius, het zevende chrysoliet, het achtste beril, het negende topaas, het tiende chrysopraas, het elfde hyacint, het twaalfde amethist" (21:19-20)

Het edelgesteente waarmee de fundamenten van de muur van het nieuwe Jeruzalem zijn versierd doet denken aan de twaalf edelstenen in de borsttas van Israëls hogepriester, waarop de namen van de zonen van Israël waren gegraveerd (Exodus 28:16-20). Minstens acht van de twaalf stenen komen overeen, maar ze worden in Exodus en Openbaring niet in dezelfde volgorde vermeld. De jaspis was het eerste fundament van het nieuwe Jeruzalem, maar de twaalfde steen in de borsttas van de hogepriester. De saffier van het tweede fundament was de vijfde steen in de borsttas. De chalcédon van het derde fundament wordt in Exodus 28 ogenschijnlijk niet genoemd, maar mogelijk is een chalcédon hetzelfde als een karbonkel. Het derde fundament van het nieuwe Jeruzalem komt dan overeen met de derde steen in de borsttas van de hogepriester. Het vierde fundament van het nieuwe Jeruzalem is een smaragd en dit was ook de vierde steen in de borsttas. Het vijfde fundament, de sardónyx (of onyx), was de elfde steen op de borst van Israëls hogepriester. Een sardius is vermoedelijk hetzelfde als een robijn, dus komt het zesde fundament van het nieuwe Jeruzalem overeen met de eerste steen in de borsttas. De zevende steen uit het nieuwe Jeruzalem, de chrysoliet, is waarschijnlijk een soort turkoois en komt overeen met de tiende steen uit de borsttas. De beril van het achtste fundament is waarschijnlijk een diamant, en bevond zich op de zesde plaats in de borsttas. Ons Nederlandse woord *bril* is van het woord beril afgeleid. In de Oudheid was de *berullos* een edelsteen was met een zeegroene kleur, maar deze werd al vroeg geslepen en gebruikt om de gezichtsscherpte te verbeteren. Het negende fundament, de topaas, was de tweede steen in de tas van de hogepriester. Omdat een chrysopraas volgens velen hetzelfde is als een agaat, komt het tiende fundament overeen met de achtste steen uit het boek Exodus. De edelsteen van het elfde fundament, de hyacint, was de zevende in de kleding van de hogepriester. En de versiering van het twaalfde fundament, de amethist, was de negende steen in de borsttas. Waarom de volgorde in Exodus en Openbaring verschillend is, wordt in de Bijbel niet uitgelegd. Omdat de twaalf stenen verwijzen naar de twaalf stammen van Israël, kan de gewijzigde volgorde verband houden met de manier waarop de stammen zich tijdens hun geschiedenis hebben gedragen. De stenen verwijzen vermoedelijk *zowel* naar de twaalf apostelen van het Lam *als* naar de twaalf stammen van Israël – want de namen van de apostelen zijn op de fundamenten van het nieuwe Jeruzalem gegraveerd (Openb.21:14), en de twaalf apostelen werden door de Here Jezus uitgekozen om in Zijn komend rijk over de twaalf stammen van Israël recht te spreken (Matth.19:28). Zij hebben met hun verkondiging en hun rechtspraak een oogst uit Israël binnengehaald en de basis gelegd voor het heilige volk dat in het nieuwe Jeruzalem mag wonen.

"En de twaalf poorten waren twaalf parels, elk afzonderlijk van de poorten was uit één parel. En de straat van de stad was zuiver goud, als doorzichtig glas" (21:21)

Parelmoer weerkaatst verschillende kleuren van het zichtbare licht als er vanuit verschillende hoeken tegenaan wordt gekeken. De poorten van de stad hebben dus een bijzondere glans, en bieden voor wie om de stad reist telkens een andere aanblik. De parels die Johannes zag hebben enorme afmetingen want de stadsmuur is 144 el hoog en breed (21:17). Het zijn dus geen normale parels, maar scheppingen van God die op een parel lijken. Parels ontstaan wanneer een zandkorrel of een steentje in een oester terechtkomt en dat voorwerp zich nestelt in de mantel, of tussen de schelp en de mantel van het weekdier, en een pijnprikkel veroorzaakt. Door rond het scherpe korreltje parelmoer af te zetten en het daarmee in te kapselen weet de oester de indringer onschadelijk te maken. De paarlen poorten van het nieuwe Jeruzalem zijn vermoedelijk gedenktekens, die de reiziger herinneren aan het feit dat de toegang tot de boom van het leven en de heilige God er is dankzij het lijden en de pijn die het Lam heeft verdragen. Maar de krans van twaalf parels en twaalf edelstenen om de heilige stad heeft nog een andere betekenis. Parelkettingen werden in Johannes' tijd vooral door *vrouwen* gedragen (1 Tim.2:9, Openb.17:4). Het nieuwe Jeruzalem ziet er dus uit als "een bruid die voor haar man *versierd* is" (21:2).

Het Griekse woord *plateia*, dat als "straat" is vertaald, kan ook "plateau" of "plein" betekenen. Dat het plein en de straten van de stad van zuiver goud zijn, geeft aan dat God er op een bijzondere manier aanwezig is, als in het heilige der heiligen van Salomo's tempel. Het punt van de vergelijking tussen goud en glas is niet doorzichtigheid maar volmaakte zuiverheid. Doorzichtig glas is volmaakt zuiver, want onzuiverheden maken glas troebel.

"En een tempel zag ik in haar niet, want de Heer, God de Almachtige, is haar tempel, en het Lam" (21:22)

Uit wat Johannes in vers 22 schrijft, blijkt dat de hoofdstukken 21 en 22 géén beschrijving zijn van de toestand van de wereld tijdens de duizendjarige binding van de satan (in de *eerste* toekomstige eeuw), maar van de nieuwe hemel en de nieuwe aarde die pas tijdens de *tweede* toekomstige eeuw zullen ontstaan, na het gericht van de grote witte troon. Tijdens het millennium is er volgens de Bijbel immers nog wél een tempel. De bouw en inrichting van die tempel zijn door de profeet Ezechiël in detail beschreven (Ezech.40 tot 48). Maar in het nieuwe Jeruzalem is er geen tempel meer. Daar zal God bij de mensen wonen (21:3). Johannes noemt Hem "de Heer", die alle eerbied waardig is, omdat Hem alle dingen toebehoren en omdat Hij voor al Zijn schepselen zorgt. Johannes noemt God ook de *Pantokratoor*, de "albeheerser", Hem die alle dingen werkt naar de raad van Zijn wil (vgl. Efe.1:11). De Almachtige is de Onzienlijke (Heb.11:27), geen mens kan Hem zien (1 Tim.6:16). Maar in het nieuwe Jeruzalem zal Hij toch zichtbaar zijn, in de persoon van het Lam, Zijn Zoon die Zijn Beeld is (Kol.1:11), de zichtbare uitdrukking van Zijn wezen (Hebr.1:3).

"En de stad heeft de zon of de maan niet nodig om haar te beschijnen, want de heerlijkheid van God verlichtte haar en haar lamp is het Lam" (21:23)

Johannes schrijft dat het nieuwe Jeruzalem "de zon of de maan niet nodig heeft om haar te beschijnen". Zon en maan *bestaan* nog wel (dat blijkt o.a. uit Openb.22:2) maar de stad heeft aan hun schijnsel geen behoefte, want het is er altijd stralend licht. De heerlijkheid van God, het zichtbare teken van Gods aanwezigheid, is een voortdurend schijnende lichtbron in haar en die heerlijkheid is belichaamd in het Lam. Het Lam is de "lamp" (Gr. *luchnos*, dus de lichtbron) van het nieuwe Jeruzalem. In zijn eerste visioen had Johannes Gods heerlijkheid al gezien in het gezicht van de Mensenzoon. "Zijn aangezicht was zoals de zon schijnt in haar kracht" (Openb.1:16). De profeet Jesaja heeft over Jeruzalems toekomst gezegd:

"De zon zal u niet meer wezen tot een licht des daags, en tot een glans zal u de maan niet lichten; maar de HEERE zal u wezen tot een eeuwig Licht, en uw God tot uw Sierlijkheid" (Jesaja 60:19-20).

"En de naties zullen door haar licht wandelen en de koningen van de aarde brengen hun heerlijkheid tot haar" (21:24)

Uit vers 24 blijkt dat er buiten het nieuwe Jeruzalem nog "naties", *gojim* of heidenvolken, zijn en dat die naties nog koningen hebben. Deze naties zullen door het licht van Jeruzalem wandelen. Het gaat daarbij niet alleen om het letterlijke schijnsel dat van de stad uitstraalt, maar vooral om de kennis van God die vanuit het nieuwe Jeruzalem aan de wereld zal worden doorgegeven.Wat Johannes zag gebeuren was de vervulling van meerdere Bijbelse profetieën. Over het "wandelen door haar licht" hadden Jesaja en Micha gezegd:

"Het zal in het laatste der dagen geschieden dat de berg van het huis van de HEERE vast zal staan als de hoogste van de bergen, en dat hij verheven zal worden boven de heuvels,en dat alle heidenvolken ernaartoe zullen stromen. Vele volken zullen gaan en zeggen: Kom, laten wij opgaan naar de berg van de HEERE, naar het huis van de God van Jakob; dan zal Hij ons onderwijzen aangaande Zijn wegen, en zullen wij Zijn paden bewandelen. Want uit Sion zal de wet uitgaan, en het woord van de HEERE uit Jeruzalem" (Jes.2:2-3, Micha 4:1-2)

De profeet Jesaja had op deze voorzegging laten volgen:

"Huis van Jakob, laten wij wandelen in het licht van de HEERE" (Jes.2:5)

"Wandelen in het licht van de HEERE" betekent: in overeenstemming met Gods wegen leven en handelen, Zijn woord en wet van harte gehoorzamen. Omdat er in Jesaja's en Micha's profetie nog over het "huis van de HEERE" wordt gesproken hebben hun woorden betrekking op het tijdperk van de duizendjarige binding van de satan. Dan zal er binnen Jeruzalem nog een tempel zijn. Maar het licht dat tijdens het millennium al van het aardse Jeruzalem uitging, zal door het nieuwe, hemelse Jeruzalem nog veel sterker uitgestraald worden.

Over het feit dat de koningen van de aarde hun heerlijkheid naar het nieuwe Jeruzalem zullen brengen, heeft Jesaja geprofeteerd:

"Heidenvolken zullen naar uw licht gaan en koningen naar de glans van uw dageraad... het vermogen van de heidenvolken zal naar u toe komen... Zij allen uit Sjeba zullen komen, goud en wierook zullen zij aandragen... Uw poorten zullen steeds openstaan; dag en nacht zullen ze niet gesloten worden, opdat men het vermogen van de heidenvolken naar u toe zal brengen en hun koningen naar u toe geleid zullen worden" (Jes.60:3,5,6,11).

Ook deze profetie heeft gezien het tekstverband in Jesaja 60 vooral betrekking op het Jeruzalem van het komende millennium. Maar de definitieve vervulling van de profetie zal plaats vinden op de nieuwe aarde. Aardse koningen zullen hun eerbied voor God en hun dankbaarheid jegens Hem tot uiting brengen door prachtige geschenken naar het nieuwe Jeruzalem te brengen, toonbeelden van de rijkdom waarmee de Eeuwige hen gezegend heeft.

"En haar poorten zullen overdag geenszins gesloten worden, want geen nacht zal daar zijn" (21:25)

Dat de poorten van het nieuwe Jeruzalem nooit gesloten zullen worden, is ontleend aan Jesaja 60:11. Het zinnetje **"*overdag* geenszins gesloten... want geen *nacht* zal daar zijn"** doet merkwaardig aan, maar bij enig nadenken is het vanzelfsprekend. De poorten van een ommuurde stad werden tijdens de nacht gesloten om te voorkomen dat vijanden of onbevoegden onopgemerkt konden binnensluipen. De poorten werden al gesloten wanneer de avond begon te vallen, en het sluiten werd aangekondigd door een geluidssignaal, zodat wie op het land aan het werk was zich nog haastig naar binnen kon begeven. Poorten werden dus gesloten terwijl het nog dag was. Daarom schijft Johannes: "zullen *overdag* geenszins gesloten worden". De poorten van het nieuwe Jeruzalem behoeven nooit te worden gesloten, want de heerlijkheid van de HEERE zal in de stad onafgebroken stralen. Het wordt er nooit nacht. En de poortwachters zijn geen mensen, maar engelen. Zij houden de toegangswegen voortdurend in de gaten.

"En zij zullen de heerlijkheid en de eer van de naties tot haar brengen" (21:26)

Op het eerste gezicht is wat er in vers 26 van Openbaring 21 staat een herhaling van wat de ziener in vers 24 al had gezegd. Maar vers 26 is beslist géén zinloze herhaling. Want in vers 26 wordt er een tweede reden genoemd waarom de poorten van het nieuwe Jeruzalem nooit zullen worden gesloten. De eerste reden was, dat er in de stad geen nacht meer zal zijn (vs.25). De tweede reden is het feit dat de naties onophoudelijk naar de stad zullen toekomen om hun "heerlijkheid en eer" tot haar te brengen. Met die heerlijkheid en eer zijn waarschijnlijk bedoeld: toonbeelden van hun dankbaarheid aan de Eeuwige, zichtbare tekenen van de zegen en de rijkdom die de Schepper hun heeft geschonken. De naties die God heeft geschapen zijn niet identiek. Hun bekwaamheden en hun culturen zijn verschillend, omdat ze de veelkleurige wijsheid van hun Schepper weerspiegelen.

"En geenszins zal in haar iets onheiligs binnengaan, noch wie gruwel en leugen doet, behalve zij die geschreven zijn in het boek van het leven van het Lam" (21:27)
Buiten het nieuwe Jeruzalem zijn de naties, en niet iedere *goy* zal de stad kunnen binnengaan. Wie tijdens de tegenwoordige "boze eeuw" of tijdens de eeuw van de duizendjarige binding van satan onheilig was en gruwel of leugen deed, zal zich in de poel van vuur bevinden (Openb.20:15). Omdat die poel "de tweede dood" is (Openb.20:14) leeft zo'n persoon niet meer en kan hij of zij de heilige stad niet binnengaan. Maar ook onder de volken op de nieuwe aarde zullen er nog "onheiligen" zijn, mensen die zonde bedrijven. Er worden op de nieuwe aarde nog kinderen geboren (vgl. Jes.65:17 en 23), en zulke kinderen hebben het gericht over Gog en Magog met hun aanvoerder, de satan, niet meegemaakt. Op de nieuwe aarde zullen de meeste mensen zo oud worden als een boom, dus vele honderden jaren (Jes.65:22), maar er zullen ook zondaren zijn die vanwege hun levenshouding vroegtijdig komen te overlijden, al op honderdjarige leeftijd (Jes.65:20). De naties op de nieuwe aarde zijn nog vergankelijk. Ziekte komt onder hen nog voor (Openb.22:2). Pelgrims uit de volken die zullen opgaan naar het nieuwe Jeruzalem, zijn nog "vlees" (Jes.66:24). De doodstraf voor zware misdrijven wordt er nog voltrokken (vgl. Jes.66:22 en 24).

Het nieuwe Jeruzalem is werkelijk een heilige stad waarvan de inwoners de volmaaktheid hebben bereikt. Maar de wereld buiten de stad is nog niet volmaakt, hoewel ze er wel veel beter uitziet dan de tegenwoordige.

Hoofdstuk 22

Het visioen van het nieuwe Jeruzalem (vervolg, 22:1-5)

"En hij toonde mij een rivier van levenswater, blinkend als kristal, die uitging van de troon van God en van het Lam" (22:1)

In de tempel die er tijdens de duizendjarige binding van satan op aarde zal zijn en die de profeet Ezechiël te zien kreeg, ontsprong er een "beek" onder het heiligdom die van onder de drempel van dat huis naar het oosten stroomde. Overal waar het water van die beek kwam bracht het leven (Ezech.47:1-12, vgl. Joël 3:18). Uit het boek Zacharia blijkt, dat er in die tijd zelfs *twee* rivieren zullen ontspruiten aan de tempelbron. De helft van het water zal stromen naar de zee in het oosten (= de Dode Zee), de andere helft naar de achterste zee (= de Middellandse Zee), en beide rivieren zullen zowel 's zomers als 's winters water bevatten (Zach.14:8).

In het nieuwe Jeruzalem dat Johannes zag, is er ook een "beek" of een "rivier". Maar deze rivier komt niet uit een tempel, want er is geen tempel in het nieuwe Jeruzalem (21:22). De rivier in het hemelse Jeruzalem gaat uit "van de troon van God en van het Lam". Met "de troon van God en van het Lam" zijn niet twee afzonderlijke tronen bedoeld, één van God en één van het Lam. Er is in het nieuwe Jeruzalem maar één troon, want het Lam is het Beeld van God en maakt de onzichtbare God zichtbaar, voor de ogen van Zijn schepselen (vgl. Kol.1:15 en 1 Tim.6:15-16). De stijlvorm die de ziener gebruikt om de oorsprong van de rivier te beschrijven, is een *hendiadys*.

De troon in het nieuwe Jeruzalem bevindt zich blijkbaar bovenop de piramidevormige "berg van God", die aan de voet is omgeven door een "grote en hoge muur" (21:12), op het hoogste punt van de heilige stad. En deze bergtop wordt – in tegenstelling tot de top van de Sinaï - niet omgeven door vuur, bliksems, donderslagen, bazuingeschal en een angstaanjagend stemgeluid. Gods aanwezigheid in de heilige stad leidt niet zoals Zijn afdaling op de Horeb voor velen tot de dood (Hebr.12:18-21, Exod.19:16-22, 20:18-21, Deut.4:11-12, 5:22-27), maar ze is een bron van *leven*. Het water van de rivier die uitgaat van de troon is kristalhelder, volmaakt zuiver, gezond en levenwekkend.

"In [het] midden van haar straat en aan beide zijden van de rivier was [de] boom van [het] leven, die twaalf vruchten draagt en elke maand zijn vrucht geeft; en de bladeren van de boom zijn tot genezing van de naties" (22:2).

Voor "straat" gebruikt Johannes het woord *plateia*, dat "platform" of "plein" betekent. Aan de top van het piramidevormige nieuwe Jeruzalem is er blijkbaar een horizontaal oppervlak, waar zich behalve de "troon van God en van het Lam" ook de "boom van het leven" bevindt. Dit plein is de definitieve versie van het tempelplein in het oude Jeruzalem, en tevens het "paradijs", de "lusthof" of de "tuin" van God, waarover in Openbaring 2:7 wordt gesproken. Voor "boom" gebruikt Johannes het woord *xulon*. Omdat *xulon* "hout" betekent, kan het een aanduiding zijn van meerdere bomen. Openbaring 22:2 mag daarom als volgt worden vertaald: "In het midden van haar plein en aan beide zijden van de rivier was het geboomte van het leven". Blijkbaar bevindt de levensboom zich op meer dan één plaats in het nieuwe Jeruzalem. Er staat daar dus niet één enkele boom, maar er is een dubbele laan van bomen aan weerszijden van de rivier en er is bovendien nog een "tuin" vol bomen bij de troon van God. Toen Gods toekomstige tempel in het vrederijk aan de profeet Ezechiël werd getoond, zag deze aan de oevers van de rivier die uit het heiligdom kwam ook een groot aantal bomen groeien. Want Ezechiël schrijft:

"En langs de beek, langs de oever ervan, zullen aan deze kant en aan de andere kant allerlei vruchtbomen opkomen, waarvan het blad niet zal verwelken en waarvan de vrucht niet zal opraken. Elke maand zullen ze nieuwe vruchten voortbrengen, want het water ervoor stroomt uit het heiligdom. De vrucht ervan zal tot voedsel dienen en het blad ervan tot genezing" (Ezech.47:12).

Johannes zegt, dat het geboomte van het leven in het nieuwe Jeruzalem "twaalf vruchten draagt en elke maand zijn vrucht geeft". Dat dit geboomte "twaalf vruchten" draagt, zou kunnen betekenen dat het elke maand nieuwe, maar wel steeds dezelfde vruchten voortbrengt. Maar het bijzinnetje "die twaalf vruchten draagt" zou dan een onnodige toevoeging zijn geweest. Ezechiël sprak over "*allerlei* vruchtbomen" die "elke maand nieuwe vruchten voortbrengen". Het geboomte in het nieuwe Jeruzalem zal daarom waarschijnlijk twaalf *verschillende* vruchten dragen, zodat er in elke maand van het jaar een nieuwe en andersoortige vrucht zal zijn. Dat die vruchten tot *voedsel* zullen dienen (Ezech.47:12), wordt in Openbaring 22:2 niet gezegd, maar dit blijkt uit Openbaring 2:7 en 22:14.

Ezechiël schrijft: "Het blad ervan [zal dienen] tot genezing", terwijl Johannes opmerkt: "De bladeren van het geboomte zijn tot genezing *van de naties*". In het tijdperk van de duizendjarige binding van satan hebben de Israëlieten nog genezing nodig, maar in het tijdperk van de nieuwe aarde hebben de inwoners van het nieuwe Jeruzalem het onvergankelijke leven ontvangen dat het Lam nu reeds bezit (Openb.21:27 en 22:3). Zij zijn niet langer aan ziekte of dood onderworpen. De "naties" die zich buiten de stad bevinden zijn echter nog sterfelijk en kunnen nog door ziekte worden getroffen. Wanneer zij zich voor genezing tot Israëls God wenden zullen zij door het gebladerte van de levensboom van hun kwalen worden genezen.

"En er zal geen enkele vervloeking meer zijn; en de troon van God en van het Lam zal daarin zijn en zijn slaven zullen Hem dienen, en zij zullen zijn aangezicht zien en zijn naam zal op hun voorhoofden zijn" (22:3-4)

Het zinnetje "En er zal geen enkele vervloeking meer zijn" heeft betrekking op het nieuwe Jeruzalem. Want Johannes vervolgt: "en de troon van God en van het Lam zal daarin zijn". Die troon bevindt zich op het "plein", op het hoogste punt van de stad (vs.1-2). Johannes mocht zien hoe een profetie van Jesaja over Sion in vervulling zal gaan:

"Uw ogen zullen Jeruzalem zien, een veilige woonplaats, een tent die niet afgebroken zal worden, waarvan de pinnen voor altijd niet uitgetrokken zullen worden en waarvan geen enkel touw gebroken zal worden. Want **de HEERE zal daar in Zijn macht bij ons zijn.** *Het zal een plaats van rivieren, van brede stromen zijn. Geen roeiboot zal erop varen, geen statig schip zal er passeren... Geen inwoner zal zeggen: Ik ben ziek. Want het volk dat daar woont, zal vergeving van ongerechtigheid hebben ontvangen"* (Jes.33:20-21,24).

Buiten het nieuwe Jeruzalem zal de vloek echter nog niet volledig zijn opgeheven. Want onder de volken komt ziekte nog voor (vs.2). Op de rest van de nieuwe aarde zal er uiteindelijk ook "geen enkele vervloeking meer zijn", maar die toestand zal pas ontstaan aan het einde van de eeuwen, wanneer de dood als laatste vijand te niet is gedaan (1 Kor.15:26), en Christus het koningschap aan de Vader heeft overgegeven (1 Kor.15:24).

Slaven van God en van het Lam (Openb.22:3) zijn verloste Israëlieten met verheerlijkte lichamen. Zij waren al genoemd in Openb.1:1, 2:20 en 7:3. In het aangezicht van het Lam zien deze slaven het aangezicht van God, en de naam die op hun voorhoofden staat is zowel de naam van God als van het Lam. Het Lam is "het Beeld van de onzichtbare God" (Kol.1:15). Wanneer God voor mensenogen zichtbaar wordt, verschijnt Hij in de Persoon van Zijn Beeld, "de uitstraling van Zijn heerlijkheid en de afdruk van Zijn wezen" (Hebr.1:3). "De gelukkige en enige Heerser, de Koning der koningen en Heer der heren" zal zich in het nieuwe Jeruzalem vertonen in de persoon van Jezus Christus, onze Heer, aangezien Hijzelf "een ontoegankelijk licht bewoont" en "geen mens Hem gezien heeft of zien *kan*" (1 Tim.6:14-16).

Tegen Mozes heeft de HEERE eens gezegd: "U zou Mijn aangezicht niet kunnen zien, want geen mens kan Mij zien en in leven blijven". Maar de slaven van Christus in het nieuwe Jeruzalem zullen, wanneer ze naar hun Heer kijken, het aangezicht van God zien en ze zullen niet sterven, maar "Hem zien zoals Hij is, en Hem gelijk zijn" (1 Joh.3:2). De naam van God en van het Lam op het voorhoofd van Zijn slaven doet denken aan de gouden diadeem die de hogepriester van Israël op zijn voorhoofd droeg, en waarop geschreven stond: "De heiligheid van de HEERE" (Exod.28:36-38).

"En er zal geen nacht meer zijn en lamplicht en zonlicht hebben zij niet nodig, want [de] Heer, God, zal over hen lichten; en zij zullen regeren tot in alle eeuwigheid" (22:5)

In vers 5 wordt de gedachtegang van vers 2-4 voortgezet. Het zinnetje "En er zal geen nacht meer zijn" heeft betrekking op de toestand in het nieuwe Jeruzalem. De "zij" die lamplicht en zonlicht niet nodig hebben, zijn de "slaven van God en het Lam" die in de heilige stad wonen en Hem daar (als priesters) dienen. Omdat de HEERE in het nieuwe Jeruzalem bij Zijn volk woont, zal Zijn heerlijkheid in die stad voortdurend stralen en zal het er altijd licht zijn. In de oorspronkelijke Griekse tekst staat niet: "En zij zullen regeren tot in alle eeuwigheid". Johannes schreef: "En zij zullen regeren in [of: tijdens] de eeuwen van de eeuwen" (Gr. *eis tous aioonas toon aioonoon)*: de eeuwen bij uitstek, de eeuwen van het messiaanse rijk, de grandioze finale van de wereldgeschiedenis. Deze slaven regeerden al tijdens het tijdperk van de duizendjarige binding van de satan (20:4,6) als priester-koningen met Christus, en ze zullen ook tijdens het tijdperk van de nieuwe hemel en de nieuwe aarde met Hem regeren. Maar aan hun bestuursfunctie zal er eens een einde komen, wanneer het doel van hun bestuur is bereikt. Over dat einde spreekt de apostel Paulus in 1 Korinthe 15:24-28.

Slot van het boek (22:6-21)

"En hij zei tot mij: Deze woorden zijn getrouw en waarachtig, en de Heer, de God van de geesten van de profeten, heeft zijn engel gezonden om zijn slaven te tonen wat met spoed moet gebeuren" (22:6)

Het visioen van het nieuwe Jeruzalem eindigt in 22:5. Omdat die stad aan Johannes was getoond door "één van de zeven engelen die de zeven schalen hadden, vol van de zeven laatste plagen" (21:9), zou de spreker in 22:6 die openbaringsengel kunnen zijn. In 22:8 verschijnt de engel immers opnieuw op het toneel. Maar uit vers 7 blijkt dat de spreker in vers 6 een Ander is dan de spreker uit Openb.21:9 of 22:8. De spreker in vers 6 is de verheerlijkte Mensenzoon die ook aan het begin van het laatste Bijbelboek, in Openb.1:17-3:22, had gesproken. De Spreker bevestigt dat wat Zijn dienaar Johannes schriftelijk mocht vastleggen, een geloofwaardige en betrouwbare boodschap is, die de toekomstige feiten correct weergeeft. Het zijn de woorden van de Almachtige die sprak door de profeten en die nu ook spreekt in het laatste Bijbelboek. Die God heeft "zijn engel gezonden" (vgl. 1:1) om via Johannes aan Zijn "slaven", die bij het aanbreken van de dag van de Heer op aarde zijn, te tonen wat er dan "met spoed" ("spoedig" of "in snelle opeenvolging", Gr. *en tachei*) zal gaan gebeuren. Openbaring 22:6 is een herhaling en bevestiging van Openbaring 1:1.

"En zie, Ik kom spoedig. Gelukkig hij die de woorden van de profetie van dit boek bewaart" (22:7)

Uit vers 7 blijkt dat de opgestane Heer in dit en het vorige vers tot Johannes spreekt. Dat Hij voor de geadresseerden "spoedig" (of: "snel", of "haastig") komt, had Hij al dikwijls gezegd (2:5, 2:16, 3:11) en Hij zal het in het slotgedeelte van dit boek nog twee maal aankondigen (22:12, 22:20). Zowel in de inleiding als in het slot van het boek wordt drie maal plechtig verzekerd, dat de Messias spoedig komt. Omdat de woorden van het laatste Bijbelboek "getrouw en waarachtig" zijn en omdat de "slaven" waaraan het boek is gericht de "grote verdrukking" meemaken die aan de komst van de Messias voorafgaat (vgl. 6:9-11, 7:9-17, 12:13-18, 13:1-18), zijn ze gelukkig te prijzen wanneer ze de woorden van Johannes' profetie bewaren. Die profetie geeft hun zicht op de toekomst, en uitzicht over de dood heen wanneer ze als martelaar moeten sterven. Het laatste Bijbelboek maakt aan hen bekend hoe lang de heerschappij van het beest en zijn oorlog tegen de heiligen nog zal duren.

"En ik, Johannes, ben het die deze dingen hoorde en zag. En toen ik ze hoorde en zag, viel ik neer om te aanbidden voor de voeten van de engel die mij deze dingen toonde" (22:8).

Terwijl vers 6 van Openbaring 22 teruggreep op Openbaring 1:1, en vers 7 op Openbaring 1:3, komt vers 8 overeen met Openbaring 1:2, waar gezegd was: "Deze [Johannes] heeft het woord van God betuigd en het getuigenis van Jezus Christus, alles wat hij heeft gezien". Van de laatste drie visioenen die Johannes te zien kreeg: de bruiloft van het Lam, het wereldbestuur van de Messias met Zijn koningen en priesters, en de glorie van het nieuwe Jeruzalem, was de ziener zó onder de indruk, dat hij voor de voeten van de engel die hem deze beelden toonde neerviel en de boodschapper eer wilde bewijzen. Het volk van God dat herhaaldelijk tot afgodendienst was vervallen en het verbond met haar Maker had verbroken, het volk dat haar eigen Messias had verworpen en Hem door Romeinse soldaten had laten kruisigen, zou uiteindelijk dus tóch zondeloos en onvergankelijk worden en aan haar roeping gaan beantwoorden! Uit dankbaarheid, blijdschap en ontzag viel Johannes voor de engel neer en wilde die eer gaan bewijzen.

"En hij zei tot mij: Zie toe, [doe dit] niet; ik ben een medeslaaf van u en van uw broeders, de profeten, en van hen die de woorden van dit boek bewaren; aanbid God!" (22:9)

Maar de engel wees elk eerbetoon af. Hij had niets anders gedaan dan de boodschap overbrengen die God hem had toevertrouwd. In dat opzicht leek hij op Johannes, die wat hij gezien had mocht opschrijven en dat boek mocht sturen aan zijn volksgenoten om Gods boodschap aan hen door te geven. De engel had hetzelfde mogen doen als alle profeten van Israël. Als "mond van God" had hij de boodschap van zijn Zender mogen overbrengen. Elke gelovige die de "woorden van dit boek bewaart" – ook tijdens vervolging wanneer het bezit van het laatste Bijbelboek door machthebbers wordt verboden – geeft Gods boodschap eveneens door. "Aanbid God!" zei de engel. Voor de eindbestemming van Zijn uitverkoren volk en van de hele schepping is alleen *Hij* maar verantwoordelijk. Alleen *Hij* verdient lof en eer wanneer dit doel wordt bereikt.

"En hij zei tot mij: Verzegel de woorden van de profetie van dit boek niet, want de tijd is nabij" (22:10).

In de verzen 8 en 9 sprak de openbaringsengel, de "engel die mij deze dingen toonde" met Johannes. Maar in de verzen 10 tot en met 19 is de "hij" die tot Johannes spreekt, opnieuw de opgestane Heer. Dit blijkt uit wat de Spreker in de verzen 12, 13, en 16 zegt.

Vers 10 van Openbaring 22 grijpt terug op vers 3 van hoofdstuk 1. Ook daar had Johannes gezegd: "De tijd is nabij". De schrijver van het laatste Bijbelboek kreeg een andere opdracht dan de profeet Daniël eens had ontvangen. Johannes kreeg te horen: **"Verzegel de woorden van de profetie van dit boek niet"**, maar tegen Daniël werd gezegd:

"Maar u, Daniël, houd deze woorden geheim en verzegel dit boek tot de tijd van het einde. Velen zullen het onderzoeken en de kennis zal toenemen" (Dan.12:4).

De reden voor dit verschil tussen de twee Bijbelboeken is niet moeilijk te raden. Johannes werd in geest verplaatst naar de toekomstige dag van de Heer (1:10). Hij richtte zich tot slaven van de Messias die bij het aanbreken van die dag op aarde zullen leven (1:1,11) en de komst van de Messias in heerlijkheid zullen meemaken (2:5,16; 3:3,11). Voor hén zal de tijd van de vervulling nabij zijn, want de Messias zal nog tijdens hun leven komen en door elk oog worden gezien. Maar Daniël kreeg inzicht in wat er tussen zijn eigen tijd en de komst van de Messias in vernedering zou plaatsvinden. Bovendien ontving hij openbaringen over de verre toekomst, de "tijd van het einde". Daniëls boek

449

had betrekking op de lotgevallen van het volk Israël in de toekomstige vijfhonderd jaar en in haar verdere geschiedenis tot aan de tijd van het einde, maar de "openbaring van Jezus Christus" die Johannes ontving, heeft alleen betrekking op de tijd van het einde en op gebeurtenissen die binnen enkele jaren zullen plaatsvinden wanneer de "dag van de Heer" eenmaal is aangebroken.

"Laat hij die onrecht doet, nog meer onrecht doen; en die vuil is, zich nog vuiler maken; en die rechtvaardig is, nog meer gerechtigheid doen; en die heilig is, zich nog meer heiligen" (22:11)

Uit deze woorden blijkt, dat de slotfase van de "tegenwoordige eeuw" een heel bijzondere tijd zal zijn. In een eerder visioen van Johannes noemde de opgestane Heer die tijd:

"het uur van de verzoeking, dat over het hele aardrijk [27] *zal komen, om te verzoeken hen die op de aarde wonen"* (3:10).

De Almachtige zal dan de mensheid op de proef stellen, zodat blijkt wat er in hun harten leeft. In de "tijd van het einde" zal het onderscheid tussen liefhebbers en haters van God hoe langer hoe duidelijker worden, en uitmonden in een openlijke keuze vóór of tégen Hem. De apostel Paulus zei over dat "uur" dat wanneer de dag van de Heer aanbreekt "de wetteloze geopenbaard zal worden", hem

"wiens komst naar [de] *werking van de satan is met allerlei kracht en tekenen en wonderen van de leugen, en met allerlei bedrog van* [de] *ongerechtigheid voor hen die verloren gaan, omdat zij de liefde tot de waarheid niet hebben aangenomen om behouden te worden. En daarom zendt God hun een werking van* [de] *dwaling om de leugen te geloven, opdat allen geoordeeld worden die de waarheid niet hebben geloofd, maar een welgevallen hebben gehad in de ongerechtigheid"* (2 Thess.2:8-12).

Wie rechtvaardig zijn (omdat ze de God van Israël op Zijn woord geloven), zullen zich aan dat woord vastklampen als hun enige hoop, zich noodgedwongen uit de samenleving terugtrekken, en in vele gevallen als

---

[27] Gr. *oikoumenee*, de hele bewoonde wereld.

martelaren sterven. Maar wie het schepsel vereren in plaats van de Schepper, wie heil alleen verwachten van menselijke vaardigheden en de mens op de troon willen zetten, zullen hoe langer hoe meer ontaarden, tot openlijke satansaanbidding vervallen en de uit de dood herleefde "mens van de zonde" (2 Thess.2:3) goddelijke eer bewijzen.

"Zie, Ik kom spoedig, en mijn loon is bij Mij, om ieder te vergelden zoals zijn werk is" (22:12).

De opgestane Heer komt voor Zijn slaven spoedig "om ieder te vergelden zoals zijn werk is", maar wanneer Hij komt zal Hij niet het loon van Zijn dienaren, maar Zijn *eigen* loon uitbetalen! De profeet Jesaja had dit al voorzegd. In diens boek lezen we:

"Zie, de Here HERE zal komen met kracht en zijn arm zal heerschappij oefenen; zie, Zijn loon is bij Hem en Zijn vergelding gaat voor Hem uit. Hij zal als een herder zijn kudde weiden..." (Jesaja 40:10-11).

"Zegt tot de dochter Sions: zie, uw heil komt; zie, Zijn loon is bij Hem en Zijn vergelding gaat voor Hem uit" (Jesaja 62:11)

Bij Zijn komst zal de Heer belonen wat Hij zelf in Zijn volgelingen tot stand heeft gebracht. Tijdens hun aardse bestaan waren zij niet bezig met hun *eigen* werk, maar met "het werk van de Heer" (1 Kor.15:58, 16:10). De opgestane Heer leefde in hen en de genade van God bracht in en door hen bepaalde werken tot stand (1 Kor.15:9-11, Gal.2:20, Fil.2:12-13). Alleen zúlke werken zullen door de Messias worden beloond – niet de "werken van het vlees" die op grond van menselijk inzicht en door puur menselijke inspanning tot stand zijn gekomen.

"Ik ben de Alfa en de Oméga, de Eerste en de Laatste, het Begin en het Einde" (22:13)

Vers 13 van Openbaring 22 grijpt terug op vers 8 van Openbaring 1. Wat in Openb.1:8 over de Almachtige God werd gezegd, past de wederkomende Heer in Openb.22:13 op zichzelf toe. Bij Zijn komst en tijdens Zijn op die komst volgende aanwezigheid op aarde zal Hij namens Zijn Vader spreken en handelen.

De opgestane Heer is "de Leidsman en Voleinder van het geloof" (Hebr.12:2). Hij stond als de Eersteling aan het begin van Gods nieuwe schepping en Hij zal die schepping ook volmaken en voltooien (vgl. Openb.1:17-18, 2:8, 21:5-6). Alle met rede begiftigde schepselen zullen eens op Hem lijken en weerspiegelingen zijn van het beeld van God dat in Hem volmaakt zichtbaar is geworden (zie Openb.5:11-14). De uitdrukking "de Eerste en de Laatste", waarvan de uitdrukkingen "de Alfa en de Oméga" en "het Begin en het Einde" afgeleid zijn, is ontleend aan profetieën van Jesaja (Jes.41:4, 44:6-8, 48:12-16). De opgestane Heer is in staat om vanaf het begin de afloop aan te kondigen, want die afloop berust op het raadsbesluit van de Almachtige en ze is daarom volstrekt zeker.

"Gelukkig zij die hun lange kleren wassen, opdat zij recht hebben op de boom van het leven en zij door de poorten de stad binnengaan" (22:14).

Van vers 14 bestaan er verschillende handschriftvarianten. Volgens de ene variant zei de opgestane Heer tegen Zijn slaven: "Zalig [= gelukkig] zijn zij die Zijn geboden doen". Volgens oudere, betrouwbaarder handschriften zei Hij daarentegen: "Gelukkig zij die hun gewaden wassen" [28]. De zaligspreking van de Here sluit volgens de eerste lezing aan bij Openb.12:17 en 14:12, waar over het bewaren van Gods geboden wordt gesproken, en volgens de tweede tekstversie bij Openb.1:5, 6:11, 7:9, 7:13 en 7:14. In die laatste tekst wordt van de menigte die uit de grote verdrukking komt gezegd, dat zij hun "gewaden hebben gewassen en wit gemaakt in het bloed van het Lam".

Het verschil tussen beide varianten is in de praktijk gering. Want het "doen" van Zijn geboden betekent: "Geen andere goden voor Gods aangezicht hebben, en je naaste liefhebben als jezelf". Wie Gods geboden doen, weigeren om het beest of zijn beeld eer te bewijzen, en verzetten zich tegen de door het beest georganiseerde vervolging van mensen die de God van Israël trouw

---

[28] In het ene geval luidde de tekst: *poiountes tas entolas autou*, in het andere geval: *plunontes tas stolas autoon* [zie het Griekse NT in de editie van Eberhard Nestle, Erwin Nestle en Kurt Aland].

willen blijven. En wie "hun gewaden wassen" blijven vertrouwen op de Messias van Israël, die voor de zonden van Zijn volk stierf aan een kruis, ook al is er van Zijn regering op aarde nog niets te zien, en al lijkt God Zijn slaven in de steek te hebben gelaten. Beide tekstvarianten van Openb.22:14 zijn gecombineerd in Openb.14:12 en Openb.12:17. Daar wordt gezegd, dat de volharding van de heiligen bestaat uit het feit, dat zij "de geboden van God en het geloof in [Gr. *van*] Jezus bewaren", zelfs wanneer de draak oorlog voert tegen "hen die de geboden van God bewaren en het getuigenis van Jezus hebben". Wie tijdens de grote verdrukking "het beest of zijn beeld niet hebben aangebeden en niet het merkteken aan hun voorhoofd of hun hand hebben ontvangen" worden door de opgestane Heer gelukkig geprezen, zelfs wanneer ze "om het getuigenis van Jezus en om het woord van God terechtgesteld zijn" (Openb.20:4). Want zij hebben burgerrecht in het nieuwe Jeruzalem en zullen het onvergankelijke leven ontvangen dat het Lam nu al bezit. Ze zullen mogen "eten van de boom van het leven die in het paradijs van God is" (Openb.2:7).

"Buiten zijn de honden, de tovenaars, de hoereerders, de moordenaars, de afgoden-dienaars en ieder die [de] leugen liefheeft en doet" (22:15)

Het begrip honden (Let wel: niet het verkleinwoord "hondjes"!) komt buiten Openb.22:15 nog op vier andere plaatsen in het Nieuwe Testament voor. In drie teksten wordt het gebruikt als beeldspraak voor onheilige en onreine mensen (Mat.7:6, Luk.16:21, 2 Petr.2:22). In één tekst is het beeldspraak voor mensen die gelovigen vervolgen, hen aanvallen, tegen hen "blaffen" (Fil.3:2). In Openbaring 22:15 zijn beide betekenissen van toepassing. Honden zijn mensen die de levensstijl van het beestrijk aan hun medemensen willen opleggen. Ze bedreigen, vervolgen en blaffen tegen gelovigen die willen vasthouden aan de normen van de Schrift.

Het woord "tovenaars" (Gr. *pharmakoi)* komt in het hele NT maar éénmaal voor, in tegenstelling tot het verwante woord "tovenarij" (Gr. *pharmakeia)* dat we in drie teksten aantreffen (Gal.5:20, Openb.9:21, Openb.18:23). Tovenaars manipuleren hun medemensen, door middel van hypnose, beneveling, vergiftiging, of bedrog. In de tijd die aan de wederkomst van Christus voorafgaat gaat het om mensen die propaganda maken voor het beest en zijn denkbeelden, opiniemakers die de feiten verdraaien en de omstandigheden in de wereld beïnvloeden zodat heel de mensheid het beest achterna loopt (vgl. Openb.13:15).

Over "hoereerders" (Gr. *pornoi*) wordt in tien teksten gesproken (1 Kor.5:9,10,11; 6:9, Efe.5:5, 1 Tim.1:10, Heb.12:16, 13:4; Openb.21:8, 22:15). Wie hoereren hebben sexuele gemeenschap met personen die niet hun huwelijkspartners zijn. Wie de huwelijksverbintenis afwijzen en vrije sex propageren zijn ook hoereerders. In de Bijbel is hoereren bovendien beeldspraak voor het verlaten van de levende God en het dienen van afgoden. Uit het boek Openbaring blijkt dat al deze vormen van hoererij in het beestrijk gangbaar zullen zijn en met krachtige argumenten zullen worden aangeprezen (2:21, 9:21, 14:8, 17:2, 17:4, 18:3, 19:2).

Moordenaars worden in het NT zeven maal genoemd (Matth.22:7, Hand.3:14, 7:52, 28:4; 1 Petr.4:15, Openb.21:8, 22:15). Een moordenaar berooft bepaalde medemensen opzettelijk en met voorbedachten rade van het leven. In het beestrijk zullen vooral mensen die "de geboden van God bewaren en het getuigenis van Jezus hebben" door hun medemensen worden vermoord (Openb.12:17, vgl. Openb.6:9-11, 13:15, 18:24, 20:4).

Over afgodendienaars wordt ook zeven maal gesproken in het NT (1 Kor.5:10,11; 6:9, 10:7; Efe.5:5, Openb.21:8, 22:15). In het laatste Bijbelboek betreft het mensen die het beest en zijn beeld aanbidden. Volgens de Bijbel is wie het schepsel eert en dient in plaats van de Schepper een afgodendienaar (Rom.1:25). DE leugen is wat de duivel tegen het eerste mensenpaar zei, de bewering dat de mens onsterfelijk en goddelijk zal worden en uiteindelijk aan God gelijk zal zijn, door de geboden van God te overtreden (Joh.8:44, vgl. Gen.3:5). Tijdens "het uur van de verzoeking" zal het beest worden beschouwd als het zichtbare bewijs van het feit dat de duivel de waarheid sprak (Openb.13:12-15). Wie DE leugen liefhebben en doen, zijn mensen die vol verbazing het beest achterna lopen. Zij menen dat de mens het dankzij zijn nieuwe verworvenheden en mogelijkheden nu véél beter zal gaan doen dan de Schepper. Ze verheugen zich over het feit dat ze de "banden en touwen" van de oude godsvoorstellingen hebben kunnen afwerpen (vgl. Psa.2:3) en ze menen dat de mens op eigen kracht een volslagen nieuw stadium van ontwikkeling zal bereiken.

Wie zó denken en handelen zullen buiten het nieuwe Jeruzalem zijn (22:15, vgl. Openb.21:27). Volgens het bevel van "Hem die op de troon zit" zullen ze zich in de vuurpoel bevinden, dus in de tweede dood (Openb.21:8). In het rijk van God hebben ze geen erfdeel (1 Kor.6:9-10, Gal.5:21, Efe.5:5). Gedurende het tijdperk van de nieuwe hemel en de nieuwe aarde zijn ze niet meer in leven en kunnen ze de inwoners van het nieuwe Jeruzalem in geen enkel opzicht meer bedreigen.

"Ik, Jezus, heb mijn engel gezonden om u deze dingen te betuigen voor de gemeenten. Ik ben de wortel en het geslacht van David, de blinkende morgenster" (22:16)

In Openb.1:1 werd gezegd dat God de Openbaring aan Jezus Christus gaf om aan *"zijn slaven"* te tonen wat spoedig moest gebeuren en dit door zijn engel aan Johannes te kennen te geven. Hier, in Openb.22:16, staat dat Jezus zijn engel zond om "deze dingen te betuigen *voor de gemeenten*". Uit deze teksten blijkt dat de "slaven van Jezus Christus" waaraan het boek is gericht, zich bevinden in de zeven gemeenten die in Openb.1 tot 3 waren toegesproken.

De opgestane Heer noemt zich: "de wortel en het geslacht van David". Het Griekse woord *rhiza* betekent niet alleen wortel, maar ook: scheut, loot of spruit. Door zich "de *rhiza* van David" te noemen benadrukt de Mensenzoon dat Hij de vervulling is van de Bijbelse profetieën over het rijsje of de Spruit (Jes.11:1,10; Jer.23:5-6, 33:14-16; Zach.3:8-9, 6:12-13). En door zich **"het (na)geslacht (Gr. *genos*) van David"** te noemen, verklaart Hij dat Hij de aan David beloofde Zoon is, de Messias (2 Sam.7:11-16, 1 Kron.17:4-15, Matth.22:42, Rom.1:3, 2 Tim.2:8). **"De blinkende morgenster"** is een verwijzing naar de profetie van Bileam over de ster die uit Jakob zou opgaan (Num.24:17-19), en naar een profetie van Jesaja over de koning van Babel (Jes.14:12). Door zich de blinkende Morgenster te noemen verklaart de Heer dat Hij de door God gezalfde Koning is die vanuit Israël zal heersen en alle heidenvolken zal overwinnen, de vorst die in Psalm 2, Psalm 72 en Psalm 110 wordt bezongen.

"En de Geest en de bruid zeggen: Kom! En laat hij die het hoort, zeggen: Kom! En laat hij die dorst heeft, komen; laat hij die wil, [het] levenswater nemen om niet" (22:17)

De roep van de Geest en de bruid worden dikwijls opgevat als een verzoek aan de opgestane Heer om spoedig te komen. Dat is echter niet de enig mogelijke en ook niet de meest waarschijnlijke uitleg van deze Bijbeltekst. Als die uitleg juist was, zou het verzoek aan de Heer om spoedig te komen in vers 20 onnodig worden herhaald. In vers 20 is het volstrekt duidelijk dat de opgestane Heer wordt toegesproken door zijn op aarde levende slaven, maar in vers 17 is niet direct duidelijk tot wie de Geest en de bruid hun uitnodiging richten.

Het Griekse werkwoord *erchomai* ("komen") wordt in vers 17 drie maal gebruikt en is gezien het tekstverband steeds tot dezelfde doelgroep gericht. De sprekers zijn verschillend, maar de roep is dezelfde. Uit het slot van het vers blijkt, dat de Geest en de bruid niet roepen tot de opgestane Heer, maar tot hoorders die tijdens de door het beest ontketende vervolging op aarde leven. Wie de roep van de Geest en de bruid hoort, die in het boek Openbaring klinkt, moet die roep aan zijn medemensen doorgeven. Want Johannes zegt: **"En laat hij die het hoort, zeggen: Kom!"** De mens "die een oor heeft" (2:7,11,17,29; 3:6,13,22), moet van de roep die hijzelf heeft vernomen, een echo laten klinken. En wie **"dorst heeft"**, wie vurig verlangt naar het koninkrijk van God en van Zijn Messias, wie beseft dat het soort onsterfelijkheid die het beest bezit een afschuwelijke karikatuur is van de ware onsterfelijkheid die het Lam aan Zijn slaven zal schenken, mag komen en **"[het] levenswater nemen om niet"**. Zulke dorstigen nemen dat water door de uitnodiging van de Geest en de bruid in geloof te aanvaarden. Wie in het "uur van de verzoeking" op het woord van God blijft vertrouwen, zal in de toekomst op de nieuwe aarde mogen leven en het nieuwe Jeruzalem mogen binnengaan. De Geest die in vers 17 wordt genoemd is de Geest van God die sprak door de profeten en die ook spreekt door het boek Openbaring. En de bruid is het hemelse Jeruzalem (zie 21:2 en 9), het "Jeruzalem dat boven is" (Gal.4:26).

"Ik betuig aan ieder die de woorden van de profetie van dit boek hoort: Als iemand aan deze dingen toevoegt, zal God hem de plagen toevoegen die in dit boek beschreven zijn; en als iemand van de woorden van het boek van deze profetie afneemt, zal God zijn deel afnemen van de boom van het leven en uit de heilige stad, van de dingen die in dit boek beschreven zijn" (22:18,19)

De scherpe waarschuwing die de opgestane Heer in vers 18 en 19 uitspreekt, staat in rechtstreeks verband met het voorafgaande. Ze is gericht tot "ieder die de woorden van dit profetie van dit boek hoort". Zulke mensen waren in vers 17 opgeroepen om tot Hem te komen, hun dorst te laten lessen en het water van het leven te ontvangen (vgl. Joh.4:10-14). Ze hadden ook opdracht gekregen om de boodschap van het boek door te geven. Maar het is van levensbelang *hoe* men die boodschap doorgeeft. De hoorders mogen aan dit woord van God niets toevoegen en er ook niets van afdoen. Uit de waarschuwing blijkt, dat de woorden die Johannes mocht optekenen, evenveel gezag hebben als "de wet en de profeten". In de wet van Mozes lezen we namelijk:

*"Nu dan, Israël, luister naar de verordeningen en de bepalingen die ik u leer te doen; opdat u leeft en u het land dat de HEERE, de God van uw vaderen, u geeft, binnengaat en in bezit neemt. **U mag aan het woord dat ik u gebied, niets toevoegen en er ook niets van afdoen**, opdat u de geboden van de HEERE, uw God, die ik u gebied, in acht neemt" (Deut.4:1-2).*

*"Dit alles wat ik u gebied, moet u nauwlettend in acht nemen. **U mag er niets aan toevoegen en er ook niets van afdoen**" (Deut.12:32).*

*"Ieder woord van God is gelouterd, Hij is een schild voor hen die tot Hem de toevlucht nemen. **Voeg niets toe aan Zijn woorden**, anders zal Hij u straffen, omdat u een leugenaar zou blijken te zijn" (Spr.30:5-6).*

En de schrijver van de brief aan de Hebreeën zegt:

"Daarom moeten wij ons te meer houden aan wat door ons gehoord is, *opdat wij niet op enig moment afdrijven. Want als het woord dat door engelen gesproken werd, al bindend was en elke overtreding en ongehoorzaamheid rechtvaardige vergelding ontving, hoe zullen wij dan ontvluchten, als wij zo'n grote zaligheid veronachtzamen, die in het begin door de Heere is verkondigd, en die aan ons is bevestigd door hen die Hem gehoord hebben" (Hebr.2:1-3).*

De Hebreeënschrijver noemt de wet van Mozes "het woord dat door engelen gesproken werd" (Hebr.7:2). De wet is door de dienst van engelen aan Israël gegeven (Hand.7:53). Het boek Openbaring had zijn oorsprong ook in de hemel en is door een engel aan Johannes, en via Johannes aan de gemeenten bekend gemaakt (Openb.1:1-2, 22:16). De "woorden van de profetie van dit boek" hebben daarom een even groot gezag als de woorden van Mozes.

De Farizeeën en de Schriftgeleerden voegden allerlei leringen, voorschriften en geboden aan de Schrift toe en maakten het woord van God krachteloos door hun overlevering (Matth.15:1-9, Mar.7:1-13). Sadduceeën namen van Gods Woord af door te beweren dat er "geen opstanding is, noch engel, noch geest" (Matth.22:23, Mar.12:18, Luk.20:27, Hand.23:6-8). Openbaring 22:18 en 19 zijn een scherpe afwijzing van zulk misbruik van het woord van God, dat helaas ook binnen het christendom wijdverbreid is. Wie dat Woord als een kapstok gebruikt, om er zijn eigen gedachten aan op te hangen, wie de ernst van Gods waarschuwingen verzwakt, of de rijkdom van Gods beloften verarmt, zal door de Almachtige worden bestraft.

De apostel Paulus waarschuwde zijn leerling Timotheüs:

*"**Houd u** aan het voorbeeld van de gezonde woorden, die u van mij gehoord hebt, in geloof en liefde, die in Christus Jezus zijn. **Bewaar** door de Heilige Geest, Die in ons woont, het goede pand, dat u toevertrouwd is... **Blijft u echter bij wat u geleerd hebt en waarvan u verzekerd bent...**"* (2 Tim.1:13-14, 3:14, HSV)

In de brief aan de Galaten schreef hij:

"Ik verwonder mij, dat u zo snel van Hem die u door [de] genade <van Christus> heeft geroepen, overgaat naar een ander evangelie, dat geen ander is; maar er zijn sommigen die u in verwarring brengen en het evangelie van Christus willen verdraaien. Maar zelfs als wij, of een engel uit [de] hemel, <u> een evangelie verkondigen naast dat wat wij u als evangelie verkondigd hebben, die zij vervloekt! Zoals wij vroeger hebben gezegd, zo zeg ik ook nu weer: als iemand u een evangelie verkondigt naast dat wat u ontvangen hebt, die zij vervloekt!" (Gal.1:6-9).

De waarschuwing uit Openbaring 22:18 is niet van kracht in de huidige genadetijd (vgl. 1 Kor.3:15), maar van toepassing voor mensen die tijdens het aanbreken van de toekomstige dag van de Heer op aarde zullen leven, want de opgestane Heer zegt tegen hen, dat wie aan "de woorden van de profetie van dit boek" (de inhoud van het boek Openbaring) toevoegt, door God de plagen

458

zullen worden toegevoegd *"die in dit boek beschreven zijn"*. De hoorders die in vers 18 worden toegesproken, bevinden zich dus op aarde wanneer deze plagen de volken zullen treffen. Wie deze plagen worden toegevoegd, zal door die slagen worden getroffen, tijdens de bazuin- en schaalgerichten omkomen en het rijk van de Messias niet binnengaan. En een slaaf wiens "deel wordt afgenomen van de boom van het leven en uit de heilige stad" zal het tijdperk van de nieuwe hemel en de nieuwe aarde niet meemaken, gedurende dat tijdperk niet in het nieuwe Jeruzalem wonen en de zegeningen van die toekomstige eeuw niet ervaren.

Wanneer de dag van de Heer aanbreekt, zal de mensheid worden belaagd door een ongekend krachtige misleiding en godsdientige vervalsing. De Bijbeltekst zal door toevoegingen en weglatingen worden "verbeterd" en daarmee vervalst. Rondtrekkende predikers zullen claimen als apostelen door de Messias te zijn uitgezonden, maar bedriegers en spreekbuizen van het beest zijn (2:2). Geloofsgemeenschappen zullen claimen dat zij de ware Joden zijn en de God van Israël toebehoren, maar zich gedragen als synagogen van de satan (2:9, 3:9). Opiniemakers zullen zich uitgeven voor profeten, en onderwijzen dat een échte gelovige die "de diepten van de satan kent" zonder gewetensbezwaar het teken van het beest kan aanvaarden en kan blijven kopen en verkopen (wat de Bijbel aanduidt als "hoereren en afgodenoffers eten", vgl. 13:16-17, 2:14-15 en 2:20-21). Elke gelovige wéét immers dat een afgod niets is! (vgl. 1 Kor.10:19). Het beest uit de zee zal claimen op onloochenbare wijze uit de doden te zijn opgestaan, in tegenstelling tot Jezus van Nazareth, die zich na zijn kruisiging nooit in levenden lijve aan de wereld heeft vertoond (13:3-4, 13:14, 17:8). Bovennatuurlijke tekenen die het "beest uit het land" zal verrichten zullen aantonen dat het "beest uit de zee" goddelijke verering en onvoorwaardelijke gehoorzaamheid verdient (13:12-15, 2 Thess.2:9-10). De dwaling zal zó sterk zijn, zózeer door feiten onderbouwd schijnen te worden en zóveel economisch voordeel opleveren, dat alle naties erin mee zullen gaan en zich eraan zullen overgeven (14:8, 17:2, 18:3, 18:23, 19:2).

De ernst van de waarschuwing houdt verband met de ernst van de situatie. Wie in die donkere tijd aan de woorden van God, de Openbaring van Jezus Christus, toedoet of afdoet zal het nieuwe Jeruzalem niet binnengaan – net zoals de Israëlieten die op hun eigen waarnemingen en niet op Gods belofte vertrouwden, het beloofde land niet konden binnengaan.

459

"Hij die deze dingen getuigt, zegt: Ja, Ik kom spoedig! Amen, kom, Heer Jezus!" (22:20)

"Hij die deze dingen getuigt" is de opgestane Heer, Jezus Christus. Vanwege de ernst van de situatie waarin Zijn slaven zich bevinden verklaart Hij nu nogmaals nadrukkelijk, voor de derde en laatste maal in het slotwoord van het laatste Bijbelboek, dat Hij spoedig komt (20:7,12,20). Voor gelovigen die naar de woestijn zijn gevlucht of in de diaspora worden vervolgd, zal dit vanzelfsprekend een grote bemoediging zijn.

Ze beantwoorden Zijn belofte met een gelovig gebed: **"Amen"** (Zó is het, zó zal het zijn), **"Kom, Heer Jezus!"** Wij kunnen en mogen dat nazeggen. Ook wij zien immers uit naar de komst van de Heer. Maar niemand zal deze woorden met diepere ernst en grotere zekerheid van een spoedige vervulling kunnen uitspreken dan de slaven van de Messias die door Zijn tegenstander worden aangevallen.

"De genade van de Heer Jezus <Christus> zij met alle <heiligen>. <Amen>" (22:21)

Het laatste vers van de Bijbel is in Nederlandse vertalingen op uiteenlopende manieren weergegeven. De Statenvertaling en de HSV zeggen: "De genade van onze Heere Jezus Christus [zij] met u allen". De vertaling van het NBG heeft: "De genade van de Here Jezus zij met allen". En de Telosvertaling zegt: "De genade van de Heer Jezus <Christus> zij met alle <heiligen>. Deze weergaven berusten op verschillende versies van de oorspronkelijke Griekse tekst. Voor de betekenis van de zegenbede maakt het weinig uit, of Johannes "onze Heer" of "de Heer" heeft geschreven, en ook is het van weinig belang of hij over "de Heer Jezus" of "de Heer Jezus Christus" heeft gesproken. Wanneer Johannes schreef: **"met u allen"**, slaat "u allen" terug op de mensen aan wie hij zijn boek had gestuurd: de "zeven gemeenten die in Asia zijn" (1:4). Wanneer hij echter schreef: **"met allen"** of **"met alle heiligen",** dan is zijn heilwens gericht tot ieder mens die "de woorden van de profetie van dit boek bewaart" (22:7), tot gelovigen die "de geboden van God bewaren en het getuigenis van Jezus Christus hebben" (12:17), tot lezers en hoorders die de boodschap van het laatste Bijbelboek ter harte nemen (1:3). Beide opvattingen van vers 21 zijn mogelijk, en ze zijn ongetwijfeld allebei waar. Of Johannes zijn boek afsloot met het woord "Amen" is ook omstreden. In de vorige zin had hij al "Amen" gezegd, met betrekking tot de spoedige komst van de Messias in heerlijkheid. Maar de genade van de Heer Jezus Christus zal beslist met alle verlosten zijn.

Voor gelovigen uit Israël die de koms van de Messias in heerlijkheid zullen meemaken, zouden we het laatste vers van de Bijbel misschien zó kunnen parafraseren:

"Moge u in staat zijn om te ontkomen aan dit alles wat staat te gebeuren, en te bestaan voor de Zoon des mensen. Moge u de ingang in het eeuwige koninkrijk van onze Heer en Heiland Jezus Christus rijkelijk worden verleend. Moge u de Messias zien zoals Hij is, en aan Hem gelijk zijn. Amen!" (vgl. Luk.21:36, 2 Petrus 1:11 en 1 Johannes 3:2).

Om verder te lezen

Onderstaande boeken en tijdschriftartikelen bespreken uitlegkundige kwesties waarover tijdens het lezen van het boek Openbaring vragen kunnen rijzen, en zoeken de oplossingen in een vergelijking van Schrift met Schrift. Mijn eigen conclusies komen niet altijd overeen met de conclusies van de schrijvers, maar hun overdenkingen zijn wel altijd interessant.

Boeken

Bullinger, Ethelbert William: *Commentary on Revelation.* [originally published as: The Apocalypse, or The Day of the Lord]. Grand Rapids, MI: Kregel Publications, 1984.

Kelly, James: *The Apocalypse Interpreted,* in the Light of "The Day of the Lord". London: James Nisbet and Co., 1849 [Volume I] and 1851 [Volume II].

Knoch, Adolph Ernst: *The Unveiling of Jesus Christ,* commonly called The Revelation of St. John. Los Angeles, CA: Concordant Publishing Concern, 1935.

Meulen, Ruurd Jan van der: *De Openbaring in het laatste Bijbelboek.* Proefschrift, Vrije Universiteit te Amsterdam. Utrecht: N.V. Drukkerij P. den Boer, 1948.

Waal, Cornelis van der: *Openbaring van Jezus Christus.* I. Inleiding en vertaling. Groningen: Uitgeverij De Vuurbaak, 1971.

Waal, Cornelis van der: *Openbaring van Jezus Christus.* II. Verklaring. Oudkarspel: Drukkerij en Uitgeverij De Nijverheid, 1981.

Hoofdstuk 1

Bartina, S. (1952) En su mano derecha siete asteres (Apoc 1,16). Estudios Eclesiásticos 26:71-78.

Beale, G.K. (1992) The Interpretative Problem of Rev 1:19. Novum Testamentum 34:360-387.

Bernardin, J.B. (1938) A New Testament Triad. Journal of Biblical Literature 57:273-279.

Brownlee, W.H. (1958) The Priestly Character of the Church in the Apocalypse. New Testament Studies 5:224-225.

462

Ely, F.H. (1907) The Date of the Apocalypse: The Evidence of Irenaeus.
Journal of Theological Studies 8:431-435.

Michaels, J.R. (1991) Revelation 1.19 and the Narrative Voices of the
Apocalypse. New Testament Studies 37:604-620.

Rissi, M. (1968) The Kerygma of the Revelation to John.
Interpretation 22:3-17.

Scott, R.B.Y. (1958) 'Behold, He Cometh with Clouds'.
New Testament Studies 5:127-132.

Stefanovic, R. (2011) "The Lord's Day" of Revelation 1:10 in the Current
Debate. Andrews University Seminary Studies 49:261-284.

Thomas, R.L. (1965) The Glorified Christ on Patmos.
Bibliotheca Sacra 122:241-247.

Thomas, R.L. (1991) Literary Genre and Hermeneutics of the Apocalypse.
Masters Seminary Journal 2:79-92.

Trites, A.A. (1973) *Martus*, and Martyrdom in the Apocalypse: A Semantic
Study. Novum Testamentum 15:72-80.

Hoofdstuk 2

Crosthwaite, A. (1911) The Symbolism of the Letters to the Seven Churches.
Expository Times 22:307-309.

Fabre, A. (1908) L'Étoile du Matin dans l'Apocalypse.
Revue Biblique 5:227-240.

Fabre, A. (1910) L'Ange et le Chandelier de l'Église d'Éphèse.
Revue Biblique 7:161-178 en 344-367.

Heiligenthal, R. (1991) Wer waren die "Nikolaiten"?
Zeitschrift für die neutestamentliche Wissenschaft 82:133-137.

Parez, C.H. (1911) The Seven Letters and the Rest of the Apocalypse.
Journal of Theological Studies 12:284-286.

Pollard, L.N. (2008) The Function of *Loipos* in the Letter to Thyatira.
Andrews University Seminary Studies 46:45-63.

Rife, J.M. (1941) The Literary Background of Revelation II-III.
Journal of Biblical Literature 60:179-182.

Satake, A. (1966) Gemeindeengel. In: *Die Gemeindeordnung in der
Johannesapokalypse*. Kap. B9, pp.150-155. Neukirchen-Vluyn:
Neukirchener Verlag [zie vooral de voetnoot over het "komen" van de
hemelse Heer, op blz.153].

Von Harnack, A. (1923) The Sect of the Nicolaitans and Nicolaus, the Deacon in Jerusalem. Journal of Religion 3:413-422.

Hoofdstuk 3

Bauckham, R. (1976) Synoptic Parousia Parables and the Apocalypse. New Testament Studies 23:162-176.

Brown, S. (1966) "The Hour of Trial" (Rev 3:10). Journal of Biblical Literature 85:308-314.

Burney, C.F. (1926) Christ as the *Archè* of Creation. Journal of Theological Studies 27:160-177.

Cashmore D (2004) Laodicea and the Seven Churches. Stimulus (The New Zealand Journal of Christian Thought and Practice) 12:16-20.

Gillet, L. (1944) Amen. Expository Times 56:134-136.

Koester, C.R. (2003) The Message to Laodicea and the Problem of Its Local Context: A Study of the Imagery in Rev 3.14-22. New Testament Studies 49:407-424.

Royalty, R.M. (2005) Etched or Sketched? Inscriptions and Erasures in the Messages to Sardis and Philadelphia (Rev. 3.1-13). Journal of the Study of the New Testament 27:447-463.

Wiarda. T. (1995) Revelation 3:20: Imagery and Literary Context. Journal of the Evangelical Theological Society 38:203-212.

Wilkinson, R.H. (1988) The *Stylos* of Revelation 3:12 and Ancient Coronation Rites. Journal of Biblical Literature 107:498-501.

Wong, D.K.K. (1999) The Pillar and the Throne in Revelation 3:12,21. Bibliotheca Sacra 156:297-307.

Hoofdstuk 4

Bauckham, R. (2008) Creation's Praise of God in the Book of Revelation. Biblical Theology Bulletin 38:55-63.

Baumgarten, J.M. (1976) The Duodecimal Courts of Qumran, Revelation, and the Sanhedrin. Journal of Biblical Literature 95:59-78.

Davis, R.D. (1986) The Heavenly Court Scene of Revelation 4-5. Diss., Andrews University.

Giblin, C.H. (1998) From and Before the Throne: Revelation 4:5-6a.
Integrating the Imagery of Revelation 4-16. Catholic Biblical Quarterly
60:500-513.

Hall, R.G. (1990) Another Look at Revelation 4.6
New Testament Studies 36:609-613.

Parker, F.O. (2001) 'Our Lord and God' in Rev 4.11: Evidence for the Late
Date of Revelation? Biblica 82:207-231.

Stevenson, G.M. (1995) Conceptual Background to Golden Crown Imagery in
the Apocalypse of John (4:4,10;14:14). Journal of Biblical Literature
114:257-272.

Hoofdstuk 5

Achtemeier, P.J. (1986) Revelation 5:1-14.
Interpretation 40:283-288.

Gallusz, L. (2013) Thrones in the Book of Revelation, Part 2: The Lamb on
the Throne. Journal of the Adventist Theological Society 24:54-91.

Guthrie, D. (1981) The Lamb in the Structure of the Book of Revelation.
Vox Evangelica 12:64-71.

Hannah, D.D. (2003) Of Cherubim and the Divine Throne: Rev 5.6 in
Context. New Testament Studies 49:528-542.

Massingberd Ford, J. (1971) The Divorce Bill of the Lamb and the Scroll of
the Suspected Adulteress: A Note on Apoc 5,1 and 10,8-11. Journal
for the Study of Judaism in the Persian, Hellenistic, and Roman Period
2:136-143.

Skaggs, R. and Doyle, T. (2009) Lion/Lamb in Revelation.
Currents in Biblical Research 7:362-375.

Whale, P. (1987) The Lamb of John: Some Myths about the Vocabulary of the
Johannine Literature. Journal of Biblical Literature 106:289-295.

Hoofdstuk 6

Heil, J.P. (1993) The Fifth Seal (Rev 6,9-11) as a Key to the Book of
Revelation. Biblica 74:220-243.

Kerkeslager, A. (1993) Apollo, Greco-Roman Prophecy, and the Rider on the
White Horse in Rev 6:2. Journal of Biblical Literature 112:116-121.

Lichtenwalter, L.L. (2015) "Souls Under the Altar": The 'Soul' and Related
Anthropological Imagery in John's Apocalypse. Journal of the
Adventist Theological Society 26:57-93.

Poirier, J.C. (1999) The First Rider: A Response to Michael Bachmann.
New Testament Studies 45:257-262.

Rae, W. (1948) The Rider on the White Horse.
Our Hope 54:734-739.

Reynolds, E. (2022) Resolving the Confusion in Revelation 6:11.
Andrews University Seminary Studies 59:35-48.

Rissi, M. (1964) The Rider on the White Horse. A Study of Revelation 6:1-8.
Interpretation 18:407-418.

Thomas, R.L. (1969) The Imprecatory Prayers of the Apocalypse.
Bibliotheca Sacra 126:123-131.

Hoofdstuk 7

Bauckham, R. (1991) The List of the Tribes in Revelation 7 Again.
Journal for the Study of the New Testament 42:99-115.

Berends, B. (2006) Sealed to Salvation: Assurance in the Book of Revelation.
Vox Reformata 2006:45-56.

Draper, J.A. (1983) The Heavenly Feast of Tabernacles: Revelation 7:1-17.
Journal for the Study of the New Testament 19:133-147.

Feuillet, A. (1967) Les 144.000 Israélites marqués d'un sceau.
Novum Testamentum 9:191-224.

Geyser, A. (1982) The Twelve Tribes in Revelation, Judean and Judeo-
Christian Apocalypticism. New Testament Studies 28:388-399.

Morton, R. (2000) Revelation 7:9-17: The Innumerable Crowd Before the One
Upon the Throne and the Lamb. Ashland Theological Journal 32:1-11.

Reynolds, E. (2000) The Feast of Tabernacles and the Book of Revelation.
Andrews University Seminary Studies 38:245-268.

Winkle, R.E. (1989) Another Look at the List of the Tribes in Revelation 7.
Andrews University Seminary Studies 27:53-57.

Hoofdstuk 8

Collinson, S. (2010) Intercessory Prayers of the Saints in the Apocalypse.
Crucible 3:1-14.

George, L. (2019) The Half Hour of Silence.
   M.A. Thesis, SUM Bible College & Theological Seminary.
LaRondelle, H.K. (1997) The Trumpets in Their Contexts.
   Journal of the Adventist Theological Society 8:82-89.
Mot, L.F. (2023) Is Libanootos a Censer/Brazier in Revelation 8.3, 5? How in
   the Lexicon Is This Possible? New Testament Studies 69:332-344.
Siemienic, T. (2024) Numbers 5:11-31 as the Old Testament Background for
   Revelation 8:11. The Biblical Annals 71:93-113.
Stefanovic, R. (2006) The Angel at the Altar (Revelation 8:3-5): A Case Study
   on Intercalations in Revelation. Andrews University Seminary Studies
   44:79-94.
Wick, P. (1998) "There Was Silence in Heaven" (Revelation 8:1)
   Journal of Biblical Literature 117:512-514.

Hoofdstuk 9

Li, T. (1997) Revelation 9:15 and the Limits of Greek Syntax.
   Journal of the Adventist Theological Society 8:100-105.
Michael, J.H. (1935) 'Ten Thousand Times Ten Thousand'
   Expository Times 46:567.
Michl, J. (1942) Zu Apk 9,8.
   Biblica 23:192-193.
Mussies, G. (1967) Duo in Apokalypse IX,12 and 16.
   Novum Testamentum 9:151-154.

Hoofdstuk 10

Baynes, L. (2010) Revelation 5:1 and 10:2a,8-10 in the Earliest Greek
   Tradition: A Response to Richard Bauckham. Journal of Biblical
   Literature 129:801-816.
Hiner, J. (1997) Is the Angel of Revelation 10 a Divine Being?
   Journal of the Adventist Theological Society 8:106-119.
Holwerda, D.E. (1999) The Church and the Little Scroll (Revelation 10,11).
   Calvin Theological Journal 34:148-161.
Michael , J.H. (1925) The Unrecorded Thunder-Voices.
   Expository Times 36:424-427.

Rose, J.E. (2017) Revealing the Little Scroll: Negotiating the True Diminutive Status of the *biblaridion* of Apocalypse 10.2,8-10 and the Shape of the Apocalypse. M.Th. thesis, Candler School of Theology, Atlanta, GA, USA.

Hoofdstuk 11

Armerding, C. (1943) Will There Be Another Elijah? Bibliotheca Sacra 100:89-97.

De Waal, K.B. (2015) The Two Witnesses and the Land Beast in the Book of Revelation. Andrews University Seminary Studies 53:159-174.

Schuyler English, E. (1941) The Two Witnesses: Their Identities and Testimony. Our Hope 47:663-674 [reprinted as a brochure by Loizeaux Brothers, New York]

Strand, K.A. (1984) An Overlooked Old-Testament Background to Revelation 11:1. Andrews University Seminary Studies 22:317-325.

Hoofdstuk 12

Shea, W.H. (1985) The Parallel Literary Structure of Revelation 12 and 20. Andrews University Seminary Studies 23:37-54.

Shea, W.H., Christian, E. (2000) The Chiastic Structure of Revelation 12:1-15:4. The Great Controversy Vision. Andrews University Seminary Studies 38:269-292.

Sumney, J.L. (2001) The Dragon Has Been Defeated – Revelation 12. Review and Expositor 98:103-115.

Hoofdstuk 13

Beale, G.K. (1980) The Danielic Background for Revelation 13:18 and 17:9. Tyndale Bull 31:163-170.

Elliott, R. (1948) The Antichrist: Can He Be Identified. Our Hope 54:335-338.

Harris, G.H. (2007) Can Satan Raise the Dead? Toward a Biblical View of the Beast's Wound. The Master's Seminary Journal 18:23-41.

Ice, T.D. (2009) The Death and Resurrection of the Beast. Article Archives [Liberty University], 36.

Johnson, D.R. (2022) The Image of the Beast as a Parody of the Two Witnesses. New Testament Studies 68:344-350.

Koester, C.R. (2017) The Image of the Beast from the Land (Rev 13,11-18). A Study in Incongruity. In: A.Yarbro Collins (ed.), New Perspectives on the Book of Revelation [Bibliotheca Ephemeridum Theologicarum Lovaniensum]. Peeters, Leuven, p.333-362.

Minear, P.S. (1953) The Wounded Beast. Journal of Biblical Literature 72:93-101.

Rae, W. (1948) The Two Beasts of the Revelation. Which is the Antichrist? Our Hope 54:14-18.

Treiyer, E.B. (1999) Ap 13:11-18: Feu du Ciel et Marque de la Bête. Andrews University Seminary Studies 37:73-86.

Hoofdstuk 14

Altink, W. (1984) 1 Chronicles 16:8-36 as Literary Source for Revelation 14:6-7. Andrews University Seminary Studies 22:187-196.

Bowles, R.G. (2001) Does Revelation 14:11 Teach Eternal Torment? Examining a Proof-text on Hell. Evangelical Quarterly 73:21-36.

De Villiers, P.G.R. (2004) The Composition of Revelation 14:1-15:8: Pastiche or Perfect Pattern? Neotestamentica 38:209-249.

Harwanto, B. (2020) The Meaning of "First Fruits" in Revelation 14:4. Jurnal Koinonia 12:95-108.

M'Cormack, R. (1921) A Note on Revelation xiv. 1,5. Expository Times 32:473.

Newall, M. (2022) The Roman Arena Overturned: Revelation 14:9-11 as God's Wrath in History. Expository Times 133:457-467.

Shea, W.H. (2001) Literary and Theological Parallels Between Revelation 14-15 and Exodus 19-24. Journal of the Adventist Theological Society 12:164-179.

Hoofdstuk 15

Gallus, L. (2008) The Exodus Motif in Revelation 15-16: Its Background and Nature. Andrews University Seminary Studies 46:21-43.

Musvosvi, J.N. (1998) The Song of Moses and the Song of the Lamb. Journal of the Adventist Theological Society 9:44-47.

Petri, D.A. (2017 en 2018) Un studiu intratextual al primelor patru plăgi din Apocalipsa 15-16 (Partea I, Partea II). TheoRhema 12:45-63 en 13:19-37.

Scharneck, R. (2014) Will all be saved? A discussion on the theme of universal deliverance in the song in Revelation 15. Nederduitse Gereformeerde Teologiese Tydskrif 55:791-801.

Hoofdstuk 16

Fereoay, W.W. (1941) Armageddon.
Our Hope 47:397-401.

Jeremias, J. (1932) Har Magedon (Apc 16.16).
Zeitschrift für die neutestamentliche Wissenschaft 31:73-77.

La Rondelle, H.K. (1989) The Etymology of Har-Magedon (Rev. 16:16).
Andrews University Seminary Studies 27:69-73.

Loasby, R.E. (1989) "Har-Magedon" According to the Hebrew in the Setting of the Seven Last Plagues of Revelation 16. Andrews University Seminary Studies 27:129-132.

Scharneck, R. (2019) New Perspectives on the Bowl Plagues in Revelation 16. Ph.D. thesis, University of Pretoria.

Shea, W.H. (1980) The Location and Significance of Armageddon in Rev 16:16. Andrews University Seminary Studies 18:157-162.

Thomas, R.L. (1994) An Analysis of the Seventh Bowl of the Apocalypse. The Master's Seminary Journal 5:73-95.

Torrey, C.C. (1938) Armageddon.
Harvard Theological Review 31:237-248.

Hoofdstuk 17

Beale, G.K. (1985) The Origin of the Title 'King of Kings and Lord of Lords' in Revelation 17.14. New Testament Studies 31:618-620.

Dyer, C.H. (1987) The Identity of Babylon in Revelation 17-18 [Article in two parts]. Bibliotheca Sacra 144:305-316 and 144:433-449.

Evans, W.G. (1950) Will Babylon Be Restored? [Article in two parts]. Bibliotheca Sacra 107:335-342 and 107:481-487.

Hitchcock, M.L. (2007) A Critique of the Preterist View of Revelation 17:9-11 and Nero. Bibliotheca Sacra 164:472-485.

Müller, E. (2007) The Beast of Revelation 17: A Suggestion [Article in two parts] Journal of the Asia Adventist Seminary 10:27-50 and 10:153-176.

Reynolds, E. (2003) The Seven-Headed Beast of Revelation 17. Asia Adventist Seminary Studies 6:93-109.

Van Unnik, W.C. (1970) Mia Gnomè, Apocalypse of John XVII 13,17. Supplement to Novum Testamentum 24:209-220.

Hoofdstuk 18

Anonymus (1870) Babylon: Waar en wat het is. Kirberger, Amsterdam.

Elliott, S.M. (1995) Who Is Addressed in Revelation 18:6-7? Biblical Research 40:98-113.

McKenzie, H. (1935) The Destruction of Babylon [Article in two parts]. Bibliotheca Sacra 92:226-232 and 92:339-353.

Shea, W.H. (1982) Chiasm in Theme and by Form in Revelation 18. Andrews University Seminary Studies 20:249-256.

Strand, K.A. (1982) Two Aspects of Babylon's Judgment Portrayed in Revelation 18. Andrews University Seminary Studies 20:53-60.

Strand, K.A. (1986) Some Modalities of Symbolic Usage in Revelation 18. Andrews University Seminary Studies 24:37-46.

Uhlig, S. (1974) Die typologische Bedeutung des Begriffs Babylon. Andrews University Seminary Studies 12:112-125.

Hoofdstuk 19

Bruce, F.F. (1978) The Spirit of Prophecy (Revelation 19:10). In: *The Time is Fulfilled*. Five Aspects of the Fulfilment of the Old Testament in the New. Exeter: Paternoster Press, p.95-114.

Campbell, R.A. (2008) Triumph and Delay: The Interpretation of Revelation 19:11-20:10. Evangelical Quarterly 80:3-12.

Christian, E. (1999) A Chiasm of Seven Chiasms: The Structure of the Millennial Vision, Rev 19:1-21:8. Andrews University Seminary Studies 37:209-225.

Fekkes, J. (1990) "His Bride Has Prepared Herself": Revelation 19-21 and Isaian Nuptial Imagery. Journal of Biblical Literature 109:269-287.

Longenecker, B.W. (2000) Revelation 19,10: One Verse in Search of an Author. Zeitschrift für die neutestamentliche Wissenschaft 91:230-237.

McIlraith, D.A. (1999) "For the Fine Linen is the Righteous Deeds of the Saints": Works and Wife in Revelation 19:8. Catholic Biblical Quarterly 61:512-529.

Shea, W.H. (1984) Revelation 5 and 19 as Literary Reciprocals. Andrews University Seminary Studies 22:249-257.

Skehan, P.W. (1948) King of Kings, Lord of Lords (Apoc. 19:16). Catholic Biblical Quarterly 10:398.

Hoofdstuk 20

Bietenhard, H. (1953) The Millennial Hope in the Early Church. Scottish Journal of Theology 6:12-30.

Deere, J.S. (1978) Premillennialism in Revelation 20:4-6. Bibliotheca Sacra 135:60-73.

Harris, G.H. (2014) Must Satan Be Released? Indeed He Must Be: Toward a Biblical Understanding of Revelation 20:3. Master's Seminary Journal 25:11-27.

Hooke, S.H. (1914) Gog and Magog. Expository Times 26:317-319.

Johnston, R.M. (1987) The Eschatological Sabbath in John's Apocalypse: A Reconsideration. Andrews University Seminary Studies 25:39-50.

Kowalski, B. (2003) Martyrdom and Resurrection in the Revelation to John. Andrews University Seminary Studies 41:55-64.

Ladd, G.E. (1960) Revelation 20 and the Millennium. Review and Expositor 57:167-175.

MacRae, A.A. (1947) The Millennial Kingdom of Christ. Our Hope 53:463-481.

Ostella, R.A. (1975) The Significance of Deception in Revelation 20:3. Westminster Theological Journal 37:236-238.

Tenney, M.C. (1954) The Importance and Exegesis of Revelation 20:1-8. Bibliotheca Sacra 111:137-147.

Walvoord, J.F. (1943) Is Satan Bound? Bibliotheca Sacra 100:497-512.

Hoofdstuk 21

Bergmeier, R. (1984) "Jerusalem, du hochgebaute Stadt".
Zeitschrift für die neutestamentliche Wissenschaft 75:86-106.

Comblin, J. (1953) La liturgie de la nouvelle Jérusalem (Apoc xxi,1-xxii,5).
Ephemerides Theologicae Lovanienses 29:5-40.

Deutsch, C. (1987) Transformation of Symbols: The New Jerusalem in Rv
21,1-22,5. Zeitschrift für die neutestamentliche Wissenschaft 78:106-
126.

Glasson, T.F. (1975) The Order of Jewels in Revelation XXI.19-20: A Theory
Eliminated. Journal of Theological Studies 26:95-100.

Michael, J.H. (1937) East, North, South, West (Apoc 21.13).
Expository Times 49:141.

Reader, W.W. (1981) The Twelve Jewels of Revelation 21:19-20:
Tradition History and Modern Interpretations. Journal of Biblical
Literature 100: 433-457.

Wojchiechowski, M. (1987) Apocalypse 21.19-20. Des titres
christologiques cachés dans la liste des pierres précieuses. New
Testament Studies 33:153-154.

Hoofdstuk 22

Moffatt, J. (1902) The Bright and Morning Star.
The Expositor 6:424-441.

Inhoudsopgave

474

www.ingramcontent.com/pod-product-compliance
Lightning Source LLC
Chambersburg PA
CBHW060309100426
42812CB00003B/714